IB DIPLOMA PROGRAMME

French B

COURSE COMPANION

Christine Trumper
John Israel

IN COOPERATION WITH ib

OXFORD
UNIVERSITY PRESS

OXFORD
UNIVERSITY PRESS

Great Clarendon Street, Oxford OX2 6DP

Oxford University Press is a department of the University of Oxford.
It furthers the University's objective of excellence in research, scholarship, and education by publishing worldwide in

Oxford New York

Auckland Cape Town Dar es Salaam Hong Kong Karachi
Kuala Lumpur Madrid Melbourne Mexico City Nairobi
New Delhi Shanghai Taipei Toronto

With offices in

Argentina Austria Brazil Chile Czech Republic France Greece
Guatemala Hungary Italy Japan Poland Portugal Singapore
South Korea Switzerland Thailand Turkey Ukraine Vietnam

First published 2011

British Library Cataloguing in Publication Data

Data available

ISBN 978-0-19-912739-9

10 9 8 7 6 5 4 3 2 1

Printed in Great Britain by Bell and Bain Ltd, Glasgow

Paper used in the production of this book is a natural, recyclable product made from wood grown in sustainable forests. The manufacturing process conforms to the environmental regulations of the country of origin.

Acknowledgments

The author and publisher are grateful to the following for permission to reprint extracts from copyright material.

Académie des Sciences for Press Release: 'Pour le mantien des sciences en Seconde au Lycée', 3.10.2008 from http://www.academie-sciences.fr/presse

ActuaLitté for Mario: 'Le Français au Nouveau-Brunswick', ActuaLitté.com, 21.3.2008.

Africultures.com for interview by Olivier Barlet with Fatoumata Coulibaly, *Africultures* 28.5.2004.

Afrik.com for Badara Diouf: 'Tour savoir sur la lutte sénégalaise', Afrik.com, 30.5.2005; and Laura Adolphe: 'Albert Camus, étranger en Algérie', Afrik.com 5.1.2010.

Afrique Magazine for Idrissa Sane et Tata Sane: 'La famille sénégalaise se nucléarise', and 'Des destination pour découvrir le monde au fil des saisons! - Tunisie', *Afrique Magazine*, No 263/264 Aug/Sept 2007; and Emmanuelle Pontié: 'C'est Comment? Chronique parue dans *Afrique*, No 284, mai 2009, www.afriquemagazine.com.

Au-Sénégal.com, for Le Guide du voyage et du tourisem au Sénégal for 'La Tabaski au Sénégal, une fête', www.au-senegal.com.

Benchmark Group for Céline Deluzarche: 'Quels sont les grands pays producteurs?', *L'Internaute*, www.linternaute.com, March, 2005.

Beuscher-Arpège and the Estate of Boris Vian for lyrics of 'Le Déserteur' by Boris Vian. *Editions Anne Carriere* for Faltou Diome: *Le Ventre de L'Atlantique* (Anne Carriere, 2003).

Éditions Anne Carrière for Fatou Diome: *Le Ventre de L'Atlantique* (Anne Carrière, 2003).

Centre Nacional de la Recherche Scientific (CNRS) for 'Les Sciences au Lycee', on welcome page of www.cnrs.fr.

Challenges for Lisa Telfizian, 'Tutoyer ou vouvoyer, un détail qui peut tuer', *Challenges*, 4.5.2006, copyright © Lisa Telfizian 2006.

Château Ramezay Museum for 'Expositions Temporaires - À Table!', www.chateauramezay.qc.ca

Cité Nationale de l'Histoire de l'Immigration and the authors for introductory texts to 'Les podcasts de L'UniverCité - saison 2009-2010', www.histoire-immigration.fr.

Patrick Cloos for letter on Congonline website, www.cobelco.info.

Ministère de la Communauté française de Belgique for 'Stéréotype toi-même!' from *Discrimination toi-même*, Direction de l'Egalité des Chances, Ministère de la Communauté française de Belgique, 2008, and at www.egalite.cwfb.be.

Copiepresse for Stephane Detaille & Daniel Couvreur: 'Le Choc des Cultures', 'Un reportage "sensationnel"', *Le Soir* 10.12.2009; and Laurence Lecoq: 'J'habite chez moi', *Swarado, Le Soir*, 20.5.2008. These articles are reproduced with the permission of the editor. All rights reserved. Any reproduction requires specific permission from the Copiepresse agency: info@copiepresse.be.

Direction de l'Information Légale et Administrative for the French Government for extract from dossier 'Assimilation, intégration ou insertion?'.

Les Droits de Non Fumeurs (DNF) for extracts from leaflet *Réussir a loi Évin dan les établissements scolaires*. All rights reserved.

Lionel Dupuy for extract from *Le tour du monde en 80 jours de Jules Verne: Itinéraire d'un voyage initiatique* (Dole, La Clef d'Argent, 2002), copyright © Lionel Dupuy 2001.

EurActiv for 'Les vignerons lancent une campagne sur la consommation responsible', abridged from www.euractiv.com.

European Commission/Spring Day for Europe for 'Domenico Lenarduzzi: ne cessez jamais d'apprendre!' www.springday2009.net, copyright © European Communities 2009.

Fédération Acadienne de la Nouvelle-Écosse (FANE) for summary of 'project d'immigraton francophone'.

Éditions Gallimard for Louis Aragon: 'La guerre et ce qui s'ensuivit' from *Le roman inachevé: poème* (Gallimard, 1956), copyright © Éditions Gallimard; Simone de Beauvoir: *Les Belles Images* (Gallimard, 1966, 2002), copyright © Éditions Gallimard; Albert Camus: *La Peste* (Gallimard, 1947, 2008), copyright © Éditions Gallimard; Robert Desnos: 'Ce coeur qui haïssait la guerre' from *Destinée Arbitraire* (Gallimard, 1975), copyright © Éditions Gallimard; Louis Malle: *Au revoir, les enfants* (Gallimard, 1987), copyright © Éditions Gallimard; and Jacques Prévert: 'Le dromedaire mécontent' from *Contes pour Enfants pas Sages* (Gallimard, 1977), included in *Histoires; et d'autres histoires* (Gallimard, 2006), copyright © Éditions Gallimard.

Yannick B Gélinas for Yannou: 'Réflexion sur Montréal et ses banlieues' from www.yannou.com,

Greenpeace France for 'Que faisons-nous?', webpage from www.greenpeace.org/france.

La Gruyère for Priska Rauber and Valentin Castella: 'Le langage muet de l'habit', *La Gruyère*, 4.10.2005.

Dimitri Haikin, Pyschorelief International for 'Comment gérer au mieux le stress des examens?' from www.psy.be.

Haut-Courant, Ecole Professionnelle de la Faculté de Droit et Science Politique, Montpellier for Julie Derache: 'L'identité nationale Quebecoise, une question ancienne', 7.1.2010.

Éditions Jean-Claude Lattès for Mohand Said Fellag: *Le Dernier Chameau* (J C Lattes, 2004).

Jeune Afrique for Christophe Boisbouvier: 'Mayotte dit oui, Moroni dit non', *Jeune Afrique* 7.4.2009, Dominique Mataillet: 'Formidable laboratoire', and Marwen Ben Yahmed: Vive la dépendance', *Jeune Afrique* 6.4.2009, all published at www.jeuneafrique.com.

Leméac Éditeur, Montréal for Ying Chen: *Lettres Chinoises* (Leméac, 1993)

Libération for film review ' "Le Syndrome du Titanic" plaidoyer d'Hulot pour la planète', AFP, Libération.fr, 7.10.2009.

Delphine Ménard for 'Quand la pub joue avec les stéréotypes culturels', copyright © Delphine Ménard 2009, from blog 'Ceci n'est pas une endive', http://blog.notanendive.com, released under the Creative Commons Attribution 3.0 Licence, http://creativecomons.org/licenses/by/3.0/.

Éditions Milan for Stephanie Ledu & Stephanie Frattini, illustrated by Jacques Azam: *Champions du monde de la politesse* (Milan, 2006), © Editions Milan.

Le Monde for editorial: 'Les ministres des Maldives invités à un conseil sous-marin' *Le Monde*, 11.10.2009.

Sophie Mugnier for 'Un Très vieux débat' first published in *Science et Vie*, copyright © Sophie Mugnier

Music Sales Ltd and **Hal Leonard Corporation** for Michel Fugain: 'Une belle histoire', words and music by Michel Fugain and Pierre Leroyer, © copyright 1972 Editions Musicales le Minotaure, France, Universal Music Publishing Ltd, all rights in Germany administered by Universal Music Publishing GmbH (a division of Universal Music Publishing Group). All rights reserved. International copyright secured.

Les Nouvelles Éditions Africaines, Sénégal for extract from Mariama Bâ: *Une si longue lettre* (Nouvelles Éditions Africaines, 1980, 1992)

Fonds Gabrielle Roy for Gabrielle Roy: *La Rivière sans Repos*, précedé de *Trois nouvelles esquimaudes* (Boréal, 1995).

Éditions du Seuil for Roland Barthes: 'Rhétorique de l'image' first published in *Communications* no 4, 1964 and in *L'Obvie et l'Obtus: Essais critiques 3* (coll. *Tel Quel*, copyright © Éditions du Seuil 1982, coll. *Points Essais*, 1992, copyright © Éditions du Seuil 1992.

Tahiti Presse for 'Défile du 14 Juillet: dernière fête nationale pour le RIMaP-P', 14.7.2010.

Télérama for Jacques Morice: review of *Entre les murs, Télérama* No. 3063, 27.9.2008.

Élise Thierry for 'Entrevues - Histoire Vécue' published on www.planetcastor.com.

UNESCO for 'L'UNESCO demande l'interdiction du commerce des ouevres d'art haïtiennes pour éviter le pillage du patrimoine culturel du pays', copyright © UNESCO 1995-2011, http://portal.unesco.org

UNICEF France for extract about the programme 'Jeunes Ambassadeur', www.unicef.fr

Cover photograph: Bryan Peterson/AGE Fotostock; p7: Joel Damase/Photolibrary; p13: Adam Borkowski/Shutterstock; p15: OUP/Corel; p21: Spencer Grant/Alamy; p24: Dmitriy Shironosov/Shutterstock; p29: Francois Mori/AP Photo; p32: Matt Moyer/Contributor/Getty Images; p37: Alfonso d'Agostino/Shutterstock; p39: © Thibaut Soulcié; p40: liberation.fr; p42: Hangtime/Shutterstock; p47l: Hemis/Alamy; p47r: Classic Image/Alamyp48l: Sara Berdon/Shutterstock; p48r: Afaizal/Shutterstock; p50: Chris Howey/Shutterstock; p53: Pascal Rossignol/Rex Features; p58: Kurt Hutton/Picture Post/Getty Images; p68t: Institut Formation Tunis; p68b: Picturebank & Shutterstock; p74: © UNHCR; p79l: ORBAN THIERRY/CORBIS SYGMA; p79r: Nathan Benn/Corbis; p82: BOSCH; p87: Lechappee; p90l: Rene Grycner/Shutterstock; p90r: Ekler/Shutterstock; p94: Wikicommons; p103: Shutterstock; p105: Greenpeace; p106t: Joseph Mohyla/Shutterstock; p106m: luri/Shutterstock; p106b: Mircea Bezergheanu/Shutterstock; p108: Benoit Tessier/Reuters; p119l: Plantu; p119r: ekler/Shutterstock; p121l: Fotosearch/Photolibrary; p121r: The Bridgeman Art Library/Photolibrary; p127: Leonid and Anna Dedukh/Shutterstock; p135t: Dmitriy Shironosov/Shutterstock; p135b: Richard Drew/AP Photo; p137: ©The African Union Commission; © Médecins Sans Frontières; © UMA; © Organisation internationale de la Francophonie; Tomasz Piotrowski/Alamy; © International Committee of the Red Cross; OIC; Free Agents Limited/Corbis; © Copyright 2011 OAS; Isopress Senepart/Rex Features; European Union; p143: Rick Maiman/Sygma/Corbis; p145: Knin/Shutterstock; p148: Hulton Archive/Getty Images; p154: OUP/BananaStock; p156: Paul Prescott/Shutterstock; p159: © Préfecture de l'Isère; p161: Les Echos; p162: yalayama/Shutterstock; p164: Pavzyuk Svitlana/Shutterstock; p175: AFP; p178: Andrejs Pidjass/Shutterstock; p185: Virgin Galactic; p191: Phil Quest; p193b: rudall30/Shutterstock; p193t: Le site de la Sécurité Routière; p196: Groupe Jeune Afrique; p200: Front National; p202: Philo Sophielogphil; p207: Com Analysis; p209r: SIPA Press/Rex Features; p209l: VINCENT CALLEBAUT ARCHITECTURES - WWW.VINCENT.CALLEBAUT.ORG; p212: Bettmann/Corbis; p215l: Alex Mit/Shutterstock; p215r: Krivosheev Vitaly/Shutterstock; p217b: OUP; p217t: OUP/Blend Images;p226t: Sylvain Grandadam/Photolibrary; p226b: bestimagesevercom/Shutterstock; p231: Sergey Yakovlev/Shutterstock; p234: Finbarr O'Reilly/Reuters; p239: Bettmann/Corbis; p241: Sony Pictures Classics; p247: Gladskikh Tatiana/Shutterstock; p249: Oliver Gutfleisch/Photolibrary; p252: Jeff Pachoud/AFP; p255: Monkey Business Images/Shutterstock; p263: Salim October/Shutterstock; p273: AFP/Getty Images; p274tl: Le Livre de poche; p274tr: Nouvelles Editions Oswald; p274bl: Pocket; p274br: Omnibus © DR; p279: 14 logos as follows: ASI; BNSC; CNES; CNSA; CSA; CSIRO; DLR; ESA; ISRO; JAXA; KARI; NASA; NSAU; Roscomos. Earth image: OUP/Photodisc; p280: ESA; p284: Académie des Sciences; p289: Martin Kucera/Shutterstock; p295 Camera lucida lifestyle/Alamy: p298: Cedric Valax – Tahitipresse; p306r: Chateauramezay; p305l: ERIC GAILLARD/Reuters/Corbis; p305r: Thierry Maffeis/Shutterstock; p306tl: OUP/Good Shoot; p308tl: Le Dauphine Libere; p308tr: Armand Colin; p308ml: Alex Miles; p308mr: hachette; p308b: Pur Edition; p311: Ladepeche; p313: © Fnac 2011; p319t: Corbis; p319bl: David Crausby/Alamy; p319br: GlowImages/Alamy.

Artwork by Lisa Hunt & Q2A Media.

Although we have made every effort to trace and contact copyright holders before publication this has not been possible in all cases. If notified, the publisher will rectify any errors or omissions at the earliest opportunity.

Mixed Sources
Product group from well-managed forests and other controlled sources
www.fsc.org Cert no. TT-COC-002769
© 1996 Forest Stewardship Council
FSC

Course Companion definition

The IB Diploma Programme Course Companions are resource materials designed to support students throughout their two-year Diploma Programme course of study in a particular subject. They will help students gain an understanding of what is expected from the study of an IB Diploma Programme subject while presenting content in a way that illustrates the purpose and aims of the IB. They reflect the philosophy and approach of the IB and encourage a deep understanding of each subject by making connections to wider issues and providing opportunities for critical thinking.

The books mirror the IB philosophy of viewing the curriculum in terms of a whole-course approach; the use of a wide range of resources, international mindedness, the IB learner profile and the IB Diploma Programme core requirements, theory of knowledge, the extended essay, and creativity, action, service (CAS).

Each book can be used in conjunction with other materials and indeed, students of the IB are required and encouraged to draw conclusions from a variety of resources. Suggestions for additional and further reading are given in each book and suggestions for how to extend research are provided.

In addition, the Course Companions provide advice and guidance on the specific course assessment requirements and on academic honesty protocol. They are distinctive and authoritative without being prescriptive.

IB mission statement

The International Baccalaureate aims to develop inquiring, knowledgable and caring young people who help to create a better and more peaceful world through intercultural understanding and respect.

To this end the IB works with schools, governments and international organizations to develop challenging programmes of international education and rigorous assessment.

These programmes encourage students across the world to become active, compassionate, and lifelong learners who understand that other people, with their differences, can also be right.

The IB learner profile

The aim of all IB programmes is to develop internationally minded people who, recognizing their common humanity and shared guardianship of the planet, help to create a better and more peaceful world. IB learners strive to be:

Inquirers They develop their natural curiosity. They acquire the skills necessary to conduct inquiry and research and show independence in learning. They actively enjoy learning and this love of learning will be sustained throughout their lives.

Knowledgable They explore concepts, ideas, and issues that have local and global significance. In so doing, they acquire in-depth knowledge and develop understanding across a broad and balanced range of disciplines.

Thinkers They exercise initiative in applying thinking skills critically and creatively to recognize and approach complex problems, and make reasoned, ethical decisions.

Communicators They understand and express ideas and information confidently and creatively in more than one language and in a variety of modes of communication. They work effectively and willingly in collaboration with others.

Principled They act with integrity and honesty, with a strong sense of fairness, justice, and respect for the dignity of the individual, groups, and communities. They take responsibility for their own actions and the consequences that accompany them.

Open-minded They understand and appreciate their own cultures and personal histories, and are open to the perspectives, values, and traditions of other individuals and communities. They are accustomed to seeking and evaluating a range of points of view, and are willing to grow from the experience.

Caring They show empathy, compassion, and respect towards the needs and feelings of others. They have a personal commitment to service, and act to make a positive difference to the lives of others and to the environment.

Risk-takers They approach unfamiliar situations and uncertainty with courage and forethought, and have the independence of spirit to explore new roles, ideas, and strategies. They are brave and articulate in defending their beliefs.

Balanced They understand the importance of intellectual, physical, and emotional balance to achieve personal well-being for themselves and others.

Reflective They give thoughtful consideration to their own learning and experience. They are able to assess and understand their strengths and limitations in order to support their learning and professional development.

A note on academic honesty

It is of vital importance to acknowledge and appropriately credit the owners of information when that information is used in your work. After all, owners of ideas (intellectual property) have property rights. To have an authentic piece of work, it must be based on your individual and original ideas with the work of others fully acknowledged. Therefore, all assignments, written or oral, completed for assessment must use your own language and expression. Where sources are used or referred to, whether in the form of direct quotation or paraphrase, such sources must be appropriately acknowledged.

How do I acknowledge the work of others?

The way that you acknowledge that you have used the ideas of other people is through the use of footnotes and bibliographies.

Footnotes (placed at the bottom of a page) or endnotes (placed at the end of a document) are to be provided when you quote or paraphrase from another document, or closely summarize the information provided in another document. You do not need to provide a footnote for information that is part of a 'body of knowledge'. That is, definitions do not need to be footnoted as they are part of the assumed knowledge.

Bibliographies should include a formal list of the resources that you used in your work. 'Formal' means that you should use one of the several accepted forms of presentation. This usually involves separating the resources that you use into different categories (e.g. books, magazines, newspaper articles, Internet-based resources, CDs and works of art) and providing full information as to how a reader or viewer of your work can find the same information. A bibliography is compulsory in the extended essay.

What constitutes malpractice?

Malpractice is behaviour that results in, or may result in, you or any student gaining an unfair advantage in one or more assessment component. Malpractice includes plagiarism and collusion.

Plagiarism is defined as the representation of the ideas or work of another person as your own. The following are some of the ways to avoid plagiarism:

- Words and ideas of another person used to support one's arguments must be acknowledged.
- Passages that are quoted verbatim must be enclosed within quotation marks and acknowledged.
- CD-ROMs, email messages, web sites on the Internet, and any other electronic media

must be treated in the same way as books and journals.

- The sources of all photographs, maps, illustrations, computer programs, data, graphs, audio-visual, and similar material must be acknowledged if they are not your own work.
- Works of art, whether music, film, dance, theatre arts, or visual arts, and where the creative use of a part of a work takes place, must be acknowledged.

Collusion is defined as supporting malpractice by another student. This includes:

- allowing your work to be copied or submitted for assessment by another student
- duplicating work for different assessment components and/or diploma requirements.

Other forms of malpractice include any action that gives you an unfair advantage or affects the results of another student. Examples include, taking unauthorized material into an examination room, misconduct during an examination, and falsifying a CAS record.

Introduction

This Course Companion has been written for students who study French B for the International Baccalaureate Diploma Programme at either higher or standard level. It follows the 2011 Language B syllabus (for first examination in May 2013).

Each core topic and option has been developed through a number of units and each unit follows a common pattern:

- A clear statement of its objectives.
- Idea-generating exercises in order to introduce language and ideas for development throughout the unit, as well as to establish what students already know.
- At least two texts accompanied by tasks for developing and assessing comprehension. A wide a range of themes and text-types have been included in the book.
- A section entitled "Pour aller plus loin" in order to suggest further exploration of aspects raised by the texts, linguistic or cultural. This section also includes a number of theory of knowledge questions and, when appropriate, questions related to creativity, action and service projects.
- Oral activities for completion in class as interactive oral activities. In most cases this section also includes a visual with accompanying guiding questions in order to practise the individual oral.
- Written productions include tasks similar to those found in Paper 2. There are also written tasks specific to higher level students with a written stimulus to which students should react in order to develop their own ideas and opinions.
- Finally, we have included a section of texts of literary quality, from different genres, periods and parts of the French-speaking world. Texts are also accompanied by questions, a "Pour aller plus loin" section, and a writing task, the purpose of which is to practise re-using information in a different type of text, as for the written assignment.
- A full set of answer files to activities in the book can be found at www.oxfordsecondary.co.uk/frenchcc.

The activities proposed in this book, though easily adaptable for examination purposes, should not be seen merely as preparation for specific examinations. They are not designed purely for testing student knowledge and competence, since their completion is neither constrained by prescribed time allocations, nor restrictions of support from other sources.

A significant part of language acquisition and development involves learning to cope with the unfamiliar and the unknown, especially when interacting with material derived from authentic sources. Thus, in our book it will often be found that demanding texts are accompanied by relatively straightforward tasks that do not require a complete or wholly literal comprehension of the material, and likewise, relatively simple texts may be accompanied by tasks of a distinctly challenging nature, both in linguistic and intellectual terms.

It is acknowledged that many of the texts supplied can be traced to sources widely available through the Internet. At times, it will be useful for teachers and students to explore such sources further. However, use of short-cuts to comprehension, such as are available in the form of translating facilities, should be strongly discouraged.

We hope that the texts and material we have selected will inspire and provoke stimulating discussion, enabling students to improve their level of French and their interactions with French-speaking communities.

Christine Trumper and John Israel

Table des matières

See www.oxfordsecondary.co.uk/frenchcc for a full set of answers to the activities in this book

A1 Famille

Objectifs

- Explorer différents types de famille et leurs rapports avec les changements dans la société.
- Discuter les relations et le rôle de chacun au sein de la famille.
- Discuter les aspects positifs et négatifs liés à la vie dans la famille.
- Développer des techniques de travail liées à la lecture interactive.

Remue-méninges

- Que signifie pour vous le mot « famille » ? Qui sont les membres de votre famille ? Comparez votre conception de la famille avec celui de vos camarades.
- Voici quelques types de famille. Discutez, en groupe, les caractéristiques principales que pourrait, à votre avis, avoir chaque type de famille :

• famille traditionnelle	• famille monoparentale	• union libre (ou cohabitation)
• famille nucléaire	• famille tribu	• famille polygame
• famille décomposée	• famille solo	• famille d'adoption
• famille recomposée	• couple uni par le PACS	• famille d'accueil

Vérifiez vos hypothèses sur Internet ou sur toute autre source d'information. Y a-t-il d'autres types de famille qui manquent à cette liste d'après vous ?

À quel(s) type(s) de famille votre famille correspond-elle ? Sur quoi basez-vous votre réponse ?

- Pourriez-vous imaginer les relations familiales qui existent entre les différentes personnes qui figurent sur cette photo ? Pour quelle raison se seraient-elles réunies ? Imaginez ce qui s'est passé avant ce repas et ce qui se passera après.
- Dans quelles circonstances y a-t-il des réunions familiales chez vous ? Avez-vous des photos que vous pourriez montrer à vos camarades ? Les réunions familiales se passent-elles de la même manière dans toutes les familles ? Pourquoi y a-t-il des similitudes et des différences ?
- Pourriez-vous établir votre arbre généalogique ? Jusqu'à quelle génération pourriez-vous remonter ? Que savez-vous de vos ancêtres ?

J'habite chez moi

1 ***« Le mineur émancipé est assimilé à un majeur pour tout ce qui concerne sa personne. Il n'est donc plus soumis à l'autorité parentale »*, explique Aude Vervoir, avocate. Mais cette situation, qui pourrait sembler cool, résulte souvent de circonstances douloureuses.**

2 Même si c'est une situation qui ne concerne pas beaucoup d'adolescents en Belgique, l'émacipation existe bel et bien. Comment cela se passe-t-il pour ces jeunes obligés de quitter leur foyer avant la majorité pour mener seuls leur propre barque ?

3 Anaïs a 17 ans et au mois de juin, elle habitera seule. Pas seule comme *« Je suis en kot*[1] *la semaine et le week-end chez mes parents »*, mais seule, dans son propre chez elle. Dit comme ça, pour certains, cela doit être le rêve. Pourtant, on en est loin.

4 *« Mes parents ont divorcé quand j'avais 4 ans et on a quitté mon père. J'ai vécu avec ma mère, mon beau-père et mes deux sœurs. À 6 ans, les choses se sont un peu compliquées parce que je n'étais pas une enfant facile. Ma mère a disjoncté et elle a commencé à me frapper. Mais elle le vivait mal et s'en voulait. Du coup, elle me chouchoutait pour que je n'y pense plus. Pourtant, ce n'est pas pour ça qu'elle a arrêté. Et après, elle ne s'excusait plus quand elle me frappait.*

5 *L'année de mes 14 ans, l'école a été au courant. Ils s'en doutaient parce que j'avais des coups et des marques, mais je mentais pour cacher ma situation. Là, c'était l'hiver et j'étais habillée avec un pantalon fin, pas du tout approprié à la saison. Le directeur est venu me trouver. Il voulait me conduire au SAJ (Service d'aide à la jeunesse), mais je ne voulais pas le suivre. Ils avaient déjà un dossier à mon nom. Donc ils l'ont rouvert et appelé ma mère. Le retour à la maison a été difficile. Ma mère m'a mise dans une pièce toute seule. Je n'avais pas le droit de voir les autres membres de ma famille. Puis j'ai dû partir avec elle, mais je ne savais même pas où. Elle m'a emmenée au palais de justice et j'ai vu une avocate pour la première fois de ma vie. En sortant du bureau du juge, elle m'a dit : «* Tu n'es plus ma fille. » *C'est ce jour-là que j'ai vu ma mère pour la dernière fois.*

6 *Ensuite, il a bien fallu me trouver un endroit où habiter. On m'a placée dans un internat et ils m'ont également trouvé une famille d'accueil d'urgence. Pour trois semaines logiquement. Je n'ai pas vraiment eu le temps de me poser de questions, ni même de réaliser ce qui m'arrivait. Il m'a fallu trois jours pour me rendre compte que je ne verrai sans doute plus ma mère. Et les trois semaines se sont transformées en trois mois. C'était sûr, elle ne voulait plus me voir, elle a choisi de ne pas me récupérer après la période de trois semaines.*

7 *Mais je ne pouvais pas rester là où j'étais non plus. En tant que famille d'accueil d'urgence, ils ne pouvaient pas me garder. Je bloquais la place pour un autre jeune en difficulté. On m'a trouvé une autre famille d'accueil. J'y suis restée trois ans, mais ce n'était pas toujours facile. On a beau être dans une famille, ce n'est pas pour ça qu'on en fait partie. Moi je le ressentais par exemple avec la fille de la famille. Elle avait un an de moins que moi, mais les parents lui laissaient plus passer de choses, ce n'était pas les mêmes réactions pour l'une ou pour l'autre. La tension a commencé à monter. On a essayé de faire des efforts, mais on s'est rendu compte que ça ne servait à rien. C'est à ce moment que j'ai voulu habiter seule.*

8 *J'ai pris rendez-vous avec mon assistante sociale pour en parler, mais elle trouvait que je n'étais pas prête.Il fallait que je trouve une autre famille d'accueil. Pour le moment, j'habite chez une copine en attendant la fin du mois de juin pour avoir mon appartement. Comme je serai encore mineure au moment de mon emménagement, j'aurai droit à un suivi jusqu'à mes 18 ans. Une dame va m'aider. Elle va m'apprendre à gérer un budget, à m'organiser, à réagir. Mais à 18 ans, je serai toute seule.*

9 *Il ne faut pas croire que c'est une vie qui va être toute rose. Oui je vais habiter toute seule, mais je vais devoir gérer des choses que, d'habitude, ce sont les parents qui gèrent : le sommeil, la scolarité, les temps libres, le budget, et les fréquentations. Et ce n'est pas facile de savoir quels sont les gens qui vont vous faire du bien et ceux qui vont vous enfoncer encore plus. Ça fait peur parfois. C'est pourquoi je ne vois pas mon futur et je veux vivre le moment présent. Je ne veux rien imaginer parce que je risquerais encore d'être déçue si les choses ne se passent pas comme je l'ai imaginé. On ne peut pas tout gérer en même temps, donc j'y vais petit á petit. Pas à pas. »*

Laurence Lecoq: *Swarado, Le Soir* (Belgique), 20.05.2008

[1] kot : belgicisme qui signifie "chambre d'étudiant"

Technique de travail

Il faudra bien se baser uniquement sur l'information présente dans le texte.

1 Selon les deux premiers paragraphes, deux des phrases suivantes sont correctes. Lesquelles ?

A Un jeune émancipé n'est plus obligé d'obéir à ses parents.
B Un jeune émancipé peut prendre toutes les décisions qui le touchent personnellement.
C L'émancipation est généralement une situation très agréable pour un jeune.
D Pour beaucoup de jeunes belges l'émancipation est une belle action.
E Les jeunes émancipés doivent quitter la maison de leurs parents.

2 Quelle expression du troisième paragraphe signifie « son appartement bien à elle » ?

3 Quelles expressions du quatrième paragraphe signifient :

a elle regrettait
b par conséquent

4 Dans l'expression « pour que je n'y pense plus », à quoi se réfère « y » ?

5 En quoi consistaient les contradictions de la mère ?

6 Les affirmations suivantes, basées sur le cinquième paragraphe, sont soit vraies, soit fausses. Justifiez votre réponse en citant des mots du texte.

a L'école n'était pas du tout sûre qu'Anaïs était victime de violence.
b Anaïs ne voulait pas recevoir d'aide du directeur.
c À son retour à la maison, sa mère lui a interdit de voir ses sœurs.
d Sa mère l'a rejetée.

7 Quelle expression du sixième paragraphe signifie « probablement » ?

8 Comment Anaïs a-t-elle compris qu'elle ne reverrait plus sa mère ?

9 La phrase « on a beau être dans une famille, ce n'est pour ça qu'on en fait partie » (septième paragraphe) signifie :

A C'est formidable d'être dans une famille d'accueil.
B On ne fait jamais vraiment partie d'une autre famille que la sienne.
C Ce n'est pas important de ne pas faire vraiment partie de la famille.
D Il n'y a rien de plus beau que l'esprit de famille, quelle qu'elle soit.

10 Dans la phrase « mais on s'est rendu compte que ça ne servait à rien », qu'est-ce qui ne servait à rien ?

En vous basant sur les deux derniers paragraphes, reliez le début de la phrase de la colonne de gauche à la fin appropriée qui se trouve dans la colonne de droite. Attention : il y a plus de fins que de débuts et chaque fin ne peut être utilisée qu'une seule fois.

11 Une dame va montrer à Anaïs
12 Anaïs pense que
13 Le rôle des parents est
14 Anaïs a peur
15 Anaïs préfère

A comment faire face à sa vie quotidienne.
B des personnes qui pourraient lui vouloir du mal.
C de son futur.
D d'organiser la vie de leurs enfants.
E prendre une chose à la fois.
F quand elle aura 18 ans.
G sa nouvelle vie ne sera pas facile.
H utiliser son imagination.
I vivre seule ne sera pas trop difficile.

16 À quel paragraphe du texte correspondent les résumés suivants ?

A La vie chez les autres.
B Une réalité loin du rêve.
C Incertitude.
D Une enfant maltraitée.
E Que signifie « être émancipé » ?
F Le rêve de beaucoup de jeunes.
G Les autorités se mettent en marche.
H Une situation peu répandue mais réelle.
I Les derniers préparatifs.

PAPA, MAMAN ET LES ENFANTS

La famille sénégalaise se nucléarise

La nucléarisation des familles prend des allures de sommet au Sénégal. Les couples sénégalais composés pour la plupart de deux conjoints dont l'un a fait l'école ont la propension d'avoir un nombre d'enfants limité à 4 au maximum. La société sénégalaise livre plusieurs raisons de l'importation de ce mode occidental.

Dossier réalisé par **Idrissa SANE et Tata SANE**

La nucléarisation des familles jusqu'ici considérée comme une mode en Europe a gagné l'Afrique et le Sénégal. Le taux de fécondité a connu une chute libre aussi bien en ville que dans les zones rurales. Dans les grandes villes comme Dakar, les femmes intellectuelles n'ont pas de difficulté pour donner des explications à cette propension. La limitation des naissances est une stratégie pour faire face à la crise économique. Elle est expliquée par les revenus insuffisants des couples à entretenir plusieurs enfants.

« Il est vrai qu'il n'y a aucune donnée statistique, mais le constat est que de plus en plus de couples choisissent d'avoir moins d'enfants qu'auparavant. À mon avis, ce phénomène s'explique par les difficultés que traverse le monde. Les espaces manquent dans les maisons, les moyens font toujours défaut, c'est pourquoi il est difficile d'élever une dizaine d'enfants par les temps qui courent. Aujourd'hui, les enfants sont sujets à problèmes », confie la journaliste de la Rts (Radio télévision sénégalaise), Racky Noël Wane.

Afrique, No 263 Aout 2007

L'ISOLEMENT DES COUPLES NUCLÉAIRES

La déstructuration des rapports familiaux en ligne de mire

La nucléarisation des familles risque de changer les rapports entre les couples et les autres membres de la belle-famille. La vie en communauté est déjà sérieusement mise en péril par l'occidentalisation de certaines valeurs africaines.

La grande famille africaine constituée du père, de la mère, des enfants, des grands-pères et grands-mères vivant dans la même maison est aujourd'hui menacée de disparition dans les grandes villes au Sénégal. « La nucléarisation aura une répercussion négative non pas sur les liens de la famille mais ce sont les rapports qui changeront. Lorsque vous êtes ma sœur, peu importe que l'on vive ensemble ou pas. Les liens de famille ne changent jamais. Cependant, la distance peut influer sur nos rapports », a fait savoir la sociologue Rougui Ba. La menace de déstructuration des rapports entre les couples et leurs grandes familles est d'autant plus réelle que la tendance est de vivre loin de la belle-famille.

« Je reconnais que certaines valeurs subsistent au Sénégal. J'ose dire que la nucléarisation a beaucoup joué. L'évolution des mentalités fait que des couples préfèrent vivre ailleurs que dans la belle-famille. Et ceci pour conserver de bonnes relations », souligne la sociologue.

Trouvé dans le quartier de Hann-village, dans la rue de l'Asc Kassanga, Pape Bâ, un jeune célibataire de teint clair, est un observateur de ce fait de société pour reprendre l'expression du sociologue Émile Durkheim. « Il y a beaucoup de familles nucléaires. C'est une tendance de nos jours au Sénégal. C'est inquiétant. La nucléarisation menace notre culture de solidarité, les liens de parenté au sein de la grande famille. Nous ne pouvons pas limiter la famille africaine au père, à la mère et à l'enfant », défend le jeune célibataire de Hann-village, Pape Bâ.

Le Soleil (Senegal)

1 En vous basant sur l'introduction du texte « **La famille sénégalaise se nucléarise** », dites si les phrases suivantes sont vraies ou fausses. Justifiez votre réponse par des mots du texte.

a Il y a de plus en plus de familles nucléaires au Sénégal.
b Dans les familles nucléaires au moins un des deux parents est éduqué.
c Au Sénégal, avoir quatre enfants est considéré comme une famille nombreuse.

2 Trouvez dans le deuxième paragraphe de ce texte les mots ou expressions qui correspondent aux définitions suivantes :

a nombre moyen de bébés par habitant
b diminution rapide et brutale
c la campagne
d avoir peu d'enfants
e moyens financiers

Techniques de travail

- Identifier dans le texte l'endroit exact où se trouve la réponse aux questions. (q. 1)
- Déduire le sens des mots et expressions d'après le contexte. (q. 2)

3 Parmi les causes de la diminution du nombre d'enfants suivantes, deux sont correctes. Lesquelles ?

A Les enfants ne reviennent pas assez souvent à la maison.
B Il y a beaucoup de crises internationales.
C Il n'y a pas assez d'espaces verts.
D Les logements ne sont pas assez spacieux.
E Les salaires ne sont pas assez élevés.
F Les enfants courent beaucoup et causent donc beaucoup de problèmes.

L'isolement des couples nucléaires

4 Quels mots ou expressions signifient :

a les parents de l'époux
b danger

5 Selon la sociologue Rougui Ba, trois des phrases suivantes sont correctes. Lesquelles ?

A L'interaction entre les personnes sera différente mais on sera toujours membre d'une famille.
B Même si on habite loin les uns des autres on aura toujours la même relation.
C Il est important pour Rougui Ba de pouvoir vivre avec sa sœur.
D Les rapports dans le couple sont menacés par la nucléarisation de la famille.
E Les femmes sénégalaises vivent moins qu'auparavant avec la famille de leur mari.
F Vivre de façon indépendante permet de meilleures relations avec la famille en général.

En vous basant sur le dernier paragraphe, reliez le début de la phrase de la colonne de gauche à la fin appropriée qui se trouve dans la colonne de droite. Attention : il y a plus de fins que de débuts et chaque fin ne peut être utilisée qu'une seule fois.

6 Pape Bâ observe
7 Pape Bâ ne croit pas
8 Si le phénomène de nucléarisation se développe
9 La famille africaine

A c'est une tendance inquiétante.
B doit se limiter.
C est traditionnellement très grande.
D la culture sénégalaise disparaîtra.
E le nombre croissant de familles nucléaires.
F les liens familiaux seraient menacés.
G que la famille nucléaire soit une bonne chose.
H qu'il a le teint clair.

Langue

Réviser la concordance des temps afin de bien apparier les débuts et fins de phrases.

Pour aller plus loin

- Interrogez vos parents pour savoir quand, pourquoi et dans quelles circonstances ils ont quitté le domicile familial. Comparez leur situation à la vôtre. Les circonstances ont-elles changé ? Si oui, de quelle manière ? Considérez la situation économique, la situation familiale, l'attitude de leurs parents, le taux de chômage chez les jeunes, le coût des études, l'influence des camarades et le fossé entre les générations.
- Faites une recherche pour déterminer combien cela vous coûterait de vivre de manière indépendante. Utilisez les journaux, des brochures et tarifs, des publicités, etc. pour calculer les dépenses, par exemple le loyer, les frais d'électricité, de téléphone, la nourriture, les vêtements, les loisirs, les études, etc. Déterminez comment vous pourriez obtenir l'argent nécessaire.
- Comparez les aspects négatifs et positifs de différents types de famille (traditionnelle, nucléaire, monoparentale, reconstituée, etc.).
- Comment peut-on expliquer les rivalités qui peuvent exister entre frères et sœurs ? Sont-elles dues aux préférences des parents ou à d'autres facteurs ? Comment sont vos relations avec vos frères et sœurs si vous en avez ? Si vous êtes enfant unique, le regrettez-vous ? Quel serait le nombre d'enfants idéal dans une famille selon vous ?
- Quel est le rôle des grands-parents ? Est-il de conseiller les parents, de remplacer les parents qui travaillent, de gâter les petits-enfants, ou autre chose ? A-t-il changé avec les générations ? Comparez votre relation avec vos grands-parents et celle que vos parents avaient avec leurs grands-parents au même âge. Si vous en avez la possibilité, interrogez vos grands-parents sur leur relation avec les leurs. Un enfant sans grands-parents proches est-il désavantagé à votre avis ?
- Quels devoirs les enfants ont-ils vis-à-vis de leurs parents ? Quel rôle devraient-ils jouer quand leurs parents sont âgés ou handicapés ? Est-il préférable pour une personne âgée de vivre dans une maison de retraite ou chez ses enfants ? Quels sont les avantages et les inconvénients de ces deux options ? Y a-t-il d'autres options ?

CAS

Dans le cadre de vos activités CAS avec des personnes âgées et/ou handicapées, quelle proportion d'entre elles ont une relation étroite avec leur famille proche ? En quoi cette famille joue-t-elle un rôle dans le bien-être de ces personnes ?

Théorie de la connaissance

- Pourquoi les familles étendues existent-elles dans certaines cultures et moins souvent dans d'autres ? Le concept de ce qui constitue une famille est-il différent selon les cultures ?
- Le mot « famille » implique-t-il des relations émotionnelles entre ses différents membres ? Quel est le rôle de la loyauté et du devoir au sein de la famille ?
- Le contexte de la famille influence-t-il la langue utilisée par ses membres ? Parle-t-on à ses parents comme on parle à ses amis, ses professeurs, d'autres membres de la société ?
- Comparez la façon dont les membres d'une famille sont désignés dans des cultures différentes (par exemple dans certaines langues les noms pour les oncles ou tantes varient selon qu'ils sont du côté de la mère ou du père). Pourquoi y aurait-il des différences dans ce vocabulaire ?

Activités orales

1 Visionnez les 27 premières minutes du film « Tanguy » d'Étienne Chatiliez (jusqu'au moment où la mère dit « Il faut qu'il parte »). Imaginez en groupe ce que les parents vont faire pour essayer de le faire partir. Pour montrer certaines de ces tentatives préparez un petit sketch que vous jouerez devant la classe.

Après avoir vu le reste du film comparez les sketchs présentés. Dans quelle mesure avez-vous pu retrouver des éléments de ces sketchs dans le film ? Quelles situations vous semblent les plus plausibles ? Pourquoi ?

(Si on ne dispose pas du film, on peut réaliser des sketchs dont le titre serait : Mon fils/Ma fille a 28 ans, il/elle doit partir de la maison.*)*

2 Jeu de rôle à deux

Vous êtes un jeune couple et bientôt vous allez avoir quinze jours de vacances. Jouez ce rôle devant la classe.

Rôle A :

Vous venez d'une famille très grande et très liée.

Vos parents vous ont invités à passer les vacances chez eux. Ils habitent un petit village à la campagne. Vos frères et sœurs seront là et même vos cousins ont promis de passer quelques jours. Ce sera comme quand vous étiez enfant. Super !

Rôle B :

Vos parents vous les voyez rarement et c'est très bien comme ça ! Pour vous, la famille égale contraintes et ennui.

Une bande de copains vous ont proposé de les rejoindre dans un club de vacances à la mer avec discothèque et activités tous les soirs. Ça ce sont de vraies vacances !

Les nouveaux papas-poules

1 Décrivez la relation entre ce père et cet enfant.

2 Pensez-vous que le rôle du père et de la mère soient différents dans une famille ? Ces différences peuvent-elles créer des conflits dans le couple ?

3 Pensez-vous que le père et la mère devraient tous les deux avoir des congés payés pour élever leurs enfants ? Quelles seraient les conditions et la durée de ces congés ?

4 Comparez ceci avec la place que tient le père dans votre famille et dans votre pays en général.

Production écrite

1 Votre ami(e) a des difficultés avec ses parents car, à son avis, ils ne le/la comprennent pas. Comme il/elle n'ose pas leur en parler, vous décidez d'écrire une lettre à ses parents afin de les aider à rétablir la communication entre eux. Vous leur expliquez la situation et les sentiments de votre ami(e) et leur proposez des solutions.

- **a** Ceci sera une lettre familière semi-formelle. Vous penserez à la façon dont vous vous adressez aux parents de votre ami(e) (*Chers Monsieur et Madame X, chers amis,* etc.). Vous garderez un ton poli et courtois.
- **b** Le premier objectif de cette lettre est d'expliquer afin d'aider et non pas de critiquer ou de prendre parti. N'essayez pas de juger mais utilisez des exemples précis pour étayer votre explication. Des connecteurs logiques appropriés seront utilisés (*étant donné que, par conséquent, c'est pourquoi,* etc.). N'oubliez pas que vous essayez de les convaincre par conséquent montrez-leur que vous comprenez leur position (*Je comprends très bien que vous ayez peur pour sa sécurité…*).
- **c** Le deuxième objectif est de faire des propositions afin de trouver des solutions au problème. Il ne s'agit pas de conseils (*Faites ceci, ne faites pas cela*) mais de possibilités que vous proposez (*Peut-être pourriez-vous…*).

2 À la suite d'une catastrophe naturelle dans un pays en voie de développement, vous apprenez que de nombreuses familles de pays développés ont décidé d'adopter de petits orphelins de ce pays. Lors d'un débat dans votre école vous prenez parti pour ou contre ces adoptions en masse. Écrivez le texte de votre présentation.

- **a** Il s'agit d'une argumentation. Le texte sera organisé avec une introduction, des paragraphes et des exemples clairs pour soutenir l'argumentation. Des articulateurs logiques seront nécessaires (*d'une part, d'autre part, par ailleurs, néanmoins, en outre,* etc.). La langue utilisée sera soutenue. Vous utiliserez des procédés stylistiques variés qui viseront à convaincre.
- **b** Tous les aspects devront être conformes à la prise de position choisie (soit pour – trouver une bonne famille d'adoption, soit contre – rester dans sa propre culture). Vous pourrez toutefois anticiper le point de vue opposé de façon à renforcer votre argumentation.

3 **Niveau supérieur** Expliquez votre point de vue et démontrez votre compétence interculturelle en étudiant les similitudes et les différences à ce sujet entre votre culture et celle(s) que vous étudiez.

En Afrique, un vieux, ça ne se jette pas. On le respecte, on l'écoute, on le chouchoute. Son statut d'ancien lui confère une place dans la société, et pas des moindres. Un peu comme dans les campagnes françaises il y a encore quelques années, où le grand-père avait sa place à table et son mot à dire. Plutôt normal, non ? Si l'expérience et la sagesse s'acquièrent avec le temps qui passe, pourquoi ne pas respecter ces valeurs chez l'autre, chez un des vôtres, en particulier celui ou celle qui vous a mis au monde, élevé, éduqué ? On peut ne pas être d'accord avec un ascendant, ne pas s'entendre avec lui, bref, ne pas le supporter, mais, en Afrique, personne n'ira jusqu'à s'en débarrasser. C'est exclu ! Et il semble que cette attitude participe d'une forme de structuration mentale bien plus solide qu'ailleurs. Les jeunes évoluent, avancent dans leur vie, en intégrant leur histoire personnelle, en privilégiant le lien familial et l'appartenance à un groupe donné. Et tant pis si les parents ou grands-parents peuvent peser, être une charge financière ou psychologique… Cette attitude est tellement plus logique, mature. Bien plus responsable que de refuser la vieillesse et tout ce qu'elle représente, de s'agiter stérilement comme un électron libre sans racines, qui croit inconsciemment à la jeunesse éternelle. Il faudrait vraiment que les sociétés dites « évoluées » en prennent de la graine, car il semble qu'elles soient, sur ce point, en train de se tromper…

Emmanuelle Pontié
Afrique, Mai 2009

Vous considérerez :

- ce que l'âge apporte aux jeunes générations et les avantages que la présence d'une personne âgée apporte à la société en général ;
- les raisons pour lesquelles les personnes âgées ne vivent plus avec leurs enfants et petits-enfants dans les sociétés dites « évoluées » ;
- l'opinion qu'on a des personnes âgées.

A2 Amour et amitié

Objectifs

- Réfléchir aux différences et similarités entre amour et amitié et le rôle que ces sentiments jouent dans les relations entre les individus.
- Développer le vocabulaire lié aux sentiments dans les relations sociales et personnelles.
- Étudier la langue nécessaire pour pouvoir donner des conseils.

Remue-méninges

- Pour vous qu'est-ce que c'est un(e) ami(e) ? Qu'attendez-vous d'un(e) ami(e) ? Vos ami(e)s, qu'attendent-ils/elles de vous ? Et vous, que leur offrez-vous ?
- Quelles sont les différences entre un ami et un copain ? Peut-on avoir beaucoup d'amis ?
- Peut-on avoir des amis d'un sexe différent du nôtre sans qu'il y ait de sentiment amoureux ?
- Peut-on être amoureux d'un(e) ami(e) ? L'amitié et l'amour sont-ils deux sentiments compatibles ou distincts ?
- Sur quoi porte l'amour d'après vous ? L'attraction physique ? la complémentarité psychologique ? Autre chose ?
- Considérez les deux documents suivants. Quelles sont les différences entre l'amour et l'amitié ? Dans quelle mesure êtes-vous d'accord avec ces descriptions ? Avez-vous des exemples pour illustrer votre réponse ?

Recette

Bien choisir les ingrédients
selon goûts.
Amalgamer avec douceur.
Ajouter une pincée d'humour,
une bonne dose de gentillesse,
et saupoudrer sur les épices.
Mettre à four moyen
pour une durée illimitée.
A consommer chaud.
Ne jamais laisser refroidir
les Delices de l'amitié!

Amour: Mode d'emploi

Attention! Praduit inflammable!
Ne pas éteindre la flamme,
et surtout ne pas l'étouffer.
Au contraire, l'alimenter régulierement.
La protéger des intempéries.
La chouchouter, la dorloter, la cajoler,
autant de fois que le désir s'en précise
Ne pas craindre l'usure:
Produit inaltérable s'il est bien entretenu!

Comment se faire des amis ?

En ce début d'année scolaire, tu te sens peut-être perdu(e) au lycée, ou à la fac. Voici quelques idées pour t'aider à aller vers les autres.

PARTICIPER

L'une des manières les plus faciles de commencer à te faire connaître des autres est de t'insérer dans un groupe. Si tu aimes le sport, c'est le moment de t'inscrire dans un club. Basket, hand-ball, football, volley, tous ces sports rendent nécessaire la dynamique de groupe. Si tu aimes les sports plus individuels comme l'athlétisme par exemple, ne te retiens pas : la régularité des entraînements est une expérience commune qui déliera forcément les langues. Si le sport n'est pas ton truc, tourne-toi vers les activités culturelles (théâtre, musique…) ou encore vers les causes qui te motivent (clubs de lutte contre le VIH, Droits de l'homme, etc.). Dans tous les cas, essaie de trouver l'activité qui te touche et te ressemble le plus car c'est dans ce cadre-là que tu oseras prendre la parole et te faire connaître.

FAIRE LE PREMIER PAS

Parfois, les « nouveaux » intriguent. Eh oui ! Ce que tu ressens en regardant les autres est peut-être ce qu'ils pensent aussi de toi. Alors c'est peut-être à toi parfois de faire le premier pas. Demande de l'aide : tu ne sais pas où se trouve une salle de cours ? Tu n'as pas compris un exercice ? Tu aimerais avoir des détails sur le style d'un prof, sur l'organisation de l'emploi du temps, sur les rapports avec l'administration ? Demande simplement et on te répondra simplement car très peu de personnes refusent de donner ainsi un coup de main gratuit. Tu peux aussi te montrer visiblement amical : n'économise pas ton sourire. Va trouver le garçon ou la fille qui a dit quelque chose qui t'a intéressé pendant un cours et poursuis la conversation sur le même thème : tu verras que vous n'aurez pas forcément à vous creuser la tête pour trouver un autre sujet. Enfin, ose avoir encore plus d'audace en te proposant en renfort à un groupe préparant un travail spécifique ou un exposé. Petit à petit, tu en sauras plus sur les autres et ils en sauront plus sur toi.

RESTER SOI-MÊME

Parfois, on a tellement envie de faire partie d'un groupe ou d'une bande que l'on oublie de regarder de près (**…5a…**) s'y passe. Alors fais attention. La bande peut avoir un fonctionnement malsain autour d'un leader (**…5b…**) abuse de son statut. Les plus faibles psychologiquement se mettent à dépendre de (**…5c…**). Et (**…5d…**) se croient les plus forts le suivent malgré tout dans ses propositions les plus excessives : boire de l'alcool à tout prix, fumer ou s'adonner aux drogues « douces » etc. Alors cultive ta liberté d'esprit et écoute ton intuition. N'accepte aucun rite de passage qui te paraît bizarre et qu'il faudrait exécuter pour prouver un prétendu courage. Un groupe harmonieux repose sur la diversité des personnalités qui le composent. Sois toi-même, dans le groupe et n'oublie pas que tu n'as pas besoin d'être d'abord parfait aux yeux des autres pour être accepté.

Planète Jeunes No 83, oct-nov 2006

1 Le but de ce texte est :

A expliquer comment bien commencer la nouvelle année scolaire.
B donner des conseils pour établir des contacts.
C raconter les sentiments des nouveaux élèves.
D retrouver des amis qu'on avait perdus.

2 D'après le paragraphe intitulé « **Participer** », deux des affirmations suivantes sont vraies. Lesquelles ?

A Participer à un sport rend dynamique.
B Les sports de groupe sont préférables aux sports individuels pour se faire des amis.
C Même les sports individuels permettent de rencontrer d'autres personnes.
D Faire du sport est un bon moyen pour se tourner vers des activités culturelles.
E Une autre possibilité est de faire des activités culturelles pour des causes intéressantes.
F Le plus important est de choisir une activité qui corresponde à son caractère.

3 Trouvez, dans ce même paragraphe, les mots ou expressions qui signifient :

a t'introduire
b mettre ton nom sur une liste
c tu ne dois pas attendre
d fera parler
e environnement
f commencer à parler

Langue

Revoir la formation de l'impératif : conjugaison, utilisation des pronoms aux formes affirmative et négative.

Considérer d'autres formes verbales pour donner des conseils.

4 En vous basant sur le paragraphe intitulé « **Faire le premier pas** », dites si les phrases suivantes sont vraies ou fausses. Justifiez votre réponse par des mots du texte.

a Les autres ont peut-être aussi un peu peur de toi.
b En général les gens n'aiment pas aider.
c Il faut avoir l'air aimable avec les autres.
d Il est préférable de ne pas trop parler de ce qui s'est passé pendant les cours.
e Il faut avoir le courage de s'intégrer à un groupe.
f Avec le temps on arrive à mieux se connaître.

5 a–d Ajoutez les mots qui manquent dans le paragraphe intitulé « **Rester soi-même** » en les choisissant dans la liste proposée ci-dessous. Attention : il y a plus de mots ou expressions que d'espaces et chaque mot ou expression ne peut être utilisé(e) qu'une seule fois.

CE QUE CE QUI CELA QUE CEUX QUE CEUX QUI
LE LUI QUE QUI

Langue

Revoir les pronoms relatifs et les démonstratifs.

En vous basant sur ce même paragraphe, reliez le début de la phrase de la colonne de gauche à la fin appropriée qui se trouve dans la colonne de droite. Attention : il y a plus de fins que de débuts et chaque fin ne peut être utilisée qu'une seule fois.

6 Pour éviter les problèmes graves, il faut
7 Il n'est pas nécessaire
8 Dans un groupe, il doit
9 La perfection

A à montrer son courage pour être accepté.
B de prétendre être ce qu'on n'est pas.
C est importante pour les autres.
D être des personnalités diverses.
E exister l'harmonie.
F garder une indépendance d'esprit.
G n'est pas nécessaire pour se joindre aux autres.
H que tu travailles en groupe.
I tu suis ton intuition.
J y avoir des personnes de caractères différents.

Petit conseil aux couples mixtes

Écrit par : DouceVoile 22-10 à 13:38

À vous tous qui êtes un couple mixte, peu importe la nationalité, je veux vous dire que vous avez une histoire d'amour extraordinaire. Peu de gens ont la chance de vivre une expérience où l'un des partenaires quitte son pays pour vivre avec sa moitié.

Il faut une force et une volonté incroyables sans compter une grande confiance en l'autre. Bien sûr pendant l'attente, celle-ci sera ébranlée car on dira ce que l'on veut, notre tête est toujours hantée par ce proverbe qui dit « Loin des yeux, loin du cœur » même si ce dernier n'est pas toujours vrai. Les sentiments que l'on ressent sont très forts et le jour « J » venu, ceux-ci le sont encore plus.

De là, une autre épreuve de couple vous attend, l'attente et l'adaptation. Pour l'avoir vécu, celui qui quitte son pays vivra des moments très difficiles, loin de ses proches, le mal du pays, trouver un boulot, les équivalences de la scolarité, le permis de travail, les délais d'attente. Des moments très durs qui affecteront son caractère pendant la première année surtout et qui fait en sorte que la personne aimée ne sera pas celle que l'on a connue. Des sautes d'humeur, des moments de déprime et la tentation de s'en prendre à l'autre peuvent survenir. La personne qui vous aime sait que c'est difficile et encore là, eux aussi vivent des moments tendus.

Vous qui quittez votre pays pour être près de la personne aimée, il est tout à fait normal que psychologiquement ce soit difficile, mais n'oubliez pas l'autre si vous tenez à cette personne. Celle-ci vous aime, et malgré tout, essaie de tout faire pour que vous vous sentiez à l'aise et souvent cela sera en vain. Nous, qui vous avons attendus, aimerions vous aider du mieux que l'on peut et le meilleur soutien psychologique est de vous aimer. Peut-être que vous ne vous en rendrez pas compte sur le coup mais après quelque temps, vous verrez ce que l'autre aura vécu. Mais n'oubliez pas, n'oubliez pas de dire à ce Québécois ou Québécoise qui vous aime, lorsque vous n'allez pas bien, que vous trouvez cela difficile et que surtout « CE N'EST PAS SA FAUTE ». Vous éviterez peut-être ainsi des froids et des disputes inutiles et l'autre ne pourra que vous remercier de votre prévenance et vous aimer encore plus.

Sur ce, je vous souhaite beaucoup de bonheur et une longue vie de couple.

Écrit par P'tite : 23-10 à 1:24

En temps de séparation comme **(...18a...)** l'on vit, la communication est super importante. Il faut savoir exprimer ses émotions, ses pensées, ses peurs, ses attentes... mais encore faut-il savoir quelles sont-**(...18b...)** ! Je trouve que ce n'est pas toujours évident de mettre les mots exacts sur ce que l'on vit, sur ce que l'on ressent. Il faut bien sûr être à l'écoute de **(...18c...)** (et aussi de l'autre, 100 fois plus même parce qu'on n'a pas de contact visuel), avoir une bonne capacité d'introspection et je dirais à la limite une certaine sagesse. Mais la fatigue, le stress, la déception et encore d'autres facteurs viennent parfois **(...18d...)** embrouiller.

Heureusement, l'homme de ma vie est rempli de compréhension et d'amour. Bon en tous cas... je veux simplement dire qu'on retrouve toujours notre équilibre, parce que la communication a été là à la base de **(...18e...)** couple depuis le tout début. Communication. Un des mots-clés !

Voilà... c'était ce que j'avais à dire. Peut-être que mon apport à ce post ne sera pas d'une très grande utilité pour certains.

Merci DouceVoile pour tes conseils !

Label France, Ambassade de France

1 À qui s'adresse DouceVoile ?

2 Leur histoire d'amour est extraordinaire parce que :

A peu de gens ont de la chance.
B ces gens ont eu beaucoup de chance.
C quitter son pays est une grande expérience.
D l'un des deux a fait un énorme sacrifice.

3 Dans ce genre d'expérience,

A il ne faut que de la force et de la volonté.
B de la force, de la volonté et faire confiance à l'autre personne sont essentiels.
C il faut plus de force et de volonté que de confiance.
D la confiance envers l'autre ne compte pas beaucoup.

4 La référence au proverbe « Loin des yeux, loin du cœur » montre :

A qu'on ne sait pas ce que l'autre fait.
B qu'on est obsédé par la peur de perdre la personne aimée.
C qu'on sait que l'autre ne vous oubliera pas.
D qu'on pense que ce sera la dernière fois qu'on sera séparés.

5 Dans la phrase du deuxième paragraphe…	le mot ou expression…	se réfère dans le texte à…
a celle-ci sera ébranlée	celle-ci	
b ce dernier n'est pas toujours vrai	ce dernier	
c ceux-ci le sont encore plus	ceux-ci	
d ceux-ci le sont encore plus	le	

6 Parmi les difficultés d'aller vivre dans un nouveau pays citées dans le troisième paragraphe, quels mots ou expressions sont en rapport avec :

a le fait d'avoir quitté sa famille (2 expressions)
b l'intégration dans le monde du travail (3 expressions)

7 Quelles sont les causes du changement de personnalité de la personne aimée ?

8 Comment se manifestent ces changements ?

Dans le quatrième paragraphe, identifiez à quel membre du couple se réfèrent les mots ou expressions suivants.

9 vous
10 la personne aimée
11 l'autre
12 celle-ci
13 nous

A au Québécois (ou à la Québécoise)
B à la personne qui a quitté son pays

14 Quelles expressions du quatrième paragraphe signifient :

a êtes attaché
b soyez content
c inutilement
d faire son possible
e comprendrez
f à ce moment-là
g des relations tendues et difficiles

Langue

De façon à développer le vocabulaire, relever les mots et expressions du message de P'tite ayant trait aux sentiments et aux émotions.

15 a–e Ajoutez les mots qui manquent dans la réponse de P'tite en les choisissant dans la liste proposée ci-dessous. Attention : il y a plus de mots ou expressions que d'espaces et chaque mot ou expression ne peut être utilisé(e) qu'une seule fois.

CELLE QUE CELUI ELLES ILS LES MOI NOTRE NOUS SOI-MÊME SON

Pour aller plus loin

- Langue : vous étudierez la structure d'une fiche de conseils avec une introduction, l'utilisation de formes verbales diverses telles que l'impératif, l'infinitif (affirmatif et négatif), le futur, il faut, etc.
- Y a-t-il différents types d'amour ? Peut-on aimer de la même façon un(e) petit(e) ami(e), un époux (une épouse), un enfant, un parent, un être suprême, un animal, etc. ? Quelle est le part d'attraction physique dans chacune de ces relations ?
- *« L'amitié, comme l'amour, demande beaucoup d'efforts, d'attention, de constance, elle exige surtout de savoir offrir ce que l'on a de plus cher dans la vie : du temps ! »* (Catherine Deneuve) Êtes-vous d'accord avec cette citation ? Combien de temps donnez-vous à vos amis ? Voudriez-vous leur consacrer plus ou moins de temps ? Est-ce facile ou difficile de leur consacrer ce temps ?
- Est-il plus facile de s'aimer quand on est de même origine (nationalité, religion, culture, langue, classe sociale) ? Quels obstacles et préjugés les couples mixtes peuvent-ils rencontrer dans leur couple et dans la société en général ?
- Peut-il y avoir un conflit entre l'amour et l'intérêt individuel ou celui d'autrui ? Accepteriez-vous un mariage basé sur d'autres bases que l'amour (intérêts familiaux, argent, tradition, etc.).
- Quel rôle la loi joue-t-elle dans le mariage ? Comparez les avantages et inconvénients relatifs du mariage civil, du mariage religieux, de la cohabitation, du PACS. Pourquoi un couple choisit-il l'un ou l'autre ?
- « Amour » rime-t-il avec « toujours » ? 40 % des mariages en France se terminent par un divorce. Est-ce similaire dans votre société ? Pourquoi les rêves et les promesses d'amour éternel finissent-ils si souvent par disparaître ?

Théorie de la connaissance

- Dans quelle mesure la raison, la perception, l'émotion et la langue (modes de la connaissance) sont-elles ou peuvent-elles être à l'origine du sentiment amoureux ?
- Quelle est la différence entre « aimer » et « aimer bien » ? Linguistiquement, « aimer bien » ne devrait-il pas être plus intense qu' « aimer » ? Comment peut-on comprendre cette contradiction ? Comment ces deux expressions sont-elles traduites dans votre propre langue ?
- Pourquoi n'y a-t-il qu'un seul verbe (aimer) alors que lui correspondent deux substantifs distincts (amour et amitié) ?

Activités orales

1 Vous avez un problème avec votre ami(e). Comme vous ne savez pas quoi faire face à ce problème vous demandez conseil à plusieurs de vos camarades. Vous avez 20 minutes pour consulter le plus de camarades possibles. Vous exposerez ensuite votre problème à la classe et direz ce que vous décidez de faire. *La liste suivante sera répartie entre les élèves de la classe. Cette liste n'est pas exhaustive et sera adaptée au nombre d'élèves.*

A Votre ami(e) s'enivre tous les week-ends.

B Votre ami(e) trompe son/sa petit(e) ami(e).

C Votre ami(e) a triché à un examen.

D Le/La petit(e) ami(e) de votre ami(e) le/la trompe.

E Votre ami(e) vole régulièrement dans les magasins.

F Vous découvrez que votre ami(e) est homosexuel(le).

G Votre ami(e) souffre du VIH.

H Votre ami(e) voudrait être musicien(ne) mais ses parents veulent qu'il/elle fasse médecine.

Profil des apprenants : La décision prise montrera plusieurs aspects du profil des apprenants. Comme **penseurs** ils prendront une décision réfléchie et éthique. Dans certaines situations ils devront être **intègres**, dans d'autres **ouverts d'esprit**. Dans tous les cas ils seront de bons **communicants** afin d'aider leurs camarades à résoudre leur problème.

2 Discutez en groupe les citations suivantes et décidez celle avec lequelle las membres du groupe s'identifient le plus.

A À quoi bon tant d'amis ? Un seul suffit quand il nous aime. *Jean-Pierre Claris de Florian*

B Il est plus honteux de se défier de ses amis que d'en être trompé. *François de La Rochefoucauld*

C L'ami le plus dévoué se tait sur ce qu'il ignore. *Alfred de Musset*

D L'amitié est le mariage de l'âme, et ce mariage est sujet à divorce. *Voltaire*

E La prospérité fait peu d'amis. *Marquis de Vauvenargues*

F Le sort fait les parents, le choix fait les amis. *Abbé Delille*

G Les femmes vont plus loin en amour que la plupart des hommes, mais les hommes l'emportent sur elles en amitié. *Jean de La Bruyère*

H Mieux vaut ami grondeur que flatteur. *Chevalier de la Tour Landry*

I Sur le chemin de l'amitié, ne laissez pas croître l'herbe. *Antoine-Pierre Dutramblay*

J Vous avez trois sortes d'amis : vos amis qui vous aiment, vos amis qui ne se soucient pas de vous, et vos amis qui vous haïssent. *Chamfort*

Les mariages mixtes

1 Décrivez cette photo et les circonstances. Quels seraient les sentiments des différentes personnes à votre avis ? Pourraient-elles avoir certaines appréhensions ?

2 Comment apparait la mixité des cultures ?

3 Quels défis peuvent être rencontrés par des couples mixtes ?

4 Comment sont considérés les couples mixtes dans votre culture ?

Production écrite

1 Écrivez une liste de conseils à l'intention des nouveaux élèves de votre école de façon à les aider à mieux s'intégrer à la vie sociale de l'établissement.

a Vous pourrez vous inspirer du texte « Comment se faire des amis » comme point de départ. Cependant, les conseils devront être précis avec des références au cadre de l'école.
b Cette liste de conseils aura un titre, une introduction. Les différents conseils pourront être numérotés et/ou comporter des sous-titres. Il ne s'agit pas d'une simple liste : chaque point sera élaboré avec des explications, justifications, exemples concrets.
c La langue sera familière mais précise.

2 Écrivez une déclaration d'amour, une lettre de rupture, d'indécision ou autre en utilisant des éléments appropriés à la circonstance parmi les listes suivantes. Vous devrez choisir au moins une expression de chaque encadré.

chère cher ma chère mon ma	ma mon petit(e) grand(e) pauvre	ami(e) amour idiot(e) chéri(e) cœur	ces vacances loin de toi m'ont fait du bien il y a trop longtemps que je ne t'ai pas écrit tu ne changes pas ; tu es vraiment un monstre d'égoïsme tu exagères, comme d'habitude !

et si ou se voyait samedi ?
je ne peux pas samedi
si tu ne peux pas ce samedi, on se voit quand tu veux
je ne veux plus te revoir

je t'embrasse plein, plein de bisous A+ adieu	je voudrais te revoir j'avais oublié comme je t'aimais si j'avais su que tu me traiterais comme ça ! tu sais, je n'ai pensé qu'à toi	je ferais n'importe quoi pour toi ne compte pas sur moi bien sûr, je serai là si tu as besoin de moi	je t'aime passionnément je ne peux plus te supporter je suis troublé(e) ; je ne sais plus où j'en suis j'espère quand même qu'on restera amis

a Comme il s'agit d'un sujet d'imagination, vous serez libre de développer vos idées comme vous l'entendez à condition que l'ensemble soit cohérent. Il est important que les différentes phrases et expressions choisies soient bien intégrées à la lettre. Vous choisirez avec soin les phrases adaptées au type de lettre voulu. Ces phrases n'apparaîtront pas nécessairement dans l'ordre de l'énoncé.
b Le registre sera familier. Vous rédigerez le texte à la première personne et vous vous adresserez directement à votre interlocuteur car il s'agit également d'une lettre personnelle. Vous utiliserez des procédés stylistiques variés afin de rendre le récit plus captivant et pour donner de la force au langage.

3 **Niveau supérieur** Expliquez votre point de vue et démontrez votre compétence interculturelle en étudiant les similitudes et les différences à ce sujet entre votre culture et celle(s) que vous étudiez.

Filles et garçons n'ont ni les mêmes priorités, ni les mêmes goûts. Beauté et intelligence, voilà les principales qualités qu'un garçon requiert d'une fille. Les adolescentes, quant à elles, misent sur la gentillesse, la confiance et l'humour. La première aventure amoureuse est souvent ressentie différemment, le garçon étant plus désireux de vivre une expérience, la fille ayant plutôt envie de plaire. Des deux côtés, la pression de la norme est très forte et les stéréotypes sexistes ont la vie dure, même dans une société favorisant la mixité et l'égalité entre les sexes comme la France. Ils dictent la manière de séduire et de s'exprimer… la manière d'être. Et gare aux faux pas : les jeunes ne se font pas de cadeaux entre eux.

Vous considérerez :

- les différences de perspectives des garçons et des filles ;
- quelques attitudes stéréotypées des jeunes vis-à-vis de l'amour ; l'évolution de ces stéréotypes ;
- des exemples concrets de relations entre les jeunes ;
- les attentes que vous percevez dans votre culture et les pressions que cette culture exerce sur vous.

A3 Les valeurs des jeunes

Objectifs

- Explorer ce qui préoccupe les jeunes et ce qui les motive.
- Réfléchir aux différences entre les générations.
- Poser des questions dans des sondages, des débats et des interviews.
- Apprendre comment écrire une interview.
- Étendre son vocabulaire.

Remue-méninges

- Parmi la liste suivante, déterminez ce qui compte le plus pour vous et pourquoi. Établissez un ordre d'importance.
  - Avoir beaucoup d'argent
  - Avoir beaucoup de temps libre
  - Avoir des enfants
  - Avoir un travail intéressant
  - Avoir de vrais amis
  - Devenir célèbre
  - Être heureux en amour
  - Faire ce qu'il vous plaît
  - Faire des études supérieures
  - Faire une différence dans le monde

  Avez-vous d'autres priorités ? Discutez vos réponses avec vos camarades de classe.
- Qu'est-ce que c'est une « valeur » pour vous ? Recherchez-en des définitions dans le dictionnaire.
- Discutez en groupes le graphique ci-dessous. Que comprenez-vous des différents sujets mentionnés ? Que pensez-vous des tranches d'âge choisies ? A-t-on les mêmes préoccupations à 18 et à 29 ans, à 30 et à 60 ans ?

  Comparez les résultats entre les jeunes et les personnes plus âgées. Comment ces différences s'expliquent-elles ? Et vous, avez-vous les mêmes préoccupations ? Faites un sondage auprès de vos camarades et comparez vos préférences.

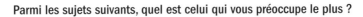

Parmi les sujets suivants, quel est celui qui vous préoccupe le plus ?

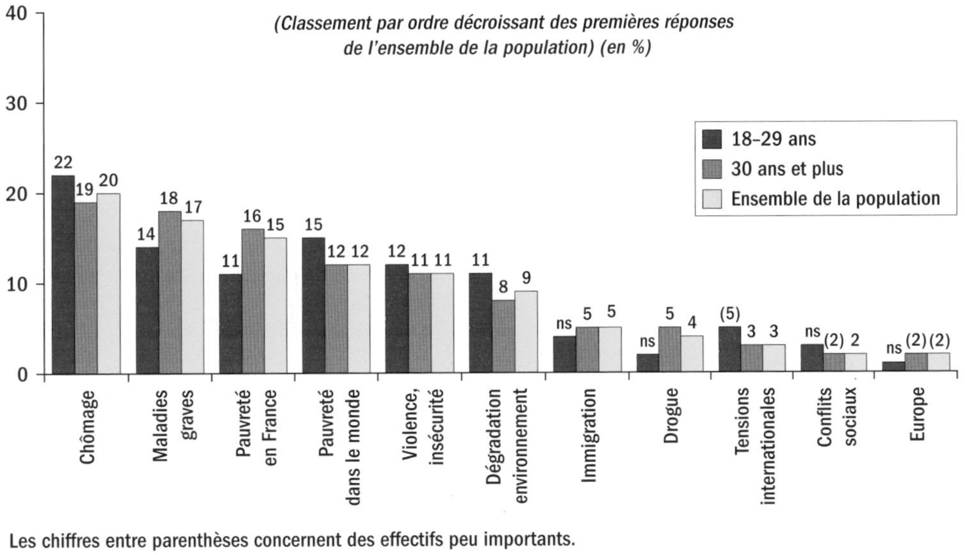

Les chiffres entre parenthèses concernent des effectifs peu importants.
Ns = non significant.

Source : CREDOC, Enquête sur les conditions de vie et aspirations des Français, 2006.

Le langage muet de l'habit

Le vêtement est une expression de l'identité. Mais exprime-t-il une identité propre, ou celle d'une tribu ? Les adolescents observés dans la rue ou dans la cour d'école peuvent être catégorisés. La mode, un mode d'expression ? Décodage.

Choisir ses vêtements : un acte qui n'est pas innocent, quand trouver un style, c'est trouver un clan.

Le vêtement peut être considéré comme un langage. Muet bien sûr, mais langage tout de même puisqu'il en dit long sur celui qui le porte. En ce sens, il fait partie de la construction de l'identité. Mais à regarder la file des adolescents qui se dirige vers le CO[1] et le Collège du Sud, une sorte d'uniformisation est bien visible. Alors le vêtement, traduction ou trahison de soi ?

Le microcosme de la cour de récréation est régi selon des règles très dures. Un élève peut être rejeté par ses camarades parce qu'il n'est manifestement pas dans le coup. « Mieux vaut éviter d'être ringard », disent en chœur les adeptes de musique rap rencontrés. En effet, pour éviter l'exclusion, il faut se fondre dans le groupe, appartenir à une tribu. « Les jeunes ne veulent surtout pas porter d'uniforme, mais ils sont tous en uniforme ! », note Laurent Bornoz, vingt ans de commerce textile derrière lui – aujourd'hui directeur du centre commercial Fribourg-Centre. Le rattachement à une communauté apparaît comme essentiel. Trouver un style, c'est trouver un clan.

L'univers musical, en particulier, véhicule des images qui seront récupérées par les adolescents. Le style de tel ou tel rappeur, ou celui de telle ou telle chanteuse sexy se retrouve dans la rue. « Nous pourrions même deviner quel est le disque qui se vend le mieux en fonction du style des filles qu'on voit le plus dans la rue », raconte Laurent Bornoz.

Le style vestimentaire peut donc être assimilé à un code d'appartenance au groupe. Appartenance recherchée ou imposée ?

DE BRICE À MARY J BLIGE

Dans le sud du canton[2], deux genres d'habillements se disputent la vedette chez les adolescents. Il y a les « métalleux » et les « rappeurs ». Bien entendu, il ne faut pas tomber dans les clichés de base : une personne écoutant du R'n'B n'est pas obligatoirement habillée avec des pantalons extralarges, un pull Lacoste et une casquette enfoncée sur la tête, comme les rockers ne sont pas forcément vêtus tout en noir et grimés comme Marilyn Manson. Mais en observant attentivement, les différences existent.

Comme le disent les spécialistes, le choix vestimentaire des jeunes est fortement conditionné par la télévision, la musique ou les amis. À 12 ans, Manuel ne peut dire le contraire, vêtu d'un tee-shirt au nom de Brice. « Je l'ai acheté, car j'adore le personnage. Il me fait rire. » Influencé par le phénomène Brice de Nice, le jeune homme avoue pourtant ne pas trop s'intéresser à la mode. « Je m'habille comme je veux. Ce que portent mes camarades m'est complètement égal. D'ailleurs, peu d'élèves ont des tee-shirt jaune fluo. »

Plus loin, au Collège du Sud, deux jeunes filles n'ont, apparemment, pas le même discours. Plutôt fringuées R'n'B, elles avouent être fortement influencées par la mode. « Nous nous habillons de cette manière car nous aimons ce style de musique.

L'IMPORTANCE DES MARQUES

Pour Terrence Crouge et Hubert Thomann, propriétaires du magasin Spot Shop, les marques sont devenues très importantes. « Maintenant, les enfants sont intéressés par les marques dès sept ou huit ans. Nous remarquons également que les jeunes veulent s'habiller plus librement, avec des vêtements plus larges et confortables. Mais la mode change tellement vite qu'on ne peut rien prévoir. Une marque portée par une star peut tout à coup devenir à la mode. »

Avec ses cheveux longs et son bonnet, Samuel (20 ans) fait plutôt partie des « métalleux ». Pour lui, la manière de se vêtir dépend surtout du style de vie. « Je m'habille décontracté, sans prise de tête. » Pour lui, il n'y a plus de « guéguerre » entre les différents clans. « Depuis deux ou trois ans, les gens se sont ouverts et les différences ne dérangent plus vraiment. »

Priska Rauber et Valentin Castella
La Gruyère, 4.10.2005.

[1] CO : Le **cycle d'orientation** désigne la première partie du système d'enseignement secondaire en place dans la partie francophone du Canton de Fribourg (Suisse). Il se divise en trois années (7e, 8e et 9e) et marque la fin de la scolarisation obligatoire à l'âge de 15 ans. Le Collège du Sud est un autre établissement secondaire de Fribourg.

[2] canton : état de la Confédération suisse

1 Dans l'introduction du texte quels mots signifient :

a manifeste
b moyen

2 Quelle expression du premier paragraphe (l.1 à 11) montre que le vêtement est bien un langage ?

3 Quel est son opposé dans ce même paragraphe ?

4 Dans la question « Alors le vêtement, traduction ou trahison de soi ? » (l. 10) l'auteur se demande :

A pourquoi les jeunes portent ces vêtements-là.
B comment les adolescents peuvent exprimer leur personnalité.
C si le vêtement représente vraiment la personnalité de celui qui le porte.
D si les jeunes devraient porter un uniforme pour aller à l'école.

Langue

Associer les mots de la même famille, les antonymes, les synonymes, afin de développer son vocabulaire.

5 D'après les lignes 12 à 40, deux des affirmations suivantes sont vraies. Lesquelles ?

A Les jeunes Suisses aiment chanter de la musique rap.
B Les élèves suisses portent un uniforme à l'école.
C Les élèves s'habillent tous dans le même style.
D Il est bon de montrer son individualisme.
E Pour faire partie d'un groupe il faut être comme les autres.
F Il y a des chanteurs dans les rues.
G Les jeunes sont clairement libres de porter ce qu'ils veulent.

6 Dans ce passage, deux expressions signifient le contraire de « à la mode ». Lesquelles ?

7 Dans la question « Appartenance recherchée ou imposée ? » (l. 40) l'auteur se demande :

A comment les jeunes filles choisissent leur musique.
B pourquoi les jeunes veulent vraiment faire partie d'un groupe.
C s'il n'y a pas d'éléments extérieurs au choix des vêtements.
D comment on peut appartenir à un groupe.

En vous basant sur le passage intitulé « **De Brice à Mary J Blige** », complétez ces mots fléchés en trouvant les mots ou expressions qui signifient :

8 forcément

9 admet

10 inspirées

11 message

12 avec soin

13 habillées (langue familière)

14 sont en compétition (4 mots)

15 des vêtements

16 maquillés

17 habillés

18 vêtements

19 vêtement porté sur la tête

Langue

Identifier la forme correcte des mots proposés (conjugaison, genre, nombre).

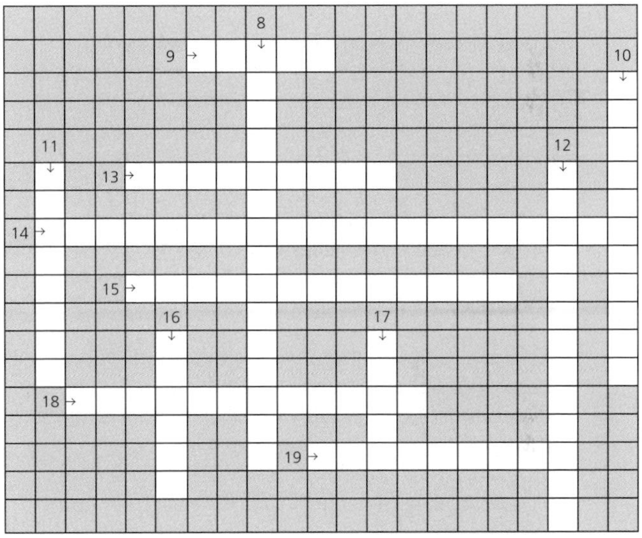

En vous basant sur le passage intitulé « **L'importance des marques** », reliez le début de la phrase de la colonne de gauche à la fin appropriée qui se trouve dans la colonne de droite. Attention : il y a plus de fins que de débuts et chaque fin ne peut être utilisée qu'une seule fois.

20 Les marques sont aussi importantes

21 Il est impossible de faire des plans

22 Selon Samuel

A avant l'âge de sept ans.
B car les stars sont à la mode.
C il y a toujours des rivalités entre les clans.
D on est plus libre d'afficher sa personnalité.
E parce que la mode évolue rapidement.
F pour les préadolescents.

De la politique oui, mais autrement

S'ils votent peu et s'ils se tiennent à distance des organisations politiques, les jeunes ne se désintéressent pas pour autant de la vie de la cité. Leur mobilisation est désormais plus ponctuelle et plus protestataire.

« Les jeunes qui votent sont minoritaires ; si l'on décompte les abstentionnistes et ceux qui ne sont pas inscrits sur les listes électorales, c'est une petite moitié seulement des jeunes en âge de voter qui se rend aux urnes », constate Anne Muxel[1], sociologue au Centre d'études de la vie politique française (Cevipof). Si l'on ajoute à cela le fait qu'ils n'adhèrent que peu aux partis et syndicats, et qu'en France, selon l'enquête Valeurs en Europe[2], seuls 38% des dix-huit–vingt-neuf ans suivent quotidiennement l'actualité politique à la télévision, à la radio ou dans un journal – contre 77% des soixante ans et plus –, on a vite fait de conclure que la politique n'intéresse plus les jeunes.

Entretien avec la sociologue Anne Muxel

Question 1 : [...3a...]

Anne Muxel : S'ils s'engagent peu, les jeunes sont [...4a...] des acteurs à part entière de la scène politique. Ils sont capables de se mobiliser de façon importante. [...4b...], leur engagement réel a peu diminué par rapport à celui des générations précédentes ; [...4c...] a changé, c'est leur disponibilité à s'engager. Aujourd'hui, toutes les formes d'organisations traditionnelles de l'engagement sont tenues plus à distance par les jeunes qui ne veulent plus adhérer à l'ensemble d'une ligne politique [...4d...] garder une autonomie de pensée. Leur comportement a, [...4e...], une dimension très réactive. Ils ne défendent pas assidûment et durablement une cause, mais se mobilisent [...4f...] spontanée et circonstanciée. Ces actions sporadiques ont cependant aussi pesé sur la vie politique en France.

Question 2 : [...3b...]

AM : Les enjeux aptes à les faire bouger débordent largement ceux de la politique nationale. On trouve ainsi beaucoup d'étudiants dans les mouvements antimondialisation. Les questions liées à l'humanitaire, au respect des droits de l'homme, à l'antiracisme, ainsi qu'à la justice sociale, aux inégalités Nord–Sud… les concernent. Une caractéristique de l'engagement actuel des jeunes est leur capacité à être sur tous les fronts. Ils peuvent ainsi se mobiliser pour des enjeux de proximité – et défendre, par exemple, avec le mouvement lycéen et étudiant, leurs propres intérêts –, mais aussi pour des causes plus lointaines, qui se déclinent à l'échelle de la planète. Ils ont un autre rapport au monde et à l'espace politique : un accès généralisé à l'information, une plus grande mobilité géographique…

Question 3 : [...3c...]

AM : Dans ce choix la jeunesse ne forme pas un bloc homogène. Il existe une réelle fracture intragénérationnelle. On observe notamment des comportements très différenciés entre les étudiants et les jeunes sortis beaucoup plus tôt du système scolaire et qui connaissant des difficultés d'intégration professionnelle et sociale. Au premier tour des élections présidentielles d'avril 2002, par exemple, peu d'étudiants (8%) ont voté pour le candidat de l'extrême droite, tandis que 29% des jeunes sans le baccalauréat l'ont fait, soit plus que la population générale (13%).

Question 4 : [...3d...]

AM : Par la persistance de la crise de la représentation politique. Les jeunes sont en très grande demande de sens, de contenu. Ils ne se retrouvent pas dans les projets proposés, et veulent que soient clarifiés les enjeux politiques actuels et réconciliés le terrain des idées et celui de l'action politique.

Ministère des affaires étrangères et européennes

---

[1] L'Expérience politique des jeunes, d'Anne Muxel, éd. Presses de Sciences Po, Paris, 2001.

[2] Les Valeurs des jeunes – Tendances en France depuis vingt ans, sous la direction d'Olivier Galland et de Bernard Roudot, éd. L'Harmattan, Paris, 2002.

1 L'introduction (« S'ils votent peu... ») signifie :

A Les jeunes ne s'intéressent que peu à la politique.
B Les jeunes s'intéressent à la politique de façon pratique, concrète et active.
C Les jeunes aiment vivre en ville.
D Les jeunes aiment beaucoup protester.

2 D'après le deuxième paragraphe, quels sont les trois facteurs pris dans la liste suivante qui permettraient de conclure que les jeunes ne s'intéressent plus à la politique ?

A Un peu moins de 50 % des jeunes ont l'âge de voter.
B Moins de la moitié des jeunes de moins de 18 ans votent.
C Généralement ils ne sont pas membres de partis politiques.
D Le nombre total d'adhérents aux partis et aux syndicats est peu élevé.
E Environ les deux tiers des jeunes ne s'intéressent pas à la politique dans les médias.
F Des personnes âgées s'intéressent à la politique.

3 a–d Les questions de l'interview ont été retirées. Choisissez-les parmi la liste suivante. Attention : il y a plus d'options que de réponses correctes.

A Comment analysez-vous le rejet du vote par les jeunes ?
B Comment la politique est-elle représentée ?
C Comment se positionnent-ils face à l'extrême droite ?
D De quelle manière les jeunes s'engagent-ils aujourd'hui ?
E Les enjeux nationaux les font-ils bouger ?
F Les jeunes votent-ils différemment de leurs aînés ?
G Pour quelles causes s'enflamment-ils ?
H Les jeunes s'intéressent-ils beaucoup à l'humanitaire ?

4 a–f Ajoutez les mots ou expressions qui manquent dans la réponse à la question 1 de l'entretien en les choisissant dans la liste proposée ci-dessous. Attention : il y a plus de mots ou expressions que d'espaces et chaque mot ou expression ne peut être utilisé(e) qu'une seule fois.

AVEC   CE QUE   CE QUI   DE FAÇON   EN FAIT
EN OUTRE   ET   JAMAIS   MAIS   NÉANMOINS
PAS   SOUVENT

5 Les affirmations suivantes, basées sur les réponses à la question 2 de l'entretien, sont soit vraies, soit fausses. Justifiez votre réponse avec les mots du texte.

a Les jeunes sont motivés non seulement par les questions humanitaires mais aussi par les problèmes de société.
b Aujourd'hui les jeunes peuvent s'impliquer dans beaucoup de causes différentes à la fois.
c Cependant ils ne sont pas capables de s'impliquer pour des causes proches d'eux.
d L'information qu'on reçoit n'est pas toujours très précise.
e Il est plus facile de voyager de nos jours.

En vous basant sur la réponse à la question 2 de l'entretien, reliez chacun des mots ou expressions du texte figurant dans la colonne de gauche avec son équivalent qui se trouve dans la colonne de droite. Attention : il y a plus de mots ou expressions proposé(e)s que de réponses possibles.

Langue

Identifier la nature des mots de la liste. S'agit-il de noms, de verbes, d'adjectifs, etc. ? Ceci permettra d'identifier les options possibles ou impossibles.

S'assurer que l'option choisie correspond bien au sens donné dans le texte et non pas au sens général du mot. S'aider du texte pour en déduire le sens.

6 aptes	A abordent
7 débordent	B associations
8 mouvements	C capables
9 concernent	D déplacements
10 engagement	E difficiles
11 se déclinent	F empirent
	G s'énumèrent
	H intéressent
	I investissement
	J préoccupation
	K dépassent

12 D'après la réponse à la question 3 de l'entretien quelle catégorie de personnes a voté pour l'extrême droite en 2002 ?

13 D'après la résponse à la question 4, que demandent les jeunes aux politiciens ?

A La représentation politique.
B Des idées claires et concrètes.
C De grands projets.
D Une réconciliation.

Pour aller plus loin

- Interrogez vos parents et/ou vos grands-parents sur leur vie à votre âge. Quels étaient leurs intérêts, leurs activités, leurs passions, leurs difficultés, leurs valeurs ? En quoi leurs existances étaient-elles différentes des vôtres et pourquoi ? En quoi votre génération ressemble-t-elle à la leur ?
- Quelle importance et quelle influence la mode joue-t-elle parmi les jeunes de votre école ? Vous considérerez les avantages et les inconvénients de porter un uniforme à l'école, l'égalité des chances pour les élèves, le rôle que le vêtement joue dans la recherche de l'identité, les limites autorisées ou à ne pas dépasser, etc.
- « Les jeunes d'aujourd'hui aiment le luxe, méprisent l'autorité et bavardent au lieu de travailler. Ils ne se lèvent plus lorsqu'un adulte pénètre dans la pièce où ils se trouvent. Ils contredisent leurs parents, plastronnent en société, se hâtent à table d'engloutir les desserts, croisent les jambes et tyrannisent leurs maîtres. Nos jeunes ont de mauvaises manières, se moquent de l'autorité et n'ont aucun respect pour l'âge. À notre époque, les enfants sont des tyrans. » (Socrate, philosophe grec, Ve siècle avant J-C). Dans quelle mesure vous semble-t-il que les adultes d'aujourd'hui seraient d'accord avec Socrate ? Pourquoi ce conflit des générations existe-t-il ?
- « L'argent ne fait pas le bonheur. » Alors, pourquoi désirons-nous toujours plus d'argent ? Qu'est-ce qui motive les jeunes à faire des études, à trouver un travail ?
- D'où prenez-vous vos valeurs ? De vos parents ? De vos amis ? De votre éducation ? De votre culture générale ?
- Quelle est la place de la religion dans vos valeurs ?

Langue

Réviser l'imparfait pour faire une description dans le passé.

CAS

- Interrogez vos camarades sur leur engagement personnel dans les activités CAS. Quelles sont celles qui les motivent le plus ? Celles liées à la Créativité, l'Action ou le Service ? Les font-ils parce que CAS est obligatoire ou bien parce qu'ils croient en leur importance pour eux ou pour les autres ?
- Comment le programme de CAS de votre école pourrait-il être amélioré ?

Théorie de la connaissance

- Quelle est la différence entre une valeur et l'éthique ?
- Les valeurs sont-elles différentes pour les filles et les garçons ? Si oui, cette différence est-elle due aux stéréotypes ou est-elle innée ?
- Les valeurs sont-elles différentes selon les cultures ?

Activités orales

1 Le téléphone portable semble être l'article le plus important que possèdent tous les jeunes d'aujourd'hui. Ceci cause de nombreux débats. Discutez en classe le thème suivant : « Le téléphone portable doit être interdit à tous, toujours et partout dans l'école pour ne pas perturber autrui. »

Le débat se centrera sur l'individu par rapport aux autres. Pour ce faire, vous considérerez le temps passé sur le portable, les interférences en classe, les problèmes de sécurité, la mode, le besoin d'appartenir au monde des ados, les conditions dans lesquelles la possession d'un portable pourrait être acceptable, etc.

2 Discussion en groupe à propos du Conseil des délégués de classe (ou son équivalent dans l'établissement).

- Considérez la Constitution de ce conseil : membres, élections, responsabilités, devoirs, etc.
- Considérez les relations entre le Conseil et l'administration de l'école : réunions, suivi des recommandations, etc.
- Considérez le type de problèmes ou les sujets relatifs à la responsabilité de ce Conseil.
- Identifiez les sujets qui préoccupent les élèves de votre école.
- Faites des recommandations pour améliorer la Constitution de ce conseil, les relations avec l'administration de l'école afin de pouvoir trouver des solutions satisfaisantes pour tous aux préoccupations identifiées.
- Comparez les différentes recommandations faites par les différents groupes et établissez un projet commun qui pourra être soumis au Conseil des délégués de classe.

Dans le cas où il n'existerait pas de Conseil des délégués de classe dans l'établissement, établissez une Constitution pour un Conseil en considérant les points mentionnés ci-dessus.

Étudier est un droit

1 Pourquoi, à votre avis, ces jeunes manifestent-ils ? Pourquoi sont-ils en colère ?

2 Est-ce la place des jeunes de manifester dans la rue ? Ne sont-ils pas à un âge où ils devraient accepter ce que d'autres personnes plus expérimentées ont décidé pour eux ?

3 Dans quelle mesure les jeunes dans votre pays prennent-ils part directement à la vie de la société et comment ?

4 Quelle place tient l'enseignement dans la politique d'un pays que vous connaissez ?

Production écrite

1 Encore un conflit avec vos parents ; vraiment, ils ne vous comprennent pas ! Écrivez une page de votre journal intime dans laquelle vous exprimerez vos sentiments à propos de ce conflit des générations.

- **a** Comme point de départ, vous ferez référence à un conflit bien précis (par exemple une interdiction, une remarque désobligeante). Vous raconterez ce qui s'est passé. Vous pourrez inclure des citations. Vous commencerez par parler des relations avec les parents en général. Vous pourrez essayer de comprendre leur point de vue mais vous resterez dans l'ensemble sur vos positions.
- **b** Rédigez la page de votre journal intime. Celui-ci aura une date, *Cher journal*, une signature, une formule finale (*à demain*…). Vous vous adresserez directement au journal de manière intime. Le texte sera rédigé à la première personne. Vous utiliserez des procédés rhétoriques variés et un ton qui viseront à exprimer par exemple la colère, la frustration, l'incompréhension, les espoirs, l'intimité avec votre journal…

2 Interviewez un de vos professeurs sur les valeurs que les jeunes de sa génération avaient à votre âge. Vous considérerez les changements possibles et les raisons qui ont provoqué ces changements. Vous écrirez cette interview qui sera publiée dans le journal de l'école dans la rubrique « À la découverte de nos profs ».

- **a** Une interview consiste à rapporter les paroles d'une personne. Il ne s'agit pas de transcrire les paroles de la personne mot à mot mais de sélectionner ses propos de façon à écrire un texte cohérent. Vous adopterez le format questions/réponses ou intégrerez des citations dans un texte suivi.
- **b** Vous inclurez un titre suivi d'une introduction qui présentera la personne dans le contexte de l'école, des intentions de cet article. Le vouvoiement sera utilisé et ceci tout du long, de façon constante.
- **c** Vous inclurez des questions suffisamment pertinentes afin d'entraîner des réponses détaillées. L'objectif est de mieux faire connaître les professeurs et leurs points de vue.
- **d** Vous utiliserez des procédés stylistiques variés, adaptés aux idées et aux sentiments exprimés au cours de l'interview, par exemple la surprise, l'accord ou le désaccord, etc.

3 **Niveau supérieur** Expliquez votre point de vue et démontrez votre compétence interculturelle en étudiant les similitudes et les différences à ce sujet entre votre culture et celle(s) que vous étudiez.

Les jeunes et leur premier salaire

Les jeunes d'aujourd'hui semblent trouver de plus en plus difficile de vivre avec peu de moyens. Ainsi, ces dernières années, le nombre d'étudiants ayant un job, soit en complément des études pendant l'année, soit pendant les vacances scolaires a explosé. Avec leurs premiers salaires, les étudiants se tournent particulièrement vers ce qui les touche le plus : l'électronique (matériel hifi-vidéo, électroménager...), les vêtements, les cadeaux et la voiture. Mais ce qui est considéré comme l'achat le plus important, c'est l'indispensable téléphone portable (24 %).

Pourtant, cette étude a permis de constater que les 15-24 ans représentent la génération qui épargne le plus, plus de la moitié de leur premier salaire est épargné. Auraient-ils peur de leur avenir ?

Aurore Schving, Studyrama

Vous considérerez :

- la possibilité pour les jeunes de travailler tout en poursuivant leurs études avec les effets positifs et négatifs possibles ;
- l'importance de l'argent et des biens de consommation dans la vie des jeunes ;
- le rôle du téléphone portable dans la vie des jeunes ;
- pourquoi les jeunes ont quand même tendance à épargner et leur peur de l'avenir (difficultés à trouver un premier emploi par exemple).

A4 Le monde du travail

Objectifs

▶ Réfléchir au rôle social et à l'importance du travail dans la vie de chacun.

▶ Se préparer aux demandes d'embauche : rédaction de lettres de motivation, préparation à l'entretien d'embauche.

▶ Raconter des expériences personnelles en exprimant ses émotions.

Remue-méninges

▶ Parmi la liste suivante, mettez en ordre vos priorités pour un futur emploi :
 – gagner beaucoup d'argent
 – pouvoir satisfaire votre curiosité
 – un plan de carrière avec promotions
 – la satisfaction professionnelle
 – l'épanouissement personnel
 – la sécurité de l'emploi
 – le respect de vos collègues
 – prendre des décisions
 – de longues vacances
 – la sécurité financière pour votre famille

▶ Que signifie le mot « travail » ? Dans quelle mesure « travail » implique-t-il « production » ou « rémunération » ? Recherchez des définitions possibles dans des dictionnaires français. Quel est le contraire du « travail » ?

▶ Devrait-il exister un droit au travail ? Et un droit à ne pas travailler ? Si oui, pour qui ? Si non, pourquoi pas ?

▶ Étudiez le tableau ci-dessous et discutez en groupe de la répartition des secteurs d'activité en France. Considérez des professions que vous connaissez. À quels secteurs appartiennent-elles ? Quels types de travail semblent être plus « féminins » ou « masculins » ? Que pensez-vous de ces différences ? Ces répartitions sont-elles similaires dans votre pays ?

Population en emploi selon le sexe et le secteur d'activité en 2008, en %

	Agriculture, sylviculture et pêche	Industrie	Industries agricoles	Industries des biens de consommation	Industrie automobile	Industries des biens d'équipement	Industries des biens intermédiaires	Énergie	Construction	Tertiaire	Commerce et réparations	Transports	Activités financières	Activités immobilières	Services aux entreprises	Services aux particuliers	Éducation, santé, action sociale	Administrations	Activité indéterminée	Ensemble
Femmes	1,9	9,2	2,0	2,5	0,4	1,3	2,6	0,4	1,4	87,2	13,3	2,3	3,8	1,7	11,5	10,9	30,7	13,1	0,3	100,0
Hommes	4,1	20,4	2,7	2,5	2,1	4,7	7,0	1,4	11,7	63,6	12,9	6,6	2,4	1,3	14,5	6,5	9,2	10,2	0,2	100,0
Ensemble	3,0	15,1	2,4	2,5	1,3	3,1	4,9	0,9	6,8	74,8	13,1	4,6	3,1	1,5	13,1	8,6	19,4	11,6	0,3	100,0
Part des femmes	29,3	28,8	40,3	47,2	15,6	19,4	24,7	21,8	9,8	55,1	48,0	23,4	58,9	53,3	41,5	59,9	74,9	53,4	55,7	47,2

Source : INSEE

RD Congo : travail des enfants, cas de Musoko, un village du Kasaï-Oriental

Kinshasa | Vendredi 12 juin 2009 à 13:00:24

La communauté internationale commémora le 12 juin la journée mondiale contre le travail des enfants. Cette année, le thème consacré à la journée est : « Donnons une chance aux filles, éliminons le travail des enfants ». En République Démocratique du Congo, les secteurs dans lesquels les enfants sont exploités varient selon les provinces, rapporte radiookapi.net

Enfants travaillant dans les carrières des mines

1 Au Kasaï Oriental, par exemple, les enfants sont exploités pour des besoins économiques à Musoko, un village situé à plus ou moins 50 kilomètres de Ngandajika. Ils sont surtout employés nuit et jour dans des petits restaurants installés sur le bord de la rivière Tshidivuila.

2 (...5a...) on arrive à cet endroit, on est tout de suite impressionné (...5b...) le nombre d'enfants dont l'âge varie (...5c...) 6 et 15 ans. (...5d...) entre eux ne savent ni lire ni écrire, (...5e...) ils passent l'essentiel de leur temps à aider leurs mères, notamment dans des petits restaurants. Pour ces parents comme pour les enfants, il n'y a (...5f...) à attendre de l'école. « Les enfants reviennent de l'école, mais insultent les gens. Les enseignants eux-mêmes sont sales, sans chaussures. L'enseignant qui doit apprendre à l'élève est d'abord lui-même sale, à quoi bon envoyer l'enfant à l'école ? » Discours de « Mua Tina » (la mère de Tina), tenancière d'un restaurant qu'elle gère avec l'aide de trois de ses enfants.

3 Ce regard négatif des parents influence naturellement leurs enfants qui ne manquent pas non plus de justifications pour charger l'école. « Les enseignants fouettent les élèves, je n'aime pas la chicote[1] », s'explique à son tour un des enfants trouvés sur place sur le site de la rivière Tshivuila.

4 En dehors de la restauration, la plupart des enfants en âge scolaire de Musoko sont plutôt dans les champs ou à la pêche aux côtés de leurs parents. Il faut, donc, à la faveur de la journée mondiale contre le travail des enfants, que les ONG[2] de défense des droits de l'enfant de la province se penchent sur la question, estiment de nombreux observateurs sur place.

Kindu : les enfants dans les mines

5 À Kindu, au Maniema, les ONG de défense des droits de l'enfant, dont « Jeunesse unie pour la paix » s'insurgent contre le travail imposé aux enfants. Elles l'ont fait savoir aujourd'hui dans une déclaration. Elles dénoncent notamment l'utilisation des enfants dans les mines et leur exploitation sexuelle, surtout à Kailo et à Kalima dans le centre de la province, à Punia et à Lubutu, dans le nord, ainsi qu'à Bikenge et à Salamabila, dans le sud. L'utilisation des enfants dans la vente de l'eau et le transport des poissons à Kindu a aussi été dénoncée.

Bunia : les enfants au bord du lac Édouard

6 Par ailleurs, en Ituri, dans la province Orientale, l'on observe depuis près de cinq ans une augmentation sensible du nombre d'enfants vulnérables travaillant au bord du lac Édouard. C'est précisément à Tchomia et Kasenyi, deux localités situées respectivement à 62 et 55 kilomètres au sud de Bunia. Pour les chefs coutumiers de ces deux entités, ils sont des centaines à s'adonner quotidiennement à des tâches rémunératrices pour leur survie. Ces enfants, dont la plupart ne vont pas à l'école, sont souvent employés pour nettoyer, saler et sécher les poissons frais. Pour les autorités coutumières locales, cette situation est due aux conflits armés successifs qui se sont déroulés dans le district de l'Ituri. Conflits qui ont laissé plusieurs enfants orphelins. Elles avouent qu'aucune initiative n'est prise ni du côté des organisations non gouvernementales ni du côté de l'État pour soulager la misère de ces enfants.

UN: Radio Okapi 12.6.2009

[1] chicote : en Afrique, un fouet
[2] ONG : Organisation non gouvernementale

1 Quel mot de l'introduction signifie « a célébré » ?

2 Quel mot de l'introduction indique que les enfants sont des victimes ?

3 Quelle est la principale activité des enfants qui travaillent au Kasaï Oriental ?

4 Qu'apprend-on sur leurs conditions de travail ?

5 **a–f** Ajoutez les mots ou expressions qui manquent dans le deuxième paragraphe en les choisissant dans la liste proposée ci-dessous. Attention : il y a plus de mots ou expressions que d'espaces et chaque mot ou expression ne peut être utilisé(e) qu'une seule fois.

APRÈS DE ENTRE LA PLUPART D' LORSQU' MOINS D'
PAR POUR POUR QU' PUISQU' RIEN TOUT

Langue

Revoir les connecteurs logiques.

6 Quelle est l'opinion de Mua Tina à propos de l'école ?

A Les professeurs enseignent aux enfants à insulter les gens.
B Les professeurs donnent un mauvais exemple aux élèves.
C C'est le rôle des professeurs d'enseigner aux élèves à être propres.
D Il est bon d'envoyer les enfants à l'école.

En vous basant sur les troisième et quatrième paragraphes, reliez le début de la phrase de la colonne de gauche à la fin appropriée qui se trouve dans la colonne de droite. Attention : il y a plus de fins que de débuts et chaque fin ne peut être utilisée qu'une seule fois.

7 Les enfants copient leurs parents

8 Les enfants n'aiment pas l'école parce que

9 Les enfants travaillent

10 Les observateurs pensent que les ONG

A l'école coûte cher.
B en critiquant l'école.
C sans justifications.
D les professeurs les frappent.
E dans la restauration des maisons.
F dans trois secteurs principaux.
G doivent s'intéresser au problème.
H seuls aux travaux agricoles et à la pêche.
I devraient faire des faveurs aux enfants.

En vous basant sur le cinquième paragraphe, reliez chacun des mots ou expressions du texte figurant dans la colonne de gauche avec son équivalent qui se trouve dans la colonne de droite. Attention : il y a plus de mots ou expressions proposé(e)s que de réponses possibles.

11 s'insurgent

12 fait savoir

13 dénoncent

14 notamment

A communiqué
B connu
C écrivent
D fortement
E protestent
F révèlent
G se rebellent
H surtout

15 Quels sont les quatre domaines les plus importants où les enfants travaillent dans la province du Maniema ?

16 Les affirmations suivantes, basées sur le sixième paragraphe, sont soit vraies, soit fausses. Justifiez votre réponse en citant des mots du texte.

a Le nombre d'enfants en situation difficile a énormément augmenté récemment.
b Les enfants travaillent pour gagner l'argent nécessaire pour vivre.
c Seulement une minorité d'enfants est scolarisée.
d La cause de cette situation est la guerre civile.
e L'État essaie de trouver des solutions.

17 Dans la phrase « Elles avouent… », à quoi ou à qui se réfère « Elles » ?

Entrevues – histoire vécue

Lizette était arrivée à Montréal, sa maîtrise de linguistique sous le bras (en fait, c'est un Diplôme d'Études Approfondies, mais personne ne sait ce que c'est). Après avoir consulté les annonces, se répétant à foison notre leitmotiv « ne jamais abandonner, ne jamais se rendre », l'incroyable était arrivé... LIZETTE ALLAIT FAIRE SES DÉBUTS À LA TÉLÉ !

J'avais en effet répondu à l'annonce d'emploi d'une chaîne de télévision bien connue, pour être sous-titreur de nuit. Et voilà que j'ai un message de la chaîne *Zoltron* (oui, la télé !) sur le répondeur (de Lizette !!).

Le lendemain, j'appelle à 9 heures la dame en question. Elle me dit : « Vous avez été sélectionnée pour la première étape, est-ce que vous êtes disponible là tout de suite ? » (**...13a...**) « Il faut répondre à un questionnaire, je vous le courriéle, vous avez 45 minutes pour me le retourner, ça marche ? » Je bredouille un « Oui, c'est super », et me hâte vers mon petit Toshiba.

Abomination ! Je lui ai dit d'écrire à mon adresse chez *Hypersurf* mais *Hypersurf* me vomit un gros message « serveur indisponible », je réessaie, ouf... ça marche enfin, je n'ai perdu que 4 minutes.

C'est pas très dur, mais bon, il faut taper vite quand même... Et hop, envoyé. J'attends toute la journée, pas de réponse. Misère, me dis-je, si ça se trouve elle n'a pas reçu mon courriel la dame.

Le lendemain matin, sur les conseils de ma copine Mméra (**...13b...**), j'envoie un courriel à la dame. En fait, c'est drôle, parce qu'elle me répond par courriel qu'elle est en train d'essayer de me téléphoner depuis ce matin mais que ma ligne est occupée (**...13c...**).

Enfin bref, son mail me dit que j'ai réussi et que je peux passer la deuxième étape : le test de français (**...13d...**).

Le lendemain, j'arrive chez *Zoltron*, incroyable, on se croirait dans une clinique de chirurgie esthétique, que des Kens et des Barbies partout ! Eh ben, heureusement que j'ai été chez le coiffeur hier ! Le vigile me tend un badge et me dit de m'installer quelques instants dans un grand fauteuil en cuir, puis il m'invite à monter au 7ème, il a prévenu Barbie12 de ma venue.

Elle est là, à la sortie de l'ascenseur et elle m'installe dans une salle. Sa voix d'hôtesse de l'air m'annonce que j'ai une heure pour faire le test, que je peux prendre plus, mais que je perdrai des points « pour chaque minute de retard », sur un grand sourire émail-diamant et dans un halo de fragrances, elle me laisse.

Bon, j'ai tout fini à peu près adéquatement, aussi me dépêché de lui rendre ma copie et avec quatre minutes d'avance sur l'horaire en plus. Là, Barbie12 me dit que la correctrice pourra voir mon œuvre incessamment et que je peux repasser dans 30 minutes pour... la suite éventuelle. Mais qu'est-ce que c'est « la suite éventuelle » ?

Gling, c'est l'heure, me revoilà sur le ring de *Zoltron*. Je retrouve Barbie12 qui me dit qu'elle va voir si la correctrice a terminé. Elle revient plus souriante que jamais, me disant « Bravo, vous avez réussi le test de français, vous allez pouvoir passer l'entretien, si vous voulez bien me suivre ». Je croyais que c'était elle, madame Ressources Humaines ici, mais non, elle m'emmène au 9ème étage, dans le bureau de Barbie13 (**...13e...**).

Barbie13 me dit avec un ton solennel, « Madame, vous avez réussi les trois étapes préliminaires (**...13f...**), voilà la dernière étape. Dans cet entretien d'une heure, nous allons nous efforcer de vous connaître personnellement. »

Bref, un entretien « Ressources Humaines » aussi monotone que d'habitude, « vos qualités, vos défauts, racontez vos expériences stressantes et comment vous avez sauvé la planète... etc. » Notons une nouveauté : elle dit une phrase et il faut dire si on la reprend à son compte ou pas, et pourquoi. Voici un exemple de phrase, on peut le voir, de portée abyssale : « Dans le doute, je ne prends pas d'initiative. »

Bon, après 50 minutes de ce type d'exercices, elle m'explique que la 5ème étape, c'est d'attendre sa réponse jusqu'au mardi suivant (**...13g...**).

Élise Thierry: www.planetcastor.com

1 L'idée principale de l'introduction est :

A Quand elle est allée à Montréal, Lizette a apporté son diplôme en linguistique.
B Lizette maîtrise la linguistique, ce qui lui sera utile pour travailler à la télévision.
C Lizette est une jeune femme diplômée qui a des difficultés à trouver du travail.
D Lizette n'a pas abandonné la possibilité d'étudier la linguistique.

En vous basant sur les lignes 1 à 19, reliez chacun des mots ou expressions du texte figurant dans la colonne de gauche avec son équivalent qui se trouve dans la colonne de droite. Attention : il y a plus de mots ou expressions proposé(e)s que de réponses possibles.

2 courrièle (l.11)	A arrête
3 bredouille (l.12)	B dis maladroitement
4 hâte (l.13)	C envoie par courrier
5 vomit (l.16)	D fonctionne
6 marche (l.12)	E presse
	F restitue
	G transmets par messagerie électronique
	H travaille

Langue

Relever les différents procédés rhétoriques qui rendent le texte plus vivant ainsi que les éléments de langue parlée.

De quel type de texte s'agit-il ici ? Quelles sont les intentions de l'auteur ?

7 À la fin de la première journée, Lizette est...

A misérable.
B surprise.
C perdue.
D inquiète.

8 Quelles sont les trois caractéristiques de Barbie12 qui correspondent à l'image qu'on se fait d'une poupée Barbie ?

9 Trouvez entre les lignes 48 et 55 les mots qui signifient :

a d'une manière correcte
b tout de suite
c possible

10 Quelle est la profession de Barbie13 ?

11 D'après les lignes 72 à 81 portant sur l'entretien d'embauche, deux des affirmations suivantes sont fausses. Lesquelles ?

A Un entretien demande beaucoup de concentration.
B Le but est de découvrir la personne derrière le CV.
C En général, les questions qu'on pose dans un entretien sont assez similaires.
D Certaines questions portent sur le caractère de la personne.
E L'entreprise cherche à savoir si on a fait des choses inhabituelles.
F Aujourd'hui, il est bon de soutenir les écologistes.

12 Que pense Lizette de la phrase : « Dans le doute, je ne prends pas d'initiative » ?

A C'est une phrase nouvelle pour elle.
B On ne peut pas compter sur elle.
C Les implications de cette phrase sont énormes.
D Elle doute que ce soit une phrase intéressante.

13 a–g Cette histoire est ponctuée de commentaires personnels et émotifs de Lizette, écrits entre parenthèses. Un certain nombre d'entre eux ont été retirés. Vous les trouverez dans la liste suivante. Attention : il y a plus de commentaires que de réponses possibles.

A oh là, halte-là, pensais-je, c'est que je suis en pyjama, moi
B elle ressemble à Barbie12, sauf qu'elle est brune.
C évidemment, j'ai à nouveau un problème avec Hypersurf
D c'est là que je me dis que c'est important d'être une équipe
E avec qui j'étais en train de clavarder[1] en direct
F sélection sur CV, questionnaire, test de français
G Non, là, c'est triché ! On avait dit que c'était fini !
H ah ben mince, je croyais que c'était le questionnaire le test de français !
I évidemment, puisque je suis en train de discuter des choses graves de la vie avec Méméra !

[1] clavarder : au Québec, bavarder avec un clavier

Pour aller plus loin

- Qu'apprend-on sur le travail des enfants dans le premier texte (page 32) ? Ce travail est-il justifiable ? Que devrait-on faire pour que ces enfants puissent aller à l'école au lieu de travailler ?
- Voici le questionnaire reçu par Lizette (deuxième texte, page 34). À votre avis, qu'essaient d'évaluer les questions posées ? Comment pourriez-vous les transformer ou les adapter à un travail auquel vous désireriez postuler ?

> Répondez aux questions suivantes en utilisant un vocabulaire riche et diversifié et en apportant une attention particulière à la qualité de la langue. Vous disposez de 45 minutes pour nous retourner vos réponses, par courriel.
>
> - Mis à part le nom prestigieux de la chaîne *Zoltron* qui vous attire certainement, qu'est-ce qui vous amène à postuler pour un poste de préposé au sous-titrage ? (au moins 5 lignes)
> - Quelle idée vous faites-vous du sous-titrage ? (au moins 4 lignes)
> - Quelle est la meilleure qualité personnelle et professionnelle pour travailler sur ce poste selon vous et comment avez-vous mis en application ces qualités dans le cadre de vos emplois récents ? (au moins 7 lignes)
> - Quelle est selon vous la fonction du sous-titrage ? (au moins 4 lignes)
> - Qu'est-ce que le fait de travailler de nuit représente pour vous ? (au moins 2 lignes)
> - Quelles expériences font en sorte que vous êtes à l'aise de travailler dans un environnement informatisé/hautement technologique ? (au moins 2 lignes)
> - Combien d'heures êtes-vous disposé(e) à travailler par semaine ?

- Comment auriez-vous réagi à la phrase « Dans le doute, je ne prends pas d'initiative » posée à Lizette ? Comparez vos réponses avec celles de vos camarades et essayez de déterminer ce qu'elles montrent de vos différentes personnalités et approches du travail.
- Y a-t-il des emplois plus adaptés aux hommes et d'autres aux femmes ? Si oui, lesquels à votre avis ? Pour quelles raisons leur seraient-ils plus adaptés ? Les enfants sont-ils conditionnés dès leur plus jeune âge pour se diriger vers ces emplois ?

  Que pensez-vous des hommes sages-femmes ou des femmes pilotes de guerre par exemple ?

  Être femme au foyer (ou homme au foyer), est-ce un travail ?

  Comment peut-on expliquer que parmi les plus grands chefs de cuisine, les plus grands couturiers, les artistes célèbres il y ait une minorité de femmes ?

  Jusqu'à récemment de nombreux noms de professions n'existaient en français qu'au la masculin (le professeur, le ministre, le maire, le médecin, etc.). Pourquoi, à votre avis, le changement vers une forme féminine est-il apparu ? Dans quelle mesure ce changement apparent correspond-il à la réalité ?
- Devrait-il y avoir un âge maximal pour travailler ? Comment peut-on concilier le chômage des jeunes et la politique de nombreux États de vouloir reculer l'âge de la retraite ?

Théorie de la connaissance

- Pour qu'une activité soit considérée comme « travail » doit-elle être nécessairement rémunérée ? Cette rémunération doit-elle être nécessairement financière ou pourrait-elle être en nature ?
- Quel est le rôle des émotions en ce qui concerne la perception du travail ? Certaines personnes adorent-elles leur travail tandis que d'autres le détestent ? Certaines activités peuvent être perçues comme travail ou comme divertissement. Pourquoi ?
- Quels sont les différents sens du mot « travail » ?

Activités orales

L'administration de votre école vous a demandé de participer à la sélection d'un nouveau professeur de français l'année prochaine. Pour ce faire, vous avez des renseignements sur quatre dossiers de candidature pour ce poste. Discutez en groupe : lequel des quatre candidats suivants choisiriez-vous ?

Marie-Hélène Tessier

Nationalité	: Française
Âge	: 54 ans
Expérience professionnelle	: essentiellement en France dans des lycées publics
Expérience du baccalauréat international	: 5 ans au niveau Diplôme
Passe-temps	: lecture, cinéma, cuisine
Information supplémentaire	: a élevé seule ses 3 enfants de 15, 17 et 21 ans

Simon Ntozi

Nationalité	: Camerounaise
Âge	: 37 ans
Expérience professionnelle	: a enseigné le français première langue dans plusieurs pays d'Afrique francophone
Expérience du baccalauréat international	: Français Littérature pendant 3 ans
Passe-temps	: a écrit un roman pour la jeunesse, a monté des pièces de théâtre
Information supplémentaire	: a travaillé comme travailleur manuel pendant 3 ans avant de reprendre ses études

Pierre Ducharme

Nationalité	: Canadienne
Âge	: 26 ans
Expérience professionnelle	: un an dans un CEGEP à Québec
Expérience du baccalauréat international	: aucune
Passe-temps	: ski, randonnée ; a participé à une excursion dans le Grand Nord canadien
Information supplémentaire	: a eu des problèmes avec la police pour avoir aidé des sans-papiers

Janice Wei

Nationalité	: Américaine/Chinoise
Âge	: 43 ans
Expérience professionnelle	: a travaillé dans plusieurs écoles aux États-Unis, en Indonésie, au Chili et au Kenya
Expérience du baccalauréat international	: 15 ans aux niveaux Collège et Diplôme
Passe-temps	: plongée sous-marine
Information supplémentaire	: a des difficultés avec tout ce qui est technologie

Un membre du groupe jouera le rôle de la personne choisie tandis que les autres mèneront l'entretien.

Le retour du travail à la chaîne

1 Décrivez les conditions dans lesquelles ces personnes travaillent.

2 Ces conditions de travail sont-elles acceptables au nom de la productivité ?

3 Comment peut-on expliquer que la plupart de ces employés soit des femmes ?

4 Comment voyez-vous la place de l'informatique dans le travail à l'avenir ?

Production écrite

1 Répondez à l'annonce suivante.

Recherche jeune fille/jeune homme pour accompagner un groupe d'enfants âgés de 8 à 14 ans lors d'une visite culturelle en France pendant vacances d'été. La personne sélectionnée devra organiser des activités variées le soir et participer aux visites. Connaissance du français essentielle.

Envoyer lettre de motivation à visitefrance@orange.fr

a Il s'agit bien ici d'une lettre officielle envoyée en document joint et non pas un courriel plus informel. Cette lettre devra inclure votre adresse, celle du destinataire, la date, une formule d'appel et des salutations appropriées.

b Les différents aspects à considérer seront l'intérêt pour le poste, voire l'expérience avec les enfants, des visites culturelles, la capacité à organiser des activités variées, l'expérience de la France et du français. Vous étaierez ces informations avec des exemples concrets.

2 Récemment, vous avez eu un entretien pour un emploi que vous souhaitiez vraiment obtenir cet été. À votre grande surprise, vous n'avez pas obtenu cet emploi. Rédigez une page de votre journal intime dans laquelle vous revenez sur cette expérience. (IB NS Mai 2008)

a Le registre sera courant ou familier. Les mots ou expressions courantes du parler des jeunes, s'ils sont utilisés à bon escient, seront possibles puisqu'il s'agit d'une production personnelle et aussi authentique que possible. Le ton pourra être neutre ou expressif. Si vous citez un passage/des passages de l'entretien, vous devrez vouvoyer l'employeur mais l'employeur pourra vous vouvoyer ou tutoyer.

b Vous utiliserez un ou des éléments caractéristiques d'une page de journal intime (date, *Cher journal*, vous vous adresserez directement au journal, etc.).

c Vous utiliserez des procédés stylistiques variés qui viseront à exposer et évaluer votre expérience, à exprimer vos sentiments et émotions (*il me semble que, je ne comprends pas pourquoi, j'ai besoin d'aide, ce n'est pas possible*, etc.).

d Vous mentionnerez et/ou décrirez l'expérience et vous analyserez votre échec. Vous parlerez d'un emploi pour les vacances (et non pas d'un emploi permanent). Vous évaluerez votre expérience (par exemple : causes, conséquences, etc.). Vous réfléchirez à la leçon que vous en aurez tirée. Vous exprimerez des émotions et des sentiments (déception, incompréhension, colère, angoisse, etc.).

3 **Niveau supérieur** Expliquez votre point de vue et démontrez votre compétence interculturelle en étudiant les similitudes et les différences à ce sujet entre votre culture et celle(s) que vous étudiez.

Suite à des fermetures d'usines et à l'augmentation du chômage, l'été 2009 a vu en France une quantité de conflits sociaux qui ont pris des formes violentes : usines bloquées par des ouvriers en grève, menaces de destruction de l'outil de travail, menaces de faire exploser l'usine, cadres dirigeants séquestrés, saccage de bâtiments publics.

Six ouvriers de l'usine *Continental* de Clairoix (Oise) ont été condamnés à des peines allant de deux à cinq mois de prison avec sursis. Après avoir fait appel, ils ont finalement été condamnés le vendredi 5 février 2010, à des amendes de 2 000 à 4 000 euros pour le saccage de la sous-préfecture de Compiègne en 2009.

Vous considérerez :

- les causes qui sont à la base des conflits sociaux ;
- l'utilisation de la violence pour manifester son mécontentement ;
- comment promouvoir le dialogue entre les patrons et les employés ;
- la condamnation des ouvriers : est-elle trop généreuse ou auraient-ils dû être relaxés ?

A5 Discriminations et identité

Objectifs

- Réfléchir aux questions d'identité individuelle et d'identité nationale.
- Étudier la structure et la présentation d'une brochure.
- Réfléchir aux discriminations existant dans la société.

Remue-méninges

- Parmi les éléments suivants quels sont ceux qui vous semblent particulièrement importants au moment de considérer votre propre identité ? Y en a-t-il d'autres ? Comparez vos réponses avec celles de vos camarades. Si elles sont différentes, pourquoi ?

• âge	• lieu de naissance
• catégorie sociale	• lieu de résidence
• éducation	• nationalité
• famille	• religion
• langue	• sexe

  Ces éléments seraient-ils les mêmes pour établir les caractéristiques d'une identité nationale voire supranationale ? Pourquoi ?

- D'après vous, comment se manifeste la discrimination au quotidien ?

- De quel type de stéréotype traite cette planche de bande dessinée ?

  Pourquoi les jeunes employés aimaient-ils travailler avec Raymond ?

  Quelles raisons l'employeur de Raymond a-t-il données pour le renvoyer ? Pensez-vous que ce soient les véritables raisons ? Si non, quelles sont-elles ?

  Quelles ont été les conséquences de ce renvoi ? Quel message l'auteur de cette BD veut-il nous transmettre ?

  Comment les émotions et le trait de caractère des différents protagonistes sont-ils exprimés par le dessin ?

  Quels autres types de stéréotypes peut-on rencontrer dans le monde du travail ? Et dans la société en général ? Créez, en groupe, une BD qui représenterait l'une de ces discriminations.

Les discriminations nous concernent tous

Qu'est-ce qu'une discrimination ?

C'est un traitement moins favorable subi par une personne par rapport à une autre dans une situation comparable, en raison de critères prohibés par la loi.

Les discriminations peuvent notamment se manifester à l'embauche, dans l'emploi, pour l'accès à un logement ou à un lieu public, pour l'accès à des biens et services. Elles peuvent aussi se traduire par un harcèlement moral ou sexuel.

Comment apparaissent les discriminations ?

✱ **Le travail**		
Nicole est esthéticienne de formation. Petite et plutôt ronde, elle vit son métier avec enthousiasme. Dommage qu'il ne soit pas partagé. Récemment contactée pour remplacer une consœur dans un salon, on lui a finalement refusé le poste quand elle s'est présentée. On lui a dit que son apparence physique ne correspondait pas au profil de la clientèle très sensible à la silhouette…	Promise à un bel avenir dans son entreprise, Valérie a vu sa carrière stoppée net quand elle a annoncé, un an après son embauche, qu'elle était enceinte. Quand elle a demandé des explications, son supérieur hiérarchique lui a simplement répondu qu'ayant fait le choix d'avoir un enfant, elle devait en assumer toutes les conséquences.	Bernard a 25 ans de métier dans la vente d'appareils bureautiques. À 46 ans et à la recherche d'un nouvel emploi, il pensait que son expérience serait un atout avant qu'on ne lui fasse comprendre, lors d'un entretien d'embauche, que son âge était surtout un handicap.
✱ **Le logement** Étudiante en droit, Mélissa est à la recherche d'un studio. Elle en a trouvé un, ou plus exactement en avait trouvé un. En effet, après lui avoir demandé une caution parentale, ses parents habitant la Guadeloupe, on lui a refusé le studio.	✱ **Les loisirs** Pour fêter ses 25 ans, Mathias a voulu organiser son anniversaire à la piscine. Il a convié tous ses amis pour y faire la fête. Lui comme eux ne comprennent toujours pas pourquoi l'entrée leur a été interdite. Et moins encore depuis qu'on leur a expliqué que les deux maîtres nageurs présents ne pourraient pas correctement surveiller un groupe de 10 personnes trisomiques.	✱ **La santé** Cela va faire sept ans que Michel vit dans la rue. Normalement, (…10…) la CMU (Couverture maladie universelle), Michel peut accéder aux soins et bénéficier d'une prise en charge pour ses dépenses de santé. (…11…), alors qu'il était très malade, il s'est heurté au refus d'un médecin. Quelques jours ont passé et son état (…12…), Michel s'est rendu à l'hôpital : une pleurésie a été diagnostiquée et il (…13…) ponctionné en urgence.
✱ **L'école** Louis est myopathe. Dans sa précédente école, la maîtresse acceptait qu'il s'absente plusieurs fois dans la semaine pour faire les séances de kiné respiratoire qui lui sont nécessaires. Quand Louis et ses parents ont déménagé, ils n'ont pas imaginé que la nouvelle école du petit garçon puisse leur refuser cet aménagement.	✱ **Les démarches administratives** Musulmane pratiquante, Safia, à 24 ans, a choisi de porter le foulard, et n'a jamais rencontré de problème depuis. Sauf lorsqu'elle a voulu passer son permis de conduire. L'auto-école a refusé de la prendre comme élève, alors que le port du foulard n'est interdit qu'à l'école.	✱ **La banque** Marc a un jour décidé d'être propriétaire de son logement. Comme il est dans la même banque (…14a…) plus de 20 ans, c'est auprès d'(…14b…) qu'il a fait sa demande de prêt. Il a répondu aux questions (…14c…) lui ont été posées, en toute honnêteté, et a (…14d…) évoqué son diabète. La banque a refusé sa demande sans donner d'explication.

Les discriminations sont des délits punis par la loi.

Le code pénal prévoit, pour toute personne se rendant coupable de discrimination, des peines pouvant atteindre trois ans de prison et 45 000 euros d'amende.

La sanction peut même aller jusqu'à cinq ans d'emprisonnement et 75 000 euros d'amende lorsque la discrimination est commise dans un lieu accueillant du public.

Que fait la HALDE ?

- Des actions de lutte contre les discriminations.
  La HALDE vous conseille, vous aide à faire valoir vos droits et vous oriente.
- Des actions de promotion de l'égalité.

■ La HALDE organise des tests de discrimination pour vérifier que les lois sont respectées.

- La HALDE recommande des modifications législatives et réglementaires.
- Elle fait connaître les bonnes pratiques.

Liberté • Égalité • Fraternité
RÉPUBLIQUE FRANÇAISE

HALDE
Haute **A**utorité de **L**utte contre les **D**iscriminations et pour l'**É**galité

08 1000 5000
www.halde.fr

1 Parmi la liste suivante, identifiez les cinq parties de la brochure.

- A Des exemples de victimes de discrimination
- B Les activités de la HALDE
- C Les coordonnées de la HALDE
- D Des conseils aux victimes potentielles
- E Une définition légale de la discrimination
- F Les conséquences légales de la pratique de la discrimination
- G Un historique de la discrimination

2 Identifiez les mots de la partie « **Qu'est-ce qu'une discrimination ?** » qui signifient :

- a souffert
- b interdits
- c l'engagement pour un travail
- d être révélées
- e persécution

Technique de travail

Identifier le type de mots recherchés : noms, adjectifs, formes verbales, etc.

3 D'après la partie intitulée « **Comment apparaissent les discriminations ?** », identifiez la victime qui correspond à chacune des discriminations suivantes.

- a Il a été considéré comme étant trop vieux.
- b Le lieu public où il voulait se rendre n'était pas adapté aux handicapés.
- c Elle a été rejetée pour des questions religieuses.
- d Elle n'avait pas le look adéquat.
- e Ses origines ne plaisaient pas.
- f Il a dû faire face à l'inflexibilité administrative pour qui le règlement c'est le règlement.
- g Elle devait choisir entre être mère et avoir une carrière.

4 Quel est le métier de Nicole ?

5 Dans la phrase « Dommage qu'il ne soit pas partagé » (Nicole), à quoi se réfère « il » ?

6 Identifiez le mot ou l'expression qui signifie :

- a une personne qui pratique le même métier (Nicole)
- b brutalement (Valérie)
- c attendait un enfant (Valérie)
- d le contraire d'un handicap (Bernard)

Langue

Revoir les pronoms personnels.

7 La phrase « Elle en a trouvé un, ou plus exactement en *avait* trouvé un » (Mélissa) signifie :

- A Mélissa a trouvé le studio qu'elle voulait et y habite.
- B Mélissa a trouvé plusieurs appartements qui lui plaisent.
- C Mélissa avait trouvé un appartement mais le propriétaire ne veut plus d'elle.
- D Mélissa avait trouvé deux appartements l'un après l'autre.

8 Dans la phrase « Lui comme eux ne comprennent toujours pas » (Mathias), à qui se réfère « eux » ?

9 Dans la phrase « Et moins encore depuis qu'on leur a expliqué » (Mathias), :

- a à quoi se réfère « moins » ?
- b à qui se réfère « leur » ?

Ajoutez les mots qui manquent dans le paragraphe intitulé « **La santé** ».

10 A à cause de / B grâce à / C parce que / D pour

11 A Après / B Donc / C En effet / D Pourtant

12 A s'aggravait / B s'aggravant / C s'aggraverait / D s'est aggravé

13 A a dû avoir / B a dû être / C devait avoir été / D devait être

14 **a–d** Ajoutez les mots qui manquent dans le paragraphe intitulé « **La banque** » en les choisissant dans la liste proposée ci-dessous. Attention : il y a plus de mots ou expressions que d'espaces et chaque mot ou expression ne peut être utilisé(e) qu'une seule fois.

AVEC	DEPUIS	DONC	ELLE	EUX
IL Y A	OUTRE	QUE	QUI	SANS

15 Les affirmations suivantes, basées sur les deux dernières parties du texte, sont soit vraies, soit fausses. Justifiez votre réponse en citant les mots du texte.

- a Si on fait pratique la discrimination, on passera un minimum de 3 ans en prison.
- b La peine maximale est de passer 5 ans en prison et de devoir payer 75 000 euros.
- c La HALDE vous dit quoi faire si vous êtes victime de discrimination.
- d La HALDE essaie de faire changer la loi.

L'identité nationale québécoise, une question ancienne

❶ La question de l'identité nationale est un sujet sensible au cœur de la Belle Province. Pour autant, une grande majorité des Québécois s'identifie d'abord et avant tout au Québec, avant de s'identifier au Canada. « Ils ont ben compris qu'ils ont plus l'droit de nous appeler les Canadiens, alors que l'on est québécois » chante Linda Lemay. Le Québec est leur nation. Mais comment définir la nation québécoise ?

❷ Le nationalisme a toujours été fort au Québec depuis le XIXe siècle, donnant lieu à différents courants politiques et à divers courants de pensée, se basant très souvent sur l'antagonisme franco-anglais. Toutefois, la question de la souveraineté s'est cristallisée dans les années 1960 avec la Révolution Tranquille. Cette dernière marque, dans l'imaginaire collectif québécois, la formation d'une nouvelle société moderne, ouverte sur le monde et pénétrée par de grands idéaux tels la démocratie, le pluralisme et la nation. La Révolution Tranquille a été une importante période de réformes politiques, économiques et culturelles entreprises par Jean Lesage et René Lévesque. Aujourd'hui encore, de nombreux partis politiques tels que le Parti québécois, Québec solidaire ou le Bloc québécois désirent la souveraineté de la province.

❸ En 2006, le gouvernement fédéral canadien, en la personne de Stephen Harper, premier ministre canadien, émet une motion reconnaissant que « Les Québécois forment une nation au sein d'un Canada uni ». Celle-ci engendra un grand débat autour de la définition de la nation québécoise. Citons, notamment, une conférence tenue à l'Université Laval à Québec : « La nation québécoise existe-t-elle ? »

L'identité nationale québécoise et les accommodements raisonnables

❹ La discussion a été relancée lors du débat public organisé pour la Commission de consultation Taylor-Bouchard sur les pratiques d'accommodement raisonnable reliées aux différences culturelles en 2007–2008. Qu'est ce qu'un accommodement raisonnable ? C'est une notion juridique canadienne issue du droit du travail et décrite dès 1985 par la Cour suprême du Canada comme : « L'obligation dans le cas de la discrimination par suite d'un effet préjudiciable, fondée sur la religion ou la croyance, consiste à prendre des mesures raisonnables pour s'entendre avec le plaignant, à moins que cela ne cause une contrainte excessive. » Elle s'applique à plusieurs motifs de discrimination dont le sexe, la grossesse,
l'âge, le handicap ou encore la religion.

❺ Les requêtes de la part de groupes ethniques ou religieux minoritaires ont été considérées par une partie des médias et de l'opinion publique comme étant excessives, (...9a...) contraires aux valeurs des Québécois. C'est en 2002 que la notion a été mise en lumière par les médias québécois, (...9b...) un jeune sikh a décidé de porter un kirpan (arme symbolique s'apparentant à un poignard) dans une école québécoise. Pour les autorités de l'école, le kirpan est une arme, (...9c...) pour ce jeune sikh, il s'agit d'un symbole religieux. (...9d...), le port d'arme blanche sans permis est interdit au Québec, (...9e...) la Charte canadienne des droits et des libertés reconnaît le droit de pratiquer librement sa religion. (...9f...) le refus de l'école d'obtempérer, le jeune sikh a poursuivi l'établissement. (...9g...) du procès, il a pu porter, à l'école, un kirpan dans un fourreau de bois placé à l'intérieur d'un sac d'étoffe cousu (...9h...) ne pouvoir être ouvert.

❻ Autre exemple : en avril 2006, une communauté juive orthodoxe a payé la pose de vitres teintées pour une salle de sport à Montréal. Elle ne voulait pas que ses enfants voient des femmes en tenue de sport.

❼ Le cas le plus marquant est celui d'une jeune musulmane ontarienne de 11 ans qui est expulsée, en 2007, d'un match de soccer à Laval, dans la banlieue de Montréal. L'arbitre décide que l'hijab (voile islamique) porté par la jeune fille est un risque pour la sécurité des participants et lui demande de le retirer. Devant son refus, il l'expulse. Aucun des médias européens présents à cette rencontre n'a jugé bon de s'intéresser à ce sujet. Face à ces différents exemples, et bien d'autres, le terme « accommodement raisonnable » a acquis une connotation péjorative et a provoqué un mécontentement dans la population.

Julie Derache: *Haut Courant*, 7.1.2010

1 Quelle expression du premier paragraphe montre qu'il n'est pas facile de parler de l'identité nationale au Québec ?

2 Dans la chanson de Linda Lemay, à qui se réfère « ils » ?

3 Le message de la chanson de Linda Lemay est :

A Les Québécois sont aussi des Canadiens.
B Les Québécois n'ont pas le droit de s'appeler Canadiens.
C Les Québécois ont un sens aigu de leur nationalité québécoise.
D Les Canadiens appellent les habitants du Québec des Québécois.

4 D'après le deuxième paragraphe, trois des affirmations suivantes sont vraies. Lesquelles ?

A Les intellectuels du XIXe siècle ont promu le nationalisme au Québec.
B Les conflits passés entre la France et l'Angleterre sont à l'origine du nationalisme québécois.
C Il y a eu une révolution en 1960 au Québec.
D Les changements sociaux des années soixante sont la cause de la Révolution Tranquille.
E Un des nouveaux idéaux a pris corps sous la forme du concept de la souveraineté québécoise.
F La question de la souveraineté québécoise n'a toujours pas été résolue.

5 Par sa déclaration, Stephen Harper…

A veut donner l'indépendance au Québec.
B reconnaît la différence des Québécois.
C proclame l'union entre le Canada et le Québec.
D refuse la séparation du Québec et du Canada.

6 Quel effet la déclaration du premier ministre canadien a-t-elle créé ?

7 D'après le quatrième paragraphe, dans quel cadre a-t-on rencontré le concept d'accommodement raisonnable d'abord ?

8 Par un « accommodement raisonnable » la loi s'attend à ce qu'on…

A évite des préjudices.
B trouve un compromis.
C entende les plaintes même si elles sont excessives.
D contraigne les plaignants à s'entendre à tout prix.

9 **a–h** Ajoutez les mots qui manquent dans le cinquième paragraphe en les choisissant dans la liste proposée ci-dessous. Attention : il y a plus de mots ou expressions que d'espaces et chaque mot ou expression ne peut être utilisé(e) qu'une seule fois.

À L'ISSUE	ALORS QUE	BIEN QUE	DE MANIÈRE À
DEVANT	D'UN AUTRE	D'UN CÔTÉ	LORSQU'
OUTRE	QU'	SI	VOIRE

En vous basant sur les sixième et septième paragraphes, reliez le début de la phrase de la colonne de gauche à la fin appropriée qui se trouve dans la colonne de droite. Attention : il y a plus de fins que de débuts et chaque fin ne peut être utilisée qu'une seule fois.

10 Les juifs orthodoxes sont choqués…

11 La jeune musulmane a été expulsée…

12 L'arbitre a pris sa décision…

13 Le terme « accommodement raisonnable » est devenu impopulaire…

A à cause des trop nombreuses requêtes de groupes religieux minoritaires.
B grâce aux médias européens.
C par la vue de femmes trop découvertes.
D afin de protéger les personnes dont il était responsable.
E parce que les enfants faisaient du sport.
F pour avoir refusé de porter un voile islamique.
G pour que les médias s'intéressent au sujet.
H puisqu'elle n'a pas voulu obéir à l'arbitre.

Langue

Revoir l'expression de la cause et de la conséquence : *parce que, par, à cause de, grâce à, puisque, afin de, pour que, pour.*

14 Dans la phrase du septième paragraphe…	**le mot…**	**se réfère dans le texte à…**
a celui d'une jeune musulmane ontarienne	celui	
b lui demande de le retirer	lui	
c lui demande de le retirer	le	
d devant son refus	son	

Pour aller plus loin

- En France, les critères de discrimination prohibés par la loi sont : « l'origine, le sexe, la situation de famille, l'apparence physique, le patronyme, l'état de santé, le handicap, les caractéristiques génétiques, les mœurs, l'orientation sexuelle, l'âge, les opinions politiques, les activités syndicales, l'appartenance ou la non-appartenance, vraie ou supposée, à une ethnie, une nation, une « race » ou une religion déterminée. » (Article 225-1 du code pénal). À quelle catégorie appartient chacun des exemples du premier texte (page 40) ? Pouvez-vous penser à des exemples possibles pour les autres catégories ?
- Au nom de la laïcité de l'état français, le port ostentatoire de signes religieux est interdit à l'école. Qu'en pensez-vous ? Quelles peuvent être les conséquences pour l'éducation des jeunes ? Est-ce une forme de discrimination religieuse ou une façon de défendre la liberté individuelle ? La religion a-t-elle sa place à l'école ? Si oui, quelle devrait être sa place ?
- De façon à lutter contre les discriminations, certains pays pratiquent la discrimination positive. En quoi consiste cette politique ? La discrimination positive est-elle nécessaire pour éliminer les discriminations ? Cette discrimination positive risque-t-elle de se retourner contre ceux qu'elle est supposée protéger ?
- La HALDE a condamné le poème de Ronsard (« *Mignonne, allons voir si la rose Qui ce matin avoit desclose Sa robe de pourpre au Soleil, A point perdu ceste vesprée Les plis de sa robe pourprée, Et son teint au vostre pareil.* »), un des textes les plus célèbres de la littérature française enseignés dans les écoles comme véhiculant « *une image somme toute très négative des seniors* ». Devrait-on ne pas enseigner ces textes simplement parce qu'ils pourraient être perçus comme discriminatoires ?
- « Liberté, égalité, fraternité » : dans quelle mesure ces trois valeurs de la devise de la République française sont-elles réalisables ?
- En quoi les débats sur l'identité nationale, que ce soit au Québec, en France ou dans n'importe quel autre pays, peuvent-ils créer une sorte d'exclusion ? Pourquoi certains gouvernements éprouvent-ils le besoin d'engager de tels débats ? Comment peut-on envisager une politique d'intégration des minorités ?

Théorie de la connaissance

- Ce qui peut être considéré comme discrimination par un individu peut être vu comme une nécessité pour le bien-être de la communauté. Dans quelles situations la discrimination peut-elle être justifiée ? Est-il possible ou même souhaitable de traiter toutes les personnes de la même façon ?
- La discrimination est-elle nécessaire pour déterminer une identité nationale ?
- L'intégration d'une minorité se fait-elle nécessairement au prix de l'identité nationale ?
- Avez-vous une idée de stéréotype qui s'est avérée être fausse ?

CAS

Dans le cadre des activités CAS dites dans quelle mesure les élèves de votre établissement rencontrent des victimes réelles ou potentielles de discrimination. Que font-ils ou que peuvent-ils faire pour aider ces personnes à surmonter ces discriminations ?

Activités orales

1 Vous êtes face à ce que vous pensez être un problème et vous ne savez pas quoi faire. Vous demandez conseil à plusieurs de vos camarades. Vous avez 20 minutes pour consulter le plus de camarades possibles. Vous exposerez ensuite votre problème à la classe et direz ce que vous décidez de faire. *La liste suivante sera répartie entre les élèves de la classe. Cette liste n'est pas exhaustive et sera adaptée au nombre d'élèves.*

a Vous allez changer d'école et vous savez que vous serez la seule personne de votre couleur dans votre classe. Vous avez peur des remarques racistes des autres élèves.

b Vous espériez que vos nouveaux voisins auraient des enfants de votre âge pour vous faire de nouveaux amis, mais en définitive il s'agit d'un couple de retraités. Vous ne voulez pas avoir des « vieux » comme voisins !

c Vous voudriez vraiment faire partie de l'équipe de football, mais les autres joueurs ne portent que des chaussures de marque bien trop chères pour vous. Vous avez peur qu'ils se moquent de vous.

d Vous avez appris que votre ami(e) a un parent homosexuel. Il/Elle n'ose pas en parler car il/elle a peur des commentaires de vos camarades de classe.

e Votre amie est la seule fille dans sa classe de physique. Les garçons n'arrêtent pas de faire des remarques désagréables et sexistes à son sujet.

f Pendant le déjeuner vous avez remarqué qu'un(e) nouvel(le) élève a dit une prière avant de commencer à manger. Vos camarades se sont moqués de lui/elle.

g Votre ami(e) adore jouer au basket et voudrait faire de la compétition. Malheureusement, il/elle est sourd(e) et pense que les autres joueurs ne voudront pas de lui/elle.

h Votre ami(e) est obèse et n'arrive pas à perdre de poids. Il/Elle manque de confiance en lui/elle, les autres élèves et même le professeur d'EPS se moquent de lui/elle continuellement.

Pour lutter contre la discrimination des jeunes à l'embauche

1 Quel est le problème que la ville de Grande-Synthe essaie de résoudre ? Pourquoi est-ce un problème ?

2 Pour quelles raisons les employeurs ne veulent-ils pas embaucher de jeunes ? Cela vous semble-t-il justifiable ?

3 Cette publicité vous semble-t-elle provocante ? Devrait-elle l'être ? Justifiez votre réponse.

4 Pensez-vous que vous-même vous pourriez être victime de discrimination à l'embauche ? Pourquoi ?

Chefs d'entreprises...
C'est mon bac
ou mon look
qui vous choque ?
Notre jeunesse, source d'avenir !
Contactez : La Maison de l'Initiative 03 28 249 900
Ville de
Grande-Synthe
L'emploi, on s'y emploie !

Production écrite

1 De façon à éduquer les jeunes enfants et pour leur faire prendre conscience des discriminations qui existent autour d'eux, vous écrivez une brochure qui sera distribuée dans les écoles primaires de votre ville.

- **a** Étant donné que cette brochure s'adresse à des enfants, les exemples devront être adaptés à leur expérience et à leur milieu scolaire, à leurs jeux, etc. La langue sera informelle, simple et directe.
- **b** Vous utiliserez des éléments qui permettent d'identifier une brochure (titre, colonnes, illustrations avec légendes explicatives…). Vous utiliserez des procédés stylistiques variés qui viseront à avoir un impact sur le lecteur de façon à le motiver.

2 L'administration de votre école a décidé que chaque année 30% des nouveaux élèves devront appartenir à des minorités (origine ethnique, croyance religieuse minoritaire, personnes handicapées) et ceci indépendamment de tout autre critère de sélection. Vous écrivez l'éditorial du journal de l'école prenant position pour ou contre cette mesure.

- **a** Il sera nécessaire de vous appuyer sur des informations concrètes et variées, les raisons qui motivent cette décision. Vous éviterez de dire des banalités. Vous essaierez plutôt de donner un angle différent ou inhabituel.
- **b** Il s'agit ici d'un éditorial et donc d'une prise de position qu'il est nécessaire de justifier avec des arguments convaincants et une analyse détaillée. Le texte sera organisé autour d'une introduction, de paragraphes et d'exemples clairs pour soutenir l'argumentation. Des articulateurs logiques seront nécessaires pour montrer les contrastes (*au contraire, par contre*) pour appuyer (*de toute évidence, il va sans dire*), pour affirmer une position (*il va sans dire, il est clair que*), etc. La langue utilisée pourra être imagée. Vous utiliserez des procédés stylistiques variés qui viseront à convaincre, persuader et faire réfléchir vos lecteurs.
- **c** Vous éviterez les expressions telles que *Je pense que…, à mon avis…*, au profit de formules plus impersonnelles afin de donner plus de poids à l'argumentation.

3 **Niveau supérieur** Expliquez votre point de vue et démontrez votre compétence interculturelle en étudiant les similitudes et les différences entre votre culture et celle(s) que vous étudiez.

Le 25 avril 2010, près de 2000 personnes ont défilé dans les rues de Beyrouth (Liban) à l'occasion de la première « Laïque Pride », ou marche pour la laïcité. Alors que la société libanaise est organisée de façon à protéger les minorités dans ce pays où coexistent 18 confessions religieuses différentes, les organisateurs de la marche avaient comme objectif de demander un état laïque afin de mettre fin aux droits différents selon les appartenances religieuses. Leur slogan : « Garde ta religion et crois en ce que tu veux », pourvu que les Libanais et les Libanaises aient des droits égaux et qu'ils soient libres de choisir.

Vous considérerez :

- les revendications des manifestants ;
- la liberté de croyance et de religion ;
- la signification et les implications d'un état laïque comparé à un état non-laïque ;
- la représentation de minorités dans le cas d'une société multiculturelle ;
- les effets parfois négatifs de la discrimination positive.

A6 La vie dans la cité

Objetifs

- Discuter les changements de société.
- Réfléchir aux problèmes sociaux liés à la vie dans les grandes villes.
- Comparer des modes de vie différents dans des lieux différents et à des époques différentes.

Remue-méninges

- Où habitez-vous ? Dans une grande ville, à la campagne, dans une banlieue ? Comment décririez-vous votre lieu de résidence ? Quels sont les avantages et les inconvénients de chaque lieu ? Si vous aviez le choix, où préféreriez-vous vivre ? Pourquoi ?
- Quels types de difficultés associez-vous à la vie dans une grande ville ou une grande agglomération ?
- Considérez les deux photos suivantes de la ville de Rouen (France). Comparez l'architecture et les modes de vie. À votre avis, dans quelle mesure cette ville a-t-elle perdu ou gagné au changement ? Pensez-vous que les changements soient toujours nécessaires ?

▲ Rouen, dans les années 1880.

▲ Le même endroit en 2007.

- Essayez de trouver des informations ou même des photos sur votre ville (ou une ville que vous connaissez bien) dans le passé. Quels changements ont été apportés ?

Éditorial

Quand l'Afrique réinvente ses villes

Par Dominique Mataillet

Formidable Laboratoire

❶ *Ville cruelle*. C'est sous ce titre que paraissait, il y a plus d'un demi-siècle, le premier roman (publié sous le pseudonyme d'Eza Boto) de Mongo Beti, qui deviendra l'une des figures de la littérature subsaharienne. L'écrivain camerounais y raconte les mésaventures d'un jeune villageois livré à la veulerie et à la méchanceté des habitants de la grande cité.

❷ Sous la plume de nombreux autres romanciers africains, on pense en particulier à Ahmadou Kourouma et à ses *Soleils des indépendance*s, la ville est placée sous le signe de l'injustice, quand ce n'est pas celui de la violence ou de la débauche. Cette littérature ne fait, hélas !, que traduire la réalité. Faiblement urbanisée avant la colonisation, l'Afrique subsaharienne rattrape son retard, si l'on peut dire, et connaît une croissance urbaine effrénée qui bouscule les codes sociaux traditionnels.

❸ Les chiffres parlent d'eux-mêmes. Au sud du Sahara, le nombre des citadins est passé de 20 millions en 1950 à près de 400 millions aujourd'hui. Ils seront plus de 1 milliard en 2050. Contrairement à ce qui s'est passé en Europe, cette urbanisation se fait sans développement industriel.

❹ Faute d'emplois et de ressources, les nouveaux arrivants sont privés d'habitations dignes de ce nom. Résultat, plus de 60 % des citadins vivent dans des taudis ou, à tout le moins, dans des logements insalubres.

❺ Si le Nord du continent affronte lui aussi une urbanisation accélérée, au moins bénéficie-t-il d'une tradition citadine ancienne. Il suffit d'un petit tour dans les médinas de Fès ou de Tunis pour se convaincre de la profondeur historique de la vie dans les villes du Maghreb. La prolifération de l'habitat précaire y est également beaucoup mieux maîtrisée : 14 % « seulement » de la population urbaine de l'Afrique du Nord vit dans des quartiers informels.

❻ Il n'empêche. Partout, les besoins essentiels en eau, en assainissement et en électricité de millions d'habitants ne sont pas satisfaits. Dans des pays où l'État est à la fois omnipotent et impuissant, c'est aux collectivités locales qu'il revient de plus en plus de prendre à bras-le-corps ces problèmes. Et les choses commencent à bouger.

❼ La ville africaine, de toute façon, continuera pour longtemps à fasciner le monde. Si elle se confond souvent avec le désordre, elle est aussi le lieu de l'inventivité. Un seul exemple : l'art. Musique, danse, peinture et sculpture... dans tous les grands centres urbains du continent, les créateurs s'en donnent à cœur joie. Derrière le chaos urbain, c'est l'Afrique de demain qui se construit.

Jeune Afrique

1 D'après le premier paragraphe, deux des affirmations suivantes sont vraies. Lesquelles ?

A Le premier livre de Mongo Beti s'appelait Eza Boto.
B Mongo Beti est un auteur africain de renom.
C Le héros du roman de Mongo Beti vit beaucoup d'aventures amusantes.
D Dans le roman, les habitants de la ville veulent rester méchants.
E D'après le roman, les difficultés de vivre dans une ville sont causées par les citadins.

2 Notez les expressions du deuxième paragraphe qui signifient :

a dans les livres de
b dans une atmosphère de

3 Dans la phrase du deuxième paragraphe…	**le mot…**	**se réfère dans le texte à…**
a quand ce n'est pas celui de la violence	celui	
b Cette littérature	cette	

4 Dans ce même paragraphe, notez les expressions qui expriment les sentiments suivants :

a le regret
b l'ironie

5 En vous basant sur les deuxième, troisième et quatrième paragraphes du texte, dites si les phrases suivantes sont vraies ou fausses. Justifiez votre réponse en citant des mots du texte.

a Les villes africaines grandissent très vite.
b D'après les statistiques, la situation est claire.
c Les villes africaines suivent le modèle européen.
d Les gens s'installent en ville parce qu'ils y trouvent du travail.

6 Dans ces mêmes paragraphes, quelles sont les deux expressions qui signifient le contraire de « habitations dignes de ce nom » (quatrième paragraphe) ?

7 En quoi l'urbanisation en Afrique du Nord est-elle différente de celle de l'Afrique subsaharienne ?

8 Quelle est la conséquence de cette différence ?

9 Cette différence est-elle vue par l'auteur comme négative ou positive ? Justifiez votre réponse.

10 Quelles sont les deux expressions utilisées pour décrire le contraire de « habitations dignes de ce nom » en Afrique du Nord ?

En vous basant sur les sixième et septième paragraphes, reliez le début de la phrase de la colonne de gauche à la fin appropriée qui se trouve dans la colonne de droite. Attention : il y a plus de fins que de débuts et chaque fin ne peut être utilisée qu'une seule fois.

11 Beaucoup de citadins…
12 Les autorités locales doivent…
13 Le désordre…
14 Les activités artistiques…

A donnent beaucoup de joie.
B ne sont pas satisfaits.
C résoudre les problèmes des États africains.
D sont partout présentes.
E est souvent confondu avec l'inventivité.
F manquent de besoins essentiels.
G trouver des solutions au manque d'infrastructures.
H est la première idée qu'on a d'une ville africaine.

15 La dernière phrase signifie :

A Le chaos permet de construire l'Afrique de demain.
B Malgré le chaos, les villes africaines ont un avenir.
C Le chaos est inévitable dans les villes africaines.
D Il y aura moins de chaos dans les villes africaines à l'avenir.

Langue

Développer le vocabulaire pour décrire les villes et les conditions de vie.

Réflexion sur Montréal et ses banlieues

1 J'adore Montréal. Petite, j'avais des frissons de plaisirs en franchissant le pont Jacques-Cartier. Je me souviens de mon excitation en entrant dans la cité de nuit : les lumières de la ville, les gratte-ciel, les milliers de voitures, des gens partout. Je suis profondément tombée amoureuse de Montréal... je devais avoir 8 ou 9 ans. La ville était pleine de trésors, de gens excentriques, de boutiques raffinées, de nourriture introuvable dans la banlieue Sud d'où je venais. Adolescente, je faisais régulièrement des « pèlerinages » en ville, le plus souvent avec ma copine Li. Nous nous baladions au centre-ville, dans les boutiques, arpentant la Saint-Laurent, la Saint-Denis, avec nos frimousses d'adolescentes ravies.

2 Vers l'âge de 17 ans, c'est à cause de mes études au collège de Maisonneuve que j'ai enfin établi mes pénates en ville. Tout d'abord dans le confortable condo de ma chère tante Lou. Douce transition pour la petite princesse de banlieue. Mais ce fut une adaptation rapide. Entre les sorties au théâtre, les lectures de poésie, les films indépendants et les bars alternatifs, je jubilais. Marcher dans les rues de la cité était pour moi une bouffée d'air frais nécessaire à ma survie, tout autant que mes escapades dans la nature. Mes années universitaires se déroulèrent dans la joie totale ; j'étais bien ancrée dans Montréal.

3 Une fois mes études terminées, je m'envolais pour l'Europe. Pour les amours, pour le travail. Ce séjour ne rendit Montréal que plus chère à mes yeux. Deux ans plus tard, je retrouvais ma ville et ses habitants avec une joie exaltée. Je m'installais à nouveau sur le plateau, ce quartier que j'adore, bien qu'on se plaigne de sa gentrification. Ma ville n'est pas parfaite. Elle est parfois laide et sale. Elle est parfois bâtie par des propriétaires qui la développent sans égard pour l'environnement ou les humains. Ses habitants peuvent être froids, comme dans bien des grandes villes. Sa pauvreté est parfois cachée, d'autre fois elle s'étale sur les trottoirs pour dormir, et ça fait peine à voir.

4 Mais voilà qu'il y a un an exactement j'ai rencontré le Grand Amour. Celui qui vous fait utiliser des mots comme « toujours », « éternité ». Voilà que ce cher homme habite la banlieue nord, avec ses mousses. Une jolie maison, avec un terrain et des arbres. Voilà que je migre à temps partiel vers la banlieue. Stupeur. Moi l'urbaine, je passe au mode banlieusard. Étrange retour de la vie, car c'est là que j'ai poussé. Mais je ne serai jamais une véritable banlieusarde. Lui non plus d'ailleurs. Il est comme moi, fait de ville et de campagne, de béton et de forêt, de métal et d'eau. Mais nos destins liés ont posé leurs pénates dans la banlieue, pour l'instant.

5 Mais je n'arrive pas à vraiment me sentir chez moi dans la banlieue, bien que je sois chez moi dans la maison. Je suis étrangère à toutes ces routes et ces autoroutes, ces supermarchés occupés le mercredi matin par de vaillantes petites mamans à la maison. Je les salue avec respect, d'ailleurs. Mais moi, je me sens déphasée ici. Pas chez moi. Un je-ne-sais-quoi d'inconfort. Je vois bien que c'est la vie pratique pour les enfants, avides d'espace et de sécurité. Mais je sais que les enfants peuvent aussi être très heureux en ville (le journal l'a dit la semaine dernière). Je n'arrive pas à dire exactement ce qui me dérange dans la banlieue. Une saveur artificielle, je crois. Je cherche l'authentique, et la banlieue, bien que villageoise ou agréablement québécoise, reste un *rêve américain* en préfabriqué. La banlieue cultive la distance et les apparences, le béton et le culte de la voiture.

6 Lisez-moi bien, j'ai beaucoup apprécié mon été banlieusard ; entre les BBQ et la piscine, mon terrassement et les oiseaux, les parties de foot au parc et les marches à la rivière, le skate park et le ciné en plein-air. Je ne rejette pas tout en bloc : je me questionne. En fait, il suffirait de revoir l'urbanisme des banlieues pour les structurer en villages. Voilà qu'on retrouverait naturellement l'essence de la nature humaine et de l'authenticité que je recherche : la communauté.

Yannou, www.yannou.com

1 Quand elle était enfant, quels étaient les sentiments de l'auteure quand elle venait à Montréal ?

En vous basant sur le premier paragraphe, reliez chacun des mots ou expressions du texte figurant dans la colonne de gauche avec son équivalent qui se trouve dans la colonne de droite. Attention : il y a plus de mots proposés que de réponses possibles.

2 gratte-ciel	A arc-en-ciel
3 excentriques	B bizarres
4 raffinées	C chantions
5 banlieue	D enchantées
6 pèlerinages	E extérieurs
7 baladions	F figures
8 arpentant	G immeubles
9 frimousses	H parcourant
10 ravies	I périphérie
	J promenions
	K regardant
	L religions
	M sophistiquées
	N voyages

11 D'après les deuxième et troisième paragraphes, trois des affirmations suivantes sont vraies. Lesquelles ?

A Quand elle a eu 17 ans, elle s'est installée à Montréal.
B Elle a eu beaucoup de peine à trouver un logement.
C Toutes les activités qu'elle faisait la stressaient beaucoup.
D Elle avait besoin d'aller à la campagne pour respirer l'air frais.
E Elle était bien installée à Montréal pendant ses études supérieures.
F Quand elle est allée en Europe, elle s'est rendue compte que la vie était chère à Montréal.
G Quand elle est rentrée, elle s'est installée dans un quartier pauvre.
H Elle est attristée qu'à Montréal il y ait des gens qui dorment dans la rue.

12 Les affirmations suivantes, basées sur le quatrième paragraphe, sont soit vraies, soit fausses. Justifiez votre réponse en citant les mots du texte.

a Son fiancé habite dans la banlieue où elle a grandi.
b Elle reste de temps en temps chez son fiancé.
c Son fiancé aime vivre en banlieue.
d Ils n'ont pas l'intention de vivre en banlieue pour le reste de leur vie.

13 D'après le cinquième paragraphe, relevez trois éléments concrets qu'on ne trouve normalement pas dans le centre ville.

14 Dans la phrase « Je les salue avec respect, d'ailleurs », à qui se réfère « les » ?

15 Quel est le sentiment principal de l'auteure quand elle est en banlieue ?

A Elle est mal à l'aise.
B Elle est respectueuse des banlieusards.
C Elle a envie d'avoir un enfant.
D Elle se sent agréablement québécoise.

16 Quelle expression de ce paragraphe reflète la « saveur artificielle » de la banlieue ?

17 Sur quoi se questionne-t-elle ?

A Les activités qu'elle y a faites pendant l'été.
B La construction de blocs d'habitation.
C L'existence de villages à côté des banlieues.
D Les plans d'urbanisme qui ne considèrent pas la communauté.

Pour aller plus loin

- Comparez les descriptions de la ville dans les deux texte (pages 48 et 50). Y a-t-il des éléments similaires ? Parmi ceux-ci, y en a-t-il qui sont vécus de façon différente en Afrique et au Québec ? Comment peut-on expliquer ces différences et ces similarités ?
- Qu'est-ce qui attire les gens vers les villes ? Qu'y cherchent-ils ? Le trouvent-ils ?
- Comment les conditions de vie ont-elles changé durant le siècle passé ? Où habitaient vos parents ? Vos grands-parents ? Pourriez-vous imaginer vivre comme eux, dans les mêmes conditions ?
- Observez les logements dans la ville où vous habitez. Ont-ils été construits à des époques différentes ? Peut-on constater des différences dans la qualité des logements de périodes différentes ?
- On dit souvent qu'il faudrait que les architectes soient obligés de vivre dans les maisons qu'ils conçoivent. Dans quelle mesure êtes-vous d'accord avec cette affirmation ?
- Parmi les problèmes suivants souvent associés à la vie dans les grands ensembles, lesquels vous semblent être les plus importants : le chômage, la violence, les drogues, la saleté, la promiscuité, le bruit, l'isolement ? Associez-vous d'autres problèmes aux grandes villes ?
- Comment l'environnement urbain affecte-t-il les relations entre les individus ? Ces relations sont-elles différentes dans le milieu rural ?
- En France, de plus en plus de personnes quittent la ville pour s'installer à la campagne. Pourquoi, à votre avis ? Quelles sont les difficultés qu'elles peuvent y rencontrer ?
- Comment imaginez-vous la ville idéale ? Inspirez-vous d'œuvres architecturales renommées telles que la Cité radieuse de Le Corbusier, le quartier de La Défense, la Grande Motte, etc.

Théorie de la connaissance

- Les villes changent continuellement et ce changement est souvent caractérisé par une urbanisation intensive toujours croissante et des centres-villes de plus en plus délabrés, le tout accompagné d'une augmentation du taux de criminalité. Ces phénomènes ont-ils affecté la façon dont les citadins pensent ? Si oui, comment ? Justifiez votre réponse.
- Certaines personnes pensent que le développement social, émotif et intellectuel de l'individu dépend de son contact et échange avec les autres. Est-il possible que l'augmentation de la fréquence de ces contacts, telle qu'elle existe dans les villes, puisse retarder le développement de cet individu ? Si oui, comment et pourquoi ?

CAS

- Dans le cadre des activités CAS organisées dans votre école, considérez les conditions de vie et d'habitat des personnes avec qui vous avez à faire. En quoi ces activités permettent-elles ou pourraient-elles permettre d'améliorer ces conditions ? Y aurait-il la possibilité de créer d'autres activités qui s'adresseraient aux personnes dont les conditions de vie sont les plus précaires ?

Activités orales

1 Choisissez un des nombreux films qui montrent la vie dans les banlieues françaises – par exemple : *Banlieue 13* de Philippe Morel (2004), *Dernière sortie avant Roissy* de Bernard Paul (1997), *La Haine* de Mathieu Kassovitz (1995), *La journée de la jupe* de Jean-Paul Lilienfeld (2009), *Neuilly sa mère !* de Gabriel Julien-Laferrière (2008), *Raï* de Thomas Gilou (1995).

Regardez la bande annonce (www.dailymotion.com, www.cinemovies.fr, www.allocine.fr, www.premiere.fr).

Identifiez les thèmes du film.

À partir des éléments de la bande annonce, imaginez en groupes le scénario que vous présenterez à la classe.

Le cas échéant, visionnez le film et engagez un débat sur la vie dans les banlieues (violence, chômage, etc.).

2 Jeu de rôle : La mairie de votre ville a l'intention de construire de nouveaux immeubles. Ces immeubles seront principalement des habitations à loyers modérés (HLM). Deux lieux possibles ont été choisis : un quartier résidentiel proche du centre-ville et un bois en périphérie de la ville. La mairie a organisé un débat avec des représentants de diverses couches de la population afin de déterminer le lieu de construction.

Chaque élève assumera un rôle différent qu'il choisira dans la liste suivante (d'autres rôles pourront être créés selon le nombre d'élèves dans la classe) :

Représentant les autorités	Pour la construction proche du centre-ville	Pour la construction en périphérie
maire	commerçant(e) du centre-ville	directeur/directrice du supermarché situé en périphérie
adjoint chargé des transports	mère de famille	propriétaire d'une usine
adjoint chargé de l'environnement	retraité(e) qui vit dans un pavillon près du bois	chômeur/chômeuse
adjoint chargé de la santé publique	directeur/directrice de l'école primaire	immigrant(e) qui cherche un logement
adjoint chargé des finances publiques	écologiste	habitant(e) du quartier résidentiel
adjoint chargé des écoles communales	jeune dont les parents cherchent un logement	employé(e) de l'usine
commissaire de police	lycéen(ne)	lycéen(ne)

Émeutes dans les banlieues françaises

1 Décrivez cette scène : lieu, personnages, actions.

2 Quelles pourraient être les causes de la violence dans les banlieues françaises ? Quels sont, à votre avis, les motifs qui « justifient » ces actes de violence ?

3 Que peut-on faire pour mettre fin au problème de violence ?

4 Dans quelle mesure ce phénomène existe-t-il dans votre pays ? Comment l'expliquez-vous ? S'il n'existe pas, à votre avis, pourquoi pas ?

Production écrite

1 Dans le cadre des activités CAS, vous avez eu l'occasion de visiter les quartiers défavorisés d'une ville que vous connaissez bien. Écrivez le compte rendu de votre visite en expliquant la situation des personnes qui y vivent et ce que les élèves de votre établissement pourraient faire pour les aider.

- **a** Il s'agit ici d'un compte rendu, c'est-à-dire une explication d'une situation, accompagnée d'une proposition. La langue devra être simple, claire et précise et essentiellement objective.
- **b** Vous utiliserez un ou des éléments caractéristiques d'un compte rendu : titre et/ou sous-titres, paragraphes numérotés, listes, etc. Vous indiquerez votre nom et le destinataire (le responsable des activités CAS, le directeur de l'école, etc.). Ce compte rendu pourra avoir une forme préétablie (*De ; À l'attention de ; Objet ; Date,* etc.).

2 Dans le cadre d'un festival du film francophone organisé par votre école, écrivez une critique sur un des films que vous avez vus en soulignant ce qu'il révèle des conditions de vie des gens. Cette critique sera publiée dans le journal de votre école.

- **a** Il s'agit d'une critique de film. Elle inclura donc un bref résumé du film afin de le situer mais surtout une analyse montrant les conditions de vie des gens. Les opinions personnelles devront être basées sur des faits concrets (jeu des acteurs, histoire, musique, décors, etc.).
- **b** Ce film étant francophone, vous pouvez faire référence aux différences culturelles en démontrant, avec diplomatie, votre compétence interculturelle.
- **c** Vous utiliserez un vocabulaire spécifique au monde cinématographique (*metteur en scène, décor,* etc.).
- **d** Il s'agit aussi d'un article de journal. On trouvera donc un titre, des sous-titres, une introduction, le nom de l'auteur de l'article, éventuellement le nom du journal et la date de publication. Le texte pourra être écrit en colonnes et vous pourrez inclure une illustration du film. La langue sera formelle mais pourra s'adresser directement aux élèves de l'école et susciter leur intérêt pour la culture francophone.

3 **Niveau supérieur** Expliquez votre point de vue et démontrez votre compétence interculturelle en étudiant les similitudes et les différences entre votre culture et celle(s) que vous étudiez.

On estime qu'il y aurait environ 800.000 sans-abris en France, dont environ 100.000 à Paris. La ministre du Logement voudrait obliger les SDF (Sans Domicile Fixe) à se rendre dans les centres d'accueil en période de grand froid. Les associations s'occupant du sort des personnes sans logement dénoncent une atteinte à la liberté de circuler et mettent en avant les conditions difficiles et inadaptées des centres d'accueil. Le plus souvent collectifs, ces centres refusent l'entrée des chiens, seuls compagnons affectifs de certains SDF.

Les organisations associatives signalent un problème de fond lié au manque de logements de longue durée. « *L'exclusion, ce n'est pas une question d'hiver : elle est là pour longtemps, elle est structurelle* », rappelle Xavier Emmanuelli, fondateur du Samu social (structure d'aide aux sans-abris).

lepetitjournal.com

Vous considérerez :

- la signification du nombre de sans-abris dans un pays développé comme la France ;
- les raisons pour lesquelles quelqu'un devient SDF ;
- les raisons pour lesquelles certains SDF refusent de se rendre dans les centres d'hébergement ;
- les conditions de vie des plus démunis dans la société.

1 Aspects géographiques et historiques

Objectifs

- Découvrir et mieux comprendre quelques aspects majeurs du colonialisme et de ses conséquences mondiales.
- Explorer quelques relations culturelles établies et développées par le passé colonial.
- Réfléchir aux débats actuels sur l'histoire du colonialisme et son héritage et exprimer des points de vue justifiés dans des débats à ce sujet.
- Analyser la présentation d'une lettre au public et d'un portrait biographique.

Remue-méninges

- Discutez avec vos camarades au sujet des informations données sur la carte ci-dessous.

  Que signifient pour vous, personnellement, les données de cette carte ?

  Et pour votre pays ?
- Que comprenez-vous des attitudes exprimées envers la réalité coloniale du passé mondial, par d'autres camarades de classe, ou de personnes de votre connaissance venus d'autres pays ?
- Les connaissances et les attitudes exprimées sont-elles plutôt positives, négatives ou bien équilibrées ?

  Avant d'aborder cette unité, notez les thèmes ou les images les plus fréquents qui résument ce que pense la classe au sujet du colonialisme.

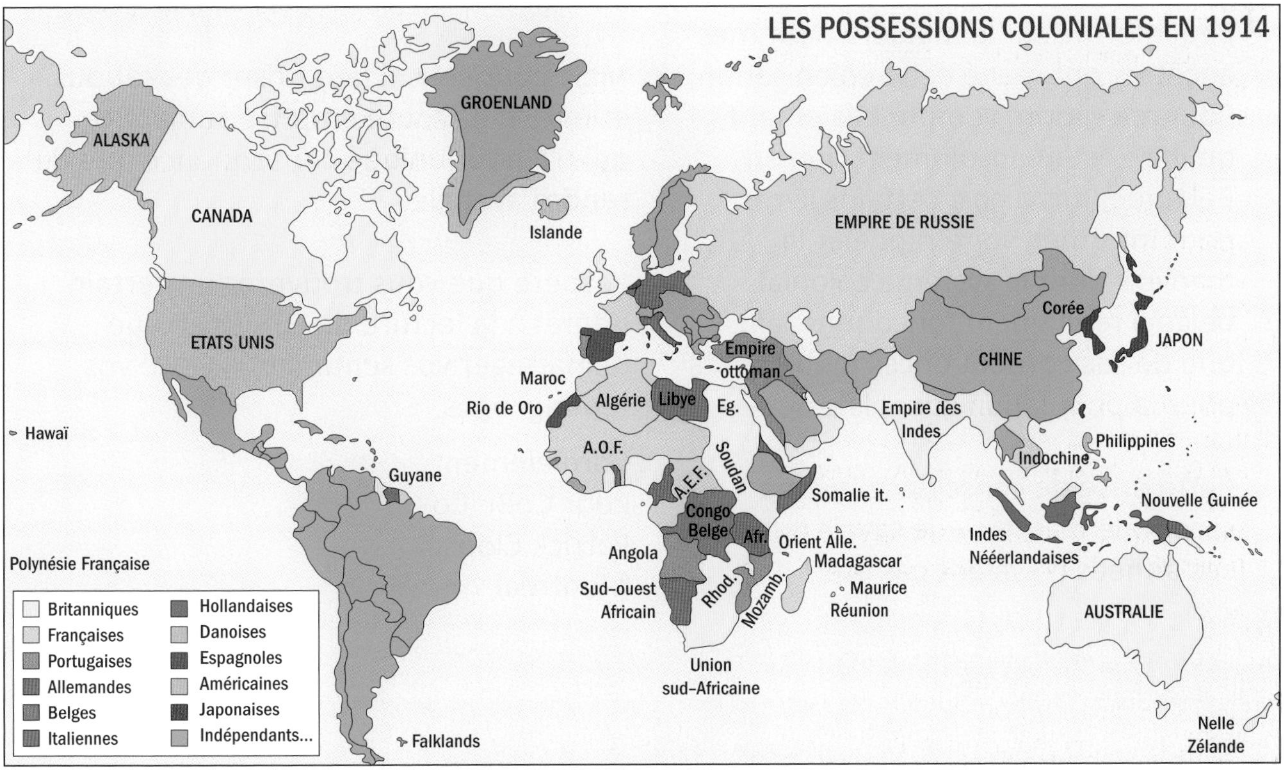

A.O.F = Afrique Occidentale Française A.E.F. = Afrique Équatoriale Française

Congo On Line

Histoire de la colonisation belge du Congo

J'ai eu l'occasion de lire, il y a environ un an, le livre bien connu maintenant d'A. Hochschild, *Les Fantômes de Léopold II.*

Je suis belge, de la génération des années de la décolonisation. J'ai fait toutes mes études en Belgique, mais n'ai jamais eu le moindre cours concernant l'histoire coloniale de mon pays.

Comme d'autres Belges, c'est donc une motivation tout à fait personnelle, « pour en savoir plus », qui m'a amené à découvrir l'ouvrage sus-mentionné, pour être enfin un peu informé sur la manière dont mes ancêtres ont mené cette colonisation. Pour me rendre compte également qu'il n'existait absolument rien en Belgique, mis à part certains livres, pour informer, voire rappeler la manière dont le système colonial belge a réellement fonctionné, ainsi que de ses conséquences meurtrières pour la population congolaise.

Cette prise de conscience, même si comme d'autres – je savais que ces années n'avaient pas été « toutes roses » – m'a motivé a créer un site web qui relate certains des événements de l'époque coloniale, non seulement dans le but d'informer, ou notamment pour provoquer une réflexion chez les Belges, mais aussi pour tenter de faire participer les Congolais à ce processus, entre autres par l'intermédiaire de témoignages, d'interviews. Pour que les deux communautés en parlent, en débattent et se rencontrent.

Je pense que la Belgique doit reconnaître ces événements. Ils font partie intégrante de son histoire. On ne peut pas les nier.

Mais pour cela, il faut briser des tabous et faire fi de toute emprise subjective qui n'a pour unique conséquence que de rendre aveugle.

J'espère que vous trouverez un certain intérêt à la lecture de ce site en vue de partager vos sentiments, voire vos témoignages.

Cordialement,
Pour CoBelCo,
Patrick Cloos,
Montréal

1 D'après ce texte, trois des affirmations ci-dessous ne sont pas exactes. Lesquelles ?

A Cette année Patrick Cloos vient de lire *Les Fantômes de Léopold II*.
B Il est né à l'époque de l'Afrique coloniale.
C L'histoire du Congo belge faisait partie de son programme scolaire.
D Il a lu le livre d'A. Hochschild parce qu'il voulait mieux comprendre le rôle de son pays dans l'histoire du Congo.
E Il voulait aussi confirmer qu'il n'y avait que très peu de renseignements, facilement disponibles en Belgique, sur la réalité de la colonisation belge.
F Beaucoup de Congolais ont perdu leurs vies à cause de cette colonisation, selon Hochschild.
G Patrick Cloos avait déjà compris que l'histoire de la colonisation du Congo était parfois brutale.
H Par son site *Congo Online*, il veut faire condamner la politique coloniale de la Belgique.
I Il veut aussi que les gens du Congo s'expriment sur son site.
J Son but est de créer un dialogue qui aidera les Belges à mieux comprendre l'histoire de la colonisation.
K Selon lui, beaucoup de Belges ne veulent pas se confronter aux réalités du passé.
L Ne pas s'informer sur le colonialisme, d'après Patrick Cloos, est une façon de rayer tout souvenir désagréable de sa propre mémoire.

2 Dans la phrase « c'est donc une motivation tout à fait personnelle, "pour en savoir plus", qui m'a amené à découvrir l'ouvrage sus-mentionné » (lignes 13 à 15), à quoi se réfère « en » ?

3 Dans la même phrase, à quoi se réfère « qui » ?

4 Dans la phrase « mis à part certains livres, pour informer, voire rappeler la manière dont le système colonial belge a réellement fonctionné » (lignes 19 à 25), le mot « dont » est synonyme de quelle expression donnée ci-dessous ?

A dans laquelle
B par laquelle
C par lequel
D avec lequel
E que

5 Dans le quatrième paragraphe de ce texte, quelle expression indique que Patrick Cloos n'est pas seul à en savoir relativement peu sur l'histoire de la colonisation belge du Congo ?

6 L'objectif « pour que les deux communautés en parlent, en débattent et se rencontrent » pourrait être réalisé par quel processus ?

7 Que ne peut-on pas nier en Belgique, d'après Patrick Cloos ?

D'après leur sens dans ce texte, reliez chaque mot ou expression qui figure dans la colonne de gauche avec son équivalent dans la colonne de droite.

8 tout à fait (ligne 12)
9 mis à part (ligne 20)
10 voire (ligne 21)
11 ainsi que (ligne 23)
12 notamment (ligne 33)
13 partie intégrante (ligne 43)
14 nier (ligne 44)
15 briser les tabous (ligne 45)
16 faire fi de (ligne 46)
17 emprise (ligne 46)
18 aveugle (ligne 48)

A ou pour être plus exact
B complètement
C parler des choses dont on ne parle pas
D tout comme
E surtout
F part entière
G privé de la vue
H mettre en doute
I pouvoir
J confronter
K exceptés

Albert Camus, étranger en Algérie

Cinquante ans après sa mort, l'écrivain suscite toujours la polémique

Pied-noir[1] né d'une famille très modeste et attaché à ses racines, l'écrivain est devenu une icône de la littérature française. Son talent et son engagement pour la justice lui ont valu un Prix Nobel de littérature à l'âge de 44 ans. Un demi-siècle après sa disparition, dans un accident de la route le 4 janvier 1960, Camus continue pourtant d'être critiqué et aimé. En Algérie sa mémoire reste attachée à celle, douloureuse, de la Guerre d'Indépendance.

Si la France et une partie du monde célèbrent l'humanisme de Camus, le 50e anniversaire de sa mort a réveillé la polémique concernant son engagement pendant la guerre d'Algérie. La mémoire de l'écrivain demeure encore problématique.

« *Je ne pourrai pas vivre en dehors d'Alger. Jamais. Je voyagerai car je veux connaître le monde mais, j'en ai la conviction, ailleurs, je serais toujours en exil* », écrivait Albert Camus en 1932 à son ami Claude de Fréminville. L'auteur de *l'Étranger* est pourtant parti s'installer à Paris en 1943 après l'interdiction du [quotidien] *L'Alger Républicain*[2] où il travaillait. Rien ne semblait prédestiner Albert Camus à une carrière intellectuelle mondialement reconnue qui lui a valu de recevoir le Prix Nobel [...]. Orphelin de père à l'âge d'un an, il a été élevé par une mère analphabète en terre algérienne. C'est après des études de philosophie qu'il devient journaliste. [...]

Le mal compris

Aujourd'hui peu connu en Algérie, où n'a pas été cultivée sa mémoire, une grande partie des intellectuels algériens lui gardent rancune. Ses écrits ravivent les douleurs. La présence quasi invisible de la commémoration de la mort de Camus dans la presse algérienne montre la gêne, voire même le rejet de l'écrivain. Albert Camus a été vivement critiqué pour sa discrétion sur la politique française vis-à-vis de l'Algérie pendant la Guerre d'Indépendance. Sa prise de position était pourtant très attendue en tant qu'intellectuel, et surtout en tant que Français d'Algérie. Rejeté par certains de ses pairs, comme Jean-Paul Sartre, pour son manque d'engagement, il s'est néanmoins insurgé contre le fait colonial.

L'amour de la terre natale

Il est l'un des premiers à condamner les répressions contre les combattants anticolonialistes dans ses articles. Exilé, il vit mal la guerre d'Algérie et lutte contre les barbaries loin de sa terre natale. Porte-parole des opprimés, il obtient le Prix Nobel de Littérature en 1957 [...]. Alors qu'il reçoit son Prix, un étudiant l'interroge sur le caractère juste de la lutte pour l'indépendance menée par le F.L.N[3]. Il répond : « *Si j'avais à choisir entre cette justice et ma mère, je choisirais encore ma mère.* » Une phrase qui choque les militants anticolonialistes. Mais il vénérait sa mère qui vivait dans un quartier d'Alger exposé aux bombardements.

Le quotidien algérien *El Watan* a retracé le parcours du Prix Nobel. Le journaliste Bélaïde Abane y a signé un pamphlet intitulé : « *Camus : entre la mère et la justice* ». Selon lui, l'écrivain pied-noir ne s'est « *jamais débarrassé de ses réflexes primaires bien enracinés dans son inconscient colonial* ». Beaucoup sont ceux qui trouvent que son positionnement reste ambigu. Le problème était que le pied-noir qui critiquait le colonialisme n'a jamais pris parti dans le F.L.N. dont il dénonçait les actes « terroristes ».

Albert Camus reste de ceux qui ont le mieux écrit l'Algérie. Il écrivait son pays avec le regard nostalgique d'une époque qui n'existait plus. Humaniste, l'écrivain a choisi de rejeter les idéologies. Alors qu'en France on se demande si la place de Camus est au Panthéon[4], l'écrivain Yazid Haddar écrit qu'elle est au cimetière d'Alger. « *Camus est algérien car il a connu la misère comme tout Algérien* », estime-t-il. En Algérie, c'est son appartenance au pays qui est aujourd'hui questionnée. Un sujet qui y restera problématique tant que la mémoire de la colonisation et de la Guerre d'Indépendance sera sensible.

Laura Adolphe, 5.2.2010 , Afrik.com

[1] Pied-noir : Expression argotique et plutôt péjorative pour quelqu'un d'origine européenne qui habitait en Algérie avant son indépendance.
[2] L' Alger Républicain : journal quotidien de L'Algérie française.
[3] F.L.N. : Front de Libération Nationale (algérienne), parti qui luttait pour l'indépendance de l'Algérie et qui constituait son premier gouvernement, dès cette indépendance en 1962.
[4] Le Panthéon : Église à Paris, transformée en mausolée national où se trouvent les tombeaux de ceux qui sont reconnus d'importance nationale.

1 Selon le titre de cet article, quels sont les thèmes principaux abordés ? Deux des phrases données ci-dessous sont pertinentes comme résumés de tout ce qui suit. Lesquelles ?

- A L'anniversaire d'Albert Camus, mort il y a un demi-siècle.
- B L'appartenance nationale de Camus.
- C La popularité de « *L'Étranger* » de Camus, roman le plus vendu en France.
- D L'actualité de Camus.
- E Les controverses autour de Camus.
- F La contestation de l'œuvre littéraire de Camus.

2 Selon l'introduction à cet article, quelles sont les qualités qui expliquent l'importance actuelle d'Albert Camus ?

3 Dans la phrase : « En Algérie sa mémoire reste attachée à celle, douloureuse, de la Guerre d'Indépendance », à quoi se réfère « celle » ?

D'après les informations des deuxième et troisième paragraphes de l'introduction, complétez les phrases qui suivent, en remettant ensemble chaque début avec la fin qui lui correspond. Attention : il y a davantage de fins que de débuts et chaque fin ne peut servir qu'une seule fois.

4 La réputation mondiale de Camus…

5 Camus, jeune, a déclaré que pour lui, vivre ailleurs…

6 Camus est parti d'Alger, pour aller vivre en France,…

7 Camus a reçu le Prix Nobel…

8 La mère de Camus…

9 La profession de Camus…

- A satisferait son désir de voir le monde et de faire des voyages.
- B parce que le journal qui l'embauchait avait été fermé.
- C pour son roman *L'Étranger*.
- D est morte quand il était encore bébé.
- E est sujet de débats sur son rôle en Algérie.
- F pour sa philosophie.
- G est celle de philosophe.
- H voudrait dire quitter définitivement sa ville natale.
- I ne savait ni lire, ni écrire.
- J car il voulait faire carrière à Paris.
- K était celle de journaliste.
- L pour sa renommée mondiale en tant qu'intellectuel.

Langue

Pour vous aider dans vos choix de réponses, il est utile de revoir la concordance des temps : c'est-à-dire les formes et l'utilisation correcte des verbes dans des temps variés, et surtout au présent, au futur simple, à l'imparfait, au conditionnel et au plus-que-parfait.

10 D'après la partie « **Le mal compris** », trois des affirmations ci-dessous sont vraies. Lesquelles ?

- A Tout Algérien le connaît bien, parce qu'il est au programme d'études littéraires à l'école.
- B Maintenant, on veut parler de lui en Algérie, parce qu'il rappelle beaucoup d'événements importants de la Guerre d'Indépendance.
- C En Algérie, la commémoration du 50e anniversaire de la mort de Camus a été très commentée dans les journaux.
- D Selon cet article, la mémoire de Camus perturbe beaucoup d'Algériens.
- E À cette époque, on attendait de tout intellectuel des déclarations politiques claires dans les arguments qui opposaient les gens.
- F Le philosophe engagé, Jean-Paul Sartre appréciait beaucoup l'opinion de Camus face aux controverses importantes qui divisaient la société algérienne de son époque.
- G Camus s'est déclaré opposé au maintien du colonialisme français.

11 Que voudrait dire le mot « discrétion » quand on parle de « sa discrétion sur la politique française vis-à-vis de l'Algérie » ? Trois des affirmations données ci-dessous sont possibles. Lesquelles ?

- A Camus avait un caractère très discret.
- B Camus ne voulait pas prendre de position politique sur la question algérienne.
- C Camus savait que la question algérienne était une question très délicate en France.
- D Camus ne voulait pas se faire d'ennemis.
- E Camus ne se prononçait pas souvent sur la question algérienne.
- F Camus était pour la politique adoptée envers l'Algérie par le gouvernement français.

12 Quel était l'un des thèmes journalistiques majeurs de Camus dans l'*Alger Républicain*, d'après la partie « **L'amour de la terre natale** » ?

13 Quelle phrase du premier paragraphe de cette partie signifie que Camus, en tant que journaliste, parlait pour les gens exploités et leur donnait une voix.

14 Quelle phrase indique que la déclaration de Camus « Si j'avais à choisir entre cette justice et ma mère, je choisirais encore ma mère », a été jugé scandaleuse par ceux qui étaient contre le maintien de l'Algérie française ?

15 Comment considérait-il sa mère ?

16 Quel est le thème de l'article de Bélaïde Abane : « Camus : entre la mère et la justice » ?

17 L'opinion de Bélaïde Abane qui affirme que l'écrivain pied-noir ne s'était « jamais débarrassé de ses réflexes primaires bien enracinés dans son inconscient colonial » peut être résumée par laquelle des phrases données ci-dessous ?

A Camus portait en lui les instincts typiques des Français d'Algérie.
B Camus a essayé d'éliminer de sa pensée tout préjugé dû aux attitudes coloniales.
C Camus n'a jamais compris qu'il était un « pied-noir » typique.
D Camus n'était pas conscient de ce que signifiait le colonialisme en Algérie.
E Les instincts les plus importants de Camus étaient coloniaux.

18 Les affirmations suivantes sont soit vraies, soit fausses. Justifiez votre réponse en indiquant, pour celles qui sont vraies, des citations du texte.

a Beaucoup pensent que l'attitude de Camus envers l'indépendance de l'Algérie restent ambiguë…
   i parce qu'il était « pied-noir ».
   ii parce qu'il ne s'est jamais inscrit au *Front de Libération Nationale* de l'Algérie.
   iii parce qu'il condamnait la politique terroriste du F.L.N. algérien.
   iv parce qu'il préférait défendre sa mère plutôt que la justice du F.L.N. algérien.
b La réputation littéraire de Camus est basée sur l'évocation de son pays natal.
c Pour Yazid Haddar, la dépouille de Camus devrait être enterrée en Algérie.
d Haddar considère que Camus est plus Algérien que Français par…
   i ses expériences de vie.
   ii sa naissance.
   iii les thèmes de ses œuvres littéraires.
   iv son journalisme.
   v ses idées politiques.
   vi sa façon de penser.

19 Par le dernier mot de cet article, qu'indique-t-on sur la situation en Algérie aujourd'hui ? Choisissez, parmi les options données ci-dessous, celle qui résume au mieux la constatation de son auteur.

A Parler du passé est toujours un sujet délicat.
B Le débat sur Camus reste vif.
C Personne n'est d'accord sur la réputation de Camus.
D Il y a une lutte entre l'Algérie et la France sur la vraie identité de Camus.
E Tous veulent oublier le passé colonial et la Guerre d'Indépendance.

Langue

Identifier les connecteurs et indicateurs temporels propres à la biographie, avant d'aborder cette tâche.

20 Les phrases données ci-dessous indiquent des événements de la vie de Camus. Classez-les en ordre chronologique, en vous appuyant sur les renseignements du texte.

a Article de Bélaïde Abane dans le quotidien francophone algérien *El Watan* : « Camus : entre la mère et la justice ».
b Naissance d'Albert Camus à Alger.
c Déménagement de Camus à Paris.
d Débat en France sur le transfert de la dépouille de Camus au Panthéon de Paris.
e Études de philosophie à l'Université d'Alger.
f Prix Nobel de Littérature.
g Mort de Camus dans un accident de voiture.
h Interdiction du journal *Alger Républicain*.
i Mort du père de Camus.
j Camus devient journaliste à l'*Alger Républicain*.

Profil de l'apprenant : les activités proposées dans toutes les sections qui suivent, ou autres développées par les professeurs et/ou les élèves eux-mêmes, donneront l'occasion de pratiquer de façon concrète, active et même parfois interactive, les aspects clefs du profil de l'apprenant. Il y aura des **enquêtes indépendantes et auto-déterminées** à mener pour développer les **connaissances** de soi-même, de **son environnement** géographique, historique, social et politique, à l'échelle soit locale, soit internationale.

Comme penseurs, les élèves prendront des **décisions bien informées, réfléchies** et **éthiques**, avant de **communiquer** avec les autres et d'intervenir dans des discussions, pour arriver a des prises de position **équilibrées**, individuelles et collectives, en **consensus** de la majorité, tout en **appréciant mieux le point de vue de l'autre et des minorités**. Ils sortiront du quotidien de leurs perspectives pour **explorer** le mal connu, le peu connu et l'inconnu, en **ouvrant plus leurs esprits vers l'extérieur**.

Pour aller plus loin

- Faites des recherches pour en savoir plus sur l'État Libre du Congo, le Congo belge, la République du Congo, le Zaïre et l'actuelle RDC (République Démocratique du Congo).
- Trouvez des informations sur un personnage francophone important dans l'histoire du colonialisme et de l'indépendance des pays du monde à présenter à vos camarades de classe.

Théorie de la connaissance

- Dans la philosophie positiviste (chez Auguste Comte, par exemple), le lieu et le temps sont deux éléments primordiaux qui situent et déterminent le caractère des gens. L'endroit où l'on est né et l'endroit où on habite, ainsi que l'époque dans laquelle on vit, nous permettent de le comprendre et de l'expliquer.

  Quelle est l'importance d'un lieu et d'un passé dont la compréhension aiderait les autres à vous comprendre en tant qu'individu ?
- Selon les Grecs de l'Antiquité, tous ceux qui n'étaient pas de civilisation hellénique (ou ne parlaient pas le grec) étaient « barbares », ce qui signifiait éthymologiquement, tout simplement « étrangers ». Comment appréciez-vous cette distinction entre un groupe culturel et les autres, perçus comme restant toujours à l'extérieur de cette culture ?

Théorie de la connaissance

- Pourrait-on déceler l'origine et/ou la perspective culturelle (ou nationale) des auteurs des textes de cette unité ?

  Si oui, par quels moyens et par quels éléments de l'expression ?

  Si non, pourquoi pas ?
- Certains pourraient prendre l'utilisation de termes des textes de cette unité comme « discrète » ou « politiquement correcte » : par exemple « décolonisation », « ces années n'avaient pas été "toutes roses" », ou même tout simplement « événements », chez Patrick Cloos. Que veut-on dire par ces expressions ?

  Cherchez-en d'autres exemples à présenter et à expliquer en classe.

Activités orales

1 Choisissez un pays francophone anciennement colonisé et étudiez ses rapports avec son ancien colonisateur.

Précisez vos recherches sur ces deux pays pour trouver des exemples qui étaleraient les arguments d'un débat éventuel, plus élargi et approfondi, sur les bienfaits et les dommages qui ont leurs origines dans l'histoire du colonialisme et existent toujours.

Les deux points de vue à débattre pourraient se résumer ainsi :

- « Des différends importants opposent toujours les anciens pays colonisateurs et les pays qu'ils avaient colonisés, à cause de l'histoire de la colonisation. »
- « Des liens importants, créés à l'époque des Empires Coloniaux, unissent toujours les pays anciennement colonisés aux pays qui les avaient colonisés. »

2 Suite à vos discussions sur des stéréotypes culturels (pour la théorie de connaissance de cette unité), rédigez un questionnaire dont vous vous servirez pour faire une enquête auprès de vos camarades de classe, d'autres élèves de votre école ou auprès de vos amis sur leurs conceptions de cultures qu'ils ne connaissent pas bien.

Vous pourriez leur demander, entre autres, de vous donner en un mot l'image qui leur vient immédiatement à l'esprit quand ils expliquent ce qu'ils imaginent d'une culture que vous allez nommer, ou leur suggérer par exemple un mot d'argot pour leur demander le groupement culturel auquel il appartient.

Ayant sondé leurs opinions, préparez une présentation visuelle des résultats obtenus, avec l'appui d'un PowerPoint ou d'un autre logiciel de présentation qui a votre préférence, pour expliquer et débattre avec vos camarades de classe.

Soyez prêt(e) à répondre aux questions éventuelles qu'on pourrait vous poser.

L'Europe progressive, civilisatrice et commerciale ?

1 Que représente cette image pour vous, aujourd'hui ?

2 Dans quelle mesure d'après vous, a-t-on représenté les gens illustrés par des stéréotypes ? Sont-ils justes ou injustes ? Justifiez votre point de vue.

3 De quelle façon devrait-on comprendre les valeurs de la France colonisatrice, telle que personifiée ici ?

D'après vos connaissances, comment ont-elles été réalisées dans des pays colonisés ?

Et avec quels effets sur la France métropolitaine ?

4 Les attitudes et les expériences de la colonisation française sont-elles très différentes d'autres pays colonisateurs ou d'autres pays colonisés dont vous connaissez l'histoire ?

5 Pour vous, quel est le bilan actuel de la colonisation historique ?

Est-il largement positif, négatif, ou équilibré entre les deux ?

Justifiez votre prise de position.

Production écrite

1 Préparez une brochure qui résumera les objectifs et la thématique des collections d'un nouveau musée ou exposition de votre conception, dédié(e) à la présentation de votre culture d'origine.

a Pour la forme et des idées de contenu d'une telle brochure, vous pouvez vous servir de textes du *Musée Royal de l'Afrique Centrale* à Tervuren en Belgique, ou du *Musée des Arts Premiers* à Paris (www.quaibranly.fr), ou autres, que vous pouvez consulter comme modèle de style, de présentation et de mise en page.
b La structure de l'expression sera un mélange de descriptions de ce qu'il y aura à découvrir et d'explications qui démontreront l'importance de ce qui est exposé. Il y aura une introduction au musée ou à l'exposition et une conclusion qui encouragera de visites. Le ton sera informatif.
c L'idée maîtresse sera celle d'une culture à découvrir par sa distinction et par ses arts, son artisanat, son histoire, sa géographie ou autres thèmes pertinents. Son but sera de faire réfléchir sur les interactions entre deux cultures, celle exposée et celle des visiteurs.

2 Votre école a organisé un séminaire sur la diversité culturelle. Une personne que vous admirez a été invitée pour y participer. Écrivez le discours d'introduction que vous ferez sur cette personne.

a Il s'agit d'un texte rédigé en forme de courte biographie. L'expression sera ainsi basée sur les faits de la vie du personnage choisi, avec quelques descriptions de ses qualités personnelles et des appréciations de l'importance de ses projets réalisés. Le tout sera rédigé à la troisième personne au singulier.
b Il serait approprié d'apprécier le caractère et les réalisations de ce personnage. Des procédés rhétoriques pourraient renforcer les descriptions et les évaluations, tels que le choix d'un vocabulaire poétique, des effets d'assonance et de rime, des allitérations dans des groupements lexiques, et ainsi de suite. La structuration du texte sera chronologique avec une introduction et une conclusion clairement signalées par des connecteurs temporels, tels qu'*au début ; avant de.... ; après avoir... ; enfin... ; finalement.....*
c Il faudra clairement démontrer l'intérêt général et l'importance de ce personnage dans son contexte, étayés par des exemples concrets décrits en quelques détails.

3 Niveau supérieur Lisez cet extrait d'un article du quotidien belge *Le Soir.*

Un reportage « sensationnel »

En un peu plus de 77 ans, *Tintin au Congo* s'est vendu à plus de dix millions d'exemplaires.

La première édition de 110 pages en noir et blanc a été publiée en 1931. Best-seller des années 30, *Tintin au Congo* sera réédité neuf fois en douze ans. En 1946, Hergé et ses Studios refondent complètement l'histoire en 62 planches couleur pour Casterman. Cette version expurgée des références trop explicites à la Belgique lissera parfois maladroitement les clichés sur la supériorité de la race blanche.

Tintin au Congo devient à peu près introuvable dans les années 1960, marquées par la décolonisation. Casterman renonce à l'imprimer sans le retirer officiellement du catalogue.

Ce sont les Congolais qui tirent l'aventure de l'oubli. Fin 1969, la revue *Zaïre* republie les exploits paternalistes du petit reporter avec un avertissement : *« Le Congo que découvre Tintin, c'est naturellement le Congo de Papa et même, à y regarder de plus près, le Congo de Grand-Papa. Le Congo de Tintin, c'est surtout une sorte de paradis terrestre retrouvé par l'homme blanc qui est à la recherche de cet Eden où il pourrait enfin goûter le bonheur d'une humanité fraternelle.*

Zaïre lève ainsi les doutes de Casterman sur l'opportunité de rééditer l'album en 1970. *Tintin au Congo* est réimprimé dans sa version de 1946, celle que nous connaissons aujourd'hui. Seul l'anarchiste belge Jan Bucquoy protestera contre le retour de ce classique de l'ère coloniale, en créant le buste d'un *Tintin noir.*

En 2007, l'annonce de l'adaptation des albums d'Hergé au cinéma par Spielberg réveille la polémique sur le racisme et la xénophobie dans le monde de Tintin. Des plaintes sont déposées en Grande-Bretagne, en France ou en Belgique pour tenter d'interdire la diffusion de *Tintin au Congo.*

Le vrai problème de *Tintin au Congo*, c'est qu'aucun autre ouvrage de l'époque coloniale n'a rencontré un tel succès. A l'inverse des livres ou des discours politiques des années 30, l'album reste lu et disponible en 2009. Autant de bonnes raisons de se pencher sur ses coulisses historiques et idéologiques.

Stephane Detaille & Daniel Couvreur, *Le Soir* (Belgique)

Expliquez votre point de vue et démontrez votre compétence interculturelle en étudiant les similitudes et les différences entre votre culture et celle(s) que vous étudiez.

- Il y a au moins deux questions clefs à considérer dans cette déclaration : devrait-on permettre de nouvelles éditions de « *Tintin au Congo* », soit dans sa forme originale, soit adapté aux perceptions d'aujourd'hui ; ou cette œuvre de Hergé devrait-elle être censurée ?
- À considérer également la question de la valeur historique de cet album, ou son potentiel de promouvoir des formes de racisme par la valorisation implicite ou explicite, des points de vue colonistes.

On pourrait également considérer d'autres questions pertinentes, par exemple :

Comment expliquer la popularité évidente de cet album ? Hergé a-t-il eu raison de retirer les références à la Belgique dans son édition de 1946 ? Comment apprécier et évaluer les attitudes des Congolais envers ce livre aux années 60 et après ? Comment apprécier et évaluer la représentation du Congo Belge dans cette BD : colonie dont la population serait à « éduquer » et à « évangéliser » ; ou « paradis terrestre » d'une « humanité fraternelle » ? S'agit-il d'une œuvre raciste, ou plutôt naïve, de la part de Hergé, ou dans ses effets sur ses lecteurs ? Que penser de la création artistique d'un « Tintin noir » et sa signification ? Comment évaluer les actions de ceux qui ont porté plainte contre la réédition de ce livre ? Devrait-il être vendu uniquement avec mise en garde au grand public ?

2 Vers une culture mondiale unique ?

Objectifs

- Préciser ce que peut comporter une culture internationale ou mondiale.
- Analyser les questions de l'enrichissement de sa propre culture dans un contexte de diversité culturelle.
- Réfléchir à la dimension internationale des programmes du Baccalauréat International.
- Pratiquer l'entente interculturelle.

Remue-méninges

- Que veut dire pour vous « être international(e) » ?
  S'agit-il de tourisme, de familles de nationalité mixte, d'avoir des amis de nationalités différentes, de parler plusieurs langues ? Y a-t-il quelque chose de plus complexe qui caractérise cette notion ?
- Vous sentez-vous « international » ?
  Quels sont les éléments importants de votre « culture internationale » ?
- Connaissez-vous quelqu'un (soit autour de vous, soit célèbre d'une façon ou d'une autre), qui, par son comportement général et ses activités, correspond à votre définition et que vous considérez comme un excellent modèle de culture internationale ou mondiale ?
  Si oui, qui est-ce et quelles sont ses qualités « internationales » ? Vos camarades de classe sont-ils d'accord avec vous ? S'ils ne le sont pas, comment expliquez-vous ces différences d'opinion ?
- Quels sont les éléments et les activités de votre programme de diplôme du Baccalauréat International qui, selon vous, en font un programme « international » ? Faites-en une liste et comparez-la avec celles de vos camarades qui suivent le même programme. Êtes-vous tous d'accord sur les mêmes points ? S'il y a des différences, comment les expliquez-vous ? Comment justifiez-vous les points que vous seul(e) avez mentionnés ?
- Y a-t-il des lacunes dans le programme, à votre avis ? Comment y remédier ?

  Gardez votre liste dans votre dossier d'études, avec les notes que vous avez prises sur les points intéressants de la discussion, pour vous en servir plus tard dans l'étude de cette unité.

Le Baccalauréat International® : mission et stratégie

Le Baccalauréat International® (IB) est bien plus que ses trois programmes d'éducation. Au sein de l'organisation, nous sommes tous unis par notre mission première : créer un monde meilleur à travers l'enseignement.

Nous (...2a...) une grande valeur à la réputation que nous nous sommes forgée (...2b...) qualité, de (...2c...) et de leadership (...2d...). Nous (...2e...) nos objectifs en collaborant avec nos partenaires et en impliquant activement nos (...2f...), particulièrement les enseignants.

Nous encourageons la compréhension et le respect (...2g...), non pas en remplacement d'un sentiment d' (...2h...) nationale et culturelle, mais (...2i...) qu'atout essentiel pour (...2j...) dans le monde actuel.

Tout cela est contenu dans notre déclaration de mission :

Le Baccalauréat International (IB) a pour but de développer chez les jeunes la curiosité intellectuelle, les connaissances et la sensibilité nécessaires pour contribuer à bâtir un monde meilleur et plus paisible, dans un esprit d'entente mutuelle et de respect interculturel.

À cette fin, l'organisation collabore avec des établissements scolaires, des gouvernements et des organisations internationales pour mettre au point des programmes d'éducation internationale stimulants et des méthodes d'évaluation rigoureuses.

Ces programmes encouragent les élèves de tout pays à apprendre activement tout au long de leur vie, à être empreints de compassion, et à comprendre que les autres, en étant différents, puissent aussi être dans le vrai.

IB Organization

Une réappropriation culturelle :
vers une culture mondiale unique ?

Les interactions culturelles ne conduisent pas nécessairement à la domination d'une forme unique. L'Antiquité, période d'intenses relations entre les civilisations grecque, romaine et égyptienne notamment, en est un exemple ancien.

Plutôt que la disparition des cultures, on assiste à une acculturation (l'acculturation désigne l'ensemble des changements provoqués dans une culture par le contact avec une autre culture, que ce soit par intégration, interprétation ou appropriation des éléments étrangers ; il s'agit donc d'un phénomène universel, au centre de la construction des différentes cultures, c'est-à-dire une prise en compte de la nouveauté). Chaque culture est en perpétuelle reconstruction : de façon interne, mais aussi à travers les échanges qu'elle peut entretenir avec les autres cultures. Les apports extérieurs sont toujours réinterprétés via le prisme de lecture particulier que constitue sa propre culture. Le sport, pourtant établi aujourd'hui comme une pratique universelle, ne porte pas les mêmes valeurs selon les peuples.

L'homogénéisation de la culture n'est donc pas inéluctable. Culture et distinction vont de pair : revenus, diplômes, lieu d'habitation, tous ces éléments sont porteurs de différences culturelles, avant même les frontières nationales. [...]

La revendication, aujourd'hui, d'une pluralité de cultures au sein d'un nombre croissant de pays témoigne d'une volonté d'affirmer ses différences comme une richesse à préserver. En France, les mouvements régionalistes demandent la reconnaissance de leur langue par la République. Une aspiration à construire, face à la mondialisation, des identités culturelles plurielles. Mais ces revendications peuvent aussi porter une logique de repli et donc de fragmentation de la société.

« Vers une culture mondiale unique ? », *Alternatives économiques*, HS n°46, Octobre 2000

Le Baccalauréat International® : mission et stratégie

1 Par quelle phrase résume-t-on la philosophie du Baccalauréat International dans l'introduction de ce texte ?

2 **a–j** Ajoutez les mots ou expressions qui manquent dans le texte, en les choisissant dans la liste ci-dessous. Attention : il y a plus de mots ou expressions que d'espaces et chaque mot ou expression ne peut être utilisé(e) qu'une seule fois.

ACCORDONS ATTEIGNONS EN MATIÈRE DE
EN TANT QUE ÉVOLUER IDENTITÉ
INTERCULTURELS INTERLOCUTEURS PÉDAGOGIQUE
QUANT À RIGUEUR SOMMES

3 Dans la liste ci-dessous, quels sont les deux objectifs qui **ne** font **pas** partie de la mission du Baccalauréat International, selon le texte ?

A stimuler les recherches des élèves
B améliorer notre monde
C substituer une culture internationale aux cultures nationales
D réduire les conflits
E approfondir la compréhension de l'autre
F développer les connaissances spécifiques nécessaires pour l'inscription dans les meilleures universités du monde

4 Dans l'explication de la stratégie de l'organisation, quelle expression signifie « perfectionner » ?

En vous basant sur la déclaration de mission, reliez le début de la phrase de la colonne de gauche à la fin appropriée qui se trouve dans la colonne de droite. Attention : il y a plus de fins que de débuts et chaque fin ne peut être utilisée qu'une seule fois.

5 Les programmes du Baccalauréat International visent…

6 Pour que le curriculum soit international,…

7 L'enseignement doit…

8 Les élèves dans ces programmes…

9 D'après l'IB, aucune culture…

A insister sur la connaissance des faits.
B l'IB travaille directement avec les écoles et les Ministères de l'Éducation.
C mémorisent bien.
D les jeunes.
E être interactif.
F est absolue.
G l'organisation insiste sur le respect de toutes les valeurs.
H l'enseignement pour toute la vie.
I seront toujours sensibles au monde qui les entoure.
J n'a le monopole de la vérité.

Une réappropriation culturelle : vers une culture mondiale unique ?

10 La thèse principale proposée dans le texte se résume par laquelle des phrases ci-dessous ?

A Les interactions culturelles ne conduisent pas nécessairement à la domination d'une forme unique.
B Plutôt qu'à la disparition des cultures, on assiste à une acculturation.
C Chaque culture est en perpétuelle reconstruction.
D Le sport […] ne représente pas les mêmes valeurs selon les peuples.
E L'homogénéisation de la culture n'est pas inéluctable.
F La revendication, aujourd'hui, d'une pluralité de cultures au sein d'un nombre croissant de pays témoigne d'une volonté d'affirmer ses différences comme une richesse à préserver.

11 L'argument avancé est étayé par quel exemple historique ?

12 Selon le texte, laquelle des définitions ci-dessous correspond le mieux à la notion d'acculturation ?

A le contact entre des cultures différentes
B l'intégration de deux cultures étrangères
C la domination d'une culture par une autre
D l'addition de nouveaux éléments à une culture en évolution

13 Si on prend l'exemple de l'impact culturel de la mondialisation du sport, une des phrases ci-dessous sera vraie. Laquelle ?

A Le sport est pratiqué partout de la même façon.
B Chaque culture construit sa propre interprétation des nouveautés culturelles venues d'ailleurs.
C L'activité sportive n'a aucune valeur culturelle.
D Les peuples du monde s'unissent dans une seule culture universelle à travers le sport.

14 Dans le deuxième paragraphe, quels mots ou expressions correspondent aux mots et expressions qui suivent ?

a et cela peut être
b Il est question
c autrement dit
d assimilation
e par
f la perspective

15 Les affirmations suivantes sont-elles vraies ou fausses ? Justifiez votre réponse par les mots des deux derniers paragraphes du texte.

a Il est impossible d'arrêter le processus de la mondialisation culturelle.
b La notion de culture est liée à celle de différence.
c Demander la reconnaissance officielle des langues régionales est une réaction défensive de gens qui ont peur de perdre leur identité culturelle.
d Par une politique de régionalisme, on risque d'endommager la cohésion sociale.

recherche... Go

Institut Formation Tunis
Leader de la formation professionnelle

Accueil | Pourquoi choisir IFT ? | Formations | Etudiants Internationaux | Espace entreprise | Inscription | Contact

Vous êtes ici : Accueil • Etudiants Internationaux • La Culture internationale

La culture de l'international

La mondialisation s'est imposée comme nouvelle donne. Les nouvelles technologies, aussi. Il faut donc savoir changer avec le monde et relever les nouveaux défis. Former des spécialistes à la hauteur des enjeux, telle est la mission de l'IFT. À L'IFT, à partir

- de l'ouverture sur le monde,
- du développement de la créativité,
- de l'encouragement de l'initiative,
- de la pratique de trois langues : le français, l'anglais et l'espagnol,
- des stages et missions en entreprises nationales et internationales,

l'étudiant devient acteur de sa propre formation et, à la sortie de l'école, partout « celui que l'on cherche » ... et non pas « celui qui cherche » !
L'IFT assure une préparation au monde de l'entreprise. Or, celle-ci se trouve au cœur des changements qui bouleversent le monde : la révolution des NTIC (nouvelles technologies de l'information et de la communication) et l'évolution des règles des échanges internationaux. Le cadre de demain se doit donc d'avoir une formation polyvalente aux bases solides mais également d'acquérir, durant son cursus, les techniques et le réflexe d'adaptation à l'évolution rapide de la technologie et des mentalités.
C'est assez dire que la culture de ce cadre ne peut qu'être internationale : connaissance de plusieurs langues, connaissance de plusieurs cultures et acquisition de techniques de communication éprouvées.

Actualité :
Inscriptions ouvertes pour les classes diplômantes.
L'IFT grandit et donne naissance à IFT SUP et IFT PRO.
Homologation : Nos diplômes sont homologués.
Chèque formation : L'IFT a été retenu pour bénéficier des avantages liés au chèque formation.

L'attention de tout le personnel est portée sur les besoins et les demandes des étudiants étrangers :

- Accueil et orientation à l'arrivée.
- Conseils et soutien pour tout problème d'ordre administratif, financier, social ou personnel, et ce tout au long du séjour à l'IFT.
- Document d'information sur le système d'enseignement, la vie quotidienne à Tunis.
- Aide à la recherche de stages.
- Aide à la recherche de logement (individuel ou regroupé avec d'autres étudiants).
- Fonds de dépannage pour étudiants confrontés à des difficultés financières temporaires (retard d'un transfert bancaire, d'un chèque de bourse, etc.).
- C'est dans ce sens que l'IFT assure un processus d'intégration des étudiants étrangers pour qu'ils bénéficient d'une formation dans les meilleures conditions possibles.

Bulletin d'inscription | Recevoir nos catalogues | Plans d'accès | Webmestre | Contact

Actualité

1 Selon l'encadré « Actualité » à droite, qui peut s'inscrire aux cours de l'Institut Formation Tunis ?

2 Par quel mot indique-t-on que la formation offerte par l'Institut est officiellement reconnue par les autorités tunisiennes ?

3 La phrase « L'IFT a été retenu pour bénéficier des avantages liés au chèque formation » correspond à deux des possibilités ci-dessous. Lesquelles ?

A On peut verser les frais d'inscription au moyen d'un chèque formation.
B Les cours de l'Institut Formation Tunis sont subventionnés par la République tunisienne.
C Les chèques formation donnent priorité quand on fait une demande d'inscription aux cours de l'IFT.
D Retenir l'IFT dans son choix d'études en vue d'une formation professionnelle donne des avantages.

La culture de l'international

4 D'après le premier paragraphe, les affirmations suivantes sont-elles vraies ou fausses ? Justifiez votre réponse avec les mots de ce paragraphe.

a Aujourd'hui, le cadre de la formation professionnelle est déterminé par les besoins nationaux.
b On doit ainsi se former dans les technologies de pointe.
c Les diplômés de l'IFT pourront faire face aux défis de la mondialisation.
d À l'IFT, les inscrits doivent suivre un programme prescrit et obligatoire.
e Obtenir un diplôme de l'IFT veut dire que trouver un emploi sera facile.

5 Quels mots ou expressions du deuxième paragraphe correspondent aux mots ou expressions suivants ?

a offre
b les affaires
c il faut noter que
d au beau milieu
e révolutionnent
f le responsable
g générale
h maîtriser

Technique de travail

Considérez attentivement la forme et la fonction grammaticale des mots et expressions donnés. Contrôlez bien les possibilités de substitution qui ne changeront en rien la signification du texte.

6 D'après l'IFT, quelles sont les composantes essentielles d'une culture internationale ?

7 Les inscriptions de quel genre de lycéens seront-elles particulièrement bienvenues ?

8 Relisez la liste des services offerts aux étudiants venus de l'étranger. Trois des services ci-dessous ne sont pas disponibles. Lesquels ?

A obtention de visas
B visites de familiarisation
C aide et appui en cas de difficultés
D suggestions de possibilités d'hébergement
E allocation de bourses d'études à ceux qui les méritent
F prêts d'argent en cas d'urgence
G cours de langue arabe

Pour aller plus loin

- Regardez à nouveau le texte *Le Baccalauréat International® – mission et stratégie*, à la page 66. Réfléchissez à vos études et à vos activités dans le cadre du programme de diplôme, puis rédigez une liste d'exemples qui correspondent à la mission du Baccalauréat International dans ce que vous faites.
- Pour vous guider, vous pouvez vous servir des éléments suivants :
  - développement de la curiosité intellectuelle dans le cadre international
  - développement des connaissances sur les pays du monde entier
  - sensibilisation à d'autres cultures
  - développement des compétences permettant la résolution des conflits
  - développement d'une appréciation critique du point de vue des autres (y compris quand on ne le partage pas).

  Que faites-vous précisément pour faire des progrès dans ces domaines ? Comparez votre liste d'exemples avec celle de vos camarades pour discuter des similitudes et des différences. Que faites-vous que d'autres ne font pas ? Que font d'autres que vous ne faites pas ? Comment expliquer ces différences ? Que pourriez-vous faire pour remplir les lacunes que vous avez indentifiées le cas échéant ?
- Comparez votre liste et les points intéressants de la discussion avec celle que vous avez rédigée et annotée comme exercice de remue-méninges au début de l'unité. Quelles conclusions en tirez-vous, à court, à moyen et à long terme ? Personnellement et dans le cadre de vos études de diplôme ?
- Pour mettre votre connaissance des langues (dont le français) au service des autres de façon concrète et pratique, faites des recherches en vue de soumettre un projet à un coordinateur dans le cadre de votre programme de CAS. Faites un plan et rédigez ce projet, qui doit clairement remplir les critères culturels et internationaux du programme de diplôme. Vous devez démontrer comment il remplit ces critères et comment on peut en évaluer l'efficacité, soit dans le texte que vous soumettez, soit en préparant des réponses précises aux questions éventuelles de ce coordinateur, afin d'obtenir son approbation.

Théorie de la connaissance

- Y a-t-il des éléments dans votre culture, ou dans le programme du Baccalauréat International que vous suivez, qui vous empêchent d'élargir votre culture et de la rendre plus internationale ? Pourquoi, à votre avis ? Ces éléments pourraient-ils être modifiés ou éliminés ? Est-il souhaitable de tenter de se changer de cette façon ? Expliquez votre point de vue.
- Adopter une « supranationalité », par exemple se considérer comme « citoyen(ne) du monde », ou citoyen(ne) d'une union politique supranationale telle que l'Union africaine ou l'Union européenne, est-ce la même chose qu'être « international(e) » ? Si à votre avis c'est une notion différente, en quoi consiste la « supranationalité » ?
- « Une culture internationale, ou supranationale, n'est pas compatible avec le sentiment d'être fier/fière de ses racines, parce que cela suppose l'élimination des particularités d'une culture nationale ».

  Qu'en pensez-vous ? Peut-on être « international(e) » et en même temps très attaché(e) à sa propre nationalité ? Si oui, comment ? Si non, pourquoi pas ?

Activités orales

1 Discutez en classe les citations suivantes. Quelles sont les similitudes ou les différences entre elles ? Comment expliqueriez-vous leur signification profonde ? Avec lesquelles êtes-vous d'accord ?

a	« Les seules ententes internationales possibles sont des ententes gastronomiques. » (Léon Daudet ; extrait de *Paris vécu*)
b	« Un peu d'internationalisme éloigne de la patrie, beaucoup y ramène. » (Jean Jaurès, homme politique français du début du XXe siècle)
c	« Si tu veux être international, chante ton pays. » (Ludwig van Beethoven, compositeur de l'hymne de l'Union européenne, *Ode à la joie*, tiré de sa IXe symphonie)
d	« Les pauvres ont l'argent patriote ; les riches aiment l'atmosphère internationale de l'or. » (Jean Ethier-Blais ; extrait de *Entre toutes les femmes*)

2 Avec vos camarades de classe, formez un « Conseil des élèves » pour discuter cet ordre du jour.

Vous devez formuler des propositions à soumettre à la direction de l'école pour résoudre un différend culturel perturbant.

Il existe à l'école un groupe d'élèves de culture distincte qui est la cible de remarques et d'attitudes méprisantes de la part d'un certain nombre d'autres élèves. Ce groupe est offensé par ces comportements et se sent donc très mal à l'aise quand il s'agit de participer à des activités proposées à tous.

a Tout d'abord, définissez plus précisément la situation et mettez-vous d'accord sur une situation vraisemblable (par exemple origine sociale, ethnique ou religieuse du groupe) qui servira de contexte au problème et de point de départ à l'activité.

b Pour la réunion du Conseil, vous devrez vous assurer que tous les points de vue pertinents sont entendus, avant de commencer la rédaction de vos propositions pour la direction. Voici quelques points de vue possibles. Vous pouvez en inventer d'autres, si vous voulez.

Vous êtes membre du groupe qui se sent offensé et a peur d'une exclusion sociale à l'école.	Vous présidez la réunion du Conseil et vous devez mener les discussions de façon impartiale, pour que tous les points de vue soient entendus et que le Conseil réussisse à formuler des propositions appropriées dans le temps disponible.
Vous êtes témoin d'un incident désagréable et vous l'interprétez de la même façon que les membres du groupe en question.	
Vous êtes témoin d'un incident désagréable, mais vous ne partagez pas le point de vue des membres du groupe en question.	Vous êtes le professeur chargé(e) de surveiller et d'observer les réunions du Conseil des élèves. Vous n'interviendrez qu'au cas où on aurait besoin de vos conseils et pour assurer que le déroulement des discussions soit équitable.
Vous êtes accusé(e) d'avoir été désagréable dans ce que vous avez dit et/ou ce que vous avez fait, vis-à-vis de certains membres du groupe en question.	

Le Centre culturel français de Yaoundé, au Cameroun

1 Si vous entriez dans ce centre, qu'y trouveriez-vous, à votre avis ?

2 Le Cameroun est un pays africain, officiellement bilingue anglais / français. Quel est l'intérêt d'un tel centre pour les Camerounais ?

3 Beaucoup de centres culturels similaires, partout dans le monde, sont subventionnés par la France.

Pourquoi, à votre avis, la République française a-t-elle cette politique culturelle ? Quels en sont les avantages et les inconvénients ?

Production écrite

1 Suite à vos études de diplôme, vous pensez vous inscrire dans un programme de formation professionnelle à l'étranger, dans un pays francophone où vous pourrez faire valoir vos connaissances et compétences internationales. Le but de cette inscription sera d'acquérir des compétences pratiques, grâce à la formation offerte, et/ou par des stages en entreprise qui vous prépareront à une carrière internationale.

Rédigez une lettre que vous enverrez à un établissement proposant ce genre de formation, pour leur expliquer votre situation et ce que vous envisagez, et pour leur poser des questions sur ce qui vous préoccupe dans cette démarche. Vous pourrez prendre comme point de départ le texte sur l'IFT à la page 68, si vous voulez.

a Il s'agira d'une lettre informelle, mais avec les formules appropriées au début et à la fin. N'oubliez ni la date ni le lieu d'où vous écrivez, pour qu'on puisse vous répondre. Le vouvoiement est de rigueur, bien entendu, mais le ton, quoique poli, peut être détendu, étant donné la nature de vos objectifs.

b Vous présenterez et résumerez vos compétences aussi succinctement que possible. Vous expliquerez ce qui vous motive et pourquoi vous vous adressez à cet Institut (vous pourriez faire référence à une publicité que vous avez vue). Vous leur poserez des questions sur les services qu'ils proposent et les moyens dont ils disposent pour répondre à vos besoins particuliers, au cas où vous vous inscririez chez eux.

2 Rédigez un discours que vous prononcerez en tant que représentant de votre classe de français dans le cadre des festivités culturelles qui vont marquer la *Semaine internationale de la langue française et de la Francophonie*. Ce discours présentera un résumé de ce que vous faites à l'école pour promouvoir la diversité culturelle sur une base internationale, enrichie par l'apport des cultures francophones.

a Convaincu(e) que les festivals culturels de ce genre sont importants, vous saurez communiquer dans votre texte votre sincérité et votre enthousiasme. Vous inviterez tout le monde à y participer, quelles que soient leur culture ou leurs compétences linguistiques.

b Dans ce texte, vous mettrez en valeur vos activités linguistiques et culturelles et vous encouragerez vos auditeurs à les apprécier, en les incitant à s'engager de façon similaire.

c Vous utiliserez la première et la deuxième personne du pluriel (vous représentez votre classe et vous vous adressez à une foule). Vous vous servirez d'une variété de procédés rhétoriques destinés à susciter l'envie de participer de façon active. Vous utiliserez, entre autres, des exhortations, des exclamations, des encouragements, des slogans (par exemple : *Nous vous demandons de…, Participez…, Ne pensez pas que…, N'ayez pas peur de…, Le français, c'est la porte qui s'ouvre aux autres !*, etc.).

3 **Niveau supérieur** Expliquez votre point de vue et démontrez votre compétence interculturelle en étudiant les similitudes et les différences à ce sujet entre votre culture et celle(s) que vous étudiez.

Qu'est-ce que la culture ?

La culture, c'est ce qui cimente une société, ce qui permet aux hommes de vivre ensemble, et cela se traduit par des valeurs et des manières de se comporter et de réfléchir communes. La culture se construit dans une société au fil de l'histoire et des contacts avec les autres cultures, elle n'est pas immuable, même si ses changements sont souvent relativement lents. On peut donc penser que la mondialisation, qui affecte les conditions de vie des hommes et favorise les échanges économiques, va avoir des effets sur leurs cultures.

BRISES

Vous considérerez :

- d'autres définitions de ce que constitue la « culture » ;
- les relations de tous genres (linguistiques, religieuses, commerciales, géographiques, historiques, économiques, politiques, etc.) entre les cultures que vous connaissez ;
- les opinions répandues en ce qui concerne la défense de cultures particulières face aux effets culturels de la mondialisation ;
- le rôle des États et des organisations (dont entre autres le Baccalauréat International) dans la promotion des cultures particulières et de l'entente internationale.

3 Migrations

Objectifs

- Comprendre les termes clefs des débats passés et présents sur les migrations humaines.
- Découvrir ce qui a motivé certains grands mouvements de population au cours de l'histoire.
- Réfléchir aux conséquences de ces mouvements pour la diversité culturelle.
- Contraster, pour mieux les apprécier, les valeurs fondamentales par lesquelles s'orientent les États et les organisations mondiales.

Remue-méninges

- On dit parfois que « Nous venons tous d'ailleurs ». Connaissez-vous l'origine, peut-être lointaine, de vos ancêtres ? À quelle date votre famille s'est-elle installée là où elle habite en ce moment ? Combien de fois au cours de votre vie votre famille a-t-elle déménagé ? Parmi ces déménagements, y en a-t-il que vous considérez comme une « émigration » ? Si oui, quelle étiquette vous irait le mieux maintenant : celle d'« immigré(e) » ou celle d'« émigré(e) » ? Qu'entendez-vous par ces termes ?
- Y a-t-il un débat d'actualité sur les thèmes de l'immigration ou de l'émigration, là où vous habitez aujourd'hui ? Si oui, quelles sont les grandes lignes de ce débat ? Quels sont les points de vue que vous entendez souvent ? S'il n'y a pas de débat sur l'immigration, comment peut-on expliquer cette absence ?
- Que pensez-vous du fait divers ci-dessous, tiré de la chronique d'un journal francophone de Madagascar ? Dans quelle mesure est-il lié aux grandes questions qui animent partout les débats sur l'émigration et l'immigration ?
  - Pourquoi la jeune fille serait-elle partie de chez elle ?
  - Pour quelles raisons aurait-elle pu commettre un vol ?
  - Quelle sorte d'agence a pu « organiser son départ » ?
  - Selon vous, pourquoi la sœur voulait-elle rester anonyme, quand elle parlait aux journalistes ?
  - Pourquoi la jeune fille n'aurait-elle pas voulu dire la vérité à ses parents, avant son départ ?

Immigration au Liban – Une jeune femme incarcérée

Stéphane Solofonandrasana
16 juin 2010

Une jeune femme âgée de 24 ans, partie dans ce pays du Proche-Orient, s'y trouve en prison depuis quelques mois. Ses employeurs l'auraient accusée du vol d'une somme de 5 000 dollars. Ses proches ne sont pas satisfaits de l'indifférence de l'État malgache[1]. Ils pensent s'adresser au tribunal.

« La responsable de l'agence qui a organisé son départ ne veut pas nous donner des informations sur sa situation », raconte une sœur de la jeune immigrée qui veut garder l'anonymat.

Indifférence générale

La jeune fille a quitté la Grande Île[2] sans informer ses parents, en août 2009.

« Pendant les semaines précédant son départ, elle nous a affirmé qu'elle partait en Allemagne, pour éviter notre refus. De plus, elle a abandonné la maison familiale quelques heures avant de prendre l'avion pour le Proche-Orient », souligne la grande sœur. « C'est seulement en arrivant au Liban qu'elle nous a dit la vérité », se lamente-t-elle.

Malgré les reproches de ses parents pendant les conversations téléphoniques, la jeune femme a pris l'habitude de leur passer un coup de fil. « Ce qui nous a étonnés, c'est qu'elle a cessé de nous appeler depuis trois mois. C'est un autre Malgache, visiteur de prison au Liban, à qui elle a donné notre adresse, qui nous a appris son emprisonnement, il y a deux semaines. Pourtant, l'agence doit bien être au courant des événements qui surviennent à ses clients », se plaint-elle.

AllAfrica.com

[1] malgache = qui vient de Madagascar
[2] la Grande Île = Madagascar

Une BD francophone inédite pour informer sur la migration clandestine et l'asile

par Melita H. Sunjic à Bruxelles

▲ Les invités découvrent la BD « Des clandestins à la mer » lors de la conférence du HCR[1] pour sa publication. Bruxelles 30 juillet (HCR)

Une bande dessinée inédite intitulée « Des clandestins à la mer » vient d'être publiée par le HCR à Bruxelles. Cette bande dessinée, écrite en français, vise un public de jeunes lecteurs dans les pays francophones en Afrique et en Europe. Elle a pour objectif d'informer le public sur les causes et les dangers de la migration clandestine.

La famille de Masikini au Sénégal est effondrée. Les membres de cette famille n'ont reçu aucune nouvelle de leur beau-frère, parti depuis des mois. Son corps a-t-il été rejeté sur une plage lointaine, ou Masikini est-il arrivé sain et sauf en Europe ? Lors d'un voyage en avion vers la France, une jeune femme rencontre un homme qui lui promet de l'aider à s'installer dans son nouveau pays. Elle devient une victime de la prostitution forcée à Paris.

Ces mésaventures sont racontées dans la bande dessinée de 50 pages, écrite par le célèbre écrivain et acteur Pie Tshibanda et dessinée par Tchibemba. Les deux auteurs de la BD sont d'origine africaine, ce qui lui confère une plus grande crédibilité auprès du public ciblé.

L'auteur a souhaité déconstruire le mythe selon **(...4a...)** la vie en Europe est un paradis pour tous les Africains qui ont survécu à la traversée périlleuse. **(...4b...)**, la bande dessinée explique les raisons pour **(...4c...)** certains Africains sont obligés de partir et pourquoi ils ont le droit d'être respectés et protégés.

La BD explique la situation des immigrants africains qui vivent à Paris **(...4d...)** que l'influence de la culture africaine en Europe. Ce livre ne se limite **(...4e...)** pas à ce thème : la procédure de demande d'asile ou des problèmes comme le chômage ou le sida sont **(...4f...)** abordés sans complaisance.

Selon Pie Tshibanda, la bande dessinée s'inscrit parfaitement dans la tradition orale de l'Afrique et s'avérera efficace pour atteindre les jeunes. Les personnes invitées à la présentation n'ont pas été insensibles à la magie de cette œuvre, cédant à la curiosité et feuilletant déjà la BD durant la conférence. L'histoire contient tous les ingrédients requis : suspense, action, crime, séduction et humour.

Pie Tshibanda a également créé avec une équipe d'acteurs une version audio de la BD, d'une durée de quarante minutes. Le HCR souhaite la diffuser à la radio dans des pays d'Afrique du Nord et de l'Ouest, où la radio est le média le plus répandu. « Cette BD vise à aider les jeunes Africains à prendre une décision en toute connaissance de cause pour leur avenir », a expliqué Tshibanda.

Le livre s'inscrit dans un vaste projet financé par la Commission européenne et le gouvernement danois. Quelque 7 000 exemplaires ont été imprimés pour cette première édition. Cinq mille exemplaires gratuits seront distribués par le biais d'institutions et d'organisations non-gouvernementales qui travaillent sur les questions de migration et d'asile dans l'Afrique francophone. Deux mille exemplaires seront distribués par les écoles et des ONG. [...]

Le récit de la BD « Des clandestins à la mer » connaît un dénouement heureux : la jeune femme sénégalaise est libérée et les chefs du réseau de prostitution sont arrêtés. Masikini est lui aussi sorti d'affaire et il réussit sa vie grâce à une plante médicinale africaine. Il a lancé une entreprise créant de nouveaux emplois au Sénégal.

- Pour télécharger la bande dessinée
- Pour écouter la version audio de cette bande dessinée (dossir compressé avec winzip 48 MB)

UNCHR : Haut Commissariat des Nations Unies pour les réfugiés

[1] HCR : Haut Commissariat [des Nations unies] pour les réfugiés

1 Quels mots ou expressions du titre et de la légende qui accompagne l'illustration de ce texte signifient… ?

a nouvelle
b cachée
c lieu de refuge
d se familiarisent avec
e à l'occasion

Langue

Observez attentivement la forme et la fonction grammaticale des mots et expressions donnés. Vérifiez bien les possibilités de substitution : le sens du texte doit rester exactement le même.

2 Les affirmations suivantes sont soit vraies, soit fausses. Justifiez votre réponse par le texte des trois premiers paragraphes.

a Cette BD sera prochainement disponible en librairie.
b Le HCR espère que les adolescents la liront.
c Le but de cet ouvrage est de divertir les amateurs de bandes dessinées.
d L'histoire est celle des malheurs qui arrivent à la famille de Masikini.
e En voyant le profil des créateurs, les jeunes accepteront plus facilement le message de cette BD.

3 Pourquoi n'y a-t-il pas de réponse aux questions de la famille sénégalaise de Masikini ?

4 **a–f** Ajoutez les mots qui manquent dans les lignes 24 à 37 de ce texte, en les choisissant dans la liste proposée ci-dessous. Attention : il y a plus de mots ou expressions que d'espaces et chaque mot ou expression ne peut être utilisé(e) qu'une seule fois.

AINSI ALORS ÉGALEMENT ET LEQUEL LESQUELLES PAR AILLEURS QUOI TOUJOURS TOUTEFOIS

5 D'après les lignes 31 à 54, trois des affirmations suivantes sont vraies. Lesquelles ?

A La vie en Europe est un paradis pour les Africains.
B Les immigrés clandestins eux-mêmes choisissent librement de quitter leurs pays.
C Les pays d'accueil devraient soutenir les réfugiés.
D Dans cet ouvrage, on parle ouvertement des problèmes économiques et des problèmes de santé chez les immigrants.
E La BD est très populaire chez les jeunes Africains.
F Certains membres du public on trouvé la BD sans intérêt.
G L'histoire aborde des problèmes graves, mais elle est parfois amusante.

6 Dans la phrase « Le HCR souhaite la diffuser […] dans des pays d'Afrique du Nord et de l'Ouest », à quoi se réfère « la » ?

7 Pourquoi a-t-on décidé de créer une version audio de cette BD ?

8 Qui a fourni l'argent nécessaire à la réalisation de cet ouvrage ?

9 Par quels moyens va-t-on diffuser cette BD en Afrique ?

10 Quels mots de la conclusion nous apprennent que l'histoire se termine sur une note optimiste ?

En vous basant sur les trois derniers paragraphes, reliez chacun des mots ou expressions du texte figurant dans la colonne de gauche avec son équivalent qui se trouve dans la colonne de droite.

11 en toute connaissance de cause (l. 53)
12 exemplaires (l. 59)
13 le biais (l. 60)
14 dénouement (l. 66)
15 sorti d'affaire (l. 76)
16 réussit sa vie (l. 69)
17 grâce à (l. 69)
18 lancé (l. 70)

A realise ses ambitions
B gagne
C contribué à
D copies
E inconsciemment
F moyen
G mis sur pied
H à l'aide de
I emprisonné
J à cause de
K sauvé
L problème
M résultat
N de façon pertinente
O personnel

Les podcasts de L'UniverCité – saison 2009–2010

Un cycle de conférences qui interroge l'histoire de l'immigration et la confronte aux débats de notre temps.

Vous trouverez sur cette page les podcasts des conférences de la saison 2009–2010 de L'UniverCité.

Pour en savoir plus sur L'UniverCité, consultez la page du site consacrée à la programmation

Migrations et chanson française

Jeudi 10 décembre 2009, à 18h30 Avec Didier Francfort, professeur d'histoire contemporaine à l'Université de Nancy II.

La chanson française, loin d'être l'expression d'un génie français attaché exclusivement à un sol et à un horizon, est largement, selon la belle expression d'Yves Borowice, un « art de métèques ».

La réflexion, que présentera Didier Francfort, s'appuiera sur de nombreux exemples chantés pour démontrer non seulement la place des artistes migrants dans la production de la chanson française, dès avant la Première Guerre mondiale, mais aussi l'importance de l'expérience de l'exil et de la migration dans l'esthétique de la chanson française et dans la définition même du genre. Écouter (1h30)

Frontières, nation et étrangers en France au XIXe siècle

Jeudi 14 janvier 2010, à 18h30 Conférence de Laurent Dornel, maître de conférences en histoire contemporaine à l'Université de Pau et des Pays de l'Adour, animée par Jean-Claude Caron, historien, professeur à l'Université Blaise-Pascal de Clermont-Ferrand.

Les frontières d'un État en déterminent les limites. Qu'elle soit « naturelle », fortifiée, bornée, voire imaginaire, une frontière est une ligne qui sépare deux espaces. En deçà, elle fixe un « nous », au-delà commence le territoire des « autres ».

Au XIXe siècle, les frontières françaises sont, pour l'essentiel, stabilisées : après l'annexion de Nice et de la Savoie, elles ne changent plus, la construction du territoire national est largement achevée. En revanche, elles sont au cœur d'une intense processus de politisation : l'affirmation de plus en plus bruyante de la Nation fait de la frontière un lieu plus symbolique que jamais, d'autant que les flux croissants de migrants en font un passage extrêmement fréquenté.

La frontière n'est plus alors seulement marge ou limite : elle est aussi passage, par lequel le national se transmue en étranger. Mais parce qu'elle rapproche tout autant qu'elle sépare, la frontière ne cesse d'être une zone de contact et d'échanges, un lieu où se négocient des identités complexes, comme le montre l'étude d'un conflit frontalier dans les Pyrénées occidentales[1].

La conférence s'attachera donc à analyser la façon dont, au XIXe siècle, la question des frontières, en posant celle des étrangers de manière inédite, interroge la nation française. Écouter (1h34)

De la Retirada[2] (...9a...) l'exode (...9b...) l'été 1940 : les routes du refuge

Jeudi 10 juin 2010, à 18h30 (...9c...) Sharif Gemie et Laure Humbert, (...9d...), Université de Glamorgan (Grande-Bretagne). Animée (...9e...) Laure Teulières, (...9f...), maître de conférences (...9g...) l'Université de Toulouse-Le Mirail.

Entre janvier 1939 et juin 1940, deux vagues de réfugiés de grande ampleur traversent la France. En 1939, près d'un demi-million de réfugiés républicains espagnols fuient l'avancée de l'armée franquiste[3] et cherchent refuge en France. En 1940, de huit à dix millions de Français, auxquels s'ajoutent des Belges, des Néerlandais et des Luxembourgeois, abandonnent leur domicile et se dirigent vers le sud et l'ouest de l'Hexagone[4] pour échapper aux armées allemandes et à la barbarie nazie.

À première vue, ces deux mouvements sont très différents. Les réfugiés espagnols arrivent sur une terre d'asile largement hostile. Une partie d'entre eux sont de simples civils fuyant les armées franquistes, d'autres sont des militants politiques aguerris et collectivement organisés, comme les anarcho-syndicalistes, les nationalistes catalans, les communistes et les Brigadistes[5]. À l'inverse, les réfugiés français de 1940 n'ont pas de frontière à traverser, ils restent dans un pays dont ils connaissent la langue et ils rencontrent un accueil souvent plus sympathique que celui réservé aux Républicains espagnols. Mais ils doivent, en revanche, le plus souvent se débrouiller seuls, pratiquement sans aide de l'État ni d'autres organisations, politiques ou humanitaires.

Sharif Gemie et Laure Humbert aborderont les différences qui existent entre la Retirada et l'exode de mai-juin 1940, avant d'en souligner les similitudes. Écouter (1h52)

Cité nationale de l'histoire de l'immigration

[1] les Pyrénées occidentales : les départements du sud-ouest de la France, frontaliers avec l'Espagne et le pays basque espagnol
[2] Retirada : signifie « retrait » en espagnol. Elle désigne le passage de dixaines de milliers de réfugiés de l'Espagne en France en 1938.
[3] franquiste : adjectif dérivé du général Franco, chef d'État espagnol de 1938 à 1975
[4] l'Hexagone : surnom parfois donné à la France à cause de sa forme géographique approximativement hexagonale
[5] les Brigadistes : différents groupes républicains qui ont combattu les armées franquistes au cours de la guerre civile en Espagne de 1936 à 1938

1 Dans le sous-titre « **Un cycle de conférences qui interroge l'histoire de l'immigration et la confronte aux débats de notre temps** », à quoi se réfère le mot « la » ?

2 Dans sa profession académique, Didier Francfort se spécialise dans quel domaine général ?

3 D'après le podcast « **Migrations et chanson française** », deux des affirmations suivantes sont vraies. Lesquelles ?

A Les thèmes de la chanson française sont limités à des perspectives nationales.
B Les influences étrangères sont très évidentes dans la chanson française.
C Les influences étrangères sont assez récentes.
D Les paroles des chansons françaises traitent souvent de l'éloignement du pays d'origine.
E Ce qui est beau dans la chanson française, c'est l'influence des musiques étrangères.

4 Qui assurera le bon déroulement de la conférence « **Frontières, nation et étrangers en France au XIXe siècle** » ?

En vous basant sur le résumé de ce podcast, reliez le début de la phrase de la colonne de gauche à la fin appropriée qui se trouve dans la colonne de droite. Attention : il y a plus de fins que de débuts et chaque fin ne peut être utilisée qu'une seule fois.

5 Les frontières séparent…

6 La France a atteint ses dimensions actuelles…

7 Les frontières comptent d'autant plus…

8 Les zones frontalières…

A stabilisée par l'Union européenne.
B qu'un grand nombre de personnes les traversent.
C servent à rendre les contacts pour le négoce plus difficiles.
D après avoir absorbé deux régions du sud-est.
E « notre » communauté de celle des « autres ».
F de rassurer les auditeurs sur le statut de leur propre nationalité.
G renforce le désir de fixer les frontières pour toujours.
H sont toujours des lieux de rencontres.

Techniques de travail

Faites attention aussi bien au sens de l'affirmation qu'à la structure grammaticale de la phrase que vous créez.

Le défi de cet exercice est de bien comprendre le point de vue et les arguments de la conférence proposée. Pourtant, grâce à la grammaire, vous pouvez réduire le nombre de possibilités à considérer. Beaucoup d'options offertes sont au préalable, grammaticalement impossibles et ainsi à écarter.

9 a–g Ajoutez les mots qui manquent dans l'introduction du troisième podcast, en les choisissant dans la liste proposée ci-dessous. Attention : il y a plus de mots que d'espaces, mais si besoin est, le même mot peut être utilisé deux fois.

À AUPRÈS AVEC CONFÉRENCE DE EN
HISTORIENNE HISTORIENNES HISTORIENS PAR

10 Les affirmations suivantes à propos des réfugiés en France entre 1930 et 1940 sont soit vraies, soit fausses. Justifiez votre réponse par les mots tirés du résumé de la conférence organisée par Laure Teulières.

a Autour de 1940, le flux de réfugiés était modeste et régulier.
b La plupart des réfugiés en 1939–1940 étaient des réfugiés de guerre.
c En général, les gens qui fuyaient l'Espagne n'étaient pas bienvenus en France.
d Il y avait par contre des structures en place pour aider les réfugiés francophones de 1940.
e La conférence sera axée sur la comparaison des deux vagues de réfugiés de 1939 et 1940.

11 Quels mots et expressions de cette partie sont synonymes de ceux ci-dessous ?

a ondes
b vont
c brutalité
d Tout d'abord, on penserait que
e en majorité
f endurcis
g au contraire
h par contre
i démêler
j vont prendre en considération originale

Techniques de travail

Considérez la forme et la fonction des mots et des expressions données. Soyez sûrs de trouver une alternative dans le texte qui aura les mêmes formes et fonctions. Il doit être possible de faire des substitutions avec vos choix, sans changer en rien le sens de la phrase originale.

Pour aller plus loin

Assimilation, intégration ou insertion ?

Ces trois termes ne sont pas neutres et reposent sur des philosophies politiques (très) différentes. L'assimilation se définit comme la pleine adhésion par les immigrés aux normes de la société d'accueil, l'expression de leur identité et leurs spécificités socioculturelles d'origine étant cantonnées* à la seule sphère privée. Dans le processus d'assimilation, l'obtention de la nationalité, conçue comme un engagement « sans retour », revêt une importance capitale.

L'intégration exprime davantage une dynamique d'échange, dans laquelle chacun accepte de se constituer partie d'un tout où l'adhésion aux règles de fonctionnement et aux valeurs de la société d'accueil, et le respect de ce qui fait l'unité et l'intégrité de la communauté, n'interdisent pas le maintien des différences.

Le processus d'insertion est le moins marqué. Tout en étant reconnu comme partie intégrante de la société d'accueil, l'étranger garde son identité d'origine, ses spécificités culturelles sont reconnues, celles-ci n'étant pas considérées comme un obstacle à son intégration dès lors qu'il respecte les règles et les valeurs de la société d'accueil.

La documentation française (DILA)

* cantonnées : limitées

- Qu'est-ce qui vous semble préférable du point de vue de l'immigré : l'assimilation, l'intégration ou l'insertion ? Et du point de vue du pays d'accueil ? Quels sont les problèmes associés à chacune de ces approches et comment peut-on les surmonter ? Quelle est l'approche la plus fréquente dans votre pays d'origine ? Avec quelles conséquences ?

- À votre avis, que devrait faire la jeune Malgache du texte de la page 73, une fois libérée de sa prison libanaise ? Discutez afin d'arriver à un consensus dans votre classe, en vous servant de cet exemple et de ce que vous savez de la politique d'assimilation, d'intégration ou d'insertion des immigrés dans différentes sociétés d'accueil. Si besoin est, faites d'abord des recherches sur la politique en matière d'immigration à Madagascar, au Liban et dans les pays de l'Union européenne.

- Y a-t-il une distinction importante à faire entre les émigrés qui cherchent l'asile pour des raisons politiques, et ceux qui veulent travailler dans un autre pays ? Faites des recherches pour comparer la situation dans votre pays avec celle d'un pays francophone qui vous intéresse. (Vous pouvez citer le cas des émigrés africains décrits à la page 74).

  Choisissez des sources fiables, par exemple le site des Nations Unies (www.un.org), en particulier son service pour lycéens, *Cyberschoolbus*, ou le site du Haut Commissariat des Nations Unies pour les réfugiés (www.unhcr.fr).

  Quelle serait votre position dans ce débat sur des flux migratoires ? Justifiez votre choix.

- « Nous venons tous d'ailleurs. »

  Préparez et effectuez un sondage pour découvrir les origines familiales et les attitudes envers les migrations de ceux autour de vous. Vous pouvez reprendre les questions du premier paragraphe de « Remue-méninges », page 73,comme point de départ :

  – À quelle date se sont-ils installés où ils habitent aujourd'hui ?
  – Combien de fois ont-ils déménagé au cours de leurs vies ?
  – Parmi ces déménagements, y en a-t-il eu qu'ils considèrent comme une « émigration » ?
  – Qu'entendent-ils par ce terme ?
  – Se considèrent-ils comme « immigré(e) » ou « fils/fille d'immigrés » ?

  Après avoir analysé les résultats, évaluez et commentez dans quelle mesure nous sommes tous dans une certaine mesure des « émigrés » et des « immigrés ».

Théorie de la connaissance

- Dans quelle mesure nos origines et celles d'autrui sont-elles importantes ? Faut-il savoir si on est émigré, immigré, ou autre, pour comprendre et parler de son identité personnelle et/ou sociale ?
- Dans quelle mesure vous servez-vous de stéréotypes pour porter un jugement (sérieux ou amusant) sur un individu ou un groupe que vous ne connaissez pas bien ?
- Pour quelles raisons certains immigrés sont-ils acceptés par la société d'accueil plus rapidement que d'autres ?

Activités orales

1 À deux, préparez (sans prendre de notes) un dialogue pour accompagner cette image. Présentez votre dialogue et ensuite, expliquez votre démarche. Répondez aux observations et aux questions éventuelles de vos camarades.

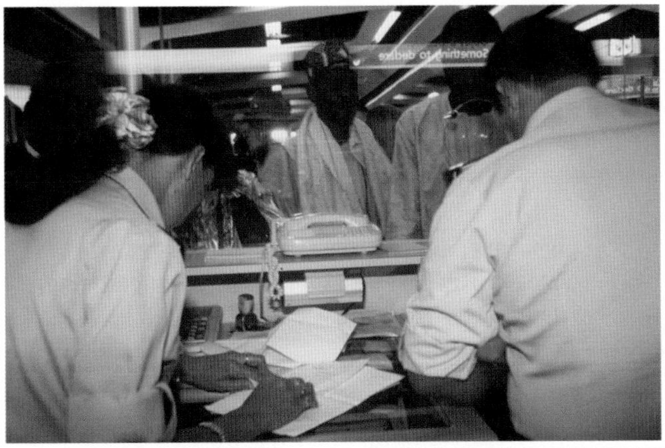

2 À la place du sondage par écrit sur les origines des gens autour de vous, proposé dans la section « Pour aller plus loin », ou en guise de supplément à ce sondage, interviewez l'une des personnes sélectionnées pour bien établir ses origines et ses déplacements, ce que signifient pour elle les termes clefs d'émigration et d'immigration, et comment elle définit sa propre identité. Vous pouvez enregistrer votre entretien pour vous en servir dans l'activité de sondage déjà proposée.

Notez bien que/qu' :

- par un sondage écrit, on recueille en général, des données précises qui seront faciles à trier pour l'analyse ;
- on essaie de limiter chez la personne sondée ou interviewée les digressions qui éloignent du sujet ;
- par une interview orale, on cherche des réponses détaillées et nuancées par l'expérience personnelle ;
- on encourage la personne interviewée à parler librement de son expérience, sans la contraindre par des questions fermées.

3 Consultez le site web de la « *Cité nationale de l'histoire de l'immigration* » à www.histoire-immigration.fr et trouvez un podcast qui vous intéresse sur les questions d'émigration et d'immigration.

Après avoir lu le résumé de la conférence, et éventuellement l'avoir écoutée, recommandez ou déconseillez cette conférence à vos camarades de classe, avec des arguments étayés par des références précises au contenu de l'enregistrement. Soyez prêt(e) à répondre à leurs questions.

Ils quittent leur pays, mais pour aller où ?

1 Décrivez cette image. Quelles émotions ces nouveaux émigrés peuvent-ils ressentir ? Partagent-ils tous les mêmes émotions ? Quelles peuvent en être les causes ?

2 Quelles sont les raisons possibles qui poussent ces gens à quitter leur pays de cette façon périlleuse ?

3 Où iront-ils, d'après vous ? Que feront-ils dans leur pays d'accueil, s'ils en trouvent un qui les accepte ?

4 Si vous étiez à leur place, que leur conseilleriez-vous, avant de faire ce voyage ? Quelles attitudes existent dans votre pays face à ce problème mondial ?

Production écrite

1 Comme activité de CAS, vous travaillez comme bénévole dans un centre d'accueil pour jeunes réfugiés francophones, pour les aider à bien s'insérer dans la société qui leur donnera asile.

Rédigez un rapport sur tout ce que vous avez fait comme travail, et que vous allez présenter dans le cadre de votre programme de CAS, en respectant tous les critères nécessaires.

a Vous présenterez ce rapport selon les critères déterminés par votre école pour des activités de CAS. Vous pouvez l'organiser en sections :
- introduction qui donnera le lieu, les dates, la nature et les objectifs de votre travail ;
- identification des gens avec lesquels vous avez travaillé ;
- statut de ceux qui ont été témoins de votre travail et pourraient éventuellement vous donner des références ;
- évaluation personnelle de toute l'expérience, selon les critères du programme CAS.

b Le registre peut varier. Il y aura une partie à la troisième personne qui présentera le cadre de votre service de bénévolat et établira ce que vous avez fait. Quant à l'évaluation de l'expérience, vous pouvez rester plutôt objectif (en racontant ce que les autres ont dit ou écrit sur vos efforts, par exemple), ou rédiger une section plus personnelle, à la première personne.

2 Vous avez été témoin d'une confrontation désagréable entre quelques jeunes de différents groupes sociaux. À la suite de comportements agressifs, la police a arrêté les responsables. Rédigez le témoignage que la police vous a demandé.

a Votre texte doit être strictement objectif. Vous ne rendrez compte que de ce que vous avez vu et/ou entendu. (Un jugement personnel sur la situation serait inapproprié, parce que hors sujet). Vous citerez les déclarations ou les conversations que vous avez entendues soit textuellement en discours direct, soit en discours indirect, en restant aussi exact que possible.

b Il s'agit d'un texte qui aura un statut juridique, étant donné les délits commis. L'introduction expliquera qui vous êtes, où vous vous trouviez au moment de l'incident et comment vous avez pu observer ce que vous rapportez.

c Le ton sera objectif et le registre soutenu, mais sans élaborations sophistiquées. Les termes de cohérence dont vous vous servirez viseront surtout à bien ordonner les éléments de votre témoignage.

3 Vous avez enregistré une interview que vous venez de faire avec un(e) jeune immigré(e) francophone clandestin(e), sur ses expériences et sa situation dans votre pays. Imaginez que vous êtes journaliste et rédigez la transcription de cette interview qui sera publiée dans un magazine d'actualités pour les jeunes.

a Votre texte doit être en discours direct avec introduction et conclusion. Vous pouvez inclure entre parenthèses des indications sur l'expression de la personne que vous interviewez, les émotions qu'il/elle semble ressentir ou ses gestes au cours de l'interview.

b Le registre sera familier. Vous rédigerez le texte à la première et à la deuxième personne, en forme de dialogue avec ou sans observations et commentaires à la troisième personne.

4 **Niveau superieur** Que pensez-vous de cette initiative officielle de la Nouvelle-Écosse, province canadienne dont la langue officielle est l'anglais, mais qui a aussi une minorité francophone ? Réfléchissez en particulier à ces deux aspects :

- l'objectif de modifier la composition linguistique et culturelle de la population de la Nouvelle-Écosse par une politique d'immigration spécifique ;
- les effets d'une politique qui favorise certains groupes par rapport à d'autres, pour des raisons linguistiques et culturelles.

fane
Fédération acadienne de la Nouvelle-Écosse

Description sommaire du projet d'immigration francophone

Le projet d'immigration francophone piloté par la FANE poursuit trois objectifs principaux :
- Accroître le nombre de nouveaux arrivants d'expression française qui s'établissent en Nouvelle-Écosse.
- Favoriser l'intégration de ces nouveaux arrivants dans la province, et plus spécifiquement au sein de la communauté acadienne et francophone.
- Accroître la capacité d'accueil et d'intégration des communautés acadiennes et francophones de la Nouvelle-Écosse.

Le projet d'immigration francophone bénéficie du soutien financier de l'Office de l'immigration de la Nouvelle-Écosse (www.novascotiaimmigration.com/) et de Citoyenneté et Immigration Canada (www.cic.gc.ca/francais/index.asp).

4 Stéréotypes

Objectifs

- Comprendre quelques composantes des stéréotypes sur l'« autre ».
- Analyser les raisons qui donnent naissance aux stéréotypes sociaux et culturels.
- Réfléchir aux conséquences des préjugés.
- Pratiquer le débat formel et la rédaction de textes qui mettent en valeur la compétence interculturelle.

Remue-méninges

- Laquelle de ces caricatures représente la France ? Comment l'avez-vous identifiée ? Pour vous, qu'y a-t-il de vrai et de faux dans cette image des Français ?
- La plupart des gens représentés sont des hommes. Pourquoi y a-t-il si peu de femmes, selon vous ? Expliquez votre point de vue.
- Y a-t-il un fond sérieux dans ces images stéréotypées de l'identité nationale de chaque pays représenté ? Est-ce que cela pourrait en offenser certains ? Expliquez votre point de vue.

  Pour vous, quel est le message global qu'on communique ainsi ?
- Quels sont les stéréotypes culturels que vous connaissez personnellement concernant les Belges, les Français, les Québécois, les Suisses ou autres Francophones ? Y en a-t-il pour chaque groupe que vous connaissez, ou y a-t-il certains groupes pour lesquels aucune image ne se présente à l'esprit ? Comment expliquez-vous l'origine de ces images ? Pourquoi y a-t-il des identités sans stéréotype que vous connaissez ?
- Si vous aviez à brosser votre autoportrait sous forme de caricature, qu'y aurait-il comme exagérations ? Y aurait-il une part d'images stéréotypées dans ce portrait ?
- Y a-t-il des images stéréotypées qui existent sur les gens de votre propre culture ? Comment réagissez-vous à la rencontre de telles images ? Pourquoi réagissez-vous ainsi ?

Stéréotype toi-même !

En 2007, la Communauté française de Belgique présentait les résultats d'une étude sur les stéréotypes sexistes véhiculés par les médias auprès des jeunes, « *Les jeunes face au sexisme dans les médias* ». D'après cette étude, de nombreux stéréotypes ont la vie dure dans les médias :

- Filles fragiles / Hommes virils
- « Sois belle et tais-toi » toujours d'actualité ?
- « Fais-la rire » ... et le tour est joué ?
- Hommes sportifs / Filles qui dansent
- Pour les filles : le ménage ! Aux garçons ... la conception !
- Pour les filles : les produits allégés ! Pour les garçons : les chips !

Alors que faire face à cela ? Pour en savoir plus, consultez le site « *Égalité des Chances de la Communauté française de Belgique* » : http://www.egalite.cfwb.be/medias/s et téléchargez la BD Stéréotype toi-même

Voici une que vous y trouverez :

(...4a...) des jeunes estiment (...4b...) les filles de la télévision sont différentes de (...4c...) du quotidien.

Cependant, seules (...4d...) des filles perçoivent les garçons de la télévision (...4e...) très différents de (...4f...) de la réalité.

15 % des garçons estiment qu'ils sont représentés de manière très différente à la télé.

15 % estiment que c'est très semblable. Entre le rêve et \la réalité, quelles différences ?

Dans l'ensemble, les garçons se reconnaissent plus dans les modèles que leur propose la télévision que les filles.

Ces modèles correspondent plus à leur vécu et à leur réalité et, en tout cas, plus à la façon dont ils se perçoivent eux-mêmes.

Les jeunes qui regardent des émissions de téléréalité font moins la différence
avec le réel que ceux qui regardent des documentaires, des journaux télévisés
et / ou des films de science-fiction !

Plus les jeunes avancent en âge plus ils deviennent conscients des différences entre le réel et la fiction.

Communauté française de Belgique

Quand la pub joue avec les stéréotypes

Grand, froid et écolo.
Sans aucun doute, cet américain est allemand.
En consommant 20% d'énergie de moins qu'un réfrigérateur de classe A, le réfrigérateur américain CoolSpace XXL est un grand économe en électricité.

Cet après-midi, en buvant mon café, j'ai feuilleté le dernier numéro de Géo sur l'Islande. Comme souvent quand je lis un magazine, je me suis arrêtée sur certaines pubs et notamment sur une publicité pour un réfrigérateur Bosch[1]. Je suppose que ce sont les mots « américain » et « allemand » qui ont attiré mon attention.

J'ai parlé ailleurs des stéréotypes et de l'intérêt qu'il y avait à en avoir. Cette pub fait appel, selon moi, à plusieurs stéréotypes, impliquant trois nationalités.

D'abord, il faut garder à l'esprit que la pub s'adresse à un public francophone (peut-être même français). La référence aux Allemands et aux Américains est donc, par défaut, teintée culturellement.

Mon interprétation : pour le Français, le stéréotype de l'Allemand est souvent celui d'une personne de grande taille, d'abord plutôt froid et souvent porté sur l'écologie. Pour le même Français, le stéréotype de l'Américain est aussi celui d'une personne de grande taille (tout est démesuré aux États-Unis), d'un abord plutôt chaleureux, mais assez peu intéressé par tout ce qui touche à l'environnement. On trouve donc dans le slogan trois stéréotypes, l'un commun aux deux pays et deux autres contraires dans les deux pays.

Ce que je trouve très fort ici, c'est l'équilibre entre l'utilisation des stéréotypes positifs et négatifs. Ni l'Allemand, ni l'Américain ne sont dépeints de façon toute négative ou toute positive.

On a :

- grand = stéréotype commun
- froid = stéréotype négatif pour une personne (ici l'Allemand), mais bon pour un réfrigérateur
- son contraire chaleureux = stéréotype positif, suggéré pour l'Américain
- et enfin écolo = stéréotype ni vraiment positif, ni vraiment négatif, puisque « écolo » est teinté politiquement et culturellement et peut avoir, suivant l'interprétation qu'on en fait, une connotation positive (respectueux de l'environnement) ou plus négative (écolo militant qui casse des McDo[2]).

Je ne sais pas si cette pub me ferait acheter un réfrigérateur, mais culturellement, je la trouve extrêmement bien faite.

Delphine Ménard
Blog : Ceci n'est pas une endive

[1] Bosch = marque allemande d'électro-ménager.
[2] McDo, (abrégé de McDonalds) = chaîne internationale de restaurants à restauration rapide.

Stéréotype toi-même !

1 D'après l'introduction, la Communauté française de Belgique étudiait quelles sortes de stéréotypes ?

2 La phrase « D'après cette étude, de nombreux stéréotypes ont la vie dure dans les médias » signifie que :

A les stéréotypes existent toujours dans la presse.
B les stéréotypes médiatisés sont à étudier attentivement.
C les jeunes sont sensibles aux idées reçues.
D la vie est dure quand on est étiqueté par des stéréotypes.

3 Faites correspondre certaines des attitudes stéréotypées identifiées par l'étude et données en liste, avec ces phrases.

a conseils pour les romantiques
b réalités féminines : régime pour mincir ; réalités masculines : malbouffe qui fait grossir
c Les filles ont besoin d'être protégées par de vrais hommes.
d Les femmes ne sont que du décor.

4 **a–f** Ajoutez les mots qui manquent dans la deuxième partie du texte, en les choisissant dans la liste ci-dessous. Attention : il y a plus de mots que d'espaces et chaque mot ne peut être utilisé qu'une seule fois.

PEU	COMME	STARS	CELLES	TOUS	EN
QUE	DE	CEUX	CEUX-CI	67 %	25 %

5 Selon l'analyse des données de l'étude, deux des affirmations suivantes sont vraies. Lesquelles ?

A En général, les garçons s'identifient moins avec les célébrités de la télévision que les filles.
B Pour beaucoup de garçons, les expériences de la vie se reflètent chez ceux qu'ils admirent à la télévision.
C Pour ceux qui les regardent, la téléréalité est moins vraisemblable que les actualités.
D Somme tout, les jeunes amateurs de films de science-fiction sont moins naïfs que les passionnés de téléréalité.
E Sans y penser, les enfants associent la réalité et l'imaginaire, autant que les adolescents.

Quand la pub joue avec les stéréotypes culturels

6 Dans l'introduction, à quoi se réfère le nom « *Géo* » ?

7 Quel mot indique que l'auteur de ce blog est une femme ?

8 Dans les magazines, qu'est-ce qui intéresse l'auteur de ce blog ?

9 Pourquoi a-t-elle remarqué cette pub pour les réfrigérateurs Bosch ?

En vous basant sur l'analyse de la publicité, reliez le début de la phrase de la colonne de gauche à la fin appropriée qui se trouve dans la colonne de droite. Attention : il y a plus de fins que de débuts et chaque fin ne peut être utilisée qu'une seule fois.

10 L'auteur de ce blog a déjà…

11 Les Allemands et Américains sont représentés…

12 Chez des Français, l'image des Américains…

13 Les stéréotypes utilisés dans le slogan…

14 L'auteur pense…

A sont plutôt nuancés, sur le plan culturel.
B de mieux équilibrer le message publicitaire par l'utilisation du négatif.
C du point de vue d'une culture francophone.
D que le slogan est habile.
E sont des lieux communs.
F est à l'opposé de celle d'un Allemand, la taille mise à part.
G fait appel à des stéréotypes nationaux pour renforcer l'urgence d'un message environnemental.
H comme grands, froids et écolos.
I discuté de l'utilité des clichés à des fins publicitaires.
J souligne l'importance qu'ils accordent à l'écologie.

15 Quelles qualités distinguent l'image des Allemands et des Américains ?

16 Dans la phrase « *écolo* est teinté politiquement et culturellement et peut avoir, suivant l'interprétation qu'on en fait, une connotation positive ou plus négative », à quoi se réfère « en » ?

17 En conclusion, quel jugement porte l'auteur sur la qualité de cette publicité ?

Malentendus culturels dans une entreprise franco-vietnamienne

par Dominique Blu

Des filtres qui déforment la communication interpersonnelle.

Pour illustrer notre propos, nous relatons une expérience menée au Vietnam. Le point de départ de notre réflexion est constitué de remarques énoncées par des hommes d'affaires français à propos de leurs collaborateurs vietnamiens : « Les Vietnamiens sont hypocrites... ne disent pas franchement les choses et nous laissent nous planter sans nous mettre en garde lorsque nous faisons des erreurs. »

L'équipe en charge des formations en gestion des ressources humaines du *Centre franco-vietnamien de formation à la gestion*, CFVG, a tenté de démonter les stéréotypes sous-jacents à ces prises de position, en partant du principe qu'une vision différente de la communication interpersonnelle pouvait mener à des malentendus.

Une mise en situation a, alors, été conçue, mettant en scène un conflit latent entre un chef et ses subordonnés au sein d'un département. Ce chef avait commis des erreurs se répercutant sur les ventes du département et en retour sur le salaire de ses ingénieurs de vente, provoquant ainsi leur mécontentement.

Au cours de sessions de formation dispensées à des cadres vietnamiens, nous leur avons demandé comment ils s'y prendraient pour résoudre ce problème avec leur chef. Les réponses apportées par ces cadres vietnamiens ont été les suivantes :

Réaction des Vietnamiens face à un responsable vietnamien

Si nous sommes les ingénieurs de vente, nous ne pouvons pas exprimer directement à notre chef qu'il a commis une erreur car nous risquons de (...8a...) vexer et de (...8b...) faire perdre la face. Nous allons (...8c...) utiliser une voie indirecte, (...8d...) l'emmener au restaurant et lui parler de la diminution de notre salaire ou de la difficulté des ventes (...8e...) sans pointer son erreur. Il comprendra (...8f...) qu'il a commis une erreur et fera son autocritique.

Nous pouvons aussi utiliser une tierce personne qui lui rapportera notre problème ; il fera alors son autocritique vis-à-vis de cette tierce personne qui nous rapportera ensuite ses propos, constituant ainsi une forme d'accusé de réception de notre démarche.

Nous ne pourrons pas lui en parler directement dans son bureau pour ne pas le vexer ni lui faire perdre la face.

Réaction des Vietnamiens face à un responsable français

Si nous projetons maintenant nos ingénieurs de vente vietnamiens dans un contexte français, c'est-à-dire avec un chef français, alors l'interaction tendra à être la suivante : le chef français s'attendra à ce que ses subordonnés lui exposent directement le problème, surtout si ceux-ci l'aiment bien. La franchise, la confrontation et le débat sont en effet valorisés dans notre culture.

Si les ingénieurs de vente vietnamiens invitent leur chef français au restaurant, il ne comprendra pas que leur objectif est de résoudre un différend. Habitué à une communication directe, il ne percevra pas les signaux émis par ses subordonnés. Il ne comprendra même pas qu'il y a un problème. Les Vietnamiens penseront avoir transmis l'information à leur chef et n'imagineront pas forcément que celui-ci n'a pas perçu leurs signaux. Le chef français ne fera probablement rien et la situation a toutes les chances de se dégrader dans le département.

Si les ingénieurs de vente vietnamiens utilisent une tierce personne pour signaler le problème à leur chef français, l'effet en sera encore plus dévastateur. En effet, dans la culture française, toute information parvenant de façon détournée s'apparente à de la rumeur et de façon générale, présente une connotation malveillante. Apprendre par quelqu'un d'autre que nos subordonnés se plaignent de ce que nos erreurs portent atteinte à leur portefeuille est ressenti comme malveillant à notre égard et dénote leur hypocrisie. L'utilisation d'une tierce personne pour sortir du conflit latent sera donc ressentie de façon négative.

Le chef français, dans une telle situation, réagira en jugeant ses collaborateurs d'après sa grille de lecture culturelle : « ces Vietnamiens sont hypocrites et ne nous disent jamais les choses en face » ou « les Vietnamiens ne nous disent jamais quand nous nous plantons ».

On voit là que des habitudes culturelles différentes en matière de communication dégradent une situation et créent des stéréotypes quand bien même les deux parties sont de bonne foi. Les dissonances sont amplifiées lorsque chaque partie a exclusivement recours à son bagage culturel pour réagir à une situation de communication et lorsqu'elles n'identifient pas l'origine culturelle de la dissonance. En revanche, cette expérience ouvre des voies d'une grande richesse. Car, si chaque partie apprend à pianoter sur le registre culturel de l'autre, alors l'éventail des comportements possibles s'en trouve démultiplié.

dph (dialogues, propositions, histoires pour une citoyenneté mondiale)

1 Une des phrases ci-dessous résume le sujet de ce texte. Laquelle ?

- A Les mésententes culturelles déforment systématiquement toute communication entre les gens.
- B Les Français et les Vietnamiens ont eu des malentendus à propos d'une entreprise de télécommunications.
- C Dominique Blu a créé des malentendus, en filtrant les communications d'une société française au Vietnam.
- D Quand les gens communiquent entre eux, leur propre culture influence la façon dont ils comprennent ce qu'on leur dit.

2 Dans l'introduction, à quelle(s) personne(s) se réfère le pronom « nous » ?

- A les hommes d'affaires français
- B les collaborateurs vietnamiens
- C l'auteur de l'article
- D les Français en général

En vous basant sur l'introduction, reliez le début de la phrase de la colonne de gauche à la fin appropriée qui se trouve dans la colonne de droite. Attention : il y a plus de fins que de débuts et chaque fin ne peut être utilisée qu'une seule fois.

3 Dominique Blu s'est intéressé à…

4 Les hommes d'affaires trouvent…

5 Le programme de formation professionnelle…

6 L'introduction au programme proposait…

7 Le but de la présentation était…

- A proposait une meilleure compréhension de comment les stéréotypes inconscients peuvent influencer nos relations avec les autres.
- B un spectacle théâtral d'arguments entre un manager et ses ouvriers.
- C que les Vietnamiens leur parlaient trop souvent de façon indirecte.
- D l'expérience interculturelle de certains Français qui travaillait au Vietnam.
- E la culture vietnamienne des relations au travail trop respectueuse envers eux.
- F à ce que pensaient les hommes d'affaires de leurs collègues vietnamiens.
- G de stimuler la discussion sur des solutions possibles pour éliminer le conflit au travail.
- H tentait de prouver que les relations interculturelles sont des sources de malentendus.
- I un jeu de rôles pour animer le thème du potentiel négatif des mésententes interculturelles.
- J de démontrer comment il fallait se comporter, face à une gestion européenne.

Technique de travail

Avec cet exercice, il faut surtout faire attention aux verbes et aux formules grammaticales pour la continuation correcte du sens de chaque phrase. Quels sont les mots qui peuvent suivre le début de phrase donné dans la colonne de gauche ?

Réaction des Vietnamiens face à un responsable vietnamien

8 a–f Ajoutez les mots ou expressions qui manquent dans le texte, en les choisissant dans la liste ci-dessous. Attention : il y a plus de mots ou expressions que d'espaces et chaque mot ou expression ne peut être utilisé qu'une seule fois.

DONC MAIS NOUS LUI EN REVANCHE
VOIRE LEUR NONOBSTANT CEPENDANT
ALORS LE À SAVOIR

9 Quels mots ou expressions du deuxième paragraphe de cette partie correspondent à ceux-ci ?

- a troisième
- b va se remettre en question
- c en présence
- d de cette façon
- e reçu
- f action pour résoudre le problème

Réaction des Vietnamiens face à un responsable français

10 Ces affirmations sont-elles vraies ou fausses ? Justifiez votre réponse par les mots des quatre premiers paragraphes de cette partie du texte.

- a Les responsables français demandent qu'on leur explique tout problème, immédiatement.
- b Les Français apprécient la discussion ouverte et sincère.
- c Chez les Vietnamiens, inviter son chef à dîner lui indiquera qu'il y a un problème à résoudre.
- d Si le chef d'une entreprise ne prêtait pas attention aux problèmes signalés par ses employés, les choses s'amélioreraient d'elles-mêmes.
- e Les Français pensent qu'en général, on ne se sert d'intermédiaires que si on est de mauvaise foi.
- f Si un responsable français négocie avec un médiateur, il fera des efforts pour adopter la perspective de ses collègues.

11 Selon le dernier paragraphe de cette partie, quelle est la cause de la création et de la propagation des stéréotypes ?

12 Si on ne comprend pas d'où vient le manque d'harmonie dans une communication dégradée, quel est le résultat ?

13 À quoi est comparée l'harmonisation des relations interculturelles ?

Pour aller plus loin

- Dans les textes de lecture aux pages 82 et 84, quelle est la perspective culturelle de chaque auteur (c'est-à-dire le « filtre » de leurs perceptions et de leur compréhension, d'après Dominique Blu) ? Une perspective « occidentale » /« orientale » /« française » / « francophone», ou autre ? Quelles sont les indications qui permettent de déceler cette perspective ?
- Pour vous, y a-t-il des différences importantes entre la représentation stéréotypée peu sérieuse qui divertit et fait rire, et celle qui offense le sujet ? Si oui, quelles sont ces distinctions ? Si non, comment peut-on éviter les malentendus et le risque de blesser les autres ?
- Consultez les images, histoires en BD et analyses de sondages que vous trouverez sur le site www.egalite.cfwb.be, d'où provient le premier texte de la page 82. Trouvez-vous efficace cette façon de faire passer le message ? Soyez prêt(e) à justifier votre opinion.
- Les conclusions de l'analyse de la publicité pour les réfrigérateurs Bosch, à la page 82, sont-elles exagérées d'après vous ? Pensez-vous que ce recours aux stéréotypes rende cette publicité efficace chez ceux qui la voient et lisent son slogan ? Ce genre de publicité serait-il efficace dans n'importe quelle culture ?
- Trouvez d'autres exemples de publicités qui ont aussi recours aux stéréotypes. Choisissez la meilleure et essayez de démontrer son efficacité à vos camarades de classe.
- D'après votre propre expérience, quels conseils donneriez-vous aux hommes d'affaires français décrits dans le texte (page 84) pour réduire l'ampleur des problèmes qu'ils ont rencontrés au Vietnam ? Quels exemples pourraient étayer vos arguments sur le comportement approprié à adopter dans de telles situations ?
- À votre avis, quand on exprime ses attitudes envers l'autre par des images stéréotypées, s'agit-il d'ignorance ou plutôt de préjugés ? Y a-t-il toujours une part d'humour ou d'ironie dans ces images ?
- Peut-il y avoir des stéréotypes positifs ? Expliquez votre point de vue.

Théorie de la connaissance

- Pourquoi les stéréotypes apparaissent-ils ? Est-ce parce que les nations se détestent, ou peut-il y avoir d'autres raisons ? Donnez des exemples.
- Les stéréotypes nationaux gênent-ils inévitablement la communication diplomatique ? Justifiez votre réponse en donnant des exemples :
  - a de stéréotypes amusants et qui peuvent même aider l'entente internationale ;
  - b de stéréotypes malveillants qui peuvent gêner et qui ont gêné les relations diplomatiques.
- Le profil de l'apprenant du Baccalauréat International encourage les élèves à devenir « citoyens du monde ». Ceci signifie-t-il que les élèves qui ont réussi leur IB n'ont aucune vision stéréotypée des étrangers ? Expliquez votre point de vue.

Activités orales

1 Débat sur les stéréotypes

A	B
« Brosser le portrait de quelqu'un d'autre en se servant de stéréotypes est une façon de l'insulter et de le blesser, tout en se moquant de lui. »	« Les images stéréotypées sont amusantes : ce ne sont pas des expressions d'ignorances ou de préjugés, mais des caricatures qui exagèrent des traits que tous peuvent voir. Il ne faut pas les prendre trop au sérieux. »

a Organisez un débat. Divisez votre classe en deux groupes selon les points de vue, A ou B. D'abord, chaque groupe nomme un représentant qui expose le point de vue du groupe. Vous pouvez établir des limites de durée pour chaque exposé, pourvu qu'elles soient de même longueur pour les deux groupes. Ensuite, le débat a lieu sous l'égide d'un modérateur indépendant. Ce modérateur ne prend pas position, mais mène la discussion de façon à faciliter l'expression des différents points de vue, dans la courtoisie et le respect des règles d'un débat démocratique.

b À la fin des exposés et de la discussion éventuelle, votez pour l'équipe qui aura trouvé les meilleurs arguments, ou les aura mieux présentés.

Êtes-vous contre les jouets sexistes ?

1. Que voyez-vous sur l'image de cette affiche ?
2. Dans quelle mesure peut-on considérer ses composantes individuelles comme parties intégrantes de stéréotypes sexistes importants ?
3. Des jouets non sexistes pour garçons ou pour filles, sont-ils concevables ? En connaissez-vous quelques-uns ? Présentez votre point de vue en l'étayant par des exemples concrets autant que possible.
4. Dans quelle mesure les jouets influencent-ils les perspectives de l'enfant ? Certains jouets devraient-ils être interdits ? Y a-t-il des jouets qui devraient être strictement contrôlés pour éviter la propagation de stéréotypes désagréables, ou même dangereux ?

CONTRE
LES JOUETS
SEXISTES
COLLECTIF
ÉDITIONS L'ÉCHAPPÉE

Production écrite

1 Vous êtes éditeur du journal de votre école et vous venez de lire le brouillon d'un article humoristique intéressant qu'on vous a soumis sur *Le Français typique*. Cet article est illustré par cette image et on vous demande votre avis – est-ce une illustration appropriée ou pas ?

Rédigez la réponse que vous enverrez à votre « journaliste » pour lui donner vos impressions. Expliquez-lui comment il/elle pourrait améliorer son article tout en limitant le risque d'offenser les lecteurs.

a Vous êtes libre de réagir comme vous voulez, mais essayez de rester diplomate, en utilisant vos compétences interculturelles pour exprimer votre jugement et vos recommandations.
b Vous rédigerez le texte sous forme de lettre ou courriel, sans oublier les salutations appropriées au début et à la fin. Vous n'oublierez pas la date et le lieu d'où vous écrivez.
c Le registre sera le tutoiement amical, mais le ton devra être diplomatique, étant donné l'aspect délicat du sujet. Utilisez par exemple des phrases au conditionnel :
– *Si moi, je voyais une image similaire du… [votre nationalité/culture] typique, je réagirais ainsi…*
– *À ta place, moi, j'aurais…*
– *Prendre les stéréotypes à la légère voudrait dire que tu…*
et ainsi de suite.

2 Rédigez un compte-rendu de voyage d'extra-terrestres qui soit instructif et divertissant pour les enfants, et dont l'introduction ou la conclusion pourrait être, par exemple :

« Nous avons été très étonnés par la façon dont les Terriens (c'est ainsi qu'on appelle les habitants de la planète Terre) étiquettent d'autres individus de leur propre espèce, pour se différencier d'eux. Ils se réunissent en groupes dans lesquels ils se croient tous semblables… ».

a Votre texte doit être vivant et amusant pour éveiller et retenir l'intérêt de vos jeunes lecteurs. En tant qu'extra-terrestre, vous ne décrirez que ce que vous avez observé et remarqué personnellement.
b Il s'agit d'un texte d'imagination, rédigé sous forme de rapport qui doit convaincre par sa vraisemblance. Il comportera le récit de ce qui s'est passé au cours du voyage et des exemples concrets du comportement des Terriens, avec des commentaires sur votre étonnement destinés à amuser vos jeunes lecteurs.
c Vous écrirez votre texte à la première personne du pluriel (*nous*), mais vous viserez à rester objectif. Vous vous servirez de termes variés pour assurer la cohérence des différents éléments du texte : les événements importants du voyage, les Terriens rencontrés dont vous avez observé le comportement, vos analyses, commentaires et conclusions. Vous pouvez dire par exemple :
– *Au début du voyage…*
– *Une fois arrivé chez…*
– *Là, nous avons rencontré…*
– *Nous avons vu de nos propres yeux / entendu de nos propres oreilles…*
– *Par conséquent,…*
– *En revanche,…*

3 **Niveau supérieur** Expliquez votre point de vue et démontrez votre compétence interculturelle en étudiant les similitudes et les différences à ce sujet entre votre culture et celle(s) que vous étudiez.

Rêve ou réalité ?

L'égalité des chances brise le mur des stéréotypes qui emprisonne les hommes et les femmes dans leurs rôles traditionnels.

Vous considérerez entre autres :

- le rôle traditionnel des hommes et des femmes dans ces cultures ;
- comment les attitudes stéréotypées empêchent de réaliser ce rêve d'égalité ;
- comment l'égalité des chances peut se traduire en pratique dans la vie de tous les jours ;
- le bilan : s'agit-il toujours de rêves impossibles à réaliser, ou d'une réalité vécue au quotidien ?

5 Le français dans le monde

Objectifs

- Découvrir la situation du français dans des pays bilingues ou multilingues de la Francophonie.
- Évaluer le niveau de ses propres compétences linguistiques, des rudiments à la maîtrise de la langue.
- Réfléchir à l'importance de développer des compétences dans plusieurs langues.
- Mieux apprécier le rôle d'une langue « internationale », qui véhicule des communications interculturelles.

Remue-méninges

- Voici une carte qui donne un aperçu de la situation du français dans le monde, situation qui varie selon les pays concernés. Qu'est-ce qui explique cette propagation de la langue française hors de France métropolitaine ? Pouvez-vous expliquer pourquoi les pays en couleur sur la carte sont francophones ?
- Pouvez-vous vous débrouiller dans des langues différentes ? Quel est le niveau de vos compétences en compréhension, soit à l'écoute, soit en lecture, dans les langues que vous avez apprises ? Comment expliquez-vous les différences de niveaux de vos compétences orales et écrites ?

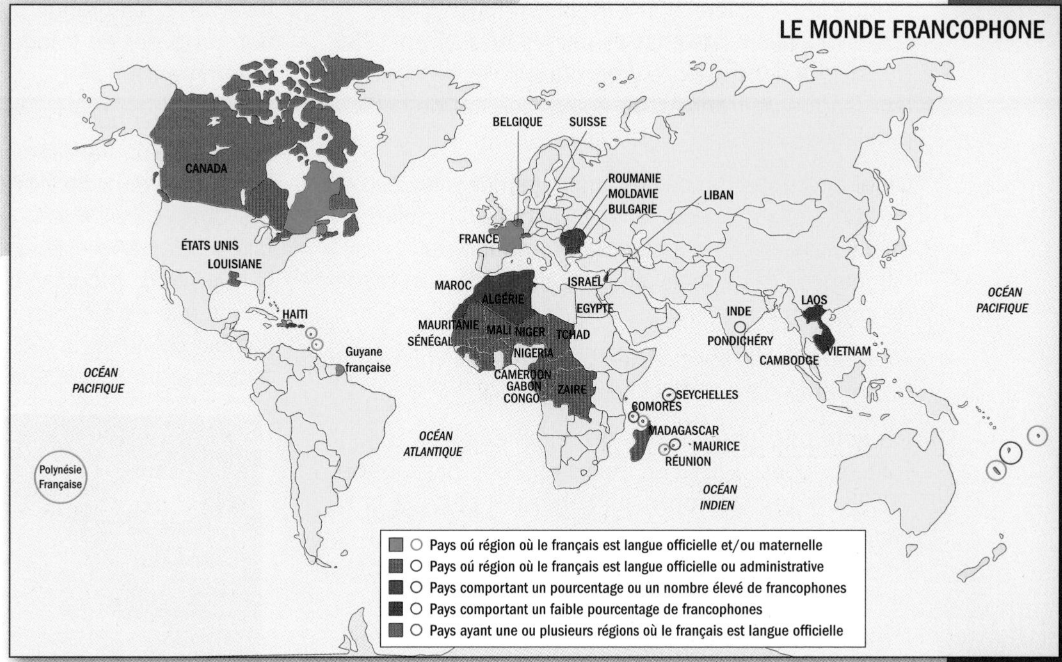

- Dans quelles situations communiquez-vous en chacune de vos langues ? Qu'est-ce qui influence vos choix ? Seriez-vous disposé(e) à faire de gros efforts pour devenir bilingue ou multilingue ? Quelles sont vos raisons ?
- Quels sont les avantages et les inconvénients d'être bilingue ou multilingue, selon vous ?
- Voici une liste alphabétique des six langues officielles utilisées par les Nations Unies :

l'anglais	l'espagnol
l'arabe	le français
le chinois (mandarin)	le russe

- Par quels critères devrait-on juger leur importance ? Classez-les par ordre d'importance selon vos propres critères. Ajoutez à votre liste d'autres langues qui, d'après vous, devraient aussi y figurer.

Le français au Nouveau-Brunswick

La province officiellement bilingue du Canada, l'est-elle réellement ?

Le Nouveau-Brunswick est une province du Canada officiellement bilingue depuis l'année 1969, (...2a...) presque quarante ans. (...2b...), c'est depuis les années 60 que les Acadiens du Nouveau-Brunswick, qui (...2c...) avaient été chassés par les Anglais en 1755, (...2d...) à demander le droit d'avoir des services dans leur langue, le français, au gouvernement de cette province.

La loi de 1969 connut des aménagements en 2002. Et en 2003 un Commissariat aux Langues Officielles a été créé, (...2e...) d'assurer la promotion du bilinguisme et de recevoir les plaintes de non-respect de cette loi.

Trente-neuf ans après celle-ci, qu'en est-il vraiment du bilinguisme dans le Nouveau-Brunswick ?

On note une légère baisse du nombre de francophones, 1,6 % en moins en 2006 par rapport à 2001. Les francophones qui habitaient plutôt à la campagne sont attirés par la ville. Un milieu où l'assimilation à la langue majoritaire (l'anglais) se ferait plus facilement. La présidente de la société des Acadiennes et des Acadiens du Nouveau-Brunswick, Marie-Pierre Simard, indique qu'« il semble y avoir une plus grande acceptation de la communauté francophone par les anglophones. On est moins traités comme des citoyens de seconde zone ». Elle reste cependant préoccupée par le risque de plus en plus grand d'assimilation.

« Un combat de tous les jours » ?

D'autre part, la porte-parole du Commissaire aux Langues Officielles, Giselle Goguen, affirme avoir reçu en 2006 quelque 119 plaintes dont 77 ont été jugées recevables. La grande majorité concernait des services non proposés en français (dans le secteur de la santé notamment).

Sans compter que la culture francophone (qu'elle soit québécoise ou française) n'est que très peu distribuée. Un bilinguisme donc plutôt relatif qui fait écho aux craintes des Québécois. Il « reste encore beaucoup de travail à faire » selon Michel Doucet, professeur de droit à l'université de Moncton et spécialiste en la matière. Il estime que « c'est un combat de tous les jours, un combat politique car c'est un choix politique de s'affirmer tous les jours en tant que francophone ».

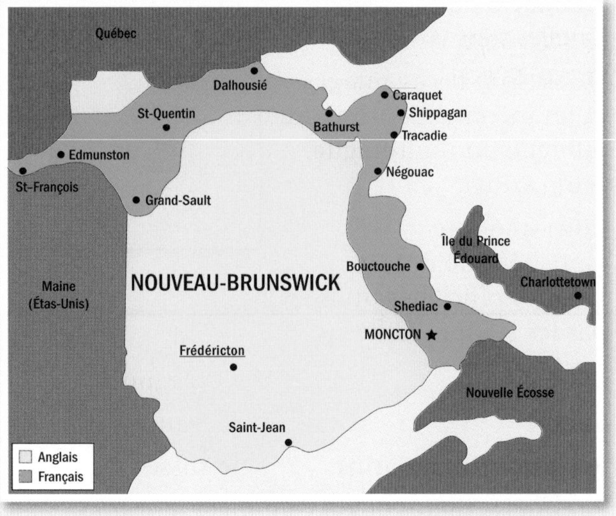

Mario, *ActuaLitté*, 21.3.2008

1 Quel est le but de cet article ? Une des options données ci-dessous est exacte ? Laquelle ?

A Explorer la situation de la langue française au Canada.
B Plaider pour un bilinguisme officiel, anglais-français, dans les provinces canadiennes.
C Résumer le développement du bilinguisme acadien.
D Examiner la situation du bilinguisme au Nouveau-Brunswick.
E Faire un commentaire sur les attitudes des anglophones du Nouveau-Brunswick.

2 **a–e** Ajoutez les mots qui manquent dans les deux premiers paragraphes de ce texte, en les choisissant dans la liste proposée ci-dessous. Attention : il y a plus de mots ou expressions que d'espaces et chaque mot ou expression ne peut être utilisé(e) qu'une seule fois.

AFIN	ALORS	COMMENÇAIT	COMMENCÈRENT
COMMENCERONT	DANS LE BUT	DONC	DU FAIT
EN	EN EFFET	LÀ	PENDANT
POUR	SOIT		

3 Comment s'appellent les francophones du Nouveau-Brunswick ?

4 Quel mot du deuxième paragraphe signifie « modifications » ?

5 Une « plainte pour non-respect de la loi » retenue par le Commissariat aux Langues Officielles peut signifier :

A que personne ne s'adresse au Commissariat aux Langues Officielles.
B que les gens ne respectent pas le bilinguisme du Nouveau-Brunswick.
C qu'un service du gouvernement provincial n'est dispensé qu'en une seule langue.
D que la loi de 1969 n'a jamais été appliquée.
E qu'aucune loi sur le bilinguisme au Canada ne peut être changée.

Langue

Pour vous aider à bien choisir une réponse logique, révisez la syntaxe et la signification des expressions négatives avec *ne*.

6 Dans l'extrait « **Trente-neuf ans après celle-ci…** », à quoi se réfère « celle-ci » ?

7 Dans la même phrase, la question « qu'en est-il… ? » signifie :

A combien de gens s'intéressent… ?
B quelle est la situation… ?
C de quand datent les problèmes… ?
D quelles langues sont impliquées… ?
E pourquoi y a-t-il toujours un problème… ?

En vous basant sur le troisième paragraphe, reliez le début de la phrase de la colonne de gauche à la fin appropriée qui se trouve dans la colonne de droite. Attention : il y a plus de fins que de débuts et chaque fin ne peut être utilisée qu'une seule fois.

8 Les Acadiens ont tendance…
9 En ville au Nouveau-Brunswick,…
10 Les anglophones du Nouveau-Brunswick sembleraient…
11 La société des Acadiennes et des Acadiens du Nouveau-Brunswick…

A les anglophones sont minoritaires.
B accorder plus de respect à la langue française.
C se consacre à la promotion de l'éducation bilingue.
D à ne pas avoir beaucoup d'enfants.
E pense que le français au Nouveau-Brunswick pourrait finir par disparaître.
F la communication se fait généralement en anglais.
G de dévaloriser le bilinguisme.
H à parler de plus en plus anglais.

En vous basant sur les deux derniers paragraphes, reliez chacun des mots ou expressions du texte figurant dans la colonne de gauche avec son équivalent qui se trouve dans la colonne de droite.

12 porte-parole
13 recevables
14 distribuée
15 plutôt
16 fait écho
17 craintes
18 estime
19 s'affirmer
20 en tant que

A représentante
B répandue
C peurs
D se déclarer
E comme
F pertinentes
G assez
H pense
I reproduit

Langue

Considérez attentivement la forme et la fonction des mots et des phrases données.

Soyez sûrs de trouver un équivalent qui marche ait également par substitution.

Belgique :

LE BILINGUISME À L'ÉPREUVE ?

PAR
ISABELLE TOURNÉ

Les exigences des recruteurs belges en matière linguistique ne cessent d'augmenter. Premiers pénalisés, les francophones, réputés moins bons en langues, font souvent les frais de cette politique. Mais le bilinguisme a aussi un coût pour les entreprises.

« Si un Belge qui ne parle pas le flamand part chercher du travail en Flandre, il n'en trouvera pas. » L'affirmation peut surprendre, mais Sonia Gauthy sait de quoi elle parle. Cette Française, il y a peu chargée de recrutement au sein de la société d'intérim Creyf's à Liège (Wallonie), a fait elle-même l'amère expérience de sa méconnaissance du néerlandais : « Confrontée à la barrière linguistique, j'ai préféré renoncer et retourner en France. » Comme elle, les travailleurs belges se voient chaque jour soumis à l'exigence d'une maîtrise parfaite des deux principales langues officielles du pays. Car les recruteurs ne s'en cachent pas : à qualification égale, ils préfèrent une personne bilingue à une autre qui ne l'est pas. Seulement, cela fait longtemps qu'un double déséquilibre est apparu en Belgique. D'une part, depuis le déclin des industries traditionnelles en Wallonie dans la seconde moitié du XXe siècle, la Flandre est devenue la principale région pourvoyeuse d'emplois. D'autre part, l'image du francophone « nul en langues » et du néerlandophone polyglotte reste bel et bien vivace aux yeux des employeurs. En outre, « en période de raréfaction d'offres d'emplois comme c'est le cas actuellement en Belgique, les exigences linguistiques des employeurs augmentent, souligne Paul Clerbaux, analyste à l'Observatoire du marché du travail (Orbem). Pour certaines fonctions, on utilise même le bilinguisme comme une forme cachée de discrimination à l'embauche. »

Pour un non-bilingue, les difficultés commencent dès la recherche d'emploi. Selon la région concernée, les offres sont en effet exclusivement rédigées en français ou en néerlandais. Autant dire que cela peut réduire le choix de moitié. Ensuite, au sein des entreprises, les obstacles demeurent. Ainsi William Omari, seul francophone embauché dans une unité de BP[1] située en Flandre, se dit chaque jour confronté à des problèmes liés à ses lacunes linguistiques. « J'ai beau apprendre le flamand, mes collègues utilisent suffisamment de mots appartenant au dialecte local pour que je me sente très souvent paumé », regrette-il, apparemment déçu.

Des tests systématiques

Pour s'assurer l'embauche d'une personne parfaitement bilingue, la plupart des grosses entreprises belges ne se fient pas qu'aux CV et organisent des épreuves de langue. « Avant de me recruter, on m'a demandé l'adaptation d'un texte néerlandais en français », se souvient par exemple Michel Gillet, aujourd'hui responsable de l'équipe marketing chez Consœur, un groupement d'associations de consommateurs. Partout, le minimum requis semble être une compréhension passive de la deuxième langue du pays. « Dans une réunion, chaque intervenant parle dans sa langue maternelle, mais tous doivent être en mesure de le comprendre », relève ainsi Paul Vekemans, responsable du recrutement chez Carrefour Belgique[2]. [...]

Des obligations coûteuses

Bien qu'impossible à chiffrer, cette exigence linguistique a un coût. Ainsi, les grosses sociétés proposent régulièrement à leurs salariés des formations en langues, qu'elles prennent le plus souvent à leur charge. « On offre des cours de groupe en soirée ou le samedi. En échange, le collaborateur s'engage à assurer 80 % de présence », note Christelle Maistriau, responsable du recrutement chez ING[3]. Mais, bien souvent, le salarié doit se payer lui-même des cours, seul moyen pour lui d'augmenter son « employabilité ».

Mais le problème pourrait être en train de se résoudre dans les entreprises belges ouvertes à l'international. « On envoie 70 à 80 % de nos e-mails en anglais, donc la meme note à tout le monde », confie Marc Vanaelst, responsable Relations Humaines au siège social d'UCB[4]. Une uniformisation égalisatrice ? Pas si sûr pour ce qui est du recrutement. Ainsi Dominique Dewitte, néerlandophone et responsable d'une entreprise de diffusion d'information par Internet, « très liée au monde des affaires », affirme dans un français parfait : « Les personnes qui embauchent en Flandre vont à présent viser des trilingues ou des quadrilingues, et non plus seulement des bilingues ». Une conviction partagée par Martial Tardy : « Parler plusieurs langues sera de plus en plus une garantie anti-chômage ».

Seule éclaircie pour les francophones, traditionnellement « moins bilingues » : une tendance à un rééquilibrage en matière linguistique, un « rattrapage » réalisé depuis quelques années, parce qu'ils ont compris la nécessité de maîtriser le flamand, selon Paul Vekemans. D'ailleurs, aux dires de Jacqueline Lans, ex-consultante en recrutement, à force de « switcher » d'une langue à l'autre, certains cadres finiraient presque par y perdre... leur français !

Les Echos (Belgique), 17.2.2004

[1] BP : British Petroleum, société pétrolière internationale d'origine britannique.
[2] Carrefour : société qui gère des hypermarchés partout dans le monde.
[3] ING : banque internationale d'origine néérlandaise
[4] Union chimique belge, société internationale de produits pharmaceutiques et chimiques.

1 Les affirmations suivantes sont, selon l'introduction de cet article, soit vraies, soit fausses. Justifiez votre réponse par les mots du texte.

- a Les offres d'emploi en Belgique demandent toujours plus de connaissances en langues.
- b Les Belges qui parlent français ont des avantages dans le marché de travail.
- c Les recruteurs belges pensent d'habitude que les francophones maîtrisent mal les langues étrangères.
- d Les francophones belges se trouvent souvent désavantagés, face aux critères d'embauche en Belgique.
- e Une politique bilingue impose des frais aux sociétés belges.

En vous basant sur le deuxième paragraphe, reliez le début de la phrase de la colonne de gauche à la fin appropriée qui se trouve dans la colonne de droite. Attention : il y a plus de fins que de débuts et chaque fin ne peut être utilisée qu'une seule fois.

2 Pour travailler en Flandre, un Belge doit…

3 En Belgique, le bilinguisme franco-néerlandais…

4 La plupart des emplois…

5 L'image stéréotypée du travailleur wallon francophone est…

6 Les contraintes de l'économie belge…

- A est un atout sur le marché de travail.
- B qu'il ne parle que le français.
- C bien manier le néerlandais.
- D sont destinés aux multilingues.
- E renforcent la valeur du bilinguisme.
- F être bilingue.
- G est une obligation pour tous.
- H qu'il est supérieur au travailleur flamand néerlandophone.
- I se trouvent en Flandre.
- J font diminuer les préjugés à l'encontre des monolingues.

Technique de travail

N'oubliez pas que dans ce genre d'exercice il faut que les verbes s'accordent avec leur sujet.

7 Quels mots ou expressions du troisième paragraphe signifient… ?

- a à partir de
- b écrites
- c il va de soi
- d 50 %
- e dans les sociétés
- f restent
- g voici pourquoi
- h manque de compétence
- i bien que j'essaie de
- j perdu

8 D'après la partie « **Des tests systématiques** », par quels moyens les employeurs les plus importants de Belgique contrôlent-ils les compétences linguistiques des demandeurs d'emploi ?

9 Quand on travaille en Belgique, pourquoi la compréhension du français **et** du néerlandais est-elle essentielle ?

10 D'après le cinquième paragraphe (lignes 62 à 71), trois des phrases ci-dessous sont fausses. Lesquelles ?

- A En Belgique, les cours de langues pour employés sont souvent gratuits.
- B Les grandes entreprises belges exigent que leur personnel apprennent les langues nationales.
- C Les cours offerts par les grandes entreprises belges sont inclus dans la journée de travail.
- D Celui ou celle qui bénéficie d'une formation linguistique aux frais de son entreprise en Belgique ne doit jamais s'absenter de ses cours.
- E Beaucoup d'employés belges paient les cours de langue de leur poche.
- F Pour améliorer ses chances sur le marché du travail belge, il faut avoir de bonnes compétences linguistiques dans au moins deux langues.

11 D'apres les déclarations (lignes 72 à 86) pourquoi pour les sociétés belges, l'anglais, se poserait-il comme solution aux problèmes de communication internationale ?

12 En ce qui concerne les compétences linguistiques recherchées en Flandre, qui voudrait-on embaucher en priorité ?

13 Selon les affirmations du dernier paragraphe, quel serait le handicap des francophones sur le marché de travail belge ?

14 Comment essaient-ils de résoudre ce problème ?

15 Et à quel prix, d'après Jacqueline Lans ?

16 Dans cet article sur la situation linguistique en Belgique et le monde du travail, on annonce plusieurs sujets de discussion. Indiquez dans la liste donnée ci-dessous, celui auquel on ne fait aucune référence.

- A Les critères d'emploi valorisent de plus en plus le bilinguisme.
- B Les francophones belges sont de moins en moins concurrentiels sur le marché de l'emploi.
- C Une politique de bilinguisme au travail revient plus cher pour les employeurs.
- D Pour trouver un bon poste, on a tout intérêt à être multilingue.

Pour aller plus loin

- La constitution de la République française établit le français comme seule langue officielle.

L'Algérie, dont on dit souvent qu'elle est le deuxième pays francophone du monde par nombre de locuteurs, n'a que l'arabe comme langue officielle, bien que beaucoup d'Algériens se servent du berbère (comme le démontre l'image ci-dessus).

L'Andorre, la Belgique, le Canada, la Suisse sont des États officiellement multilingues (avec le français comme langue officielle).

D'autres États, tels que l'Italie, ont des régions officiellement bilingues où le français est reconnu comme langue officielle (région du Val d'Aoste).

En fait, le statut linguistique de beaucoup d'États est sujet à controverse, en partie sociales, économiques ou politiques.

Quel serait l'idéal selon vous ? Un état uni par une seule langue commune ? La reconnaissance officielle du multilinguisme des citoyens, que ce soit au niveau de l'état, des régions, des communautés linguistiques, des groupes minoritaires ou autres ?

Expliquez votre point de vue dans ces controverses. Comment le défendez-vous contre ceux qui s'y opposent ?

- Peut-on devenir bilingue ou multilingue, selon vous ?

Si oui, jusqu'à quel niveau de compétence voudriez-vous développer votre maîtrise du français, en compréhension, à l'oral et à l'écrit? Pourquoi feriez-vous ce choix ?

Si non, donnez vos raisons. Quelles sont alors les implications pour le contenu des cours de langue que vous suivez ?

- Quelles difficultés rencontrent les francophones des pays officiellement multilingues, que ce soit sur l'ensemble du territoire de leur pays ou dans les régions, par exemple en Andorre, en Belgique, au Cameroun, au Canada, en Haïti, dans les îles anglo-normandes (Guernesey et Jersey), en Italie (région du Val d'Aoste), au Liban, au Luxembourg ou en Suisse ?

Faites des recherches sur la situation linguistique de ces pays et régions, ou de cas similaires. Quelles caractéristiques communes identifiez-vous ? Quel pourrait être l'avenir du français dans ces pays et régions ?

- En France, à part le français, quelles autres langues parle-t-on ? Quel est le statut de ces langues? Quel est leur avenir, à votre avis ? En est-il de même des langues non reconnues comme officielles dans d'autres pays francophones ?

- Quel est le statut du français dans les anciennes colonies belges et françaises ?

Comparez la situation dans des pays et régions tels que l'Algérie, le Cambodge, le Congo, la Côte d'Ivoire, Madagascar, l'ile Maurice, la Nouvelle Angleterre (États-Unis) ou la Nouvelle Écosse (Canada), le Vietnam, ou autres pays de votre choix. La situation est-elle similaire partout ?

Dans les pays où le français est la langue officielle, devrait-on enseigner aussi les langues vernaculaires? Pourquoi ou pourquoi pas ?

En 2003, le gouvernement du Rwanda a fait de l'anglais une langue officielle, à côté du kinyarwanda et du français qui l'étaient déjà. En 2008, l'anglais est devenu seule langue d'enseignement public à la place du français. Quels sont à votre avis les avantages et les inconvénients d'une telle décision pour les Rwandais ?

- Quel est l'avenir du français dans le monde ?

Activités orales

1 Un nouvel élève francophone, de culture très différente de la vôtre, vient tout juste d'arriver et de s'inscrire dans les mêmes cours que vous. Imaginez que vous êtes déjà bons camarades. Le/La nouveau/nouvelle venu(e) a peur d'être victime de discrimination, du fait qu'il est nouveau et qu'il n'est pas très à l'aise dans les langues autres que le français. Il/Elle vous explique ses craintes.

a Avec un partenaire, dont un prendra le rôle de l'« ancien(ne) » et l'autre du nouveau/de la nouvelle, mettez en scène un dialogue sur la culture de l'école, avec questions et réponses, afin d'apaiser les craintes de votre camarade et de l'assurer qu'il/elle peut s'intégrer sans problèmes.

b Présentez cette mise en scène à vos camarades de classe. Dans la discussion qui suivra, répondez à leurs questions éventuelles sur la façon dont vous avez représenté la vie scolaire.

2 Lisez ce texte.

Littérature et bilinguisme : l'exemple de Samuel Beckett

Quatre-vingt trois ans de mots... toute une vie... toute une vie faite de mots : « Des mots, des mots, la mienne ne fut jamais que cela, pêle-mêle le Babel des silences et des mots, la mienne de vie, que je dis finie, ou à venir, ou toujours en cours, selon les mots, selon les heures, pourvu que ça dure encore, de cette étrange façon. » Voilà ce qui résume la vie de Samuel Beckett, voilà ce qui fait sa biographie : les mots. Près d'un demi-siècle de mots, depuis les premiers en 1929... en anglais comme en français. Samuel Beckett, irlandais, après quelques séjours en France a choisi d'écrire en français. Bien que n'étant pas le premier à faire ce choix, on se souviendra par exemple d'Eugène Ionesco, autre dramaturge dit du « théâtre de l'absurde », Samuel Beckett est le seul à avoir autant exploité les richesses de ses deux langues et à les avoir croisées. On s'interrogera donc sur les manifestations du bilinguisme dans ses œuvres romanesques et théâtrales.
Samuel Beckett est considéré comme le plus français des écrivains irlandais car son œuvre appartient autant au patrimoine littéraire irlandais que français.

oboulo.com

a Choisissez un texte ou un court extrait d'un texte de littérature que vous appréciez particulièrement, dans n'importe quelle langue. Par une recherche personnelle, trouvez (ou créez vous-même) une version française de ce texte (ou vice versa, si votre texte de départ est en français ; vous pourriez vous inspirer d'un texte de Beckett, par exemple).

b Présentez les deux versions du même texte oralement, en récitation ou en lecture à haute voix, à vos camarades de classe en cours de français. Expliquez pourquoi vous préférez une version à l'autre, ou pourquoi elles auraient valeur égale, si c'est le cas. Après votre présentation, répondez aux questions éventuelles de la classe.

Les francophones de la Louisiane américaine sont-ils en train de disparaître ?

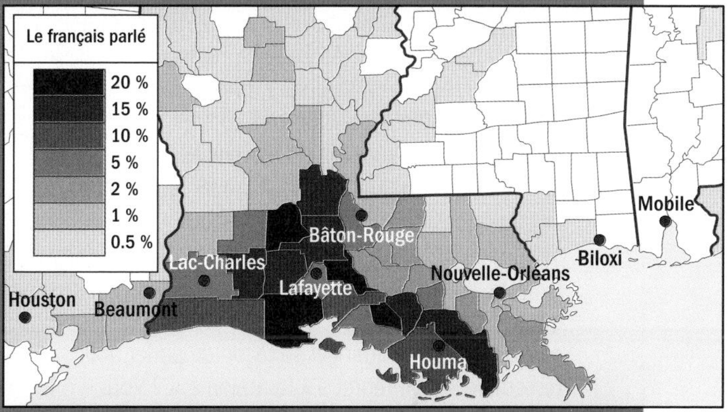

1 Que comprenez-vous par ce tableau (statistiques de 2000) et cette carte de la Louisiane, état bilingue des États-Unis ?

2 Dans quelle mesure la langue française devrait-elle être « protégée » par la loi en Louisiane ?

3 Qui devrait s'occuper de la survie de la langue française en Louisiane: les francophones de Louisiane eux-mêmes ; l'État de Louisiane ; le gouvernement fédéral des États-Unis ; l'Organisation de la Francophonie ; la France elle-même ? Qui d'autre ? Justifiez votre point de vue.

4 Est-il important de garder ses traditions linguistiques pour bien définir une identité culturelle ?

5 Acceptez-vous volontiers de communiquer dans une langue que vous maîtrisez peut-être mal, pour ne pas imposer votre langue de communication préférée aux autres, si eux la maîtrisent mal à leur tour ? Expliquez votre point de vue à vis-à-vis de tels dilemmes linguistiques et sociaux.

Production écrite

1 Un(e) élève de votre connaissance se trouve régulièrement et cruellement taquiné(e) à l'école, à cause de sa façon de parler. Vous vous insurgez contre ceux qui l'ennuient ainsi. Rédigez un éditorial pour le journal de votre école dans lequel vous soutiendrez que toute discrimination linguistique est inacceptable et essaierez de convaincre vos lecteurs de ne jamais juger les gens par leur accent, leur dialecte ou leur langue maternelle.

a Dans votre éditorial, il y aura des protestations contre des comportements discriminatoires, conscients ou inconscients, qui pourraient blesser les autres, avec expressions à l'impératif pour exhorter vos lecteurs au respect des différences linguistiques et culturelles.
b Il y aura de gros titres et sections sous-titrées et une mise en page appropriée. Le texte ne sera pas anonyme. Les différents paragraphes pourraient être résumés par une expression clef, comme sous-titre.
c Les arguments seront étayés par des exemples connus de tous, dans un but de convaincre les lecteurs de l'injustice des attitudes et des pratiques discriminatoires. Y a-t-il certains accents, dialectes et langues acceptables ou même à la mode, et d'autres qui ne le seraient pas ? Devrait-on essayer consciemment de changer sa façon de parler pour ressembler et s'intégrer à « la majorité » ? Vous proposerez des moyens de résoudre ces problèmes.

2 Vous venez de voir pour la première fois un film sur DVD que vous souhaitiez regarder depuis longtemps. Malheureusement, vous avez trouvé que la version a été très mal doublée en français ! Vous auriez préféré une version originale, sous-titrée, ou au moins télétextée en français. Écrivez une lettre de protestation à la société responsable de la distribution, en vous plaignant de la mauvaise qualité de ce DVD.

a L'expression sera avant tout claire et précise, pour bien exposer la nature du problème et de votre plainte. Vous exprimerez votre déception ou votre indignation vis-à-vis de la qualité du produit que vous venez d'acheter.
b Vous adresserez votre lettre au responsable de la société concernée, dans un style approprié à la correspondance commerciale, convenablement présentée, avec coordonnées postales, lieu de rédaction et date, formules de politesse, résumé de l'objet, et signature à la fin. Gardez un ton sobre plutôt qu'accusateur, pour que votre correspondant lise la lettre et la prenne en considération. La force de conviction de votre lettre sera fondée sur des exemples concrets, décrits en quelques détails.
c L'idée maîtresse, c'est que la mauvaise qualité du doublage a déformé une œuvre d'art cinématographique. Vous soutiendrez qu'il vaut mieux sous-titrer les versions originales, ou bien les faire doubler par de bons professionnels. Vous donnerez des exemples de malentendus, de ridicule ou autres effets indésirables dont est responsable le mauvais doublage.

3 **Niveau supérieur** Lisez cet article, puis expliquez votre point de vue et démontrez votre compétence interculturelle en étudiant les similitudes et les différences à ce sujet entre votre culture et celle(s) que vous étudiez.

Le français parlé en Algérie

La Francophonie est l'ensemble des pays qui utilisent le français comme langue officielle ou véhiculaire.

Mais savez-vous que l'Algérie est le premier pays francophone du monde où le français vient en deuxième position après l'arabe, langue officielle de cette nation ? Quoique, chez nous, la langue parlée est un mélange d'arabe, de berbère et de français, ce qui nous amène à entendre beaucoup de mots français lorsqu'on parle en famille, avec nos voisins et nos amis.

Mais cette situation n'est qu'un héritage que nous a laissé la colonisation française (qui a duré plus d'un siècle). La plupart des Algériens s'expriment bien en langue française. Personnellement, j'ai grandi dans un entourage qui maîtrise très bien le français. Cela vient en premier lieu de mes parents qui ont fait leurs études dans des écoles françaises et ont continué leurs activités professionnelles en utilisant cette langue, comme la plupart des Algériens.

Par ailleurs, le gouvernement encourage l'enseignement du français dès l'école primaire et on peut aussi l'apprendre dans les Centres Culturels Français où on est vraiment en contact avec la culture française. L'avènement de la parabole en Algérie nous a aussi donné l'avantage d'être tous branchés sur les chaînes télévisées francophones. Cela nous aide à mieux communiquer en français.

Asma Zerari, 16 ans
Institut Français de Rabat

Vous considérerez :

- pourquoi il faudrait apprendre le français dans les cultures auxquelles vous vous référez ;
- des comparaisons entre l'apprentissage du français en Algérie, et ce qui le favorise (ou l'entrave) dans votre propre culture d'origine (ou une autre que vous connaissez bien) ;

Vous préciserez, entre autres :

- la place accordée à l'enseignement des langues étrangères ou minoritaires dans l'éducation nationale ;
- l'importance des traditions familiales et/ou sociales dans les questions linguistiques ;
- les relations entre le français et la/les langue(s) officielle(s) des pays pris en considération ;
- les avantages ou les inconvénients d'une politique de bilinguisme ou de multilinguisme officiels.

6 Le français : dialectes, patois, créoles, jargon, et argot

Objectifs

- Préciser le statut officiel et l'évolution de la langue française.
- Comprendre les distinctions culturelles et sociales entre dialectes, patois, langues créoles, jargons et argot.
- Évaluer la fonction et l'utilité communicatives de ces différentes façons de s'exprimer.
- Apprécier le rôle de la langue dans l'expression de son identité.
- Étudier quelques relations interpersonnelles, définies par le style d'expression linguistique.

Remue-méninges

- Parlez-vous la même langue que vos parents ? Y a-t-il des expressions que vous utilisez et qu'ils n'utilisent pas, et vice versa ? Désapprouvent-ils vos façons de parler quand vous êtes entre amis ? Si c'est le cas, quelles sont leurs raisons ?
- Quels sont les synonymes de ces mots empruntés à d'autres langues qu'on peut entendre en français aujourd'hui ? Réfléchissez aux composants des termes de la colonne de droite, si vous n'êtes pas sûr.

a	week-end	1	logiciel
b	software	2	hors-jeu
c	ciao !	3	petite ville ou village, sans attraits
d	podcast	4	baladodiffusion
e	walkman	5	air du temps
f	zeitgeist	6	télécharger
g	bled	7	fin de semaine
h	look	8	au revoir
i	downloader	9	style
j	offside	10	baladeur

De quelles langues viennent-ils ? Pour quelles raisons, d'après vous, ont-ils été adoptés par les Francophones ?

- Quels mots ou expressions français sont passés dans votre langue ? Pourquoi ont-ils été adoptés, d'après vous ? Quelle impression créent-ils sur l'auditeur ? Y a-t-il des mots ou expressions, originaires de votre langue maternelle, qui ont été adoptés en français ? Si vous en connaissez quelques exemples, comment expliquez-vous leur adoption ?
- Si vous vous servez d'un correcteur d'orthographe pour contrôler les documents que vous composez en français par traitement de textes, quel standard choisissez-vous pour ce contrôle ? Le français antillais, belge, canadien, français, haitien, luxembourgeois, monégasque, réunionnais, sénégalais, suisse, ou autre ?

  Quelles sont les raisons de votre choix ?
- Quel genre de français voulez-vous maîtriser : la langue officielle de la France ; le français universitaire ; le jargon d'un domaine spécialisé (tel que l'informatique, les sciences, les médias, le commerce, la politique internationale) ; le français des jeunes d'aujourd'hui ? D'autres encore ? Quelles sont vos raisons ?
- Voudriez-vous apprendre à vous débrouiller dans un dialecte, un patois ou une langue créole, à base de français ? Si oui, dans quel but ? Si non, pourquoi écarteriez-vous cette option ?

Du François au français

Naissance et évolution du français

Le français est une langue romane. Sa grammaire et la plus grande partie de son vocabulaire sont issues des formes orales et populaires du latin, telles que l'usage les a transformées depuis l'époque de la Gaule romaine. Les Serments de Strasbourg, qui scellent en 842 l'alliance entre Charles le Chauve et Louis le Germanique, rédigés en langue romane et en langue germanique, sont considérés comme le plus ancien document écrit en français.

Au Moyen Âge, la langue française est faite d'une multitude de dialectes qui varient considérablement d'une région à une autre. On distingue principalement les parlers d'oïl (au Nord) et les parlers d'oc (au Sud). Avec l'établissement et l'affermissement de la monarchie capétienne[1], c'est la langue d'oïl qui s'impose progressivement.

Mais on peut dire (...5a...) la France est, comme tous les autres pays d'Europe à cette époque, un pays bilingue : (...5b...), la grande masse de la population parle la langue vulgaire (ou vernaculaire), qui est aussi celle des (...5c...) de la littérature ancienne (la Chanson de Roland, le Roman de la rose...) ; (...5d...), le latin est la (...5e...) de l'Église, des clercs, des savants, de l'enseignement, et c'est aussi l'idiome commun (...5f...) permet la communication entre des peuples aux dialectes (...5g...) bien individualisés.

(...5h...) la progression continue du français, cette coexistence se prolonge jusqu'au XVIIe siècle, et même bien plus tard dans le monde de l'Université et dans (...5i...) de l'Église.

Le français, langue de la nation

L'extension de l'usage du français (et, qui plus est, d'un français qui puisse être compris par tous) est proportionnelle, pour une large part, aux progrès de l'administration et de la justice royales dans le pays. Inversement, l'essor de la langue française et la généralisation de son emploi sont des facteurs déterminants dans la construction de la nation française.

Deux articles de l'ordonnance de Villers-Cotterêts, signée par François Ier en août 1539, donnèrent une assise juridique à ce processus :

Article 110 : Afin qu'il n'y ait cause de douter sur l'intelligence des arrêts de justice, nous voulons et ordonnons qu'ils soient faits et écrits si clairement, qu'il n'y ait, ni puisse avoir, aucune ambiguïté ou incertitude, ni lieu à demander interprétation.

Article 111 : Et pour ce que telles choses sont souvent advenues sur l'intelligence des mots latins contenus dans lesdits arrêts, nous voulons dorénavant que tous arrêts, ensemble toutes autres procédures, soit de nos cours souveraines et autres subalternes et inférieures, soit de registres, enquêtes, contrats, commissions, sentences, testaments, et autres quelconques actes et exploits de justice, soient prononcés, enregistrés et délivrés aux parties, en langage maternel français et non autrement.

Ainsi la vie publique du pays était-elle indissociablement liée à l'emploi scrupuleux (afin de ne laisser « aucune ambiguïté ou incertitude ») du langage maternel français.

Académie française

[1] Les premiers rois de France étaient de la dynastie des Capets.

Naissance et évolution du français

1 Par quel terme les linguistes désignent-ils une langue qui s'est développée à partir du latin ?

2 Au temps des Romains, comment s'appelait le territoire où on parle français aujourd'hui ?

3 Pour les spécialistes des langues, quelle est l'importance du texte des « *Serments de Strasbourg* » ?

4 Quels mots ou expressions dans le deuxième paragraphe signifient :

- a époque où le français n'existait pas comme langue unifiée, mais comme un ensemble de dialectes différents
- b un très grand nombre
- c dialectes oraux
- d consolidation
- e devient la plus importante

5 a–i Ajoutez les mots qui manquent dans ce texte, en les choisissant dans la liste ci-dessous. Attention : il y a plus de mots ou expressions que d'espaces et chaque mot ou expression ne peut être utilisé(e) qu'une seule fois.

QUE	CELUI	DIALECTE	QUI	CHEFS-D'ŒUVRE
AINSI	D'AUTRE PART	D'UNE PART	NÉANMOINS	
LANGUE	CEUX	MALGRÉ	PLUS OU MOINS	DONT

Langue

Tenez compte de la nature et de la fonction des mots et des expressions donnés. Cherchez dans le texte un équivalent de même nature et de même fonction.

6 Des textes comme la *Chanson de Roland* et le *Roman de la Rose* ont été rédigés en quelle langue ?

- A le latin classique
- B le latin vulgaire
- C le français vernaculaire
- D le français littéraire
- E le latin de l'Église

7 Si dans la France médiévale tous parlaient leur dialecte local ou régional, en quelle langue pouvait-on communiquer entre régions ?

8 À partir de quelle époque ce bilinguisme a-t-il commencé à se transformer en monolinguisme français ?

Le français, langue de la nation

En vous basant sur les deux premiers paragraphes de cette partie, reliez le début de la phrase de la colonne de gauche à la fin appropriée qui se trouve dans la colonne de droite. Attention : il y a plus de fins que de débuts et chaque fin ne peut être utilisée qu'une seule fois.

9 Au fur et à mesure que la monarchie étend son autorité sur le territoire français,...

10 La langue qui s'établit comme langue nationale...

11 Le sentiment d'être Français est...

12 François Ier, roi de France, a...

- A insisté pour que le latin reste la langue de la justice.
- B le français se standardise parmi la population.
- C accessible à tout le monde.
- D déterminé par la justice royale.
- E l'administration du pays devient plus juste.
- F est la langue administrative et juridique.
- G défini le statut légal de la langue française.
- H renforcé par l'adoption d'une langue commune.

Attention !

La langue juridique et administrative est souvent difficile à comprendre, à première vue. Normalement, pour bien comprendre, il faut considérer chaque mot attentivement. Pourtant, le plus important est de saisir d'abord le sens général des déclarations de ce genre.

Dans les exercices 13 et 14, concentrez-vous sur ce sens général, et non pas sur la signification exacte de chaque élément du texte des Articles de l'*Ordonnance de Villers-Cotterêts.*

13 L'article 110 de l'*Ordonnance de Villers-Cotterêts* de 1539 correspond à laquelle des affirmations suivantes ?

- A Il y aura toujours des désaccords sur l'interprétation des lois.
- B La langue de la justice doit être claire.
- C François 1er n'acceptait aucune contestation de ses décisions.
- D Les Français ne pouvaient plus demander au roi ce que signifiait une loi.

14 Laquelle des phrases suivantes est fausse, d'après l'article 111 de l'*Ordonnance de Villers-Cotterêts* ?

- A Pour que tous comprennent bien, il faut que les lois ne soient rédigées qu'en français.
- B Il y a beaucoup de confusions, parce que les gens n'ont pas bien maîtrisé le latin.
- C À partir de la date de cette ordonnance royale, tout document légal doit être publié en français.
- D Les contrats peuvent toujours être rédigés en langues ou dialectes autres que la langue nationale.

15 Quelle expression à la fin de ce texte indique que suite à cette ordonnance, les ministres devaient communiquer avec le public en un français toujours clair et précis ?

La Langue Créole

Créole est un mot d'origine espagnole signifiant « élevés ici ».

Le créole est une langue orale apparue au **(...1a...)** XVIIe siècle **(...1b...)** la colonisation de communautés isolées, et presque toujours insulaires, dans **(...1c...)** existait un rapport de force très inégal entre une classe dominante et une classe dominée.

Dans sa quasi-totalité, et quel que soit le lieu de son apparition, le créole est basé sur les mots de la langue de la classe dominante **(...1d...)** se sont ajoutés des emprunts aux langues des différentes ethnies colonisées.

Contrairement à une idée communément répandue, le créole n'est pas une déformation d'une langue, mais une variante régionale de cette langue. Durant près de trois siècles, le développement du créole s'est fait de manière autonome. Cela explique qu'il possède ses propres structures, **(...1e...)** le différencient parfois profondément de sa langue d'origine, le rendant incompréhensible à **(...1f...)** parlent la langue **(...1g...)** il est issu.

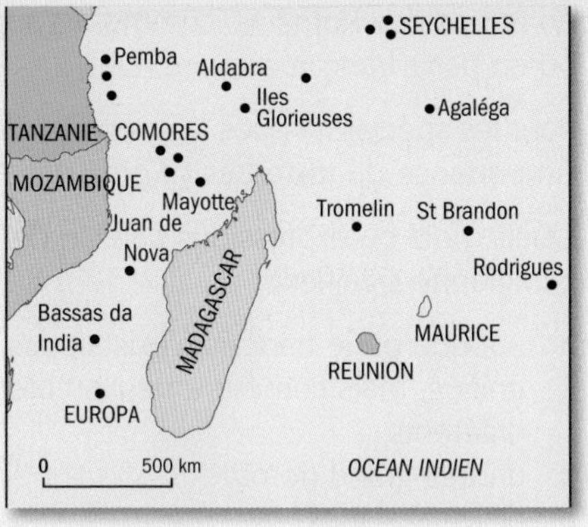

LE CRÉOLE RÉUNIONNAIS

Une adaptation orale régionale de la langue française

Les Français qui s'établirent à la Réunion étaient pour la plupart illettrés et de condition sociale proche de celle des groupes ethniques avec lesquels ils étaient en relation. En l'espace de deux générations leur langage s'est « créolisé », accentuant ainsi l'écart entre la langue des lettrés des classes dirigeantes et celle du reste de la population, maintenue en état de servilité durant toute la période coloniale.

Cet écart explique le peu de considération qui fut accordé pendant longtemps au créole, qualifié de « vulgaire patois » ou de « méchant dialecte » par la culture dominante. Le manque de considération pour ce langage débouchait souvent sur un mépris implicite, s'étendant par glissement à la culture de ceux qui le parlaient.

LE CRÉOLE, UNE LANGUE MATERNELLE

Jadis considéré comme la langue des pauvres et des asservis, et donc banni dans la haute société, le créole a conquis aujourd'hui ses lettres de noblesse, il est enseigné à l'université de Saint-Denis de la Réunion et s'épanouit depuis plusieurs décennies dans la chanson, l'humour, le théâtre et la littérature.

Bien qu'il soit très peu utilisé dans les relations de travail et pas du tout dans les actes officiels et les relations internationales, le créole est bien la langue maternelle des Réunionnais.

Il est couramment, voire exclusivement, utilisé dans la vie quotidienne par la grande majorité des Réunionnais.

LE CRÉOLE À L'ÉCOLE

La langue française est à la Réunion, comme dans tous les départements (1) français, la langue officielle. Elle est donc aussi celle de l'enseignement.

En dehors d'enfants issus de milieux socioculturels privilégiés, trop d'élèves ignorent en entrant à l'école tout de la langue dont ils sont censés acquérir la maîtrise. De plus, la proximité des langues créole et française entraîne pour les jeunes élèves de nombreuses confusions et des difficultés dans l'apprentissage de la lecture et de l'écriture. Ces difficultés deviennent pour certains le fondement même de leur mise en situation d'échec scolaire dès le cycle primaire.

Beaucoup d'élèves développent un sentiment d'infériorité et d'insécurité psycholinguistique qui les rendent incapables de combler leurs lacunes linguistiques.

FRANÇAIS / CRÉOLE ?

Expression de l'âme réunionnaise, le créole doit être préservé et continuer d'être utilisé, non comme un élément folklorique, mais comme un patrimoine chargé de sens et d'histoire, permettant d'exprimer et de faire connaître la spécificité de la culture réunionnaise.

Depuis novembre 2000, le créole réunionnais a acquis officiellement le statut de langue régionale. C'est à ce titre que son enseignement est désormais proposé en option dans les établissements scolaires de l'île, comme il en est fait des langues régionales dans les établissements scolaires de la métropole.

Pour de nombreux enfants créoles il s'agira d'un véritable apprentissage tant les variantes des parlers créoles sont importantes à la Réunion, mais cet apprentissage du créole (et de son écriture) permettra à la fois sa sauvegarde et sa valorisation.

LA MAÎTRISE D'UNE LANGUE DE COMMUNICATION

Le créole n'ayant pas le pouvoir de grande communication que possède le français, (ou l'anglais, l'espagnol, le portugais), il serait suicidaire d'enfermer les Réunionnais dans une « créolophonie » qui bornerait leur horizon aux frontières de l'île.

Il n'y a donc pas à choisir entre le créole et le français, mais nécessairement à opter pour le créole et le français.

(1) Un département français est une division administrative du territoire français. La Réunion a le statut de « Département d'Outre-Mer » (DOM), ou département français dont le territoire n'est pas « métropolitain », c'est-à-dire situé sur le continent européen.

1 a–g Ajoutez les mots qui manquent dans le premier paragraphe, en les choisissant dans la liste proposée ci-dessous. Attention : il y a plus de mots ou expressions que d'espaces et chaque mot ou expression ne peut être utilisé(e) qu'une seule fois.

DEMEURANT	LESQUELLES	AUXQUELLES	LORS DE
DONT	LEQUEL	CE QUE	COURS DU
CEUX QUI	AUXQUELS	À PARTIR	QUI

2 Les affirmations suivantes sont soit vraies, soit fausses. Justifiez votre réponse par les mots du texte.

a « Créole » est synonyme de celui ou celle qui va à l'école.
b Le vocabulaire créole trouve ses origines dans la langue des colonisateurs.
c Parler le créole démontre l'apprentissage inexact d'une langue.
d Le créole, par sa grammaire, n'est pas la même langue que sa langue d'origine.

3 Quels mots ou expressions des deux premiers paragraphes de la partie « **Le créole réunionnais** » sont synonymes de ceux-ci ?

a se sont installés
b majoritairement
c analphabètes
d avaient des contacts
e la différence
f gens cultivés
g gardée

Langue

Tenez compte de la nature et de la fonction des mots et des expressions donnés. Cherchez dans le texte un équivalent de même nature et de même fonction.

4 Par quelles expressions les classes dirigeantes montraient-elles leur refus d'accepter le créole réunionnais comme langue distincte ?

5 La phrase « Le manque de considération pour ce langage débouchait souvent sur un mépris implicite, s'étendant par glissement à la culture de ceux qui le parlaient » correspond à laquelle des affirmations suivantes ?

A On considérait le créole comme manifestation de l'analphabétisme des populations colonisées.
B Le dédain du créole en tant que langue s'est associé à un dédain des cultures créoles.
C La classe dirigeante méprisait ouvertement ceux qui adoptaient une culture réunionnaise.
D On n'acceptait pas de parler aux gens qui communiquaient en créole, parce qu'on n'acceptait pas cette façon de parler.

En vous basant sur la partie « **Le créole, une langue maternelle** », reliez le début de la phrase de la colonne de gauche à la fin appropriée qui se trouve dans la colonne de droite. Attention : il y a plus de fins que de débuts et chaque fin ne peut être utilisée qu'une seule fois.

6 Autrefois, les classes privilégiées…

7 De nos jours, on peut…

8 Les préjugés diminuent aujourd'hui,…

9 Pourtant, le créole réunionnais n'a toujours aucun…

10 Dans les communications de tous les jours, la plupart des gens à la Réunion ne…

A considérait le créole comme langue peu expressive.
B s'inscrire dans des collèges et des lycées où la langue d'enseignement est le créole.
C dédaignaient le créole pour son manque de noblesse.
D se parlent qu'en créole.
E statut officiel dans l'administration réunionnaise.
F grâce à la production artistique dans cette langue.
G valeur pour trouver une embauche.
H exigent qu'on ne parle jamais en créole devant elles.
I se servent d'un français courant.
J apprendre le créole à la faculté.

11 D'après la partie « **Le créole à l'école** », quelle langue faut-il maîtriser pour réussir à l'école à la Réunion ?

12 Pourquoi certains élèves créolophones ont-ils des difficultés à apprendre à lire et à écrire ?

13 Quelles phrases dans cette partie indiquent :

a qu'au début de la scolarisation, ceux qui ne parlent pas français sont nombreux.
b que la confusion linguistique à l'écrit peut expliquer l'insuccès à l'école.
c que souvent, les jeunes perdent confiance en eux et ne parviennent pas à maîtriser le français.

14 Deux des phrases qui suivent sont vraies, d'après la partie « **Français / créole ?** ». Lesquelles ?

A Le créole sert à donner une voix distincte à la culture réunionnaise.
B Ce texte est un plaidoyer pour la conservation du folklore régional.
C À la Réunion, il faut apprendre le créole à l'école, tout comme on apprend sa langue régionale en France métropolitaine.
D La loi sur le statut des langues régionales protégera le créole réunionnais d'atteintes motivées par des préjugés contre certaines façons de parler.
E Depuis plus d'une décennie, la loi fait augmenter le nombre de ceux qui parlent une des langues régionales de la France.

15 D'après la conclusion de l'article, « **La maîtrise d'une langue de communication** » quel est l'avantage de bien maîtriser le français ?

16 Quel est le choix préconisé pour les élèves réunionnais ?

Pour aller plus loin

Sachant que le français standardisé en France est établi dans ses formes, son vocabulaire et sa grammaire par l'Académie française, et en tant que tel, a un statut officiel, que pensez-vous de cette déclaration ?

La politique linguistique aujourd'hui

Jugeant que la concurrence de l'anglais, même dans la vie courante, représentait une réelle menace pour le français et que les importations anglo-américaines dans notre lexique devenaient trop massives, les autorités gouvernementales ont été amenées, depuis une trentaine d'années, à compléter le dispositif traditionnel de régulation de la langue. À partir de 1972, des commissions ministérielles de terminologie et de néologie sont constituées. Elles s'emploient à indiquer, parfois même à créer, les termes français qu'il convient d'employer pour éviter tel ou tel mot étranger, ou encore pour désigner une nouvelle notion ou un nouvel objet encore innommés. Ces termes s'imposent alors à l'administration. On ne dit plus *tie-break* mais *jeu décisif*, *baladeur* remplace *walkman*, *logiciel* se substitue à *software*, etc.

Académie française

Pour vous, y a-t-il « une réelle menace » pour la survie de la langue française, surtout étant donné l'influence mondiale de l'anglais ?

Devrait-on créer des termes propres à chaque langue pour « éviter [l'emploi de] tel ou tel mot étranger » ?

Quels mots étrangers ont été nouvellement adoptés dans votre langue maternelle ? Sont-ils plutôt d'origine anglophone, francophone, ou autre ? Serait-il facile de leur substituer d'autres mots, plus proches des racines de votre langue ? Justifiez votre opinion par des exemples.

- Le rôle de l'Académie française est résumé sur son site web. Y a-t-il une institution similaire qui standardise le vocabulaire et les règles de grammaire pour votre langue maternelle ? Comment est-elle vue par ceux qui parlent votre langue ? Pourquoi serait-il avantageux de recommander des usages à adopter et de définir les niveaux de correction linguistique de façon officielle ?
- Quelles sont les langues qu'on enseigne régulièrement dans les écoles du pays où vous habitez ? Et dans votre école ? Y a-t-il un choix ? Si oui, pourquoi avez-vous choisi le français pour vos études de diplôme ? Pour quelles raisons a-t-on choisi de vous mettre le français au programme de votre école ?
- Les langues locales et vernaculaires devraient-elles être enseignées ? Quels sont les obstacles qui peuvent rendre leur enseignement difficile ou peu pratique ? Êtes-vous d'accord avec le principe énoncé à la fin du texte sur la langue créole (page 100) d'après lequel tous ceux qui ne sont pas bilingues devraient l'être par leur éducation, dans les cas où les langues locales et nationales ne sont pas les mêmes ?
- Parmi ceux qui parlent une même langue dans votre école, élèves et professeurs y compris, y en a-t-il qui s'expriment par des variantes importantes de cette langue (par exemple, l'anglais des Américains et des Australiens, l'arabe des Égyptiens et des Libanais, l'espagnol des Argentins et des Mexicains, le français des Belges, des Canadiens, des gens du sud de la France, etc.) ? Arrivent-ils toujours à se comprendre, sans malentendu dû à leurs façons de parler ? Pouvez-vous trouver des exemples de certains malentendus importants ou amusants de ce type, pour étayer vos arguments ? Sur le plan social ou culturel, sont-ils traités comme les autres par ceux qu'ils côtoient à l'école, ou sont-ils jugés différemment à cause de leur façon de parler (que ce soit au niveau de leur accent, ou du dialecte ou de la variante linguistique qu'ils parlent) ?

Théorie de la connaissance

- Pour la bonne communication, serait-il préférable si tout le monde parlait toujours la même langue ?

  Pourquoi les langues artificielles comme l'espéranto ne sont-elles pas largement répandues ?
- Y a-t-il une hiérarchie dans « l'importance » des langues, des dialectes et des façons de parler, d'après vous ? Si oui, quelles sont les plus importantes, selon vous ? Pourquoi y a-t-il des langues qui sont moins appréciées et guère enseignées ? S'agit-il d'un phénomène inévitable, à votre avis ?

Activités orales

1 Voici un jeu qui est une activité orale, mais pour lequel vous aurez aussi besoin d'écrire.

En équipes d'au moins deux joueurs, vous devez transcrire à la main ou taper une copie aussi correcte que possible, et aussi rapidement que possible, d'un des textes ci-dessous. À tour de rôle, l'un des joueurs de chaque équipe va lire le texte et l'autre, qui bien sûr n'a pas le droit de regarder le texte, va écrire ou taper la transcription qu'on lui dicte. Vous pouvez changer de rôle à intervalles réguliers.

Les joueurs peuvent expliquer ce qu'il y a à recopier de n'importe quelle manière et autant qu'ils le veulent, pourvu que ce soit toujours oralement et en français. Le/La copiste peut poser autant de questions qu'il ou elle le veut.

Le jeu se termine quand le premier texte est entièrement recopié. Il y aura un point pour chaque mot et élément de ponctuation recopiés correctement, et zéro point pour chaque mot qui contient une ou plusieurs erreurs, ou pour chaque élément de ponctuation incorrect ou manquant.

Verlan (argot français)

Certains mots en verlan sont bien intégrés dans la langue française : des termes comme *meuf* (femme), *keuf* (flic), *teuf* (fête), *keum* (mec) et *skeud* (disque). Les choses se corsent avec les mots composés de plusieurs syllabes. Par exemple, *tromé* signifie « métro », *turvoi* « voiture », *sketba* « baskets », *zicmu* « musique », *zarbi* « bizarre » et *kommak* (ou *kommas*, et même *sakom*) « comme ça ».

Dialecte wallon (Belgique)

Li walon, c' est on lingaedje roman câzé so on grand boket del Walonreye (li « Walonreye walon-câzante »), ey en on boket do dipårtumint francès des Årdenes, k' on lome cobén li Walonreye di France u « bote di Djivet ».

SMS (français)

o bout de 3 semaine je le croise sur msn on se parle c'etait avt ier, il voulai kon mete les cam je lui ai di non! bref le lendemain on se reparl sur msn, sa se voyer kon saimé tjr mashallah! dc il me demand si il veu kon senvoi d pti sms kom avt je lui ai di oui pk pa !

Créole haïtien

Kreyòl ayisyen se yon lang kreyòl ki gen plis moun ki pale li sou latè. Se lang natifnatal tout Ayisyen ki fèt e ki elve an Ayiti kote yo rele li Kreyòl. Nan dyaspora a, gen plis pase yon milyon Ayisyen ki pale kreyòl.

Qu'est-ce que vous avez trouvé difficile dans ce jeu ? Racontez vos expériences de lecture et d'écriture de ces textes. Après tout ce que vous avez appris dans cette unité, discutez d'au moins un des points suivants.

a les relations entre votre texte et le français standardisé ;

b la difficulté à lire et à écrire des mots qui ne sont normalement que parlés ou entendus ;

c les problèmes que vous avez tous rencontrés ;

d la meilleure méthode, selon vous, pour transcrire un argot, créole ou dialecte à base de français (méthode purement phonétique ou autre ?) ;

e ce que vous pensez des règles de l'orthographe en français, à la suite de ce jeu.

Ne dévalorisons pas notre belle langue française par nos SMS !

1 Vous avez reçu ce texto. Le comprenez-vous ?

2 Que feriez-vous si vous receviez un message similaire que vous ne compreniez pas? Répondriez-vous par SMS ?

C xlt pr dm1,
suis tro happy
pr le 6né. A+.

3 Pour quelles raisons beaucoup de gens communiquent-ils entre eux aujourd'hui dans le langage des messages informatisés ?

4 Y a-t-il de grandes différences dans votre langue maternelle entre le langage des SMS et la langue ordinaire ? Ces différences sont-elles comparables à celles qu'on observe ici en français ?

5 Croyez-vous qu'à l'avenir, ce genre de communications va influencer la façon dont on écrit en français ? Est-ce que ce sera une évolution positive, d'après vous ? Justifiez vos prédictions.

Production écrite

1 À la suite de changements dans votre école, le professeur responsable des langues étrangères envisage de supprimer les cours de français langue B, pour ne laisser que le français ab initio et d'autres langues, comme choix possibles dans le cadre du Groupe 2 du Programme de diplôme du Baccalauréat International. Vous êtes en train de faire votre choix de sujets pour ce programme. Rédigez la lettre que vous et vos camarades en cours de français lui enverrez pour plaider en faveur du maintien du programme de français langue B.

- **a** Le texte sera rédigé sous forme de lettre polie, correctement présentée, évitant soigneusement de critiquer le ou la destinataire par des observations personnelles, ou par des jugements hâtifs basés sur une ignorance de la situation administrative dans votre école.
- **b** Le registre doit être sérieux et positif. Le vouvoiement s'impose. Vous expliquerez à quel titre vous écrivez. L'usage du conditionnel renforcera l'aspect poli de la communication. Les procédés rhétoriques atténueront les critiques faites à l'égard du changement envisagé par la section de langues de votre école, critiques qui seront compensées par d'autres observations positives. (Il ne faudrait pas agacer des professeurs qui vous comprendront si vos arguments sont bien raisonnés et présentés, mais qui auront peut-être d'autres priorités à prendre en compte !)

2 Pour aider d'autres adolescents étrangers à bien comprendre, valoriser et savourer la culture dans laquelle ils seront plongés en arrivant dans votre école, dans votre ville ou dans votre région, rédigez une brochure humoristique qui leur donnera des exemples, avec explications et conseils, d'argot ou d'expressions spéciales dont les autres adolescents « branchés » ou « dans le vent » se servent régulièrement, mais qui seraient autrement difficiles à comprendre.

- **a** Vous êtes libre de choisir ce que vous voulez comme exemples. Pourtant, n'oubliez pas de bien expliquer ce que signifie chaque expression, les circonstances dans lesquelles on s'en sert, les faux pas à ne pas commettre, et éventuellement comment réagir à ce langage si vous venez d'arriver, pour bien se faire accepter.
- **b** Il s'agit d'un texte humoristique, rédigé en forme de brochure s'adressant à d'autres adolescents comme vous, dans le but de les amuser autant que de les informer. Vous pouvez organiser le contenu par sections et par listes. Voici quelques thèmes possibles : *Que veut dire… ? / Les gaffes à ne pas faire ! / Comment réagir ? / Foire aux questions / Je ne veux pas qu'on me prenne pour une naïve / un naïf ! / Exemples amusants de malentendus*. Une introduction sera nécessaire, une conclusion sera facultative.
- **c** Le registre peut être familier. Le texte comprendra des explications « objectives », des analyses de situations qu'on pourrait rencontrer, des conseils sur comment prendre ces façons de parler.

3 **Niveau supérieur** Expliquez votre point de vue et démontrez votre compétence interculturelle en étudiant les similitudes et les différences entre votre culture et celle(s) que vous étudiez dans le domaine suivant.

Les créoles français

En France, il est souvent difficile d'envisager le terme de « dialecte » comme terme technique ; il est connoté de tout le traitement fait aux dialectes depuis la Révolution française ; il désigne des langues dévalorisées, à éradiquer, en voie de disparition, signes d'obscurantisme, parlers ruraux et limités, à remplacer par la seule vraie langue : le français.

Marie-Christine Hazaël-Massieux
Université de Provence.

Vous considérerez :

- le statut des langues et des dialectes autres que la (ou les) langue(s) nationale(s) ;
- les changements dans la législation en France au XXIe siècle, résumés dans les textes pages 98 et 100. (Vous pourriez éventuellement faire des recherches sur la « loi Toubon », par exemple.)
- la nécessité pour tous de maîtriser au moins une langue commune, pour maintenir la cohésion sociale ;
- la situation au quotidien des langues, dialectes, patois, argots qui n'ont pas autant de prestige que la (ou les) langue(s) officiellement reconnues.
- éventuellement la question de qui aurait l'autorité pour régler les questions de correction linguistique.

B1 L'environnement

Objectifs

- S'informer sur quelques problèmes majeurs de l'environnement.
- En découvrir des controverses, d'après les actualités.
- Discuter les opinions sur les dangers qui menacent l'environnement et sur des propositions de solutions.
- Réfléchir aux différentes perspectives et en tirer des conclusions personnelles au niveau local, régional ou mondial.

Remue-méninges

- Y a-t-il des problèmes importants en matière de protection environnementale dans le pays, la région, la ville où vous habitez, ou dans l'école que vous fréquentez ?

  Si oui, lesquels ? Quelles sont les causes du problème ? Quelle est son envergure actuelle ?

  Et si non, comment est-ce qu'on a évité, limité ou résolu ce problème ?

- Quels sont les éléments les plus importants qui mettent en danger la survie de notre planète telle qu'elle est ?

  Consultez cette liste pour ajouter des éléments manquants et mettez-les en ordre en fonction de l'importance de la menace qu'ils représentent pour l'environnement.

  Y aurait-il des liens avec certains problèmes ou d'autres aspects qui leur donneraient la même urgence ?

  L'attitude désinvolte de beaucoup de gens

  Le réchauffement climatique

  La disparition rapide de beaucoup d'espèces animales et végétales

  La surpopulation humaine

  La déforestation

  L'approvisionnement en eau potable

  Le trou dans la couche d'ozone

  La désertification

  La pollution et nos déchets non-biodégradables

- À l'heure actuelle, quelles améliorations envisagez-vous pour mieux protéger notre environnement et votre avenir ?

- Que pensez-vous de ce logo ? Serait-il efficace par son message ?

  Si oui, quel geste faites-vous personnellement chaque jour pour l'environnement ?

  Si non, qu'est-ce qui vous empêche d'agir de façon efficace ?

- Si vous ne faites rien pour l'environnement en ce moment, quel serait le geste personnel le plus efficace que vous pourriez faire ?

  Individuellement, trouvez de meilleures idées à présenter à votre classe. Expliquez et justifiez-les.

Un geste par jour
pour l'environnement

Que faisons-nous ?

GREENPEACE

Climat – Énergie

Les dérèglements climatiques menacent notre planète. La température moyenne mondiale ne doit pas augmenter de plus de 2°C d'ici 2100. Mais si l'on ne fait rien, la hausse pourrait être de 3, 4, voire 7 degrés. Notre planète en serait bouleversée. Greenpeace réclame une réduction drastique des émissions de gaz à effet de serre.

Forêts

La déforestation en Amazonie, dans le bassin du Congo, en Asie du Sud-Est... met en péril la biodiversité animale et végétale, menace les populations autochtones et participe aux dérèglements climatiques. Greenpeace défend l'objectif « Zéro déforestation ».

OGM (Organismes Génétiquement Modifiés)

Greenpeace est opposé à la dissémination des OGM. Les risques pour l'environnement, la santé humaine, les équilibres économiques et sociaux sont trop grands. Les OGM posent également des questions éthiques fondamentales restées sans réponse. Greenpeace exige l'application du principe de précaution.

Nucléaire

Depuis ses débuts, Greenpeace est contre le nucléaire, car il est dangereux, inutile et coûteux. Le nucléaire doit être abandonné. Greenpeace propose une « révolution énergétique » qui s'appuierait sur trois piliers : les énergies renouvelables, l'efficacité énergétique, la sobriété énergétique.

Océans

Nos océans sont malades à cause de la surpêche. Les ressources de la mer s'épuisent. De plus en plus d'espèces sont menacées de disparaître. Greenpeace réclame une prise de conscience généralisée et souhaite que 40% des mers et des océans deviennent des « réserves marines ».

1 Le titre de ce texte s'addresse à qui ?

2 Quels sont les cinq objectifs de communication principaux du texte ?

A Tirer la sonnette d'alarme au sujet de l'environnement mondial.
B Rapporter les dernières actions de l'organisation Greenpeace.
C Expliquer pourquoi notre planète est en danger.
D Recruter de nouveaux membres pour l'organisation Greenpeace.
E Résumer la politique environnementale de l'organisation Greenpeace.
F Présenter une analyse des problèmes de l'environnement.
G Énumérer les défis importants lancés par Greenpeace.
H Encourager l'engagement des lecteurs pour sauver l'environnement mondial.
I Favoriser des prises de conscience sur les dangers qui menacent notre planète.
J Faire de la propagande médiatique.

En vous basant sur la partie « **Climat – Énergie** », reliez les mots ou expressions du texte figurant dans la colonne de gauche avec leurs équivalents qui se trouvent dans la colonne de droite sans changer le sens du texte.

3 dérèglements	A mettent en danger
4 menacent	B complètement dérangée
5 moyenne	C changements désordonnés
6 augmenter	D faire augmenter la température
7 hausse	E augmentation
8 bouleversée	F normale
9 effet de serre	G s'élever

10 On déclare qu'à la fin du siècle, le changement de température mondiale « pourrait être de 3, 4, voire 7 degrés » et qu'ainsi « notre planète serait bouleversée ». À quelle condition ?

11 Dans la partie « **Nucléaire** », l'expression « depuis ses débuts » réfère à quel commencement ?

12 Deux des propositions données ci-dessous représentent la politique de Greenpeace pour une révolution énergétique. Lesquelles ?

A Promouvoir la génération d'électricité écologique.
B Militer pour la destruction de centrales nucléaires par action directe.
C Économiser la consommation d'énergie par la mise en œuvre de technologies de pointe.
D Réduire le gaspillage de ressources naturelles en énergie.
E Limiter les besoins en énergie de nos industries.
F Rendre plus efficace l'énergie nucléaire.

13 Dans la partie « **Forêts** » par quelle expression indique-t-on que la survie de la faune et de la flore est menacée ?

14 Par quels mots désigne-t-on les gens qui ont toujours habité dans ces régions du monde ?

15 Dans la partie « **Océans** » quel est le terme utilisé pour l'exploitation excessive des ressources en poissons dans les océans ?

16 Quelle phrase renforce cette idée d'exploitation excessive ?

17 Les objections de Greenpeace contre les OGM sont fondées sur quelles bases ? Trouvez au moins trois options vraies parmi celles données ci-dessous.

A le libre-choix de chacun.
B l'écologie.
C la science génétique.
D la morale.
E le maintien des vies saines.
F la compétition commerciale des marchés.
G l'ignorance des conséquences de leur généralisation.
H l'importance des enjeux hasardeux.
I les perturbations possibles de certaines sociétés.

Technique de travail

N'oubliez pas qu'un sous-titre de ce genre doit **résumer** précisément l'idée maîtresse du texte qui suit, ou son contenu.

Pour aller plus loin

Divisez-vous en groupes et choisissez chacun une partie de ce texte pour analyser le choix du vocabulaire et des tournures rhétoriques qui renforcent le message de Greenpeace par des exagérations ou par une insistance sur des aspects négatifs des problèmes auxquels l'organisation fait face.

Par exemple : dans la première partie « **Climat – Énergie** », on peut trouver « dérèglements », « menace », « bouleversée », « drastique ».

Ce choix de vocabulaire est-il justifié ? Dans vos groupes, déterminez ce que vous accepteriez et ce que vous rejetteriez si vous étiez éditeurs de ce texte pour remplacer les éléments choisis par d'autres mots ou expressions. À tour de rôle, justifiez vos décisions d'éditeur aux autres groupes.

Libération.fr

7.10.2009

MONDE POLITIQUES SOCIÉTE ÉCONOMIE TERRE SCIENCES VOUS MÉDIAS SPORTS CULTURE

« Le syndrome du Titanic », plaidoyer d'Hulot pour la planète

Son film, réalisé avec Jean-Albert Lièvre, sort en salle ce mercredi

Nicolas Hulot, le 3 septembre, dans les locaux du journal Sud-Ouest à Bordeaux (© AFP Jean-Pierre Muller)

Réflexion sur le fonctionnement de nos sociétés plutôt que documentaire sur l'environnement, *Le syndrome du Titanic* de Nicolas Hulot et Jean-Albert Lièvre, en salle ce mercredi, oscille entre constat accablant et ode à la vie.

« *C'est un cri d'espoir et de désespoir* », résume le père du Pacte écologique de la campagne présidentielle de 2007, à propos de son premier long métrage. *Le syndrome du Titanic* est un film personnel, à la première personne, dans lequel Hulot livre en voix off ses réflexions sur la notion de progrès, le matérialisme, la société de consommation.

À l'écran, les plans fixes à la photo léchée s'enchaînent dans un lent kaléidoscope d'images déjà vues mais toujours efficaces.

Pour alerter le spectateur, lui faire prendre conscience que crise écologique et crise sociale sont deux aspects d'un même problème, les réalisateurs s'interrogent sur des paradoxes. Aux plans de vieillards chinois contraints de vivre dans de minuscules cages grillagées alors que poussent partout des gratte-ciel, ils opposent des chiens japonais se refaisant une santé dans des caissons à oxygène. Aux mouches sur les yeux d'un enfant namibien, les touristes blancs venus visiter son village tel un zoo. À l'opulence occidentale, les cimetières d'ordinateurs africains.

« Un film sur la combinaison des crises »

« *Ça n'est pas un film écologique* », soutient Hulot. Plutôt un document sur « *la combinaison des crises* » : écologique, économique, sociale et culturelle. Son leitmotiv : pour réduire les inégalités, il faut « *partager* » . Mais pour avoir de quoi partager, il est indispensable d' « *économiser* » et de « *préserver* ». Aujourd'hui, « *on ne consomme pas, on consume* », assène la voix off.

Or, le temps presse. « *La complexité et la gravité des crises auxquelles nous sommes confrontés est sans précédent dans l'histoire de l'humanité* », martèle le producteur d'Ushuaïa Nature [1], qui évoque une opportunité « *inespérée* » de « *redéfinir l'ambition du projet humain* ». Une opportunité « *à un coup* ».

« *Si nous laissons la nature réguler, elle le fera dans des proportions violentes* », prévient-il. Alors que « *quand il le veut, l'homme est capable de faire de grandes choses* », ajoute-t-il.

Pour son auteur, ce film, fruit de 48 semaines de tournage sur quatre continents (300 heures de rush et 13 mois de montage), n'a pas l'ambition d'être une boîte à outils pour définir le nouveau modèle de société qu'il appelle de ses vœux, mais il ouvre « *un champ de réflexion et de proposition* ».

Et cette question, toujours posée depuis les films d'Al Gore (*Une vérité qui dérange*, 2006) ou de Yann Arthus-Bertrand (*Home*, 2009) : que fait-on maintenant ? Dans un monde passé de l'abondance à la rareté – et bientôt à la pénurie – Nicolas Hulot répond « *mutation radicale* » et appelle l'humanité à apprendre à conjuguer les verbes « *préserver, partager, renoncer, réduire* ».

[1] Ushuaïa Nature – émission de la télévision française sur l'environnement mondial

1 Pourquoi parle-t-on du film de Nicolas Hulot dans cet article paru dans le quotidien français *Libération* le 7 octobre 2009 ?

2 Dans le premier paragraphe de cet article, le critique apprécie le côté optimiste du film de Nicolas Hulot face aux dangers que nous confrontons. Quels mots le démontrent ?

3 Par quelle phrase indique-t-on les hésitations et les doutes d'Hulot malgré son optimisme ?

4 D'après le quatrième paragraphe, par lequel de ces moyens le message du film est-il renforcé ?

A Par des images provocatrices qui d'apparence, se contredisent.
B Par l'analyse des effets d'une croissance économique qui exploite les plus démunis.
C Par la promotion d'un tourisme conscient des problèmes de la pauvreté dans le monde.
D Par des preuves de la destruction économique et environnementale des pays en voie de développement.
E Par des exagérations absurdes et le ridicule des extravagances des Occidentaux.

5 Pour sortir de cette crise, que nous propose Hulot comme solution selon l'analyse de la deuxième partie de l'article ?

6 Quel jeu de mots renforce l'idée que ce sont nos comportements de tous les jours qui aggravent les crises ?

7 Les arguments d'Hulot peuvent être résumées par cinq des constatations qui suivent. Lesquelles ?

A Le nœud du problème est la menace de destruction de notre environnement.
B Nous ne pouvons pas vraiment partager tant que nous consommons.
C Le défi qui se pose à nous est unique.
D Les problèmes actuels de l'écologie mondiale ne laissent plus d'espoir pour l'avenir de la planète.
E Nous devons profondément repenser nos façons de vivre.
F Par eux-mêmes, les changements de l'écologie mondiale évolueront trop lentement.
G Une volonté de se mettre à l'œuvre sera essentielle face à l'évolution de notre environnement.
H Le film propose un message optimiste, parce que tout reste entre nos mains.

8 En sortant du cinéma après avoir vu ce film, que devrait faire le spectateur selon Hulot ?

9 Trouvez les éléments de vocabulaire définis ci-contre dans le texte de cet article, pour compléter ces mots fléchés.

Technique de travail

Essayez d'identifier le statut grammatical de chaque mot ou expression recherché. Cela aidera à déterminer les terminaisons correctes pour ce jeu.

1 ► Discours prononcé devant un tribunal pour soutenir le droit d'une partie.
2 ▼ Dire (quelque chose) en plus.
3 ► Formule, idée qui revient sans cesse dans un discours, une œuvre littéraire, une conversation, etc.
4 ▼ Faire succomber sous. (Attention : dans le texte la forme est au participe présent !)
5 ► i Prononcer en articulant bien (quelque chose).
ii Répéter systématiquement (quelque chose).
6 ► Caresser avec la langue.
7 ▼ Promesse faite au ciel. Ferme résolution. Désir.
8 ▼ Manque de moyens pour vivre.
► Prise de vue définie par rapport à la position de l'objectif, cadrage.
9 ► Poème lyrique chanté ou accompagné de musique.
10 ▼ Compartiment étanche.
11 ► Expression qui équivaut à « au cinéma » (deux mots).
12 ▼ Affirmer avec une grande intensité, avec force.
13 ► Affirmer une opinion, la défendre avec arguments à l'appui.
14 ► Longueur (le plus souvent d'un tissu, d'une pellicule de film) exprimée en mètres.

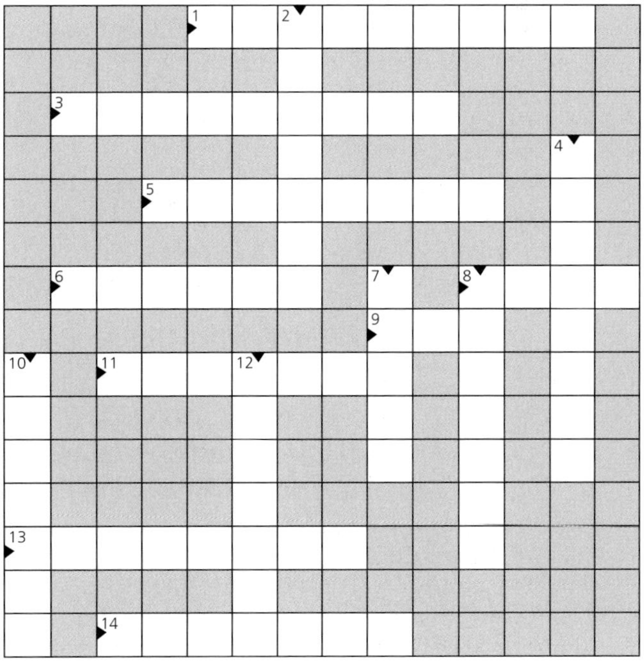

Pour aller plus loin

- Le premier texte de lecture de cette unité (page 106) vous a-t-il informé sur les problèmes évoqués ? Expliquez pourquoi.

  Adhéreriez-vous éventuellement à des campagnes menées par l'organisation Greenpeace ? (Vous les trouverez annoncées par exemple sur son site internet à www.greenpeace.org/france) Si oui, auxquelles et pourquoi ? Si non, pourquoi pas ?

  Consultez, sur son site Internet, les actions proposées par Greenpeace France ou par cette organisation environnementale dans un autre pays francophone.

  Lesquelles vous semblent bien conçues et efficaces ?

  Comparez votre jugement avec celui de vos camarades de classe et expliquez votre raisonnement en justifiant votre point de vue.

- Le Syndrome du Titanic :

  Le luxueux paquebot transatlantique « Titanic » de 1912 (à cette date le navire le plus grand du monde) avait percuté un iceberg au large de la Terre-Neuve (Canada) et coulé presque trois heures après, lors de son premier voyage de Southampton (Angleterre) à New York (États-Unis). On disait de ce paquebot, à cause de sa grandeur et des nouvelles idées appliquées dans sa conception, qu'il était le plus fiable au monde et ne pouvait couler. Néanmoins, des 2.223 voyageurs et membres d'équipage à bord, seuls 706 auraient survécu à la catastrophe.

  Trouvez-vous que cette métaphore soit adaptée par son association à la crise que nous subissons actuellement ? Quelles sont les images, les pensées et les émotions qu'elle suscite pour vous ?

  Dans ce contexte, que signifie pour vous « *Le Syndrome du Titanic* » comme titre du film de Nicolas Hulot ?

- Contrastez ce bref article du quotidien français *Le Figaro* avec celui que vous venez de lire tiré de *Libération*.

> À ce stade-là, ce n'est plus du cinéma mais un tract politique. Au programme : anticapitalisme primaire, renoncement et décroissance. Avec ce discours catastrophe, trop radical et simpliste, Hulot fonce droit dans l'iceberg.

- Pourquoi s'agit-il d'un film raté, selon le critique du *Figaro* ?
- Cherchez d'autres articles dans la presse francophone qui traitent d'autres problèmes de l'environnement ou sur les débats qu'ils suscitent. Par quels moyens cherchent-ils à afficher leur optimisme, leur pessimisme ou un jugement mitigé, quant à l'avenir de la planète ?
- De tous ces textes, lequel fait passer son message de façon efficace et comment ? Quel article serait le moins efficace pour vous en tant que lecteur intéressé par ce sujet, et pourquoi ?

Théorie de la connaissance

- Si nous habitons hors des zones menacées par des changements écologiques violents, jusqu'à quel point devrons-nous nous occuper des problèmes de l'environnement dans d'autres pays et régions du monde, et cela parfois par des interventions directes à la manière de Greenpeace ? (Voir sa déclaration de mission à www.greenpeace.org/france)
- Croissance ou décroissance économique : devrions-nous poursuivre de tels choix politiques, à n'importe quel prix ?
- Les écologistes supposent que les problèmes de l'environnement mondial soient attribuables directement ou indirectement au développement technologique et industriel des sociétés humaines.

  Quelle serait la bonne démarche à suivre pour que ce genre de développement soit responsable et respectueux de l'avenir de notre planète ?
- Considérez les textes que vous avez étudié au cours de votre travail dans cette unité.
  Qu'est-ce qui en fait des productions de journalisme ?
  À première vue, seriez-vous attiré(e)s par une lecture de ces textes ?
  Si oui, lesquels et pourquoi ?
  Si non, pourquoi les laisseriez-vous de côté ?
- Par une recherche sur Internet de ces textes ou de textes similaires que vous trouverez par l'insertion de mots clefs tels que « *Figaro + environnement* » ; « *Libération + Hulot* » ; « *Le Monde + écologie* » et en vous servant des commentaires des lecteurs de l'article choisi, comment expliqueriez-vous leurs réactions ?

Activités orales

Sujet de discussion et de débat en classe.

Organisez-vous en groupes pour discuter de la question écologique et donnez des arguments illustrés par des exemples qui les étayent bien.

Chaque élève ou groupe d'élèves choisit un rôle différent.

Pour chaque rôle vous ferez un travail de recherche et de préparation afin de débattre en classe sur le thème : « *L'Avenir de Notre Planète* ».

Argument pour élève ou groupe A : *Les menaces concernant la survie de la planète sont exagérées.* Nous ne disposons pas d'assez de données scientifiques pour prévoir correctement ce qui va se passer.	**Argument pour élève ou groupe B :** *Nous sommes déjà au beau milieu de la grande crise écologique.* Si nous n'agissons pas tout de suite, nous arriverons à des dégradations qui ne supporteront plus le niveau de vie dont nous jouissons actuellement.
Argument pour élève ou groupe C : *Les menaces concernant la planète sont bien réelles, mais en ce moment elles ne concernent que certaines régions.* Ainsi, nous devrions apporter de l'aide efficace, là où cela s'avère nécessaire.	**Argument pour élève ou groupe D :** *Les pays développés devraient investir beaucoup plus dans des industries « vertes ».* La priorité dans le développement des technologies de pointe et des nouvelles technologies aidera à la sauvegarde de la planète.
Argument pour élève ou groupe E : *Les moyens les plus efficaces pour protéger et sauvegarder l'environnement sont bien connues, simples et bon marché.* Notre devoir, et surtout celui de ceux qui habitent les pays où la qualité de vie est déjà élevée, est de les appliquer dans notre comportement quotidien.	**Argument pour élève ou groupe F :** *La vraie menace qui plane sur notre environnement est sur les pays en voie de développement, à forte croissance économique.* Ces pays n'auraient pas déjà mis en place des moyens efficaces de limiter ou d'éliminer les dégâts causés à l'environnement par leur industrialisation rapide.
Argument pour élève ou groupe G : *Dans des sociétés à faible taux d'alphabétisation, la crise écologique devient de plus en plus aiguë.* Nos efforts les plus urgents devraient viser une éducation efficace des populations à forte croissance démographique.	**Autres (suggestions de thèmes qui vous aideront dans votre préparation) :** • Les énergies alternatives et renouvelables • Le recyclage des produits industriels et non-biodégradables • Des taxes supplémentaires qui fourniront des fonds de recherche pour trouver de nouvelles solutions aux problèmes de l'environnement • De nouvelles lois qui viseront à punir celui ou celle qui pollue • L'abandon des modèles de développement basés exclusivement sur le concept de croissance économique sans fin • La recherche scientifique et technologique de plus en plus intensive pour trouver de nouvelles solutions aux problèmes envisagés • Ou d'autres que vous allez proposer vous-mêmes

À la fin de vos discussions, peaufinez la déclaration suivante et votez pour, contre, ou abstenez-vous :

Aux Nations unies, on devrait mettre les questions environnementales, les questions de la protection et de la sauvegarde de notre planète au premier plan dans l'ordre du jour des débats.

Production écrite

1 Vous vous insurgez contre le comportement négligeant et peu respectueux de certains de vos camarades à l'égard de l'environnement dans votre école. Rédigez un article destiné à être publié dans le journal de l'école dans lequel vous attirerez l'attention des lecteurs sur le détritus jetés par ci et par là, et les conséquences que cela pourrait entraîner.

- **a** L'objectif de cet article est de susciter l'indignation, de (re)mettre en cause les habitudes antisociales de certains, afin d'obtenir une amélioration visible, efficace et durable de l'état de propriété des lieux.
- **b** Vous n'oublierez pas qu'il s'agit d'un texte journalistique qui devra inclure des gros titres, la date, le nom de l'auteur, une mise en page appropriée, peut-être avec des illustrations accompagnées de légendes pertinentes pour bien les relier au texte.
- **c** Vous considérerez les aspects concrets et psychologiques du problème (par exemple, l'état de votre salle de français et les attitudes de certains envers leurs responsabilités et leurs devoirs). Votre article exposera clairement chaque élément de l'argumentation et de son exemplification (situation actuelle / analyse des attitudes / avenir possible, si seulement…).

2 Vous venez de voir un film ou une émission de télévision similaire au *« Syndrome du Titanic »* (ou bien le film lui-même) et avez lu, dans le journal, une critique que vous pensez très juste (ou très injuste) envers ce film. Écrivez une lettre d'appréciation (ou de protestation) au courrier des lecteurs de ce journal dans laquelle vous soulignerez l'importance de cette production, ou dans laquelle vous vous plaindrez du manque de compréhension des intentions et des réalisations de son réalisateur.

- **a** Vous considérerez les éléments positifs ou négatifs les plus importants de la critique que vous venez de lire.
- **b** Vous n'oublierez pas qu'il s'agit d'une lettre destinée à être publiée et qui devra inclure un minimum de coordonnées personnelles. Le ton devra être renforcé ou atténué par des procédés rhétoriques d'appréciation ou de protestation, mais toujours poli de façon appropriée pour la publication.

3 Niveau supérieur Vous venez de lire cet article :

Les ministres des Maldives invités à un conseil sous-marin

En projetant d'organiser sous la mer son prochain conseil des ministres, le 17 octobre, le gouvernement des Maldives a décidé d'envoyer « un nouveau message au monde » à deux mois de l'ouverture des négociations sur le climat à Copenhague. La réunion se tiendra sur l'île de Girifushi, à vingt minutes environ de Malé, la capitale des Maldives et à six mètres de profondeur. Les ministres, en combinaisons, communiqueront « par gestes », a indiqué Aminath Shauna, membre de l'équipe présidentielle.

Le gouvernement des Maldives est persuadé que cet atoll de 1 100 îles éparpillées dans l'océan Indien et ses 396 000 habitants sont menacés de disparition du fait du réchauffement climatique. En septembre à New York, à l'occasion du dernier sommet de l'Alliance des petits États insulaires (Aosis, 42 pays, 300 millions d'habitants), son président, Mohamed Nasheed, avait énuméré les maux dont souffrent les Maldives « alors que la température ne s'est élevée que de 0,8 C° » : érosion, blanchiment du corail, salinisation des eaux, inondations, multiplication des cyclones. « Si le réchauffement doublait, cela signifierait que des nations insulaires seraient rayées de la carte », avait-il martelé. Le premier ministre de la Grenade, Thomas Tillman, avait, lui, estimé qu'une « incapacité d'agir [à la conférence] équivaudrait à un génocide silencieux ».

Le Monde, 11.10.2009

Comme intervention dans un débat des lecteurs du journal *Le Monde* en ligne, composez une appréciation ou une critique de ce fait divers, en répondant à certains des points soulevés.

- **a** Vous considérerez les aspects importants de l'article et/ou de la discussion au quel ou à laquelle vous réagissez.
  Il sera important de bien établir l'importance des arguments présentés, en expliquant clairement pourquoi le débat mérite une intervention de votre part.
- **b** L'objectif de cette intervention est d'expliquer votre point de vue, qu'il soit positif, négatif ou nuancé par des jugements des deux côtés. Vous essaierez de mieux équilibrer le débat par votre intervention.
- **c** Vous rédigerez le texte que vous posterez sur le forum de discussion au sujet de cet article. Celui-ci indiquera clairement ce que vous appréciez ou contestez. Les connecteurs logiques seront des articulateurs temporels et/ou causatifs quand il s'agit d'exposer les idées qui vous préoccupent (*d'abord, ensuite, enfin, car, parce que…*), des articulateurs logiques exprimant la conséquence (*donc, ainsi, par conséquent…*), l'opposition (*cependant, malgré…*).

B2 Aspects géographiques et statistiques : relations « Nord–Sud »

Objectifs

- Découvrir et mieux comprendre quelques aspects majeurs des liens et des écarts « Nord–Sud ».
- Explorer des relations établies par le développement international.
- Réfléchir à propos de quelques objectifs du développement mondial et exprimer des points de vue justifiés dans des débats à ce sujet.
- Interpréter et commenter des présentations par cartes et graphiques.

Remue-méninges

- Selon vous, quel est l'objectif de la représentation de données ci-dessous ?
- Que voudrait dire « *La Ligne de Fracture* » ?
- De quel phénomène économique et social s'agit-il ?
- Que veut dire « pays riche » et « pays pauvre » ?
- De quel genre de « fracture » s'agit-il sur le plan social et culturel ?
- Comment réagissez-vous face aux inégalités démontrées par cette carte ?
- Votre pays d'origine, est-il lié à d'autres par l'aide qu'il donne ou reçoit ? Si oui, auxquels et pourquoi ? Si non, pourquoi pas ?

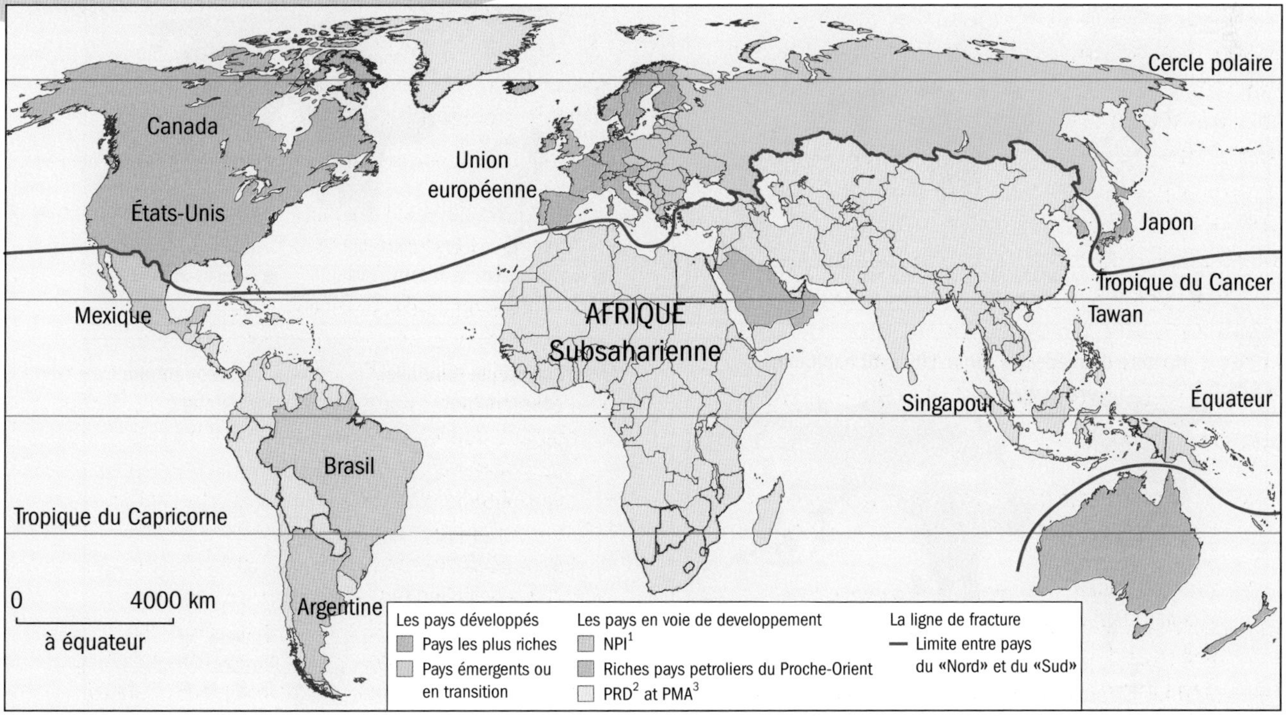

[1] NPI : Nouveaux pays industrialisés
[2] PDR : Pays émergents à developpement rapide
[3] PMA : Pays les moins advancés

Cartographie - Inégalités

La pauvreté dans le monde

Sur les 50 pays les plus pauvres du monde, classés selon l'indicateur de développement humain (IDH) du PNUD[1], 33 sont situés en Afrique subsaharienne. Malnutrition, pauvreté, illettrisme, situation sanitaire désastreuse… le continent est la première victime du creusement des inégalités dans le monde. Si de 1960 à 1980, les pays d'Afrique ont enregistré des progrès sensibles en matière de développement économique et social, ces progrès se sont ralentis, notamment du fait des effets désastreux des plans d'ajustement structurel menés par les institutions financières internationales.

Indicateur de développement humain (IDH)

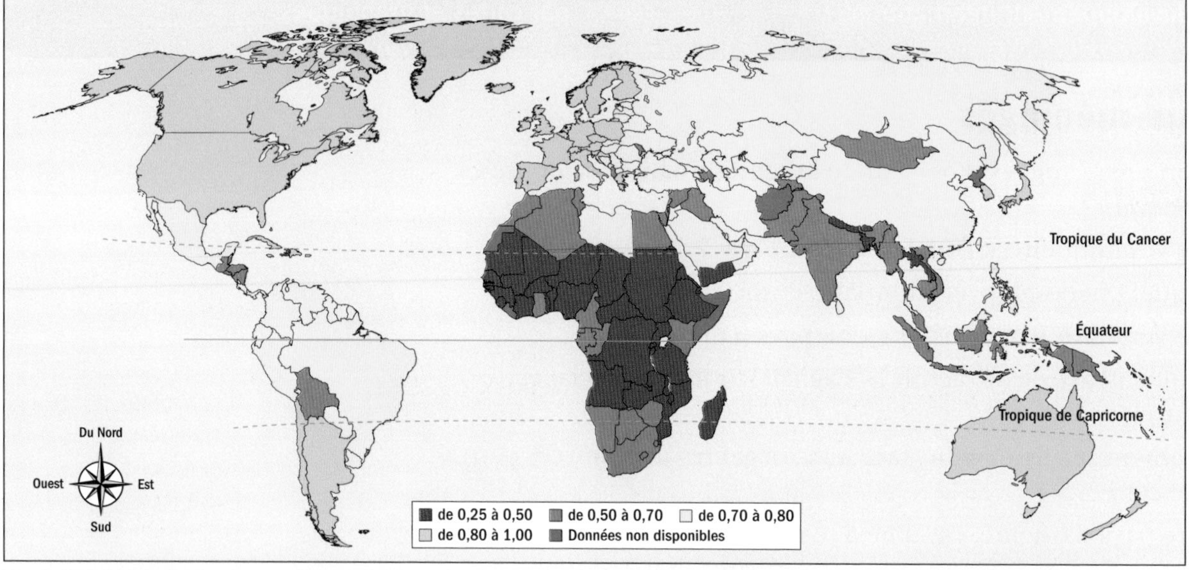

Taux de mortalité infantile (pour 1000 naissances)

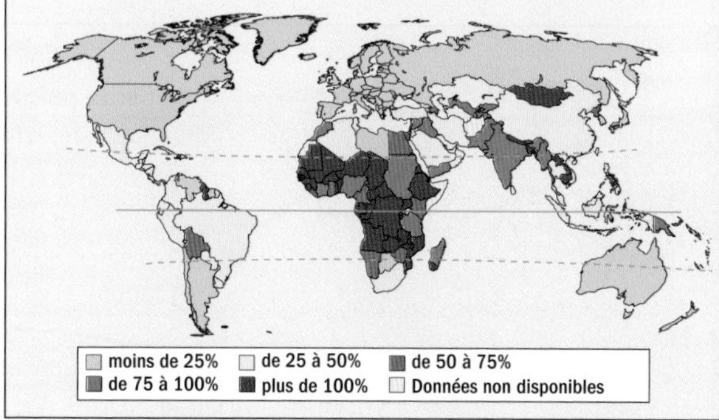

Apport calorique journalier par habitant en 1996

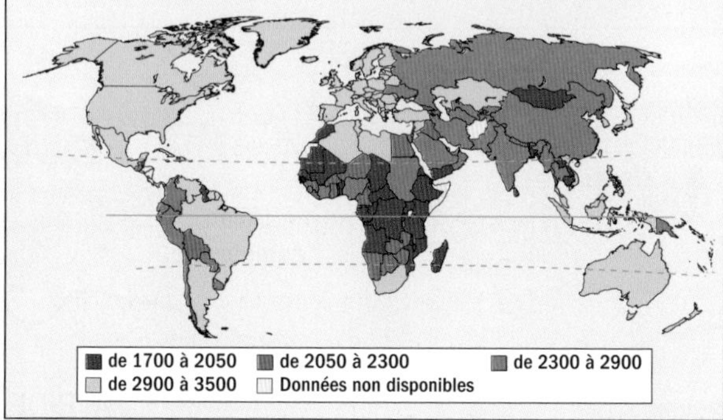

Nombre de médecins (pour 100 000 habitants)

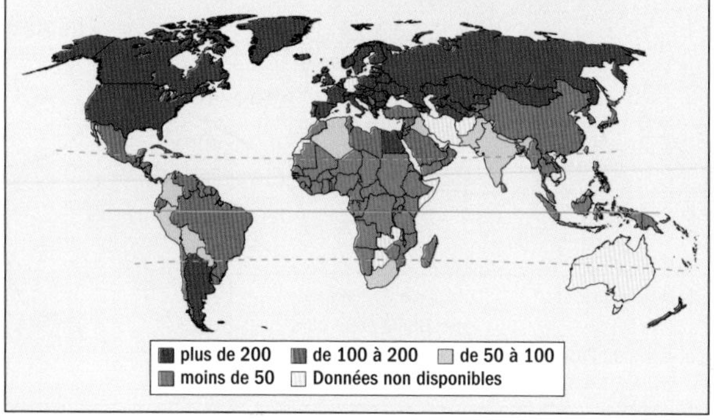

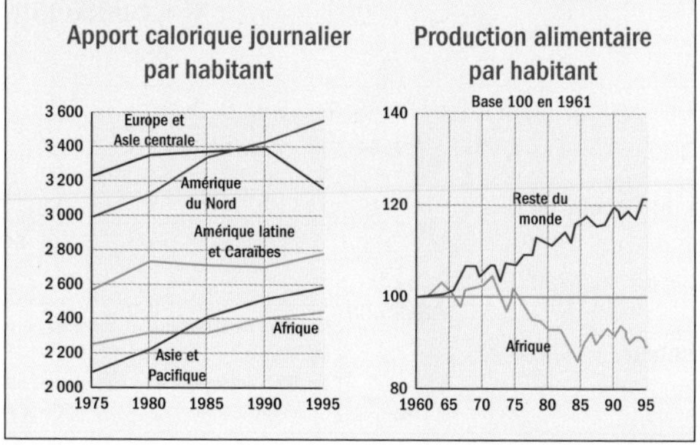

Philippe Rekacewicz
Le Monde Diplomatique, mai 2000

[1] PNUD : Programme des Nations Unies pour le Développement

D'après le texte qui accompagne ces cartes, reliez chaque mot ou expression qui figure dans la colonne de gauche avec son équivalent dans la colonne de droite.

1 subsaharienne	A besoin d'argent
2 pauvreté	B surtout
3 illettrisme	C diminués
4 sanitaire	D de santé publique
5 creusement	E sahélienne, centrale et méridionale
6 enregistré	F banques
7 sensibles	G réalisé
8 ralentis	H analphabétisme
9 notamment	I adaptation
10 ajustement	J évidents
11 institutions financières	K approfondissement

Langue

Ne confondez pas les verbes et les participes, les adjectifs et les adverbes, les formes au singulier et au pluriel. Contrôlez bien pour vous assurer que tout s'accorde et que votre choix de réponse donne quelque chose qui pourrait remplacer les mots ou les expressions originaux, sans changer le sens du texte.

12 Que signifie un « indicateur de développement humain » (IDH) ? Choisissez parmi les définitions données ci-dessous.

- A une donnée sociale qui démontre l'importance de l'éducation dans un pays
- B des statistiques qui montrent si un pays est riche ou pauvre
- C une indication de l'état de santé générale de la population d'un pays
- D un mélange de données différentes pour créer des moyens d'évaluer la qualité de vie dans tous les pays du monde
- E une combinaison de chiffres qui annoncent combien gagne la moyenne des habitants d'un pays donné

13 Les pays pour lesquels on n'a pas de statistiques du niveau de développement humain sont indiqués en quelle couleur ?

14 Quelle carte nous donne les statistiques sur la survie des jeunes jusqu'à l'âge adulte ?

15 Quel graphique nous donne les statistiques sur l'alimentation quotidienne et la malnutrition possible des populations ?

Complétez les phrases qui suivent d'après toutes les données de ces textes, en reliant chaque début avec la fin qui lui correspond. Attention : il y a davantage de fins que de débuts et chaque fin ne peut servir qu'une seule fois.

16 Les pays septentrionaux et méridionaux sont…

17 Les pays en voie de développement…

18 Les enfants africains…

19 Il n'y a pas de gros problème de sous-alimentation des populations…

20 En général, la situation alimentaire du monde…

21 Un des éléments importants du problème africain…

- A sont toujours en voie de développement.
- B se trouvent pour la plupart en zones tropicales.
- C ont un faible risque de mourir jeune.
- D n'ont pas accès facilement aux soins des médecins.
- E généralement classés comme « pays développés ».
- F s'empirent en Afrique.
- G est l'absence de docteurs.
- H sont des pays occidentaux et orientaux.
- I à l'est asiatique, en Afrique et en région pacifique.
- J en Amérique du Nord, en Europe et en Asie centrale.
- K va en s'améliorant.
- L concerne la diminution de la production des denrées comestibles.

Langue

Dans vos choix de réponses, il est essentiel de bien contrôler la concordance entre les sujets et les formes des verbes de chaque phrase.

22 D'après le texte d'introduction qui accompagne ces cartes, quelle est la cause de l'évolution négative de la production alimentaire en Afrique ?

Accueil | A propos du PNUD | Régions | Objectifs du Millénaire pour le développement | Que faisons-nous? | Centre de presse

Objectifs du Millénaire pour le développement (OMD)

A propos des OMD
Objectif par objectif
Stratégies
Le rôle du PNUD
Ressources
Les news
Articles
Discours
Le suivi des OMD
Progrès au niveau mondial
Progrès par pays
Travail avec les pays donateurs

OBJECTIF 1 – Réduction de l'extrême pauvreté et de la faim

L'extrême pauvreté est la réalité quotidienne d'1 milliard d'êtres humains qui vivent avec moins de 1 dollar par jour. Disette et malnutrition se répartissent presque également : plus de 800 millions de personnes n'ont pas assez à manger pour satisfaire leurs besoins quotidiens.

Dans le cas des jeunes enfants, ce déficit peut être dangereux parce qu'il retarde leur développement physique et mental et menace leur survie. Plus du quart des enfants de moins de 5 ans des pays en voie de développement sont mal nourris. Il est pourtant possible de surmonter la pauvreté et la faim.

En Asie, la pauvreté a reculé de façon spectaculaire : le nombre de personnes qui vivent avec moins de 1 dollar par jour a baissé de près d'un quart de milliard entre 1990 et 2001, décennie de croissance économique rapide.

Dans plus de 30 pays, la faim a été réduite d'au moins 25 % en 10 ans. Quatorze de ces pays se trouvent en Afrique subsaharienne, région la plus durement touchée par la faim et la malnutrition.

Cibles et indicateurs

Cible 1A – Réduire de moitié, entre 1990 et 2015, la proportion de la population dont le revenu est inférieur à un dollar par jour

Indicateurs
1.1 Proportion de la population disposant de moins d'un dollar par jour en parité du pouvoir d'achat (1993 PPA[1])

1.2 Indice d'écart de la pauvreté [incidence de la pauvreté x degré de pauvreté]

1.3 Part du cinquième le plus pauvre de la population dans la consommation nationale

Cible 1B – Atteindre le plein emploi productif et un travail décent pour tous, y compris les femmes et les jeunes

Indicateurs
1.4 Taux de croissance du PIB[2] par travailleur

1.5 Ratio emploi/population

1.6 Proportion de la population employée vivant avec moins d'un dollar par jour (PPA)

1.7 Proportion de travailleurs indépendants et de travailleurs familiaux dans l'emploi total

Cible 1C – Réduire de moitié, entre 1990 et 2015, la proportion de la population qui souffre de la faim

Indicateurs
1.8 Pourcentage d'enfants de moins de 5 ans présentant une insuffisance pondérale

1.9 Proportion de la population n'atteignant pas le niveau minimal d'apport calorique

Forum aux questions · Contactez-nous · Droits d'auteur et d'utilisation ·
Ligne directe pour les enquêtes · Politique en matière de divulgation de l'information · Emplois

UN: Programme des Nations Unies por le développement

[1] PPA : parité du pouvoir d' achat ou comparaison selon le pouvoir d' achat en devises nationales. Cela indique le niveau général des prix ou le coût de la vie.
[2] PIB : produit intérieur brut ou la richesse global d'un pays.

Pour bien naviguer sur ce site web, où cliqueriez-vous ? Indiquez la rubrique qu'il faudrait sélectionner pour mieux vous orienter, pour trouver des réponses à des questions, et pour plus d'information sur les sujets donnés ci-dessous dans les questions 1–8.

1 Pour bien comprendre ce qu'est le Programme des Nations Unies pour le Développement.

2 Pour trouver des informations médiatisées et des articles sur les divers aspects du développement mondial.

3 Pour vous informer sur la politique générale du PNUD.

4 Pour lire ce que disent les hommes politiques et les responsables du programme.

5 Pour un résumé et une mise à jour de la réalisation des objectifs du Millénaire pour le développement.

6 Pour communiquer avec les services onusiens[1].

7 Pour contrôler la position du PNUD en ce qui concerne le plagiat, si vous vous servez de ses informations pour un projet de recherches ou un mémoire par exemple.

8 Pour travailler au PNUD.

9 D'après le premier objectif du Millénaire pour le développement, comment définit-on « l'extrême pauvreté » ?

10 Quelle est l'étendue du problème de la malnutrition dans le monde d'aujourd'hui ?

11 Dans ce contexte, quelle est la signification précise de « disette » ?

12 Les affirmations suivantes, basées sur le premier objectif du Millénaire sont vraies, fausses, ou non-dites dans le texte ? Justifiez votre réponse par les mots du texte si l'affirmation est vraie ou fausse.

a Un régime pauvre en nutriments risque d'endommager tous les aspects de la santé des enfants.
b 20% des enfants de plus de cinq ans n'a pas assez à manger.
c Les problèmes de malnutrition ne sont pas inévitables dans le monde actuel.
d Entre 1990 et 2001, plus de 200.000.000 Asiatiques ont augmenté leurs revenus quotidiens de plus d'un dollar.
e Tout comme l'Asie, l'Afrique connaît un recul de l'extrême pauvreté.
f L'Afrique du Nord souffre le plus du manque de vivres pour sa population.

13 En 2015, la cible du programme du Millénaire des Nations unies est de faire baisser le taux de gens dans le monde classés en 1990 comme « extrêmement pauvres » : à quel pourcentage souhaite-t-on parvenir ?

14 Par quels indicateurs statistiques mesurera-t-on l'efficacité du programme sous la Cible 1A ? De tous ceux donnés ci-dessous lequel est à exclure comme n'étant pas pertinent ?

A économiques
B démographiques
C sociaux
D nationaux
E onusiens

Techniques de travail

Avant d'aborder les tâches qui suivent, préparez-vous. Ne focalisez pas sur une compréhension exacte de chaque mot ou expression du texte – il y en a beaucoup de très techniques et spécialisés qui n'entrent pas dans le vocabulaire quotidien des Francophones !

Concentrez-vous plutôt sur le sens général de chaque partie du texte et servez-vous du contexte pour déduire le sens des éléments peu familiers.

15 Dans l'explication de la Cible 1B, quel mot indique l'intention d'arriver au but défini ?

16 Quelle expression est l'opposée de « chômage » ?

17 Quelle expression veut dire « sans exception » ?

18 Quelle expression signifie ceux ou celles qui ne sont pas employé(e)s par une organisation quelconque ?

19 La Cible 1C vise quels groupes démographiques ?

20 Chez qui le problème de ne pas gagner en poids est-il particulièrement grave ?

21 Quelles seraient les conséquences si on n'atteignait pas le niveau minimal d'apport calorique journalier ?

[1] onusien : de l'UN

Pour aller plus loin

- Consultez le site web du PNUD à l'adresse www.pnud.org. Choisissez un aspect des défis du développement mondial qui vous intéresse. Explorez-le en vous focalisant sur la situation dans votre pays d'origine ou dans celui où vous habitez, et dans le pays francophone en voie de développement de votre choix. Présentez les résultats de votre recherche sous forme graphique par exemple : carte, graphique formatté différemment, etc. Exposez les résultats de toutes vos recherches pour discuter de la nature des défis et des avantages et des inconvénients des représentations choisies par les élèves de la classe. Aident-elles à bien comprendre l'essentiel des problèmes, ou s'agit-il plutôt de déformations de la réalité par des omissions ou par une concentration excessive sur un seul aspect isolé des phénomènes du développement ?
- Dans quelle mesure des différends importants et actuels opposent-ils les pays développés et les pays en voie de développement ? Quel genre de liens les unissent encore ? Trouvez-en quelques exemples concrets.

  Faites des recherches sur la politique appelée « *Françafrique* ».

  En quoi a-t-elle consisté et en quoi consiste-t-elle toujours de nos jours ? La trouvez-vous équilibrée, juste, ou tout simplement nécessaire ?

  Comment devrait-elle évoluer selon vous ?
- En vous inspirant de vos études tout au long de cette unité et dans le cadre de votre programme CAS, comment pourriez-vous satisfaire de façon pratique aux besoins d'internationalisme et de respect de la diversité culturelle qui fondent le *Programme du Diplôme* ?

  Rédigez une proposition de projet CAS à soumettre à votre coordonnateur de programme pour obtenir son approbation. Il faudrait bien spécifier les heures que vous voudriez y dédier et indiquer clairement comment vos idées correspondent aux objectifs du programme CAS, comment vous les réaliserez et évaluerez vos actions et les problèmes éventuels que vous prévoyez de rencontrer dans la réalisation de cette proposition.

Théorie de la connaissance

- Dans quelle mesure peut-on décrire avec vraisemblance au moyen de cartes, de graphiques et de statistiques, la réalité de la vie quotidienne ?
- Comment pourrait-on représenter et évaluer l'importance des exceptions qui ne suivent pas la règle générale ?

  Selon les schémas présentés dans cette unité, seriez-vous plutôt en situation « typique » ou « exceptionnel(le) » dans la région où vous habitez ?
- Les grandes organisations internationales telles que l'ONU et le PNUD établissent régulièrement des indices statistiques du « niveau de développement humain », illustrées dans cette unité.

  Recherchez un peu plus de détails sur votre pays d'origine ou sur le pays où vous habitez.

  Dans quelle mesure le niveau de développement économique d'un pays influence-t-il sa culture ?

  Trouvez des exemples de vie quotidienne dans deux pays différents que vous connaissez bien.

Activités orales

1 Étudiez cette image de Plantu (artiste français de bande dessinée) et préparez vos réponses aux questions posées ci-dessous.

Soyez prêt(e) à développer vos idées lors d'une discussion avec votre interlocuteur.

La diversité dans les relations Nord-Sud

a Quelles sont les pensées et les réflexions que cette image cherche à amener ?

b Devrait-on prendre son message de façon littérale ou s'agit-il de généralisations stéréotypées ? Justifiez votre interprétation.

c Que diriez-vous aux gens qui pensent que cette représentation montre une vérité absolue ou déforme la vérité par la simplification et la caricature ?

d Quelle est l'importance, pour vous, des écarts économiques entre les populations du monde ? Et entre vous et vos amis actuels ou potentiels de telles distinctions culturelles, posent-elles des problèmes pour votre amitié ?

2

Les 10 premiers pays ayant gagné des médailles (or/argent/bronze) aux Jeux Olympiques de Pékin, été 2008.	10 des 18 pays n'ayant gagné aucune médaille aux Jeux Olympiques jusqu' a ce jour.
Chine	Andorre
États-Unis	Cambodge
Russie	Gabon
Royaume Uni	Laos
Allemagne	Mauritanie
Australie	Monaco
Corée du Sud	République centrafricaine
Japon	Seychelles
Italie	Tchad
France	Vanuatu

Étudiez l'image et le tableau ci-dessus et préparez des réponses aux questions suivantes. Soyez prêt(e) à discuter vos idées.

a Que comprenez-vous de ce tableau ? Que pourrait être l'objectif recherché par de telles comparaisons ?

b L'aspect le plus important en sport, est-il le talent individuel ?

Dans quelle mesure peut-on parler de pays « favorisés » ou « défavorisés » en ressources sportives ?

Que pouvons-nous comprendre du niveau de développement des différentes régions du monde par des références à des listes de ce genre ?

c Comment votre pays d'origine ou pays dans lequel vous habitez maintenant se situe-t-il sur ce plan ?

Trouvez-vous sa situation juste ou injuste ?

Que faudrait-il faire pour remédier aux problèmes qui persistent ?

Justifiez vos arguments.

Production écrite

Scénario : Vous venez d'apprendre qu'une catastrophe naturelle dans un pays en voie de développement aurait coûté la vie à plusieurs milliers de pauvres (voire dizaines ou centaines de milliers), aurait fait perdre leur domicile à la plupart des survivants, et aurait créé des dégâts très importants pour l'économie de ce pays.

a Ensemble, avec vos camarades de classe, établissez un scénario précis et vraisemblable auquel vous pourrez tous répondre : par exemple, déterminez la nature et la sévérité de la catastrophe ; le pays affecté ; la situation des survivants ; la nature des dégâts constatés (pertes de domiciles, de moyens de vivre, d'animaux et de moissons, d'infrastructures telle que les lignes de communication, la production d'électricité, l'approvisionnement en eau potable, les bases de production industrielle, etc.) ; les possibilités d'aide internationale, venue surtout des pays développés capables d'intervenir de façon ciblée et efficace ; les mesures à prendre pour éviter ou atténuer les effets d'autres catastrophes de ce genre à l'avenir.

b La deuxième étape de préparation est de décider d'un plan d'action de ce que vous pourriez faire, en tant que groupe d'élèves, pour aider à court, moyen et à plus long terme. Vous allez, chacun, créer des textes différents pour faire avancer votre objectif et apporter votre aide dans ces trois catégories de planification.

c Dans une troisième étape, décidez entre vous les genres de textes dont vous aurez besoin et que chacun d'entre vous rédigera en au moins un exemplaire comme contribution à votre plan d'action global. (Les productions seront toutes différentes. Vous pourriez par exemple choisir entre de la publicité, une brochure, une lettre personnelle à une célébrité ou à un mécène possible, un appel aux autres élèves de votre école, aux habitants de votre ville ou région, une lettre à des autorités compétentes, des messages de soutien, des offres d'aide, des présentations qui sauraient motiver l'engagement des autres, etc.)

d Rédigez votre texte et proposez des solutions à court, moyen ou long terme, comme contribution au plan d'action global.

e Établissez un comité qui discutera l'efficacité de chaque production pour la promotion de votre campagne et décidera ce qui sera publié pour apporter de l'aide aux sinistrés. La discussion se focalisera sur l'efficacité de chaque moyen de communication proposé pour arriver à vos fins, suite à la considération des points forts et faibles du genre de production choisie.

B3 Le patrimoine culturel

Objectifs

- Comprendre en quoi consiste un patrimoine culturel.
- S'informer sur les controverses de la question de « propriété culturelle ».
- Considérer les droits des individus et des groupes par rapport à la propriété immatérielle.

Remue-meninges

- Que pensez-vous des œuvres d'art célèbres illustrées ci-dessous ?

  Aujourd'hui elles sont exposées à Paris au musée national du Louvre. Elles font ainsi partie du patrimoine national français, mais sont reconnues comme œuvres d'importance artistique mondiale.

  Dans quel sens, d'après vous, appartiennent-elles au musée national du Louvre, ou à la France ?

  Devraient-elles être exposées dans leur pays d'origine ?

  Ou même rapatriées de façon permanente, dans une restitution culturelle par la France à la Grèce et à l'Italie ?
- Quel objet ou œuvre d'art symbolise pour vous la culture d'un pays francophone que vous connaissez ?
  Quelles sont ses qualités qui le rendent approprié et célèbre comme symbole ?
  Où se trouve-t-il et à qui appartient-il ?
- Si vous deviez identifier des objets particulièrement représentatifs de votre culture, lesquels seraient-ils ? Justifiez votre choix en expliquant où ils se trouvent actuellement, qui en est propriétaire, comment ils sont exposés au public et pourquoi ils sont importants sur le plan culturel.
- Peut-on être « propriétaire » des idées, d'un concept, d'une méthode, d'un processus, d'une recette, de quelque chose qui n'existe pas de façon concrète ? Si oui, qu'entendez-vous par cela ? Si non, à qui appartient les droits d'exploitation ?
- Dans les cas où il s'agit du patrimoine culturel de l'humanité ou de quelque chose d'immatériel, de quel genre de droits à la propriété devraient bénéficier les particuliers et les groupes distincts ? Peut-il être question de plagiat, ou même de vol, si quelqu'un d'autre s'en sert à ses propres fins ? Si oui, dans quelles circonstances ? Si non, pourquoi pas ?

▲ La Vénus de Milo (Statue antique trouvée sur l'île grecque de Milos dans la Mer Égée)

▲ La Joconde (Tableau de l'Italien Léonard de Vinci)

UNE CULTURE MONDIALISEÉ ?

– Les films, DVD, émissions TV et radio, jeux électroniques, articles de journaux circulent à travers le monde. Ils sont téléchargés, piratés, échangés, vendus et achetés; donc accessibles à tous[1].

– Où est le problème ?

– Certains pays de l'UE (Union européenne), le Canada et des pays du Sud estiment que les productions culturelles sont porteuses de valeurs propres, et non de simples marchandises de divertissement. Dès lors elles doivent être soutenues, financées et protégées par les Etats.

– Ils ont peur que le cinéma suisse[2], la TV romande[3] et le Gruyère d'alpage[4] disparaissent ?

– C'est un peu ça.

– Qu'est-ce qu'ils proposent ?

– La communauté internationale a adopté, le 20 octobre 2005, un projet de Convention sur la protection et la promotion de la diversité culturelle, projet que les Etats-Unis et Israël n'ont pas accepté. Cette Convention entrera en vigueur dès que 30 pays l'auront ratifiée.

– Elle dit quoi, ta Convention ?

– La culture n'est pas une marchandise comme les autres. Il faut donc que les Etats puissent disposer d'outils juridiques pour défendre leur patrimoine culturel. Mais l'application concrète de ce principe n'est pas encore garantie !

– J'ai la dalle ! Je vais me taper un "Tasty" au MacDo du coin – du bœuf suisse avec des tranches d'Emmental ! Ça déchire grave !

Et moi dans tout ça ?

Certains craignent que la **(...8a...)** et la commercialisation de productions **(...8b...)** (films, DVD, émissions TV et radio, jeux électroniques, articles de journaux) ne débouchent sur une sorte de culture **(...8c...)** uniformisée. **(...8d...)** entraînerait la disparition de productions culturelles nationales ou locales, pas toujours rentables sur le plan **(...8e...)**. Les productions culturelles **(...8f...)** sont diffusées avec **(...8g...)** à travers le monde. Elles véhiculent un modèle de société, des **(...8h...)**, des comportements.

Tu es consommateur de cette culture mondialisée. Réponds à ces questions pour voir ce que tu en penses :

- Quelles valeurs sont couramment transmises à travers les films, les DVD, la TV... ?
- Qu'en penses-tu ? Argumente à partir d'exemples concrets (jeux vidéo ou séries TV) ?
- Ces modèles t'irritent-ils ? Te font-ils rêver ? Te laissent-ils indifférent ?
- As-tu envie de ressembler aux protagonistes des séries ou des jeux vidéo, de les imiter ou de t'en distancer ? Pourquoi ?

T'est-il difficile de répondre à ces questions ? Si oui, pourquoi ?

Swiss Centre for Global Education

[1] Seul un cinquième de la population mondiale dispose des moyens techniques donnant accès aux productions culturelles mondialisées.
[2] Sur 100 films projetés en Suisse, 5 sont suisses.
[3] Elle touche le produit de la redevance de réception pour s'acquitter du mandat de prestations que le Conseil fédéral lui a délivré, à savoir produire et diffuser, sur l'ensemble du territoire et dans les quatre langues nationales, des programmes équivalents de radio et de télévision. C'est-à-dire des programmes pour un petit marché subdivisé en quatre langues, de sept millions de personnes au total.
[4] Le Gruyère AOC doit son nom à la région de la Gruyère, dans le canton de Fribourg, en Suisse. Son terroir d'origine, reconnu par l'Appellation d'origine contrôlée (AOC) qui lui a été accordée en juillet 2001, se compose des cantons de Fribourg, Vaud, Neuchâtel, Jura et de quelques communes du canton de Berne.

1 Quelles sont les six formes de culture mondialisée dont il est question dans la discussion reproduite dans ce texte ?

2 Quels sont les quatre moyens mentionnés, par lesquels on peut se procurer des copies ?

3 Dans la question de la défense du patrimoine culturel, une des opinions données ci-dessous n'est pas partagée par le Canada, certains pays du Sud et membres de l'Union Européenne. Laquelle ?

- A Les média transmettent les éléments fondamentaux de leur culture d'origine.
- B La raison d'être des média est de divertir les lecteurs, les audiences, les spectateurs.
- C Les gouvernements ont le droit d'aider les média à faire de la publicité culturelle.
- D Les particularismes culturels de chaque pays vont être progressivement éliminés par la mondialisation.
- E La diversité culturelle du monde devrait être protégée par les Nations Unies.

4 Combien de pays-membres des Nations Unies doivent se mettre d'accord sur la « Convention sur la protection et la promotion de la diversité culturelle » pour qu'elle commence à être appliquée dans le monde ?

5 Quel principe sera établi par l'entrée en vigueur de cette Convention ?

6 Par quelles expressions familières signale-t-on les affirmations données ci-dessous ?

- a J'ai envie de boire quelque chose !
- b Je me procurerai…
- c J'en ai vraiment envie !

7 Le changement de registre de la conclusion du dialogue s'explique comment ? Deux des options données ci-dessous sont vraisemblables. Lesquelles ?

- A Une touche d'ironie humoristique.
- B Une mauvaise éducation du garçon.
- C Le manque de compréhension de la Convention de la part du garçon.
- D La peur du garçon qu'il ne reste pas assez de temps pour faire appliquer la Convention.
- E Une confusion sur les origines nationales du menu des restaurants McDonald's en Suisse.

Et moi dans tout ça ?

8 Ajoutez les mots ou expressions qui manquent dans le premier paragraphe, en les choisissant dans la liste proposée ci-dessous. Attention : il y a plus de mots ou expressions que d'espaces et chaque mot ou expression ne peut être utilisé(e) qu'une seule fois.

CELLE-CI CELUI-LÀ CULTUREL CULTURELLES ÉCONOMIQUE EFFICACITÉ MONDIALE MONDIALISATION MONDIALISÉES NATIONALE PRINCIPES VALEURS

En vous basant sur toute cette partie, reliez les mots ou expressions du texte figurant dans la colonne de gauche avec leurs équivalents qui se trouvent dans la colonne de droite.

9 Ce qui rend chaque culture distincte…

10 Les valeurs de certaines cultures sont…

11 Les questions posées servent…

12 Par cette activité, on veut…

- A incompatibles avec le processus de la mondialisation.
- B à sensibiliser les jeunes à la propagande culturelle des média.
- C promues par une médiatisation mondiale.
- D pourrait disparaître grâce à la mondialisation des média.
- E faire la promotion des effets positifs de la mondialisation.
- F développer l'esprit critique des jeunes face aux média.
- G à tester les connaissances des média de la part des jeunes.
- H coûte trop cher dans un marché mondial.

Notes explicatives

13 Toutes les affirmations suivantes sont fausses. Corrigez-les en vous servant des mots du texte si vous voulez.

- a 25 % d'habitants de notre planète ne peut pas profiter d'œuvres destinés à un public international.
- b Les cinémas suisses ne montrent aucune production étrangère.
- c La télévision francophone en Suisse ne concerne que la Suisse Romande.
- d Personne ne peut fabriquer de Gruyère authentique (célèbre fromage suisse) à moins qu'il n'habite le canton de Fribourg.

Attention !

Soyez sûr(e) d'avoir bien compris le sens des expressions négatives avant de composer vos réponses !

L'UNESCO demande l'interdiction du commerce des œuvres d'art haïtiennes pour éviter le pillage du patrimoine culturel du pays

L'UNESCO lance une campagne visant à protéger du pillage le patrimoine mobilier d'Haïti, notamment les collections d'art présentes dans les musées, les galeries et les églises endommagés du pays suite au tremblement de terre de 2010.

La Directrice générale de l'Organisation, Irina Bokova, a écrit au Secrétaire général des Nations unies, Ban Ki-Moon, pour solliciter son soutien afin d'éviter la dispersion du patrimoine culturel haïtien.

« Je vous serais très reconnaissante », écrit-elle, « si vous pouviez demander à votre envoyé spécial en Haïti et Secrétaire général adjoint aux affaires humanitaires ainsi qu'aux autorités compétentes chargées de superviser la coordination de l'aide humanitaire des Nations unies à Port-au-Prince – la Mission des Nations unies pour la stabilisation en Haïti (MINUSTAH) et le Département des opérations de maintien de la paix – d'assurer, autant que possible, la sécurité immédiate des sites où se trouvent ces œuvres d'art. »

Irina Bokova demande aussi à Ban Ki-Moon d'envisager de recommander au Conseil de sécurité d'adopter une résolution instituant une interdiction temporaire du commerce ou du transfert des biens culturels haïtiens. La Directrice générale propose également que des institutions comme Interpol et l'Organisation Mondiale des Douanes (OMD), entre autres, contribuent à la mise en œuvre d'une telle interdiction.

La Directrice générale cherche aussi à mobiliser la communauté internationale dans son ensemble ainsi que les professionnels du marché de l'art et des musées afin que cette interdiction prenne effet. « Il est particulièrement important », insiste-t-elle dans sa lettre, « de vérifier l'origine des biens culturels qui pourraient être importés, exportés et/ou mis en vente, notamment sur Internet. »

Étant donné les expériences passées de l'UNESCO en Afghanistan et en Iraq, la Directrice générale indique qu'elle compte s'appuyer sur les experts nationaux et internationaux pour orienter et coordonner l'aide nécessaire afin de protéger le patrimoine culturel d'Haïti. « Ce patrimoine », souligne-t-elle, « est une source d'identité et de fierté inestimable pour les habitants de l'île et sera essentiel au succès de leur reconstruction nationale. »

Il est important d'éviter que les chasseurs de trésors fouillent les décombres des nombreux lieux emblématiques qui se sont effondrés pendant le séisme de 2010, comme l'ancien Palais présidentiel et la cathédrale de Port-au-Prince, ou de nombreux bâtiments de Jacmel, la ville coloniale française du XVIIe siècle, qu'Haïti envisageait de proposer pour inscription sur la liste du patrimoine mondial de l'UNESCO.

Le seul bien inscrit sur la liste (le Parc national historique – Citadelle, Sans Souci, Ramiers) avec son palais royal et sa grande forteresse, a été épargné par le tremblement de terre. C'est également le cas des principaux musées et lieux d'archives du pays.

L'UNESCO a déjà contribué à sauvegarder les archives historiques exceptionnellement riches de l'historien haïtien Georges Corvington. Elle contribue également aux efforts visant à sauver les fresques ou les vestiges significatifs des remarquables peintures murales qui ornaient la Cathédrale épiscopale de la Sainte-Trinité de Port-au-Prince.

UNESCO

Notez bien : La capitale d'Haïti s'appelle Port-au-Prince.

1 Que veut l'UNESCO, d'après l'introduction de cet article ?

Choisissez parmi les options données ci-dessous.

- A Une vente d'œuvres d'art haïtiennes pour créer des fonds supplémentaires destinés à aider les victimes de la catastrophe de 2010.
- B La conservation des œuvres d'art haïtiennes en Haïti.
- C De nouvelles lois qui empêcheraient les voleurs de profiter de la catastrophe de 2010.
- D La protection des cultures par la conservation de leur production artistique dans des musées et des galeries d'art.
- E Promouvoir le patrimoine culturel d'Haïti par des expositions publiques de ses œuvres d'art.
- F Protéger la culture artistique haïtienne en défendant la vente irrégulière de ses productions.

2 Quel événement aurait occasionné cette politique précise de l'UNESCO à l'égard d'Haïti ?

3 En vous basant sur les deux premiers paragraphes du texte, identifiez les personnes et groupes suivants par leurs noms ou leurs fonctions :

- a Irina Bokova
- b Ban Ki-Moon
- c « vous »
- d « elle »
- e l'envoyé spécial de l'ONU en Haïti
- f les autorités onusiennes compétentes à Port-au-Prince

En vous basant sur les troisième et quatrième paragraphes du texte, reliez le début de la phrase de la colonne de gauche (4–8) à la fin appropriée qui se trouve dans la colonne de droite (A–K). Attention : il y a plus de fins que de débuts.

4 Pour Irizna Bokova, la défense de commercialiser ou de faire exporter les œuvres d'art haïtiennes…

5 Une quelconque résolution désignerait…

6 Très important dans l'application efficace d'une interdiction de transferts…

7 Il faudra surtout contrôler…

8 Les ventes illégales…

- A sont les commerçants et les directeurs de musées.
- B serait provisoire.
- C les Nations unies comme autorité compétente à instaurer une interdiction de commerce en œuvres d'art.
- D l'identité des exportateurs et des vendeurs.
- E sont tous les membres des Nations unies.
- F l'Interpol et l'OMD comme responsables de son application.
- G est primordiale.
- H si l'objet à exporter est haïtien ou pas.
- I se fait virtuellement.
- J sont les ministères compétents haïtiens.
- K passent surtout par l'Internet.

9 D'après le cinquième paragraphe, dans quel pays l'UNESCO a-t-il éte confronté à des problèmes récents et similaires ?

10 Qui sera responsable des programmes de l'UNESCO en Haïti ?

11 Selon Irina Bokova, que faudra-t-il pour garantir le succès de la reconstruction haïtienne, suite à la catastrophe de 2010 ?

12 Pourquoi serait-il important que les œuvres d'art ne soient pas déplacées ?

13 Quel est le danger qui nécessite l'intervention de l'UNESCO ?

14 Les voleurs pourraient être attirés par les objets de valeur qui se trouvent à l'intérieur de quels monuments endommagés ?

15 Pourquoi la ville de Jacmel a-t-elle une importance particulière pour l'UNESCO ?

16 Suite au tremblement de terre de 2010, dans quel état se trouve le patrimoine d'Haïti déjà reconnu d'importance mondiale ?

17 Lesquels des biens culturels haïtiens, donnés ci-dessous ont bénéficié des interventions de l'UNESCO ?

- A Les collections d'art des musées et des galeries nationaux
- B Les collections du Palais Présidentiel
- C Les œuvres d'art de la Cathédrale de la Sainte-Trinité
- D Les édifices coloniaux de Jacmel
- E L'ancien Palais Royal
- F La forteresse de Sans Souci
- G Les archives de Georges Corvington

Pour aller plus loin

- Une liste de lieux inscrits au Patrimoine mondial de l'humanité se trouve sur le site web de UNESCO. Avec vos camarades de classe, choisissez chacun un site différent et trouvez des informations pour le décrire aux autres, pour essayer de justifier pourquoi il doit figurer sur cette liste et pour répondre à des questions éventuelles.

  Y a-t-il d'autres lieux que vous connaissez qui devraient y figurer ? Pourquoi, à votre avis, certains ont-ils été choisis et d'autres exclus de cette liste de l'UNESCO ?

- Suite à vos lectures dans le cadre de cette unité, participez à une discussion en classe qui abordera des questions parmi celles qui suivent.

  Que veut dire pour vous, la notion de « propriété culturelle » ? Et de la « propriété intellectuelle » ?

  En quoi consiste la responsabilité des individus dans le domaine du respect et de la conservation du patrimoine culturel de l'humanité, ou d'un patrimoine culturel national ?

  En tant qu'individu, que peut-on faire concrètement à cet égard, pour essayer de remplir les critères d'intégrité de l'apprenant dans le cadre des programmes du Baccalauréat International ?

  Quels seraient les droits des autres à exploiter vos propres productions, de tout genre, soit dans le cadre de vos études, soit ailleurs ?

À la fin de vos discussions, rédigez ensemble une déclaration qui montre les principes d'intégrité qu'on demande des nouveaux étudiants du Baccalauréat International.

Théorie de la connaissance

- Vous vous êtes inscrit(e) à un programme du Baccalauréat International. Celui-ci a été développé par des éducateurs mondiaux, parfois de culture différente, voire même très distincte.

  Dans quelle mesure pensez-vous que le programme vous offre une éducation authentiquement « internationale » et « interculturelle » ? Comment a-t-on réussi à vous communiquer et à faire vivre ces dimensions ? Trouvez des exemples concrets pour étayer vos réponses.

  Identifiez les aspects du programme que vous trouvez étranges ou difficiles à adopter pour des raisons liées aux perspectives distinctes et aux sentiments propres à votre culture.

  Comment tentez-vous de résoudre les conflits, personnels et intérieurs à vous-même, soit sociaux entre vos amis et vos camarades de classe, qui peuvent en sortir.

  Comment essayez-vous de vous adapter aux perspectives internationales et interculturelles, malgré les défis que peuvent vous poser votre propre culture ?

- Quelle place doit détenir votre culture nationale dans une éducation internationale et interculturelle ? Devez-vous la défendre ? L'adapter ? La valoriser avec fierté aux autres ? Inviter les autres à la partager avec vous ? L'abandonner en partie, ou complètement ? Vous acculturer à une nouvelle culture internationale ? Justifiez votre point de vue.

- Dans son livre de 1840 « *Qu'est-ce que la propriété ?* » l'anarchiste français, Pierre-Joseph Proudhon a répondu à sa propre question, en déclarant que « *La propriété, c'est le vol !* »

  Est-il juste que des individus, des groupes, des communautés, des sociétés commerciales, ou même des pays peuvent protéger leurs idées ou leurs productions culturelles, offertes au public mondial par le biais de la médiatisation, par des droits d'auteur, des appellations d'origine contrôlée, et similaires ?

  Peut-on être « propriétaire » d'idées que vous pensez être originales et propres à vous, même si quelqu'un d'autre les a eues avant vous ou vous a influencé, peut-être même à votre insu ?

  Dans quel sens et quelle mesure peut-on parler de « propriété culturelle », « propriété immatérielle », ou « propriété intellectuelle » selon vous ?

Activités orales

1 Le Coordonnateur du Diplôme de votre école vient d'accuser un de vos camarades d'avoir fait preuve de plagiat dans son mémoire, avant de l'envoyer à l'examinateur. Il vous a demandé de vous regrouper afin de discuter ce qu'il faudrait faire dans ce cas. Il veut que vous lui indiquiez quelle sanction serait appropriée.

Établissez ce que vous comprenez par « plagiat », et discutez les sanctions possibles à faire appliquer à ce camarade, au cas où il/elle serait coupable.

Vous pouvez aborder la tâche en vous divisant en deux groupes : l'un défendra ce camarade, face à l'accusation de plagiat, et l'autre représentera l'école dans son devoir de respecter et de faire appliquer la politique du Baccalauréat International.

2 Lisez cet extrait d'un article polémique.

Patrimoine culturel : la France va restituer…

Didier Kala

Après des siècles de spoliation culturelle des nations du tiers-monde, les cas se multiplient où ceux-ci se rebiffent et réclament que leur soient retournés les biens pillés. […] Les musées en sont remplis et les touristes repartent les poches pleines de leurs reproductions, croyant emmener avec eux un petit bout de France monté sur un porte-clés. […] Or la Vénus de Milo, Léonard de Vinci ou l'Obélisque de la Concorde ne sont pas français, qu'on se le dise : ils viennent de Milo, de Vinci, et de Louxor. […] Pour cette raison, et parce qu'une identité nationale, fût-elle d'une autre nation, ça se respecte, le gouvernement a choisi d'être proactif et de restituer à leur pays d'origine les centaines de milliers d'articles cosmopolites et décadents qui leur ont été « empruntés ».

Organisez-vous en groupes prêts à présenter des exemples d'objets d'art exposés dans des musées étrangers, tels que ceux donnés en bas de cette page, qui devraient soit (a) rester sur place, soit (b) être restitués à leurs pays d'origine. Vous pouvez chercher ces objets sur Internet si vous ne les connaissez pas.

Chaque élève ou groupe d'élèves choisit un objet et un argument pour la conservation du statut actuel ou la restitution.

Pour chaque rôle on fera un travail de recherche et de préparation afin d'avoir un débat en classe dont le thème sera « La culture d'un pays est représentée dans ses traditions artistiques ».

À la fin de vos discussions, peaufinez la déclaration suivante et votez pour, contre ou abstenez-vous : « Les collections des grands musées du monde font partie intégrante du patrimoine mondial et doivent rester intacts ! »

Sophie, 20 ans, fan de musique, risque trois ans de prison pour piratage sur Internet.

1 Sophie a fait quoi exactement ?

2 Pourquoi serait-il illégal dans beaucoup de pays du monde ? Est-ce un comportement que vous pouvez accepter ? Justifiez votre point de vue.

3 Quelles sont les raisons, selon vous, pour lesquelles on a créé cette publicité ? Les sanctions annoncées vous paraissent-elles justes ?

4 Dans quelle mesure les musiciens doivent-ils être protégés contre le piratage ? Y a-t-il des avantages qu'ils peuvent se procurer du téléchargement gratuit de leur musique ? S'agit-il d'un problème important ? Si oui, comment peut-on protéger les artistes ?

5 En vous référant à votre propre culture, comment peut-on expliquer l'attitude de certains de vouloir protéger les productions culturelles, face à l'exploitation commerciale ?

Arguments pour la Vénus de Milo, chef d'œuvre d'art antique : **a** Elle doit rester au Louvre à Paris. **b** Elle doit être restituée à l'île de Milos, en Grèce.	Arguments pour les chefs d'œuvre d'art africain : **a** Ils doivent rester au Musée Royal de l'Afrique, à Tervuren, en Belgique. **b** Ils doivent être restitués aux pays africains concernés, tels que le Burundi, le Congo et le Rwanda.
Arguments pour l'Obélisque de Louxor : **a** Elle doit rester à la Place de la Concorde à Paris. **b** Elle doit être restituée aux temples de Louxor, en Égypte.	Arguments pour « L'Assassinat de *Marat* », chef d'œuvre de Jacques-Louis David : **a** Elle doit rester aux Musées Royaux des Beaux Arts, à Bruxelles. **b** Elle doit retourner en France.
Arguments pour les chefs d'œuvre de Breughel : **a** Ils doivent rester à Vienne, capitale de l'Autriche. **b** Ils doivent être transférés en Belgique.	Arguments pour les chefs d'œuvre de Vincent Van Gogh : **a** Ils doivent rester au Musée d'Orsay à Paris. **b** Ils doivent être transférés au Pays-Bas.

Production écrite

1 Le Ministère de la culture de votre pays a organisé un concours afin d'identifier des lieux ou monuments représentatifs de votre culture. Les candidats sélectionnés auront la possibilité de présenter ce lieu à un jury. Écrivez le texte de votre présentation.

a Cette présentation associera des images à des explications écrites de certains aspects particuliers de la culture choisie, dignes de reconnaissance et d'importance mondiale. Elle plaidera en faveur de leur inclusion dans la liste rédigée par l'UNESCO, référencée dans la partie **Pour aller plus loin** de cette unité.

b L'objectif est de convaincre votre public de l'importance de votre message. Il y aura une argumentation suivie qui analysera au moins un exemple concret d'originalité exceptionnelle dans la culture choisie, en soulignant l'importance de sa signification.

c Cette présentation pourrait être soumise sous forme de fichier informatique (telle qu'une présentation *PowerPoint*), ce qui vous encouragera à développer des idées sous forme de liste.

2 **Niveau supérieur** Expliquez votre point de vue et démontrez votre compétence interculturelle en étudiant les similitudes et les différences entre votre culture et celle(s) que vous étudiez.

« Eh quoi ? Les indiens massacrés, le monde musulman vidé de lui-même, le monde chinois pendant un bon siècle, souillé et dénaturé, le monde nègre disqualifié, d'immenses voix à jamais éteintes, des foyers dispersés au vent, tout ce bousillage, tout ce gaspillage, l'Humanité réduite au monologue, et vous croyez que tout cela ne se paie pas ? »

Aimé Césaire, Discours sur le colonialisme, 1950

Depuis une quinzaine d'années, les demandes de restitutions d'objets pillés par les puissances coloniales ne cessent d'augmenter en nombre comme en médiatisation. Parallèlement, la question des réparations de la dette morale et physique du colonialisme s'est engagée entre anciens colonisés et colonisateurs. Le débat sur les restitutions et les réparations conditionne les rapports Nord-Sud ; comme si, pour faire mentir Aimé Césaire, l'Humanité n'était pas réduite au monologue et que le bousillage devait être payé.

J G Leturcq: blog *Revue de L'Année Maghreb* (CNRS Editions)

Les deux textes ci-dessus vous invitent à considérer ces deux questions importantes :

- La restitution d'œuvres d'art sert-elle de réparation d'un passé bafoué ?
- Comment des objets de patrimoine sont-ils devenus des objets de conflits ?

Vous pourriez considérer également ces questions supplémentaires :

- Dans quelle mesure peut-on accepter la présence des objets de valeur culturelle, venus d'ailleurs, dans les musées des pays développés ?
- Comment peut-on justifier soit des refus de restitution, soit le démembrement de collections souvent historiques qui pourraient aussi constituer partie intégrante de la culture qui expose ces objets ?
- Y a-t-il des compromis possibles qui satisferont les deux parties opposantes de ces conflits ?

B4 Les droits de l'homme

Objectifs

- Étudier quelques textes historiques et contemporains qui proposent des déclarations universelles ou décrivent les fonctions d'organismes dédiés aux droits de l'homme.
- Considérer les points forts et faibles des statuts proposés par ces textes, et ce qu'ils excluent ou négligent.
- Discuter différentes opinions sur l'étendue et la valeur des déclarations universelles et des applications des droits de l'homme.
- Étudier la structure d'une liste de réglementations ou d'un guide, et d'un résumé explicatif.

Remue-méninges

- Parmi les droits suivants lesquels vous sembleraient les plus essentiels pour l'être humain ? Discutez leur ordre d'importance.

  Les droits pour chacun : à la liberté ? à l'égalité ? à l'amour ? à l'inclusion sociale ? à la distinction sociale ? à la propriété personnelle ? à la participation dans la vie politique ? à la sécurité ? à la résistance contre l'oppression ou l'exploitation par autrui ? à être défendu par la loi ? à la présomption d'innocence face aux actes d'accusation ? à la liberté de pensée et de parole ? à être consulté dans des décisions qui vous concernent ?

  Y en a-t-il quelqu'uns qui s'appliqueraient plus à certains groupes qu'à d'autres ?

  Si oui, quels seraient ces groupes et pourquoi seraient-ils favorisés ou défavorisés ?

  Comment réagiriez-vous à la lecture de slogans tels que ceux-ci ?

Égalité aux femmes !

Tout animal a des droits que nous devons tous respecter !

Les ados et les enfants ont des droits aussi !

**Il n'y a pas de mesure de sécurité efficace sans limitation de droits.
Il n'y a pas de droits réels sans mesures de sécurité pour les garantir!**

L'historique en quelques mots

Le programme des droits de l'homme des Nations Unies a pris une ampleur considérable depuis ses débuts modestes il y a environ 60 ans. Il a commencé comme une petite division du siège des Nations Unies dans les années 40. La division a ensuite déménagé à Genève, où elle est devenue le Centre pour les droits de l'homme dans les années 80. Lors de la Conférence mondiale sur les droits de l'homme de 1993, la communauté internationale a décidé de renforcer le mandat des droits de l'homme et de lui donner une base institutionnelle plus solide. Ainsi, les États membres des Nations Unies ont adopté la résolution de l'Assemblée générale de 1993, qui créait le HCDH.

Le développement des activités des Nations Unies dans le domaine des droits de l'homme a été de pair avec la force croissante du mouvement des droits de l'homme depuis l'adoption, le 10 décembre 1948, par l'Assemblée générale des Nations Unies de la Déclaration universelle des droits de l'homme. Considérant que les droits de l'homme sont « l'idéal commun à atteindre par tous les peuples et toutes les nations » la Déclaration proclame, pour la première fois dans l'histoire de l'humanité, que tous les êtres humains devraient jouir de certains droits fondamentaux, civils, politiques, économiques, sociaux et culturels. Au fil des années le texte est devenu la norme fondamentale des droits de l'homme, que tous les gouvernements devraient respecter. Le 10 décembre, jour de son adoption, est célébré dans le monde entier comme la journée internationale des droits de l'homme. La Déclaration universelle, avec le Pacte international relatif aux droits civils et politiques et ses deux protocoles facultatifs, ainsi que le Pacte international relatif aux droits économiques, sociaux et culturels, forment ensemble la « Charte internationale des droits de l'homme ».

HCDH (Haut Commissariat des Nations Unies aux droits de l'homme)

MESSAGE DE NANE ANNAN

8 mars 2003

Chers amis,

Aujourd'hui, à l'occasion de la Journée internationale de la femme, nous célébrons tout ce que les femmes apportent au monde et tout ce que les jeunes filles représentent et je suis ravie de le faire avec vous, ici, sur le Cyberbus scolaire[1]. Depuis que mon mari est devenu Secrétaire général de l'ONU, j'ai voyagé dans le monde entier et j'ai rencontré les femmes les plus extraordinaires, de tous les niveaux sociaux, des ministres, des notables locales, des mères qui, se trouvant dans des situations extrêmement difficiles, s'étaient regroupées pour le bien-être de leurs enfants. L'esprit qui les animait a été très joliment décrit par une femme d'un bidonville de Lahore, au Pakistan, qui a dit : « Les femmes croient ressembler à des boutons de fleur, mais, en réalité, les femmes sont des montagnes. Nous pouvons tout faire de notre vie ».

Cette femme et d'autres femmes qui lui ressemblent montrent aux filles qui grandissent la voie à suivre, et sont pour elles des sources d'inspiration, comme elles l'ont été pour moi. Ces filles, je les ai aussi rencontrées, dans le monde entier. En mai dernier, lors de la session extraordinaire des Nations Unies consacrée aux enfants, deux jeunes se sont adressés pour la première fois à l'Assemblée générale et ont dit aux dirigeants du monde : « Nous ne sommes pas la source des problèmes, nous sommes les ressources nécessaires pour les résoudre. Nous ne constituons pas une dépense, nous représentons un investissement. Nous ne sommes pas seulement jeunes, nous sommes des citoyens du monde ». Comme par hasard, ces jeunes étaient des filles !

Et pourtant, dans une grande partie du monde, les femmes se heurtent encore à la discrimination. Dans certains endroits, elles ne peuvent ni voter, ni posséder des terres en propre, ni prendre des décisions qui sont cruciales pour leur vie. Plus de 115 millions d'enfants ne sont pas scolarisés et plus de la moitié d'entre eux sont des filles. Vous trouverez ici, sur le Cyberbus scolaire certaines des raisons expliquant pourquoi les filles ne vont pas à l'école.

En 2000, ceux qui gouvernent ce monde se sont réunis à l'ONU pour définir des objectifs précis en matière de progrès mondial. L'un de ces objectifs était de faire en sorte que d'ici à 2015, tous les enfants, garçons et filles, puissent finir l'école primaire. Donner aux femmes la capacité d'agir en personne majeure n'est pas à proprement parler l'un de ces objectifs; c'est la clef de voûte sur laquelle reposent tous les autres objectifs du Millénaire, tels que la lutte contre la pauvreté et contre le sida. Lorsque les femmes sont mises à contribution, les résultats se voient immédiatement : les familles se portent mieux et sont mieux nourries; le revenu et l'épargne des ménages augmentent.

En ce moment où nous célébrons la Journée internationale de la femme – et le Mois de l'histoire de la femme, en mars – il importe au plus haut point de nous rappeler que nous formons une famille humaine. Il ne s'agit pas d'opposer les hommes aux femmes, ni les filles aux garçons, il s'agit de savoir ce que nous pouvons réaliser ensemble. Le monde a besoin que nous conjuguions nos efforts.

Faisons en sorte que ce rêve soit possible. Je vous encourage à rêver et à travailler dur pour réaliser votre rêve. Vous ne savez pas ce que la vie vous réserve, mais vous portez en vous ce qui devrait déterminer votre voie. Ouvrez grands les yeux et les oreilles, soyez curieux et préparez-vous. Un jour, votre rêve sera là, devant vous, et il faudra l'attraper au vol !

United Nations

[1] Le site internet de l'Organisation des Nations Unies conçu spécialement pour les écoliers.

L'historique en quelques mots

1 Les Nations Unies se sont engagées dans des questions des droits de l'homme pour la première fois à quelle date ?

2 Où se trouve le siège actuel du HCDH ?

3 Le HCDH a reçu son statut permanent en tant qu'organisation non-gouvernementale de l'ONU en quelle année ?

4 Le 10 décembre est important dans le calendrier des Nations Unies. Pourquoi ?

5 D'après le deuxième paragraphe de cette historique, trois des affirmations ci-dessous sont vraies. Lesquelles ?

A Nous n'avons pas fait des progrès dans le domaine des droits de l'homme depuis la fondation des Nations Unies.
B Établir des droits pour tous est un des objectifs principaux des Nations Unies.
C Chaque pays membre des Nations Unies garantit le respect des droits de l'homme.
D La fête internationale des droits de l'homme est le 10 décembre.
E La « Charte internationale des droits de l'homme » parle des droits essentiels en cinq domaines.

Reliez les mots et expressions dans la colonne de gauche avec leurs équivalents dans la colonne de droite.

6 ampleur (ligne 2)
7 lors (ligne 7)
8 mandat (ligne 9)
9 été de pair avec (ligne 15)
10 au fil des années (ligne 25)
11 facultatifs (ligne 33)
12 ainsi (ligne 33)

A mission
B dimension
C à l'occasion
D accompagné
E non-obligatoires
F de même
G avec le temps

Message de Nane Annan

13 La Journée internationale de la femme se déroule tous les ans à quelle date ?

14 Par quel moyen a-t-on transmis ce message ?

15 Qui est Nane Annan ?

16 Dans la phrase « l'esprit qui les animait a été très joliment décrit » (ligne 10), à quoi se réfère « les » ?

17 Quelle phrase résume cet esprit ?

18 Nane Annan a été inspirée par qui en particulier ?

19 La session de mai 2002 des Nations Unies était spéciale pour quelle raison ?

20 Deux des procédés rhétoriques suivants ont renforcé le message des deux jeunes qui ont prononcé des discours devant les Nations Unies. Lesquels ?

A La répétition de « nous ».
B L'alternance positive et négative de phrases similaires par leur construction.
C Des assonances et des rimes.
D Des contrastes d'idées opposées.
E Des appels directs à l'audience.

21 Quelle expression indique la prétendue surprise agréable de Nane Annan ?

D'après les informations des troisième et quatrième paragraphes, complétez les phrases qui suivent, en remettant ensemble chaque début avec la fin qui lui correspond. Attention : il y a davantage de fins que de débuts et chaque fin ne peut servir qu'une seule fois.

22 La discrimination entre hommes et femmes…
23 Plus de 50 millions de filles dans le monde…
24 En vous connectant au Cyberbus scolaire,…
25 La scolarisation de tout enfant au premier cycle de l'éducation…
26 La lutte contre la pauvreté et le sida…
27 Donner de la responsabilité aux femmes…

A reçoivent une éducation à l'école.
B risque de diminuer la stabilité familiale.
C vous allez accéder à des explications de divers problèmes mondiaux.
D est de moins en moins forte de nos jours.
E vous trouverez la réponse à toutes vos questions.
F reste un problème important à résoudre.
G nous occupera pour toujours.
H ne vont pas à l'école.
I dépend principalement des actions des femmes.
J car il voulait faire carrière à Paris.
K et les résultats sont positifs.
L constitue un objectif important du Millénaire de l'ONU.

28 Quelle phrase du cinquième paragraphe indique que pour Nane Annan, la chose la plus importante est que nous devons tous travailler ensemble ?

29 À qui s'adresse-t-elle dans les deux derniers paragraphes de ce texte ?

30 Si on n'est pas attentif, curieux et préparé, que se passera-t-il de nos rêves, selon Nane Annan ?

50ème anniversaire de la Déclaration universelle des droits de l'homme (1948–1998)

DÉCLARATION DES DROITS DE L'HOMME ET DU CITOYEN DE 1789

Les Représentants du Peuple Français, constitués en Assemblée nationale, considérant que l'ignorance, l'oubli ou le mépris des droits de l'homme sont les seules causes des malheurs publics et de la corruption des Gouvernements, ont résolu d'exposer, dans une Déclaration solennelle, les droits naturels, inaliénables et sacrés de l'homme, afin que cette Déclaration, constamment présente à tous les membres du corps social, leur rappelle sans cesse leurs droits et leurs devoirs ; afin que les actes du pouvoir législatif, et ceux du pouvoir exécutif pouvant être à chaque instant comparés avec le but de toute institution politique, en soient plus respectés ; afin que les réclamations des citoyens, fondées désormais sur des principes simples et incontestables, tournent toujours au maintien de la Constitution, et au bonheur de tous. En conséquence, l'Assemblée nationale reconnaît et déclare, en présence et sous les auspices de l'Être Suprême, les droits suivants de l'homme et du citoyen.

Article premier
Les hommes naissent et demeurent libres et égaux en droits. Les distinctions sociales ne peuvent être fondées que sur l'utilité commune.

Article II
Le but de toute association politique est la conservation des droits naturels et imprescriptibles de l'homme. Ces droits sont la liberté, la propriété, la sûreté et la résistance à l'oppression.

Article III
Le principe de toute Souveraineté réside essentiellement dans la Nation. Nul corps, nul individu ne peut exercer d'autorité qui n'en émane expressément.

Article IV
La liberté consiste à pouvoir faire tout ce qui ne nuit pas à autrui : ainsi l'exercice des droits naturels de chaque homme n'a de bornes que celles qui assurent aux autres Membres de la Société la jouissance de ces mêmes droits. Ces bornes ne peuvent être déterminées que par la Loi.

Article V
La Loi n'a le droit de défendre que les actions nuisibles à la Société. Tout ce qui n'est pas défendu par la Loi ne peut être empêché, et nul ne peut être contraint à faire ce qu'elle n'ordonne pas.

Article VI
La Loi est l'expression de la volonté générale. Tous les Citoyens ont droit de concourir personnellement, ou par leurs Représentants, à sa formation. Elle doit être la même pour tous, soit qu'elle protège, soit qu'elle punisse. Tous les Citoyens étant égaux à ses yeux, sont également admissibles à toutes dignités, places et emplois publics, selon leur capacité, et sans autre distinction que celle de leurs vertus et de leurs talents.

Article VII
Nul homme ne peut être accusé, arrêté, ni détenu que dans les cas déterminés par la Loi, et selon les formes qu'elle a prescrites. Ceux qui sollicitent, expédient, exécutent ou font exécuter des ordres arbitraires, doivent être punis ; mais tout Citoyen appelé ou saisi en vertu de la Loi doit obéir à l'instant : il se rend coupable par la résistance.

Article VIII
La Loi ne doit établir que des peines strictement et évidemment nécessaires, et nul ne peut être puni qu'en vertu d'une Loi établie et promulguée antérieurement au délit, et légalement appliquée.

Article IX
Tout homme étant présumé innocent jusqu'à ce qu'il ait été déclaré coupable, s'il est jugé indispensable de l'arrêter, toute rigueur qui ne serait pas nécessaire pour s'assurer de sa personne, doit être sévèrement réprimée par la Loi.

Article X
Nul ne doit être inquiété pour ses opinions, même religieuses, pourvu que leur manifestation ne trouble pas l'ordre public établi par la Loi.

Article XI
La libre communication des pensées et des opinions est un des droits des plus précieux de l'Homme : tout Citoyen peut donc parler, écrire, imprimer librement, sauf à répondre de l'abus de cette liberté, dans les cas déterminés par la Loi.

Article XII
La garantie des droits de l'Homme et du Citoyen nécessite une force publique : cette force est donc instituée pour l'avantage de tous, et non pour l'utilité particulière de ceux auxquels elle est confiée.

Article XIII
Pour l'entretien de la force publique, et pour les dépenses d'administration, une contribution commune est indispensable. Elle doit être également répartie entre tous les Citoyens, en raison de leurs facultés.

Article XIV
Tous les Citoyens ont le droit de constater, par eux-mêmes ou par leurs Représentants, la nécessité de la contribution publique, de la consentir librement, d'en suivre l'emploi et d'en déterminer la quotité, l'assiette, le recouvrement et la durée.

Article XV
La Société a le droit de demander compte à tout Agent public de son administration.

Article XVI
Toute Société dans laquelle la garantie des Droits n'est pas assurée, ni la séparation des Pouvoirs déterminée, n'a point de Constitution.

Article XVII
La propriété étant un droit inviolable et sacré, nul ne peut en être privé, si ce n'est lorsque la nécessité publique, légalement constatée, l'exige évidemment, et sous la condition d'une juste et préalable indemnité.

Selon leur signification dans le préambule de la déclaration trouvez les équivalents des expressions données ci-dessous en les reliant aux alternatifs donnés à droite :

1 le mépris
2 résolu
3 inaliénables
4 membres du corps social
5 afin que
6 sans cesse
7 pouvoir législatif
8 pouvoir exécutif
9 à chaque instant
10 désormais
11 incontestables
12 auspices
13 l'Être Suprême

A Dieu
B pour que
C certains
D à partir de maintenant
E le dédain
F constamment
G gouvernement
H protection
I impossibles à retirer ou annuler
J parlement
K citoyennes et citoyens
L décidé
M indiscutables

14 La déclaration a été faite par :

A le peuple.
B l'Assemblée nationale.
C le gouvernement.
D la Justice.
E tous les citoyens.
F tous les hommes.

15 Le préambule montre qu'on réclamait deux des objectifs suivants. Lesquels ?

A L'abolition de la Monarchie.
B Le respect de la constitution par tous.
C La démocratie directe, sans élections de représentants.
D La révolution permanente.
E Plus de justice.
F L'égalité absolue entre tous les hommes et femmes.

16 Nommez les articles de la déclaration, s'il y en a, qui constatent que :

a Tout citoyen a le droit de poser des questions aux fonctionnaires au sujet de leurs responsabilités et de leur travail.
b L'arrestation et/ou la détention de quelqu'un par les forces de l'ordre de l'État ne peuvent être faites que selon des procédures établies par la loi.
c Si l'État doit s'approprier quelques-unes des possessions d'un citoyen, celui ou celle-ci aura toujours droit à une compensation équitable.
d Tout État devra réclamer le paiement de taxes versées par ses propres citoyens.
e Toute dictature personnelle est en contradiction avec les droits de l'homme et illégitime.
f La censure qui limite la liberté de parole est à tolérer dans des cas où la paix civile serait menacée.
g La gestion des impôts versés à l'État peut être contrôlée par n'importe quel citoyen.
h S'il n'y a pas de loi qui prescrit un certain comportement humain, ce comportement est accepté par l'État.
i Tous les citoyens ont accès à la justice, sans exceptions.
j S'il n'y a aucune preuve de contradictions avec la loi, le citoyen mis en accusation ne peut pas être condamné.

17 Les deux objectifs de communication principaux de cette déclaration sont :

A de promulguer de nouvelles lois.
B d'annoncer les droits de tout citoyen, sans distinction, sans exceptions.
C de sanctionner ceux qui ne respectent pas les droits élémentaires de chaque être humain.
D de montrer que l'Assemblée nationale est démocratique.
E de dénoncer les erreurs du régime précédent.
F d'appeler les citoyens à la révolution pour appliquer les droits de l'homme à tous.
G d'assurer le respect de la constitution pour le bien-être de tout citoyen.
H de reconnaître l'importance de la religion dans les affaires humaines.
I d'établir les règles de comportement de chacun envers les autres.
J de s'opposer à toute autre déclaration universelle de droits.

Pour aller plus loin

- Selon le Guinness des Records, la Déclaration universelle des droits de l'homme des Nations Unies, proclamée par son Assemblée Générale à Paris, le 10 décembre 1948, est aujourd'hui le document le plus traduit en différentes langues dans le monde. (Vous pouvez les trouver facilement sur ce site web : www.ohchr.org.)

  Recherchez et comparez des exemplaires de ces versions en langues différentes (dans des langues que vous connaissez, bien entendu !). Y a-t-il des différences importantes ? Si oui, à quoi seraient-elles dues, d'après vous ?

- Êtes-vous plutôt optimiste ou pessimiste en ce qui concerne le respect et l'application des droits de l'homme dans le monde actuel ?

  Faites des recherches sur Internet sur l'état de respect des droits de l'homme dans le monde aujourd'hui, et les objectifs du millénaire des Nations Unies.

  Quelle est la situation actuelle dans le pays où vous habitez, dans le pays dont vous êtes ressortissant, ou dans un autre pays que vous connaissez bien ?

  Lesquels de ces objectifs indiquent des améliorations importantes à réaliser dans l'application des droits de l'homme ?

- Y a-t-il des groupes importants qui devraient être inclus de façon explicite dans des déclarations soi-disant « universelles » : (Par exemple, les droits des femmes ? Les droits des jeunes ? Les droits des animaux ? Les droits d'autres groupes qui se sentent exclus ?

- Souhaiteriez-vous de militer pour certains droits ? Si oui, lesquels auraient la priorité pour vous ? Si non, pourquoi pensez-vous que des attitudes et des comportements militants ne sont pas appropriés ? Justifiez votre réponse.

- Des cas de suspension de droits ou d'exclusion de droits sont-ils concevables ?

Théorie de la connaissance

- Reconsidérez et contrastez les Articles II et VII de la Déclaration universelle des droits de l'homme de 1789. Dans quelle mesure « la résistance à l'oppression » est-elle compatible avec la déclaration : « mais tout Citoyen appelé ou saisi en vertu de la Loi doit obéir à l'instant : il se rend coupable par la résistance » ?
- Dans quelle mesure la promotion des droits de l'homme comme un plaidoyer pour la liberté absolue des individus équivaudrait-elle peut-être à l'anarchie ?

  Jusqu'à quel point faudrait-il limiter la liberté de chacun pour ne pas entraver la liberté (et éventuellement la sécurité) des autres ?
- Dans le but de mettre en œuvre le respect mutuel des traditions culturelles du monde, devrait-on accepter des limitations de droits, proclamés comme « universels » et demeurant les mêmes pour tous, sans exceptions ?
- Y a-t-il certaines « libertés » qui devraient être défendues pour tous ?

  Si oui, lesquelles et pourquoi ? Si non, pourquoi pas ?
- Selon l'Article XIII de la Déclaration de 1789, tous les citoyens doivent verser des impôts à l'État. Y a-t-il des groupes qui devraient en être exempts, ou traités de façon plus favorable que d'autres ?

  Si oui, lesquels et pourquoi ? Si non, pourquoi pas ?
- Que comprenez-vous par les termes clefs de la Déclaration de 1789 : « Constitution » (Article XVI) et « nécessité publique » (Article XVII) ?

  Peut-on accepter un flou sur ce point ? Peut-on tolérer une certaine ambiguïté possible de significations ?

  Pourquoi des définitions précises, comprises de la même façon par tous, seraient-elles nécessaires ?
- La Déclaration de 1789 est parsemée de termes et d'expressions à la signification négative. Pour quelles raisons et quels effets cela provoque-t-il sur les lecteurs de la Déclaration, selon vous ?
- La mise en paragraphes de chaque document présenté ici est clairement indiquée. Pourquoi, d'après vous, les auteurs de ces textes auraient-ils choisi de les organiser et de les structurer de cette façon ?

Activités orales

1 Sujet de discussion et de débat en classe.

Faites des recherches sur un problème particulier qui concerne les droits de l'homme et/ou leur bonne application. Présentez les résultats en classe, comme base de discussions et de débats, avec :

- des explications sur l'origine du problème ;
- la description de la situation actuelle ;
- des explications sur les raisons pour lesquelles on devrait s'appliquer à réduire ou à éliminer le problème ;
- des propositions pour améliorer cette situation.

2 Inventez un slogan ou créez un dessin pour le droit parmi tous des droits de l'homme que vous considérez être le plus important à améliorer dans son application quotidienne.

Présentez-le en classe, en expliquant pourquoi ce droit est important et pourquoi votre proposition de slogan ou de dessin serait efficace pour le promouvoir, en répondant aux questions de vos camarades.

Suite à toutes les présentations, tout le monde pourrait voter pour déterminer la proposition la plus convaincante. Soyez prêts à justifier votre choix en expliquant pourquoi il serait le plus efficace dans la communication de son message.

Journée internationale de la femme

1. Decrivez une de les photos ci-contre en expliquant sa valeur médiatique dans le contexte de la promotion de la Journée internationale de la femme.
2. Comment peut-on expliquer le besoin d'affirmation des droits des femmes dans le cadre des droits de l'homme ?
3. Dans ces photos, on voit des jeunes filles. Dans quelle mesure les jeunes doivent-ils jouir pleinement des droits de l'homme ? Y aurait-il des exceptions à considérer sur la base de l'âge de l'enfant ou de l'adolescent ?
4. Dans quelle mesure faudrait-il respecter des traditions culturelles qui, selon d'autres normes et d'autres cultures, entravent les droits des femmes ?

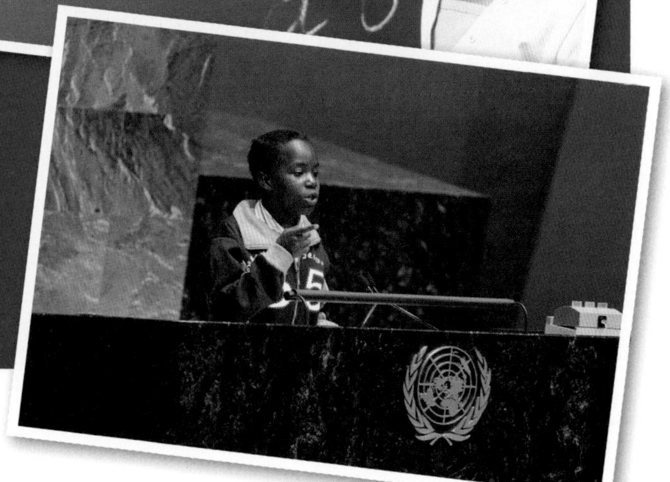

Production écrite

1 Dans le cadre de vos responsabilités en tant que délégué de classe, rédigez une déclaration à afficher dans l'école, des droits et des devoirs de tout élève, pour réglementer le comportement de tous et promouvoir le respect des droits universels.

a Considérez bien les deux aspects de cette proclamation : les droits et les devoirs des élèves dans le contexte de leur vie scolaire.

b L'objectif de cette déclaration est de faire comprendre l'essentiel de la vie sociale paisible et équitable dans le cadre d'une école. Des tournures rhétoriques pour renforcer des constatations de valeur universelle y auront leur place, ainsi que des avertissements, des tentatives de persuasion et d'exhortation appropriées, le cas échéant. La construction des phrases doit être claire. La mise en paragraphes s'enchaînera logiquement, peut-être par Articles numérotés.

c Rédigez votre déclaration. N'oubliez pas qu'il s'agit d'un texte à valeur universelle qui devra inclure de gros titres, la date, une introduction pour bien cerner le contexte, une liste de droits et de devoirs, le nom du Conseil qui l'émet, une mise en page appropriée. Le style devra être clair et sans ambiguïtés. Les paragraphes dédiés aux droits et aux devoirs devront être formulés par des constatations universelles (*Tout étudiant doit…, nul ne peut…., le but de cette réglementation est de….*, etc.)

2 La lettre ouverte au public de Nane Annan (voir page 130) se termine ainsi :

> Je serais heureuse que vous me parliez des femmes ou des jeunes filles qui ont été pour vous des sources d'inspiration. Écrivez-moi pour me dire qui elles sont et ce qu'elles vous ont apporté. Nous publierons certaines de vos lettres sur le Cyberbus scolaire.

Composez le texte de votre réponse.

3 **Niveau supérieur** Choisissez un des slogans donnés à la page 129 de cette unité.

Expliquez votre point de vue et démontrez votre compétence interculturelle en étudiant les similitudes et les différences entre votre culture et celle(s) que vous étudiez.

- Ces slogans vous invitent à considérer des questions importantes à l'égard des droits universels et leur application dans les cultures que vous choisissez de discuter.

  Pourtant, les revendications ont un aspect double : soit explicite, soit implicite. Il y aura ainsi au moins deux questions à considérer : le slogan en lui-même et son contraire, ou les deux côtés des paradoxes présentés.

  Par exemple : Les femmes, à qui ne seraient-elles pas égales ? Les animaux ont-ils des droits ?

  Il faudra trouver des exemples concrets pour étayer vos arguments, et pas seulement des exemples uniques qui pourraient être considérés comme « exceptionnels ».

- Il faudra présenter une argumentation équilibrée. Le texte sera organisé avec une introduction, des paragraphes et des exemples clairs pour soutenir l'argumentation. Des articulateurs logiques seront nécessaires (*d'une part, d'autre part, par ailleurs, néanmoins, en outre*, etc.). La langue utilisée sera soutenue. Vous utiliserez des tournures variées qui viseront à évaluer, à prévoir et à convaincre.

B5 Institutions et moyens de communication internationaux

Objectifs

- Découvrir et bien comprendre les objectifs de quelques organisations internationales et francophones.
- Encourager et pratiquer la production écrite authentique en temps réel.
- Réfléchir au rôle des relations internationales dans nos communications et dans l'organisation du monde actuel.

Remue-méninges

- Quelles sont les organisations internationales que vous connaissez déjà ? Et parmi celles que vous connaissez, lesquelles utilisent le français comme langue de communication officielle ?
- Observez les drapeaux et logos ci-dessous et associez-les aux titres donnés :

a b c d e f

g h i j k

i L'Organisation internationale de la Francophonie
ii L'Union africaine
iii L'Union européenne
iv Le Conseil de l'Europe
v Les Nations Unies
vi L'Organisation de la conférence islamique
vii L'Organisation des États américains
viii Médecins Sans Frontières
ix La Fédération internationale de la Croix-Rouge et du Croissant-Rouge
x Le comité international olympique
xi L'Union du Maghreb arabe

Pourquoi ce choix de couleurs et de symboles serait-il apte pour chaque organisation ?

Si ce n'est pas le cas, d'après vous, que suggéreriez-vous comme adaptation plus appropriée ?

Quels sont les objectifs de ces organisations internationales ?

Pourquoi ont-elles toutes le français comme une de leurs langues officielles ou langues de travail ?

Quelle est leur importance dans le monde, selon vous ?

- Votre pays d'origine est-il membre de beaucoup d'organisations internationales ? Si oui, lesquelles et pour quelles raisons ? Et le pays où vous habitez en ce moment, si c'est un pays différent ?
- Si ces pays ne sont pas membres de certaines des organisations internationales données ci-dessus, comment cela s'explique-t-il ?

Notice : Le texte suivant est authentique, mais légèrement édité pour l'abréger.
Il provient d'une initiative de l'Union européenne, ouverte à tous les pays du monde.
Il faut tenir compte du fait que le texte a été composé en temps réel, par des élèves parfois étudiants de français langue étrangère, en communication directe avec les responsables du programme cité.

Le Printemps de l'Europe 2009

Débat en ligne n°5

- Thème : Programmes éducatifs européens : Ouverture des écoles et universités à l'Europe
- Tranche d'âge : 12-20
- Date : 22 avril 2009
- Heure : 14.00 CET
- Invité : Domenico Lenarduzzi
- Langue : Français

Le fondateur d'Erasmus, Domenico Lenarduzzi, a été l'invité d'honneur des débats en ligne du *Printemps de l'Europe* qui se sont tenus le 28 avril 2009 et étaient dédiés aux programmes éducatifs en Europe. Les élèves de neuf écoles dans pays différents lui ont posé des questions sur la portée de ces programmes, leurs limites et l'endroit dont ils sont issus. Ils ont également présenté leurs expériences.

Les écoles participantes viennent des pays suivants :

- Belgique
- Estonie
- France
- France d'outre-mer (Guyane)
- Italie
- Portugal
- Roumanie
- Slovaquie
- Turquie

Transcription du chat

Réseau Scolaire Européen : Bonjour à tous !

Lenarduzzi : Bonjour à tous et à toutes et bienvenue à notre débat en ligne. Je suis Domenico Lenarduzzi et je suis enchanté de vous rencontrer et de répondre à vos questions dans le cadre de ce chat sur le thème : « Programmes éducatifs européens : Ouverture des écoles et universités à l'Europe » [...]

1. *Belgique* : **Est-ce utopique d'imaginer un programme comme Erasmus pour les lycéens, avec les étudiants qui peuvent fréquenter une période de l'année scolaire dans un lycée d'un autre pays européen ?**
   Lenarduzzi : On peut certainement l'imaginer. Nous l'avions d'ailleurs imaginé. Mais il y a 50 millions d'étudiants dans l'UE et 350.000 écoles. Le nombre est tel qu'on ne peut pas envisager une mobilité systématique comme dans Erasmus. Mais nous privilégions toutes les expériences pilotes pour qu'ils puissent profiter de la mobilité, tout en participant à Comenius [...] qui s'est inspiré pleinement du programme Erasmus. [...] L'an dernier plus de 10.000 écoles ont participé et plus de 800.000 élèves ont été impliqués.
2. *Slovaquie* : **Bonjour M. Lenarduzzi, quel est votre programme européen préféré et pourquoi ?**
   Lenarduzzi : Pour moi, le plus important est Comenius, c'est le meilleur moment de sensibiliser les jeunes à l'Europe. Si on mobilise au niveau du secondaire, après, ça ira tout seul.
3. *Turquie* : **Pour notre projet Comenius en partenariat avec un lycée à Grenoble, nous avons fait beaucoup de travaux en arts plastiques. Nous avons découvert qu'il y a un langage universel : c'est celui des couleurs et du dessin artistique. Je voudrais savoir s'il y a un programme spécial pour les arts plastiques, parce qu'à travers l'art les gens apprennent beaucoup de différentes choses, la tolérance, l'appréciation d'autrui. L'expérience de traverser les frontières dans nos esprits est plus immédiate.**
   Lenarduzzi : Toutes les disciplines, y compris artistiques ou plastiques, sont comprises dans Comenius et Erasmus. On n'a pas voulu favoriser une discipline en particulier, pour donner à chacun l'opportunité de participer. Par les arts plastiques, il y a une fusion de pensée entre les différents pays et donc pas de frontières. [...]
4. *Slovaquie* : **M. Lenarduzzi, qu'est-ce qui vous a inspiré à créer les programmes éducatifs à l'échelle européenne ?**
   Lenarduzzi : Ce qui nous a inspiré, c'est qu'après 25 ans de communautés européennes, on s'est rendu compte que l'Europe économique était un succès, mais que les citoyens ne se sentaient pas concernés. Nous avons donc fait ces programmes européens pour permettre aux jeunes d'entrer en contact avec des étudiants d'autres pays, pour devenir ensemble les citoyens de demain. [...]

5. *Belgique* : **M. Lenarduzzi, une question personnelle : avez-vous étudié à l'étranger dans votre jeunesse ?**

Lenarduzzi : Oui effectivement. J'ai eu la possibilité d'étudier dans un autre pays, notamment en Belgique. En tant que fils d'immigré, après mon école primaire et une partie du secondaire, j'ai continué toutes mes études en Belgique.

6. *Roumanie* : **Peut-on nous aider à trouver des partenaires pour développer un projet en français ensemble ? Nous avons trouvé que la majorité préfère des projets avec l'anglais comme langue de communication, et pas le français malheureusement.**

Lenarduzzi : Vous pouvez contacter le *Réseau Scolaire Européen* pour trouver des partenaires. Nous avons constitué une banque de données pour faciliter la recherche de partenaires. Mais, adressez vous au réseau, qui répondra certainement à vos besoins. Il est vrai, vous touchez un point sensible, nous – au niveau européen – privilégions les partenariats dans une autre langue que l'anglais, que ce soit en français, ou en portugais, ou en italien. L'anglais étant devenu une langue véhiculaire, il est plus facile de trouver un partenaire dans cette langue. Nous donnons priorité à des projets qui se font dans une autre langue.

[...] Notre débat arrive à sa fin. Merci à tous pour votre participation, j'ai été ravi de discuter avec vous et de répondre à toutes vos questions intéressantes.

7. *Roumanie* : Nous vous remercions pour les réponses et pour votre initiative. Cela va nous stimuler pour mieux apprendre le français.

European Commission

1 En vous référant à l'introduction au chat, quelle est l'importance de M. Domenico Lenarduzzi ?

2 Quels mots et expressions de l'introduction signifient :

a consacrés
b importance
c desquels
d originaires
e aussi
f territoire non-métropolitain

3 Dans la phrase de M. Lenarduzzi : « On peut certainement l'imaginer », à quoi réfère « l' » ?

4 Dans la réponse de M. Lenarduzzi à la première question belge, l'expression « d'ailleurs » signifie :

A qu'un programme dédié au lycéens n'intéresse pas l'Union européenne.
B que l'Union européenne a déjà pensé à faciliter des échanges entre écoles.
C qu'on ajoutera bientôt une dimension spéciale au programme Comenius.
D qu'il faut comprendre combien d'étudiants veulent profiter des échanges, avant de proposer un nouveau programme.

5 Les affirmations suivantes sont soit vraies, soit fausses. Justifiez votre réponse par les mots du texte.

a Le programme *Erasmus* de l'Union européenne facilite les échanges internationaux.
b Le programme *Comenius* essaie de promouvoir des visites réciproques entre élèves de pays différents.
c D'après M. Lenarduzzi, un projet *Comenius* réussi, voudra dire moins d'efforts pour motiver les adultes.
d Éliminer les disparités qui séparent des cultures différentes, selon M. Lenarduzzi, n'est qu'utopique.
e Le rôle de l'Union européenne en matière d'éducation est de rendre uniforme la politique des Ministères d'Éducation Nationale des pays membres.
f La langue la plus utilisée entre étrangers en Union européenne est aujourd'hui le français.

6 Les thèmes variés de cette discussion entre M. Lenarduzzi et des élèves de plusieurs écoles différentes ont été abordés dans quel ordre chronologique ?

Numérotez les phrases données ci-dessous pour établir un court résumé de ce chat.

(Il y a une option par section du texte, y compris l'introduction).

a M. Lenarduzzi résume l'essentiel du programme Comenius.
b M. Lenarduzzi donne les raisons pour lesquelles le programme Comenius favorise des communications multilingues.
c M. Lenarduzzi affirme que les programmes Comenius impliquent n'importe quelle matière scolaire.
d M. Lenarduzzi esquisse son parcours éducatif.
e Le *Printemps de l'Europe* présente M. Lenarduzzi.
f M. Lenarduzzi explique pourquoi l'Union européenne a voulu créer des programmes tels que le programme Comenius.
g M. Lenarduzzi parle des possibilités d'échanges scolaires dans le cadre du programme Comenius.
h M. Lenarduzzi constate qu'il est important de bien établir ces programmes maintenant, pour mieux assurer la réussite à l'avenir.
i Le but du programme Comenius, d'après M. Lenarduzzi, est de renforcer les bases internationales de la démocratie.

7 D'après la dernière réponse de M. Lenarduzzi, qu'y a-t-il au *Réseau Scolaire Européen* pour aider les écoles à trouver des établissements partenaires ?

8 Les responsables du programme préfèrent quel genre de partenariat ?

TEMOIGNAGE

ALEXANDRE, LYCÉEN A VIENNE PRES DE LYON EST « JEUNE AMBASSADEUR » DE L'UNICEF DEPUIS UN AN.

ALEXANDRE, 17 ANS : « ON PEUT FAIRE BOUGER LES CHOSES ! »

Entre ses cours de Terminale ES, la musique et les amis, Alexandre Piegay a décidé de donner de son temps pour les enfants du monde, en devenant Jeune Ambassadeur de l'Unicef. Pour sensibiliser autour de lui… Et parce que les jeunes aussi on le droit de s'exprimer et de participer !

Des photos d'enfants malnutris, des images qui marquent : c'est à la fin de son année de seconde, lors de l'intervention d'un bénévole de l'Unicef dans son lycée, qu'Alexandre a eu le déclic. **L'humanitaire, il y avait déjà pensé, mais pas facile, à 15 ans, de s'engager…** Pendant les grandes vacances, il se jette à l'eau : il rédige une lettre de motivation pour devenir Jeune Ambassadeur de l'Unicef. « ***Quelques semaines après, j'ai reçu une réponse positive, j'étais super content !*** »

« LES JEUNES SONT INTÉRESSÉS »

Alexandre était le **(…3a…)** premier élève de son lycée à s'engager **(…3b…)** de l'Unicef. « ***Au début, je ne savais pas trop comment amorcer le processus… Et (…3c…) je me suis lancé : j'ai (…3d…) quelques affiches dans mon (…3e…), et je suis passé dans les classes. J'ai présenté les actions de l'Unicef en projetant de petites vidéos, (…3f…) on stresse un peu, ce n'est pas évident de s'exprimer en public comme ça ! Mais je sentais mes camarades intéressés, touchés (…3g…), alors ça m'a donné confiance. Il y a même une élève qui m'a rejoint (…3h…) Ambassadrice.*** »

Ses amis, ses camarades le voient-ils autrement maintenant ? « ***Dans les couloirs, ça ne change pas grand-chose ! Mais c'est vrai que j'essaie de les sensibiliser, par une phrase lancée l'air de rien, qui ouvre sur une nouvelle conversation… Il y a dans le monde, des enfants, des adolescents bien moins chanceux que nous, et s'ils y pensent un peu plus souvent, ce sera déjà ça…*** »

« ON PRÉPARE UNE FLASH-MOB ! »

Comme dans tout ce qu'il fait, **Alexandre s'est donné à fond dans sa nouvelle mission** : il se rend tous les mercredis aux réunions du Comité Unicef de Lyon, où avec sept autres Jeunes Ambassadeurs et des bénévoles, ils mettent en place des projets. « ***On a conçu des affiches pour sensibiliser les gens à ce qui se passe au Pakistan et en Haïti, et en ce moment, on prépare une flash-mob pour faire connaître les actions de l'Unicef ! Lors de ces réunions, c'est nous qui avons la parole, notre avis, nos idées sont vraiment pris en compte.*** »

C'est le crédo d'Alexandre : montrer que **les jeunes aussi ont le droit de participer aux questions qui les concernent.** S'ils n'osent pas faire entendre leur voix, selon lui, c'est parce qu'ils sont « ***enfermés dans une coquille*** ». « ***On est pris dans notre quotidien, préoccupés par le fait d'avoir le dernier téléphone à la mode… Il y a la petite communauté du lycée, et au delà, on ne voit pas grand-chose. Et comme on n'ose pas participer à la vie de la société, les adultes pensent pour nous… Et du coup on n'ose encore moins se faire entendre… C'est un cercle vicieux.*** »

AGIR ENSEMBLE

Le moment le plus fort depuis qu'il est « JA », Alexandre l'a vécu à la Rencontre nationale à Paris, en février 2009. Rencontrer de nouvelles personnes, d'autres jeunes comme lui qui veulent « tenter des choses », qui ont les mêmes motivations et ressentent les mêmes élans devant la souffrance de beaucoup de personnes dans le monde. « ***On se dit chouette, on n'est pas seul, il n'y a pas de raison d'abandonner ! C'est un esprit de solidarité et d'amitié qui permet de traiter de sujets graves dans la bonne humeur et sans se sentir impuissant*** »

Cette année, objectif BAC économique et social… Il a laissé de côté son groupe de musique, mais pas les JA. Et l'année prochaine alors ? Il envisage une classe préparatoire aux grandes écoles et ne pourra plus être Jeune Ambassadeur, statut réservé aux lycéens… « ***Mais ce n'est pas pour autant que je laisserai tomber l'Unicef. Je continuerai à en parler autour de moi et à m'investir… En tant que bénévole !*** »

UNICEF

1 Le titre de ce témoignage signifie :

A que les ados ont la capacité de changer le monde.
B que les gens sont contents du monde comme il est.
C que les adultes ne veulent guère s'impliquer aux vrais problèmes du monde.
D que les jeunes sont révolutionnaires.
E qu'Alexandre travaille seul.

2 Dans l'introduction, trouvez des mots ou expressions qui veulent dire :

a la classe supérieure d'un lycée
b attirer une attention plus informée
c parler
d touchent
e à l'occasion
f volontaire
g s'est compris soudain
h s'y est lancé

Les jeunes sont intéressés

3 a–h Ajoutez les mots qui manquent dans cette partie, en les choisissant dans la liste proposée ci-dessous. Attention : il y a plus de mots ou expressions que d'espaces et chacun ne peut être utilisé(e) qu'une seule fois.

AU CONTRAIRE AUPRÈS CHEZ COLLÉ DONC EN TANT QU' ÉTABLISSEMENT MÊME PUIS SUR LE COUP TOUT TOUTE

4 Dans la phrase...	**le mot...**	**se réfère dans le texte à...**
a Ses amis, ses camarades le voient-ils autrement maintenant ?	le	
b Dans les couloirs, ça ne change pas grand-chose !	ça	
c j'essaie de les sensibiliser	les	
d une phrase lancée l'air de rien, qui ouvre sur une nouvelle conversation	qui	
e s'ils y pensent un peu plus souvent	ils	
f s'ils y pensent un peu plus souvent	y	

On prépare une flash-mob !

5 Les affirmations suivantes sont soit vraies, soit fausses. Justifiez votre réponse par les mots du texte.

a Alexandre s'est engagé totalement dans ses actions de bénévolat à l'UNICEF.
b Il y a des rendez-vous mensuels pour développer les projets conçus.
c Le Comité UNICEF de Lyon écoute attentivement les propositions des jeunes volontaires qui travaillent avec lui.
d Pour Alexandre, les jeunes qui ne réagissent pas sont indifférents aux problèmes du monde.
e La vie de tous les jours préoccupe beaucoup d'adolescents, selon Alexandre.
f Beaucoup de jeunes ne pensent qu'au lycée, d'après lui.
g Selon l'avis d'Alexandre, les gens timides ne peuvent pas sortir du cycle de l'inaction.

Agir ensemble

D'après cette partie, complétez les phrases qui suivent en remettant ensemble chaque début avec la fin qui lui correspond. Attention : il y a davantage de fins que de débuts et chaque fin ne peut servir qu'une seule fois.

6 La rencontre d'UNICEF-France…

7 Aux réunions d'UNICEF on rencontre…

8 L'esprit de solidarité est important…

9 Les Jeunes Ambassadeurs de l'UNICEF…

10 L'année prochaine, Alexandre continuera…

A était due aux actions des bénévoles.
B à s'engager dans le bénévolat.
C face à la gravité des problèmes à confronter.
D sont recrutés dans les grandes écoles.
E d'autres lycéens motivés pour toutes sortes de choses.
F ne peuvent être que des lycéens.
G des ados qui partagent les mêmes émotions.
H ses études dans une grande école.
I si on veut s'amuser aussi.
J a beaucoup impressionné Alexandre.

Pour aller plus loin

- Recherchez les sites Internet de quelques Institutions Internationales, telles que du *Réseau Scolaire Européen* de l'Union européenne et trouvez des sujets de discussion en ligne qui vous intéressent.

  Renseignez-vous, inscrivez-vous et participez à une de ces discussions !

- Le rôle de l'Union européenne est expliqué sur son site web Europa.

  Regardez ses objectifs dans le domaine de l'éducation, de la formation et de la jeunesse.

  Vous y trouverez par exemple, cette déclaration :

  Bienvenue aux participants extérieurs à l'Union

  Les étudiants, les enseignants et les établissements d'enseignement d'autres pays, notamment les pays voisins de l'UE ou ceux qui se préparent à devenir membres, peuvent participer à un grand nombre de ces programmes. Au travers d'autres programmes et accords de coopération, l'UE promeut également les échanges avec quelque 80 pays dans le monde, de la Mongolie au Mexique et de l'Algérie à l'Australie, et l'organisation de cours sur l'intégration européenne.

  Faites des recherches sur d'autres organisations internationales, francophones ou pas, telles que les Nations Unies, l'Union africaine, l'Organisation de la conférence islamique, le Conseil de l'Europe ou l'Organisation des États américains pour découvrir si elles encouragent les échanges entre étudiants et favorisent en particulier l'apprentissage de langues à la façon des programmes SOCRATES de l'Union européenne (Erasmus, Comenius et autres).

  Si oui, quels sont ces programmes ? Ont-ils des objectifs similaires à ceux de l'Union européenne ? Parmi ces programmes, lesquels préférez-vous et pourquoi ? Seriez-vous tenté de participer ? Expliquez les raisons pourquoi.

  Si non, pourquoi pas, d'après vous ? Serait-ce une bonne idée d'instaurer des programmes similaires ? Justifiez votre point de vue.

- Dans quelle mesure l'apprentissage d'une langue étrangère peut-il être élargi et/ou approfondi par la communication sur Internet ? (Par exemple les chats du programme *Le Printemps de l'Europe*, ou la création et la discussion éventuelle d'articles de sites web, comme ceux de Wikipédia.)

Activités orales

1 Dans le cadre du programme CAS de votre école, on a décidé d'aider le travail caritatif d'une organisation non-gouvernementale (OGN) importante, telle que l'UNICEF, le Haut Commissariat des Nations Unies pour les Refugiés, Médecins sans Frontières, le Croissant/la Croix Rouge (ou autres de votre préférence).

Choisissez l'OGN qui vous concerne le plus et présentez-la à vos camarades de classe dans une présentation structurée, qui durera au moins trois minutes, afin de les motiver et les encourager à participer dans le programme d'aide que vous envisagez. (Vous pouvez vous servir par exemple, d'une présentation illustrée en une demi-douzaine de diapositives, du genre PowerPoint, avec quelques idées maîtresses et termes clefs indiqués sur chaque diapositive : comme par exemple, le nom officiel et le symbole de cette organisation, ses objectifs, son travail au quotidien, les problèmes majeurs qu'elle confronte, son avenir, avec une conclusion qui résume son importance. Cela devrait prendre un minimum de 30 secondes pour expliquer et commenter sur chaque diapositive).

Comme source d'idées et de renseignements préalables, vous pouvez vous référer aux sites Internet de l'OGN que vous aurez choisie.

Vous trouverez par exemple, sur le site web de *Médecins Sans Frontières* la déclaration suivante :

Pourquoi soutenir la Fondation Médecins Sans Frontières ?

- Vous faites un geste solidaire tout en optimisant votre patrimoine.
- Vous permettez à la Fondation Médecins Sans Frontières de poursuivre ses initiatives pour soutenir les activités de l'association Médecins Sans Frontières et promouvoir l'action humanitaire en France et à l'étranger.
- Vous faites un geste solidaire tout en optimisant votre patrimoine.
- Vous permettez à la Fondation Médecins Sans Frontières de poursuivre ses initiatives pour soutenir les activités de l'association Médecins Sans Frontières et promouvoir l'action humanitaire en France et à l'étranger.

Médecins Sans Frontières

Après avoir présenté votre OGN et son travail, répondez aux questions éventuelles qu'on pourrait vous poser.

Suite à toutes les présentations, décidez avec vos camarades de classe quel programme de quelle OGN devrait vous occuper dans vos activités bénévoles de CAS.

Une session du Conseil de Sécurité des Nations Unies à New York

1 Que représente cette image pour vous ? Et pour votre pays ? Et pour le monde entier ?

2 La vaste majorité des gens dans cette photo sont des hommes.

Dans quelle mesure peut-elle représenter l'humanité dans des sessions où des décisions des plus importantes sont prises pour l'avenir de notre planète ?

3 Ce rôle et devoir des institutions internationales, telles que les Nations Unies, sont–ils plus importants que ceux des gouvernements nationaux qui font les lois que nous devons respecter ?

4 Dans le Conseil de Sécurité des Nations Unies, la Chine, les États-Unis, la France, le Royaume-Uni et la Russie, disposent d'un droit de veto. Les autres pays n'ont pas ce privilège et cette responsabilité. Quelle est votre attitude en ce qui concerne la place que votre pays y tient ? Ce droit de veto est-il juste ?

5 Y a-t-il d'autres institutions internationales plus importantes, parce que plus efficaces, que les Nations Unies ?

Si oui, lesquelles ? Si non, pourquoi les Nations Unies sont-elles aussi significatives ?

Production écrite

1 Pour représenter une organisation internationale importante que vous connaissez bien, on vous a demandé d'expliquer son rôle, ses objectifs, le travail qu'elle fait, son utilité générale et l'intérêt que vous lui portez, dans un « chat » en ligne, du type illustré par le premier texte de lecture de cette unité.

Avec un (ou des) camarade(s) qui vous pose(nt) des questions, rédigez vos réponses de façon à pouvoir les faire publier, avec une introduction qui encadrera ce « chat », dans le style du « *Printemps de l'Europe* ».

a Il s'agit de créer le texte d'une sorte de débat informel, qui contiendra les questions que vous avez envisagées, et vos réponses à ces questions, et cela dans le but de faire connaître votre organisme de choix. Les différents locuteurs éventuels seront clairement identifiés.
b Vous inclurez un titre suivi d'une courte introduction qui vous présentera personnellement de façon pertinente, ainsi que le sujet du « chat » ou débat, de façon impersonnelle. Puis, le texte de la discussion s'ensuivra, rédigé à la deuxième personne, en discours direct.
c Ce « chat » serait apte à être publié en ligne et ainsi accessible au grand public sur Internet. En plus de l'encadrement formel, on y trouvera également une introduction et une conclusion. Les noms des intervenants, et éventuellement les coordonnées du « chat » seront clairement indiqués.

2 Vous venez de lire cette annonce sur le site web de l'UNICEF, organisation non-gouvernementale des Nations Unies qui essaie d'alléger les problèmes qui touchent les enfants du monde :

Le programme "Jeunes ambassadeurs" s'adresse aux **jeunes lycéens**, élèves en filières générales, techniques, professionnelles et agricoles, **âgés de 15 à 18 ans**, qui souhaitent s'engager en sensibilisant le public, et surtout les jeunes, aux droits et conditions de vie des enfants dans le monde.

La participation des jeunes est une priorité de l'Unicef et leur engagement repose sur les principes mêmes de la Convention internationale des droits de l'enfant (art. 12 et 13) : « ». Cette liberté d'expression comprend notamment « ».

Soutenus par les comités régionaux de l'Unicef, les "Jeunes ambassadeurs" s'engagent à **s'informer sur les droits et les conditions de vie des enfants** dans le monde et sur l'action de l'Unicef. À leur tour, ils **sensibilisent les jeunes** à ces thématiques dans le cadre scolaire (classe, établissement…) et hors cadre scolaire et mettent en place différents projets : exposés, conférences, expositions, journaux, blogs, sites Internet, spectacles, manifestations sportives…

UNICEF

Vous voulez vous associer à une action bénévole, comme projet de votre programme CAS.

À ces fins, écrivez une lettre de motivation à adresser à UNICEF.

a Cette lettre sera formelle et présentée convenablement. Vous vous présenterez tout d'abord en introduction. Par la suite, vous expliquerez votre intérêt, votre motivation de postuler comme « Jeune Ambassadeur » bénévole, et vos suggestions pratiques de ce que vous pouvez faire pourles aider UNICEF dans le cadre de son programme pour les jeunes.
b Il s'agit d'une tentative de persuader l'UNICEF de vous prendre en considération pour ce poste. La langue devra donc être précise et l'enchaînement des idées logique. Il n'y aura pas de superflu.

3 **Niveau supérieur** On fait souvent beaucoup de bruit au sujet des relations entre la politique internationale et le sport. On peut lire des slogans comme celui-ci, dans des manifestations contre l'abus des droits de l'homme par certains gouvernements :

NON
AUX PAYS QUI NE RESPECTENT PAS LES DROITS HUMAINS !
NON
À LEUR PARTICIPATION AUX JEUX OLYMPIQUES !

Expliquez votre point de vue et démontrez votre compétence interculturelle en étudiant les similitudes et les différences à ce sujet entre votre culture et celle(s) que vous étudiez.

Vous considérerez :

- l'idéal olympique : c'est-à-dire l'objectif d'unir le monde dans la paix, par le sport international, dans des jeux qui se déroulent dans des pays différents tous les quatre ans ;
- les tentatives de faire mieux respecter les droits de l'homme par le boycottage des jeux dans des pays sujets aux controverses ;
- le rôle de la publicité dans le déroulement des jeux et dans des manifestations ;
- les principes qui unissent la politique et le sport, ou les tiennent strictement séparés.

B6 Guerres et paix

Objectifs

- Approfondir la compréhension de ce que veut dire la guerre.
- Étudier la forme et le fond du journal intime en guise de mémoires et le discours officiel.
- Composer des pages de journal intime et pratiquer le discours formel.
- Réfléchir au rôle des acteurs possibles en temps de guerre ou en situation de violence, et aux moyens de construire et de maintenir la paix internationale et l'harmonie entre les peuples.

Remue-méninges

- D'après vous, quelles sont les causes de guerres les plus fréquentes ?
- Êtes-vous optimiste ou pessimiste quant aux perspectives de paix dans le monde ? Pour quelles raisons ?
- Quels exemples de guerres avez-vous déjà étudiés ? (Dans vos cours d'histoire à l'école, ou autrement.) Pourquoi ces guerres ont-elles éclaté ? Comment se sont-elles conclues ?
  Ont-elles laissé des problèmes importants qui n'ont toujours pas été résolus ?
- Que pensez-vous de cette image ci-contre ? Est-elle efficace par son message, selon vous ?
- Cherchez d'autres illustrations qui encouragent l'établissement et le maintien de la paix.

  Discutez en groupe laquelle serait la plus efficace en tant qu'affiche publicitaire. Justifiez les raisons de votre choix.

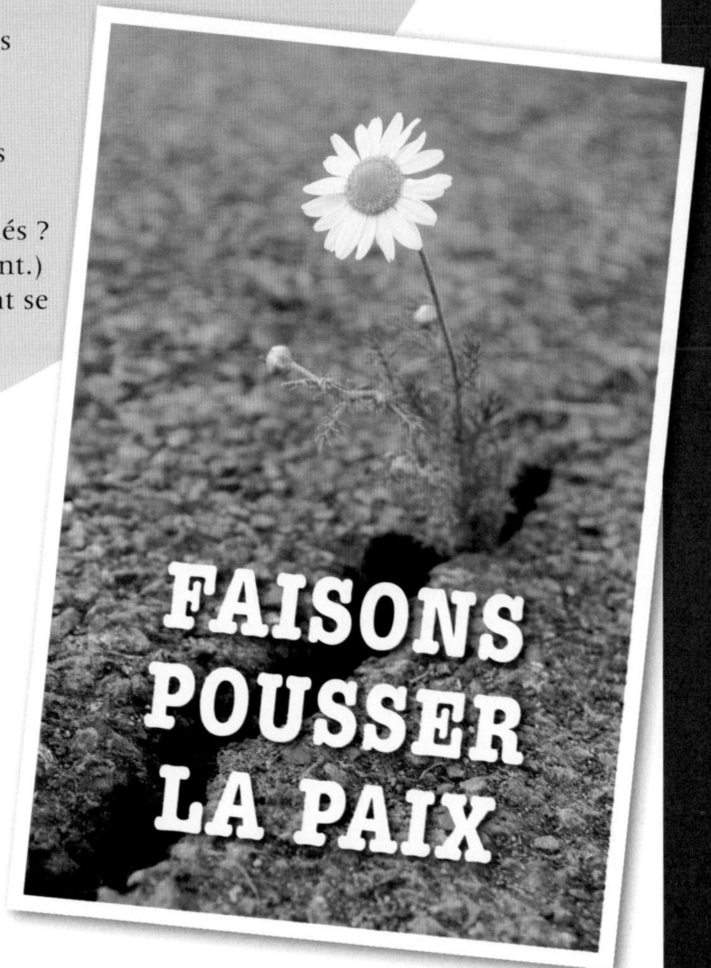
FAISONS
POUSSER
LA PAIX

Discours prononcé le 25 juin 2006 à l'occasion du 90ème anniversaire de la bataille de Verdun par Jacques Chirac, Président de la République française

Monsieur le Président du Sénat,
Monsieur le Président de l'Assemblée Nationale,
Madame la Ministre,
Monsieur le Ministre,
Mesdames et Messieurs les Parlementaires, Messieurs les Ambassadeurs,
Mesdames et Messieurs,

C'était il y a quatre-vingt-dix ans. Le 21 février 1916, au matin, un orage de feu éclate sur les divisions françaises massées autour de Verdun. Un million d'obus pilonnent la zone. En quelques heures, tout un paysage, déchiqueté, devient un effroyable chaos. [...]

À la fin de juin, l'offensive allemande atteint sa ligne la plus avancée. 70 000 Allemands s'élancent à la conquête des dernières hauteurs devant Verdun. Mais leur assaut se brise sur l'ouvrage de Froideterre. L'initiative change de camp. Le fort de Douaumont est repris le 24 octobre. Nos troupes font preuve d'un courage admirable : je citerai Bessi Samaké et Abdou Assouman, tirailleurs sénégalais, qui se sont particulièrement illustrés. Grièvement blessés, ils continuent à se battre et empêchent l'ennemi de déborder nos lignes. En décembre, l'essentiel du terrain aura été reconquis.

Mesdames et Messieurs,

Il y a la bataille. Et puis il y a les hommes. Nos soldats morts à Verdun sont morts pour la France. Ces grands Français ont fait leur devoir. Trois cents jours et 300 nuits, ils ont tenu : 160 000 y ont laissé la vie. 220 000 en sont revenus la « gueule cassée », les membres brisés, les poumons brûlés par les gaz.

La ligne de feu, c'est un désert brûlant où seule la mort habite. [...]

Cet indescriptible enfer va constituer le quotidien de ces hommes durant dix longs mois. Ils vont vivre, se battre et mourir, épuisés par le froid, puis sous un soleil de plomb, entourés d'une boue liquide mais torturés par la soif, rongés par la vermine, dans la puanteur. Les bombardements ne cèdent la place qu'à des combats acharnés, au corps à corps.

C'étaient les tranchées. C'était Verdun. Ceux qui montaient en première ligne n'avaient que peu de chance de survivre. Ils ne voyaient pas d'où venait la mort : elle était partout. Une mort industrielle, un maelström de feu et d'acier. [...]

Aujourd'hui, devant ces croix blanches, devant cet ossuaire où reposent les restes des soldats des deux camps, je veux rendre hommage au sacrifice de nos combattants et au courage de nos Alliés. Mes pensées vont également, Monsieur l'Ambassadeur d'Allemagne, aux centaines de milliers de victimes de votre pays. Elles ont connu la même souffrance.

Tous ces destins, français et allemands, se sont fracassés dans la première tragédie du XXe siècle. Avant de construire l'amitié entre nos deux peuples, que nous trouvons si naturelle aujourd'hui, il nous aura fallu deux conflits mondiaux, au cours d'une seule génération. Il nous aura fallu la saignée de 14–18 puis le long cortège de crimes du nazisme.

Et je le dis ici, sur cette terre à jamais marquée par l'atrocité de la guerre et la souffrance des hommes : aujourd'hui, à Verdun, ce ne sont pas des mémoires ennemies que nous commémorons. La réconciliation entre nos deux pays est une chose acquise. Nous devons à tous nos morts de nous mobiliser plus que jamais pour faire avancer une Europe de paix, de sécurité, de prospérité, de justice et de solidarité. Aujourd'hui, nous pouvons le dire avec la confiance qu'autorise l'amitié : plus jamais ça !

Mesdames et Messieurs,

Cette cérémonie nous rappelle aussi qu'à ce moment de son histoire, à Verdun et pour Verdun, la nation française a su se rassembler, faire face, tenir jusqu'au bout.

Le citadin et le paysan. L'aristocrate et l'ouvrier. L'instituteur et le curé. Le républicain et le monarchiste. Celui qui croit au Ciel et celui qui n'y croit pas. Toutes les conditions, toutes les opinions, toutes les religions sont à Verdun. Toutes les provinces de France sont à Verdun.

Toutes les origines, aussi. 70 000 combattants de l'ex-Empire français sont morts pour la France entre 1914 et 1918. Il y eut dans cette guerre, sous notre drapeau, des fantassins marocains, des tirailleurs sénégalais, algériens et tunisiens, des soldats de Madagascar, mais aussi d'Indochine, d'Asie ou d'Océanie.

Et n'oublions pas les sacrifices de celles et de ceux de l'arrière, et d'abord le rôle des femmes de la Grande Guerre. Les femmes d'agriculteurs, qui assument les durs travaux des champs. Les infirmières, qui soignent les blessés au péril de leur vie. Les marraines de guerre, qui apportent du réconfort aux soldats. Les femmes des villes, qui conduisent les tramways, travaillent dans les usines d'armement. Et toutes les filles, les sœurs, les mères, les épouses qui reçurent la lettre fatale leur annonçant la perte d'un être cher. [...]

Enfants de France tombés à Verdun, [...] je m'incline aujourd'hui devant vous au nom de la nation qui n'oublie pas, qui n'oubliera jamais le sacrifice que vous avez consenti pour elle. [...]

Nos grands-parents, nos arrière-grands-parents ont consenti, à Verdun, le sacrifice ultime. Aujourd'hui encore, ce sacrifice nous engage toutes et tous.

Vive la République, vive la France !

1 Jacques Chirac, Président de la République Française, a prononcé son discours devant une audience composée d'un de ces groupes. Lequel ?

A des représentants du gouvernement français
B le corps diplomatique présent en France
C un public mixte présent à Verdun
D des représentants allemands
E d'anciennes combattantes et d'anciens combattants
F des parents des victimes de la guerre

2 Selon les deux premiers paragraphes, assurer la défense de Verdun a pris combien de temps ?

3 La phrase : « 70 000 Allemands s'élancent à la conquête des dernières hauteurs devant Verdun », signifie que :

A C'était la dernière ville à tomber aux mains des Allemands.
B 70 000 Allemands sont morts pendant le siège.
C Les collines restaient aux Français.
D Tout le territoire autour de Verdun était occupé par l'ennemi.
E Face à l'offensive les collines protégeait toujours la ville.

4 Quelle phrase indique l'importance militaire de la défense de Verdun durant l'automne de 1916 ?

5 De toutes les troupes françaises, pourquoi Jacques Chirac a-t-il nommé exprès Bessi Samaké et Abdou Assouman ?

6 D'après le troisième paragraphe (lignes 18 à 23), quel était le « devoir » des Français à Verdun ?

7 Dans les phrases suivantes	**le mot…**	**se réfère dans le texte à…**
a Ces grands Français ont fait leur devoir. (l. 20)	Français	
b 160 000 y ont laissé la vie. (l. 21)	y	
c 220 000 en sont revenus la « gueule cassée ». (l. 22)	en	
d La ligne de feu, c'est un désert brûlant où seule la mort habite. (l. 24)	où	
e Ceux qui montaient en première ligne n'avaient que peu de chance de survivre. (l. 33)	Ceux	
f Ils ne voyaient pas d'où venait la mort : elle était partout. (l. 35)	elle	

8 Par quels mots et expressions du texte, Jacques Chirac évoque-t-il les aspects suivants de la vie dans les tranchées (lignes 26 à 37) ?

a la fatigue extrême
b le ciel gris
c le terrain trempé
d des infestations d'insectes parasitaires
e l'odeur forte
f les luttes féroces entre les soldats des deux côtés
g la dévastation des bombardements sans arrêt

9 Quel mot du texte indique que Chirac pense qúil est impossible d'exprimer cette expérience en mots ?

10 À quoi sert un « ossuaire » (ligne 39) ?

11 Quels mots ou expressions dans les lignes 38 à 51 signifient :

a cadavres
b faire signe de respect
c soldats
d aussi
e ont été cassés
f les Allemands et les Français
g nous auront été nécessaires
h dans
i grande perte de personnes
j défilé

12 Par quelle phrase comprend-on qu'on ne peut plus opposer la France à l'Allemagne (lignes 52 à 62) ?

13 Quel slogan résume la politique française de la paix ?

14 Quelle affirmation (lignes 68 à 73), explique pourquoi Chirac veut contraster les différents groupes qui composent une société entière ?

15 Qui sont « celles […] de l'arrière » ? (ligne 82)

16 Dans sa conclusion (lignes 92 à 95), Chirac change de registre pour s'adresser à un de ces groupes. Lequel ?

A ceux qui étaient présents à son discours.
B tous les Français.
C tous les Allemands.
D les parents des soldats morts.
E les morts pour la France.

17 Pour quelle raison se serait-il servi de ce procédé rhétorique ?

A pour adoucir l'image du sacrifice.
B pour renforcer le respect intime de la République envers ceux qui sont morts pour elle.
C pour conforter les Français face aux pertes de la guerre.
D pour rapprocher les deux factions qui se sont opposés.
E pour souligner son róle de Président de la République.

18 À qui se réfère « elle », dans la phrase sur « le sacrifice que vous avez consenti pour elle » ? (ligne 95)

19 Quel est « le sacrifice ultime » ? (ligne 97)

LA CHUTE DE FRANCE

En juin 1940, suite à l'invasion allemande et l'occupation du nord de la France et de Paris par les Allemands, le gouvernement de la IIIe République s'est transféré à Bordeaux dans le sud-ouest de la France pour éviter l'occupation.

Je pris congé du Premier Ministre. Il me prêtait un avion tout de suite à Bordeaux. Nous convînmes que l'appareil resterait à ma disposition en prévision d'événements qui m'amèneraient à revenir. M. Churchill[2] lui-même devait aller prendre le train pour embarquer sur un destroyer afin de gagner Concarneau[3], j'atterrissais à Bordeaux[4]. Le colonel Humbert et Auburtin, de mon cabinet, m'attendaient à l'aérodrome. Ils m'apprenaient que le Président du Conseil[5] avait donné sa démission et que le Président Lebrun avait chargé le maréchal Pétain[6] de former le gouvernement. C'était la capitulation certaine. Ma décision fut prise aussitôt. Je partirais dès le matin.

J'allai voir M. Paul Reynaud[7]. Je le trouvai sans illusion sur ce que devait entraîner l'avènement du Maréchal et, d'autre part, comme soulagé d'un fardeau insupportable. Il me donna l'impression d'un homme arrivé à la limite de l'espérance. Ceux-là seuls qui furent témoins peuvent mesurer ce qu'a représenté l'épreuve du pouvoir pendant cette période terrible. À la longueur des jours sans répit et des nuits sans sommeil, le Président du Conseil sentait peser sur sa personne la responsabilité entière du sort de la France. Car, toujours, le Chef est seul en face du mauvais destin. C'est lui qu'atteignaient tout droit les péripéties qui marquèrent les étapes de notre chute : percée allemande à Sedan, désastre de Dunkerque, abandon de Paris, effondrement à Bordeaux. Pourtant, il n'avait pris la tête du gouvernement qu'à la veille même de nos malheurs, sans nul délai pour y faire face et après avoir, depuis longtemps, proposé la politique militaire qui aurait pu l'éviter. La tourmente, il l'affronta avec une solidité d'âme qui ne se démentit pas. Jamais, pendant ces journées dramatiques, M. Paul Reynaud n'a cessé d'être maître de lui. Jamais on ne le vit s'emporter, s'indigner, se plaindre. C'était un spectacle tragique qu'offrait cette grande valeur, injustement broyée par des événements excessifs. [...]

Il faut dire qu'au moment suprême le régime n'offrait aucun recours au chef du dernier gouvernement de la IIIe République[8]. Assurément, beaucoup des hommes en place répugnaient à la capitulation. Mais les pouvoirs publics, foudroyés par le désastre dont ils se sentaient responsables, ne réagissaient aucunement. Tandis qu'était posé le problème, dont dépendaient pour la France tout le présent et tout l'avenir, le Parlement ne siégeait pas, le gouvernement se montrait hors d'état de prendre en corps une solution tranchée, le Président de la République s'abstenait d'élever la voix, même au sein du Conseil des Ministres, pour exprimer l'intérêt supérieur du pays. En définitive, l'anéantissement de l'État était au fond du drame national. À la lueur de la foudre, le régime paraissait, dans son affreuse infirmité, sans nulle mesure et sans nul rapport avec la défense, l'honneur, l'indépendance de la France.

Tard dans la soirée, je me rendis à l'hôtel où résidait Sir Ronald Campbell, Ambassadeur d'Angleterre, et lui fis part de mon intention de partir pour Londres. Le général Spears[9], qui vint se mêler à la conversation, déclara qu'il m'accompagnerait. J'envoyai prévenir M. Paul Reynaud. Celui-ci me fit remettre, sur les fonds secrets, une somme de 100 000 francs. Je priai M. de Margerie[10] d'envoyer sans délai à ma femme et à mes enfants, qui se trouvaient à Carantec, les passeports nécessaires pour gagner l'Angleterre, ce qu'ils purent tout juste faire par le dernier bateau quittant Brest. Le 17 juin à 9 heures du matin, je m'envolai avec le général Spears et le lieutenant de Courcel[11] sur l'avion britannique qui m'avait transporté la veille. Le départ eut lieu sans romantisme et sans difficulté.

Nous survolâmes La Rochelle et Rochefort. Dans ces ports brûlaient des navires incendiés par les avions allemands. Nous passâmes au-dessus de Paimpont, où se trouvait ma mère, très malade. La forêt était toute fumante des dépôts de munitions qui s'y consumaient. Après un arrêt à Jersey, nous arrivâmes à Londres au début de l'après-midi. Tandis que je prenais logis et que Courcel, téléphonant à l'Ambassade et aux missions, les trouvait déjà réticentes, je m'apparaissais à moi-même, seul et démuni de tout, comme un homme au bord d'un océan qu'il prétendrait franchir à la nage.

Charles de Gaulle: *Memoirs de Guerre* Vol 1 L'Appel 1940-1942 (Plon, 1999)

[1] Général de l'Armée Française et futur Président de la Ve République.
[2] Premier Ministre du Royaume-Uni, pays allié à la France.
[3] Port en Bretagne, à cette date inoccupé par les Allemands.
[4] Siège provisoire du gouvernement français, suite à l'occupation de Paris par les Allemands.
[5] Chef du gouvernement français.
[6] Maréchal de France dans l'Armée et héros de la défense de Verdun en 1916.
[7] Président du Conseil des Ministres.
[8] De 1872 à 1940.
[9] Conseiller militaire britannique.
[10] Roland de Margerie, secrétaire de l'Ambassade de France à Londres.
[11] Aide de camp du Général de Gaulle.

1 Les événements de juin 1940 et leur chronologie.

Numérotez les phrases ci-dessous en ordre chronologique, selon le texte de De Gaulle.

a De Gaulle décide de quitter la France pour se réfugier en Angleterre.
b Paul Reynaud assure à De Gaulle l'argent nécessaire pour son voyage et ses négociations dans la capitale britannique.
c De Gaulle trouve un endroit à Londres où il peut loger.
d Avant son départ, De Gaulle rencontre une dernière fois Paul Reynaud.
e De Gaulle observe en témoin direct la destruction opérée par l'invasion.
f De Gaulle arrive dans la capitale britannique.
g De Gaulle quitte sa réunion avec Paul Reynaud.
h De Gaulle se rend à Bordeaux par avion.
i De Gaulle comprend que les gouvernements français et d'autres pays ne sont pas prêts à l'appuyer ouvertement, et peut-être ne l'appuyeront pas.
j Philippe Pétain, Maréchal de France est nommé chef du gouvernement par le président de la IIIe République.
k De Gaulle parle avec le représentant du gouvernment britannique.
l De Gaulle fait escale dans les îles anglo-normandes.
m La famille de Charles de Gaulle quitte la France pour le Royaume-Uni.
n De Gaulle quitte Bordeaux pour aller à Londres.
o De Gaulle pense à sa mère qui est restée en France.

2 Selon le premier paragraphe, quel changement a eu lieu au gouvernement, pendant le vol de De Gaulle de Paris à Bordeaux ?

3 D'après De Gaulle, quelle était la politique de Pétain pour la République, face à l'invasion allemande ?

4 Quelle était la décision de De Gaulle ? Attention : seule une des options ci-dessous est vraie.

A Rentrer à Paris comme convenu avec président du Conseil des ministres.
B Rester à Bordeaux pour organiser la résistance à l'occupation.
C Se rendre en Angleterre le lendemain, pour y organiser la résistance.
D Ne plus rester à Bordeaux, mais « disparaître » pour organiser une résistance clandestine.
E Embarquer sur un destroyer pour gagner Concarneau et y rencontrer le Premier ministre britannique.
F Aller voir Paul Reynaud le lendemain, pour lui parler encore une fois de ce qu'il fallait faire.

5 Dans le deuxième paragraphe, selon De Gaulle, qu'attendait Paul Reynaud du maréchal Pétain, le nouveau président du Conseil ?

6 Quels étaient les deux grands événements qui signalaient pour De Gaulle la défaite militaire de la France ?

Pour aller plus loin

- Relisez les deux textes de cette unité et notez tous les mots inconnus que vous estimez essentiels à la bonne compréhension des idées maîtresses, et dont le sens vous est indéchiffrable dans ce contexte.

  Triez-les par leurs formes et fonctions grammaticales : verbes ou noms ; adjectifs ou adverbes ; prépositions ou conjonctions, ou autres.

  En classe, divisez-vous en groupes et pour chaque groupe, attribuez une liste de mots et expressions ainsi triés.

  Recherchez leurs sens dans une dictionnaire française et notez-les.

  Proposez des définitions, aux autres groupes de la classe, pour lesquels le défi sera de trouver le mot ou expression définie, dans le texte de M. Chirac ou du Général De Gaulle.

- Suite à quelques recherches, ou d'après vos connaissances déjà acquises (en cours d'histoire ou ailleurs), comparez les effets des procédés rhétoriques employés par le Général De Gaulle et/ou M. Chirac, avec ceux d'autres auteurs célèbres, pour commenter leur force et leur efficacité d'évocation.

  (Vous pourriez penser par exemple au discours du Président Abraham Lincoln à Gettysburg aux États-Unis, suite à la Guerre Civile Américaine en 1865, aux discours d'acceptation des Prix Nobel pour la Paix, au « Discours sur le Colonialisme » du poète francophone martiniquais, Aimé Césaire, entre autres.)

- Recherchez les objectifs précis et le travail quotidien d'une organisation qui se consacre à la résolution de conflits et à la construction de la paix, telles que l'UNESCO (http://portal.unesco.org/fr), le CDRPC (Centre de Documentation et de recherche sur la Paix et les Conflits (www.obsarm.org/index.htm) ou le Mouvement de la Paix (www.mvtpaix.org) entre autres. Laquelle trouvez-vous la plus utile et pour quelles raisons ?

Théorie de la connaissance

- Selon vous, un État quelconque a-t-il le droit de demander, au nom de « la nation en guerre » ou de « la construction de la paix », de faire ce que Jacques Chirac dans son discours du 90e anniversaire de la bataille de Verdun a appelé « le sacrifice ultime » de mourir pour son pays ? Dans quelle mesure les pacifistes peuvent-ils avoir raison ? Justifiez votre choix.
- Pourrait-il y avoir des raisons justes qui engageraient tous les citoyens d'un pays à la guerre ?
  Si oui, quelles seraient ces raisons ?
  Si non, pourquoi pas ?
  Qu'entendez-vous par l'expression « la guerre sainte » ?
- Si vous vous trouviez en situation de guerre dans votre pays, qu'est-ce que vous feriez ?

  Dans quelles circonstances combattriez-vous ? Essaieriez-vous de vous arranger avec le plus fort ? Prendriez-vous d'autres mesures pour vous protéger ? Si oui, lesquelles ?
- Si vous êtes témoin d'une situation de violence dans votre vie quotidienne, que faites-vous ? Faites-vous des tentatives pour rétablir la paix ? Si oui, pourquoi et comment ? Si non, pourquoi pas ? Quelles seraient les démarches les plus efficaces à suivre dans des situations différentes : par exemple chez vous en famille, à l'école, dans la rue, ou dans d'autres lieux publics ?
- Dans le célèbre ouvrage de philosophie antique, « La République » de Platon, Thrasymaque, un des personnages qui participe aux débats avec le célèbre philosophe athénien, Socrate, avance l'argument que la Justice est « la raison du plus fort ». Êtes-vous d'accord avec lui, ou pas ? Essayez de justifier votre point de vue, en débat avec vos camarades de classe.

Théorie de la connaissance

- Au cours de vos études pour cette unité, avez-vous ressenti quelques émotions suscitées par les textes que vous avez lus ? Étaient-elles positives, négatives ou neutres ?

  Le cas échéant, de quelles émotions s'agissait-il ? Tristesse ? Fierté ? Respect ? Patriotisme ? Regret ? Sympathie ?

  Antipathie ? Ennui ? Honte ? Haine ? Humiliation ? Peur ? Dégoût ? Colère ? Mépris ? Ou autres ?

  Quels sont les endroits dans ces textes où vous avez ressenti ces émotions ?

Activités orales

1 Sur le site web du Mouvement de la Paix vous trouverez la déclaration qui suit :

> En août 2005, une délégation de 100 jeunes partira à Hiroshima pour les commémorations du 60ème anniversaire des bombardements et pour participer à la 3ème Rencontre internationale de jeunes pour la culture de la paix et l'abolition des armes nucléaires aux côtés de jeunes japonais, européens, asiatiques et américains. Pour plus d'informations, voir Séjour pour la paix à Hiroshima Nagasaki.

a Imaginez que vous avez fait partie de cette délégation et que vous avez dû préparer un discours d'environ trois minutes pour cette rencontre internationale. Presentez un discours approprié devant vos camarades de classe. Vous devez :

- établir le contact avec votre public ;
- vous présenter ;
- expliquer qui vous représentez et pourquoi vous êtes venu(e) au Japon, ainsi que l'importance de commémorer les anniversaires des bombardements ;
- décrire la dévastation créée par la bombe atomique, selon vous ;
- souligner la nécessité d'abolir les armes nucléaires dans le monde et de mieux encourager et réaliser une culture de la paix à l'échelle mondiale ;
- terminer sur une conclusion aussi mémorable que possible par ses effets rhétoriques.

b Après votre discours, vous devez également être prêt(e) à répondre à des commentaires et des questions éventuels de vos camarades.

2 Dans votre classe, attribuez des rôles différents à chacun. Vous pouvez choisir entre ceux-ci : un(e) riche ; un(e) pauvre ; quelqu'un qui détient un pouvoir officiel quelconque ; quelqu'un qui, en apparence, n'a aucun, ou très peu de pouvoir ; un propriétaire ; un SDF (sans domicile fixe) ; un(e) réfugié(e) économique ou politique ; un(e) idéaliste ; un(e) réaliste ; un(e) optimiste ; etc., (ou en inventer d'autres).

a Chacun prépare au moins trois interventions, pour ou contre, avec arguments et exemples à l'appui, pour un débat sur le sujet suivant :

> « Nous croyons tous que ce sont les hommes qui préparent et mettent en œuvre les guerres, et qu'ainsi, c'est dans l'esprit des hommes que doit être élevée l'appréciation de la nécessité de la paix. »
>
> *(selon l'Acte constitutif de l'UNESCO, 1945)*

Vous pourriez aussi inventer vous-mêmes d'autres propositions à débattre.

b Menez ce débat en classe et à la fin, votez pour voir si vous êtes en majorité en accord ou en désaccord avec cette proposition.

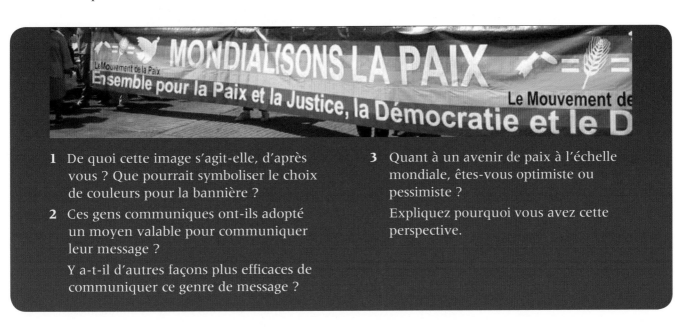

1 De quoi cette image s'agit-elle, d'après vous ? Que pourrait symboliser le choix de couleurs pour la bannière ?

2 Ces gens communiques ont-ils adopté un moyen valable pour communiquer leur message ?

Y a-t-il d'autres façons plus efficaces de communiquer ce genre de message ?

3 Quant à un avenir de paix à l'échelle mondiale, êtes-vous optimiste ou pessimiste ?

Expliquez pourquoi vous avez cette perspective.

Production écrite

1 Rédigez le texte de votre discours que vous prononceriez en tant que membre de la délégation de 100 jeunes partis à Hiroshima (*Activités orales,* page 151).

- **a** Pour la forme rhétorique d'un discours officiel, vous pouvez vous servir du texte de Jacques Chirac comme modèle.
- **b** L'expression invitera l'audience à la réflexion et à l'imagination de ce qui s'est passé, se passe, ou se passera, selon vous, dans des conflits de ce genre. Vous utiliserez un vocabulaire concret et accrocheur. Il sera varié aussi, si la répétition des mêmes éléments ne fait pas partie d'un procédé rhétorique voulu. La simplicité modeste face à la grandeur du thème, sera probablement une vertu dans ce contexte.
- **c** L'audience sera reconnue de façon ouverte, et peut-être à plusieurs reprises. La structure de l'expression sera un mélange de phrases courtes qui viseront à créer un effet mémorable, et des phrases plus longues qui chercheront à expliquer et à faire réfléchir. Le ton restera sobre et respectueux. La construction du texte inclura des passages de description et des passages d'analyse de la signification plus profonde de ces descriptions.
- **d** L'idée maîtresse devra être celle de l'abolition des armes nucléaires dans le but de construire et renforcer une culture de paix partout dans le monde.

2 Vous avez assisté à une bagarre entre deux de vos amis dans laquelle vous êtes intervenu. Rédigez le texte d'une ou d'une suite de pages de votre journal intime qui raconteront les événements, vos sentiments et vos pensées sur cette situation, dans laquelle des tentatives de médiation pour rétablir la paix ont été faites, par vous-même ou par des tiers.

- **a** Il y aura des descriptions, des analyses, des hypothèses, des réactions aux événements, peut-être des rappels en discours direct ou indirect, de ce qui s'est passé. Attention aux temps des verbes que vous utiliserez et à leur formation correcte !
- **b** Le journal intime établit une sorte de dialogue avec soi-même ou un ami de cœur. Il y aura des signes de cette amitié par le moyen de confidences, indiqués par des procédés rhétoriques appropriés.
- **c** Les idées varieront entre la description de ce que vous aurez constaté et ce que vous aurez fait dans la tentative de médiation, vos analyses et interprétations de la situation et du caractère des personnes impliquées, et vos propositions pour résoudre les problèmes évidents. Étendre votre production sur quelques pages différentes, clairement datées, vous donnera plus de champ pour démontrer l'évolution de votre réflexion.

3 Niveau supérieur

Les 8 points de la décennie !

Le Mouvement de la Paix entend proposer des initiatives autour des 8 points constitutifs de la décennie internationale (ONU – UNESCO) de la promotion d'une culture de la Paix et de la non-violence :

- → le renforcement d'une culture de la paix par l'éducation,
- → la promotion d'un développement durable sur les plans économique et social,
- → la promotion du respect de tous les droits de l'homme,
- → les mesures visant à assurer l'égalité entre les femmes et les hommes,
- → les mesures visant à favoriser la participation à la vie démocratique,
- → les mesures visant à développer la compréhension, la tolérance et la solidarité,
- → les mesures visant à soutenir la communication participative et la libre circulation de l'information et des connaissances,
- → les mesures visant à promouvoir la paix et la sécurité internationales.

Le Mouvement de la Paix

Expliquez votre point de vue et démontrez votre compétence interculturelle en étudiant les similitudes et les différences à ce sujet entre votre culture et celle(s) que vous étudiez.

Ce texte vous invite à considérer ces deux questions importantes :

- Les propositions sont-elles réalisables à une échelle mondiale ?
- Y a-t-il un ordre d'importance à établir, certains sujets étant plus urgents que d'autres, soit pour le monde, soit pour le pays ou la culture qui vous concerne le plus ?

Vous considérerez le statut de l'initiative de l'UNESCO comme idéal, en relation avec les cultures et les pays auxquels vous vous référez, tout en étayant votre argumentation par des exemples concrets des défis à aborder.

1 Dépendances

Objectifs

- Réfléchir à ce qu'est une dépendance, à ses différentes formes et à ses conséquences.
- Discuter les moyens de combattre ces dépendances et des responsabilités de l'individu face à ces dépendances.
- Étudier la forme d'une brochure.
- Étudier un texte explicatif.

Remue-méninges

- Que veut dire pour vous « être dépendant » physiquement ou psychologiquement ?
- Des formes de dépendance suivantes, lesquelles vous préoccupent le plus et vous semblent les plus graves pour l'individu ; pour son entourage ; pour la société dans son ensemble ? Pourquoi ?
  - alcool
  - stupéfiants
  - réseaux sociaux (par exemple, Facebook, Twitter, etc.)
  - tabac
  - dopage
  - jeux vidéo
  - Ajeux de hasard
- Y a-t-il d'autres formes de dépendance qui vous préoccupent ?
- Comment interprétez-vous l'image ci-contre ? Quels sont les sentiments de ce jeune ? Pourquoi a-t-il donc décidé de prendre le risque de faire de l'équilibriste sur un fil ?

  Dans quelle mesure le message de cette affiche est-il efficace ? Dans quelle mesure est-elle représentative de l'attitude des jeunes par rapport à la santé ?

  Vous sentez-vous concernés par les problèmes de tentations et de dépendance évoqués ?

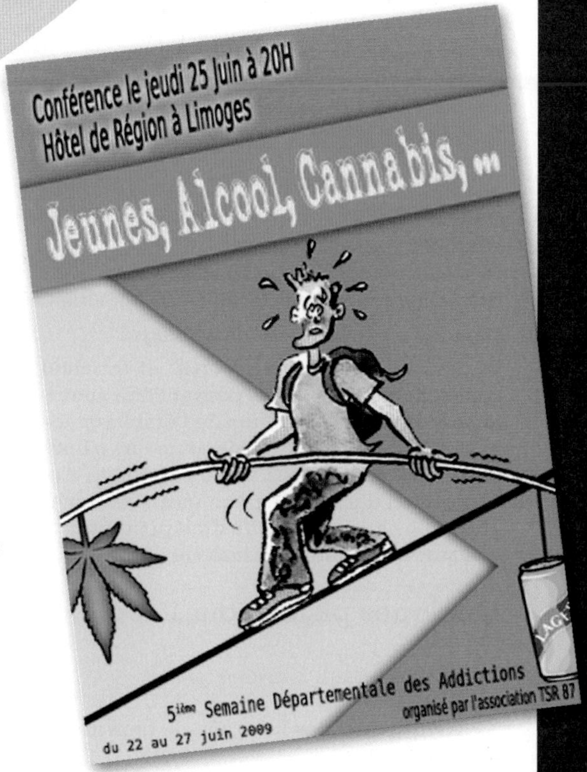

Conférence le jeudi 25 juin à 20H
Hôtel de Région à Limoges
Jeunes, Alcool, Cannabis, ...
5ième Semaine Départementale des Addictions
organisé par l'association TSR 87
du 22 au 27 juin 2009

Réussir la loi Évin dans les établissements scolaires

L'interdiction de fumer dans la cour s'applique à tous et partout.

Document à l'usage des équipes de direction

Deux raisons majeures de s'engager :

Assurer (...2...)

- Protéger élèves et membres de la communauté éducative des effets du tabagisme passif.
- Retarder l'âge de « la première cigarette ».

Afficher (...3...)

- Faire de l'École un lieu exemplaire.
- Ne pas s'exposer aux condamnations civiles et pénales prévues par la loi.

Le rôle du chef d'établissement

- Assurer la protection des non-fumeurs, qu'ils soient élèves ou membres du personnel.
- Afficher, dès l'entrée, et répéter aussi souvent que nécessaire, le principe de l'interdiction de fumer dans l'enceinte de l'établissement, y compris dans les espaces non couverts.
- Proposer à la délibération du conseil d'administration la mise à disposition d'une salle « fumeurs » pour le personnel, et éventuellement, d'une salle « fumeurs » pour les élèves de plus de 16 ans.

Qui peut fumer ? Où ?

Dans les écoles, les collèges et les lycées non séparés des collèges.

Seuls les personnels peuvent être autorisés à fumer dans des salles spécifiques fermées et répondant aux normes.

Dans les lycées séparés des collèges.

Le personnel de l'établissement, et, éventuellement, les élèves de plus de 16 ans peuvent être autorisés à fumer si le conseil d'administration de l'établissement a voté la mise à disposition de salles « fumeurs » fermées, répondant aux normes. Cette possibilité d'une mise à disposition d'une salle pour les élèves fumeurs de plus de 16 ans ne constitue pas un droit pour les fumeurs, mais une simple faculté en la matière.

Quelques pistes pour l'application de la loi Évin

Concertation

- Faire un état des lieux afin de bien identifier les freins et les leviers.
- Tenir compte de la spécificité des internats de lycées en prévoyant des lieux et des moments pour les fumeurs, hors du temps scolaire.
- Élaborer une stratégie et procéder par étape en fixant des échéances réalistes.

Application de la Loi

- Inscrire l'interdiction de fumer dans le règlement intérieur.
- Impliquer, dès la réunion de pré-rentrée, tous le personnel de l'établissement dans une démarche commune.
- Expliquer aux élèves, lors de la rentrée scolaire, le principe de l'application de la loi EVIN et les associer à la démarche de sa mise en œuvre.
- Faire de la lutte contre le tabagisme une priorité du Comité d'Éducation à la Santé et à la Citoyenneté.

Pourquoi y a-t-il urgence ?

- Chaque jour, en France, le tabagisme tue 180 personnes(1) ; parmi elles, 7 n'ont inhalé que la fumée « des autres ».
- Les établissements d'enseignement sont de véritables lieux de vie. Chaque jour, plus de 14 millions(2) d'élèves et 1,3 million d'enseignants et agents rejoignent les établissements scolaires.
- L'âge moyen de la première cigarette est alarmant : 11,3 ans ; 16 % des fumeurs (de 10 à 15 ans) ont même commencé avant 10 ans(3).
- Le tabac est le produit psychoactif le plus consommé « régulièrement » par les élèves(4) : à 16 ans, 24 % des filles et 21 % des garçons consomment quotidiennement du tabac.
- Les élèves doivent être protégés. Les effets du tabagisme passif sur les plus jeunes sont inquiétants(5) :+ 72 % de bronchites,+ 52 % d'asthme,+ 48 % d'otites.
- Les différents personnels de l'établissement peuvent, eux aussi, être victimes du tabagisme passif dans les lieux collectifs.

Les Droits des Non-Fumeurs (DNF)

(1) « Le tabac en France : les vrais chiffres » C. Hill et A. Laplanche 2004
(2) « Les grands chiffres de l'Éducation Nationale 2002–2003 »
(3) Étude « Jamais la première cigarette » Fédération Française de Cardiologie. 02/2004
(4) Enquête ESPAD 2003
(5) Groupe de travail « Tabagisme passif », Pr. B. Dautzenberg 2001

1 À qui s'adresse cette brochure ?

Complétez les sous-titres de la première partie « **Deux raisons majeures de s'engager** » en choisissant la fin parmi la liste suivante.

2 Assurer…

3 Afficher…

A les droits des élèves
B la promotion de la santé
C la protection des consommateurs
D le respect de la Loi

En vous basant sur la partie intitulée « **Le rôle du chef d'établissement** », reliez chacun des mots ou expressions du texte figurant dans la colonne de gauche avec son équivalent qui se trouve dans la colonne de droite. Attention : il y a plus de mots ou expressions proposés que de réponses possibles.

4 dès

5 dans l'enceinte

6 y compris

7 dans les espaces non couverts

8 mise à disposition

9 éventuellement

A à l'intérieur
B au centre
C à partir de
D en plein air
E facile
F finalement
G fourniture/création
H inclus
I jetée
J le cas échéant/ peut-être
K plusieurs

10 En vous basant sur « **Qui peut fumer ? Où ?** », dites si les situations suivantes sont possibles ou pas. Justifiez votre réponse en citant des mots du texte.

a Marie-Laure est bibliothécaire dans un collège. Elle a le droit de fumer dans son bureau.
b Rachid est surveillant dans un lycée. Il peut fumer dans la cour du lycée quand les élèves sont en classe.
c Jean-Pierre est professeur de physique au lycée et fume dans la salle des professeurs avec ses amis fumeurs.
d Magalie est professeur d'anglais dans un collège. Elle ne peut fumer que dans une salle réservée aux fumeurs.
e Bruno est un lycéen de 18 ans, en Terminale au lycée Victor Hugo. Il voudrait fumer dans la salle réservée aux fumeurs.
f Tous les lycées séparés des collèges doivent avoir une salle réservée aux fumeurs.

Langue

Réviser les différentes façons d'exprimer la conséquence, usage du subjonctif inclus.

En vous basant sur « **Quelques pistes pour l'application de la loi Évin** », reliez le début de la phrase de la colonne de gauche à la fin appropriée qui se trouve dans la colonne de droite. Attention : il y a plus de fins que de débuts et chaque fin ne peut être utilisée qu'une seule fois.

11 Pour commencer, il faut

12 Dans les internats, il est nécessaire

13 Pour la bonne application de cette loi, il ne faut pas

14 Il faut que tout le monde adopte cette interdiction pour

15 Tout le personnel doit être impliqué

16 Il est essentiel que les élèves

A aller trop vite.
B à partir du tout début de l'année.
C de prendre en compte où se trouvent les fumeurs.
D établir quels sont les éléments qui peuvent influencer l'application de la loi.
E être réaliste.
F expliquent la loi Évin.
G le règlement intérieur.
H pour la rentrée scolaire.
I que la loi puisse être appliquée.
J qu'on freine l'enthousiasme des fumeurs.
K qu'on prenne en considération les besoins des fumeurs.
L soient impliqués dans l'application de la Loi.

Complétez ces mots fléchés. Toutes les réponses se trouvent dans le passage intitulé « **Pourquoi y a-t-il urgence ?** ».

17 inquiétant
18 ils ont parfois commencé très tôt
19 le tabagisme s'appelle ainsi quand on ne l'a pas choisi
20 maladie respiratoire chronique
21 cette chose n'est pas « cool » et elle jaunit les dents
22 intoxication causée par l'abus du tabac
23 nous devons tous refuser de le devenir
24 plante originaire d'Amérique qui contient de la nicotine
25 absorbé par les voies respiratoires
26 elle pique les yeux et fait tousser
27 inflammations des bronches
28 utilisé
29 endroits

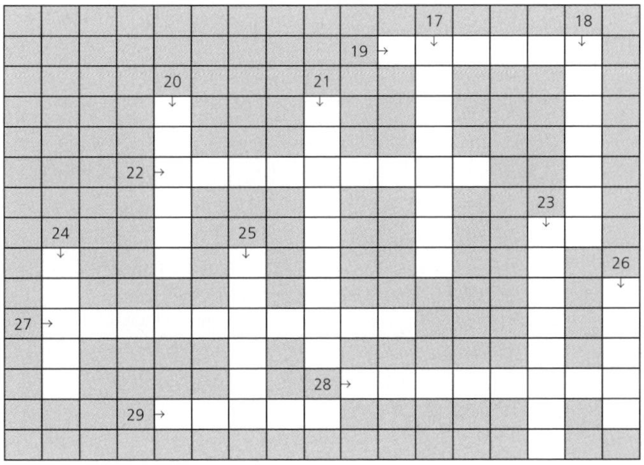

Enquête 15 / 25 ANS

Cinq vérités sur le cannabis

Dépendance, schizophrénie, concentration, cancer, hallucinations, crises... Voilà ce qu'on sait vraiment sur le cannabis, ses effets et ses dangers.

1 Le cannabis, c'est moins dangereux que l'alcool et le tabac

VRAI ET FAUX Il n'y a pas d'un côté les produits dangereux et les autres de l'autre. Ce qui fait la dangerosité d'un produit, c'est également la personne (l'état d'esprit dans lequel elle se trouve) et la manière de le consommer.

Fumer un joint, ce n'est pas la même chose que fumer un joint + boire un verre + enfourcher son scooter.

Par ailleurs, si le cannabis est cancérigène, ce n'est pas seulement parce qu'il est mélangé au tabac. Pur, il contient plus de dérivés cancérigènes que le tabac... Une info à relativiser évidemment car, entre celui qui fume un joint par semaine et celui qui descend son paquet de clopes quotidien, on voit bien qui s'expose au plus fort risque de cancer.

2 Le cannabis, ça aide à se concentrer

FAUX Cette vague impression de mieux arriver à se concentrer sur un texte de philo n'a rien à voir avec une meilleure acuité intellectuelle.

C'est au contraire l'effet sédatif du cannabis qui va provoquer une sensation de détente. Plus concentré ? Non. Tout mou ? Oui !

3 Un lien évident entre cannabis et schizophrénie

VRAI ET FAUX Actuellement, on n'en sait pas assez pour être si catégorique. Ce que l'on peut dire, c'est que sur des personnalités fragiles au départ, la consommation régulière et précoce de cannabis (si on a commencé avant 15 ans, l'effet sur le cerveau sera plus nocif) peut amener des troubles psychotiques : des hallucinations avec paranoïa, l'impression d'être suivi par exemple, des crises d'une violence incontrôlable...

Le problème, c'est que cette prédisposition (probablement génétique) est très rarement connue, jusqu'au jour où le pépin arrive. Une chose est sûre : ceux qui, sans avoir jamais pris de cannabis, ont déjà éprouvé ce genre de symptômes délirants auraient plutôt intérêt de s'abstenir.

4 Le cannabis, ça rend accro

FAUX Le cannabis est la drogue qui induit la moins forte dépendance physique, elle induit plutôt une dépendance psychologique chez des consommateurs réguliers. Ceux-là vont s'habituer à la consommation de cannabis pour régler certains problèmes.

Rien à voir avec le tabac donc, qui, avec l'héroïne (un opiacé), entraîne la dépendance la plus rapide au niveau physiologique. À un détail près, c'est que le cannabis est pratiquement toujours mélangé au tabac, ce qui double bien évidemment le risque.

5 On n'est pas tous égaux devant le cannabis

VRAI Chaque individu a un capital génétique propre qui lui donne une sensibilité particulière (**...17a...**) à la substance consommée.

Ainsi, quand on fume un pétard, c'est notre système enzymatique qui nous aide à éliminer le produit dans notre organisme. Ce capital dépend de ce qu'on mange. (**...17b...**) certains n'éprouvent pratiquement rien après avoir fumé un joint. (**...17c...**), au contraire, sont d'emblée très réceptifs à ses propriétés hallucinogènes.

(**...17d...**), l'ivresse cannabique ne fait que renforcer ce que les gens ressentent au départ. Ainsi, quelqu'un d'heureux et bien dans sa peau sera peut-être pris de fou rire et perçu comme plus drôle encore. (**...17e...**), celui qui est angoissé se sentira encore plus mal avec parfois des crises de panique (*bad trip*) à la clé.

Béatrice Girard
Phosphore

1 Quel est le but de ce texte ?

2 D'après la première vérité, deux des affirmations suivantes sont vraies. Lesquelles ?

A Tous ces produits sont dangereux dans tous les cas.
B Ces produits ne sont pas dangereux en soi.
C Ce sont les actions d'un individu qui font qu'un produit devient dangereux.
D Fumer du cannabis est plus dangereux que boire de l'alcool.
E Le cannabis n'est pas cancérigène quand il est consommé pur.
F Fumer du cannabis n'est dangereux que quand on le fume avec du tabac.
G À quantité égale, le cannabis contient plus de produits cancérigènes que le tabac.

3 Dans l'expression « et la manière de le consommer », à qui/quoi se réfère « le » ?

4 Dans le dernier paragraphe de cette première vérité, quel mot indique qu'on ne peut pas donner une réponse claire et définitive.

5 Qui « s'expose le plus au risque de cancer » ?

6 Les affirmations suivantes, basées sur la deuxième vérité, sont soit vraies, soit fausses. Justifiez votre réponse en citant les mots du texte.

a Grâce au cannabis, on n'est plus capable d'aborder une situation complexe.
b On se sent plus calme quand on prend du cannabis.
c Le cannabis affaiblit l'esprit.

Reliez chacun des mots ou expressions du texte figurant dans la colonne de gauche avec son équivalent qui se trouve dans la colonne de droite. Attention : il y a plus de mots ou expressions proposés que de réponses possibles.

7 actuellement
8 au départ
9 précoce
10 nocif
11 amener
12 pépin

A accident
B créer
C de nos jours
D dommageable
E éviter
F extase
G faible
H intelligente
I jeune
J pour commencer
K qui partent
L réellement

13 La dernière phrase de la troisième vérité est…

A une description des conséquences de prendre du cannabis quand on a des symptômes délirants.
B une explication de la relation entre le cannabis et le délire.
C une preuve qu'il ne faut pas consommer de cannabis.
D un avertissement aux personnes qui ont eu des troubles psychotiques dans le passé.

En vous basant sur la quatrième vérité, reliez le début de la phrase de la colonne de gauche à la fin appropriée qui se trouve dans la colonne de droite. Attention : il y a plus de fins que de débuts et chaque fin ne peut être utilisée qu'une seule fois.

14 Le consommateur régulier de cannabis est…

15 La dépendance au tabac est…

16 La dépendance physique au cannabis est…

A aussi forte que celle à l'héroïne.
B confronté à des difficultés qu'il essaie de résoudre.
C due à la prise simultanée de tabac.
D habitué à sa dépendance physique.
E impossible.
F moins rapide que celle à l'héroïne.

17 a–e Ajoutez les mots qui manquent dans la cinquième vérité en les choisissant dans la liste proposée ci-dessous. Attention : il y a plus de mots ou expressions que d'espaces et chaque mot ou expression ne peut être utilisé(e) qu'une seule fois.

À L'INVERSE	C'EST POURQUOI	CEPENDANT	D'AUTRES
PAR AILLEURS	PAR EXEMPLE	PAR RAPPORT	SELON

Pour aller plus loin

- Pourquoi et comment devient-on accro ?
- Pourquoi distingue-t-on drogues dures et drogues douces ? Quelles sont ces distinctions ?
- L'usage des drogues douces est autorisé dans certains pays. Qu'en pensez-vous ? À votre avis, pourquoi sont-elles autorisées ?
- La loi considère de façon différente la possession, la revente et le trafic de drogues. Pourquoi ? Êtes-vous d'accord avec ces différences ?
- Malgré les interdits, les dangers connus, les publicités, les personnes continuent à consommer des produits dangereux pour la santé. Comment peut-on expliquer cette attitude ?
- Pensez-vous qu'il y ait eu des changements dans la société en ce qui concerne la consommation de ces produits ? Étaient-ils plus ou moins consommés il y a 20 ou 50 ans ? Comment expliquez-vous certains de ces changements ?
- L'usage du tabac doit-il être interdit dans tous les lieux publics ? Dans quelle mesure ces interdictions peuvent-elles enfreindre la liberté individuelle ? Suite à cette interdiction, la fréquentation des bars en France a tellement diminué que les chiffres d'affaires ont baissé. Certains ont même dû fermer. La présence de salles fumeurs et non-fumeurs n'était-elle pas suffisante ?
- Que peut-on et que devrait-on faire pour lutter contre ces diverses dépendances ?
- Sur les paquets de cigarettes vendus en France est inscrit « FUMER TUE ». L'impression sur ces paquets de photos choquantes sur les conséquences du tabagisme à partir de 2011 peut-elle décourager les fumeurs ? Les fumeurs ne doivent-ils pas prendre la responsabilité de leurs actions ?
- Comment peut-on concilier les campagnes anti-tabac du gouvernement français et le fait que ce même gouvernement ait le monopole sur la vente du tabac et prélève des taxes ?
- Quel rôle joue l'industrie dans la dépendance ? Que font les industriels pour vendre des boissons alcoolisées aux jeunes en particulier ?
- À votre avis, quelle est la part que joue le milieu social dans la dépendance aux jeux d'argent et de hasard ? En est-il de même pour les autres formes de dépendances ?

Théorie de la connaissance

- À votre majorité, vous êtes considéré(e) comme suffisamment responsable légalement pour voter, vous marier et avoir des enfants, conduire une voiture sur la voie publique, boire et fumer. Pourquoi ne pourriez-vous pas être assez responsable pour prendre des drogues si vous le désirez ?
- Admirez-vous une personne de votre âge qui fume, boit de l'alcool ou consomme des drogues ? Si oui, pourquoi ?
- Il y a énormément de preuves médicales sur les effets nocifs de l'alcool, du tabac et de la plupart des drogues illégales. À votre avis, pourquoi est-ce donc les politiques et non pas les médecins qui déterminent les limites de leur consommation ?
- Dans certaines cultures, l'alcool et les drogues ont des significations d'ordre spirituel. Sur quelles bases éthiques les gouvernements laïques en limitent-ils la consommation ?

Activités orales

1 Vous avez un problème. Comme vous ne savez pas quoi faire face à ce problème, vous demandez conseil à plusieurs de vos camarades. Vous avez 20 minutes pour consulter le plus de camarades possibles. Vous exposerez ensuite votre problème à la classe et direz ce que vous décidez de faire. La liste suivante sera répartie entre les élèves de la classe. *Cette liste n'est pas exhaustive et sera adaptée au nombre d'élèves.*

a Vous vous enivrez tous les week-ends. Vous savez que ce n'est pas bon pour vous, mais vous ne savez pas comment vous arrêter.

b Votre petit frère de 10 ans est accro aux jeux vidéo. Vous savez qu'il y joue même la nuit et son travail scolaire en souffre.

c Vous avez découvert que votre meilleur(e) ami(e) fume du cannabis en cachette de ses parents.

d Vous avez plein d'« amis » sur Facebook et vous passez la plupart de votre temps libre à discuter avec eux. Vos amis se plaignent de ne plus vous voir.

e Votre père est un gros fumeur et ceci affecte sa santé. Il doit arrêter mais ne s'en sent pas capable.

f Votre meilleur(e) ami(e) est accro aux jeux de hasard et perd régulièrement beaucoup d'argent. Vous avez découvert qu'il/elle a volé pour payer ses dettes.

Boire ou conduire, il faut choisir

1. Décrivez cette publicité et sa mise en page. Quel en est le message ?
2. Expliquez l'ironie du texte ? Pensez-vous que cette publicité soit efficace ?
3. La réglementation sur l'alcool au volant dans un pays francophone que vous étudiez vous semble-t-elle trop stricte ou trop généreuse ? Comparez-la avec celle de votre propre pays. Quelles limites devrait-on imposer ?
4. Pensez-vous que ce fléau puisse être éradiqué ? Si oui, comment ? Si non, pourquoi pas ?

Production écrite

1 Face au nombre croissant de jeunes passant de plus en plus de temps sur des sites de rencontre, vous écrivez une brochure pour donner des conseils à ceux qui pourraient se trouver dans cette situation. Cette brochure s'intitulera « Pour ne pas devenir accro ».

a Étant donné que cette brochure s'adresse à des jeunes, les exemples devront être adaptés à leur expérience et leur milieu scolaire, parler de leurs amis, etc. La langue sera informelle, simple et directe.

b Vous utiliserez des éléments qui permettent d'identifier une brochure (titre, colonnes, illustrations avec légendes explicatives...). Vous utiliserez des procédés stylistiques variés qui viseront à avoir un impact sur le lecteur de façon à le motiver à ne pas y passer trop de temps.

2 Vous avez eu l'occasion d'interviewer une personne qui était dépendante (par exemple : alcool, drogue, tabac, jeux d'argent) mais qui a finalement réussi à s'en sortir. Retranscrivez cette interview pour le journal de votre école.

a Une interview consiste à rapporter les paroles d'une personne. Il ne s'agit pas de retranscrire les paroles de la personne mot à mot mais de sélectionner ses propos de façon à écrire un texte cohérent. Vous adopterez le format questions/réponses ou intégrerez des citations dans un texte suivi.

b Vous inclurez un titre suivi d'une introduction qui présentera la personne dans le contexte des intentions de cet article. Le vouvoiement sera normalement utilisé et ceci tout au long de l'interview de façon constante.

c Vous inclurez des questions suffisamment pertinentes afin d'entraîner des réponses détaillées. L'objectif est de provoquer la réflexion des lecteurs sur le problème des dépendances.

d Vous utiliserez des procédés stylistiques variés, adaptés aux idées et aux sentiments exprimés au cours de l'interview, par exemple la frustration, la peur, la joie de réussir, etc.

3 **Niveau supérieur** Expliquez votre point de vue et démontrez votre compétence interculturelle en étudiant les similitudes et les différences à ce sujet entre votre culture et celle(s) que vous étudiez.

Les vignerons lancent une campagne sur la consommation responsable

Le secteur viticole européen a déploré que le vin soit de plus en plus considéré comme une simple boisson alcoolisée, consommée en grande quantité et sans apprécier la qualité du produit. Ils lancent un programme pour aider à promouvoir la dimension culturelle du vin et pour contribuer à réduire l'abus d'alcool dans l'Union européenne (UE).

Selon Xavier de Volontat, président de la Confédération européenne des vignerons indépendants (CEVI) qui a lancé le programme de la CEVI « Le vin avec modération, art de vivre » le 18 mars 2008, leur rôle est de disséminer un message de modération et d'apprendre à apprécier le vin, en un mot, de promouvoir la consommation responsable. Il a déploré que ce produit fin de pays soit de plus en plus considéré comme une simple boisson alcoolisée, quelque chose qui, selon lui, renie la dimension culturelle du vin.

La nouvelle campagne d'information vise à encourager la modération et la responsabilité quant à la consommation de vin tout en participant à l'objectif de la stratégie de l'UE de soutenir les États membres dans la réduction des dommages liés à la consommation excessive d'alcool.

Euractiv

Vous considérerez :

- l'importance du vin dans la culture française ;
- les raisons pour lesquelles on boit du vin ;
- la différence entre boire du vin et boire un autre type de boisson alcoolisée ;
- les différences entre ne pas boire du tout, boire avec modération et boire avec excès ;
- les effets de campagnes contre certains produits sur l'économie.

2 Déséquilibres et mal-être

Objectifs

- Considérer différentes formes de troubles du comportement.
- Explorer les circonstances sociales et individuelles du mal-être.
- Étudier un texte explicatif.
- Rédiger des conseils.

Remue-méninges

- Comment les troubles du comportement peuvent-ils se manifester ?
- Comment les maladies mentales et les troubles psychologiques sont-ils considérés dans votre culture ou dans votre société ?
- À qui vous adresseriez-vous dans le cas où vous auriez besoin de conseils pour des troubles du comportement, que ce soit pour une personne que vous connaissiez ou pour vous-même ?
- Considérez le tableau ci-dessous. À votre avis, en quoi consistent les différences entre anxiété, dépression et stress ?

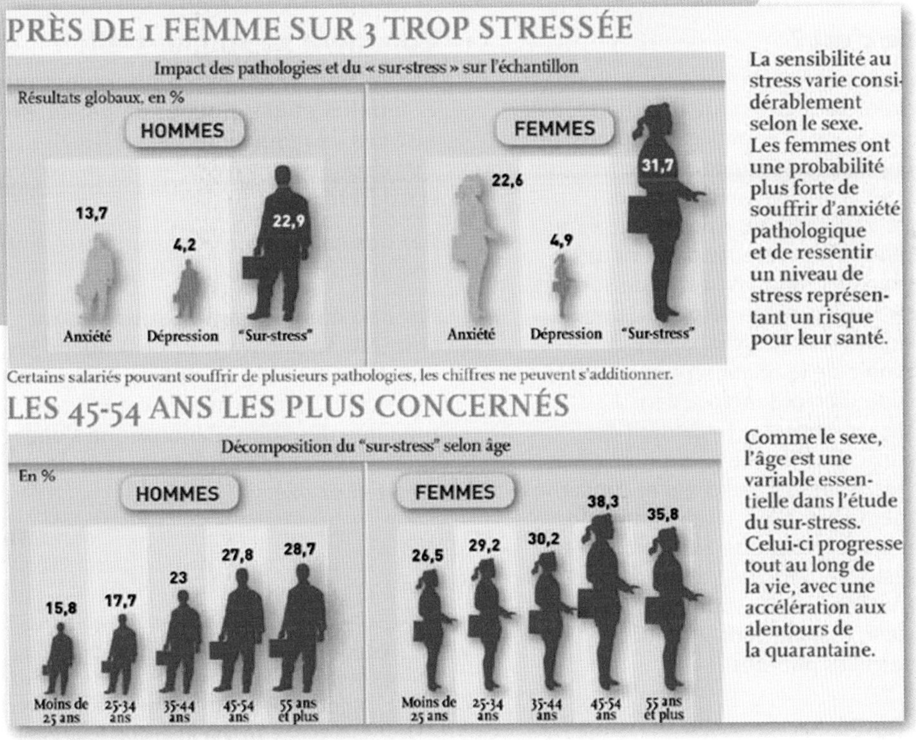

Source : Les Echos

- Connaissez-vous des personnes qui pourraient figurer dans ce tableau ?
- Y a-t-il un niveau « normal » de stress nécessaire pour pouvoir fonctionner ? À quel niveau de stress peut-on commencer à parler de « maladie » ou de « pathologie » ?

  Quels sont les facteurs de stress possibles ? Sont-ils les mêmes dans toutes les sociétés ?

  Y a-t-il des sociétés moins stressées que d'autres ?

  Comment expliquez-vous les différences entre les hommes et les femmes ?

  Comment expliquez-vous les différences selon les tranches d'âge ?

L'anorexie

Le témoignage de Jeanne, 46 ans, mère d'Émilie, 18 ans

« Il y a deux ans, ma belle-sœur, qui a deux enfants, m'a fait remarquer : "Ta fille est très maigre." Émilie avait suivi un régime et je ne m'étais pas rendu compte qu'elle avait perdu autant de poids. Elle pesait 45 kilos pour 1,58 mètre. Quelques mois plus tôt, elle pesait 52 kilos et je lui avais dit : "Fais attention, ne mange pas n'importe quoi." J'avais voulu réagir vite avant que les kilos ne s'installent. Un mois après que ma belle-sœur m'ait alertée, ma fille avait encore perdu 10 kilos. J'étais affolée. J'ai évité d'en parler avec elle et puis, un jour, je lui ai proposé d'aller voir un psy et un nutritionniste. Elle a tout de suite accepté. Le psychothérapeute nous a reçus avec son père. J'ai pris conscience que nous avions une relation très fusionnelle, qu'elle avait du mal à se décoller de moi. Aujourd'hui, elle habite dans une chambre, pas loin de la maison. Elle va mieux. Elle pèse 58 kilos, ce qui me paraît trop, mais je ne lui dis rien. Elle est toujours suivie par son psy. »

Qu'est-ce que c'est ?

Une maladie qui commence parfois vers 8–9 ans, mais le plus souvent au moment de la puberté. Il ne faut pas la confondre avec l'anorexie du nourrisson (appelée aussi anorexie de sevrage), assez rare, qui correspond à un refus alimentaire à partir du troisième mois lié à un mauvais « accordage » de la relation mère-enfant. « La mère ne parvient pas à percevoir les besoins du nourrisson qui, de son côté, a des besoins auxquels la mère ne peut répondre », explique le Dr Didier Lauru, psychanalyste et psychiatre. Ce trouble de la relation peut se régler rapidement par une thérapie mère-enfant. Ces nourrissons ne deviendront pas forcément des adolescents anorexiques. L'anorexie dont on parle en général touche 2% des adolescents et concerne un garçon pour neuf filles. C'est une maladie de la maîtrise. L'anorexique veut être plus fort que ses besoins et ses désirs. Le refus de s'alimenter peut conduire à la dénutrition. Il constitue une menace pour la croissance et, notamment, il provoque l'arrêt des règles chez les filles pubères.

D'où vient-elle ?

Les spécialistes parlent de « maladie du lien » ou de la difficulté à se séparer. « Il y a peut-être une sensibilité génétique mais, ce qui est sûr, c'est que le refus de s'alimenter correspond à la manifestation de difficultés psychiques extrêmement variées, explique le Dr Irène Kaganski, pédopsychiatre. « Cela signe généralement un problème de communication dans la famille, mais c'est aussi, certainement, une conséquence du culte de la performance et de la minceur qui caractérise notre société. »

Comment se soigne-t-elle ?

Par un traitement psychothérapeutique individuel et familial et des groupes de parole, avec des activités de médiation (danse, théâtre…) pour aider l'anorexique à trouver d'autres moyens d'exprimer ses difficultés.

Par des calmants et des antidépresseurs dans certains cas, rares mais critiques.

Par une hospitalisation sous contrat (exceptionnelle avant 12 ans) quand les jours de l'adolescente sont en danger. Celle-ci est séparée de son milieu, mais la famille est toujours partie prenante des soins. L'anorexique s'engage à manger. Quand elle a repris suffisamment de poids, elle rentre chez elle.

Sarah Jessner

Version Femina (Sud-Ouest Dimanche) 6.12.2009

Merci aux docteurs Christophe Philippe, de l'hôpital Louis-Mourier de Colombes (92), Nathalie Boige, de l'hôpital privé d'Antony (92), Irène Kaganski, de l'Institut mutualiste Montsouris (75), et Didier Lauru, directeur du centre médico-psycho-pédagogique Étienne-Marcel (75).

Parmi les propositions de la colonne de droite, choisissez celles qui complètent le résumé de l'histoire d'Émilie. Attention : il y a plus de propositions que de titres manquants.

Émilie pesait 52 kilos. **(…1…)**, elle a suivi un régime. **(…2…)**, elle a perdu 7 kilos. Quand sa tante s'est rendue compte du changement, **(…3…)** **(…4…)**, elle ne faisait plus que 35 kilos. Jeanne n'a pas parlé avec sa fille **(…5…)** Quand finalement Émilie a vu un psychothérapeute, **(…6…)** Aujourd'hui, Émilie va mieux, **(…7…)**

A bien qu'elle soit très inquiète.
B Bien que sa mère pense qu'elle était trop maigre
C car elle ne vit plus chez ses parents.
D celle-ci en a parlé à Jeanne.
E celui-ci a vu toute la famille.
F Comme elle se trouvait trop grosse
G Comme sa mère pensait que c'était un peu trop
H En quelques mois
I elle a été alertée par sa belle-sœur.
J Mais un mois plus tard
K parce qu'elle a une relation fusionnelle avec sa mère.
L parce qu'elle était folle.
M Quelques mois plus tard
N sa mère l'a accompagnée.

Langue

Étudier les articulateurs temporels du texte. Relever les différents temps du passé, particulièrement les verbes au plus-que-parfait. Réviser la fonction du plus-que-parfait.

En vous basant sur la réponse à la question « **Qu'est-ce que c'est ?** », reliez le début de la phrase de la colonne de gauche à la fin appropriée qui se trouve dans la colonne de droite. Attention : il y a plus de fins que de débuts et chaque fin ne peut être utilisée qu'une seule fois.

8 Les premiers symptômes de l'anorexie…

9 Certains bébés…

10 La forme d'anorexie la plus courante…

A affecte essentiellement les filles.
B apparaissent normalement à l'adolescence.
C ne peuvent manger car leur mère refuse de les nourrir.
D concerne une majorité de filles.
E existent déjà dès l'enfance.
F peuvent souffrir parfois d'anorexie.

11 D'après le texte, l'expression « une maladie de la maîtrise » (l. 16 du deuxième paragraphe) signifie :

A L'anorexique veut montrer qu'il/elle peut se contrôler.
B L'anorexique n'a pas faim.
C L'anorexique ne croit pas que sa condition soit grave.
D L'anorexique veut provoquer son entourage.

12 Dans la phrase « Il constitue une menace pour la croissance » (l.19), à quoi se réfère « il » ?

13 D'après la réponse à la question « **D'où vient-elle ?** », deux des affirmations suivantes sont vraies. Lesquelles ?

A L'anorexie est associée au besoin d'établir des liens.
B Il est sûr que l'anorexie est d'origine génétique.
C Des problèmes psychiques sont à la base de l'anorexie.
D Le refus de s'alimenter est une des causes des problèmes psychiques de l'anorexique.
E Dans la famille d'un anorexique la communication devient vite difficile.
F La société encourage les gens à toujours vouloir se dépasser.

Technique de travail

Attention à bien comprendre les détails des options proposées. Ne pas se limiter à identifier des mots similaires ou copiés du texte.

14 En vous basant sur la réponse à la question « **Comment se soigne-t-elle ?** », identifiez les mots qui signifient :

a parler de
b extrêmes

15 Les affirmations suivantes, basées sur cette même partie, sont soit vraies, soit fausses. Justifiez votre réponse en citant les mots du texte.

a L'anorexique est hospitalisée si elle risque d'en mourir.
b L'hospitalisation permet d'isoler complètement l'anorexique de sa famille.

Comment gérer au mieux le stress des examens ?

Les examens approchent à grand pas. Il est temps de préparer la dernière ligne droite. Gérer son stress est une clé de la réussite.

Le stress, pour quoi faire ?

Il existe deux grands types de stress très différents ; le stress « positif » qui va préparer le sujet à entrer en action au bon moment et le stress « négatif » qui va au contraire l'empêcher d'agir comme il le souhaiterait.

Le premier se caractérise par le ressenti d'un influx nerveux qui porte la personne vers son action. C'est la douce et lente pression qui s'empare de l'acteur de théâtre les jours et les heures avant de monter sur les planches et qui va lui permettre de réussir son spectacle. C'est cet influx nerveux qui va permettre au sportif de monter sur le terrain parfaitement préparé à sa tâche. Communément appelé « trac », ce stress n'est pas à considérer comme un agent agressant mais comme un partenaire qui va permettre au sujet d'atteindre, au bon moment, une concentration optimale de son corps et de son esprit.

Le second devient négatif à partir du moment où au lieu de se transformer en décontraction et en concentration, il va persister dans le corps sous forme par exemples de boules d'angoisses à l'estomac ou de gorge nouée, ou dans l'esprit sous forme de craintes obsédantes. Il n'est plus « aidant » mais paralysant.

Comment faire évoluer son stress positivement ?

Il existe différentes techniques et pédagogies de gestion du stress. Voici quelques conseils qui, peut-être, vous aideront un petit peu à gérer votre stress :

- Engagez-vous avec la ferme intention de réussir la tâche qui vous incombe. **(...8a...)**
- Parlez des craintes et des peurs qui vous encombrent à quelqu'un qui sait vous écouter. **(...8b...)**
- Tentez de vous projeter en situation de réussite. **(...8c...)**
- Apprenez à vous relaxer corporellement, ce sera tout bénéfice pour votre esprit. **(...8d...)**
- Créez les conditions les plus adéquates afin d'atteindre la concentration, le stress s'évacuera. **(...8e...)**
- Octroyez-vous des pauses régulières axées sur la détente du corps et de l'esprit. Étudier sans arrêt n'est pas efficace. **(...8f...)** Le sport est bien entendu un excellent moyen de détente pour autant qu'il ne soit pas trop intensif pendant cette période cruciale.
- Vivez comme un sportif professionnel en phase de préparation à une compétition en ayant la meilleure hygiène de vie possible ! **(...8g...)**

Ces quelques techniques vous aideront à mieux gérer votre stress mais ne présentent en aucun cas un gage de réussite si vous n'avez pas une bonne méthode de travail ou pire si vous n'étudiez pas votre matière !

Comment trouver une bonne méthode de travail ?

Ce qui importe, c'est de trouver celle qui vous conviendra personnellement le mieux. Certains sont visuels, ils lisent et retiennent leur matière. D'autres, en plus, auront besoin d'écrire pour que leur mémoire fonctionne de manière optimale. Certains encore, davantage auditifs, auront besoin de lire à haute voix pour enregistrer. Déterminez donc sur quel canal sensoriel fonctionne votre mémoire et allez-y !

Une planification réfléchie en fonction de tous ces critères vous aidera également à bien gérer votre temps et donc votre stress.

Comment les parents peuvent-ils intervenir ?

En fonction de l'âge et de l'autonomie de l'enfant, les parents participeront peu ou prou à l'étude. Surtout, essayez de gérer vous aussi votre stress, chers parents, afin qu'il ne déborde pas sur votre enfant. Responsabilisez-le par rapport à son travail, mais ne mettez pas en jeu votre amour par rapport à cela. Rater une fois ou l'autre dans sa vie permet de grandir mais il y a des limites, notamment quand on ne donne pas le meilleur de soi-même.

À tous, bon travail et bonne réussite !

Dimitri Haikin, Pyschorelief International

1 À quelle période de l'année ce texte a-t-il été écrit ?

2 Le mot « sujet » (l.3) se rapporte…

A au type de stress.
B au sujet d'examen.
C à l'action à suivre.
D à la personne stressée.

3 À quoi se réfère « le premier » (l.6) ?

4 Quelle est la principale caractéristique du stress positif ?

A C'est une réaction qui nous permet d'agir.
B Il cause le trac.
C C'est un phénomène violent.
D C'est un sujet qui renforce la concentration.

5 Quelles sont les deux situations de stress positif mentionnées ?

6 Quelle est la principale caractéristique du stress négatif ?

A Il permet de partir d'un lieu difficile.
B Il transforme la décontraction en concentration.
C Il aide la digestion.
D Il empêche toute action.

7 Citez deux parties du corps affectées physiquement par le stress négatif.

8 a–g Les conseils pour « **faire évoluer son stress positivement** » sont incomplets. Parmi les propositions suivantes, choisissez celle qui correspond à chacun de ces conseils. Attention : il y a plus de propositions que de conseils incomplets.

A Assurez-vous d'avoir un sommeil régulier et suffisant et une alimentation saine.
B Choisissez un endroit calme où vous vous sentirez détendu pour étudier.
C Essayez de lui expliquer le plus positivement possible.
D Fuyez les autres et surtout votre famille.
E Il existe des vidéos d'exercices très simples à pratiquer.
F Ne sortez plus de cette spirale de la réussite dans laquelle vous vous serez engagé(e).
G Par exemple, visualisez la salle d'examen et voyez-vous en train de répondre facilement à toutes les questions.
H Révisez encore et encore vos notes. Il n'est pas trop tard !
I Sortez avec vos amis et faites la fête. Vivez intensément !
J Votre session de révision ne doit pas être une corvée d'un mois sans interruption !

9 D'après les lignes 28 à 58, qu'est-ce qui est le plus important ?

A Gérer son stress.
B Réussir.
C Avoir une bonne méthode de travail.
D Étudier sa leçon.

10 Dans la phrase…	**le mot…**	**se réfère à…**
a celle qui vous conviendra (l.59)	celle	
b Certains sont visuels (l.60)	Certains	

11 Quels sont les trois « canaux sensoriels » (l.66) mentionnés dans ce paragraphe ?

12 Quels mots ou expressions de la réponse à la dernière question « **Comment les parents peuvent-ils intervenir ?** » signifient :

a selon
b plus ou moins
c risquez
d échouer
e fait tout son possible

Technique de travail

Attention à bien identifier la forme et la fonction grammaticale de chaque mot ou expression.

13 À qui s'adresse l'auteur quand il dit « essayez de gérer vous aussi votre stress » (l.73) ?

Pour aller plus loin

- Dans quelle mesure y a-t-il un lien entre la maigreur excessive de certains mannequins et l'anorexie ? Devrait-on interdire à des mannequins « trop » maigres de défiler ? Comment définiriez-vous la notion du « trop maigre » ? Les critères de beauté sont-ils les mêmes dans toutes les sociétés ?
- En avril 2008, l'Assemblée nationale française a adopté une loi contre « l'incitation à l'anorexie ». Peut-on résoudre ce type de problèmes par des lois ? Est-ce le rôle de l'État de légiférer en matière de comportement personnel ?
- Quelle est la définition d'une phobie ? Souffrez-vous personnellement, ou connaissez-vous des personnes qui souffrent de phobies (par exemple la claustrophobie, l'arachnophobie, l'agoraphobie) ? Dans quelle mesure une phobie peut-elle devenir une maladie ? Connaissez-vous d'autres types de phobies ? Quelles en sont les causes possibles ?

  Comment les phobies affectent-elles les personnes qui en souffrent et leur entourage ?

  Comment peut-on arriver à surmonter ses phobies ?
- Selon une étude publiée par *TNS Healthcare* en mars 2007, les Français dorment en moyenne 7h10 en 24 heures, soit 1h30 de moins qu'il y a 50 ans. Quelles sont, à votre avis, les causes de ce changement ? Quelles sont les conséquences au niveau de la santé physique et mentale pour les personnes qui ne dorment pas assez ?

  Connaissez-vous des personnes qui souffrent d'insomnie ? Quelles sont les conséquences sur leur vie et leur bien-être ?

  Combien d'heures dormez-vous en moyenne ? Étudiez vos rythmes de sommeil sur une semaine et comparez-les avec ceux de vos camarades. Combien d'heures devriez-vous dormir chaque jour ? Que devriez-vous faire pour atteindre cet objectif ?
- Les troubles du comportement existent-ils plus ou moins dans certaines sociétés ? Plus ou moins aujourd'hui que dans le passé ? Pourquoi ces différences existent-elles ?
- Dans les sociétés occidentales, on a tendance aujourd'hui à se tourner vers des psychologues, psychothérapeutes, ou autre professionnel de la santé plutôt que d'essayer de faire face à ses problèmes seul ou avec le soutien de ses proches. Comment peut-on expliquer ces changements et ces différences avec d'autres sociétés ?
- En quoi consiste une « maladie mentale » ? Comment la maladie mentale est-elle perçue dans votre société ? Les malades mentaux devraient-ils être internés, exclus de la société ou devraient-ils être encouragés à mener une vie indépendante comme des membres à part entière de la société ?

Théorie de la connaissance

- Une obsession peut-elle être utile ou mise à profit ? Si oui, dans quelle situation ?
- Calvin Klein a créé un parfum appelé *Obsession*. Comment peut-on expliquer qu'un mot aux connotations en général négatives puisse être utilisé positivement dans ce cas ?

CAS

- Dans le cadre des activités CAS de votre école, y a-t-il des activités qui vous permettent d'avoir des contacts avec des personnes ayant des troubles du comportement (par exemple, visite d'hôpital psychiatrique ou de structures d'accueil pour malades atteints de maladies psychiatriques) ?

  Si oui, comment les élèves abordent-ils ces personnes ? Sur quoi se fondent leurs relations ? Sont-elles différentes de leurs relations avec d'autres personnes ?

  Si non, y aurait-il la possibilité d'établir ou de développer de tels contacts ?

Activités orales

1 Discutez en groupe au sujet des citations suivantes et décidez celle avec laquelle les membres du groupe s'identifient le plus.

a Manger bio, boire beaucoup d'eau et prendre quelques cours de yoga… pour rester zen, il n'y a pas que ça ! (www.evene.fr)

b J'ai décidé d'être heureux parce que c'est bon pour la santé. (Voltaire)

c Il faut rire avant d'être heureux, de peur de mourir sans avoir ri. (Jean de la Bruyère)

d Qui triomphe de lui-même possède la force. (Lao Tseu)

e Prenez un peu de repos, afin de finir plus vite. (George Herbert)

f Rien ne sert de courir, il faut partir à point. (Jean de La Fontaine)

g S'allonger sur un sofa et parler à son psy… Certains voient en lui la clé de la sagesse, d'autres la cause de leur malheur… À chacun sa recette pour trouver la paix intérieure ! (www.evene.fr)

h Il n'est aucun problème humain qui ne puisse trouver sa solution, puisque cette solution est en nous. (Alfred Sauvy)

i Le sommeil est une invention qui ne sert qu'à faire perdre leur temps aux honnêtes gens. (Réjean Ducharme)

j Le sommeil est la moitié de la santé. (Proverbe français)

Le stress au travail

1 Décrivez les conditions de travail de cet employé.

2 Quels effets positifs et négatifs le stress peut-il avoir sur le travail effectué ? Pourquoi le travail provoque-t-il souvent un stress excessif chez les gens ?

3 Dans quelle mesure le développement des technologies de l'information et de la communication (TIC) a-t-il contribué à l'augmentation du niveau de stress des individus ?

4 Ce type de stress est-il limité au monde du travail ?

Production écrite

1 Les examens approchent ; vous n'avez pas terminé votre mémoire ; vos professeurs vous harcèlent car vous n'avez pas terminé vos devoirs. Bref, trop c'est trop. Vous vous tournez vers votre journal intime dans lequel vous exprimez vos sentiments.

a Vous ferez référence à des situations précises et non pas à des généralités.
b Rédigez votre page de journal intime. Celle-ci aura une date, *Cher journal*, une signature, une formule finale (*à demain*…). Vous vous adresserez directement au journal de manière intime. Le texte sera rédigé à la première personne. Vous utiliserez des procédés rhétoriques variés et un ton qui viseront à exprimer par exemple la frustration, l'incompréhension, la colère, l'intimité avec votre journal…

2 Votre meilleur(e) ami(e) a des problèmes qui vous inquiètent sur le plan psychologique. Vous décidez d'écrire à un médecin, ami de vos parents, pour lui demander des conseils. Vous lui exposerez en quoi consistent les changements de comportement de votre ami(e).

a Il s'agit d'une lettre semi-formelle qui inclura une adresse, une date, une formule d'appel (*Cher Monsieur, Cher François*), une formule de politesse (*Amitiés, Cordialement*) et une signature.
b Vous décrirez les problèmes en donnant des exemples précis et détaillés.
c Vous inclurez vos sentiments sur la situation de votre ami(e), tels que l'inquiétude, la surprise, etc.

3 **Niveau supérieur** Expliquez votre point de vue et démontrez votre compétence interculturelle en étudiant les similitudes et les différences à ce sujet entre votre culture et celle(s) que vous étudiez.

Le déséquilibré suspecté de meurtre avait déjà tué

Un homme suivi dans un hôpital psychiatrique de Villejuif a avoué samedi le meurtre de sa femme à l'occasion d'une permission de sortie. Il avait déjà été poursuivi pour un homicide en 1994 mais avait été jugé irresponsable. Son état étant jugé « incompatible » avec un placement en garde à vue*, le déséquilibré a été interné d'office samedi à l'hôpital Paul-Guiraud.

* en garde à vue – gardé par la police pendant une durée limitée.

Vous considérerez :

- la place des malades mentaux dans la société ;
- les dangers que ces malades peuvent représenter pour la société et pour eux-mêmes ;
- la responsabilité des autorités.

3 La santé dans le monde

Objectifs

- Réfléchir à la définition d'une pandémie et ses incidences sur l'individu, la communauté, le monde.
- Explorer les effets de la mondialisation dans le domaine de la santé en général et du VIH-Sida en particulier.
- Comparer des concepts différents de la médecine dans différentes parties du monde.
- Considérer et comparer des opinions différentes.
- Étudier la structure d'un discours.

Remue-méninges

- Combien d'élèves dans la classe désirent devenir des professionnels de la santé ? Quelles sont leurs motivations ? Quelles qualités doivent-ils avoir pour embrasser ces carrières ?
- Pensez-vous que l'exercice des métiers de la santé peut être différent dans différentes régions du monde ?
- La santé signifie-t-elle l'absence de maladie ou quelque chose de plus ? Qu'est-ce qu'une maladie d'après vous ? Y a-t-il des infections qui sont considérées comme maladies dans certains pays mais pas dans d'autres ? Y a-t-il des maladies de « riches » et des maladies de « pauvres » ? Si oui, comment expliquez-vous ces différences ?
- Lisez attentivement l'encadre à droite. Êtes-vous surpris par ces chiffres ? Si oui, pourquoi ? Si non, pourquoi pas ?
- Parmi les pandémies citées dans cet encadré laquelle vous semble la plus grave ? Pourquoi ? Y en a-t-il d'autres qui ont été omises ? Si oui, lesquelles ?
- Étudiez le tableau ci-dessous publié par l'Office mondial de la santé (OMS). Quelle est la différence entre une épidémie et une pandémie ?
- Connaissez-vous des exemples de pandémies récentes ? Ont-elles toujours existé ?
- Qu'est-ce qui favorise le développement des pandémies de nos jours ? Comment peut-on les limiter ou même les éviter ?

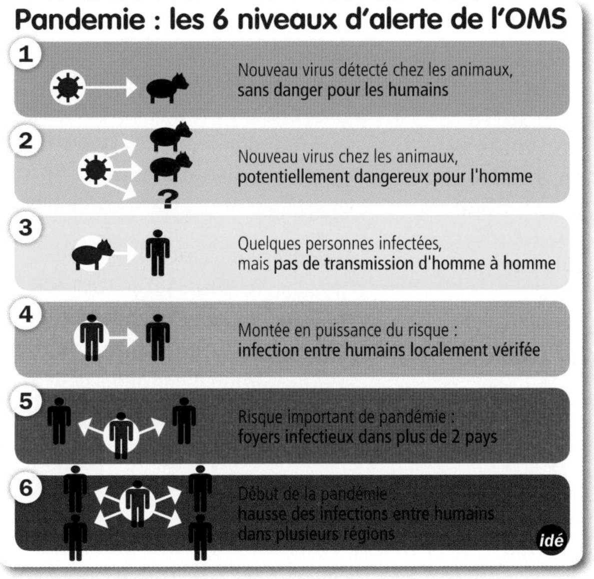

Pandemie : les 6 niveaux d'alerte de l'OMS
1
Nouveau virus détecté chez les animaux, sans danger pour les humains
2
Nouveau virus chez les animaux, potentiellement dangereux pour l'homme
?
3
Quelques personnes infectées, mais pas de transmission d'homme à homme
4
Montée en puissance du risque : infection entre humains localement vérifée
5
Risque important de pandémie : foyers infectieux dans plus de 2 pays
6
Début de la pandémie : hausse des infections entre humains dans plusieurs régions
idé

Trois pandémies en chiffres

- « Sur 6 millions de personnes qui ont besoin de prendre un médicament pour ne pas mourir, un million seulement y auront accès. »
- « Toutes les 30 secondes, un enfant meurt en Afrique. »
- Sida (syndrome d'immunodéficience acquise) : 40 millions de malades, une infection toutes les six secondes, 12 millions d'enfants orphelins.
- Tuberculose : 9 millions de nouveaux cas et 2 millions de décès par an.
- Paludisme : 90% des infections au Sud (pays en voie de développement) et 2 millions de décès par an alors qu'un médicament permettrait de réduire ce chiffre de moitié.

Vos débats

Quelle place occupe le **Sida** dans ta vie ?

En 25 ans, le VIH-Sida s'est étendu à la planète entière. Vous en entendez parler régulièrement dans les médias. Mais dans votre vie, au quotidien, comment vous sentez-vous concernés ?

Kévin : « Nous devons parler du Sida chaque jour »

Le Sida est une maladie qui tue. Cette maladie n'a pas de vaccin, donc nous devons parler du Sida chaque jour. Le Sida, ça concerne tout le monde.

Bénin

Ahosso : « Les campagnes de lutte doivent s'adresser aux familles »

Le Sida touche un sujet sacré : le corps. Le plus grave, c'est nos familles, qui sont responsables de l'éducation de base, et qui semblent avoir démissionné sur les questions de pudeur et de respect… Pour ma part, il est clair que les campagnes de lutte contre le VIH doivent commencer d'abord dans les familles. Pour tout dire : SI… DA… BORD à la maison.

Côte d'Ivoire

Camara : « Nous devons tout faire pour les malades »

Pour moi, le VIH est une maladie comme les autres, donc le monde entier doit faire quelque chose pour son éradication ou bien soutenir ceux qui sont déjà atteints par la maladie (moralement et financièrement). Nous devons nous lever et faire ce que nous pouvons pour les malades.

Guinée

Kéhi : « Je me protège mais je ne suis pas hystérique »

Moi, je ne suis pas obsédée par le Sida. Je le considère comme une maladie comme une autre. Bien sûr, je me protège avec mon petit ami mais je ne suis pas hystérique au point de frotter à l'alcool toutes les aiguilles que je rencontre, de me méfier systématiquement des gens qui ont un profil douteux. Le Sida fait partie de la vie quotidienne. Je n'en ai pas une peur bleue même si je ne souhaite pas l'avoir.

Côte d'Ivoire

Marie-Gina : « J'estime que le Sida me concerne »

Moi, je ne peux pas rester indifférente à la question du Sida. J'estime que le Sida me concerne. Depuis mon adolescence, je parle de ce fléau avec mes amis et je réfléchis aux moyens possibles pour l'éradiquer.

Haïti

Cédric : « Mon objectif majeur est de le combattre »

Pour moi, même si la vie est parfois difficile, je trouve qu'il y a une bonne raison de la vivre. Mon objectif majeur est de combattre le Sida. Et je dis à tous mes amis que pour combattre cette maladie, il vaut mieux vivre pour venir en aide à tous.

Côte d'Ivoire

Notre point de vue

Vous avez été nombreux à répondre à la question et vos points de vue montrent bien que vous vous sentez tous, d'une manière ou d'une autre, concernés (…11a…) la question du VIH-Sida… Déjà pour une raison simple : **(…11b…)** vous êtes « nés dedans » en quelque sorte, **(…11c…)** nés à cette époque bizarre **(…11d…)** la planète connaît cette pandémie inouïe. Impossible de mettre ses mains sur ses oreilles ou de fermer les yeux en cherchant à ignorer son existence.

Prendre conscience de l'existence du VIH-Sida et de la façon **(…11e…)** il se transmet est important. Il ne faut ni banaliser la chose ni développer **(…11f…)** une angoisse obsédante. Il faut réussir à passer de l'information à des actes et des attitudes saines pour soi et pour **(…11g…)**. Cette vigilance est la condition nécessaire et indispensable **(…11h…)** la maladie cesse de progresser. Oui, plus que **(…11i…)**, vous êtes, nous sommes **(…11j…)** concernés.

Planète Jeunes

1 D'après l'introduction, quelle expression indique que le VIH-Sida est une pandémie ?

2 Identifiez qui a exprimé les idées suivantes.

- a Absolument tout le monde doit être impliqué dans la lutte contre le Sida.
- b Il y a un problème de génération avec le Sida.
- c Nous sommes tous concernés parce que pour le moment le Sida est mortel.
- d Il y a longtemps que je parle du Sida.
- e Je ne crains pas d'attraper le Sida parce que je fais ce qui est nécessaire pour l'éviter.

3 D'après ce que dit Ahosso, deux des affirmations suivantes sont vraies. Lesquelles ?

- A La religion considère le Sida comme un sujet grave.
- B Le Sida touche à certains sujets tabous.
- C Les parents doivent démissionner s'ils attrapent le Sida.
- D Les parents n'osent pas parler de sexualité avec leurs enfants.
- E Ahosso prend part à la campagne contre le Sida.

4 « SI...DA...BORD à la maison » signifie :

- A Le Sida est d'abord un problème à la maison.
- B Il faut d'abord parler du Sida à la maison.
- C Les familles doivent d'abord lutter contre le Sida.
- D Il faut d'abord dire tout ce qu'on sait sur le Sida.

Reliez le début de la phrase de la colonne de gauche à la fin appropriée qui se trouve dans la colonne de droite. Attention : il y a plus de fins que de débuts et chaque fin ne peut être utilisée qu'une seule fois.

5 D'après Kéhi, certaines personnes ont tellement peur qu'elles...

6 Les personnes qui n'ont pas l'air en bonne santé...

7 Kéhi ne veut pas attraper le Sida bien qu'elle...

8 Marie-Gina considère qu'elle...

9 Il y a déjà quelque temps que Marie-Gina...

- A utilisent des aiguilles.
- B en a discuté avec ses amis.
- C est concernée par le Sida.
- D ne le craigne pas.
- E n'en a pas peur.
- F nous font parfois peur.
- G se méfient de nous.
- H veut trouver une solution.
- I voient la contamination partout.

10 Relevez les passages de la déclaration de Cédric qui signifient :

- a la vie mérite toujours d'être vécue
- b il est préférable d'être vivant

11 a–j Ajoutez les mots qui manquent dans l'encadré « **Notre point de vue** » en les choisissant dans la liste proposée ci-dessous. Attention : il y a plus de mots ou expressions que d'espaces et chaque mot ou expression ne peut être utilisé(e) qu'une seule fois.

À SON ÉGARD — C'EST À DIRE — C'EST QUE — DANS — DONT — ILS SONT — JAMAIS — LES AUTRES — OÙ — PAR — PARCE QUE — POUR QUE — QU' — QUAND — QUI — TOUJOURS — TOUS

12 Dans le premier paragraphe de cet encadré, quel mot signifie « incroyable » ?

13 Deux métaphores s'opposent à l'idée de « prendre conscience de l'existence du VIH-Sida » . Lesquelles ?

Langue

À revoir certaines concordances de temps :

- usage du subjonctif
- présent et passé composé

Langue

Revoir l'utilisation des pronoms relatifs, particulièrement « *dont* » et « *où* ».

Argumentation équilibrée :
Afin d'étudier la structure d'une argumentation équilibrée, vous identifierez les différents points présentés dans « **Notre point de vue** » et vous les relierez avec les opinions de différents jeunes.

Rencontre de haut niveau sur le Sida de l'Assemblée Générale des Nations Unies conférence de presse conjointe du Ministre des affaires étrangères, M. Philippe Douste-Blazy, du Secrétaire général des Nations unies, M. Kofi Annan, du Ministre brésilien des affaires étrangères, M. Celso Amorim, du Ministre norvégien pour le développement international, M. Erik Solheim, et de la Ministre chilienne de la santé, Mme Maria Soledad Barria Iroume – propos de M. Douste-Blazy

New York, 2 juin 2006

Monsieur le Secrétaire général,

Monsieur le Vice-Président de la FIFA[1],

Monsieur George Weah[2],

Mesdames, Messieurs,

1 Avant d'en venir à la conférence de presse et parce que je sais que M. Kofi Annan doit nous quitter très vite, je vous propose que nous commencions tout de suite par la signature du ballon qui marque un double événement : d'abord l'acte fondateur de la Facilité Internationale d'Achat de Médicaments (UNITAID) qui est portée par le Brésil, le Chili, la Norvège et la France, et puis également la signature du partenariat avec la FIFA qui a accepté d'assurer la promotion d'UNITAID durant toute la prochaine Coupe du Monde de football qui débute dans quelques jours. Je vous invite, Monsieur Hayatou, au nom de la FIFA, à proposer à la signature du Secrétaire général et de nos collègues ministres le ballon de la prochaine Coupe du Monde.

(Signatures)

2 UNITAID, cette Facilité Internationale d'Achat de Médicaments, ce sont deux idées qui s'entrecroisent. La première idée, c'est celle que le Secrétaire général des Nations Unies, que le président Chirac, le président Lula, le président Lagos, ont eue il y a deux ans et demi, trois ans environ pour trouver de nouveaux financements, pour ne pas attendre que les budgets des pays chaque année disent « oui » ou « non » sur l'aide au développement, mais au contraire pour trouver de nouveaux financements. Une première expérience est faite avec les billets d'avions : la contribution de solidarité sur les billets d'avions. La deuxième idée est qu'il n'y a pas d'accessibilité aux médicaments pour tous. Les médicaments sont au Nord et les malades au Sud. Ce qui manque, c'est l'accès aux médicaments.

3 Et donc ces deux idées aboutissent à cette Facilité Internationale d'Achat de Médicaments, cette centrale d'achats qui permettra, en raison du volume d'achats qu'elle pourra créer vis-à-vis de l'industrie pharmaceutique, de baisser les prix des médicaments et donc, avec la même enveloppe financière, de trouver plus de médicaments et de soigner plus de personnes, en particulier les jeunes.

4 Je terminerai par là, Monsieur le Secrétaire général, aujourd'hui il y a des médicaments qui n'existent pas parce qu'ils ne sont pas rentables. Il y a des formes pédiatriques qui n'existent pas parce que dans les pays du Nord, il n'y a pas suffisamment d'enfants infectés pour que les médicaments soient fabriqués. Ceci n'est pas normal. Et donc, grâce à cette contribution sur les billets d'avions qui va commencer le 1er juillet, grâce à UNITAID, ce volume d'achats qui, rien que pour la France, représentera 300 millions de dollars – nous avons maintenant 43 pays derrière nous, cela pourra représenter 800 millions, 1 milliard, 1 milliard et demi de dollars – à ce moment-là nous pourrons, avec la même enveloppe, acheter plus de médicaments et permettre à l'industrie pharmaceutique de réaliser ces formes pédiatriques.

5 Voilà une des idées que nous avons, associés à l'OMS, à l'UNICEF, au Fonds mondial, et je remercie le Fonds mondial de lutte contre le Sida, le paludisme et la tuberculose. Il ne s'agit pas de faire un doublon, il ne s'agit pas de créer une nouvelle bureaucratie, une nouvelle technocratie, il s'agit tout simplement d'être complémentaires et d'avoir cette centrale d'achats de médicaments que le monde attendait. C'est grâce à vous tous qu'on le fera et merci à la Coupe du Monde, merci à la FIFA, de permettre de dire à l'opinion publique ce que nous voulons faire, c'est-à-dire pousser les gouvernements qui n'ont pas encore pris la décision, à faire des lois sur les initiatives de solidarité sur les billets d'avions.

Je vous remercie.

Florence Raynal: *Label France*, Abassade de France

[1] FIFA : Fédération Internationale de Football Association

[2] George Weah : Ancien footballeur, homme politique libérien

1 Qui est le Secrétaire général auquel ce discours s'adresse ?

2 À qui se réfère la formule « Mesdames, Messieurs », mises à part les personnes citées dans le titre ?

3 D'après le premier paragraphe du discours, deux des affirmations suivantes sont fausses. Lesquelles ?

A Kofi Annan n'est pas venu à la conférence de presse.
B Les participants vont commencer par signer un ballon de football.
C Les participants vont d'abord signer l'acte fondateur d'UNITAID.
D Le Brésil, le Chili, la Norvège et la France ont créé UNITAID.
E M. Hayatou est le Vice-président de la FIFA.

4 Les participants signent un ballon de football parce que…

A la Coupe du monde de football va bientôt commencer.
B le football est joué dans tous les pays représentés.
C la FIFA va financer la campagne contre le Sida.
D la FIFA va faire de la publicité pour UNITAID.

Technique de travail

On recoupera les informations données dans différentes parties du texte.

En vous basant sur les deuxième et troisième paragraphes, reliez le début de la phrase de la colonne de gauche à la fin appropriée qui se trouve dans la colonne de droite. Attention : il y a plus de fins que de débuts et chaque fin ne peut être utilisée qu'une seule fois.

5 Les présidents Chirac, Lula et Lagos

6 Le problème était que les pays

7 Quand ils achètent un billet d'avion, les passagers

8 L'autre problème est que les pays les plus pauvres

9 En centralisant l'achat des médicaments, ceux-ci

A seront à des prix plus abordables.
B cherchaient des sources financières pour acheter des médicaments.
C contribuent à l'aide au développement.
D hésitaient à financer l'aide au développement.
E ne peuvent pas acheter de médicaments.
F ont cherché de nouveaux financements pendant près de trois ans.
G vont permettre à l'industrie pharmaceutique de gagner plus d'argent.

Langue

Revoir la concordance des temps ; passé composé et imparfait.

Revoir les locutions temporelles comme « *il y a* », « *depuis* », « *pendant* ».

10 En vous basant sur le troisième paragraphe, quels mots ou expressions signifient :

a obtiennent comme résultat
b en considération de
c en ce qui concerne
d budget
e traiter

11 Les affirmations suivantes, basées sur le quatrième paragraphe, sont soit vraies, soit fausses. Justifiez votre réponse en citant les mots du texte.

a L'industrie pharmaceutique ne fabrique que des médicaments qui rapportent de l'argent.
b Les billets d'avion achetés en dehors de la France permettront de recueillir 300 millions de dollars.
c Si 43 pays se joignent à UNITAID, on gagnera un milliard et demi de dollars.

12 À quoi se réfère « à ce moment-là » (fin du quatrième paragraphe) ?

13 Parmi les propositions suivantes, choisissez celle qui résume le mieux chaque paragraphe du texte. Attention : il y a plus de propositions que de paragraphes.

A Clarification en ce qui concerne la relation entre UNITAID et d'autres organismes internationaux.
B Les concepts à l'origine de la création d'UNITAID.
C Explication de ce que pourra faire UNITAID.
D Nous allons commencer la cérémonie officielle qui nous réunit.
E La participation de certains chefs de gouvernements.
F Signature du partenariat entre UNITAID et la FIFA.
G UNITAID permettra de réduire les différences entre les pays du Nord et ceux du Sud.

Pour aller plus loin

- Suite au débat « Quelle place occupe le Sida dans ta vie ? », dites quelles sont vos propres attitudes vis-à-vis du Sida. Dans quelle mesure vous identifiez-vous aux commentaires des différents jeunes ?
- Relevez dans le discours de M. Douste-Blazy les procédés rhétoriques utilisés pour le rendre plus convaincant : considération du public, répétitions, oppositions, etc.
- Le paludisme fait chaque année plus de victimes que le Sida. Cependant les laboratoires pharmaceutiques investissent plus dans la recherche contre le Sida que contre le paludisme. Pourquoi ? Est-ce parce que le paludisme existe essentiellement dans les pays « pauvres » ?
- Les médecins et la médecine sont considérés très différemment dans différentes parties du globe. Quelles sont ces différences et pourquoi existent-elles ? Dans quelle mesure doit-on ou peut-on les louer ou les craindre ?
- Sera-t-il possible un jour d'éradiquer toutes les maladies ? Serait-ce souhaitable ?
- Dans quelle mesure les maladies peuvent-elles être évitées ? Risque-t-on de pousser la prévention trop loin ? La prévention d'une maladie peut-elle laisser le champs libre au développement ou à la diffusion d'une autre maladie ? Pouvez-vous trouver des exemples d'un tel phénomène ? Qu'est-ce que cela implique pour le traitement des maladies connues ?
- Comment peut-on expliquer l'apparition de nouveaux virus et de nouvelles maladies ? Est-ce une façon pour la nature de contrôler la population de la planète ?

Théorie de la connaissance

- La plupart des laboratoires pharmaceutiques sont des sociétés à but lucratif dont les propriétaires n'ont qu'une responsabilité financière limitée. Voyez-vous un problème éthique fondamental à cette situation ? Expliquez votre réponse.
- Les laboratoires pharmaceutiques font valoir que les marges élevées sont nécessaires pour financer la recherche pour des médicaments nouveaux, plus efficaces. À votre avis, dans quelle mesure est-ce le rôle des gouvernements de financer la recherche ?
- Les fabricants de médicaments génériques qui peuvent fournir le même niveau de traitement que ceux développés par les laboratoires pharmaceutiques grand public mais à un coût réduit et abordable, enfreignent souvent les droits d'auteur de ces laboratoires pharmaceutiques. Ils le font parfois avec le soutien des gouvernements de leurs pays d'accueil. Ceci est-il justifié à votre avis ?
- Le Sida a entraîné au moins trois millions de décès. C'est une pandémie présente dans le monde entier. Sur quelles bases éthiques et pratiques pourrait-on s'assurer que les personnes les plus pauvres aient les mêmes accès aux soins, avec les antirétroviraux par exemple, que les personnes plus riches dans les pays développés ?

Activités orales

1 Jeu de rôle à deux : pour ou contre les médicaments génériques. Discussion entre un représentant d'un laboratoire pharmaceutique et un membre de personnel de santé dans un pays en voie de développement.

2 Jeu de rôle à plusieurs

Lieu : un village isolé dans un pays en voie de développement.

Situation : un enfant est gravement malade. Le médecin d'une ONG française veut le faire transporter à l'hôpital de la capitale pour une opération car il est sûr que l'enfant mourra sans cette opération.

Participants :

- les habitants du village dont le chef du village et le médecin traditionnel qui veut soigner l'enfant avec des plantes ;
- les membres de l'ONG qui croient en une médecine moderne, occidentale ;
- la famille de l'enfant qui veut le sauver mais a peur de l'inconnu.

Inquiétudes et santé

1 Pourquoi ces personnes portent-elles des masques ? Quels sont leurs sentiments et leurs intentions ? Dans quelle mesure ces sentiments peuvent-ils être justifiés ?

2 Que nous montre ce document sur le type de personnes infectées ? Ont-elles toutes les mêmes motivations ?

3 Dans quelle mesure la peur d'attraper une maladie risque-t-elle de transformer les relations sociales ?

4 Dans une situation de pandémie, quelle est ou serait votre attitude ? Quelles mesures devraient être prises pour se protéger et protéger les autres ?

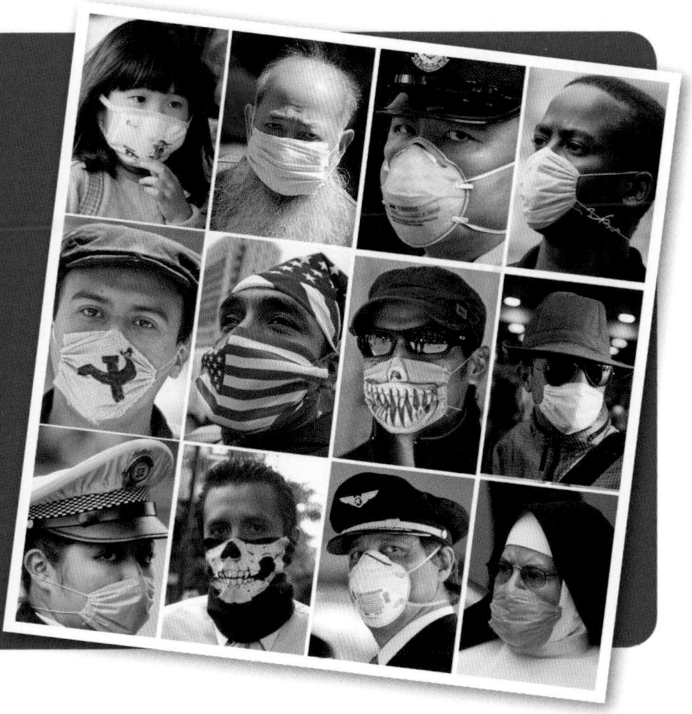

Production écrite

1 De façon à collecter des fonds pour l'ONG « Ensemble contre la maladie X », vous organisez une réunion d'information pour des membres de votre communauté (élèves, parents, professeurs, commerçants, habitants de votre quartier, etc.). Écrivez le texte de votre discours dans lequel vous expliquerez la situation de la maladie que vous avez choisie et encouragerez les participants à contribuer financièrement.

a Vous vous adresserez de manière formelle directement au public. Vous mentionnerez des éléments qui permettent d'identifier le discours (*chers amis, bienvenue,… merci de votre attention…*). Vous inclurez certains procédés adaptés au discours (questions rhétoriques, interjections, rappels, apostrophes au public…).

b Vous utiliserez des procédés rhétoriques variés qui souligneront avec efficacité la gravité de la situation et l'importance pour tous de contribuer (illustrations, statistiques, coordonnées de l'organisation…).

2 Au XVIIe siècle, le penseur français Jacques-Bénigne Bossuet déclarait : « La santé dépend plus des précautions que des médecins ». Dans quelle mesure cette déclaration est-elle toujours valable de nos jours ? Discutez.

a Il y a plusieurs perspectives à considérer dans cette déclaration :

- l'importance de prendre des précautions telles que la vaccination, manger équilibré, utiliser des préservatifs pour éviter d'attraper le Sida, ne pas exposer les autres, etc. ;
- le rôle des médecins et de la médecine ;
- les changements de société et dans la pratique médicale ;
- les différences entre diverses parties du monde.

b Il s'agit ici d'une dissertation et donc d'une argumentation équilibrée avec présentation et évaluation des pour et des contre sur les différents points de vue. Le texte sera organisé autour d'une introduction, de paragraphes, d'exemples clairs pour soutenir l'argumentation et d'une conclusion pertinente. Des articulateurs logiques seront nécessaires (*d'une part, d'autre part, par ailleurs, néanmoins, en outre*, etc.). La langue utilisée sera soutenue. Vous utiliserez des procédés stylistiques variés qui viseront à convaincre.

3 **Niveau supérieur** Expliquez votre point de vue et démontrez votre compétence interculturelle en étudiant les similitudes et les différences à ce sujet entre votre culture et celle(s) que vous étudiez.

À l'occasion de l'épidémie de grippe H1N1 qui s'est déclarée en 2009, le gouvernement français a commandé 94 millions de vaccins. Seulement 5,5 millions de personnes se sont fait vacciner (soit 7 % de la population). La ministre de la Santé a été accusée d'avoir dramatisé la situation.

Le rôle des experts conseillant le gouvernement a été mis en question. Il semblerait que ce soient les mêmes experts qui conseillent les laboratoires pharmaceutiques.

Vous considérerez :

- les chiffres donnés et leur implication au niveau financier et médical ; ces sommes n'auraient-elles pas été mieux investies ailleurs ?
- la relation entre les laboratoires pharmaceutiques, les experts et les gouvernements : doivent-ils être indépendants ou travailler ensemble, voire sous tutelle de l'État ;
- l'équilibre entre précaution et psychose de la part du gouvernement et des citoyens.

4 Médecine et éthique

Objectifs

- Discuter les dimensions éthiques de la santé et de la recherche médicale.
- Considérer le rôle du personnel médical dans les décisions d'ordre éthique.
- Étudier une analyse d'un texte de propagande.
- Considérer la part et le rôle de la propagande dans les questions d'éthique.

Remue-méninges

- Parmi les progrès médicaux du passé, quels sont ceux qui vous paraissent particulièrement importants ?
- Considérez la liste suivante. Si vous le jugez nécessaire, faites une recherche préliminaire pour comprendre ce que recouvrent ces différentes pratiques.
  - IVG (interruption volontaire de grossesse, ou avortement provoqué)
  - chirurgie esthétique
  - clonage thérapeutique
  - création de vie artificielle
  - cœur artificiel
  - contraception
  - euthanasie
  - fécondation in vitro
  - greffe d'organe
  - mère porteuse
  - recherche sur les embryons
  - transfusion sanguine

  En groupe, organisez cette liste en ordre d'importance selon vous.

  Certaines de ces pratiques vous semblent-elles plus acceptables éthiquement que d'autres ? Pourquoi ? Lesquelles vous semblent totalement inacceptables ? Pourquoi ? Y a-t-il des pratiques qui seraient acceptables sous certaines conditions ?
- Que vous inspire la publicité ci-contre ? Avez-vous une carte de donneur d'organe ? Si oui, quelles sont vos motivations ? Si non, pourquoi n'en avez-vous pas ? Pourriez-vous envisager d'en avoir une ? Si votre réponse est négative, pourriez-vous envisager de recevoir un organe d'une autre personne ?
- Seriez-vous prêt à faire don de n'importe quelle partie de votre corps (cœur, poumons, reins, cornée, visage…) ? Seriez-vous prêt à faire ce don à n'importe qui ou seulement à l'un de vos proches ?
- Seriez-vous prêt à faire don d'une partie de votre corps de votre vivant (sang, mœlle osseuse, rein…) à un membre de votre famille, ou à une personne inconnue ?
- Que pensez-vous de la greffe du visage ? Seriez-vous prêt à recevoir le visage de quelqu'un d'autre ?

Le don de spermatozoïdes

agence de la biomédecine

Qu'est-ce qu'un spermatozoïde ?

Qui peut donner et pour qui ?

Comment se passe le don ?

Informations pratiques

Repères chiffrés

Liens utiles

Ce que dit la loi

S'informer pour une AMP à l'étranger

Foire aux questions

Pourquoi la gratuité ?

En France, le principe de gratuité s'applique à tout don d'éléments du corps humain. Ce principe permet d'éviter les risques de trafic et de marchandisation du corps.

Ainsi toute rémunération en contrepartie du don de spermatozoïdes est interdite par la loi française. Il s'agit d'un acte de générosité, désintéressé, qu'un homme ou un couple fait pour aider un autre couple qui en a besoin.

Pourquoi l'anonymat ?

L'anonymat est l'un des grands principes de la loi de bioéthique française en ce qui concerne le don de tout élément du corps humain. Il permet d'éviter des pressions éventuelles, financières ou psychologiques, de la part du donneur ou du couple receveur. Ce principe facilite aussi l'accueil de ce don par le couple qui le reçoit.

Le donneur aura-t-il une place dans la vie de l'enfant à naître ?

Non. La loi française impose qu'aucun lien n'existe entre le donneur de spermatozoïdes et l'enfant né de son don. Aucune filiation ne pourra être établie entre eux. Les parents de l'enfant sont ceux qui l'ont désiré et qui l'élèvent en lui transmettant leur amour, leurs valeurs et leur histoire familiale. Par ailleurs, en règle générale, les donneurs accordent plus d'importance au geste de don comme acte de solidarité, qu'à l'objet du don (les spermatozoïdes).

Combien d'enfants peuvent naître d'un seul et même donneur ?

La loi limite le nombre de naissances issues du don de spermatozoïdes d'un seul et même donneur. Les probabilités de consanguinité pour les générations futures sont donc statistiquement infimes.

Quels sont les examens effectués au moment du don de spermatozoïdes ?

Avant le don, le donneur rencontre le médecin du centre médical et l'informe de son état de santé et de ses antécédents personnels et familiaux.
Sont (**...8a...**) réalisés :

- la détermination de son groupe sanguin Rhésus,
- des tests sérologiques (tels que hépatites, VIH...),
- une étude génétique.

(**...8b...**), après chaque recueil, le sperme est contrôlé (**...8c...**) de vérifier les caractéristiques des spermatozoïdes et l'absence d'infection.

(**...8d...**), six mois minimum après le dernier recueil de sperme, des tests sérologiques sont (**...8e...**) réalisés (**...8f...**) l'utilisation des spermatozoïdes pour des couples receveurs.

Pourquoi le don de spermatozoïdes s'effectue-t-il en plusieurs étapes ?

Le premier recueil permet de vérifier les caractéristiques des spermatozoïdes et de réaliser un test de congélation : les spermatozoïdes recueillis sont congelés puis transférés dans l'azote liquide à une température de –196°. Quelques spermatozoïdes sont ensuite décongelés afin d'apprécier leur tolérance au processus de congélation. Ces premières analyses permettent de déterminer le nombre de recueils suivants à effectuer.

Agence de la biomédecine

1 Le but de ce texte est…

A d'expliquer ce qu'est un spermatozoïde.
B d'encourager les hommes à faire don de leurs spermatozoïdes.
C de poser des questions à l'agence de la biomédecine.
D de répondre à des questions que beaucoup de gens se posent.

En vous basant sur les réponses aux trois premières questions, reliez le début de la phrase de la colonne de gauche à la fin appropriée qui se trouve dans la colonne de droite. Attention : il y a plus de fins que de débuts et chaque fin ne peut être utilisée qu'une seule fois.

2 En France, la vente de parties du corps humain…

3 Par la gratuité de son don, le donneur…

4 Le couple receveur…

5 En faisant don de ses spermatozoïdes, ce qui est important pour un homme,…

A c'est son désir de transmettre ses gènes à une génération future.
B c'est d'aider un couple qui en a besoin.
C permet le trafic.
D fait parfois des pressions sur le donneur.
E montre qu'il ne s'intéresse pas à l'argent.
F ne connaît pas le donneur.
G n'est pas autorisée.
H traite son corps comme une marchandise.

6 Dans l'extrait…	**le mot…**	**se réfère dans le texte à…**
a un autre couple qui en a besoin (l.7)	en	
b par le couple qui le reçoit (l.12)	le	
c l'enfant né de son don (l.16)	son	
d Aucune filiation ne pourra être établie entre eux (l.16)	eux	
e ceux qui l'ont désiré (l.17)	l'	
f en lui transmettant leur amour (l.18)	leur	

7 Combien d'enfants peuvent naître d'un seul et même donneur ?

A un seul
B peu
C autant qu'il veut
D un nombre infime

8 a–f Ajoutez les mots qui manquent dans la réponse à la question « Quels sont les examens effectués au moment du don de spermatozoïdes ? » en les choisissant dans la liste proposée ci-dessous. Attention : il y a plus de mots ou expressions que d'espaces et chaque mot ou expression ne peut être utilisé(e) qu'une seule fois.

AFIN À NOUVEAU APRÈS AVANT
CEPENDANT DANS UN DEUXIÈME TEMPS
ÉGALEMENT ENFIN POUR QUE

En vous basant sur la réponse à la dernière question, reliez chacun des mots ou expressions du texte figurant dans la colonne de gauche avec son équivalent qui se trouve dans la colonne de droite. Attention : il y a plus de mots ou expressions proposé(e)s que de réponses possibles.

9 vérifier (l.40)
10 réaliser (l.41)
11 recueillis (l.41)
12 décongelés (l.43)
13 apprécier (l.43)

A approuver
B confirmer
C estimer
D être conscient
E exécuter
F piqués
G rassemblés
H réchauffés
I refroidis

Mort, angoisse, communication

Je vous propose de voir un document tourné il y a quelques années par un médecin militant pour l'euthanasie. Ce document a connu en son temps un grand bonheur médiatique.

On nous a proposé ce film comme un exemple de ce qu'il faudrait faire pour (je cite) : « beaucoup d'autres patients ». Nous devons donc l'analyser avec soin et tenter de comprendre ce qu'il nous offre comme modèle. Dès maintenant posons-nous la question : devrons-nous faire, avec nos patients, ce que nous allons voir sur l'écran ?

Dans le film, la patiente entre, soutenue par une infirmière, et prend place sur une chaise face à la caméra.

Dr R. : Bonjour.

Mme E. : Bonjour Docteur.

R. : S'il vous plaît, asseyez-vous là.
(Il la prend par les poignets, serre, il va la tenir ainsi jusqu'à la fin de l'entretien, à plusieurs reprises elle va soulever l'épaule gauche et tirer son bras vers le haut, comme si elle voulait dégager sa main... sans succès.)

R. : Mme E., vous ne voulez plus continuer à vivre, pourquoi ?
(Gros plan sur le visage déformé de la patiente.)

E. : Parce que je souffre toute la journée et la nuit aussi.

R. : C'est toute la journée que vous souffrez ?

E. : Oui, toute la journée. D'ailleurs le médecin m'a dit : « On ne peut pas continuer à vous charcuter comme ça, on ne peut pas vous enlever tout le visage quand même ! »

R. : Si nous ne vous aidions pas à mourir, qu'est-ce que vous feriez alors ?

E. : Je partirais certainement d'une manière ou d'une autre...
(Gros plan sur le médecin.)

R. : Mais je vous ai promis de vous aider.

E. : Oui.
(Plan éloigné des deux personnes.)

R. : Je vous remercie mille fois.

E. : Peut-être que je me serais pendue ou j'aurais sauté par une fenêtre... je ne sais pas, j'aurais fait n'importe quoi.

R. : En tout cas je vous remercie mille fois de m'avoir autorisé à vous filmer.

E. : Oui.

R. : Parce que nous pouvons ainsi aider beaucoup d'autres patients... nous accrocherons dans notre galerie à Eubios un portrait de vous venu de jours meilleurs.

E. : Oui, je n'en peux plus.

R. : Ce soir.
(Il regarde vers le bas.)

E. : Je ne peux pas manger, ni boire, ni lire, je ne peux plus rien faire, je n'y vois plus et ça empire chaque jour.
(Le ton de sa voix se fait pathétique.)

R. : Ce soir...
(Elle l'interrompt.)

E. : Oui.

R. : Je tiendrai ma promesse.
(Il se lève.)

E. : Je vous remercie.

R. : Au revoir.

Un moment de silence est nécessaire. Un tel document provoque l'émergence de sentiments multiples, très différents les uns des autres et il va nous falloir faire un effort pour pouvoir y réfléchir sans refouler les émotions qu'il suscite.

On est frappé de plein fouet par la déformation du visage de la malade. Ce qu'on ressent avant tout, c'est l'horreur de ce qui lui arrive puis, très vite, de l'angoisse et de la compassion. Sa tristesse aussi est immédiatement frappante, autant que la transformation physique. Ça n'est pas facile de regarder ce visage, pourtant il nous faut le scruter pour comprendre ce qu'il exprime vraiment. C'est pénible, car nous ne sommes pas habitués à un tel spectacle. Il se produit là un effet télévisuel : l'image nous fascine et cette fascination nous enlève tout recul. L'émotion suscitée tend à suspendre la pensée du spectateur, et quand il veut réfléchir il est déjà trop tard, l'image a disparu. Il y a une sorte de dictature de l'image qui impose une émotion plutôt qu'une pensée. Pourtant, si on prend le temps de voir et de revoir ce film, on finit par n'être plus du tout fasciné par les transformations physiques de la patiente. On les oublie tout simplement, au profit de ce qu'elle dit. On ne perçoit plus ce que son visage a d'inhabituel et par contre, on y distingue très bien les sentiments qu'elle ressent : ce que nous ressentirions sans doute à sa place.

Ce n'est pas la patiente (**...12a...**) mène l'entretien, c'est le médecin. Notons que c'est (**...12b...**) qui dit « Mme E., vous ne voulez plus continuer à vivre ? » C'est (**...12c...**) une question. Il lui demande de s'expliquer (**...12d...**) l'image n'était pas suffisamment révélatrice – « Pourquoi ? » La réponse de la patiente ne nous surprend pas : elle souffre, beaucoup, jour et nuit. Nous nous attendons à ce qu'elle dise (**...12e...**), à ce qu'elle ajoute qu'elle est triste et qu'elle a peur. On ne peut (**...12f...**) s'attendre à ce qu'elle se plaigne beaucoup de son état. Mais elle abandonne immédiatement sa plainte pour expliquer que c'est le médecin (**...12g...**) qui lui a dit qu'on ne pouvait plus rien faire pour elle : « On ne peut pas continuer à vous charcuter comme ça, on ne peut pas vous enlever tout le visage quand même ! » (**...12h...**).

Emmanuel Goldenberg

1 Qui est l'auteur du document filmé ?

2 Ce document a-t-il eu du succès ? Justifiez votre réponse en citant des mots du texte.

3 Qui a dit « beaucoup d'autres patients » (l.6) ?

4 Le but de l'auteur de cet article est…

A de défendre le bien-fondé de l'euthanasie.
B de citer des arguments dans un document sur l'euthanasie.
C d'analyser et de critiquer objectivement un film qui défend l'euthanasie.
D de se poser des questions sur l'euthanasie.

5 Les affirmations suivantes, basées sur la description du film, sont soit vraies, soit fausses. Justifiez votre réponse en citant des mots du texte.

a Mme E. est faible physiquement et a besoin d'aide.
b Mme E. n'est pas à l'aise avec le Dr R.
c La maladie de Mme E. affecte son apparence physique.
d Les médecins ont essayé de reconstruire le visage de Mme E.
e Le Dr R. ne veut pas pratiquer l'euthanasie sur Mme E.
f Mme E. est prête à envisager toutes les solutions.
g Le Dr R. affichera une photo de Mme E. pendant sa maladie.
h La situation de Mme E. s'améliore un peu.

6 Pourquoi le Dr R. remercie-t-il Mme E. (l.40) ?

7 En quoi consiste la promesse du Dr R. (l.60) ?

En vous basant sur les lignes 64 à 78 (« … tel spectacle »), reliez le début de la phrase de la colonne de gauche à la fin appropriée qui se trouve dans la colonne de droite. Attention : il y a plus de fins que de débuts et chaque fin ne peut être utilisée qu'une seule fois.

8 Après avoir vu ce document,…
9 Le visage de Mme E.…
10 Pour comprendre les sentiments de Mme E.…

A choque énormément le spectateur.
B il est difficile de penser objectivement.
C il faut observer son visage avec attention.
D nous devons la regarder facilement.
E nous inspire de la tristesse.
F on essaie de repousser tous ses sentiments.

11 D'après les lignes 78 à 92 sur l'effet télévisuel, deux des affirmations suivantes sont fausses. Lesquelles ?

A Le spectateur recule devant la force de l'image.
B L'image nous empêche de penser de façon rationnelle.
C L'image est rapide et instantanée.
D Nos émotions sont dictées par l'image.
E Il faut voir un film plusieurs fois pour arriver à avoir une opinion juste.
F Si on regarde un film plusieurs fois, on profite de la situation.

12 a–h Ajoutez les mots qui manquent dans le dernier paragraphe en les choisissant dans la liste proposée ci-dessous. Attention : il y a plus de mots ou expressions que d'espaces et chaque mot ou expression ne peut être utilisé(e) qu'une seule fois.

À PEINE CELA CELUI COMME SI ELLE IL IL L'A DIT
IL LUI A DIT LE LUI LUI A-T-IL DIT LUI-MÊME
PARCE QUE PAS QUAND QUE QUI

Pour aller plus loin

- Le texte « Mort, angoisse, communication » inclut le début d'une analyse d'un document visuel. Continuez cette analyse. Considérez en particulier :
  - les autres possibilités qu'on pourrait offrir à Mme E. ; pourquoi le Dr R. n'offre pas la possibilité de soins palliatifs ou un suivi psychologique ;
  - pourquoi le Dr R. remercie Mme E. et la raison réelle de cet entretien ;
  - le portrait que le Dr R. propose d'accrocher ;
  - le langage corporel des deux participants et la relation entre eux ;
  - les sentiments de Mme E. : veut-elle vraiment mourir ?

  Déterminez ce qui est du domaine de la propagande et de la manipulation de la part du Dr R. En quoi l'auteur de l'article essaie-t-il d'être objectif et impartial ? Est-il pour ou contre l'euthanasie à votre avis ?

- Que faire quand on n'a plus moyen de guérir et de sauver une personne ? Doit-on légaliser l'euthanasie ? Si oui, dans quelles conditions ? Si non, pourquoi pas ? Considérez le point de vue du patient, de son entourage, des médecins. Peut-on affirmer à 100% qu'il n'y a plus d'espoir ?

  Qui doit prendre la décision et à quel moment ? Quelle serait la part de responsabilité des médecins ?

- À l'opposé de l'euthanasie, on essaie parfois de garder un malade en vie à tout prix. Que pensez-vous de l'acharnement thérapeutique ? Peut-il y avoir des excès ? Qui doit décider d'arrêter les soins si le malade est dans un coma profond irréversible ? Quel est le coût financier et psychologique de l'acharnement thérapeutique ? Devrions-nous tous écrire un testament sur nos dernières volontés en cas de coma irréversible ? Que doit-on faire si on sait que le patient souhaiterait qu'on poursuive la thérapie ?

- Certains couples sont prêts à avoir un enfant « à tout prix ». La réalisation du désir d'enfant peut avoir un prix humain et social très lourd. Quelles sont les implications financières et émotionnelles pour le couple et la société ? Quelles sont les limites à imposer, à votre avis ? Par exemple, devrait-on autoriser une mère à recevoir le sperme congelé de son mari décédé ?

  Ne serait-il pas préférable d'adopter un enfant abandonné plutôt que d'utiliser des moyens médicaux coûteux ?

  Les problèmes de fertilité sont-ils considérés de la même manière dans toutes les sociétés ? Est-ce « un droit » d'avoir un enfant ?

- Grâce à la recherche médicale, on est en mesure de savoir si un enfant sera porteur d'une maladie génétique grave. Quelles sont les conséquences de cette information pour l'individu et pour la société en général ?

- Devrait-on donner à des parents la possibilité de choisir le sexe de leur enfant ? Quelles seraient les conséquences d'un tel choix ?

- Quelles sont les différentes opinions sur la recherche sur les embryons ?

- Quel devrait être le but de la recherche médicale ? Est-il de repousser la mort ? D'améliorer la qualité de la vie ? D'offrir des choix ? Autre chose ?

Théorie de la connaissance

- A-t-on le droit de donner la vie et la mort ? Ne devrait-on pas laisser faire la nature ou le destin ?
- Est-il justifiable de tester les nouveaux médicaments sur des animaux ? Votre réponse dépend-elle en partie du type de traitement auquel le médicament est destiné ou du type d'animal dont il s'agit ?
- Un médecin est-il en droit de refuser de soigner un criminel ou un ennemi en cas de guerre ?
- Dans quelles circonstances médicales peut-on justifier de mettre fin à la vie de quelqu'un afin de sauver une autre vie ?
- L'éthique médicale varie-t-elle d'une culture à une autre ? Donnez des exemples et expliquez pourquoi ces différences peuvent exister.

Activités orales

1 Le personnel médical face aux questions d'éthique : En groupes, mettez en scène chacune des situations suivantes que vous présenterez à la classe. Discutez les questions d'éthique mises en lumière par ces jeux de rôle et comment les situations auraient pu être améliorées ou évitées.

Situation A : Abou est consommateur régulier de drogues et il vient d'apprendre qu'il est atteint du virus du Sida. Le Dr Diallo décide de le faire transporter à l'hôpital mais l'hôpital refuse de l'admettre car il y a « d'autres priorités ».

Situation B : Magalie a 35 ans et vient d'apprendre qu'elle a un cancer du sein. Le médecin lui propose une mastectomie mais Magalie refuse car elle préfère mourir plutôt que d'être mutilée. Son mari voudrait lui faire changer d'avis et cherche à obtenir le soutien du médecin.

Situation C : Le Dr Martin est fermement contre l'avortement pour des raisons personnelles, religieuses et morales. Il reçoit Gaëlle, une jeune fille de 15 ans qui est enceinte à la suite d'un viol. Elle est tombée dans une dépression profonde. Elle le supplie de l'aider à avorter ou elle se suicidera.

Situation D : Sophie est infirmière à domicile et rend régulièrement visite à Mme Le Garrec, une octogénaire malade, affaiblie et qui vit seule dans une maison insalubre. Sophie a décidé de contacter les enfants de Mme Le Garrec. Cette dernière est furieuse car elle est fâchée avec ses enfants et considère que Sophie n'a pas respecté le secret médical.

Choisir un enfant sur mesure

1 Décrivez la situation exposée dans ce dessin humoristique.

2 Expliquez les intentions du commentaire du « vendeur ». Quelle est l'attitude des parents potentiels ? Quels sont les dangers qui sont suggérés par ces commentaires ?

3 Cette situation vous semble-t-elle complètement irréaliste ou fantaisiste ? Y a-t-il des possibilités qu'elle se produise dans certains pays ou à l'avenir ? Est-elle souhaitable ?

4 Exposez quelle est la situation en matière de procréation assistée dans un pays que vous connaissez bien. Quelle est votre opinion personnelle à ce sujet ?

Dans les embryons non atteint nous avons le modèle énarque*. Très demandé. Existe aussi en noir.

* énarque : élève ou diplômé de l'ENA (École nationale d'administration), synonyme de technocrate doué

Production écrite

1 « Tout le monde me dit que je ressemble à mon père (ma mère). Ce n'est pas étonnant : je suis son clone. Ça n'a pas toujours été facile. Je vais vous raconter.

Je suis né(e) le... » Continuez ce récit.

> **a** L'usage de différents registres (familier, standard, littéraire) sera possible. Vous utiliserez un ou plusieurs élément(s) permettant d'identifier le texte comme un récit : titre, succession d'événements, dialogues, descriptions, etc. Vous rédigerez le texte à la première personne. Vous utiliserez des procédés stylistiques variés afin de rendre le récit plus captivant (humour, longueur de phrases variées, questions rhétoriques...).
>
> **b** Comme il s'agit d'un sujet d'imagination, vous serez libre de développer vos idées comme vous l'entendez à condition que l'ensemble soit cohérent. Il est important que le premier paragraphe (inscrit dans l'énoncé du sujet) soit bien intégré au récit. Vous montrerez ce qu'il y a de difficile ou d'incongru à être le clone d'un de ses parents : le ton pourra être humoristique ou sérieux.

2 En collaboration avec la section de sciences expérimentales de votre école, le magazine de l'école va publier un numéro spécial consacré aux sciences et plus particulièrement à la recherche médicale, à ses espoirs et à ses dangers. Écrivez l'éditorial de ce magazine en prenant partie pour l'un ou l'autre de ces aspects.

> **a** Il sera nécessaire de s'appuyer sur des aspects concrets de la recherche médicale. Vous pourrez faire référence à une activité spécifique de la classe ou du programme de sciences du baccalauréat international. Vous éviterez de répéter des banalités. Vous essaierez plutôt de donner à votre texte un angle différent ou inhabituel.
>
> **b** Il s'agit ici d'un éditorial et donc d'une prise de position qu'il est nécessaire de justifier avec des arguments convaincants et une analyse détaillée. Le texte sera organisé autour d'une introduction, de paragraphes et d'exemples clairs pour soutenir l'argumentation. Des articulateurs logiques seront nécessaires pour montrer les contrastes (*au contraire, par contre*), pour appuyer (*de toute évidence, il va sans dire*), pour affirmer une position (*il va sans dire, il est clair que*), etc. La langue utilisée pourra être imagée. Vous utiliserez des procédés stylistiques variés qui viseront à convaincre, persuader et faire réfléchir.
>
> **c** Vous éviterez les expressions telles que *Je pense que..., à mon avis...*, au profit de formules plus impersonnelles afin de donner plus de poids à l'argumentation.

3 **Niveau supérieur** Expliquez votre point de vue et démontrez votre compétence interculturelle en étudiant les similitudes et les différences à ce sujet entre votre culture et celle(s) que vous étudiez.

> **« Le malade est un assuré social et cela pose deux séries de questions :**
>
> **1** d'ordre économique et financier : notre système de santé est basé sur une notion de solidarité, et non pas sur des assurances personnelles comme dans certains pays. Le financement du risque maladie est un financement collectif, mais qui donne des droits individuels, personnels. L'assuré ayant cotisé est « en droit » de demander le maximum.
>
> **2** d'ordre éthique : notre système de solidarité concerne l'ensemble de la population (ce qui n'est pas le cas des compagnies d'assurances), d'où les questions : peut-on apporter les mêmes soins à tous, quel que soit l'âge ? Peut-on apporter le même niveau de soins de proximité à toutes les populations ? »
>
> Patrick Houssel, Directeur de l'hôpital de Pontoise
> Catholique95.com

Vous considérerez :

- la responsabilité de l'État vis à vis de l'assurance-maladie ;
- le coût d'une prise en charge par l'État (pourcentage du budget de l'État, cotisations des entreprises, etc.) ;
- les réponses aux questions posées par Patrick Houssel.

C1 Les transports

Objectifs

- Approfondir l'appréciation de l'importance des communications facilitées par des moyens de transport différents.
- Rechercher et évaluer certaines visions passées, présentes et futures des transports individuels et des transports en commun.
- Réfléchir aux avantages et aux inconvénients posés par une variété de moyens de transport.
- Développer des moyens de comprendre un langage technique.

Remue-méninges

- Quels sont les moyens de transport dont vous vous servez régulièrement ?
- Quels sont les avantages qu'ils vous offrent et quels sont leurs inconvénients ?
- Serait-il de même pour n'importe quel voyageur ? Justifiez votre point de vue par quelques exemples concrets.
- Lisez cet article sur le tourisme spatial et considérez vos réponses aux questions posées.

Tourisme spatial : les voyages extraordinaires !

Jules Verne en avait rêvé, les entrepreneurs du 21ème siècle veulent le faire ! Dans quelques mois, quelques années, il sera possible de s'offrir un ticket pour l'espace. Un billet d'avion spatial, pour accéder au balcon de la Terre et voir la planète d'en haut.

Mais que seront ces « nouveaux voyages extraordinaires » et qui pourra en bénéficier ? Quelle est la nature de ce nouveau produit, le tourisme spatial, qui compte parmi ses principaux investisseurs les milliardaires du Web et les plus grandes entreprises de la planète ? Que se passe-t-il dans les coulisses et pourquoi les agences gouvernementales se méfient-elles de ces annonces jugées « farfelues » ?

Sans langue de bois, présentation de la réalité du tourisme spatial.

avec Jean-Luc Wibaux,
agent agréé Virgin Galactic
Durée : 22'14

ÉCHANGEZ VOS IDÉES ! TÉLÉCHARGEZ ÉCOUTEZ

Contribuez par vos questions et vos commentaires à l'échange d'information amorcé dans ce podcast. Partagez aussi votre savoir, nous restons à l'écoute !

AJOUTER

Nom ou pseudo

Email (facultatif)

Site Web (facultatif)

Prévisualiser Envoyer

Progrès scientifiques et moyens de transport

Itinéraire du Tour du monde en 80 jours.

« *Le tour du monde en 80 jours* » de Jules Verne est un roman qui fait l'apologie des progrès scientifiques et techniques qui permettaient effectivement de faire le tour du monde en 80 jours. Son but est de montrer que les progrès de la fin du 19e siècle permettaient enfin de dominer la distance, l'espace, l'étendue. Les pays traversés ne sont alors que des prétextes montrant que désormais l'homme a vaincu la distance et les obstacles naturels que lui impose la terre. Ainsi, ces progrès impliquent de nombreuses conséquences, notamment dans les liaisons intercontinentales qui sont de plus en plus importantes, rapides et faciles. [.....]

L'objectif du roman, (...8a...), est donc, de décrire les conséquences sur l'organisation spatiale nouvelle des pays traversés par son (...8b...). Ce tour est aussi un prétexte à une description géo-historico-politico-ethno-sociologique des changements qui se sont opérés à travers le monde, du fait de cette révolution des (...8c...). Les décalages (...8d...) et décrits sont intéressants à (...8e...). Il y a une idée de transition, de changement dans les mentalités, dans les (...8f...) de l'homme et de la société à l'espace. Le rapport distance-temps baisse (...8g...). Il (...8h...) de décrire la nouvelle géographie, (...8i...) à la révolution des transports.

L'un des éléments importants à l'origine de l'écriture de ce roman est l'ouverture récente du canal de Suez. Ce dernier favorise de nouvelles liaisons maritimes qui permettent de réduire considérablement le rapport espace-temps. (Quant au canal de Panama, celui-ci n'est pas cité dans le roman, simplement parce qu'il n'est pas encore ouvert). [.....]

Ainsi, la révolution des transports et l'ouverture de nouvelles voies de communication désenclavent de nombreuses régions et pays dans le monde. Dès lors, les civilisations ne sont plus isolées comme auparavant. Tel est l'exemple de l'Inde qui est le premier grand pays traversé dans le roman. [.....] Le narrateur observe des décalages entre ce continent et le sien. De même, il remarque les conséquences de la révolution des transports sur l'organisation nouvelle de la société indienne, comme par exemple à la page 63 : « *Aussi l'aspect, les mœurs, les divisions ethnographiques de la péninsule tendent à se modifier chaque jour. Autrefois, on y voyageait par tous les antiques moyens de transport, à pied, à cheval, en charrette, en brouette, en palanquin, à dos d'homme, en coach, etc. Maintenant, des steamboats parcourent à grande vitesse l'Indus, le Gange, et un chemin de fer, qui traverse l'Inde dans toute sa largeur en se ramifiant sur son parcours, met Bombay*[1] *à trois jours seulement de Calcutta*[2] ».

Dans la conclusion de son roman, Jules Verne nous fait même une synthèse des principaux moyens de transport et de locomotion qui ont été utilisés durant le voyage. [.....] (page 331) : « *Ainsi donc Phileas Fogg avait gagné son pari. Il avait accompli en quatre-vingts jours ce voyage autour du monde ! Il avait employé pour ce faire tous les moyens de transport, paquebots, chemins de fer, voitures, yachts, bâtiments de commerce, traîneaux, éléphants. L'excentrique gentleman avait déployé dans cette affaire ses merveilleuses qualités de sang-froid et d'exactitude* ».

Itinéraire du tour du monde en 80 jours.

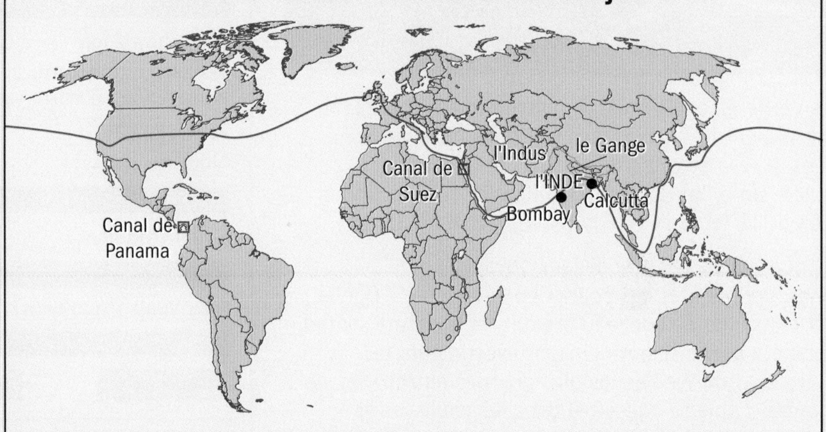

Lionel Dupuy : *Le tour du monde en 80 jours de Jules Verne: Itinéraire d'un voyage initiatique* (Dole, La Clef d'Argent, 2002)

[1] Bombay, aujourd'hui Mumbai.
[2] Calcutta, aujourd'hui Kolkata.

En vous basant sur le premier paragraphe, reliez chacun des mots ou expressions du texte figurant dans les colonnes de gauche avec son équivalent, qui se trouve dans les colonnes de droite. Attention : il y a plus de mots ou expressions proposés que de réponses possibles.

1 effectivement
2 désormais
3 ainsi
4 de nombreuses
5 notamment

A beaucoup de
B à noter
C en effet
D quelques
E surtout
F de cette façon
G à partir de ce moment
H efficacement
I alors
J maintenant

6 Dans ce contexte, que signifie la phrase « les progrès de la fin du XIXe siècle permettaient enfin de dominer la distance, l'espace, l'étendue » ? Choisissez parmi les options données ci-dessous.

A Les progrès techniques dans les transports du XIXe siècle étaient faciles à réaliser.
B Les hommes cherchaient depuis longtemps à résoudre les problèmes des transports à grande distance.
C Jules Verne voulait montrer que l'homme finit toujours par dominer la nature.
D Dominer la distance, l'espace, l'étendue n'est possible que grâce aux progrès scientifiques.
E Avant la fin du XIXe siècle, voyager ainsi était impossible.

7 Quelle phrase indique que la description des paysages et des cultures rencontrés au cours du voyage n'était qu'un thème secondaire du roman ?

8 a–i Ajoutez les mots qui manquent dans le deuxième paragraphe en les choisissant dans la liste proposée ci-dessous.

ANALYSER DUE ENTRE AUTRES OBSERVÉS PROTAGONISTE RAPPORTS S'AGIT SENSIBLEMENT TRANSPORTS

9 D'après le sens des deuxième et troisième paragraphes, complétez les phrases qui suivent en remettant ensemble chaque début avec la fin qui lui correspond. Attention : il y a plus de fins que de débuts et chaque fin ne peut être utilisée qu'une seule fois.

Techniques de travail

Pour vous aider à choisir vos réponses, n'oubliez pas que vos sélections doivent s'accorder par leur contenu aussi bien que par la grammaire.

Concentrez-vous surtout sur la forme des verbes de chaque phrase et sur le genre et le nombre des sujets.

10 Jules Verne voulait
11 La révolution des transports du XIXe siècle
12 Un bon exemple de cette révolution
13 Les grands canaux, tels que ceux de Suez et de Panama
14 Le canal de Panama

A ont beaucoup réduit le temps des voyages intercontinentaux.
B proposer un guide touristique du monde entier.
C que son lecteur pense aux effets de l'application des nouvelles technologies du XIXe siècle.
D ont jeté les bases d'une nouvelle géographie.
E favorisent des tours du monde en 80 jours.
F n'existait pas à cette époque.
G a permis de reconceptualiser les rapports espace-temps de chaque parcours.
H est la construction du canal de Suez.
I est l'ouverture du canal de Panama.

15 Dans le quatrième paragraphe, quelles phrases expliquent la signification du concept de « désenclavement » ?

16 Quel mot illustre les différences qui distinguent l'Inde de l'Europe Occidentale ?

17 Quels moyens de transport sont la preuve de la révolution technique du XIXe siècle en Inde, selon Jules Verne ?

18 Qui est Phileas Fogg ?

19 Quels sont les deux traits de caractère qui lui ont permis de réussir ?

20 Ce texte est divisé en cinq paragraphes. Quel titre peut-on donner à chacun ? Choisissez parmi les options données ci-dessous, pour identifier la structure de ce texte.

A Thèmes majeurs du roman.
B Explications detaillées de l'intérêt du roman.
C Idée principale du roman.
D Exemple concret.
E Résumé de l'intrigue du roman.

Concours EADS : « Imaginons le transport du futur »

« L'Airfly » : proposition de transport urbain du futur dessinée et présentée par de jeunes collégiens toulousains

INTRODUCTION

Dans ce concours organisé par la fondation EADS[1], nous devions imaginer et réfléchir collectivement au véhicule du futur en matière de sécurité, rapidité, confort, respect de l'environnement...

L'objectif est de concevoir ce véhicule en faisant le choix du design, des matériaux utilisés, du mode de propulsion et de l'énergie utilisée, tout en respectant un cahier des charges, stipulant notamment que le véhicule doit pouvoir voler. À l'énoncé de cet article de règlement, nous aurions pu nous lancer dans la conquête de l'espace avec des croisières interplanétaires. Mais cela était trop proche de nombreux films de science-fiction ! C'est pourquoi nous avons décidé à la très grande majorité, d'imaginer le transport urbain du futur, ce qui est plus proche de notre quotidien.

Collège Jean Jaurès, 1 Chemin des Bourdettes, 31770 Colomiers, Toulouse, France

I. Contexte

Que ce soit en agglomération toulousaine ou dans toute autre ville du monde, nous sommes quotidiennement confrontés aux différents problèmes que peut occasionner le transport urbain.

▶ Pollution :

Les sources émettrices de polluants dans l'atmosphère peuvent être d'origine anthropique (domestique, industrie, agriculture, transports, etc.) ou naturelle (volcans, etc.).

Pour la pollution automobile, les bénéfices dus à l'amélioration, en termes d'écologie, du parc automobile (pots catalytiques, réduction de la consommation) sont minimisés par l'augmentation continue du trafic. Le transport est actuellement un des secteurs d'émission de polluants les plus importants qui, sous l'effet de l'ensoleillement, produisent une pollution dite photochimique (mesurée par l'ozone), source majeure de pollution en zone urbaine et périurbaine.

▶ Embouteillages :

80% des déplacements urbains se font en voiture et quelles que soient les mesures prises, le transport individuel restera dominant. En effet, aujourd'hui, entre 8h00 et 19h00, plus de 9 voitures sur 10 d'une capacité de 4 personnes minimum roulant en zone urbaine ne sont occupées que d'une seule personne.

L'acceptation de petites voitures, alors que la tendance depuis 10 ans est de concevoir de plus en plus gros, est possible : question de volonté politique et de marketing. Ceci mérite de concevoir un véhicule urbain spécifique.

▶ Accidents :

On distingue deux types d'accidents de la route en zone urbaine : à savoir les accidents impliquant les piétons et ceux impliquant 2 véhicules.

Dans le premier cas, c'est la traversée irrégulière par les piétons qui est la première cause d'accidents. 51 % des accidents impliquant un piéton sont dus à la traversée en dehors des passages ou à la traversée sur passages au moment du feu vert véhicules. Mais 21 % de ces accidents sont dus au refus de priorité aux piétons par les véhicules.

En ce qui concerne les accidents entre véhicules, plus de 90 % d'entre eux sont dus au comportement du conducteur, que ce soit dans sa conduite (changement de direction ou de file, dépassements dangereux, excès de vitesse) ou dans son état physique (fatigue, conduite sous alcool, drogues, médicaments).

Il est donc impératif de réfléchir à une nouvelle culture de la mobilité urbaine et de débattre des principaux enjeux du déplacement urbain : une mobilité urbaine plus intelligente, des villes fluides et moins polluées et un transport urbain accessible, sûr et sécurisant pour tous.

C'est dans ce contexte que nous avons réfléchi à un concept de transport urbain novateur aussi bien dans les technologies mises en œuvre que dans la manière de concevoir la mobilité urbaine.

II. Naissance de l'Airfly

Après quelques semaines de travail, d'étude, de réflexion, nous avons finalement donné naissance à ce véhicule urbain du futur : l'Airfly.

[1] EADS : *European Aeronautic Defence and Space Company EADS N.V.*

1 Quelle este la tranche d'âge des élèves ayant participé au concours ?

2 Pour pouvoir gagner le concours EADS « *Imaginons les transports du futur* », il faut qu'une proposition de véhicule remplisse obligatoirement deux des critères donnés ci-dessous. Lesquels ?

A protéger ses passagers
B consommer très peu d'énergie
C polluer aussi peu que possible
D fonctionner avec de l'essence bio
E être basée sur un dessin d'avion

3 La proposition de véhicule du futur doit spécifier deux des aspects techniques suivants. Lesquels ?

A sa composition
B son aérodynamique
C sa motorisation
D sa finition
E son autonomie en carburant

4 La phrase « nous aurions pu nous lancer dans la conquête de l'espace » signifie :

A que la proposition du Collège Jean Jaurès est une sorte de vaisseau spatial.
B que les élèves du Collège Jean Jaurès veulent devenir astronautes.
C que ces collégiens de Colomiers n'ont pas retenu des solutions de science-fiction.
D que les jeunes de cette école ont pensé au dessin d'un véhicule capable de voyager dans l'espace.

5 Dans l'énoncé du contexte et la partie « **Pollution** », quels mots ou expressions signifient :

a une ville et sa banlieue
b tous les jours
c causer
d d'une source humaine
e l'ensemble des voitures dans un pays
f les dispositifs qui éliminent les éléments polluants des gaz d'échappement
g qu'on appelle
h en banlieue

D'après la partie « **Embouteillages** », complétez les phrases qui suivent en liant chaque début (6–9) avec la fin (A–H) qui lui correspond. Attention : il y a plus de fins que de débuts et chaque fin ne peut être utilisée qu'une seule fois.

6 20 % des trajets faits en ville

7 À l'avenir, on ne prévoit

8 La plupart des voitures en ville

9 Dans la dernière décennie

A ne se font jamais en autobus.
B la taille moyenne des voitures a augmenté.
C aucune diminution de l'importance des véhicules individuels dans nos villes.
D ne se font pas en voiture.
E ne sont nullement économes.
F qu'une augmentation constante des problèmes de déplacements urbains.
G ne transporte que le conducteur.
H les petites voitures sont de plus en plus présentes dans la circulation urbaine.

Langue

Pour vous aider à bien choisir vos réponses, révisez la syntaxe et la signification des expressions négatives, introduites par « ne ».

10 D'après la partie « **Accidents** », remplissez autant que possible ce tableau par les pourcentages qui correspondent. Attention : il faudra faire des déductions et des calculs mathématiques pour remplir toutes les cases ! En cas de rubrique qui ne s'applique pas ou d'absence de données, vous pouvez mettre « N/A » pour « non-applicable » ou « N/D » pour « non-déterminée ».

Types d'accidents urbains	Traversées imprévues	Priorités non respectées	Conduite dangereuse
Entre véhicules			
Entre piétons et véhicules			
Responsabilité du piéton			
Responsabilité du conducteur			

En vous basant sur les quatrième et cinqième paragraphes de cette partie, reliez chacun des mots ou expressions du texte figurant dans la colonne de gauche avec son équivalent qui se trouve dans la colonne de droite. Attention : il y a plus de mots ou expressions proposés que de réponses possibles.

11 impératif
12 enjeux
13 sécurisant
14 novateur
15 mises en œuvre

A rassurant
B appliquées
C essentiel
D défis
E obligatoire
F original
G nouveau
H œuvrées
I tranquillisant
J paris

16 Dans la phrase « En ce qui concerne les accidents entre véhicules, plus de 90 % d'entre eux sont dus au comportement du conducteur », à quoi réfère « eux » ?

Pour aller plus loin

- Explorez le site Web du Musée Jules Verne de Nantes.

  Profitez des activités interactives qu'il vous propose pour bien vous renseigner sur cet auteur de science-fiction, fasciné par le voyage et les moyens de transport du futur.

  Évaluez ses prémonitions.

  Lesquelles de ses inventions imaginaires ont été réalisées au cours des XIXe, XXe et XXIe siècles ?

  Lesquelles restent dans le domaine des « voyages extraordinaires », toujours fantastiques, et pour quelles raisons ? Seraient-elles possibles, même souhaitables, dans un avenir proche ou lointain ? Discutez-en en classe.

- Lisez la description de l'Airfly proposée pour le concours *« Imaginons les transports du futur »* par le Collège Jean Jaurès à Colomiers, Toulouse. Vous pouvez la trouver aussi sur Internet.
  - Les propositions que font ces collégiens seraient-elles réalisables et pratiques ?
  - Comment auraient-ils pu les améliorer ?
  - Dans quelle mesure auraient-ils réussi le défi de l'EADS ?
  - À leur place que proposeriez-vous ? Quelque chose de similaire ou de très différent ? Expliquez les raisons qui justifient vos idées.

- Proposez un véhicule du futur (avec affiche, diagrammes, dessins techniques, etc.) qui aiderait à réduire les problèmes de transport dans la ville ou région où vous habitez.

  Défendez votre proposition devant vos camarades comme dessin réalisable et attrayant pour sa clientèle éventuelle.

Théorie de la connaissance

- Le langage technique est-il clair et sans ambiguïté pour vous ?

  Repérez des exemples de terminologie technique dans les deux textes de lecture de cette unité.

  Dans quelle mesure pourrait-on remplacer ces termes par des expressions de tous les jours, sans déformer le sens du texte ?

  D'après l'analyse de quelques exemples que vous aurez choisis, pourquoi aurions-nous besoin de termes spéciaux pour bien communiquer nos idées au sujet de la technologie ?

Théorie de la connaissance

- Faire ou ne pas faire des voyages ? Est-ce une question importante dans le domaine des connaissances personnelles, sociales et culturelles ? Justifiez votre point de vue en vous référant à des exemples précis et concrets pour étayer vos arguments.
- Grâce aux avancées scientifiques et techniques réalisées depuis l'époque de Jules Verne, les moyens de transport modernes permettent aux gens de cultures différentes de se rencontrer plus facilement.

  Les domaines de la connaissance vont-ils ainsi devenir universels ?

  Si cela devait arriver, perdrait-on quelque chose d'important dans la variété culturelle qui existait dans le passé et qui existe toujours aujourd'hui ?
- Peut-on révolutionner ou même remplacer la nécessité de voyager par des communications virtuelles ? Serait-ce à souhaiter, si cela était possible ? Comment ce changement modifierait-il nos connaissances en ce qui concerne notre façon d'interagir avec le monde ? Expliquez votre point de vue personnel.

Activités orales

1 Dessinez chacun dans votre classe un voyage terrestre et un voyage maritime autour du monde par des moyens de transport de pointe. Décidez au préalable des critères communs que tous devraient essayer de remplir : la durée maximale du voyage ; la direction, soit de l'Occident vers l'Orient comme chez Phileas Fogg, soit du Nord au Sud ou vice-versa. Une fois définie, précisez chacun votre route, les pays que vous allez traverser et les moyens de transport dont vous allez vous servir pour chaque étape. Recherchez les modalités de ce qui est possible aujourd'hui, pour contrecarrer des objections éventuelles de vos camarades. Il faudra que votre proposition de voyage soit réalisable et en rien fantaisiste !

Suite à la présentation de toutes les propositions, comme activité orale en classe, jugez qui remplira le mieux le plus grand nombre de critères définis.

2 **Jeu de rôle** Vous serez pour, contre, ou indifférent à la proposition des entreprises privées de développer le marché des voyages spatiaux.

Selon votre rôle, intervenez avec une prise de position claire dans un débat sur ce genre de tourisme.

Les rôles possibles, entre autres de votre invention, sont : un(e) touriste intéressé(e) par l'offre ; un(e) astronome professionnel(le) ; un(e) astronaute nostalgique à la retraite ; un homme/une femme d'affaires qui pense à d'autres idées d'exploitation commerciale de ces voyages ; un représentant d'une agence de voyages qui veut promouvoir ce marché ; un observateur militaire ; un(e) responsable de la société qui propose ces voyages ; un(e) journaliste qui recherche ce projet pour un article ou une émission ; un(e) jeune dont l'ambition est de devenir astronaute.

1 Êtes-vous d'accord avec la constatation que les transports illustrés sur l'affiche ont marqué le XXe siècle ? Y a-t-il des inventions qui manquent ? Si oui, lesquelles et pourquoi sont-elles importantes ? Si non, pourquoi ce choix d'illustrations serait-il bon ?

2 À votre avis, lequel de ces transports est le plus révolutionnaire dans son impact social et/ou environnemental ?

3 Pour vos voyages de courte, moyenne ou longue distance, quels moyens de transport choisissez-vous d'habitude ? Quels sont leurs avantages et leurs inconvénients ?

4 Ces timbres célèbrent certaines réalisations françaises (ou de collaboration franco-internationale) du XXe siècle.
Comment expliquez-vous la part de loyauté et de fierté nationales en matière de moyens de transport ?

▲ Le Siècle au Fil du Timbre : les transports qui ont marqué le siècle dernier

Production écrite

1 Suite à un voyage désastreux que vous venez de faire à cause de problèmes de transport, écrivez un courriel en réponse à un(e) ami(e) qui envisage de faire quelque chose de similaire dans un avenir proche, et vous demande des conseils.

a Il faudra rédiger un texte avec deux aspects clairs, différenciés par leur contenu mais reliés par l'argumentation. La première partie sera le compte rendu récapitulatif de la situation que vous aurez récemment vécue, enrichi par quelques descriptions détaillées. La deuxième partie sera faite des conseils que vous donnez à votre camarade, avec des références précises à ce qui s'est passé pour vous et que sera à éviter à l'avenir.

b Quant à la langue, il y aura une variété dans le choix des temps des verbes : des récits au passé (à l'imparfait, au passé composé et au plus-que-parfait pour la première partie, au futur et au conditionnel, éventuellement au conditionnel dans le passé, entre autres, pour la deuxième).

c Pour l'interaction culturelle voulue, le texte sera rédigé en forme de courriel informel à un(e) ami(e). Le ton sera amical et le registre informel (le tutoiement s'impose !).

2 Vous avez consulté le site d'EADS et de son concours annuel « Imaginons le transport du futur ». Vous voulez participer à ce concours. Rédigez un discours pour votre classe afin de la convaincre de former une équipe en présentant une proposition de transport et en soulignant son originalité, ses avantages et sa réalisation possible.

a Il faudra composer un discours formel qui explique en quoi consiste ce concours et présente vos idées, avec des exemples pertinents et clairs qui étayeront vos arguments, dans le but de persuader et convaincre vos auditeurs.

b Pour l'interaction culturelle voulue, le registre sera amical, sans être familier et le ton sérieux, mais enthousiaste.

3 **Niveau supérieur** Expliquez votre point de vue et démontrez votre compétence interculturelle en étudiant les similitudes et les différences à ce sujet entre votre culture et celle(s) que vous étudiez.

a Il y a au moins deux perspectives à présenter, bien que reliées entre elles : votre appréciation des priorités françaises en matière de politique des transports et votre comparaison de cette politique avec la situation dans la culture que vous représentez.

b Il s'agit de rédiger un texte équilibré qui sera logiquement organisé avec une introduction claire qui posera le problème comme entrée en matière, des paragraphes variés contenant des arguments de thèse et d'antithèse qui concerneront les aspects que vous traitez, et des exemples concrets pour soutenir cette argumentation. Il y aura une conclusion de synthèse logique qui reliera le tout. Des articulateurs de dissertation seront nécessaires (*d'une part, d'autre part, par ailleurs, en revanche, néanmoins, en outre, le revers de la médaille, en fin de compte,* etc.). La langue sera soutenue. Vous utiliserez des procédés stylistiques variés qui viseront à convaincre sur le plan de la logique, en renforçant les arguments présentés.

Créateurs de liens sociaux, les transports sont également un acteur essentiel de la vie économique et de l'aménagement du territoire. La demande croissante de mobilité des Français doit être satisfaite et optimisée, tout comme doivent être réduites ses incidences sur l'environnement. Aujourd'hui, les transports représentent 27 % des émissions de gaz à effet de serre et 17 % de la consommation d'énergie en France.

Répondre à ces enjeux nécessite de poursuivre les objectifs et les orientations du Grenelle Environnement, notamment en :

- favorisant le report modal vers des modes de transports respectueux de l'environnement comme les autoroutes ferroviaires et maritimes, la voie fluviale et le ferroutage, afin d'offrir des alternatives au fret routier ;
- développant l'intermodalité, particulièrement entre les trafics routier et aérien, d'une part, et le TGV d'autre part ;
- créant des offres de transport plus durables et plus compétitives, à travers l'amélioration des transports collectifs ;
- intégrant les transports dans une vision globale de l'aménagement du territoire. Urbanisme et habitat doivent être aujourd'hui pensés en fonction des questions de déplacement au sein des agglomérations et de desserte des métropoles et des centres économiques ;
- s'engageant pour une aviation plus verte, moins consommatrice de carburant, moins bruyante et moins émettrice de CO_2.

C2 La propagande

Objectifs

- Déceler des points de vue partisans dans les médias.
- Analyser la présentation, la structuration de l'expression et les techniques de quelques styles médiatiques différents pour en déceler la présence de propagandes éventuelles.
- Écrire un éditorial de façon à exprimer ses convictions et éventuellement faire œuvre de propagande.
- Réfléchir aux objectifs de la propagande et identifier les intentions cachés de certains textes.

Remue-méninges

- Quand on fait mention de la propagande, quels sont les mots, les images, les idées qui viennent tout de suite à votre esprit ?
- Quand vous pensez à des messages de propagande, sous quel genre médiatique les imaginez-vous ? Affiche ou spot publicitaire ? Discours politique ? Film de cinéma ? Texte écrit ou image de n'importe quel genre ?
- La communication devient prioritairement outil de propagande efficace par lequel de ces moyens, d'après vous ?
  - Des mots, des phrases particulières, des slogans ?
  - Des images et des distorsions ou manipulations d'images ?
  - Une musique ou des effets spéciaux de bande sonore ?
  - Des effets rhétoriques ? Le ton de la voix ?
  - D'autres techniques ?
- Laquelle des images ci-contre prendriez-vous comme exemple de propagande ?

  De quel genre de propagande s'agit-il, d'après vous ?

  Quant au format de présentation ou au contenu de ces images, en quoi consiste la propagande ?

  Quelles seraient les intentions de ceux qui les ont créées ?

  Par quels moyens cherchent-ils à faire comprendre et à faire accepter leur message ?

  Seraient-ils efficaces en cela, à votre avis ?

Article | Discussion | Lire | Modifier | Afficher l'historique | Rechercher

WIKIPÉDIA
L'encyclopédie libre

Accueil
Portails thématiques
Index alphabétique
Un article au hazard
Contacter Wikipédia

Aide
Communauté
Modifications récentes
Accueil des nouveaux arrivants
Faire un don

Imprimer / exporter
Boîte à outils
Autre projets
Autres langues

Techniques de propagande

Les propagandistes emploient des arguments qui, bien que parfois convaincants, ne sont pas nécessairement justes. Un certain nombre de méthodes [...] sont employées pour créer des messages persuasifs, mais faux. Plusieurs de ces techniques de manipulation rhétorique relèvent du sophisme et jouent sur les biais cognitifs. D'autres techniques ressorteut davantage de la manipulation émotionnelle.

Il a fallu beaucoup de temps pour analyser les canaux par lesquels les messages de propagande font leur effet. [...] Nous proposons ci-dessous quelques techniques classiques, dont la plupart reposent sur une bonne utilisation de l'émotivité de l'auditoire.

La peur : un public qui a peur est en situation de réceptivité passive, et admet plus facilement l'idée qu'on veut lui inculquer. Par exemple, Joseph Goebbels[1] a exploité la phrase de Théodore Kaufman[2], « l'Allemagne doit périr ! », pour affirmer que les Alliés ont pour but l'extermination du peuple allemand.

Appel à l'autorité : l'appel à l'autorité consiste à citer des personnages importants pour soutenir une idée, un argument, ou une ligne de conduite.

Témoignage : les témoignages sont des mentions, dans ou hors du contexte, particulièrement cités pour soutenir ou rejeter une politique, une action, un programme, ou une personnalité donnée. La réputation (ou le rôle : expert, figure publique respectée, etc.) de l'individu est aussi exploitée. Les témoignages marquent du sceau de la respectabilité le message de propagande.

Effet moutonnier : cet appel tente de persuader l'auditoire d'adopter une idée en insinuant qu'un mouvement de masse irrésistible est déjà engagé ailleurs pour cette idée. Comme tout le monde préfère être dans le camp des vainqueurs que dans la minorité qui sera écrasée, cette technique permet de préparer l'auditoire à suivre le propagandiste.

Redéfinition, révisionnisme : consiste à redéfinir des mots ou à falsifier l'histoire de façon partisane.

Obtenir la désapprobation : cette technique consiste à suggérer qu'une idée ou une action est adoptée par un groupe adverse, pour que l'auditoire désapprouve cette idée ou cette action sans vraiment l'étudier. Ainsi, si un groupe qui soutient une politique est mené à croire que les personnes indésirables, subversives, ou méprisables la soutiennent également, les membres du groupe sont plus enclins à changer d'avis.

Généralités éblouissantes et mots vertueux : les généralités peuvent provoquer une émotion intense dans l'auditoire. Par exemple, faire appel à l'amour de la patrie, au désir de paix, à la liberté, à la gloire, à la justice, à l'honneur, à la pureté, etc., permet de tuer l'esprit critique de l'auditoire. [...]

Imprécision intentionnelle : il (**...6a...**) de rapporter des faits en (**...6b...**) déformant ou de citer des statistiques sans (**...6c...**) indiquer les (**...6d...**). L'intention est de donner au discours un (**...6e...**) d'apparence scientifique, sans permettre d'(**...6f...**) sa validité ou son (**...6g...**). [...]

Transfert : cette technique sert à projeter les qualités positives ou négatives d'une personne, d'une entité, d'un objet ou d'une valeur (un individu, un groupe, une organisation, une nation, un patriotisme, etc.) sur un tiers, afin de rendre cette seconde entité plus (ou moins) acceptable. Cette technique est utilisée, par exemple, pour transférer le blâme d'un camp à l'autre, lors d'un conflit. [...]

Simplification exagérée : ce sont des généralités employées pour fournir des réponses simples à des problèmes sociaux, politiques, économiques, ou militaires complexes.
[...]

Stéréotyper ou étiqueter : cette technique utilise les préjugés et les stéréotypes de l'auditoire pour le pousser à rejeter l'objet de la campagne de propagande.

Bouc émissaire : en jetant l'anathème sur un individu ou un groupe d'individus, accusés à tort d'être responsables d'un problème réel (ou supposé), le propagandiste peut éviter de parler des vrais responsables, et n'a pas à approfondir le problème lui-même.

Slogans : un slogan est une brève expression, facile à mémoriser et donc à reconnaître, qui permet de laisser une trace dans tous les esprits.

Glissement sémantique : technique consistant à remplacer une expression par une autre afin de la décharger de tout contenu émotionnel et de la vider de son sens (euphémisme). Le glissement sémantique peut à l'inverse renforcer la force expressive pour mieux émouvoir l'auditoire. Exemples : « frappe aérienne » à la place de « bombardement », « dommages collatéraux » à la place de « victimes civiles ». [...]

[1] Joseph Goebbels : Ministre de la Propagande de l'Allemagne nazie (1933–1945).
[2] Théodore Kaufman : écrivain américain et propagandiste exploité par les nazis allemands.

1 Pour compléter les mots fléchés, trouvez les équivalents des mots et expressions indiqués ci-dessous dans les deux premiers paragraphes du texte.

1 ▼ quelques-unes (*9 lettres*)
2 ▶ des connaissances (*9 lettres*)
2 ▼ moyens (*6 lettres*)
3 ▼ renforcement ou atténuation d'un message (*12 lettres*)
4 ▼ argumentation circulaire qui convaincrait par des jeux de mots (*8 lettres*)
5 ▶ gens qui écoutent (*9 lettres*)
6 ▼ encore plus (*9 lettres*)
7 ▼ émergent de (*10 lettres*)
8 ▶ et 11▼ même si (deux mots : *4 lettres et 3 lettres*)
9 ▶ mettent en évidence (*8 lettres*)
10 ▶ effet créé par des moyens linguistiques (*10 lettres*)
12 ▶ desquelles (*4 lettres*)
13 ▶ se servent (*9 lettres*)

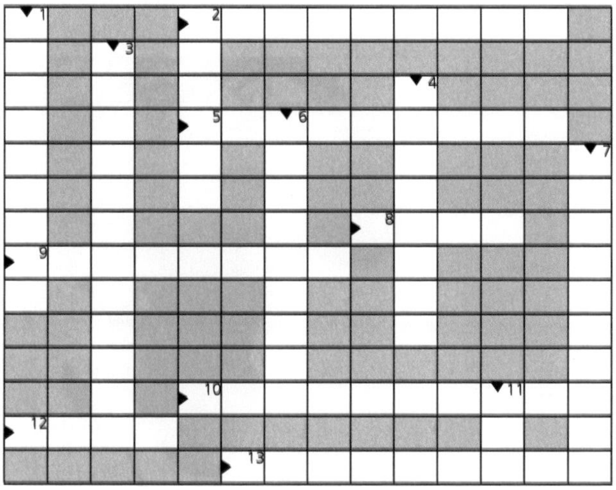

2 Le Ministre de la Propagande de l'Allemagne nazie des années 30 voulait produire quels effets auprès de ses auditeurs par sa citation de Théodore Kaufman ?

3 Quel est le sous-titre qui résume les techniques de propagande suivantes ?

a Faire changer d'opinion en insinuant que l'ennemi pense ainsi.
b Encourager le public de suivre la majorité.
c Faire des comparaisons avec l'expérience de quelqu'un que le public admire.
d Faire référence aux croyances de quelqu'un que le public approuve.
e Changer le sens des expressions linguistiques pour les adapter au message qu'on veut communiquer.

4 Dans la partie « **Généralités éblouissantes et mots vertueux** », quel mot décrit la technique qui produit une « émotion intense » chez ceux qui écoutent ?

5 Pourquoi cherche-t-on à susciter de telles émotions ?

6 **a–g** Ajoutez les mots qui manquent dans la partie « **Imprécision intentionnelle** », en les choisissant dans la liste ci-dessous. Attention : il y a plus de mots ou expressions que d'espaces et chacun(e) ne peut être utilisé(e) qu'une seule fois.

ANALYSER	APPLICABILITÉ	CONSISTENT	CONTENU	EN		
LES	LEUR	ORIGINES	PROUVER	S'AGIT	SOURCES	Y

D'après les parties « **Transfert** », « **Simplification exagérée** », « **Stéréotyper ou étiqueter** », « **Bouc émissaire** » et « **Slogans** », complétez les phrases qui suivent en remettant ensemble chaque début avec la fin qui lui correspond. Attention : il y a davantage de fins que de débuts et chaque fin ne peut servir qu'une seule fois.

7 Le transfert consiste à…
8 Par la simplification,…
9 On peut favoriser le rejet d'un élément important d'un problème…
10 Ceux qu'on blâme toujours…
11 Le but d'un slogan est de…

A toujours accuser l'autre.
B s'imprimer dans notre mémoire.
C en faisant appel à des stéréotypes.
D sont responsables de nos problèmes.
E les aspects importants d'une question difficile sont cachés.
F sont nos boucs émissaires.
G on explique plus clairement des problèmes complexes.
H en étiquetant les auditeurs de son discours.
I nous encourager à le mémoriser.
J faire associer les attributs d'un autre à ce qu'on veut faire croire.

12 Le « glissement sémantique » cherche à rendre un message moins important par quelle manipulation rhétorique ?

13 Pourquoi voudrait-on renforcer une idée par « glissement sémantique » ?

14 À propos des techniques de propagande décrites dans le texte, indiquez si les constatations ci-dessous sont vraies ou fausses.

a En visant un certain public, la propagande peut toujours sembler juste.
b La propagande consiste en la présentation de constatations erronées qui pourraient convaincre certains de leur justesse.
c Les propagandistes cherchent à persuader leur public par des procédés rhétoriques ou des méthodes médiatiques plutôt que par une argumentation bien documentée et strictement logique.
d Un des moyens typiques de la propagande est de jouer sur les émotions des spectateurs, des auditeurs et des lecteurs.
e Les techniques classiques de propagande exploitent l'ignorance du public sur un certain sujet, au moyen d'arguments intellectuels, renforcés par des procédés rhétoriques.

Lisez attentivement cet éditorial du magazine *Jeune Afrique* qui commente la transformation en département intégral de la République française, à partir de 2011, de l'île de Mayotte/Mahoré, dans l'archipel des Comores, au large de Madagascar et du continent africain.

Mayotte est une COM (Collectivité d'Outre-Mer) composée de deux îles (Grande Terre et Petite Terre). Elle est la seule île demeurée française de l'archipel des Comores.

On appelle les habitants de Mayotte, les Mahorais.

Par volonté populaire, Mayotte fait maintenant partie intégrante de la République française et de l'Union européenne, avec le même statut de Départment d'Outre-Mer (DOM) que la Guyane française, Guadeloupe, Martinique et la Réunion.

JEUNE AFRIQUE

Toute l'actualité africaine en continu

À 300 km à l'ouest de la Grande Île de Madagascar, Mayotte, quatrième membre de l'archipel des Comores, 374 km^2 et 186 452 habitants. Le 29 mars 2009, 95,2 % des Mahorais, qui culturellement, linguistiquement et historiquement sont comoriens, ont décidé de se jeter dans les bras de la France. [...] Mayotte deviendra donc département français en 2011. Un événement assez rare dans les annales de l'Histoire : un référendum organisé par une puissance coloniale, qui demande à sa colonie si elle souhaite être encore plus dépendante !

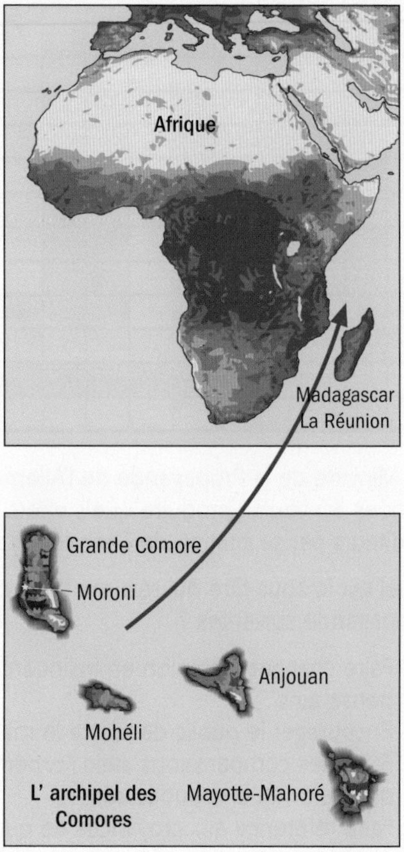

« Nous préférons la pauvreté dans la liberté à la richesse dans l'esclavage » : en août 1958, alors que le continent s'apprêtait à danser au rythme d'« Indépendance cha cha », le Guinéen Sékou Touré[1] avait fait le choix de la liberté, envers et contre tout. Plus de cinquante ans après, Mayotte a préféré les euros et les passeports français, les portes de l'Europe qui s'ouvrent, le smic[2], le RMI[3] (pardon, le RSA[4]), les écoles et hôpitaux gratuits. Patriotisme, adhésion aux valeurs de la République et amour du drapeau tricolore n'entrent pas vraiment en ligne de compte. Les Mahorais n'ont juste pas envie de rejoindre un archipel des Comores pas franchement attrayant, malgré son indépendance... Fut un temps où nombre de voix se seraient élevées avec véhémence contre un tel choix. L'ONU, l'Union africaine et la Ligue arabe ont beau ne pas être d'accord ou considérer cette consultation comme « nulle et non avenue », il n'y a aucune chance d'assister à un retour en arrière. En face, c'est la France, il s'agit d'un référendum démocratique et le monde entier a d'autres chats à fouetter.

Marwene Ben Yahmed

[1] Sékou Touré, premier président (1958–1984) de la République de Guinée, ancienne colonie française en Afrique occidentale.
[2] SMIC = salaire minimum de croissance, ou salaire minimum horaire en France.
[3] RMI : revenu minimum d'insertion = aide sociale
[4] RSA : revenu de solidarité active = aide sociale

Selon les définitions de l'article sur la propagande de l'encyclopédie *Wikipédia* (page 194), dans le premier paragraphe de cet éditorial de *Jeune Afrique*, les éléments suivants peuvent être considérés comme exemples de quelles techniques de propagande ? Choisissez parmi les possibilités données.

1 « [Les] Mahorais [...] ont décidé de se jeter dans les bras de la France. »

A stéréotyper
B imprécision intentionnelle
C effet moutonnier
D bouc émissaire

2 « [...] une puissance coloniale, qui demande à sa colonie [...] »

A redéfinition ou révisionnisme
B imprécision intentionnelle
C glissement sémantique
D slogan

3 « [...] si elle souhaite être encore plus dépendante ! »

A la peur
B obtenir la désapprobation
C simplification exagérée
D transfert

4 Regardez maintenant le deuxième paragraphe de l'éditorial de *Jeune Afrique* et trouvez des exemples des techniques de propagande qui suivent.

Il y en a au moins un pour chaque technique donnée ci-dessous.

a slogan
b témoignage
c appel à l'autorité
d effet moutonnier
e imprécision intentionnelle
f simplification exagérée
g mots vertueux

5 Indiquez si les affirmations suivantes dans la controverse qui oppose la France et Mayotte à l'ONU, l'Union africaine, la Ligue arabe et l'Union des Comores, sont vraies ou fausses, d'après cet éditorial. Justifiez votre réponse par une citation du texte.

a Cet éditorial serait plutôt pour la politique française en ce qui concerne le référendum sur le statut de Mayotte.
b Il serait plutôt pour la politique onusienne, africaine, arabe et comorienne.
c Il offre un point de vue équilibré au sujet du référendum sur le statut de Mayotte.
d Il serait pour la vieille politique africaine d'indépendance pour tous les pays d'Afrique.
e Il serait contre le choix qu'a fait Mayotte de devenir un département français à part entière.
f Il fait appel au monde entier pour qu'on n'oublie pas Mayotte.

6 Quel est le ton général adopté dans cet éditorial ? Choisissez parmi les options ci-dessous et justifiez votre choix par un exemple du texte.

A Déception face à l'impuissance de l'ONU, de l'Union africaine et de la Ligue arabe
B Fierté quant à la politique de l'ancien président de la Guinée, Sékou Touré
C Regret nostalgique d'une politique africaine révolue
D Accusatoire envers la France
E Désapprobation vis-à-vis du choix des Mahorais
F Cynique en ce qui concerne les effets de la démocratie
G Ironique à cause des changements de position au cours de l'histoire africaine
H Sarcastique, parce que l'auteur considère le cas de Mayotte comme une défaite pour l'Afrique

7 D'après le texte « Mayotte dit oui, Moroni dit non » qui suit à la page 198, établissez une chronologie correcte dans le développement de la question comorienne.

Numérotez les phrases données ci-dessous dans un bon ordre chronologique.

a Les Mahorais votent contre l'indépendance de Mayotte, ensemble avec les trois autres îles de l'archipel des Comores.
b Petite protestation publique de quelques Comoriens dans la capitale de l'Union à Moroni, contre le référendum sur la départementalisation de Mayotte par la France.
c Mayotte est le 101e département de la République Française.
d Le président Sambi tente de renforcer une campagne internationale contre une « politique coloniale » de la France en Afrique.
e Suspension officielle des discussions entre la France et l'Union des Comores sur la question de Mayotte.
f La Ligue arabe dénonce la présence française à Mayotte comme « occupation ».
g Ahmed Abdallah Sambi est inauguré président de l'Union des Comores.
h Les Mahorais commencent à voter dans un référendum sur le départementalisation de Mayotte.
i Nicolas Sarkozy, candidat à la Présidence de la République Française, offre l'intégration de Mayotte à la République, s'il gagne aux élections présidentielles.

Pour aller plus loin

- Lisez maintenant un autre article publié par *Jeune Afrique* à propos du référendum à Mayotte.

Mayotte dit oui, Moroni [1] dit non

En devenant d'ici à 2011 le cent-unième département français, la quatrième île de l'archipel des Comores s'éloigne encore un peu plus de ses voisines.

Pour l'Union des Comores, le coup est rude. Le 29 mars, 95,2 % des Mahorais se sont prononcés par référendum pour l'arrimage à la France. En 2011, Mayotte deviendra département français, comme l'île de la Réunion. Bien sûr, les Comoriens peuvent se consoler en se disant que 39 % des Mahorais se sont abstenus et que ceux qui ont voté pensaient avant tout aux aides sociales de la métropole. Mais par ce vote massif, l'île aux Parfums a aussi demandé le divorce à ses trois compagnes de l'archipel des Comores.

La rupture est-elle sans appel? En 1974, les Mahorais n'étaient pas si unanimes : 64 % avaient dit non à l'indépendance. En fait, tout autant que la misère, ils craignent l'hégémonie de leurs cousins d'Anjouan et de la Grande Comore. Et, jusqu'à présent, il faut bien dire qu'Ahmed Abdallah Sambi n'a pas fait grand-chose pour les rassurer. Depuis son arrivée au pouvoir, en 2006, le président comorien a multiplié les appels à la lutte contre « la politique coloniale de la France ». Avec succès, à l'ONU comme à l'Union africaine. Et le 31 mars la Ligue arabe, réunie au Qatar, a rejeté « l'occupation française » de Mayotte.

Néanmoins, Ahmed Abdallah Sambi se garde bien de rompre avec Nicolas Sarkozy[2]. La preuve, le jour du référendum, il n'a pas organisé de grande manifestation antifrançaise à Moroni. Seules quelques centaines de personnes ont défilé devant l'ambassade de France et brûlé un drapeau tricolore. Certes, en décembre dernier, le président comorien a suspendu les discussions du groupe de travail de haut niveau entre Moroni et Paris. Mais, en coulisses, les travaux continuent. « Et Sambi et Sarkozy s'écrivent beaucoup », confie un proche du dossier.

À terme, les Français proposent aux Comoriens un accord de coopération et de contrôle des flux migratoires afin de mettre fin à l'afflux de clandestins à Mayotte. Paris lance même l'idée d'une « communauté d'archipels » entre les Comores et Mayotte, avec une aide financière à la clé. « Difficile pour Sambi de signer cela juste après le référendum, analyse un observateur politique à Moroni. Mais avec le temps, qui sait? »

Pour tout dire, les Français poussent à la réconciliation. « Il faut que Moroni arrête de braquer les gens de Mayotte et cherche au contraire à les séduire », soupire un décideur à Paris. « Le jour où 50 % des Mahorais plus une voix voteront pour l'indépendance, Paris sera très heureux de satisfaire à leur demande », ajoute-t-il. En 2007, le candidat Sarkozy a cru qu'il avait besoin des 71 000 voix des inscrits mahorais pour gagner. Il a promis la départementalisation et a tenu parole. Mais rien ne dit que Mayotte est française pour l'éternité.

Christophe Boisbouvier

[1] Moroni : capitale de l'Union des Comores.
[2] Nicolas Sarkozy : 6e président de la Ve République française, élu à la présidence en 2007.

Lequel des deux textes (pages 196 et 198) est le plus objectif et pour quelles raisons, selon vous ?

Peut-on dire que ces articles révèlent clairement et ouvertement le point de vue de leurs auteurs ?

Si oui, comment pourrait-on définir ce point de vue ?

Si non, comment l'auteur a-t-il caché son point de vue, s'il y en a un, d'après vous ?

Théorie de la connaissance

- La communication à travers une langue parlée ou écrite peut-elle être « scientifique » ?

  Dans quelle mesure peut-on communiquer de façon objective, en libérant notre expression d'influences personelles et de touches de propagande quelconques ?

- Ayant étudié les textes de cette unité, considérez le langage et le format des communications que les autres textes proposent au public. Pour faire passer un message de propagande ou faire prévaloir son point de vue, lequel des genres serait plus efficace, d'après vous et pourquoi ? L'éditorial qui résume et commente les événements de façon ouverte et établit un point de vue distinct, ou un communiqué officiel qui établit une ligne de politique ?

- Quelles des techniques de renforcement de point de vue ou de propagande, répertoriées dans l'article du Wikipedia, seraient les plus efficaces, dans leurs effets sur vous personnellement, sur d'autres personnes de votre sexe et / ou génération, ou de votre culture ?

  Faites une liste dont vous pourriez vous servir dans la rédaction de vos productions écrites, des moyens les plus efficaces, soit auprès des jeunes qui partagent votre perspective sur la vie, soit auprès des gens de votre culture.

  Justifiez vos raisons avec quelques exemples concrets pour les étayer, si possible.

Activités orales

1 En classe, faites une liste de tous les thèmes et idées qui vous intéressent dans cette unité. Préparez-vous à en parler dans des mini-exposés d'un maximum d'une minute chacun.

Essayez, par le « Jeu des 60 secondes » de présenter votre discours, sans hésiter, sans vous répéter et sans changer de sujet.

Si quelqu'un qui vous écoute fait l'objection justifiable que vous avez hésité, que vous vous êtes répété ou que vous avez changé de sujet, de n'importe quelle façon qu'il soit, vous arrêterez votre discours et gagnerez autant de points que de secondes qui se sont écoulées pendant votre discours, jusqu'au moment de l'objection acceptée comme juste par tous les autres de la classe.

Celui ou celle qui aura fait l'objection prendra la parole et aura autant de secondes qui restent pour compléter une minute au total, dédiée à ce thème ou à cette idée.

Celui ou celle qui tient la parole au moment les 60 secondes en tout se sont écoulées, gagnera un bonus de 60 points.

2 Faites des recherches supplémentaires sur la situation décrite dans les textes aux pages 196 et 198, à partir de sites web comme :

www.un.org

www.africa-union.org

www.diplomatie.gouv.fr

www.alwatwan.net

www.lefigaro.fr

www.lemonde.fr

www.liberation.fr

Avec des camarades de classe, à deux ou en groupe, choisissez la défense soit de l'Union des Comores, de l'Union africaine ou de la Ligue arabe, soit de la France, dans le différend qui les oppose à propos de Mayotte : droit d'un peuple à l'autodétermination contre intégrité souveraine des États membres de l'ONU et indivisibilité par des tiers de leur territoire.

Rédigez des exposés à faire devant le reste de la classe pour les convaincre d'accepter vos arguments. Répondez à leurs questions à la fin de chaque exposé et participez au débat qui pourrait s'ensuivre. À la fin des débats, tous voteront sur la politique qui devrait primer dans de tels différends : le droit des peuples à l'autodétermination ou l'indivisibilité des territoires sans l'accord de la majorité d'un pays.

3 Faites des recherches et préparez une présentation de trois ou quatre minutes sur un différend entre deux populations, communautés, États, etc. Dans cette présentation, vous prendrez parti pour l'un des deux adversaires et vous essaierez de convaincre votre public en utilisant non seulement des arguments étayés d'exemples, mais aussi des outils de propagande.

Pour faire passer votre message, vous pourriez avoir recours à un logiciel de présentation de type PowerPoint, ou autre méthode similaire.

À la fin de votre présentation, vous essaierez de répondre aux questions éventuelles de la classe.

La propagande politique se fait par la publicité ?

1 En tant que propagande, que signifient cette image pour vous ?

2 Selon vous, cette image serait-elle efficace comme affiche de propagande contre la transformation de l'île de Mayotte en département français ? Justifiez votre réponse.

3 Photo ou affiche ? Ces deux méthodes sont de puissants outils de propagande, mais laquelle offrirait le meilleur moyen de communiquer des renseignements objectifs, d'après vous, et pourquoi ?

4 Mayotte devrait-elle être comorienne, française ou autre, d'après vous ?

Production écrite

1 Vous avez décidé de présenter un mémoire en français sur une question de propagande que vous connaissez déjà très bien, d'après vos études d'une culture francophone. Rédigez le premier brouillon de votre proposition, à présenter aux professeurs qui pourraient accepter de vous conseiller au cours du programme.

a Il s'agit d'une proposition formelle adressée à un professeur de français. L'expression sera ainsi sérieuse, d'un style académique, et tentera de convaincre ce professeur de votre intérêt pour le sujet et de sa valeur en tant que point de départ pour un mémoire dans le cadre du programme du diplôme. Attention à la force de conviction que vous essayez de créer, pour décrocher l'approbation de votre professeur !

b Une proposition de recherches dans le cadre du mémoire sera clairement rédigée et peut-être structurée par des sections intitulées ainsi : sujet proposé ; les raisons qui auront motivé ce choix ; ce que vous savez déjà ; l'intérêt général de ce thème de recherches ; les possibilités de recherche qui s'ouvrent ; pourquoi vous aurez choisi de l'adresser à ce professeur en particulier (et pas à un autre), entre autres. La proposition cherchera surtout à convaincre le lecteur de la pertinence de votre choix et de votre aptitude générale pour aborder cette tâche, avec l'appui de ce professeur en particulier. (Ce sera utile de consulter le guide à la préparation de mémoires de l'IB, avant d'aborder ce sujet.)

c Les idées varieront entre l'explication du cadre et du potentiel du sujet choisi, et la description de vos connaissances et ce que vous proposez de rechercher. Il y aura une introduction et une conclusion clairement indiquées, qui viseront à convaincre votre professeur de vos choix. Vous indiquerez comment vos idées rentrent dans le cadre spécifique d'un mémoire des sujets possibles du *Groupe 2, Français B*, du programme du diplôme.

2 **Niveau supérieur** Expliquez votre point de vue et démontrez votre compétence interculturelle en étudiant les similitudes et les différences à ce sujet entre votre culture et celle(s) que vous étudiez.

Le sujet doit être bien cerné : de quel genre de propagande culturelle s'agit-il ici ? Pourquoi les gens trouvent-ils important d'avoir une identité nationale fixe ?

Quelques démarches à considérer :

- Pour le cadre : l'utilisation d'une image et d'une citation du Général De Gaulle, héros de la Résistance française contre l'occupation nazie de la France de 1940 à 1944, et Président-fondateur de la Ve République française, à des fins de propagande pour un seul parti politique (qui n'était pas le sien).

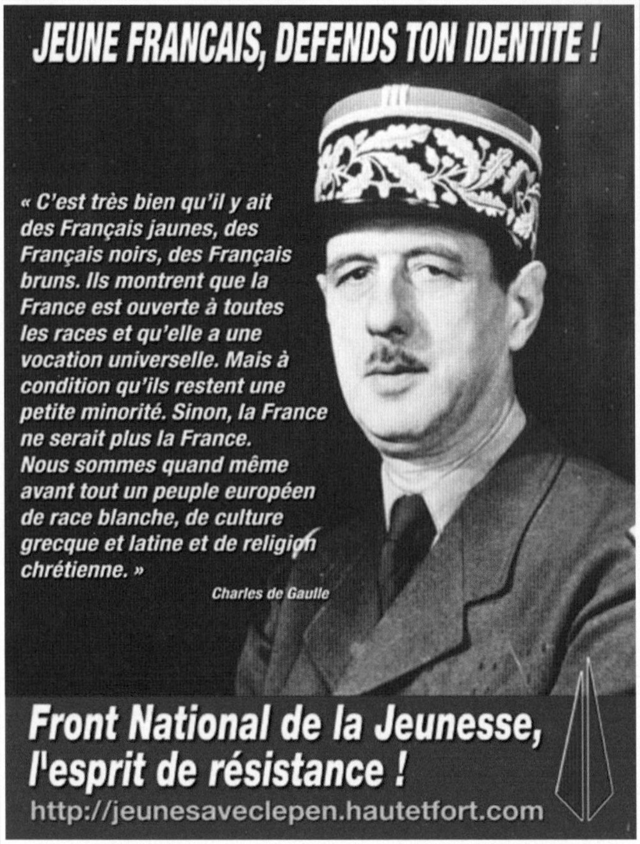

- Pour le contenu : les idées maîtresses indiquées par cette image, cette citation et le slogan qui les accompagne. Quelles associations cherche-t-on à promouvoir auprès des lecteurs ? Dans quelle mesure sont-elles justes ? Des idées similaires existent-elles, et au cas où, seraient-elles efficaces dans votre culture ?
- Pour l'organisation du texte : il y aura une introduction qui posera le problème de propagande auquel vous répondrez au cours de votre devoir. Suivront des arguments des différents aspects à présenter : le besoin que les gens détiennent une seule identité nationale précisément définie ; l'appel à la résistance contre le multiculturalisme, l'utilisation d'un personnage historique et symbole de la République à des fins politiques, étayés par des exemples concrets. La conclusion répondra clairement aux questions posées dans l'introduction.

C3 Publicité

Objectifs

- Analyser et évaluer l'efficacité d'une publicité et de la technique publicitaire.
- Explorer différentes fonctions de la publicité.
- Réfléchir aux influences de la publicité sur l'individu et à son rôle dans la société.
- Réfléchir aux stéréotypes liés à la publicité.
- Produire un spot publicitaire.

Remue-méninges

- Faites la liste des endroits où vous pouvez voir de la publicité. Quelle forme prend-elle ? Décrivez une publicité qui vous plaît particulièrement. Pourquoi vous plaît-elle ?
- La publicité est-elle toujours axée sur des objectifs commerciaux ? Peut-elle porter sur d'autres aspects ?
- Dans quelle mesure pensez-vous être influencé(e) par la publicité ? Quand vous faites des achats, considérez-vous plutôt le prix, la marque, la publicité ou autre chose ?
- Considérez l'affiche publicitaire ci-dessous :
  - Quel produit veut-on vendre ?
  - Décrivez cette publicité. Considérez la mise en page, les couleurs, la langue et les mots utilisés, etc.
  - À qui cette publicité s'adresse-t-elle en particulier ? Quel type de personne pourrait acheter ce produit ?
  - Quel message essaie-t-on de faire passer ?
  - Dans quelle mesure cette publicité est-elle adaptée à la communauté environnante ?
  - Pensez-vous que cette publicité soit efficace ?
  - Comparez cette publicité avec une publicité pour un produit similaire dans une autre culture. En quoi serait-elle différente ?

Une publicité pour les pâtes Panzani

Ce que l'on doit comprendre se limite-il à ce que l'on voit ?

par Roland Barthes

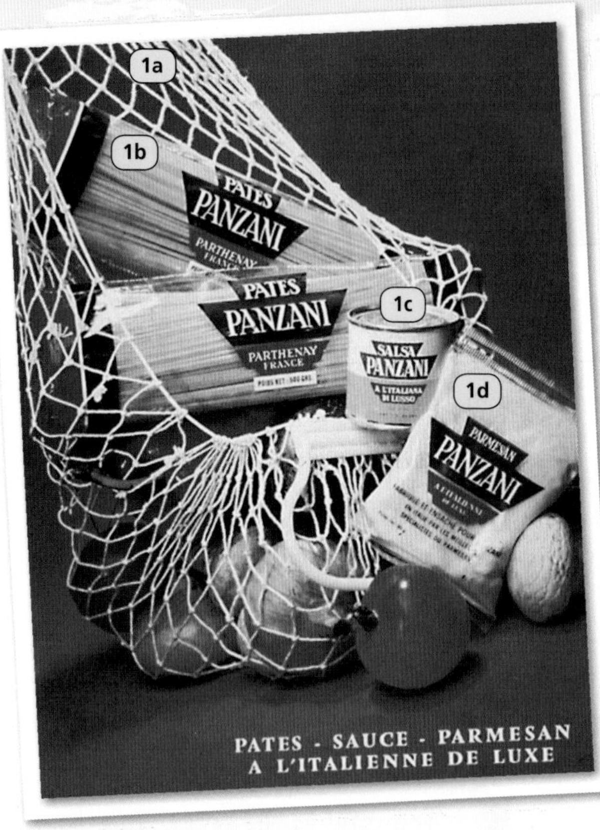

Voici une publicité Panzani : des paquets de pâtes, une boîte, un sachet, des tomates, un champignon, le tout sortant d'un filet à demi ouvert, dans des teintes jaunes et vertes sur fond rouge. Essayons d' « écrémer » les différents messages qu'elle peut contenir.

L'image nous livre tout de suite un premier message, dont la substance est linguistique : les supports en sont la légende, marginale, et les étiquettes, qui, elles, sont insérées dans le naturel de la scène : le code dans lequel est prélevé ce message n'est autre que celui de la langue française ; pour être déchiffré, ce message n'exige d'autre savoir que la connaissance de l'écriture et du français. À vrai dire, ce message peut encore se décomposer, car le signe[1] Panzani ne livre pas seulement le nom de la firme, mais aussi, par son assonance, un signifié[2] supplémentaire qui est, si l'on veut, l'« italianité ». [...]

Le message linguistique mis de côté, il reste l'image pure. Cette image livre aussitôt une série de signes discontinus. Voici d'abord l'idée qu'il s'agit, dans la scène représentée, d'un retour de marché ; ce signifié implique lui-même deux valeurs euphoriques : celle de la fraîcheur des produits et celle de la préparation purement ménagère à laquelle ils sont destinés ; son signifiant[3] est le filet entrouvert qui laisse s'épandre les provisions sur la table. Pour lire ce premier signe, il suffit d'un savoir en quelque sorte implanté dans les usages d'une civilisation très large, où « faire soi-même son marché » s'oppose à l'approvisionnement expéditif (conserve, frigidaire) d'une civilisation plus « mécanique ». Un second signe est à peu près aussi évident ; son signifiant est la réunion de la tomate, du poivron et de la teinte tricolore (jaune, vert, rouge[4]) de l'affiche ; son signifié est l'Italie, ou plutôt l'italianité ; ce signe est dans un rapport de redondance avec le signe connoté du message linguistique (l'assonance italienne du nom Panzani) ; le savoir mobilisé par ce signe est déjà plus particulier : c'est un savoir proprement « français » [...] fondé sur une connaissance de stéréotypes linguistiques. Continuant d'explorer l'image, on y découvre sans peine au moins deux autres signes ; dans l'un, le rassemblement serré d'objets différents transmet l'idée d'un service culinaire total, comme si d'une part Panzani fournissait tout ce qui est nécessaire à un plat composé, et comme si d'autre part le concentré de la boîte égalait les produits naturels qui l'entourent, la scène faisant le pont en quelque sorte entre l'origine des produits et leur dernier état ; dans l'autre signe, la composition, évoquant le souvenir de tant de peintures alimentaires, renvoie à un signifié esthétique : c'est la « nature morte » ou comme il est mieux dit dans d'autres langues, le « still life » ; le savoir nécessaire est ici fortement culturel.

Roland Barthes: 'Rhétorique de l'image', *Communications* no 4, 1964 (Editions du Seuil)

[1] signe (linguistique) : unité d'expression du langage, communément un mot
[2] signifié : contenu d'un signe linguistique
[3] signifiant : représentation matérielle d'un signe
[4] jaune, vert, rouge : le drapeau italien est vert, blanc, rouge

Pour commencer

Avant de lire le texte, analysez la publicité.

- Quel produit veut-on vendre ?
- Décrivez cette publicité. Considérez la mise en page, les couleurs, les mots utilisés.
- À qui cette publicité s'adresse-t-elle ? Quel type de personne pourrait acheter ce produit ?
- Quel message essaie-t-on de faire passer au niveau conscient ? Au niveau inconscient ?
- Pensez-vous que cette publicité soit efficace ?

1 a–d Retrouvez dans le premier paragraphe les mots faisant référence aux contenants indiqués dans la publicité.

2 Quel mot du premier paragraphe signifie « sélectionner les aspects les plus importants » ?

3 Quels mots du deuxième paragraphe font référence…

a aux éléments suivants de la publicité ?
– « PÂTES . SAUCES . PARMESAN À L'ITALIENNE DE LUXE »
– « PÂTES PANZANI »

b à leur place précise dans la composition de l'image ?

4 Deux des affirmations suivantes à propos de la langue utilisée (deuxième paragraphe) dans cette publicité sont vraies. Lesquelles ?

A Certains mots sont dans une autre langue que le français.
B Il suffit de connaître le français pour comprendre le message.
C La marque du produit n'est pas clairement indiquée.
D Le nom Panzani n'est pas celui du propriétaire de la firme.
E Le nom de la marque évoque l'Italie.

5 Le troisième paragraphe traite…

A de la langue utilisée dans la publicité.
B de l'aspect visuel de la publicité.
C du langage des signes.
D d'une scène de retour de marché.

6 Les affirmations suivantes, à propos du marché (lignes 22 à 32), sont soit vraies, soit fausses. Justifiez votre réponse par les mots du texte.

a On y va pour acheter des légumes en conserve.
b Les aliments qu'on y achète sont cuisinés à la maison.
c Faire ses courses au marché prend du temps.

En vous basant sur l'ensemble du troisième paragraphe, reliez le début de la phrase de la colonne de gauche à la fin appropriée qui se trouve dans la colonne de droite. Attention : il y a plus de fins que de débuts et chaque fin ne peut être utilisée qu'une seule fois.

7 Le retour du marché…

8 L'usage des trois couleurs de l'image…

9 Grâce à la présence de plusieurs articles différents…

10 La composition de l'image…

A est celle d'un tableau classique.
B est symbolisé par le filet entrouvert.
C évoque une culture importante.
D fait penser aux stéréotypes français.
E suggère que tous les produits sont frais.
F nous fait croire que les produits Panzani sont de bonne qualité.
G on peut créer un plat complet.
H rappelle le nom italien de la marque.

Technique de travail

Pour vous aider, suivez l'analyse en vous aidant de l'image.

Reliez chacun des mots ou expressions du texte figurant dans la colonne de gauche avec son équivalent qui se trouve dans la colonne de droite. Attention : il y a plus de mots ou expressions proposé(e)s que de réponses possibles.

11 sans peine (l.43)

12 pont (l.49)

13 en quelque sorte (l.50)

14 tant (l.52)

A à peine
B d'une certaine manière
C facilement
D lien
E plusieurs
F quelques fois
G route
H une si grande quantité

Pour terminer

Après avoir lu ce texte et répondu aux questions comparez ce que vous avez appris avec votre analyse initiale.

R.A.P. RESISTANCE A L'AGRESSION PUBLICITAIRE — LE MANIFESTE

Nous, organisations, élus, citoyens, observons avec inquiétude l'intrusion croissante des intérêts privés et marchands dans l'enseignement public, laquelle met à mal le principe constitutionnel de neutralité scolaire.

Plusieurs circulaires confirment le principe de neutralité de l'école. « En aucun cas et en aucune manière les maîtres et les élèves ne doivent servir directement ou indirectement à aucune publicité commerciale » (circulaires du 19 novembre 1936, du 16 avril 1952, du 17 décembre 1956, du 8 novembre 1963 et du 3 juillet 1967). Malgré cela, la publicité et les pratiques commerciales envahissent le système éducatif.

En 2000, Jack Lang, alors ministre de l'Éducation nationale, alerté par l'association ATTAC de l'existence dans les collèges et lycées du jeu boursier, « les Masters de l'économie », organisé par le groupe bancaire CIC dans ces établissements, écrivait avoir été « surpris de découvrir l'importance des actions publicitaires en classe, souvent auprès des élèves du primaire » et déclarait : « Cet état de fait n'est pas acceptable et découle souvent d'une mauvaise information des parents et des enseignants sur la réglementation en vigueur. » Sous couvert d'empêcher ces pratiques, il publie au Bulletin officiel du ministère de l'Éducation nationale et du ministère de la Recherche n° 14 du 5 avril 2001 un « code de bonne conduite des interventions des entreprises en milieu scolaire » (circulaire n° 2001-053 du 28 mars 2001). Or, (...5a...) un rappel du principe de neutralité de l'école, ce texte donne aux établissements scolaires la possibilité de conclure des partenariats, officialise la présence de logos sur les mallettes pédagogiques et tolère la publicité sur les outils informatiques. Il remplace (...5b...) la notion de neutralité scolaire par (...5c...) de neutralité commerciale, précaution révélatrice d'une volonté de marchandisation de l'école.

Ce code vise (...5d...) à légitimer et développer des pratiques publicitaires, commerciales et idéologiques inacceptables. C'est (...5e...), loin d'empêcher le jeu qu'il était censé interdire, il (...5f...) justifie. En témoigne la réponse du 20 mars 2003 donnée par le ministère à un courrier lui demandant des éclaircissements sur les partenariats conclus avec le CIC : « De telles conventions s'inscrivent dans le cadre de la circulaire n° 2001-053 du 28 mars 2001 relative au code de bonne conduite des interventions des entreprises en milieu scolaire, qui a fait l'objet d'une publication au Bulletin officiel du ministère de l'Éducation nationale n° 14 du 5 avril 2001. »

À la suite des différentes atteintes au principe constitutionnel de la neutralité scolaire, constatées tant dans les faits que dans les textes, nous persistons dans notre volonté de défense d'une école laïque qui assure une réelle neutralité sur le plan idéologique et commercial.

Nous refusons : Que les enfants servent de supports à une quelconque opération publicitaire. Que l'école devienne le porte-parole des entreprises.

Nous demandons : Le strict respect de la neutralité scolaire, telle qu'entendue dans la note de service n° 99-118 du 9 août 1999 parue au BOEN du 2 septembre 1999 : « Afin de garantir le principe de neutralité de l'école (...), il ne sera pas donné suite aux sollicitations émanant du secteur privé, dont les visées ont généralement un caractère publicitaire et commercial. »

Par conséquent, nous demandons l'annulation du « code de bonne conduite des interventions des entreprises en milieu scolaire » !

1 À qui se réfère « Nous » au début du texte ?

2 À quoi se réfère « laquelle » dans la phrase « laquelle met à mal... » (ligne 4) ?

3 Pourquoi la R.A.P. a-t-elle publié ce manifeste ?

- A Parce qu'il y a trop de circulaires administratives pour la neutralité de l'école.
- B Parce que les maîtres et les élèves ne peuvent pas faire de publicité pour leur école.
- C Parce qu'il y a de plus en plus de pratiques commerciales à l'école.
- D Parce que l'association ATTAC a alerté le ministre de l'Éducation nationale d'un jeu boursier.

4 D'après le troisième paragraphe, deux des affirmations suivantes sont vraies. Lesquelles ?

- A « Les Masters de l'économie » sont un diplôme permettant de travailler dans une banque.
- B Jack Lang ne croit pas que les actions publicitaires soient importantes dans les écoles.
- C Jack Lang pense que les écoles ne connaissent pas la loi sur la publicité à l'école.
- D Le ministre veut couvrir les mauvaises pratiques qui existent dans les écoles.
- E La circulaire n° 2001-053 explique comment les entreprises doivent se comporter dans les écoles.

5 a–f Ajoutez les mots qui manquent dans les troisième et quatrième paragraphes en les choisissant dans la liste proposée ci-dessous. Attention : il y a plus de mots ou expressions que d'espaces et chaque mot ou expression ne peut être utilisé(e) qu'une seule fois.

AINSI QUE   AVEC   CELLE   EN FAIT   EN OUTRE
EN PLUS   LE   LUI   MALGRÉ   PREMIÈREMENT   UNE

6 À quel jeu se réfère « le jeu qu'il était censé interdire » (l.46) ?

7 À qui ou à quoi se réfère « lui » dans la phrase « lui demandant des éclaircissements » (l.49) ?

En vous basant sur les lignes 64 à 76, reliez le début de la phrase de la colonne de gauche à la fin appropriée qui se trouve dans la colonne de droite. Attention : il y a plus de fins que de débuts et chaque fin ne peut être utilisée qu'une seule fois.

8 La R.A.P. ne veut pas…

9 La R.A.P. désire…

10 Pour résumer, la R.A.P. demande…

11 Pour soutenir le manifeste, il faut…

- A coordonner les signatures.
- B de représentation de l'école dans les entreprises.
- C de se joindre au mouvement.
- D envoyer sa signature.
- E que la circulaire n° 2001-053 soit supprimée.
- F que le secteur privé ne soit pas concerné par les publicités.
- G que les enfants soient utilisés à des fins publicitaires.
- H revenir à l'ancien principe de neutralité.

Langue

On révisera l'usage du subjonctif et de l'infinitif.

Reliez chacun des mots ou expressions du texte figurant dans la colonne de gauche avec son équivalent qui se trouve dans la colonne de droite. Attention : il y a plus de mots ou expressions proposé(e)s que de réponses possibles.

12 telles (l.50)

13 dans le cadre (l.51)

14 à la suite de (l.58)

15 tant (l.60)

16 une quelconque (l.65)

17 telle qu' (l.69)

- A à l'intérieur
- B à l'inverse de
- C après
- D aussi bien
- E celle qui
- F certaines
- G comme
- H en raison
- I n'importe quelle
- J plus
- K quelqu'une
- L semblables

Pour aller plus loin

- Choisissez une publicité dans un magazine francophone et essayez de l'analyser :
  - Quel produit veut-on vendre ? Décrivez cette publicité.
  - À qui cette publicité s'adresse-t-elle ? Quel type de personne pourrait acheter ce produit ?
  - Quel message essaie-t-on de faire passer au niveau conscient ? Au niveau inconscient ?
  - Pensez-vous que cette publicité soit efficace ?
- Dans quelle mesure le rôle de la publicité est-il d'informer des nouveaux produits sur le marché ? Favorise-t-elle la concurrence au profit du consommateur ? Quel est le rôle de la publicité ?
- La publicité a-t-elle des limites, à votre avis ? Y a-t-il des produits pour lesquels la publicité est ou devrait être interdite (par exemple les cigarettes) ? Sur quelles raisons éthiques vous baseriez-vous pour interdire la publicité de ces produits ?
- Que pensez-vous de la situation suivante ?

  Benjamin, 7 ans, rentre de l'école et raconte : « Aujourd'hui avec l'école, on a nettoyé la nature ! On a mis un t-shirt pour ne pas se salir, et on a même eu le droit de le garder ! ». Et là, il montre fièrement à sa maman un t-shirt au logo d'une chaîne de supermarché connu : « NETTOYONS LA NATURE AVEC... », suivi du nom du supermarché.

  Dans quelle mesure ce supermarché a-t-il utilisé les enfants à des fins publicitaires ? La publicité a-t-elle sa place à l'école ? L'école doit-elle enseigner aux élèves à lire et comprendre la publicité ?
- Dans quelle mesure les enfants sont-ils utilisés par les publicitaires ? À votre avis, quel pouvoir les enfants exercent-ils sur leurs parents face aux campagnes publicitaires ?
- Comment devrait-on surveiller et contrôler la présence des enfants dans des publicités ?
- La proportion de la publicité sur les chaînes de télévision que vous regardez est-elle excessive ? Est-il préférable de payer une redevance pour la télévision et limiter la publicité ou préférez-vous ne pas payer et avoir de nombreux spots publicitaires ?
- Est-il éthiquement acceptable que des marques de cigarettes ou de boissons alcoolisées sponsorisent des événements sportifs ou culturels ?
- En 1979, dans un sketch intitulé « La publicité », le comédien Coluche dénonce le langage publicitaire :

> *« Vous avez le nouvel Omo* ?*
> *Ah! Il est bien le nouvel Omo.*
> *C'est celui qui lave encore plus blanc que blanc.*
> *Moi, j'avais l'ancien Omo qui lavait plus blanc et il lavait déjà bien...*
> *Mais maintenant il y a le nouvel Omo qui lave encore plus blanc.*
> *Moi, j'ose plus changer de lessive... J'ai peur que ça devienne transparent après. »*

* Omo : marque de lessive connue

  Connaissez-vous des publicités dans lesquelles la langue est manipulée de telle façon qu'elle finit par en perdre son sens ? Quels sont les mots les plus courants utilisés dans des publicités (par exemple *nouveau, naturel*, etc.) ?
- Les médias (magazines, radio, télévision, Internet, etc.) peuvent-ils survivre sans publicité ?
- Recevez-vous de nombreux spams publicitaires dans votre boîte électronique ? Quelle est votre réaction ?
- Répondriez-vous de la même façon aux questions précédentes dans le cas de la publicité pour des causes caritatives, des actions humanitaires ou des campagnes de santé publique ?

Théorie de la connaissance

- A-t-on le droit de choquer pour promouvoir une cause caritative, sanitaire ou écologique ? Pensez-vous que le slogan « Fumer tue » imprimé sur les paquets de cigarettes soit de la publicité ?
- Y a-t-il des sujets tabous dans la publicité ?
- La publicité accomplit un travail de service public en informant les personnes sur des produits qui peuvent améliorer leur vie. Discutez.
- La publicité trompe les gens en leur faisant croire qu'ils ont besoin de choses dont ils n'ont pas besoin. Discutez.
- Identifiez les éléments persuasifs cachés utilisés dans des publicités (hommes séduisants, femmes vêtues de façon provocante, etc.). Comment savez-vous ce qui vous a convaincu d'acheter un produit ?
- La publicité ne produit rien. Comment peut-elle donc être décrite comme une industrie ?
- Quelle est la différence entre publicité et propagande ?

Activités orales

1 En groupe, sélectionnez une publicité télévisuelle sur le site de l'Institut national de l'audiovisuel (www.ina.fr/pub) et analysez-la. Quels sont les arguments utilisés pour vendre ce produit ? Comment ce produit est-il présenté visuellement ? En quoi cette publicité reflète-t-elle les valeurs de son époque ? Comparez-la avec une publicité d'un produit similaire mais d'une autre époque que vous pourrez trouver sur le même site ou ailleurs. Vous présenterez les résultats de votre analyse à la classe.

Les différents éléments relevés par les différents élèves ou groupes d'élèves seront mis en commun, comparés et discutés.

2 En groupe, imaginez un nouveau produit qui facilitera la vie des jeunes d'aujourd'hui. Concevez un spot publicitaire pour ce produit, que vous jouerez devant la classe sous forme de sketch. Vous expliquerez ensuite votre démarche. Répondez aux observations et questions éventuelles de la classe.

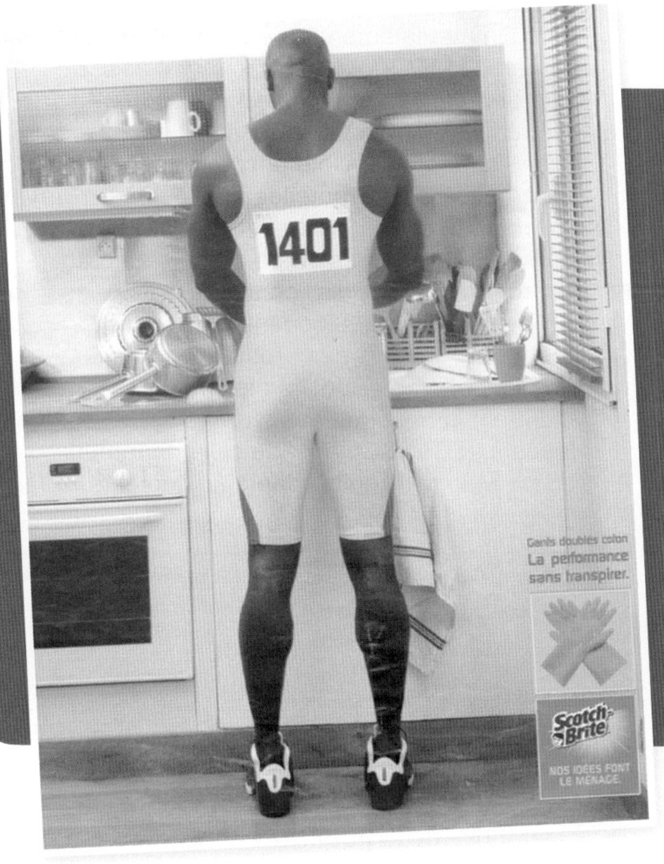
1401
Gants doublés coton
La performance sans transpirer.
Scotch-Brite
NOS IDÉES FONT LE MÉNAGE

De la femme-objet à l'homme-objet

1 Décrivez cette publicité. Analysez la mise en page de l'image et du texte. Quelle est votre réaction personnelle ?

2 À votre avis, pourquoi l'annonceur a-t-il utilisé un athlète masculin dans cette publicité ? Quel est le rapport entre l'image et le texte ?

3 L'impact aurait-il été similaire si une femme avait été choisie ? Dans quelle mesure ce rôle inattendu renforce-t-il le stéréotype de la femme au foyer ?

4 Quelles places occupent respectivement les hommes et les femmes dans les publicités que vous connaissez ? Ces places peuvent-elles changer ?

Production écrite

1 Vous avez vu dans votre magazine préféré une publicité qui vous a choqué(e) soit par son contenu, soit par son message, soit par les images utilisées. Écrivez une lettre de protestation au directeur de la société concernée.

- **a** Cette lettre aura le format d'une lettre officielle avec adresse, date, formule d'appel, formule finale, signature.
- **b** Il faudra établir clairement ce qui vous a choqué particulièrement et expliquer pourquoi ceci était choquant (pour vous personnellement ou pour d'autres).
- **c** Il s'agit essentiellement d'une argumentation. La langue devra donc être claire, précise et utilisera des articulateurs logiques afin de convaincre. Elle sera toutefois expressive pour refléter la force des sentiments.

2 Vous avez eu l'occasion d'interviewer le président du mouvement « Contre les spams publicitaires dans ma boîte électronique ». Écrivez le texte de l'interview qui sera publiée dans le journal local.

- **a** Une interview consiste à rapporter les paroles d'une personne. Il ne s'agit pas de transcrire les paroles de la personne mot à mot mais de sélectionner ses propos de façon à écrire un texte cohérent. Vous adopterez le format questions/réponses ou vous intégrerez des citations dans un texte suivi.
- **b** Vous inclurez un titre suivi d'une introduction qui présentera la personne dans le contexte des intentions de cet article. Le vouvoiement sera normalement utilisé et ceci tout du long de façon constante.
- **c** Vous inclurez des questions suffisamment pertinentes afin d'entraîner des réponses détaillées. L'objectif est de provoquer la réflexion des lecteurs quant au problème de la pollution publicitaire.
- **d** Vous utiliserez des procédés stylistiques variés, adaptés aux idées et aux sentiments exprimés au cours de l'interview, par exemple la frustration, la colère, l'espoir, etc.

3 **Niveau supérieur** Expliquez votre point de vue et démontrez votre compétence interculturelle en étudiant les similitudes et les différences à ce sujet entre votre culture et celle(s) que vous étudiez.

À Koudougou, petite ville du Burkina Faso, la publicité « classique » vante le plus souvent des produits de beauté, les mérites des opérateurs téléphoniques ou des assurances. Les affiches révèlent aussi des tendances que l'on ne peut ignorer, même si elles sont souvent bien éloignées des inclinaisons du Koudougoulais « moyen ».

Sur les affiches, les mannequins présentent systématiquement un teint très clair, voire carrément jaune, dont se moquent ici les passants. On stigmatise cet éclaircissement forcené qui abime la peau et dont l'artificialité se voit immédiatement pour peu que l'on soit familier. Les Koudougoulais ignorent assez superbement ces autres affiches, pourtant révélatrices de l'évolution du statut de la femme dans une société encore profondément patriarcale, où l'on vante les mérites de la femme au volant. Dans les faits, la voiture est encore le privilège des riches et, en grande majorité, des hommes… Et puis l'on trouve encore des publicités présentant, comme partout dans le monde, les qualités des produits de grande consommation au Burkina : les marques de bière y tiennent le haut du pavé, suivies des enseignes Nescafé et Coca-Cola, et de celle du fameux cube « Maggi »*, qui s'adapte au contexte.

Stephanie Servetz, blog

** cube « Maggi » : bouillon de poule, de bœuf ou de légumes utilisé couramment dans la cuisine*

Vous considérerez :

- les produits dont on voit le plus de publicité ;
- les stéréotypes dans la publicité ;
- l'influence de la publicité sur les critères de beauté et plus généralement de l'idéal physique ;
- la représentation de la réalité dans la publicité ;
- l'adaptation au contexte des publicitaires.

C4 Les nouvelles technologies

Objectifs

- Découvrir quelques technologies de pointe.
- Réfléchir à l'importance des technologies du passé, actuelles et à venir, et à leur impact sur notre vie quotidienne.
- Comparer les avantages et les inconvénients du développement technologique et en tirer quelques conclusions.
- Étudier des textes de pages web et de débats en ligne.

Remue-méninges

- Regardez autour de vous pour trouver des objets qui n'existaient pas, ou qui existaient sous une forme différente quand vous étiez à l'école primaire.

  Quels sont les avantages apportés par les changements réalisés ? S'agit-il de nouveautés révolutionnaires ? Ces changements représentent-ils un progrès, ou y a-t-il des côtés négatifs ? Expliquez votre point de vue.
- Voici une « unité d'habitation », vision de l'avenir réalisée en France dans les années 1940, à Marseille, par le célèbre architecte suisse, Le Corbusier.

Et voici une exemple d'une vision résolument d'avant-garde pour les années 2040, proposée par l'architecte contemporain belge, Vincent Callebaut.

Quels sont les avantages et les inconvénients de chaque construction ? Dans laquelle préféreriez-vous vivre ? Pourquoi ?

Invitation au nanovoyage

Laissez-vous tenter par un fascinant voyage interactif dans le nanocosmos ! Plongez, au choix, à l'intérieur du corps humain, au cœur d'un microprocesseur ou au plus profond de la lumière d'un phare de voiture.

Les fondements – entrez dans le nanomonde !

Entrer dans le nanomonde, c'est voir beaucoup plus finement la matière à très petite échelle. C'est aussi l'analyser et la modifier avec de nouvelles techniques. Malgré la taille infime des atomes et les lois physiques particulières qui les gouvernent (physique quantique), nous sommes aujourd'hui capables, grâce aux nanosciences et aux nanotechnologies, de mieux les organiser pour fabriquer des nanostructures aux propriétés nouvelles et intéressantes.

Les usages – ils sont déjà parmi nous !

Le développement des nanotechnologies va transformer notre quotidien. La possibilité de réduire la taille des objets tout en augmentant leurs performances nous promet des produits plus petits, plus légers, moins chers, plus puissants (ordinateurs) ou plus efficaces (soins médicaux). Plus de 300 produits contenant des nanoparticules sont déjà commercialisés. Progressivement c'est notre vie quotidienne toute entière, du travail aux loisirs, qui sera affectée par cette évolution extrêmement rapide.

Une question d'échelle

Le préfixe « nano » vient du grec nannos, qui signifie « nain ». Il divise par un milliard l'unité dont il précède le nom. Par exemple : une nanoseconde (1 ns), c'est un milliard de fois plus bref qu'une seconde. Un nanomètre (1 nm), c'est 30 000 fois plus petit que le diamètre d'un cheveu. Un atome d'hydrogène mesure environ 0,1 nm. Il y a la même différence de taille entre un atome et une balle de tennis, qu'entre cette même balle et la Terre. Un tel changement d'échelle permet de comparer l'exploration de « l'infiniment petit » à celle de « l'infiniment grand ».

Des nanoproduits étonnants !

Les applications pratiques des nanotechnologies concernent potentiellement tous les domaines : santé, énergie, transports, communications, environnement, défense, etc. On envisage ainsi de construire des nanomatériaux avec un minimum de matière première ; de fabriquer des mémoires de la taille d'une tête d'épingle pouvant contenir toutes les bibliothèques du monde ; de transporter les médicaments dans des nanocapsules pour les libérer au niveau des cellules malades ; de détecter et neutraliser des micro-organismes et des pesticides dans les sols et les eaux. Une révolution en marche puisque les produits « nanos » sont déjà sur le marché : textiles insalissables recouverts d'une pellicule de nanoparticules d'argent ; verres autonettoyants, sur lesquels ont été déposées des couches minces d'oxyde de titane ou encore dentifrice aux nanoparticules de phosphate de calcium, qui comblent les minuscules fissures des dents.

Des sciences convergentes

Les nanotechnologies font interagir de **(...12a...)** disciplines : physique, chimie, biologie, électronique, etc. Aux États-Unis, les spécialistes parlent de « convergence NBIC », abréviation qui regroupe les Nanotechnologies (ensemble des **(...12b...)** au niveau atomique ou moléculaire), la Biotechnologie (**(...12c...)** l'ingénierie génétique), l'Informatique (avec de nouveaux modes de traitement des **(...12d...)** comme l'ordinateur quantique, la transmission et le stockage de l'information) et les sciences Cognitives, (**(...12e...)** de disciplines visant à l'étude et la **(...12f...)** des mécanismes de la connaissance). Par son interdisciplinarité, la convergence NBIC est porteuse de multiples applications. Appliquée au vivant, elle permet, au-delà de la réparation de tissus ou d'organes abîmés, d'envisager l'amélioration des capacités humaines. Transformer l'homme, l'immortaliser, fabriquer un surhomme: tels sont les projets du transhumanisme. **(...12g...)** ou cauchemar ?

L'éthique – l'avenir a-t-il besoin de nous ?

La perspective de manipuler la matière à l'échelle moléculaire et d'interférer avec le monde du vivant suscite de grands espoirs, mais aussi des inquiétudes éthiques. La convergence des nanotechnologies avec la biologie et les technologies de l'information (NBIC), préfigure la possibilité de prendre le relais de l'évolution naturelle comme l'envisage le transhumanisme. Une démarche qui pose des questions d'ordre culturel et philosophique. Les nanostructures que nous fabriquons ne risquent-elles pas d'échapper à notre contrôle ? Et sommes-nous à l'abri des « mauvais » usages de ces techniques, depuis l'atteinte à la vie privée jusqu'à la fabrication d'armes nouvelles plus efficaces? Ces questions d'éthique doivent être prises en considération par tous les acteurs de la société.

Cité de Sciences

1 Dans l'introduction à ce texte, quelle expression indique que ce site est interactif ?

Les fondements – entrez dans le nanomonde !

2 Comment le nanomonde se distingue-t-il du monde normal ?

3 Dans la phrase de ce même paragraphe…	le(s) mot(s) …	se réfère(nt) dans le texte à…
a « C'est aussi l'analyser et la modifier avec de nouvelles techniques »	« l' » et « la »	
b « et les lois physiques particulières qui les gouvernent »	les	
c « nous sommes aujourd'hui capables, [.....], de mieux les organiser »	les	

Les usages – ils sont déjà parmi nous !

4 D'après cette partie, l'une des affirmations suivantes est fausse. Laquelle ?

A À l'avenir, la vie de tous les jours sera radicalement influencée par la nanotechnologie.
B Plus petit ne veut pas forcément dire moins performant.
C Aujourd'hui, on peut déjà acheter des réalisations de la nanotechnologie.
D La nanotechnologie transformera notre façon de nous détendre.
E Les progrès de la nanotechnologie se font petit à petit.

Une question d'échelle

5 Cette partie nous explique que le préfixe « nano » signifie :

A 1/1.000
B 1/100.0000
C 1/30.000
D 1/1.000.000.000

6 Trouvez des éléments du texte, pour compléter cette phrase correctement.

Par sa **(…a…)** , notre planète pourrait contenir autant de **(…b…)** qu'une de celles-ci pourrait contenir d' **(…c…)** ».

Des nanoproduits étonnants !

En vous basant sur cette partie, reliez le début de la phrase de la colonne de gauche à la fin appropriée qui se trouve dans la colonne de droite. Attention : il y a plus de fins que de débuts et chaque fin ne peut être utilisée qu'une seule fois.

Technique de travail

Faites surtout attention aux concordances des verbes dans cet exercice!

7 La nanotechnologie peut s'appliquer…
8 Le nanomatériau n'emploie…
9 À l'avenir, une mémoire d'ordinateur hyper-performant sera aussi grande…
10 Les médicaments « nanos » pourront…
11 Des produits étonnants pour faciliter la vie quotidienne…

A qu'une tête d'épingle.
B est hyper-petit.
C à n'importe quel champ technologique.
D qu'une bibliothèque.
E être déposés directement dans des cellules individuelles.
F existent, mais coûtent très cher.
G que très peu de ressources.
H éliminer toute maladie.
I sont déjà disponibles à l'achat.
J d'une industrie qui n'épuisera jamais nos ressources naturelles.

Des sciences convergantes

12 a–g Ajoutez les mots qui manquent dans cette partie du texte, en les choisissant dans la liste ci-dessous. Attention : il y a plus de mots ou expressions que d'espaces et chaque mot ou expression ne peut être utilisé(e) qu'une seule fois.

COMPRÉHENSION DESQUELS DONT DONNÉES ENSEMBLE L'ESSENTIEL IDÉALE INVESTIGATION NOMBREUSES RÊVE SCIENTIFIQUE TECHNIQUES VARIÉS VIRUS

13 La phrase « Par son interdisciplinarité, la convergence NBIC est porteuse de multiples applications » signifie que :

A la nanotechnologie est enrichie par le mélange et l'interaction de disciplines scientifiques différentes.
B la convergence NBIC rend les disciplines scientifiques plus pratiques.
C les disciplines appelées « NBIC » s'appliquent à tout.
D transformer l'homme apportera le bonheur au genre humain.

14 Les projets transhumains visent quels objectifs ?

L'éthique – l'avenir a-t-il besoin de nous ?

15 Les affirmations suivantes sont-elles vraies ou fausses ? Justifiez votre réponse par les mots du texte de cette partie.

a Beaucoup de gens voient l'avenir avec optimisme, grâce à la nanotechnologie.
b Certains ont des préoccupations d'ordre moral.
c Le transhumanisme cherche à influencer l'évolution par l'application de la nanotechnologie à la biologie.
d Nous ne sommes toujours pas sûrs des avantages des applications des nanotechnologies.
e Seuls, les experts peuvent nous conseiller sur la vraie valeur des nanotechnologies.

www.sciences-et-democratie.net

Sciences et Démocratie

Débats de société sur les enjeux des technologies et des sciences

Comment réduire le danger des nouvelles technologies ?

Soumis par turnebob le sam, 31/01/2009 - 14:20

Chaque nouvelle technologie apporte ses améliorations... et ses dégâts. Si on fait le bilan, il me semble que le progrès technologique est bénéfique. Alors, quel est le problème ? Ce qui m'inquiète est qu'au fur et à mesure que la science avance, chaque nouvelle technologie est plus puissante que les précédentes. Ainsi si on continue à ne gérer les problèmes qu'à postériori, il se peut très bien que nous soyons un jour dépassés par les événements.

Un danger apporté par la technologie génétique, par exemple, est que le problème peut vivre, se reproduire et échapper à son inventeur. La nanotechnologie me semble encore plus dangereuse : pouvoir jouer au Lego avec les atomes permet tellement de choses qu'elles ne sont même plus imaginables.

Notre société ne me semble pas adaptée à une étude systématique des problèmes éventuels. La course au profit par exemple est difficilement conciliable avec la prudence. Alors... comment réduire le danger des nouvelles technologies ?

Commentaires

Exprimez-vous ! L'Association « Sciences et Démocratie » se bat pour donner la parole aux citoyens dans les débats « Science-Société ». Vos messages renforceront notre motivation.

1 Re: Comment réduire le danger des nouvelles technologies ?

Bonjour Turnebob,

Je réponds bien tardivement à votre proposition de sujet. Veuillez m' (**...6a...**) excuser.

Votre question va au (**...6b...**) de l'activité de l'association « Sciences et Démocratie ». La plupart des gens qui s'expriment sur ce site partagent votre (**...6c...**) : les sciences ont permis des avancées indéniables, mais elles soulèvent (**...6d...**) de très nombreuses questions (**...6e...**) il faut faire (**...6f...**) de manière responsable. Les pistes ne manquent pas : améliorer l'expertise scientifique, développer le débat public et la culture scientifique dans la population, etc. Encore faut-il s'en donner les (**...6g...**) .

À « Sciences et Démocratie », nous défendons l'idée que la démocratie participative est un moyen de (**...6h...**) bouger les choses. Pas en tant que substitut de la démocratie représentative mais comme partenaire de (**...6i...**).

2 Re: Comment réduire le danger des nouvelles technologies ?

Merci pour votre intervention,

Pour ma part je vois un premier souci : dans les réunions, on demande aux citoyens de s'informer et de s'exprimer en même temps. C'est impossible et on risque de vite tomber dans un débat limité au cercle des experts. Alors, comment informer massivement les citoyens sur ce sujet ?

Merci pour vos réponses.

3 Re: Doit-on stopper la recherche scientifique avant qu'il ne soit trop tard ?

Bonjour! Un peu provocateur que d'écrire ceci !

Les recherches scientifiques sont orientées politiquement et économiquement.

Ne devrait-on pas dire « ne doit-on pas réorienter nos politiques de recherche? » car toutes ces recherches sont forcément orientées. D'abord dans le privé par l'appât du gain... puis dans le public par des politiques nationales ou européennes.

Le principe de précaution nous invite non pas à l'inaction, mais à faire encore plus de recherches.

Justement, la mise sur le marché de nouvelles technologies se fait souvent sans études ni recherches sur les effets sanitaires, environnementaux et à long terme. De plus, l'opacité et les brevets bloquent l'accès aux informations permettant aux citoyens de mieux se renseigner.

Pas évident du tout comme question...

4 Comment réduire le danger des nouvelles technologies ?

Très rapidement je voudrais revenir sur le commentaire d'un des participants de ce forum. Il pose la question « Doit-on stopper la recherche scientifique avant qu'il ne soit trop tard ? ». Je dirais tout simplement qu'il y a des risques associés à la recherche scientifique, mais c'est aussi le cas dans notre vie de tous les jours.

Est-ce que cela veut dire que nous devons nous enfermer dans une chambre pour nous protéger contre les dangers ? La majorité des gens ne vont pas penser à cela, ils vont au contraire prendre des précautions pour rester sains et saufs.

Il s'agit uniquement d'apprendre à nous protéger.

1 Dans la bannière qui titre cette page web, quel terme désigne ce qu'on peut gagner ou perdre ?

Soumission de *turnebob*

2 Quels mots ou expressions dans le premier paragraphe de cette partie du texte signifient… ?

- a dommages
- b évaluation
- c avantageux
- d en même temps
- e performante
- f résoudre
- g par la suite

Langue

Considérez attentivement la forme et la fonction des mots et des phrases données. Soyez sûrs de trouver une alternative dans le texte qui marcherait également par substitution.

3 Ce qui préoccupe surtout *turnebob*, c'est :

- A la progression du développement scientifique en soi.
- B le manque de préparation pour nous assurer d'une bonne application des nouvelles technologies.
- C le danger posé par les OGM.
- D l'impossibilité d'imaginer les applications pratiques de la nanotechnologie.

4 Trouver des solutions de bon sens n'est pas facile, selon *turnebob*, à cause de quel comportement humain ?

Commentaires

5 Dans ses débats « Science-Société », l'Association « Sciences et Démocratie » s'adresse à qui ?

6 a–i Ajoutez les mots qui manquent dans le premier commentaire, en les choisissant dans la liste ci-dessous. Attention : il y a plus de mots ou expressions que d'espaces et chaque mot ou expression ne peut être utilisé(e) qu'une seule fois.

AUXQUELLES CELLE-CI CELUI-LÀ CŒUR CONSTAT
DONT ÉGALEMENT EN FACE FAIRE MOYENS
PEURS PRINCIPES Y

7 D'après le deuxième commentaire, les gens se trouvent face à quel dilemme dans ce débat ?

8 Quel est le danger ainsi posé ?

9 D'après le troisième commentaire, deux de ces affirmations sont fausses. Lesquelles ?

- A Arrêter à temps toute recherche scientifique est une proposition qui réduira le débat à zéro.
- B Le développement scientifique est décidé par les gouvernements.
- C Ce qui motive la recherche scientifique des sociétés commerciales, c'est l'espoir de réaliser des bénéfices.
- D Nous devons mieux comprendre les conséquences de la commercialisation des innovations technologiques.
- E Les créateurs de nouvelles technologies gardent les résultats de leurs propres recherches avec jalousie.

En vous basant sur le quatrième commentaire dans ce débat, reliez le début de la phrase de la colonne de gauche à la fin appropriée qui se trouve dans la colonne de droite. Attention : il y a plus de fins que de débuts et chaque fin ne peut être utilisée qu'une seule fois.

10 Dans le débat on affirme que la recherche scientifique…

11 Les risques qu'on court au quotidien ne sont…

12 Il serait absurde…

13 Le bon sens veut…

14 L'essentiel pour minimiser les dangers…

- A sont plus graves que ceux posés par les nouvelles technologies.
- B comporte toujours des risques.
- C qu'on soit conscient des dangers.
- D se résume tout simplement : informez-vous !
- E d'éviter tout contact avec les produits des nouvelles technologies.
- F de s'isoler de tout risque de danger.
- G est devenue trop dangereuse pour l'humanité.
- H qu'on ne pense plus à l'inconnu dans l'application de nouvelles technologies.
- I guère moins graves que ceux posés par les nouvelles technologies.
- J est d'être prudent.

Pour aller plus loin

- À votre avis, parmi les nouvelles technologies qu'on développe, ou qu'on envisage de développer aujourd'hui, quelles seront les plus importantes pour l'humanité ? Comment pourront-elles améliorer notre vie quotidienne ? Seront-elles accessibles à tous ? Perdrons-nous quelque chose en adoptant ces technologies ?

  Est-ce qu'il y a des technologies d'avenir, ni développées ni réalisables aujourd' hui, qui pourraient transformer notre vie quotidienne ? Êtes-vous optimiste ou pessimiste de ce point de vue ? Expliquez vos raisons.

- Comment accepteriez-vous des objectifs du « transhumanisme », présentés dans le premier texte de lecture à la page 210 ?
- Que pensez-vous de ces questions et opinions sur les nouvelles technologies, exprimées dans les deux textes de lecture ?
  - « Sommes-nous à l'abri des « mauvais » usages de ces techniques, depuis l'atteinte à la vie privée jusqu'à la fabrication d'armes nouvelles plus efficaces ? » (page 212)
  - « Chaque nouvelle technologie est plus puissante que les précédentes. Ainsi si on continue à ne gérer les problèmes qu' à postériori, il se peut très bien que nous soyons un jour dépassés par les événements. » (page 212)
  - « La course au profit, par exemple, est difficilement conciliable avec la prudence. » (page 212)
  - « Comment informer massivement les citoyens sur ce sujet ? » (page 212)
  - « Il s'agit uniquement d'apprendre à nous protéger [des dangers des nouvelles technologies]. » (page 212)
- Comment peut-on mieux convaincre les sceptiques des aspects positifs du progrès technologique ?

  À l'instar des préoccupations exposées dans le deuxième texte de lecture (page 212) devrions-nous adopter une attitude plus méfiante envers le développement de plus en plus effréné des nouvelles technologies ? Expliquez votre point de vue.

Théorie de la connaissance

- Dans quelle mesure les nouvelles technologies de la fin du XXe siècle et du début du XXIe siècle, telles que l'électronique, l'informatique, la microchirurgie, le lancement des satellites, l'exploration de l'espace, et ainsi de suite, ont-elles transformé notre façon de nous comprendre nous-mêmes, de nous aider à trouver notre place dans le monde naturel, et de mieux comprendre ce monde ?
- Êtes-vous d'accord avec l'opinion exprimée dans le deuxième texte de lecture (page 212), que toute recherche scientifique est « orientée politiquement et économiquement » ?
- Dans quelle mesure la recherche de nouvelles vérités scientifiques doit-elle se limiter à l'aventure intellectuelle dans le monde de la théorie, et à la découverte des principes essentiels de la nature et de l'univers ? Peut-il y avoir une recherche du savoir pur et simple ?
- Y a-t-il des limites à imposer à la recherche scientifique, à cause des dangers pour notre société, réels ou potentiels, que poserait une mauvaise exploitation de ses découvertes ?
- La science pourra-t-elle tout expliquer ?

  Si la science finit par tout expliquer et que la portée et la complexité de la technologie ne cessent de s'accroître, y perdrons-nous l'essentiel de notre humanité ?

Théorie de la connaissance

- Beaucoup de termes scientifiques et technologiques sont dérivés du grec ancien et du latin. Trouvez-en des exemples dans les textes de lecture et les exercices de cette unité.

  À quoi servent-ils dans ces contextes ?

  Facilitent-ils la compréhension de ces textes ? Pourraient-ils être remplacés par des termes plus simples, tirés du français de tous les jours ? La signification des textes serait-elle changée par de telles substitutions ?

  Si oui, avec quels résultats ? Si non, pourquoi a-t-on recours à cette terminologie parfois obscure, selon vous ?

Activités orales

1 Visite d'une maison à haute technologie

Choisissez un(e) partenaire pour cette activité. L'un jouera le rôle d'un guide qui expliquera les caractéristiques technologiques (par exemple l'éolienne, les vitrages solaires, et peut-être un plancher chauffant/rafraîchissant, les capteurs de présence ou même un robot aide-ménager !) de cette habitation. L'autre assumera le rôle d'un client potentiel qui envisage d'y emménager. Ce client ne comprendra pas toujours de quoi il s'agit et ne sera pas toujours convaincu des avantages présentés, y voyant parfois des inconvénients, des problèmes d'ordre pratique, ou trouvant même certaines de ces caractéristiques inutiles.

2 Ensemble, la classe choisit l'un des aspects abordés dans la section « Pour aller plus loin ». Il s'agira d'une proposition que tous, qu'ils soient pour ou contre les idées présentées, trouveront intéressante, justement parce qu'elle est controversée.

Divisez-vous en deux groupes dont l'un sera favorable au développement de la recherche scientifique et des nouvelles technologies qui en découlent, et l'autre sera contre.

Dans votre débat, assurez-vous que des points de vue, comme ceux-ci entre autres, sont présentés et défendus par ceux qui les partagent et qu'ils sont étayés par des exemples concrets que tous peuvent facilement comprendre.

a Le devoir primordial de la recherche scientifique est de comprendre et d'expliquer la nature de l'univers, sans aucun motif ultérieur, politique ou autre.

b Les nouvelles technologies se développent en réponse à la demande commerciale. C'est aux utilisateurs de déterminer les orientations de la recherche.

c Le développement des nouvelles technologies devrait être soigneusement contrôlé par le gouvernement, qui devrait avoir le pouvoir de stopper et d'interdire n'importe quelle activité de recherche.

d Le développement de nouvelles technologies devrait être en fonction des besoins de l'humanité toute entière. On devrait accorder les ressources en priorité aux technologies qui permettraient de réduire ou même d'éliminer les problèmes les plus urgents de notre planète et de ses habitants.

e On ne peut pas faire avancer le débat tant qu'il y aura des gens qui ne comprennent qu'à moitié, ou même pas du tout, les enjeux de la recherche scientifique et du développement des nouvelles technologies.

f Être sceptique dans ce débat, c'est une attitude saine. Il faut se méfier aussi bien des enthousiastes qui sont pour toute recherche et tout développement technologique que des pessimistes qui ne voient que le danger quand il s'agit d'explorer l'inconnu.

Une vision bionique : rêve ou cauchemar ?

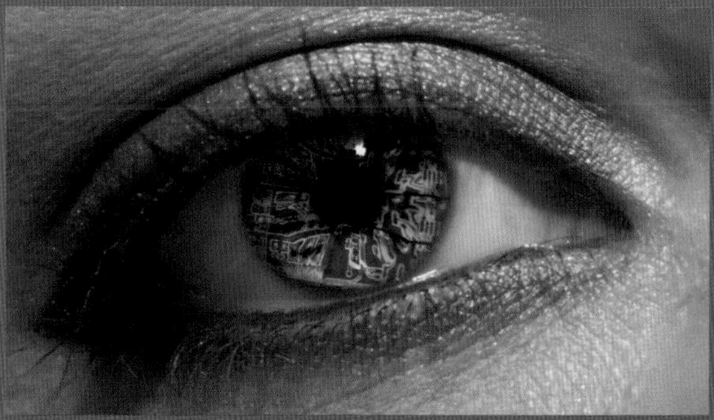

1. Que vous évoque cette photo ?
2. Quels seraient les avantages et les inconvénients d'avoir une vision plus puissante grâce à des interventions technologiques au niveau des yeux ?
3. Personnellement, êtes-vous pour ou contre les améliorations artificielles de vos compétences naturelles par la biotechnologie ? Justifiez votre point de vue.
4. Dans certaines cultures on croit fermement aux progrès scientifiques et technologiques pour améliorer la vie des hommes. Dans d'autres on préfère rester fidèles aux traditions déjà établies, parfois au point même de rejeter certaines nouveautés. Qu'en est-il dans votre culture ? Quelles sont les attitudes qui influencent la majorité le plus ?

Production écrite

1 Un de vos camarades de classe vous a recommandé un nouveau logiciel de traduction qui promet un français sans erreurs. Vous êtes cependant très déçu(e) par les résultats. Composez quelques pages, à des dates ou heures différentes, de votre journal intime pour lui faire part de vos réflexions à ce sujet.

a Parlez de votre intérêt au départ pour le logiciel, puis de votre déception devant les résultats. Mentionnez aussi que vous appréciez l'initiative et l'enthousiasme de votre camarade, et essayez de prévoir la réaction de votre professeur, si vous lui présentiez un devoir ainsi rédigé.

b Ajoutez vos réflexions sur les questions d'ordre éthique : est-ce juste d'étudier et de travailler de cette façon ?

2 Vous venez de lire ce fait divers dans un blog sur Internet.

Les jeunes sont-ils plus intelligents que nous ?

Lors d'une conférence, le philosophe français Michel Serre traite de la révolution culturelle apportée par les nouvelles technologies. Selon lui, les nouvelles technologies changeront autant le monde que l'ont fait l'écriture et l'imprimerie. Ces révolutions majeures ont contribué à la perte d'une partie de la faculté de mémoriser de l'être humain. Pour le philosophe français, les nouvelles technologies nous obligent à devenir plus intelligents, à être plus créatifs.

CEfrio, Canada

Vous décidez de participer à la discussion sur le blog en réagissant pour ou contre.

a Il s'agit d'exprimer votre opinion personnelle, avec arguments et exemples qui la justifient.

b Vous pouvez vous servir du deuxième texte de cette unité (page 212) comme modèle de présentation. Référez-vous clairement aux propositions de Michel Serre, en commentant ses conclusions.

3 **Niveau supérieur** Expliquez votre point de vue et démontrez votre compétence interculturelle en étudiant les similitudes et les différences à ce sujet entre votre culture et celle(s) que vous étudiez.

Jeunes et Nouvelles Technologies : « Donne-moi ton MSN »

Il y a longtemps que les jeunes ont adopté les nouvelles technologies dans leur mode de vie. Les vertus des ordinateurs et de l'Internet n'ont plus de secret et les différents outils de communication sont devenus des joujoux accessibles. Les plus récents softwares et les plus avancés des supports circulent et s'échangent comme des vieux bouquins.

Imposées par le boulot ou utilisées comme meilleur moyen de divertissement, les nouvelles technologies sont devenues incontournables. Même si on leur attribue des points négatifs pour la dépendance et l'isolement, Internet et compagnie ont envahi le cœur des jeunes depuis des lustres et ne quitteront pas leur place de sitôt. [...]

Bien sûr, chanceux sont ceux qui possèdent un casque pour « skyper », le wifi ou l'Internet mobile, ou des disques durs externes pour stocker des dizaines de films et des discographies entières. Un jeune qui n'a pas de compte msn ou un profil sur Facebook est en quelque sorte isolé du monde virtuel où évoluent tant de rapports, puisque ces espaces sont de vraies communautés. On ne dit plus : « donne-moi ton numéro de téléphone », mais plutôt « ton msn ».

Les progrès et les performances techniques ayant atteint des sommets qui offrent l'accès à un luxe et une facilité inégalables, il devient de plus en plus tentant de s'offrir les produits de la toute dernière technologie sur le marché.

Hager Almi, *Le Temps Tunisie*, 26.11.2007

Vous considérerez :

- l'accès aux nouvelles technologies et l'acceptation générale de ce qu'elles offrent, étayés par des exemples ;
- les généralisations à ce sujet (comme dans cet article) et leur validité : y aurait-t-il des exceptions ?
- l'attitude de l'auteur de cet article envers les nouvelles technologies, comparée à la vôtre ;
- quelques bienfaits et dangers de la diffusion généralisée de telles technologies sur le plan culturel ;
- la tentation de toujours acquérir la toute dernière nouveauté technologique et ses conséquences.

C5 Internet et communications en ligne

Objectifs

- Explorer des sites Internet qui aident à l'apprentissage du français et à la préparation du diplôme du Baccalauréat International.
- Découvrir le vocabulaire propre à Internet et quelques façons spécifiques de communiquer.
- Promouvoir la communication internationale, interculturelle et virtuelle entre écoles et élèves.
- Réfléchir aux avantages, aux limites et aux inconvénients de communiquer par Internet.
- Analyser la présentation, la mise en page et l'expression de différents styles médiatiques sur Internet.
- Pratiquer le dialogue et la collaboration entre écoles.

Remue-méninges

- Vous servez-vous de sites spéciaux sur le web pour améliorer vos compétences en français ? Si oui, lesquels ?

  Recommandez quelques sites utiles et intéressants à vos camarades de classe, en leur expliquant les avantages de ces sites pour l'apprentissage et la pratique du français.

  Si non, y a-t-il des raisons spéciales pour lesquelles vous ne vous en servez pas ?

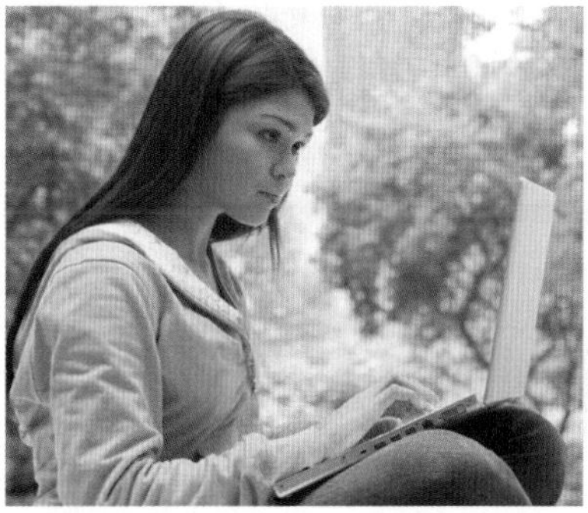

- Quand on se sert d'Internet dans le choix de sites, de téléchargements, d'informations et d'activités, sans esprit critique, ou sans respecter les lois en vigueur, d'après vous quels sont les dangers dont il faut être conscient ?

  Si vous pensez qu'il n'y a pas de risque grave, quelles justifications donneriez-vous à ceux qui redoutent des dangers ?

- Connaissez-vous les sites de Facebook, Twitter, ou eTwinning ?

  Si oui, comment les exploitez-vous ?

  Si vous ne les connaissez pas, lesquels vous semblent utiles et intéressants à explorer ?

- Votre école fait-elle déjà partie d'un projet d'échanges virtuels et interactifs par le biais d'Internet ?

  Si oui, quelles sont les activités dont vous faites partie ? Si non, pourquoi pas ?

  Y a-t-il des obstacles pratiques, difficiles à surmonter ?

Imprimer cette page Rechercher Français

NOUVELLES | INSPIRATION | DÉVELOPPEMENT PROFESSIONEL | OUTILS | RÉCOMPENSES | ASSISTANCE

La communauté pour les écoles d'Europe

L'action *eTwinning*

eTwinning est une opération de jumelage électronique entre établissements scolaires européens des premier et second degrés.

eTwinning est une action transversale du programme intégré de la Commission européenne « Éducation et formation tout au long de la vie ».

Lire la suite→

Qu'est-ce que l'action *eTwinning* ?

L'action ***eTwinning*** encourage la coopération pédagogique en Europe via l'utilisation des Technologies de l'information et de la communication (TIC). Pour cela, elle propose assistance, outils et ressources pour faciliter la mise en œuvre de partenariats, quel que soit le thème du projet et sa durée.

eTwinning a été mise en place afin d'offrir aux élèves l'occasion d'apprendre ensemble, de partager leurs connaissances, d'échanger leurs points de vue et de se faire des amis. Elle permet la prise de conscience d'un **modèle de société européen multilingue et multiculturel.**

Les partenariats ***eTwinning*** associent **au moins deux établissements scolaires d'au moins deux pays européens** en instaurant un échange entre :

- au moins deux professeurs
- au moins deux équipes de professeurs
- au moins deux documentalistes
- ou encore au moins deux chefs d'établissements.

Un des objectifs de l'action ***eTwinning*** est d'améliorer les connaissances des acteurs du système éducatif en matière de TIC et de faire entrer ces technologies dans la vie scolaire de tous les jours.

Comment participer ?

Le portail européen regroupe l'ensemble des informations, outils, matériels et documents nécessaires pour préparer, planifier et développer un partenariat ***eTwinning***.

Une fois enregistré sur le site, un premier outil permet de **rechercher un ou plusieurs partenaire(s)**.

Lorsque le, ou les partenaire(s) sont trouvés, un formulaire vous permet **d'enregistrer le projet**. Un **espace virtuel de travail collaboratif** est alors attribué à chaque projet. Les différents acteurs (enseignants et élèves) peuvent alors communiquer et échanger des ressources.

Aucune compétence technique particulière n'est demandée aux porteurs de projet.

GUIDE D'UTILISATION du nouvel espace virtuel eTwinning

Découvrez les fonctionnalités de base du nouveau Twinspace en téléchargeant un petit guide pratique. L'espace virtuel ***eTwinning*** est un espace en ligne dans lequel les membres de projets ***eTwinning*** (enseignants et élèves) peuvent se rencontrer, travailler en coopération et partager leurs travaux. Chaque projet ***eTwinning*** dispose de son propre Espace virtuel privé et peut choisir de rendre ses informations publiques ou non. [...]

Que propose le nouvel espace virtuel *eTwinning* ?

Ce nouvel espace virtuel simplifie le travail de projet et permet aux enseignants et aux élèves de disposer d'une interface plus intuitive sur laquelle les rencontres deviennent plus conviviales et les activités de projet sont facilitées.

Il propose de nouvelles fonctions : une « salle de profs », un « coin des élèves », des blogs, des wikis, etc.

La sécurité et la confidentialité des données restent au cœur des préoccupations de ***eTwinning*** : toutes les informations personnelles resteront privées, même dans les espaces virtuels publics. [...]

European Commission: eTwinning

1 En vous basant sur l'introduction « ***L'action eTwinning*** », trouvez des mots ou expressions qui signifient :

a liens étroits entre deux partenaires dans un projet
b écoles
c niveau collège
d niveau lycée
e initiative pluridisciplinaire
f pour en savoir plus

2 Qui est responsable de l'action *eTwinning* ?

En vous basant sur la partie « **Qu'est-ce que l'action *eTwinning* ?** », reliez le début de la phrase de la colonne de gauche à la fin appropriée qui se trouve dans la colonne de droite. Attention : il y a davantage de fins que de débuts et chaque fin ne peut servir qu'une seule fois.

Langue

Pour vous aider dans vos choix de réponses, il serait utile de revoir l'utilisation correcte des verbes modaux, tels que *devoir* et *pouvoir*, et des phrases impersonnelles introduites par *falloir*.

3 Grâce aux TIC, le *eTwinning*…

4 Un projet *eTwinning* peut s'appliquer…

5 L'objectif principal des programmes *eTwinning*…

6 Un projet *eTwinning* doit…

7 Il faut également qu'un projet *eTwinning*…

8 À la base d'un projet *eTwinning*, il y a…

A faciliter l'exploration de deux ou plusieurs cultures différentes.
B aide les écoles à créer des liens virtuels.
C à favoriser la communication dans deux ou plusieurs langues.
D soit un partenariat entre un minimum de deux écoles différentes.
E à n'importe quel sujet pour n'importe quelle durée.
F est de proposer un site de contacts et d'échanges.
G des bourses d'élèves pour la visite d'un pays étranger.
H met en œuvre des projets informatisés.
I propose au moins un échange scolaire entre deux pays.
J plus de deux écoles d'un seul pays européen.
K un contact régulier par des moyens informatiques.
L l'amélioration des connaissances sur l'Union européenne.

9 D'après la partie « **Comment participer ?** », quelles sont les différentes étapes à suivre pour établir un partenariat ? Complétez les phrases ci-dessous avec vos propres mots, ou avec des mots du texte en les adaptant, si besoin est. Faites attention à la formulation grammaticale correcte !

a Tout d'abord, il faut être…
b Pour la première étape, vous devrez…
c Ensuite, il sera nécessaire…
d Le service *eTwinning* va alors vous donner…
e Pour finir, avec votre partenaire, ou vos partenaires, vous pourrez…

10 Relevez dans cette partie les mots et expressions qui signifient :

a une page web par où on entre dans un site.
b une icône ou un symbole sur une page web qui permet de travailler sur le site.
c sur un site web, une section interactive que l'on peut personnaliser.
d les participants.
e les gens qui proposent un travail collaboratif sur le site *eTwinning*.

11 D'après les parties « **Guide d'utilisation** » et « **Que propose le nouvel espace virtuel *eTwinning* ?** », quatre des affirmations ci-dessous sont vraies. Lesquelles ?

A Les contacts entre écoles inscrites dans le programme *eTwinning* sont virtuels.
B Le site *eTwinning* est un site interactif, ouvert à tous.
C Il y a une section personnalisée du site *eTwinning*, pour chaque projet enregistré.
D Travailler avec l'interface *eTwinning* est agréable et rend le site plus facile à naviguer.
E Les élèves et les professeurs peuvent se réunir dans des sections du site propres à eux.
F Le site ne garantit pas la confidentialité des renseignements privés.

12 Dans la partie « **Que propose le nouvel espace virtuel *eTwinning* ?** », à quoi se réfère « laquelle ? (troisième ligne) »

13 Quel mot de cette même partie souligne que le programme *eTwinning* respecte toutes les informations personnelles sans exception ?

FOIRE AUX QUESTIONS

Parents

Accompagner l'usage d'Internet par les enfants : contrôle parental, jeux vidéo, Internet à l'école, réseaux sociaux, blogs, téléchargement, images choquantes, photos, injure et diffamation, etc.

Mon enfant souhaite jouer à un jeu vidéo en ligne. (...2a...)

Certains jeux vidéo ne sont pas adaptés pour les plus jeunes. Le caractère évolutif, la possibilité pour les joueurs de produire du contenu et/ou d'introduire des éléments dans certains jeux, doivent vous inciter à faire preuve de vigilance.

Mon enfant télécharge de nombreux fichiers musicaux pour graver des CD puis les revendre à ses amis. (...2b...)

Votre enfant a la possibilité de copier un CD ou un DVD sur le disque dur de son ordinateur ou sur un autre support. L'utilisation de ces copies doit être limitée à son usage strictement personnel. Il peut également réaliser des compilations de ses propres créations et les communiquer à ses amis.

Le site Internet de l'école de mon enfant publie les photos des élèves sur son site Internet. (...2c...)

Par principe, toute personne, quels que soient sa notoriété et son âge, dispose sur son image et sur l'utilisation qui en est faite d'un droit exclusif et peut s'opposer à sa reproduction et diffusion sans son autorisation. Ce principe est issu de l'article 9 du Code civil.

Juniors

Connaître tes droits et tes devoirs : jeux vidéo, réseaux sociaux, blogs, chats, webcam, téléchargement, messagerie électronique, publication de photos, spam, insultes, diffamation, harcèlement, etc.

Attention : vie privée

Est-il vrai que lorsque l'on télécharge certains logiciels, des programmes espions s'installent sans que l'on en soit informé ?

Oui, c'est vrai. Les logiciels espions, que l'on nomme espiogiciels, sont de petits programmes informatiques, le plus souvent intégrés ou livrés en complément d'un logiciel principal.

Faut-il donner sa vraie adresse quand on nous la demande sur Internet ?

Il arrive que des sites te demandent ton adresse email. Si tu ne sais pas à quoi ton adresse va leur servir, ou si tu ne souhaites pas recevoir de publicité sur la boîte aux lettres qui te sert à communiquer avec tes amis, tu as la possibilité de donner une fausse adresse, ou bien une autre adresse que celle de ta boîte aux lettres principale.

Un site a-t-il le droit de me demander mon âge ?

Certains sites demandent énormément d'informations personnelles, notamment quand tu t'inscris à un jeu ou que tu veux recevoir des informations. Le site devra toujours te préciser quelles sont les informations que tu dois donner obligatoirement et celles qui sont facultatives.

Une copine m'a envoyé un message me disant de l'envoyer à tous ceux que je connaissais car je pourrais gagner de l'argent. Est-ce vrai ?

Non, c'est sûrement un canular (on dit souvent un « hoax » comme en anglais).

Si je trouve une information qui est fausse, que puis-je faire ?

Personne ne contrôle les contenus diffusés sur Internet et surtout leur exactitude. N'importe qui peut ainsi diffuser des informations sur le réseau.

C'est mon site

Ai-je le droit de publier la photo de mes amis sur mon blog ou sur mon site perso ?

Tu ne peux pas diffuser les photos de tes amis (...8a...) et celle de leurs parents.

Puis-je mettre sur mon blog ou sur un site un courriel que j'ai reçu ?

Tu ne peux pas mettre un courrier (papier, électronique) sur un forum, sur ton blog ou sur un site, ou même l'envoyer à tes amis (...8b...)

Je voudrais copier des CD pour les revendre à des amis. Est-ce que je risque quelque chose ?

(...8c...) tu n'as pas le droit de copier de la musique, des films, des séries TV ou des jeux vidéo pour ensuite les revendre ou même les donner à tes amis, (...8d...)

Ai-je le droit d'échanger des fichiers audio ou vidéo avec des amis en utilisant les systèmes peer-to-peer ?

Tu as le droit de copier un CD ou un DVD sur le disque dur de ton ordinateur (...8e...).

Pour tchater tranquille

J'ai des amis qui ont été insultés dans un tchat ou sur SMS. Que peuvent-ils faire ?

Quel que soit le lieu où les propos sont tenus (sur un tchat, par SMS, dans un forum de discussion, sur un site Internet), il est interdit d'insulter quelqu'un. C'est ce que l'on appelle en droit le « délit d'injures ».

Si j'utilise un pseudo dans les tchats et les forums, peut-on me reconnaître et m'identifier ?

En général, quand on discute sur un tchat ou qu'on poste un message dans un forum, on utilise un pseudo. Avec ce faux nom, impossible de savoir qui est qui. Les personnes avec lesquelles tu discutes ne peuvent pas savoir qui tu es sauf en te faisant parler. Tu ne peux pas non plus savoir qui elles sont réellement. Alors méfiance !

1 Quels mots ou expressions de l'introduction de la partie « **Parents** » à cette page de questions et réponses sur Internet signifient… ?

a surveillance
b groupes
c transmission d'informations d'un ordinateur à un autre
d insulte
e atteinte à la réputation personnelle

2 a–c Dans la partie « **Parents** », trois questions posées dans le forum sont incomplètes. Les parties manquantes sont ci-dessous. Remettez-les à leur place, en fonction du sens du paragraphe qui suit.

A Est-ce que je risque quelque chose sur le plan légal ?
B Comment puis-je l'empêcher ?
C Puis-je m'opposer à ce que mon enfant y apparaisse ?
D Y a-t-il des précautions particulières à prendre ?

3 D'après les réponses aux questions, trois des affirmations suivantes sont fausses. Lesquelles ?

A Il y a sur Internet des jeux dont la nature interactive pose des risques, surtout aux enfants.
B Lorsque les enfants font des jeux sur Internet, il faut que leurs parents les surveillent constamment.
C Faire des copies de CD est strictement interdit par la loi.
D Vous pouvez créer des mélanges personnels de chansons favorites que vous avez copiées, pour les envoyer à vos amis.
E Seules les personnes célèbres peuvent interdire la diffusion de leur image sur Internet.
F Vous avez le droit de vous opposer à l'affichage de votre photo personnelle sur Internet, même si vous êtes légalement mineur.

4 Dans l'introduction de la partie « **Juniors** », quels mots ou expressions signifient... ?

a être conscient(e) de
b responsabilités
c mèl
d agressions répétées

Quel lien faut-il suivre pour trouver les informations 5 et 6 ?

5 Je ne veux pas divulguer certains renseignements personnels qui ne sont pas nécessaires à mon inscription sur un site. Dans cette situation, comment y voir clair ?

A Un site a-t-il le droit de me demander mon âge ?
B Faut-il donner sa vraie adresse quand on nous la demande sur Internet ?
C Est-il vrai que lorsque l'on télécharge certains logiciels, des programmes espions s'installent sans que l'on en soit informé ?

6 Au cas où on m'insulterait sur un site, de façon personnelle, que dit la loi ?

A Si je trouve une information qui est fausse, que puis-je faire ?
B Est-il vrai que lorsque l'on télécharge certains logiciels, des programmes espions s'installent sans que l'on en soit informé ?
C J'ai des amis qui ont été insultés dans un tchat ou sur SMS. Que peuvent-ils faire ?

7 Dans les phrases suivantes, à quelle partie du texte se réfèrent les mots en italiques ?

a Est-il vrai que lorsque l'on télécharge certains logiciels, des programmes espions s'installent sans que l'on *en* soit informé ?
b Il arrive que des sites te demandent ton adresse email. Si tu ne sais pas à quoi ton adresse va *leur* servir, […], tu as la possibilité de donner une fausse adresse.
c Une copine m'a envoyé un message me disant de l'envoyer à tous *ceux* que je connaissais car je pourrais gagner de l'argent.

8 a–e Dans la partie « **C'est mon site** », remettez les phrases données ci-dessous à leur place pour compléter le sens du texte. Attention : il y a davantage de phrases que d'espaces libres et chaque phrase ne peut servir qu'une seule fois.

Technique de travail

Faites attention aux pronoms et aux accords des participes dans les fins de phrase qu'on vous donne.

A même si tu les as toi-même achetés.
B mais l'utilisation de ces copies doit être limitée à ton usage personnel.
C avec leur autorisation
D sans avoir obtenu leur autorisation
E Exceptionnellement,
F sans l'accord de la personne qui te l'a envoyé.
G Dans la plupart des cas,

9 D'après la partie « **Pour tchater tranquille** », les affirmations suivantes sont soit vraies, soit fausses. Justifiez votre réponse par les mots de cette partie.

a Les délits d'injures sont partout et toujours contre la loi.
b Dans les discussions en ligne, personne n'apprend l'identité d'un(e) autre à partir d'un pseudonyme.
c Par vos interventions dans des discussions sous un pseudo, on peut découvrir qui vous êtes.
d Ne vous inquiétez pas trop.

Pour aller plus loin

- Consultez le site de *eTwinning* sur www.etwinning.net/fr et choisissez un sujet ou un pays qui vous intéresse. Explorez-le pour trouver un projet auquel votre école pourrait participer.

  Faites la même chose avec l'espace virtuel du Baccalauréat International ou avec ses programmes disponibles en ligne, en partenariat avec Pamoja Éducation.

- Considérez la mise en page des sites web que vous avez consultés dans l'étude de cette unité. Choisissez une activité de votre école qui devrait être mieux connue (par exemple, programme du diplôme, CAS) et concevez une page web pour un public spécifique (parents, futurs élèves, etc.). Incluez-y tous les éléments essentiels à communiquer, les rubriques nécessaires pour rendre le site facile à la navigation, ainsi qu'une mise en page attrayante.

- Consultez le site de TV5, chaîne francophone internationale et interculturelle, sur www.tv5.org. Choisissez des rubriques qui pourraient vous intéresser ou vous être utiles pour vos études (vidéos, enregistrements, etc.).

- Devrait-on systématiquement inventer une terminologie propre au français, telle qu'*internaute*, *logiciel* ou *télécharger*, ou serait-il préférable de se servir d'anglicismes, tels qu'*Internet* ou *chat*, ou même de mélanger les deux langues ? Étayez vos arguments pour mieux justifier votre point de vue.

- D'après des sites Internet, tels que ceux d'*eTwinning*, *Futurenergia*, ou de la *Journée du Printemps de l'Union Européenne* (voir : www.etwinning.net/fr; www.futurenergia.org/ww/fr/pub/futurenergia2007/homepage.htm, ou par exemple : www.springday2009.net/ww/fr/pub/spring2009/homepage.htm), ou d'autres de votre connaissance, choisissez un sujet de tchat international.

  Essayez de vous organiser en tant que groupe et de vous inscrire pour cette session de tchat.

  Préparez des questions à poser et choisissez celui ou celle qui posera chaque question à afficher au cours du tchat.

  (**Astuce:** Il est toujours plus facile, étant donné le déroulement en temps réel parfois rapide des tchats, de rédiger des questions et des commentaires dans un fichier de traitement de textes et de les copier et coller dans l'espace prévu, au cours du tchat lui-même).

  Participez au tchat et à sa fin, n'oubliez pas de faire copier tout le texte produit, à coller dans un fichier de traitement de textes.

  Faites imprimer le texte de votre chat et distribuez-le à chacun de votre classe de français.

  Discutez-en le contenu en classe ensemble, pour créer un podcast qui résume toute votre activité, ou autrement à l'écrit, rédigez un court article aux mêmes fins.

  Éventuellement, envoyez vos productions, soit orales, soit écrites, aux responsables du chat, pour être affichés sur son site.

Théorie de la connaissance

- Étant donné que le mot *technologie* signifie à l'origine « étude d'outils et de machines », dans quelle mesure cette discipline comporte-elle une dimension éthique ou morale ? Étayez votre point de vue par des exemples concrets.
- Les nouvelles technologies comme Internet peuvent permettre d'étendre les compétences et les connaissances existantes. En ce sens, peut-il y avoir une « bonne » ou une « mauvaise » technologie ?
- L'Internet est-il (ou devrait-il être) facile d'accès à tous, et permettre ainsi à n'importe qui de s'exprimer comme il le veut, en toute liberté ? Existe-t-il des limites éthiques à ce qu'on peut publier et exposer sur Internet ?
- Faut-il un minimum de formation spécialisée pour utiliser Internet de façon responsable ? Est-ce aux internautes de prendre toutes les précautions nécessaires pour se protéger des abus et de l'exploitation ? Ou bien est-ce que les autorités devraient nous protéger soit par une censure réfléchie, soit par l'interdiction totale de certains sites ?

Activités orales

1 Chaque élève tirera au sort, et à tour de rôle, une des affirmations suivantes (ou une affirmation similaire que vous pouvez inventer vous-mêmes).

Il donnera en un maximum de deux minutes son opinion personnelle sur la question.

Il choisira ensuite un autre élève qui donnera une opinion différente.

Le reste de la classe décidera lequel a trouvé les arguments les plus convaincants, avec le meilleur choix d'exemples concrets pour les étayer.

a Internet ne pourra jamais remplacer l'école.

b Internet est un outil efficace pour les études.

c L'avantage de travailler sur Internet est qu'on peut y travailler seul, de façon très concentrée.

d Il n'y a plus assez de ressources dans le monde pour permettre l'accès de tous les habitants de la planète à un ordinateur individuel.

e Internet devrait être toujours disponible pour tous, partout dans le monde.

f L'utilisation accrue d'Internet va contribuer à l'augmentation du chômage dans beaucoup de pays développés.

g Grâce à Internet, le travail quotidien devient plus facile et moins pénible.

h Les nouveautés d'Internet profitent avant tout aux pays riches et aux populations instruites.

i Internet favorise la liberté d'expression.

j Les sites dangereux qui existent sur Internet devraient être interdits.

k Si on donne accès à des fichiers à télécharger au grand public, ce téléchargement devrait être gratuit.

l Les autorités gouvernementales devraient contrôler Internet pour nous protéger de ses dangers.

m Il devrait y avoir des droits d'auteur pour tout ce qui est publié sur Internet, comme ailleurs.

2 Préparez un questionnaire dont vous vous servirez pour faire une enquête auprès de vos amis sur leur utilisation d'Internet et leurs attitudes à cet égard.

Préparez une présentation orale des résultats obtenus. Soyez prêt(e) à répondre aux questions éventuelles qu'on pourrait vous poser.

L'Internet, pas si facile que ça !

1 Comment trouvez-vous cette vignette ? Humoristique ? Vraie ? Exagérée ? Absurde ? Autre chose ? Expliquez votre point de vue.

2 L'accès régulier à Internet est-il essentiel, pour vous ?

Combien de temps y passez vous, par jour et par semaine ?

Internet nous donne-t-il des avantages indispensables ? Dans quelle mesure pourriez-vous vous en passer aujourd'hui ?

3 Qu'est-ce qui vous motive le plus à vous servir d'Internet ? Y a-t-il des points négatifs pour vous, dans son utilisation ? Dans quelle mesure avez-vous peur des dangers qu'il peut représenter ?

En est-il de même dans votre entourage (par exemple votre école, vos amis, votre famille, votre communauté) ?

4 Beaucoup de gens pensent que du fait de son utilisation sur Internet, la langue anglaise finira par s'imposer à tous dans le monde. Quel est votre avis à cet égard ?

Production écrite

1 Le professeur d'informatique de votre école est très inquiet de la façon dont les élèves utilisent les nouvelles technologies. En tant que rédacteur du journal de l'école, vous écrivez l'éditorial du prochain numéro en adressant ce problème.

> **a** Rédigez un texte clair, susceptible d'accrocher vos lecteurs par sa présentation (titres et sous-titres) et par son argumentation persuasive qui exprimera un point de vue clair et qui donnera des conseils pratiques. Vous parlerez par exemple des inconvénients qu'il y a à utiliser des traductions françaises de textes qui étaient à l'origine dans une autre langue. Vous soulignerez en revanche les avantages de préparer vos devoirs de français à partir de textes français, du point de vue de l'authenticité aussi bien que de la langue. Vous étaierez vos arguments par des exemples appropriés.
>
> **b** Pour un éditorial, vous exprimerez ainsi votre opinion : *je suis d'avis que… ; nous restons convaincus que… ; bien qu'on ait raison d'affirmer que…, nous pensons cependant que… ; il nous semble que… ; il faut bien admettre que…* etc. (Attention dans ces cas aux formes des verbes subordonnés !)

2 Trouvez dans la classe un partenaire d'une culture aussi différente de la vôtre que possible. Rédigez à deux le texte d'une discussion en ligne, au cours de laquelle chacun recommandera des sites utiles et fiables pour l'exploration de sa propre culture par l'autre, en résumant l'intérêt de ce site.

> **a** Avec votre partenaire, choisissez des rôles appropriés pour créer un texte écrit authentique, dans lequel vous répondrez à tour de rôle aux questions de l'autre. (Vous pouvez vous servir des sites recommandés dans les sections précédentes de cette unité comme modèle).
>
> **b** Il s'agit d'un texte rédigé en discours direct et en forme de dialogue. Il se composera d'une suite de questions et réponses, avec éventuellement d'autres interventions et commentaires. Il sera clair et direct et expliquera en détail les points de vue proposés.
>
> **c** Les interlocuteurs s'identifieront par un pseudonyme et se tutoieront. Le ton sera amical et familier : *Comment puis-je trouver… ? Que conseilles-tu pour… ? Va sur le site de…, tu seras fasciné(e) par… ; Tu te rendras compte que… ; Méfie-toi de… ; Ne crois pas que tout soit…* Il y aura une courte introduction pour présenter le cadre du chat et les interlocuteurs, et une conclusion appropriée.

3 Discutez la proposition suivante : « L'utilisation individuelle d'Internet par des élèves chez eux ne pourra jamais remplacer le rôle des enseignants dans un programme d'étude. ».

4 **Niveau supérieur** Réagissez à la lecture de cet article du magazine « Planète Jeunes ».

L'opinion d'un Planètien

Cédric Essou Mvé
Libreville (Gabon)

Je pense que le téléchargement de la musique sur Internet n'est pas quelque chose à encourager. Les jeunes le font souvent par manque de moyens financiers pour pouvoir s'acheter une œuvre musicale qui vient de sortir. Ils le font également parce que ces œuvres sont très souvent introuvables sur le marché local. À Libreville par exemple, le prix d'un nouveau CD (15 000 à 20 000 FCFA[1]) équivaut à plusieurs jours de connexions sur Internet. Une connexion permet par exemple à ceux qui s'y adonnent de télécharger plusieurs titres au lieu de se contenter d'un seul album que l'on peut acheter, juste pour un seul titre, Mais de façon globale, le piratage des œuvres musicales n'est pas une bonne chose. Les œuvres piratées sont souvent de mauvaise qualité même si elles sont vendues à moindre coût.

[1] FCFA : Franc de la Communauté Financière Africaine

Vous considérerez :

- les lois contre le piratage de propriété intellectuelle ou artistique ;
- le point de vue des musiciens et artistes ;
- l'importance du problème dans des groupes et/ou communautés auxquels vous appartenez ;
- les avantages réels, les risques potentiels et les dangers concrets associés au téléchargement sans autorisation ni contrôle ;
- les raisons pour lesquelles ceux que vous connaissez choisissent de télécharger des fichiers, quels qu'ils soient ;
- le rôle de la mode et du désir d'être « comme les autres » dans des comportements interdits pas la loi ;
- les questions de sécurité et de droits d'auteur sur Internet : perspectives d'avenir.

1 Tourisme et voyages

Objectifs

- Étudier une brochure touristique.
- Étudier un éditorial.
- Discuter différentes opinions sur le tourisme et les voyages.
- Réfléchir aux différentes perceptions du tourisme et des voyages.

Remue-méninges

- Quels sont vos types de vacances préférées ? En famille, avec vos amis ? À la montagne, à la mer, à la campagne ? Actives ou paresseuses ? Indépendantes ou organisées ?
- Quels sont les attraits touristiques de votre ville, région ou pays ? Quel type de personne y passe ses vacances ?
- Quels sont les attraits suggérés par les slogans suivants ? Ceux-ci vous semblent-ils convaincants ? Pourquoi ?

Des séjours qui vous ressemblent !

Tarifs et promotions pour partir plus souvent !

Des voyages comme vous les rêvez !

- Que pensez-vous de la définition suivante d'un touriste ? D'après votre expériencé, dans quelle mesure cette définition correspond-elle à la réalité ? Êtes-vous plutôt touriste ou voyageur ?

STAN, ALPHONE ET LE TOURISME
C'EST QUOI LA DIFFÉRENCE ENTRE UN TOURISTE ET UN VOYAGEUR ?
LE VOYAGEUR, IL PART À LA DÉCOUVERTE DES PAYS ET DES GENS...
LE TOURISTE, IL VA VÉRIFIER SI SON GUIDE DE VOYAGE DIT LA VÉRITÉ...

Des destinations pour découvrir le monde au fil des saisons !

Connaissances, savoir-faire, compétences nous permettent de vous proposer des séjours, circuits ou croisières pour lesquels vous trouverez une convivialité liée à la taille des hôtels-clubs sélectionnés et à la qualité des guides accompagnateurs de nos circuits ! En Europe comme au bout du monde, vos vacances à l'étranger seront le rayon de soleil de votre année !

Tunisie – Yasmine Hôtel « Mechmoum*** »

La Tunisie offre mille et une images, témoignage d'une grande histoire, celle de Carthage qui a marqué le monde Méditerranéen durant des siècles. Dans ce pays déconcertant, vous profiterez des plages immenses et des paysages à couper le souffle. De temps à autre, un enfant vous proposera un brin de jasmin, qui en bouquet se dénomme le « mechmoum » et donne un ton particulier et une ambiance délicate aux soirées d'été ! Au cœur de la station balnéaire de Hammamet Yasmine. Vous pourrez rejoindre « Hammamet Le Vieux » en taxi ou en petit train pour y découvrir son fort et ses ruelles animées ou vous arrêter boire un thé traditionnel au pied des remparts.

L'Hôtel

À 5 mn à pied de la plage, l'hôtel de 3 étages est implanté dans un parc méditerranéen, construit autour d'une piscine.

Hébergements

- 130 chambres spacieuses et climatisées à réglage individuel disposant de terrasse ou jardin ou balcon ou baie vitrée, TV, téléphone, carrelage, salle de bains avec baignoire. Possibilité de lits supplémentaires, chambres quadruples. Linge de toilette fourni. Vue piscine non garantie.

Services et infrastructures

Change (les extras se règlent en dinar). Bar et café maure.

Restauration

Restaurant principal intérieur climatisé et non fumeur. Il propose sous forme de buffet une cuisine internationale et locale.

Loisirs et animations

Une équipe d'animation vous proposera une animation douce, jeux, tournois sportifs dans la journée, animations musicales, soirées à thème.

- Sur place inclus dans les tarifs plage privée de sable blanc à 300 m de l'hôtel aménagée de parasols et transats (payants), piscine extérieure avec pataugeoire, parasols et transats, piscine couverte chauffée en hiver, terrain omnisport, location de matériel, ballons (caution), terrain de pétanque, ping-pong...
- Sur place en sus jeux vidéo et billard.
- À proximité avec participation

Centre de balnéothérapie, sports nautiques, programme d'excursions, 2 parcours de golf 18 trous, thalassothérapie.

Excursions « l'esprit découverte » Package 3 excursions : 86€

• 1 journée Tunis-Carthage-Sidi Bou Said

Visite de Carthage, les ports puniques[1], le théâtre. Visite de Sidi Bou Saïd et temps libre. Déjeuner. Puis visite du musée national du Bardo qui renferme la plus belle collection de mosaïque au monde. Continuation par le centre ville de Tunis pour la découverte de la médina[2] et des Souks[3].

• 1 journée Kairouan-Sousse-Monastir Kairouan

Visite du mausolée de Sidi Sahbi et des bassins Aghlabides. Visite de la grande mosquée d'Okba, temps libre pour une promenade dans les souks. Déjeuner à Kairouan. Continuation vers Sousse, visite libre de la médina et du centre ville et route vers Monastir, pour une découverte personnelle.

• Promenade à dos de dromadaire

Promenade à dos de dromadaire, cheval ou calèche pendant 1h30 dans la campagne d'Hammamet au milieu des oliviers. Dégustation de tabouna (pain tunisien), thé à la menthe ou soda.

Afrique Magazine

[1] puniques : de l'époque de l'Empire carthaginois.
[2] médina : partie d'une ville qui est ancienne, musulmane, en Afrique du Nord, par opposition à la ville européenne.
[3] souk : en Afrique du Nord, sorte de marché couvert.

Encadré

1 À qui se réfère « nous » ? À qui se réfère « vous » ?

2 Qui possède les connaissances, le savoir-faire et les compétences ?

3 À quoi se réfère « lesquels » ?

4 Qu'est-ce qui favorise la convivialité pendant ces vacances ?

5 L'objectif de communication principal de cette introduction est :

A de donner des informations concrètes.
B de raconter une expérience de vacances.
C d'expliquer comment ces vacances sont organisées.
D d'attirer l'intérêt des touristes.

Tunisie – Yasmine Hôtel « Mechmoum »

6 Dans l'introduction, qu'apprend-on sur l'histoire de la Tunisie ?

7 Quelles sont les références géographiques ?

8 Que signifie « mechmoum » ?

A un enfant
B une fleur de jasmin
C un bouquet de jasmin
D une ambiance particulière de l'hôtel

9 Que peut-on voir à « Hammamet le Vieux » ? (3 éléments)

10 Quelle expression de l'introduction signifie « un lieu de séjour en bord de mer » ?

Cette introduction contient plusieurs superlatifs (expressions fortes ou exagérées). Faites-en la liste. Quelle est l'intention de cette introduction ?

11 D'après les informations pratiques sur l'hôtel, trois des affirmations suivantes sont vraies. Lesquelles ?

A Les chambres sont extrêmement grandes.
B Pour changer la température de la chambre il faut s'adresser à la réception.
C Toutes les chambres ont une terrasse.
D Il n'est pas nécessaire d'apporter ses serviettes.
E Toutes les chambres donnent sur la piscine.
F On doit payer tout ce qui n'est pas inclus dans le prix en monnaie locale.
G On peut manger des plats tunisiens.

12 Les affirmations suivantes portant sur « Loisirs et animations » sont soit vraies, soit fausses. Justifiez votre réponse en citant des mots du texte.

a On peut utiliser gratuitement toutes les infrastructures sur la plage.
b Si on n'a pas de raquette de ping-pong on ne peut pas y jouer.
c Le centre de balnéothérapie n'est pas loin de l'hôtel.

Excursions « l'esprit découverte »

Quelle excursion offre…

13 une visite au bord de la mer ?

14 la possibilité de voir exposés des objets de grande valeur ?

15 la possibilité de goûter des produits locaux ?

16 une activité dans le désert ?

A Tunis-Carthage-Sidi Bou Said
B Kairouan-Sousse-Monastir
C Promenade à dos de dromadaire

Le roi soleil

Les Africains cherchent frénétiquement la fraîcheur, quand les blondes rougissent sur les plages de Dakar.

Par Emmanuelle Pontié

Plages, soleil, cocotiers... Avez-vous remarqué, dans les pays riches et tempérés, comment le culte absolu des vacances et du loisir s'accompagne irrémédiablement de ces trois mots, complètement liés... à l'Afrique ? Vrai, on rêve toujours d'ailleurs, de ce que l'on n'a pas. Et en cette période de vacances, l'obsession totale est de trouver le soleil. Madame Michu aura complètement raté son mois d'août, si elle n'a pas planté son parasol dans le sable, si elle ne rentre pas bronzée au bureau, le 1er septembre. L'industrie cosmétique fait, bien entendu, ses choux gras avec crèmes, gels, pilules et fluides brunissants et, afin de boucler la boucle, avec les produits réparateurs après-solaires. À Paris déjà, dès les premiers rayons du mois de mai, on fait tout pour dîner en terrasse (même chauffée artificiellement), on programme son humeur du jour en fonction de l'éclat lumineux du ciel : « Tu as vu ce temps ? C'est génial ! C'est une bonne journée qui s'annonce, ça me donne la pêche ! »... Bref, le soleil est roi, on le guette, on le recherche, on va même jusqu'à cloner ses rayons à grands renforts de séances UV en instituts chics et chers ou à grandes tartinades d'auto-bronzant.

Autres cieux, autres mœurs. En Afrique, on a une image toute différente des effets du soleil. Passons sur le fait que le marketing bronzage fait chou blanc sur les peaux noires... Mais, là-bas, le soleil est associé d'abord à la canicule, l'inconfort, voire la souffrance. Le truc in, c'est de l'éviter à tout prix. Les riches se ruinent en clim's, ne marchent jamais à découvert, vont sur les plages à reculons, guettant les paillotes et les tables ombragées des bars. Pire, si vous attendez un taxi en plein soleil, on vous lancera : « Qu'est-ce que tu fais là, debout comme un prisonnier ? »... Un peu comme au temps des « précieuses ridicules », en France, au XVIIe siècle, où les belles se protégeaient sous des ombrelles, se fardaient de poudre de riz, car les peaux brûlées étaient synonymes de paysans et de roturiers... Résultat, aujourd'hui, les Africains de passage en Europe durant l'été cherchent frénétiquement la fraîcheur, sous l'œil étonné des autochtones, et les blondes rougissent sur les plages de Dakar, devant la mine amusée des jeunes Sénégalais qui draguent sur le littoral, sans penser une seconde à profiter du plaisir de la baignade, en plein cagnard. D'ailleurs, à propos de cagnard, il serait bien possible que d'ici à quelques années, on se retrouve tous sous des parasols géants, vu la vitesse avec laquelle la couche d'ozone se transforme en gruyère. Les canicules que l'on commence à supporter dans les régions dites tempérées risqueraient bien de nous rapprocher fortement du paysan malien qui s'arrache les cheveux devant la désertification galopante de ses terres brûlées par le roi soleil... Gageons que, ce jour-là, le fameux farniente[1] tellement à la mode, en août, le sera beaucoup moins !

VTF L'Esprit Vacances, 2009

[1] farniente : mot italien qui signifie « ne rien faire » ; en français, oisiveté agréable et douce.

> Observez l'illustration de ce texte et ses contrastes.
> En quoi ces deux femmes sont-elles différentes ?
> Quelles sont leurs attitudes vis-à-vis le soleil ?
> Quelles sont leurs rêves ?

En vous basant sur le début du texte, répondez aux questions suivantes.

1 Quel est le type de vacances préférées d'un habitant d'un pays riche et tempéré ?

2 Quels sont les trois mots « liés à l'Afrique » ?

3 Le mot « ailleurs » (ligne 6) est associé à…

A l'Afrique.
B ce qui est vrai.
C ce que l'on n'a pas.
D les vacances.

4 En quoi consistent les vacances idéales d'une Française typique ?

5 Qui essaie de tirer profit de cette obsession pour les vacances au soleil ?

6 Trouvez les mots ou expressions du premier paragraphe qui signifient :

a tirer profit
b pour compléter le tout
c à partir de

7 Comment le soleil influe-t-il sur l'humeur des gens ?

8 La phrase « on va même jusqu'à cloner ses rayons » (ligne 24) signifie :

A On a réussi à créer un soleil artificiel.
B On veut donner l'impression d'aller souvent au soleil.
C On trouve beaucoup de produits solaires sur les rayons des magasins.
D Les séances UV coûtent cher.

9 En vous basant sur les lignes 27 à 32, trouvez les mots ou expressions qui signifient coutumes et traditions.

a échouer
b et même
c faire quelque chose qu'on ne veut pas faire

10 À quelles attitudes des habitants des pays tempérés peut-on opposer « ne marchent jamais à découvert » et « vont sur les plages à reculons » (ligne 34) ?

11 « Qu'est-ce que tu fais là, debout comme un prisonnier ? » (ligne 38) induit l'idée que…

A c'est dangereux de rester au soleil.
B seules les personnes humbles comme des prisonniers attendraient un taxi.
C on va attendre un taxi pendant très longtemps.
D les personnes normales ne restent pas au soleil.

12 D'après les lignes 44 à 51, deux des affirmations suivantes sont vraies. Lesquelles ?

A Quand ils sont en Europe, les Africains n'aiment pas la fraîcheur.
B Les Européens sont surpris que les Africains n'aiment pas être au soleil.
C Les jeunes femmes blondes rougissent parce que les jeunes Sénégalais les regardent.
D Les jeunes Sénégalais trouvent ridicule de se faire bronzer.
E Les jeunes Européennes aiment se baigner au soleil.

13 Les affirmations suivantes sont soit vraies, soit fausses. Justifiez votre réponse en citant des mots du texte.

a Dans un avenir lointain nous devrons tous nous protéger du soleil.
b Il y a de plus en plus de trous dans la couche d'ozone.
c Le climat est en train de changer en Europe.
d À l'avenir, on adorera le farniente.

14 L'intention de cet éditorial est de…

A décrire la différence entre deux cultures.
B provoquer une réflexion sur notre attitude vis-à-vis du soleil.
C expliquer comment bronzer intelligemment.
D donner des conseils pour éviter les brûlures provoquées par le soleil.

Pour aller plus loin

- Considérez le rôle de l'industrie touristique dans l'économie d'un pays francophone. Peut-on noter des changements ces dernières années ? Lesquels ? Pourquoi ?
- Penchez-vous sur la brochure. Quel type d'information a été sélectionné ? Quelle image de la Tunisie essaie-t-on de donner ici ? Est-ce une image véridique de ce pays ? Justifiez votre réponse en faisant une recherche plus approfondie.
- Cherchez d'autres brochures touristiques sur d'autres pays ou régions de pays francophones. Reconnaissez-vous une approche similaire ou différente ?
- Cherchez des brochures sur des régions ou pays que vous connaissez bien. Dans quelle mesure sont-elles représentatives de la réalité que vous connaissez ? Quelle est la part de la promotion et de publicite ?
- Dans quelle mesure le tourisme est-il, à votre avis, un phénomène de mode ?
- Dans quelle mesure les personnes provenant de pays ou de cultures différents considèrent-elles le soleil ?
- Le texte « Le roi soleil » fait référence aux « précieuses ridicules » du XVIIe siècle. Faites quelques recherches sur ces femmes.
- Le roi Louis XIV était aussi connu sous le nom de « Roi Soleil ». Cette métaphore montre la puissance et le pouvoir absolu de ce monarque. Cependant, le règne de Louis XIV a aussi marqué le début de la fin de la royauté en France. En quoi cette métaphore pourrait-elle s'appliquer au rôle du soleil dans la société occidentale ?

Théorie de la connaissance

Dans le but d'attirer le public vers cette destination, comment la langue utilisée dans une brochure touristique est-elle choisie ? Quels moyens cachés sont utilisés pour atteindre cet objectif ?

Théorie de la connaissance

En quoi la conception de la beauté diffère-t-elle d'une culture à une autre et d'une époque à une autre ? Pourquoi ?

Activités orales

Jeu de rôle à deux

Rôle A :

Vous êtes un habitant d'une région touristique. Vous n'aimez pas les touristes en général car ils affectent négativement la région (augmentation des prix, destruction du paysage, bruit, embouteillages, etc.).

Pendant une soirée chez des amis vous rencontrez un de ces touristes que vous détestez. Vous essayez de rester poli, mais vous ne voulez pas être dominé par un de ces envahisseurs.

Rôle B :

Vous passez des vacances de rêve dans une région touristique. Vous adorez la région, sa culture et l'accueil chaleureux de ses habitants.

Pendant une soirée chez des amis vous rencontrez un des autochtones à l'esprit étroit. Vous allez essayer de le convaincre du rôle positif que le tourisme peut jouer pour la région et ses habitants (développement économique, contacts culturels, etc.).

Une côte bétonnée

1 Décrivez cette photo en soulignant les contrastes.
2 Quelles sont les implications écologiques du tourisme de masse ?
3 Comment peut-on expliquer l'attraction des touristes pour le site ?
4 Ce type d'expérience correspond-il aux vôtres ?

Production écrite

1 Vous venez de passer une semaine de vacances à l'Hôtel Mechmoum où votre séjour s'est très mal passé. Écrivez une lettre à l'agence de voyage organisatrice de vos vacances en Tunisie dans laquelle vous vous plaindrez du peu de ressemblance entre leur brochure et la réalité.

a Considérez chaque aspect positif de la brochure et son opposé (par exemple, les chambres n'étaient pas spacieuses mais minuscules).

b L'objectif de cette lettre est d'expliquer une situation, de faire une démonstration, afin d'obtenir le cas échéant des compensations financières. Les connecteurs logiques seront d'une part des articulateurs temporels (*d'abord, ensuite, peu de temps après, enfin…*) pour décrire ce qui s'est passé, d'autre part des articulateurs logiques exprimant la cause (*comme, car, parce que…*), la conséquence (*donc, par conséquent…*), l'opposition (*cependant, malgré…*).

c Rédigez votre lettre. N'oubliez pas qu'il s'agit d'une lettre officielle qui devra inclure votre adresse, celle du destinataire, la date, une formule d'appel et des salutations appropriées. Le ton devra être ferme mais poli.

2 Vous venez de passer une semaine fabuleuse à l'Hôtel Mechmoum et vous avez profité au maximum de toutes ses infrastructures. Écrivez une page de votre journal intime dans laquelle vous évoquez le plaisir que vous y avez ressenti.

- **a** Considérez chaque aspect positif de la description, comment ces aspects se seraient manifestés positivement dans la réalité et les sensations ou émotions que cela a produit chez vous.
- **b** Rédigez votre page de journal intime. Celle-ci aura une date, *Cher journal*, une signature, une formule finale (*à demain…*). Vous vous adresserez directement au journal de manière intime. Le texte sera rédigé à la première personne. Vous utiliserez des procédés rhétoriques variés et un ton qui viseront à exprimer par exemple les espoirs, les craintes, la surprise, la joie, le suspense, l'enthousiasme, l'intimité avec votre journal…

3 « Le tourisme est l'industrie qui consiste à transporter des gens qui seraient mieux chez eux, dans des endroits qui seraient mieux sans eux. » Discutez.

- **a** Il y a deux perspectives à considérer dans cette déclaration : le point de vue des touristes et le point de vue des personnes qui vivent dans des endroits touristiques.
  - **i** Dans quelle mesure les touristes seraient-ils mieux chez eux ? Quels sont les désagréments du tourisme ? Pourquoi les gens partent-ils en voyage ?
  - **ii** Dans quelle mesure les endroits touristiques ont-ils été affectés négativement et positivement par le tourisme ?
  - **iii** Dans quelle mesure le tourisme est-il une industrie ? Les effets positifs et négatifs du tourisme ne s'appliquent-ils que dans le cas du tourisme de masse ? Y a-t-il différents types de tourisme ?
- **b** Il s'agit ici d'une dissertation et donc d'une argumentation équilibrée avec présentation et évaluation des pour et des contre des deux côtés. Le texte sera organisé et comportera une introduction, des paragraphes et des exemples clairs pour soutenir l'argumentation. Des articulateurs logiques seront nécessaires (*d'une part, d'autre part, par ailleurs, néanmoins, en outre,* etc.). La langue utilisée sera soutenue. Vous utiliserez des procédés stylistiques variés qui viseront à convaincre.

4 **Niveau supérieur** Expliquez votre point de vue et démontrez votre compétence interculturelle en étudiant les similitudes et les différences à ce sujet entre votre culture et celle(s) que vous étudiez.

Le 1er août 2009 était une journée classée « noire » sur les routes pour cause de croisement estival entre les vacanciers de juillet et d'août. À 9h45, France-Infos annonçait déjà plus de 400 km d'embouteillages. (5 heures au lieu de 2 entre Lyon et Orange). La plupart de ces embouteillages se trouvaient sur l'axe Nord–Sud.

Vous réfléchirez sur :

- le nombre de touristes sur les routes de France ;
- le fait que beaucoup de Français prennent leurs vacances en même temps ;
- le fait que la majorité des touristes part vers le Sud.

2 Sport et éthique

Objectifs

- Réfléchir sur le rôle du sport dans la société et chez l'individu.
- Étudier la structure d'une interview.
- Étudier une argumentation objective.
- Étudier l'articulation logique de l'argumentation.

Remue-méninges

- Faites un remue-méninges autour du vocabulaire du sport (*sportif, vainqueur, gagner, commentateur, maillot,* etc.).
- Êtes-vous plutôt spectateur/spectatrice d'un sport en particulier ou préférez-vous pratiquer un sport vous-même ? Dans ce dernier cas, lequel ?
- Quelles différences voyez-vous entre pratiquer un sport de compétition et un sport individuel ?
- Quels sont les sports les plus populaires dans votre pays ? Sont-ils particuliers à votre pays ou bien sont-ils pratiqués dans d'autres pays ou cultures ?
- Considérez cette liste de sports. Discutez en groupe ou à deux des critères possibles pour les regrouper (par exemple : popularité, sport d'équipe ou individuel, etc.).

athlétisme
baseball
basket
billard
boxe

fléchettes
football
formule 1
gymnastique
hand-ball
hockey

parapente
patinage
pétanque
plongée
polo
rodéo

catch
course à pied
cricket
cyclisme
équitation

judo
karaté
kung fu
luge
lutte

rugby
ski
squash
tennis
trapèze
volley-ball

Comparez, avec le reste de la classe, les critères que vous avez utilisés. Pourriez-vous compléter chaque nouveau groupe par d'autres sports que vous connaissez ?

- Quelles sont les raisons pour pratiquer un sport (santé, compétition, autres raisons) ?
- Parmi les sujets de débat liés au sport, lequel vous semble le plus préoccupant ?
  - le dopage des sportifs
  - le rôle de l'argent
  - l'influence de la politique dans le monde sportif
  - un autre sujet

Tout savoir sur la lutte sénégalaise

Décryptage de ce sport aussi populaire que le football au Sénégal

La lutte sénégalaise ne laisse personne indifférent au Sénégal. Cette lutte, (...2a...) la pratique est séculaire dans tout le pays, s'est professionnalisée (...2b...) quelques décennies et les galas sont devenus des rendez-vous sportifs incontournables. Abdou Wahid Kane, sociologue du sport et enseignant à l'institut national supérieur de l'éducation physique et du sport de Dakar, nous offre une plongée dans l'histoire de la pratique et nous (...2c...) explique les différents codes.

Par Badara Diouf , Afrik.com

Question 1 : Quelles sont les origines de la lutte au Sénégal ?

Abdou Wahid Kane : (...3...) sont lointaines. Il faut savoir que ce sport était jadis pratiqué dans les campagnes pour célébrer la fin des récoltes chez les ethnies Sérères et Diolas, qui restent jusqu'à ce jour un vivier d'excellents lutteurs. Cette joute, à caractère folklorique, avait pour but de mesurer la force des hommes et de désigner le champion du village.

Question 2 : Quelles sont les règles pour les combattants ?

Abdou Wahid Kane : (...4...) est délimité par un cercle de sacs de sable. Chaque lutteur essaie de faire tomber son partenaire. Le premier qui met ses quatre appuis au sol, qui se couche sur le dos ou qui sort du cercle en tombant, est déclaré perdant par l'arbitre. Mais les règles d'arbitrage peuvent parfois varier.

Question 3 : Avant l'affrontement des lutteurs, l'atmosphère est très protocolaire, avec tout un cérémonial et tout un rituel mystique. Pourquoi ?

Abdou Wahid Kane : (...5...), qui sont des chants de bravoure censés galvaniser les lutteurs. Tout cela est suivi par des cérémonies pour conjurer le mauvais sort avant chaque combat. Au-delà de la préparation physique des « mbeurkatt »[1], le cortège des marabouts[2] accompagnant les athlètes dans l'arène de la compétition, viennent cristalliser des prières salvatrices censées donner la victoire à son protégé qui arbore des gris-gris (talisman). Avant chaque affrontement le « mbeurkatt » se livre au « Baccou » qui consiste à chanter ses prouesses en vue d'intimider l'adversaire et de séduire son public en dansant au rythme du tam-tam.

Question 4 : Depuis quand la lutte s'est-elle professionnalisée ?

Abdou Wahid Kane : (...6...) dans les années 20, donc sous l'époque coloniale, c'est un Français propriétaire de la salle de cinéma El Malik à Dakar qui aurait été le premier à organiser des combats de lutte au sein de son cinéma. Les combattants étaient rétribués grâce aux entrées payantes. Mais c'est surtout dans les années 70 que cette lutte s'est professionnalisée et s'est implantée dans les villes.

Question 5 : Suffit-il d'être bien bâti pour être un bon lutteur ?

Abdou Wahid Kane : (...7...), mais aujourd'hui hélas ce n'est plus le cas. Car la pratique d'autres sports de combat, comme la boxe, vient désormais se greffer à leur potentiel physique, d'ailleurs renforcé grâce à la pratique de la musculation. Plus largement, il faut intégrer quatre éléments dans la pratique de tout sport : les qualités athlétiques, la technique, la tactique et le mental. Autrement dit, la force en tant que telle n'est pas suffisante.

Question 6 : Les cachets des lutteurs atteindraient des millions de FCFA[3] ? Est-ce un mythe ou une réalité ?

Abdou Wahid Kane : (...8...), car les télévisions, les sponsors et les promoteurs sont prêts à payer ces sommes aux sportifs. L'ensemble de ces éléments combinés fait qu'il est possible de payer des cachets de 30 à 50 millions de FCFA pour les grands lutteurs dans la catégorie des poids lourds. Certains disent que les sommes versées sont bien au-dessus de celles annoncées par les promoteurs pour des raisons fiscales.

Question 7 : La lutte actuelle est-elle un sport ou business ?

Abdou Wahid Kane : (...9...) que l'on voit actuellement dans l'arène et en dehors de l'arène. Les sportifs ont des préparateurs physiques attitrés, et chaque lutteur a un manager, un avocat pour le conseiller. La carrière des lutteurs professionnels est assez brève. Ils essaient donc de ramasser le maximum de gain tant qu'ils le peuvent et de veiller au mieux à leurs intérêts.

[1] Mot wolof désignant les lutteurs.
[2] Marabout : sorcier en Afrique de l'Ouest.
[3] Franc CFA : Monnaie en usage en Afrique de l'Ouest.

1 Les Sénégalais s'intéressent-ils beaucoup à la lutte sénégalaise ? Justifiez votre réponse en citant des mots du texte.

2 a–c Ajoutez les mots qui manquent dans l'introduction, en les choisissant dans la liste proposée ci-dessous. Attention : il y a plus de mots ou expressions que d'espaces et chaque mot ou expression ne peut être utilisé(e) qu'une seule fois.

DEPUIS	DONT	EN	L'
LUI	POUR	QUE	QUI

Langue

On reverra l'utilisation de :

- *qui, que, dont*
- les pronoms personnels

Le début de chaque réponse aux questions de l'interview a été supprimé. Choisissez le meilleur début.

3 A Celles-ci
B La lutte a des origines

4 A Il y a une seule règle qui
B Le périmètre de l'arène

5 A La lutte est précédée de tout un rituel
B La lutte est annoncée par de nombreux rituels

6 A On suppose
B On dit que

7 A Cela suffit actuellement
B Cela suffisait autrefois

8 A C'est un mythe
B C'est une réalité

9 A C'est le sport
B C'est le mariage des deux

10 Quel mot dans la réponse à la question 1 signifie « autrefois » ?

11 Quand avaient lieu ces luttes ? Pourquoi avaient-elles lieu ?

12 Selon la réponse à la question 2, le but du lutteur est :

A d'empêcher l'autre de se tenir debout dans le cercle.
B d'essayer de s'appuyer au sol pour faire tomber son partenaire.
C de sortir du cercle de sable.
D de faire ce que l'arbitre a déclaré.

13 Selon les réponses à la question 3, quatre des réponses suivantes sont correctes. Lesquelles ?

A Le but des cérémonies est de donner de la chance aux lutteurs.
B Les lutteurs forment un cortège devant les marabouts.
C Les marabouts disent des prières pour les lutteurs.
D Les marabouts portent des talismans.
E Le lutteur porte des talismans.
F Le « Baccou » est un chant pour faire peur à l'adversaire.
G Pendant le « Baccou » le lutteur joue du tam-tam.
H Le public danse au rythme du tam-tam.

14 Qui aurait professionnalisé la lutte sénégalaise ?

15 Où auraient eu lieu les premiers combats professionnels de lutte sénégalaise ?

16 Comment étaient payés les lutteurs professionnels ?

17 Dans la réponse à la question 5, quel mot signifie « à partir de maintenant » ?

18 En vous basant sur l'introduction du texte, dites si les phrases suivantes sont vraies ou fausses. Justifiez votre réponse en citant des mots du texte.

a Le rôle de la musculation est de développer la force physique initiale.
b Il faut savoir penser et calculer.
c Un lutteur professionnel gagnerait un maximum de 50 millions de francs CFA.

19 Qui aide un lutteur professionnel à gérer son argent ?

Faut-il suspendre le Tour de France cycliste ?

Le dopage mine toujours le peloton cycliste. La Grande Boucle est-elle encore crédible ?

POUR

ANTOINE VAYER

Ancien entraîneur de l'équipe Festina (1995–1998)

« Il faut un moratoire pour assainir le milieu »

Illl faut annuler le Tour de France, cet été. Je suis partisan de la mise en place d'un moratoire **(...3a...)** d'assainir le milieu. **(...3b...)** : il faut détruire le Tour pour mieux le reconstruire. L'affaire Cofidis[1] a révélé au grand jour les pratiques du peloton. Un coureur, lors d'un interrogatoire de police, a brisé l'omerta. C'est bien, mais la tentation est grande chez les décideurs du cyclisme de s'en tenir là. Il est **(...3c...)** confortable de désigner une victime expiatoire que de remettre le système en question. **(...3d...)** ce qui se passe chez Cofidis est atrocement banal. **(...3e...)**, faute de pot belge (mélange à base de caféine et autres stimulants) pour faire la fête, les cyclistes se tournent en masse vers la cocaïne. Au-delà du dopage de performance, il existe une vraie toxicomanie dans le vélo. C'est un problème de santé publique. La décision de suspendre la Grande Boucle devrait être politique. Ce milieu n'a pas d'éthique, seulement des intérêts. Le mensonge y est organisé. Aujourd'hui, le Tour n'a plus de sens en tant qu'épreuve sportive, mais il est presque trop tard pour lancer une politique antidopage cohérente. En avril, tous les coureurs dopés ont déjà terminé leur « préparation » hivernale.

À l'avenir, je propose donc de jouer cartes sur table et de contrôler, tous les quinze jours, toute l'année, les 50 premiers de la Grande Boucle. **(...3f...)**, ceux qui veulent rouler « propre » partiraient enfin à armes égales.

CONTRE

LAURENT FIGNON

Vainqueur du Tour en 1983 et 1984

La solution miracle n'existe pas

Pour éradiquer le dopage, il suffirait donc d'annuler le Tour de France ? Quelle belle idée ! S'il n'y a plus de course, il n'y aura plus de tricheurs. Et après ? À ma connaissance, pour diminuer le nombre de morts sur les routes, on n'a pas interdit aux voitures de rouler. En vérité, des coureurs qui franchissent la ligne jaune, il y en a toujours eu. Et il y en aura toujours. La solution miracle n'existe pas. Mais j'affirme que le temps du dopage organisé et systématique est révolu. Ce n'est pas l'état-major de l'équipe Cofidis qui a mis sur pied un trafic illicite au sein de son équipe. Ce sont des individus qui tentent de passer à travers les mailles du filet. Et qui ne passent pas. C'est un progrès.

Il est faux de prétendre que le gigantisme du Tour incite au dopage. La difficulté des épreuves sportives n'est pas la cause de tous les maux. Il faut cesser de faire une fixation sur le Tour. Pourquoi ne s'intéresse-t-on pas davantage à la reconversion des cyclistes professionnels ? Il n'y a pas que la répression qui compte. Moi-même, en dépit de mon palmarès, j'aurais pu connaître de vraies difficultés, à l'issue de ma carrière, si je n'avais pas réalisé de solides placements immobiliers. La tentation de toucher le jackpot, par tous les moyens, peut pousser les coureurs à la faute.

Il faut courir le prochain Tour. Continuer de traquer les tricheurs. Et peut-être autoriser certains médicaments, aujourd'hui interdits, qui permettraient aux coureurs de se soigner, et non de se doper. Car tout le monde sait, désormais, que le sport de haut niveau est mauvais pour la santé et que l'espérance de vie des champions est inférieure à la moyenne. Mais qui s'en préoccupe réellement, au-delà du sensationnalisme à tout crin ?

H Hagert & P Miguel, *L'Express*

[1] Cofidis : équipe de coureurs cyclistes qui participe au Tour de France, impliquée dans une affaire de dopage.

1 Quelle métaphore de l'introduction signifie « Le Tour de France » ?

2 Quel est le principal problème du Tour de France ?

POUR : Antoine Vayer

3 a–f Ajoutez les mots ou expressions qui manquent dans le texte en les choisissant dans la liste proposée ci-dessous. Attention : il y a plus de mots ou expressions que d'espaces et chaque mot ou expression ne peut être utilisé(e) qu'une seule fois.

AFIN   AINSI   DÈS   EN RÉSUMÉ   MOINS   OR
PAR EXEMPLE   PENDANT   PLUS   POUR

4 Selon Antoine Vayer, une des affirmations suivantes est vraie. Laquelle ?

A Le Tour de France doit s'arrêter définitivement.
B Une fois le problème du dopage résolu, le Tour pourrait recommencer.
C Un coureur a révélé à la police ce qui se passait.
D Les décideurs du cyclisme ne veulent pas aller au fond du problème.

5 Les affirmations suivantes sont soit vraies, soit fausses. Justifiez votre réponse en citant les mots du texte.

a L'affaire Cofidis n'est pas extraordinaire.
b Les coureurs cyclistes prennent maintenant du « pot belge ».
c Le problème du dopage se limite au désir de gagner.

6 « Ce milieu » se réfère :

A à celui de la politique.
B à celui de la Grande Boucle.
C à celui de la santé publique.
D à celui de la toxicomanie.

7 Dans la phrase « Le mensonge y est organisé », à quoi se réfère « y » ?

8 Quelle expression du dernier paragraphe signifie « agir franchement » ?

CONTRE : Laurent Fignon

9 Laurent Fignon commence sa réponse sur un ton :

A comique.
B dramatique.
C ironique.
D circonspect.

10 Citez les passages du texte qui montrent que :

a ce n'est pas une solution de tout interdire.
b c'est dans la nature humaine de vouloir désobéir aux règles.
c l'époque où le dopage faisait partie intégrante de la vie d'un coureur est terminée.

11 D'après Laurent Fignon, qu'est-ce qui est « un progrès » ?

A L'équipe Cofidis contrôle maintenant les produits dopants.
B Moins de coureurs essaient de se doper.
C De plus en plus de coureurs dopés sont découverts.
D Les coureurs n'utilisent plus de produits dopants dans leur équipe.

En vous basant sur le deuxième paragraphe, reliez le début de la phrase de la colonne de gauche à la fin appropriée qui se trouve dans la colonne de droite. Attention : il y a plus de fins que de débuts et chaque fin ne peut être utilisée qu'une seule fois.

12 Le problème se situe…	A ses réussites.
13 Laurent Fignon aurait pu avoir des difficultés financières malgré…	B dans le gigantisme du Tour.
14 Beaucoup de coureurs commettent des fautes…	C parce qu'ils voudraient gagner beaucoup d'argent.
	D ailleurs que dans le Tour lui-même.
	E qu'il a eu beaucoup de succès.
	F s'il n'avait pas fait des investissements.

15 Pourquoi le sport de haut niveau est-il mauvais pour la santé selon lui ?

Pour aller plus loin

- Faites une recherche à propos du Tour de France. Quand a-t-il commencé ? Quels en ont été les moments forts ? En quoi a-t-il changé au cours des années et pourquoi ?
- Comparez et opposez les arguments d'Antoine Vayer et de Laurent Fignon. Lequel des deux vous semble-t-il le plus convaincant ? À partir de leurs arguments, quelle décision prendriez-vous en ce qui concerne l'avenir du Tour de France ?
- Cet article a été publié en 2004. La situation du dopage dans le Tour de France ou dans d'autres sports est-elle différente aujourd'hui ? Comment et pourquoi ?
- Quels sont les aspects que la lutte sénégalaise a en commun avec d'autres sports ? D'autres épreuves sportives sont-elles aussi entourées de cérémonial (chants, hymnes nationaux ou « Haka » des rugbymen néo-zélandais par exemple) ? Lesquels et comment se manifestent-ils ?
- Quel est le rapport entre le sport et l'argent ? Les sommes payées aux sportifs sont-elles exagérées à votre avis ?
- Les principes fondamentaux des Jeux olympiques reposent sur l'amateurisme, indépendamment des gains financiers. Quels sont les objectifs des Jeux olympiques aujourd'hui ? Ont-ils changé depuis leur création ? Dans quelle mesure devraient-ils être plus ou moins commercialisés (entraîneurs, athlètes, pays) ?
- Doit-on mêler sport et politique ? Par exemple, doit-on interdire la participation de certains athlètes à des compétitions internationales à cause de la politique du gouvernement du pays qu'ils représentent ?
- Si vous deviez interdire un sport considéré trop violent, trop dangereux ou immoral (par exemple la boxe, les courses automobiles, etc.), lequel serait-ce et pourquoi ?
- La plupart des sports ne sont pas mixtes. Pourquoi à votre avis ? Serait-il possible d'avoir des sports mixtes (sexe, âge, handicapé) ?

CAS

Dans quelle mesure les activités sportives auxquelles vous participez vous permettent-elles d'atteindre les objectifs du programme CAS au-delà du A de Action ?

Théorie de la connaissance

Quelles sont les implications éthiques de la relation entre :

- le sport et l'argent ;
- le sport et la politique ?

Activités orales

1 Utilisez l'enregistrement visuel d'une compétition sportive et jouez le rôle du commentateur. Recherchez le vocabulaire précis lié à ce sport. La langue devra être très expressive. N'oubliez pas d'inclure des sentiments et des émotions pour souligner l'exploit ou la défaite des participants. Présentez le reportage sans le son à la classe.

2 Discutez en groupe des citations suivantes et décidez celle avec laquelle les membres du groupe s'identifient le plus.

a « Le sport mesure la valeur humaine en millimètres et centièmes de secondes » (*Arcand Bernard et Serge Bouchard*)

b « Plus loin, plus haut, plus fort » (*Devise des Jeux olympiques*)

c « Le sport va chercher la peur pour la dominer, la fatigue pour en triompher, la difficulté pour la vaincre. » (*Pierre de Coubertin, fondateur des Jeux olympiques modernes*)

d « Deux choses comptent : gagner et s'amuser. Gagner sans s'amuser n'a aucun intérêt. » (*Roger Etcheto, entraîneur de rugby*)

e « La victoire va à celui qui prend le plus de risques. » (*Jean-Claude Killy, champion de ski alpin*)

f « Pour atteindre l'objectif final, je me concentre d'abord sur la préparation. » (*David Douillet, champion du monde de judo*)

g « Le sport consiste à déléguer au corps quelques-unes des vertus les plus fortes de l'âme. » (*Jean Giraudoux, écrivain*)

h « Pratiqué avec sérieux, le sport n'a rien à voir avec le fair-play. Il déborde de jalousie haineuse, de bestialité, du mépris de toute règle, de plaisir sadique et de violence ; en d'autres mots, c'est la guerre, les fusils en moins. » (*George Orwell, écrivain*)

i « En compétition, il y a toujours un premier et un dernier, mais l'important est de ne pas être le second de soi-même. » (*Luis Fernandez, entraîneur de football*)

La trêve olympique ?

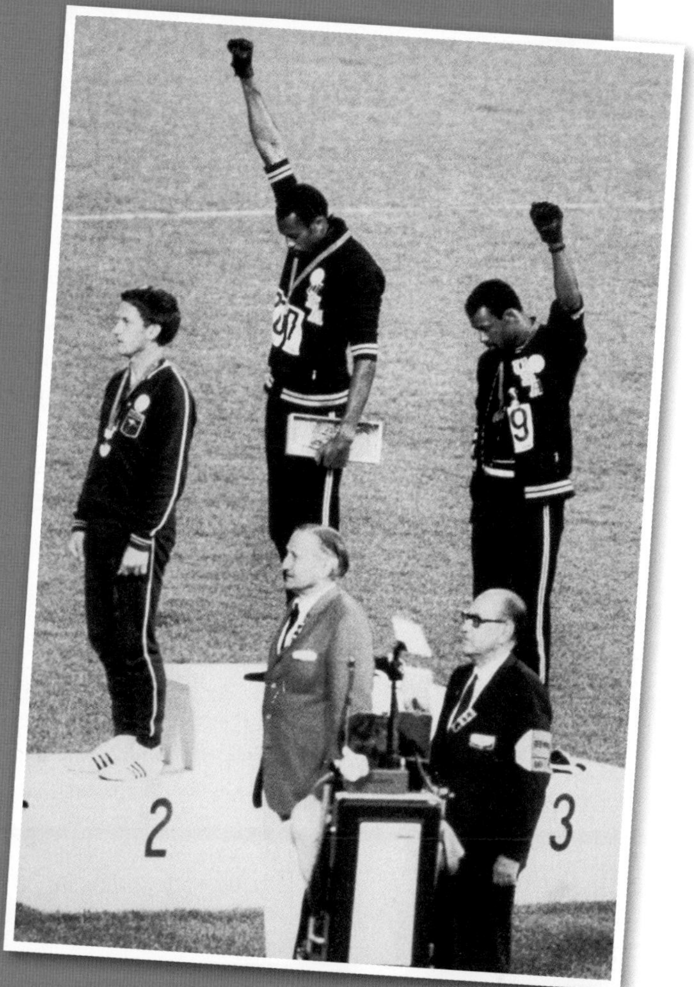

1 Décrivez ce qui se passe sur cette photo et les circonstances possibles dans lesquelles elle a été prise.

2 Pensez-vous qu'une compétition sportive est un lieu approprié pour manifester une opinion personnelle ?

3 Quel est le rôle du sport à votre avis ?

4 Les Jeux olympiques doivent-ils séparer ou réunir les hommes ?

Production écrite

1 Le club sportif de votre ville a décidé d'introduire un nouveau sport. Pour en informer les participants éventuels on vous a demandé de rédiger un article donnant des informations sur l'origine de ce sport ainsi que sur ses principales règles. Rédigez cet article qui sera publié dans le journal local.

- **a** L'objectif de cet article est d'informer. La langue devra donc être claire et précise. Les origines du sport devront être racontées d'une façon logique et pertinente en utilisant les articulateurs temporels appropriés. Une ou deux anecdotes pourraient être considérées pour rendre le texte plus intéressant.
- **b** L'explication des règles devra être simple et claire et montrer les objectifs principaux de ce sport.
- **c** Vous n'oublierez pas de mentionner le club sportif avec peut-être des références sur les jours où on pourra pratiquer ce nouveau sport et l'équipement nécessaire.
- **d** Il s'agit d'un article de journal. Vous inclurez donc un titre, des sous-titres, une introduction, le nom de l'auteur de l'article, éventuellement le nom du journal et la date de publication. Le texte pourra être écrit en colonnes et vous pouvez inclure une illustration pertinente (avec légende). La langue sera formelle mais pourra s'adresser directement aux participants potentiels afin de promouvoir l'événement.

2 Vous avez l'occasion d'interviewer un de vos sportifs préférés à propos du rôle que le sport joue ou a joué dans sa vie. Écrivez cette interview qui sera publiée dans le journal de l'école.

- **a** Une interview consiste à rapporter les paroles d'une personne. Il ne s'agit pas de transcrire les paroles de la personne mot à mot mais de sélectionner ses propos de façon à écrire un texte cohérent. Vous adopterez le format questions/réponses ou intégrerez des citations dans un texte suivi.
- **b** Vous inclurez un titre suivi d'une introduction qui présentera la personne dans le contexte de son sport, de l'interview ou d'un événement récent. Le tutoiement ou le vouvoiement sera utilisé tout au long de l'interview de façon constante.
- **c** Vous inclurez des questions suffisamment pertinentes afin d'entraîner des réponses détaillées.
- **d** Vous utiliserez des procédés stylistiques variés, adaptés aux idées et aux sentiments exprimés au cours de l'interview.

3 En tant que membre d'un club sportif on vous a demandé d'écrire l'éditorial du prochain numéro du magazine de votre école. Tel Pierre de Coubertin, fondateur des Jeux olympiques modernes, votre slogan (et titre de cet éditorial) est : « L'important c'est de participer ».

- **a** Il sera nécessaire de s'appuyer sur des informations concrètes et variées. Vous pourrez faire référence à la participation actuelle des élèves de votre école, le rôle du sport dans la vie des adolescents. Vous éviterez de répéter des banalités. Vous essaierez plutôt de donner un angle différent ou inhabituel dans votre éditorial.
- **b** Il s'agit ici d'un éditorial et donc d'une prise de position qu'il est nécessaire de justifier avec des arguments convaincants et une analyse détaillée. Le texte sera organisé autour d'une introduction, de paragraphes et d'exemples clairs pour soutenir l'argumentation. Des articulateurs logiques seront nécessaires pour montrer les contrastes (*au contraire, par contre*) pour appuyer (*de toute évidence, il va sans dire*), pour affirmer une position (*il est clair que*), etc. La langue utilisée pourra être imagée. Vous utiliserez des procédés stylistiques variés qui viseront à convaincre, persuader et faire réfléchir.
- **c** Vous éviterez les expressions telles que *Je pense que…, à mon avis…*, au profit de formules plus impersonnelles afin de donner plus de poids à l'argumentation.

4 **Niveau supérieur** Expliquez votre point de vue et démontrez votre compétence interculturelle en étudiant les similitudes et les différences à ce sujet entre votre culture et celle(s) que vous étudiez.

Excédé par les insultes racistes dont il a été victime samedi durant toute la première période du match Metz-Valenciennes (2–1), le capitaine de Valenciennes, l'international marocain Abdeslam Ouaddou, est monté à la mi-temps dans les tribunes de Saint-Symphorien pour s'expliquer avec le « supporteur » de Metz qui aurait proféré des insultes racistes à son égard durant les 45 premières minutes du match. Ramené sur le terrain par des stewards, le joueur a pris un avertissement pour « comportement antisportif », avant de regagner, furieux, les vestiaires.

Le Figaro

Vous considérerez :

- la présence de joueurs de différentes nationalités dans le football national ;
- la réaction du joueur victime de propos racistes ;
- la condamnation du joueur pour son comportement.

3 Cinéma et télévision

Objectifs

- Découvrir et explorer le monde du cinéma et de la télévision.
- Étudier et apprendre à écrire une critique de cinéma.
- Étudier la forme du compte rendu.
- Réfléchir sur le rôle de la télévision et du cinéma dans notre vie quotidienne.

Remue-méninges

- Quel type de films aimez-vous regarder ?
- Avez-vous déjà créé votre propre film ou votre vidéo ? Si oui, quel type de film ? Si non, quel type de film aimeriez-vous créer ?
- Considérez l'affiche de film suivante. Comment est-elle constituée ? Quelles informations sont fournies ? Sur qui se centre l'image ? Qui sont ces jeunes ? Où se trouvent-ils ? Quels sentiments et pensées semblent-ils avoir ? Que peut-on imaginer de leur vie, de leurs origines, de leur situation sociale ? À partir de ces informations, imaginez le scénario de ce film.

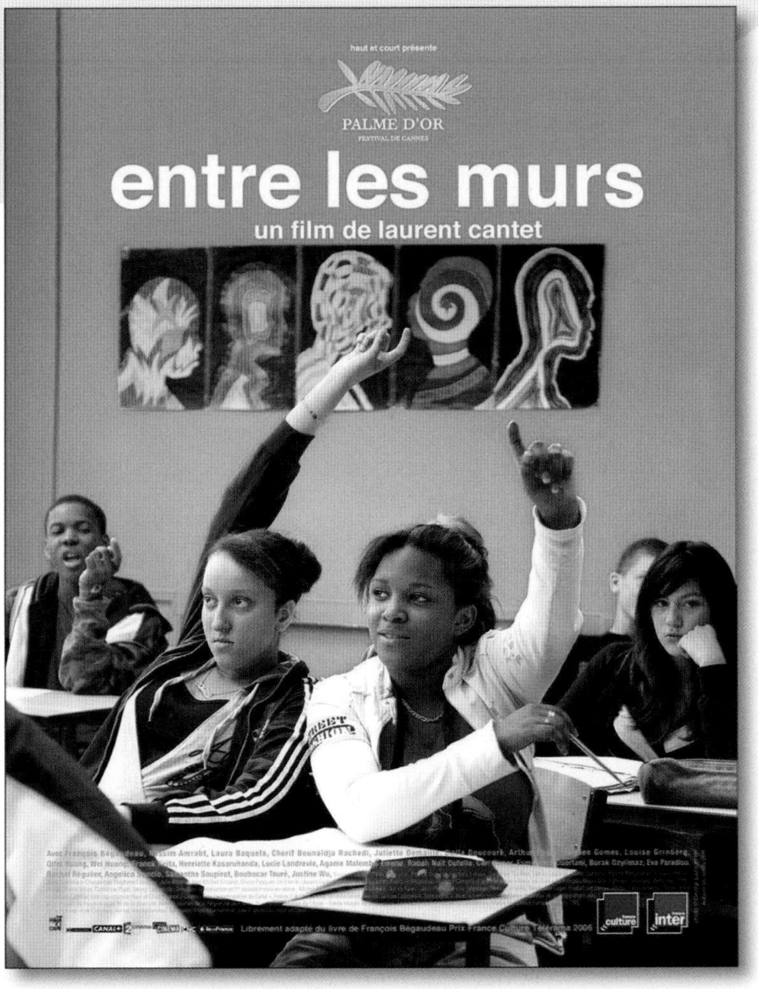

Entre les murs

CRITIQUE

Film français de Laurent Cantet

★★★★★

Il a l'air concentré comme un athlète juste avant sa compétition. Une dernière gorgée de café au zinc du coin et, allez, il est temps de rentrer en piste : à l'école, au collège plus précisément. Car c'est la rentrée pour François, professeur de français dans un collège dit « ***difficile*** » de Paris, dont il franchit la grille d'entrée en saluant ses collègues. Une fois plongés à l'intérieur, lui et le spectateur n'en sortiront plus.

Rester entre les murs – au ras de la classe, mais aussi dans la cour ou dans la salle des profs – pour tenter de comprendre ce qui s'y joue est une première au cinéma. C'était déjà la règle que s'était fixée François Bégaudeau, enseignant aujourd'hui en disponibilité, dans son livre ***Entre les murs***. Cette règle de base, presque un principe moral – montrer le particulier pour saisir le général, et éviter ainsi les idées toutes faites sur l'école – est ici maintenue : le film de Laurent Cantet, ni documentaire (tout est joué) ni fiction, sorte de prototype qui consacre plus de six mois d'un travail unique en son genre de tous les protagonistes, est la chronique d'une classe de quatrième le temps d'une année scolaire. Une confrontation constante, démocratiquement mouvementée, entre un professeur et vingt-quatre élèves – plus ou moins bons, plus ou moins indisciplinés, mais chacun, sans exception, ayant un rôle dans cette mosaïque humaine.

L'énergie est le maître mot, ce sur quoi le film s'appuie pour croire que rien n'est perdu. Énergie débordante d'une jeunesse peu « ***gauloise*** », multiculturelle, plurielle, qu'on a rarement filmée avec une telle attention positive. Lorsque Esmeralda, Souleymane, Khoumba ou Boubacar s'expriment, ce sont aussi leur visage, tout leur corps qui entrent en action – s'ils n'ont pas tous le niveau scolaire requis, au moins ont-ils la santé. ***Entre les murs*** est un film non seulement parlant, mais aussi très physique, au plus près des regards, des gestes, des pantomimes. Il dégage quelque chose de très charnel et de pudique à la fois, de musical et de chorégraphique. Comme si l'important, pour Cantet, n'était pas de sonner vrai mais juste.

Cette justesse s'accompagne d'un art de la nuance. Personne ici n'est invariable. Une excellente élève peut se comporter en « ***pétasse*** » lors du conseil de classe. À l'inverse, le plus dissipé est aussi celui qui rend l'autoportrait le plus original. Le film est l'antithèse parfaite du discours que tient un professeur présomptueux, au début, à son collègue nouveau venu, en cataloguant une bonne fois pour toutes (« ***gentil*** », « ***pas gentil*** ») chacun des élèves.

Ne pas attendre, donc, de vérité définitive sur l'école. Ni état des lieux alarmiste, ni profession de foi à l'optimisme béat, le film parvient surtout à montrer ce lieu comme le siège d'un formidable jeu social, y compris entre professeurs. Trouver sa place, c'est le grand thème de Cantet, manifeste dans ***Ressources humaines*** et ***L'Emploi du temps***, plus souterrain ici mais présent malgré tout à travers le personnage de François.

Entre les murs s'achemine ainsi vers une forme inédite de mélodrame, où les torts sont partagés. Collectif, l'échec est relatif et dépasse le cadre de l'école. Ce n'est pas un hasard si le film se termine par une partie de foot dans la cour, sorte de prolongement du match passionnant auquel on vient d'assister. Un match au score nul, mais avec du très beau jeu.

Jacques Morice
Télérama, 7.9.2008

1 À qui se réfère « il » au début du texte ?

2 Quel mot signifie « un bar » ?

3 À quelle activité mentionnée dans le texte se réfère la métaphore « rentrer en piste » (ligne 4) ?

4 À quoi se réfère « dont » (ligne 7) dans l'expression « dont il franchit la grille » ?

5 À quoi se réfère « en » (lignes 9 à 10) dans l'expression « n'en sortiront plus » ?

6 Où se passe l'action de ce film ?

A Entre les murs d'un stade.
B Entre les murs d'un café.
C Entre les murs d'un collège.
D Entre les murs d'une piscine.

7 Les affirmations suivantes portant sur le deuxième paragraphe sont soit vraies, soit fausses. Justifiez votre réponse en citant des mots du texte.

a Il y a beaucoup de films qui essaient de faire comprendre ce qui se passe dans les écoles.
b François Bégaudeau est l'auteur d'*Entre les murs*.
c L'auteur nous présente ici un exemple de ce qui se passe dans les écoles.

8 Trouvez les mots du deuxième paragraphe qui correspondent aux définitions suivantes :

a Film qui enseigne
b Œuvre d'imagination
c Personnage qui joue le rôle principal
d Liste ou recueil de faits historiques rédigés selon l'ordre de leur succession
e Partie d'un texte de film qu'un acteur doit jouer

Langue

Rechercher et étudier le vocabulaire technique lié au cinéma.

9 L'expression « gauloise » (ligne 33) signifie :

A française.
B étrangère.
C multiculturelle.
D plurielle.

10 Parmi les mots ou expressions suivantes de ce paragraphe, lesquelles montrent que « ce sont aussi leur visage, tout leur corps qui entrent en action » (ligne 37) ?

A le niveau scolaire
B parlant
C physique
D regards
E gestes
F pantomimes
G charnel
H pudique
I musical
J chorégraphique

11 « Personne ici n'est invariable » (ligne 48) signifie :

A Tout le monde aime la variété.
B Personne ne veut changer.
C Chaque personne présente des facettes différentes.
D Des personnes variées pratiquent la nuance.

12 Trouvez-en un exemple dans ce paragraphe.

13 Lequel des différents protagonistes sort vainqueur à la fin de ce film ? Justifiez votre réponse par des mots du texte.

14 Faites correspondre à chaque paragraphe le titre qui en résume l'idée principale. Attention : il y a plus de titres que de paragraphes.

A Décors
B Dénouement
C Le jeu des acteurs
D Le metteur en scène et son œuvre
E La situation du personnage principal
F La mise en scène
G Subtilité des personnages
H Thème principal

La téléréalité : Vérité ? Mensonge ?

La téléréalité envahit nos écrans. Comment expliquer cet engouement ? Quatre professeurs analysent le phénomène.

Par Serge Beaucher

Trois millions de personnes ! Près de la moitié de la population du Québec en arrêt devant un écran de télévision, certains dimanches soir de l'hiver dernier, pour regarder les jeunes inconnus de *Star Académie* essayer de se transformer en vedettes de la chanson… Un million et demi de téléspectateurs dès le début d'*Occupation double*, en septembre, pour voir le visage défait du prétendant au grand amour éliminé par les prétendantes… Un million et demi également à la première de *Loft Story*, en octobre.

Décidément, depuis qu'elles ont envahi le paysage télévisuel, les émissions de « téléréalité » ont la cote ! Télé-quoi ? Cette forme de télévision où des volontaires sont épiés 24 heures sur 24 par une batterie de micros et de caméras est un mensonge, affirment quatre professeurs de l'Université Laval. L'étiquette « réalité » accolée à ces séries est très discutable, résument-ils ; ce qui est indiscutable, par contre, c'est la puissance de l'image qu'elles mettent si bien en relief, et l'extraordinaire attrait qu'exerce la télévision sur les gens. Sans parler de la solution de facilité qu'elles constituent pour les producteurs, et des barrières de l'intimité qu'elles cherchent constamment à reculer.

La réalité fuit devant la caméra

Le mensonge vient du fait que ces séries tiennent autant de la fiction que du réel, alors qu'elles sont publicisées comme relevant de la pure réalité, explique Estelle Lebel, professeure au Département d'information et de communication : « On dit aux spectateurs qu'ils vont voir de la réalité, mais on leur montre des émissions construites, mises en scène, où les acteurs (beaux et jeunes) ont reçu une formation au moins minimale pour jouer devant la caméra. » Or, le téléspectateur ne regarde pas de la même façon quelque chose qu'il sait être de la fiction et un fait qu'il croit être vrai.

Même sans mise en scène, cela resterait un mensonge, renchérit Marguerite Lavallée, professeure à l'École de psychologie : « Dès le moment où l'on médiatise quelque chose, ce n'est plus la réalité. » (**…14a…**)

Le mensonge, selon Jean-Jacques Simard, professeur au Département de sociologie, tient aussi à ce qu'on fait subtilement croire aux gens que tout le monde peut avoir « ses 15 minutes de gloire », (**…14b…**).

« C'est, bien sûr, totalement faux, lance le sociologue. (**…14c…**) Cela crée donc des attentes absurdes, impossibles à combler. »

Exister, c'est passer à la télé

C'est la prospérité économique des années 1950 qui a préparé le terrain à ce genre d'utopie, analyse Jean-Jacques Simard. En travaillant fort, tous pouvaient désormais avoir accès à la réussite. De là à considérer que la célébrité était à la portée de chacun, il n'y avait qu'un pas…

Estelle Lebel va dans le même sens en constatant que, depuis l'avènement de la télévision, l'image a pris une telle importance qu'elle donne une identité à l'individu : (**…14d…**), résume-t-elle. D'où le désir de tant de personnes d'offrir leur image à la télévision, quitte à y exposer une partie de leur intimité et à se plier à des exigences pouvant parfois sembler démesurées. D'autant plus que nous sommes tous exhibitionnistes, ajoute Bernard Arcand, professeur au Département d'anthropologie : (**…14e…**)

Facilité et banalité vont de pair

L'aspect moins positif de ces séries, juge toutefois Bernard Arcand, c'est la solution d'extrême facilité qu'elles adoptent. (**…14f…**) Pour le spectateur comme pour l'acteur, il s'agit d'un appauvrissement qui va de pair avec la facilité ambiante dans notre société.

Malgré leur énorme succès ces séries ne remplaceront jamais les émissions de fiction, d'après Estelle Lebel. Pas plus qu'elles ne changeront le paysage télévisuel global. Ou qu'elles auront un impact social particulier, selon Jean-Jacques Simard.

Vont-elles durer ? Chose certaine, pour maintenir l'intérêt, elles devront aller de plus en plus loin dans ce qu'elles montrent, pense Marguerite Lavallée. « Sinon, les gens vont devenir blasés. »

De la mauvaise télévision, en somme ? Aucun des professeurs interrogés pour cet article n'accepte de porter un jugement de valeur. Estelle Lebel exprime toutefois un point de vue qui fait consensus : « En tout cas, dit-elle, c'est une entreprise commerciale florissante qui fait beaucoup d'argent en exploitant la crédulité des gens. »

Contact, hiver 2004

1 À laquelle des trois émissions de téléréalité mentionnées dans le premier paragraphe chacun des commentaires suivants se réfère-t-il ?

- a « En fait, il ne s'agit que d'un concours de chant. »
- b « Jeune homme cherche jeune fille bien sous tout rapport. »
- c « Celui-ci, je n'en veux pas. »
- d « Comment passer de l'anonymat à la célébrité. »
- e « L'émission la plus populaire des trois. »

En vous basant sur le deuxième paragraphe, complétez ces mots fléchés en trouvant les mots ou expressions qui signifient :

2 limites

3 sont populaires (3 mots)

4 soulignent (3 mots)

5 surveillés

6 quantité

7 ajoutée

8 force

9 fascination

10 repousser

11 occupé

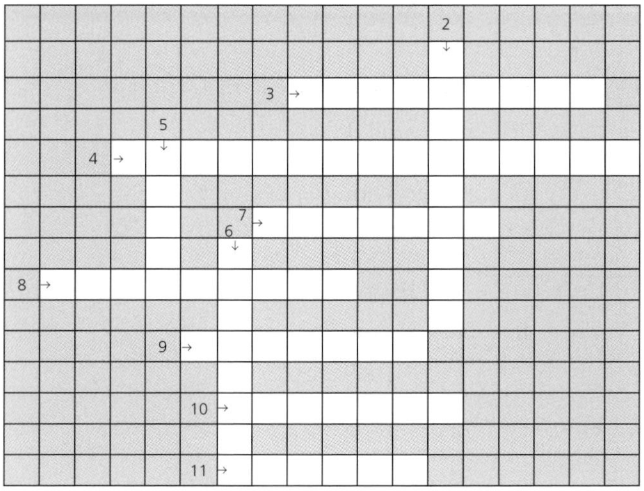

12 Selon Estelle Lebel, trois des affirmations suivantes sont vraies. Lesquelles ?

- A Les émissions sont à la fois fictives et réalistes.
- B Il y a plus de fiction que de réalité dans ces émissions.
- C Ces émissions sont présentées comme étant réelles.
- D Les participants sont des acteurs professionnels.
- E N'importe qui peut participer.
- F Les participants doivent être photogéniques.
- G Les téléspectateurs considèrent le réel et le fictif de la même manière.

13 D'après Jean-Jacques Simard, qu'est-ce qui a rendu plus facile le succès de la téléréalité ?

14 a–f Ajoutez les phrases qui manquent dans le texte en les choisissant dans la liste proposée ci-dessous. Attention : il y a plus de phrases que d'espaces et chaque phrase ne peut être utilisée qu'une seule fois.

- A « Alors qu'une bonne fiction peut condenser en deux heures toute l'essence du drame humain, dans ces émissions, on se contente de laisser tourner la caméra devant des personnes, dans l'attente qu'il se produise quelque chose. »
- B « C'est d'une banalité criante ; du théâtre "cheap", au sens économique et au sens esthétique »
- C Les chances de devenir saint au Moyen-Âge étaient plus grandes que de passer à la télévision aujourd'hui !
- D « Mais il faut constater que notre société essaie de reculer les limites de toutes ses barrières. »
- E « Nous voudrions tous révéler des choses sur nous et nous aimerions que le monde entier nous écoute. L'exhibitionnisme est une condition humaine. Seule la pudeur détermine où chacun place ses barrières. »
- F Passer à la télévision devenait une garantie de célébrité
- G que tous peuvent espérer passer à la télévision un jour et devenir célèbres
- H « Si tu n'as pas d'image, tu n'es rien »
- I Une personne qui se gratte le nez devant une caméra, sachant que son geste peut être jugé, ne le fait pas de la même façon que si elle était en privé.

15 La dernière citation du texte signifie que…

- A parce que les gens sont prêts à croire n'importe quoi, les producteurs de télévision réussissent à gagner beaucoup d'argent.
- B la télé donne beaucoup d'argent aux gens qui participent à ces programmes.
- C pour exploiter les gens, il faut leur donner beaucoup d'argent.
- D les gens sont crédules, donc ils sont prêts à payer beaucoup d'argent pour participer à ces programmes.

Pour aller plus loin

- Pensez-vous que les relations familiales étaient meilleures ou différentes avant l'arrivée de la télévision dans les foyers ?
- « La télévision fabrique de l'oubli. Le cinéma fabrique des souvenirs. » (Jean-Luc Godard, réalisateur) Dans quelle mesure les programmes de télévision sont-ils différents des films passés au cinéma ?
- Quel rôle la télévision peut-elle jouer dans l'éducation des personnes ? Réfléchissez aux programmes que vous regardez à la télévision. Dans quelle mesure ont-ils un rôle éducatif ?
- Qu'est-ce qui fait qu'un film a du succès ou pas ? Un film qui a reçu un prix (Oscar, Palme d'Or, etc.) est-il automatiquement destiné à réussir financièrement ? Qu'est-ce qui fait qu'un film a un succès mondial ?
- « Le cinéma semble devoir toujours osciller entre deux tendances : la capture plus ou moins brute du réel (le document) et la construction d'un espace imaginaire (le rêve) ». Pascal Bonitzer (scénariste et réalisateur français). Le rôle du cinéma est-il de divertir, informer, faire réfléchir, dénoncer ? Dans quelle mesure cette affirmation pourrait-elle s'appliquer au film *Entre les murs* ? Et à d'autres films que vous connaissez ?
- Dans quelle mesure le cinéma peut-il être considéré comme le Septième Art ? Quelles sont les six autres formes d'Art ? Quelle est la définition de l'Art à votre avis ?

Théorie de la connaissance

- Le rôle de la télévision est-il d'informer ou de divertir ?
- La réalité cinématographique peut-elle être plus vraie que la vie réelle ? Justifiez votre réponse.
- La présence de la caméra encourage-t-elle l'excés ?

Langue

Relevez les verbes utilisés dans le texte « La téléréalité : Vérité ? Mensonge ? » (page 244) rapporter les paroles des différentes personnes (par exemple : affirme, résument-ils).

Vérifiez dans le dictionnaire la signification exacte de chacun de ces verbes.

Remarquez l'inversion verbe / sujet après la citation.

CAS

Dans le cadre des activités de Créativité, il serait possible de réaliser un film de promotion de l'école : vie des élèves, classes, activités extrascolaires, etc. Vous prendrez en compte l'élément de réalité par rapport à l'aspect promotionnel.

Activités orales

1 Choisissez l'un des titres de films suivants et réfléchissez, en groupe ou à deux, des hypothèses sur son thème principal.

- **a** « Au revoir les enfants »
- **b** « Ça commence aujourd'hui »
- **c** « La bataille d'Alger »
- **d** « La grande illusion »
- **e** « La règle du jeu »
- **f** « Le salaire de la peur »
- **g** « Les vacances de Monsieur Hulot »
- **h** « L'homme qui plantait des arbres »
- **i** « Pour la suite du monde »
- **j** « Sauve qui peut »
- **k** « Un long dimanche de fiançailles »
- **l** « Un zoo, la nuit »

Imaginez l'affiche qui pourrait accompagner ce titre.

Cherchez sur Internet (par exemple : www.allocine.fr, www.voir.ca) l'affiche du film que vous avez choisie. À partir de cette affiche, imaginez ce que raconte ce film.

Vous pourrez comparer votre histoire au synopsis du film et aux critiques que vous aurez trouvés. Ceci vous donne-t-il envie de le voir ? Dites pourquoi ou pourquoi pas.

2 Pourquoi payer une entrée de cinéma et voir une seule fois un film alors qu'on peut en acheter le DVD, voire le télécharger sur Internet pour le regarder autant de fois qu'on le veut à la maison ? Discutez, en groupe, de l'avantage du cinéma par rapport à la télévision.

L'enfant et la télévision

1 Décrivez l'image. Quelles sont les distractions de cet enfant ? Quel impact peuvent-elles avoir sur son développement ?

2 Pourquoi les parents permettent-ils que leurs enfants passent plusieurs heures par jour à regarder la télévision ?

3 Quels types d'émissions un enfant devrait-il ou ne devrait-il pas regarder ?

4 Quel rôle la télévision joue-t-elle dans votre vie personnelle et dans la société en général ?

Production écrite

1 Interviewez des camarades sur leurs opinions concernant la téléréalité. À partir des opinions que vous avez recueillies, écrivez un compte rendu qui sera publié dans le journal de votre école.

- **a** Vous élaborerez au préalable un questionnaire ou au moins une série de questions appropriées pour préparer l'interview.
- **b** Il s'agit bien ici d'un compte rendu et non pas d'une interview. Il ne s'agit donc pas de transcrire les paroles de ces personnes mot à mot mais de sélectionner et d'organiser leurs propos de façon à écrire un texte cohérent. De ce fait, vous intégrerez des citations dans un texte suivi. L'usage des connecteurs liant et opposant les différentes opinions sera essentiel à la cohérence du texte (*d'une part, par ailleurs, en revanche*, etc.). Utilisez les verbes dont vous avez fait la liste dans l'exercice « Langue », page 246 sur le texte *La téléréalité* : *Vérité* ? *Mensonge* ?
- **c** Vous inclurez un titre suivi d'une introduction qui présentera le sujet de l'enquête.
- **d** Ce compte rendu sera publié dans le journal de l'école. En plus du titre on trouvera également des sous-titres, le nom de l'auteur de l'article, éventuellement le nom du journal et la date de publication. Le texte pourra être écrit en colonnes et vous pouvez inclure une illustration pertinente avec une légende (comme un graphique par exemple). La langue sera formelle mais pourra s'adresser directement aux élèves de l'école.

2 Vous avez vu une émission de télévision qui vous a choqué(e). Écrivez une lettre au courrier des lecteurs d'un magazine de télévision afin de donner votre opinion.

- **a** Cette lettre aura soit le format d'une lettre officielle (avec adresse, date, formule d'appel, formule finale, signature) soit le format de la lettre telle qu'elle sera publiée dans le magazine.
- **b** Il faudra établir clairement ce qui vous a particulièrement choqué et expliquer pourquoi ceci était choquant (pour vous personnellement ou pour d'autres).
- **c** Il s'agit essentiellement d'une argumentation. La langue devra donc être claire, précise et utilisera des articulateurs logiques afin de convaincre. Elle sera toutefois expressive pour refléter la force des sentiments.

3 Vous avez vu un film francophone qui ne vous a pas plu. Écrivez une critique de ce film pour le journal de l'école.

- **a** Il s'agit d'une critique de film. Elle inclura donc un bref résumé du film afin de le situer mais surtout une analyse de ce qui ne vous a pas plu dans ce film. Les opinions personnelles devront être basées sur des faits concrets (jeu des acteurs, histoire, musique, décors, etc.). Il n'est toutefois pas nécessaire que tout soit négatif.
- **b** Ce film étant francophone vous pouvez faire référence aux différences culturelles en démontrant, avec diplomatie, votre compétence interculturelle.
- **c** Vous utiliserez un vocabulaire spécifique au monde cinématographique.
- **d** Il s'agit aussi d'un article de journal. Vous inclurez donc un titre, des sous-titres, une introduction, le nom de l'auteur de l'article, éventuellement le nom du journal et la date de publication. Le texte pourra être écrit en colonnes et vous pourrez inclure une illustration du film. La langue sera formelle mais pourra s'adresser directement aux élèves de l'école pour susciter leur intérêt cinématographique.

4 **Niveau supérieur** Expliquez votre point de vue et démontrez votre compétence interculturelle en étudiant les similitudes et les différences à ce sujet entre votre culture et celle(s) que vous étudiez.

En France, au nom du principe de « diversité culturelle » et afin de protéger les arts nationaux (en particulier la musique et le cinéma) d'une « industrie américanisée » considérée comme dangereuse pour la diversité, des quotas ont été mis en place :

1. des quotas de production qui imposent aux chaînes de télévision d'investir 3,2 % de leur chiffre d'affaire annuel dans la production d'œuvres cinématographiques ou audiovisuelles françaises et européennes ;
2. des quotas de diffusion qui imposent aux chaînes de consacrer 60 % de leur temps d'antenne à des œuvres européennes, dont 40 % d'œuvres originales françaises.

Vous considérerez :

- le rôle des médias dans la culture d'un pays ;
- l'influence mondiale de la culture américaine ;
- le rôle de l'état dans le maintien et la promotion de la culture d'un pays ;
- la liberté d'expression et de diffusion.

4 Musique et arts du spectacle

Objectifs

- Étudier un programme de spectacles.
- Réfléchir au rôle de la musique dans la vie de tous les jours.

Remue-méninges

- Quels sont les principaux arts du spectacle que vous connaissez ?
- Quel type de musique écoutez-vous ? Comparez vos goûts avec vos camarades.
- Jouez-vous d'un instrument ? Si oui, quel plaisir en retirez-vous ? Si non, pourquoi n'en jouez-vous pas ? Cela vous plairait-il ?
- Avez-vous déjà entendu parler des types de musique suivants ?
  - Blues
  - Hip-Hop
  - Jazz
  - Raï
  - Reggae
  - Rock
  - Rumba
  - Séga
  - Zouglou
  - Zouk
- En groupes faites des recherches sur leur origine et les chanteurs ou musiciens les plus célèbres.
- En groupes faites une liste des chanteurs francophones que vous connaissez. À quels styles musicaux appartiennent-ils ?
- Quand vous écoutez de la musique, qu'est-ce qui vous intéresse le plus, la musique, les paroles ou est-ce d'égale importance ?
- Décrivez cette photo prise pendant la Fête de la musique. À votre avis, ces musiciens sont-ils professionnels ? De quels instruments jouent-ils ?

  Que pensez-vous de la Fête de la musique qui a lieu tous les 21 juin ? À quoi correspond cette date dans le calendrier ?

Centre Culturel Français de Lomé

Spectacles

Vanessa Worou

Vanessa Worou en concert live
>Samedi 12 septembre //19h30
Qui ne la connaît pas... ?

Des styles les plus traditionnels aux plus classiques, Vanessa sait s'adapter. D'aucuns disent qu'elle est la nouvelle Bella Bellow, mais l'artiste nous dit « non, je ne fais que suivre ma voix et m'inspire des références du terrain et des cultures du monde ». Vanessa a commencé très tôt la chanson à Lomé. Au studio Colibri de Dee Kwarel, Venance Agbayissah lui a donné l'opportunité de faire les premiers chœurs. Presque tous les artistes et groupes classiques en ont bénéficié, Julie Akofa Akoussah, Dee Kwarel, King Mensah, Fifi Rafiatou, les chorales La Belle Mélodie et Spes et Gaudium, pour ne citer que cela...

Aujourd'hui, la choriste est devenue artiste afro-classique et veut représenter son pays ... Après son album Eké, la chanteuse part représenter le Togo pour les jeux de la francophonie au Liban et le Centre Culturel Français met un point d'honneur à la soutenir encore une fois.

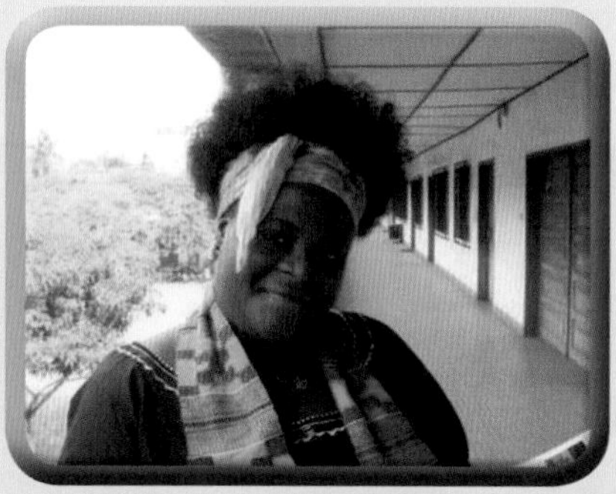

La royauté se mérite

>Samedi 3 octobre //18h30
Spectacle de marionnettes pour enfants par la Compagnie BOUAM.

(...6a...), dans la belle forêt tropicale, vivaient toutes sortes d'animaux.
Dans (...6b...) cadre naturel et paisible, la société animale est inorganisée. (...6c...) vivait à sa manière et faisait (...6d...) il voulait. Mais un jour, les animaux décidèrent de se choisir un Roi. (...6e...) est-il installé, que les intrigues de la cour commencent. Le nouveau Roi sera-t-il à la hauteur (...6f...) gérer les problèmes de la communauté ?

Atelier Hip-Hop

Carte blanche à l'atelier Hip-Hop 2008-2009
>Samedi 19 septembre //18h30

Une année se termine pour l'Atelier Hip-Hop et le Centre Culturel Français de Lomé a décidé de leur ouvrir la grande scène en laissant libre cours à leurs inspirations, leurs envies, leurs mots. Cette soirée est entièrement organisée par les jeunes de cet atelier et nous leur laissons le soin de nous surprendre avec leurs invités surprises, leurs voix, leurs morceaux. Entrez dans les coulisses du Hip-Hop togolais.

Soirées Slam Micro ouvert

>Les vendredis 25 septembre et 16 octobre de 19h à 20h

Vous aimez poser sur du papier l'encre de vos veines, partager avec les autres votre vision des choses dans un esprit de tolérance, vous aimez déclamer ou écouter de la poésie sous toutes ses formes. Après la première scène Slam animée par le slameur franco-togolais Nëggus et ses compagnons de plumes, KASS le dur, Apos'troff, Elom 20CE et Scandalocks, le CCF accueille chaque mois une nouvelle scène ouverte au Slam pour donner à tous l'opportunité de s'exprimer. À cet effet, les quatre slameurs togolais vous invitent à prendre la scène d'assaut pour porter haut le flambeau du Slam.

Le mal au galop (Création 2008)

>Jeudi 8 octobre //19h30
Écriture et mise en scène : Basile N. Yawanke
Avec E. Agassa, D. Ganda, B. Dessa, G. Mame N'Dela, Hodin Senyo Kodjo, Johnson F.

Trouvant refuge dans une cabane, après une longue fuite loin des zones de combats, cinq personnages se rencontrent. Leur refuge devient le lieu où, tout à tour, chacun raconte sa vie et les horreurs qu'il a subies. Mais partout où se rassemblent des hommes naît inévitablement la soif de pouvoir et très vite des mésententes surviennent entre ceux qui se considèrent premiers arrivés, et donc propriétaires des lieux, et les autres. Une situation qui tourne au drame. Par l'intransigeance de chacun, le mal tant fuit au galop, suit et rattrape ses sujets. Le mal règne-t-il seulement dans l'autre, qui devient alors la cause de nos malheurs, ou bien existe-t-il en chacun de nous un grain du diable que seul le pardon et l'acceptation de nos différences pourrait combattre ?

Vanessa Worou

1 « Qui ne la connaît pas … ? » signifie :

A Personne ne connaît Vanessa.
B Tout le monde connaît Vanessa.
C Vanessa ne sait pas qui la connaît.
D Est-ce que vous ne connaissez pas Vanessa ?

2 Quelle expression signifie « certaines personnes » ?

3 À qui se réfère « l'artiste » dans la phrase « l'artiste nous dit… » ?

4 À qui se réfère « lui » dans la phrase « Venance Agbayissah lui a donné… » ?

5 Quels mots ou expressions du texte correspondent aux définitions suivantes ?

a Réunion de personnes qui chantent ensemble (2 mots)
b Personne qui chante dans une de ces réunions
c Disque composé de plusieurs chansons
d S'engage

Langue

Développer le vocabulaire relatif au monde de la musique et des spectacles de façon à pouvoir utiliser une langue précise dans la production écrite.

La royauté se mérite

6 a–f Des mots ont été retirés du texte. Retrouvez ces mots dans la liste ci-dessous. Attention : chaque mot ne peut être utilisé qu'une seule fois.

À PEINE	AFIN	AUJOURD'HUI	AUTREFOIS	CE	CE QU'
CET	CHACUN	POUR	QUOI	TOUJOURS	TOUS

Atelier hip-hop

7 Quels mots ou expressions du texte correspondent aux définitions suivantes ?

a Rencontre permettant l'échange d'information entre spécialistes
b Liberté totale
c Endroit où on représente un spectacle
d Textes de chanson
e Partie derrière le décor d'un théâtre. Par extension, ce que l'on ne voit pas.

8 Pourquoi la soirée du 19 septembre est-elle particulièrement importante pour ceux qui pratiquent le hip-hop à Lomé ?

Soirées Slam

9 Selon ce texte deux des réponses suivantes ne sont pas correctes. Lesquelles ?

Les intéressés potentiels de cette soirée Slam…

A aiment exprimer leur moi profond.
B ont souvent des hallucinations.
C sont ouverts aux autres.
D aiment réciter des poèmes.
E peuvent participer activement à une soirée Slam.
F peuvent attaquer les slameurs togolais.

Le mal au galop

10 Une des affirmations suivantes portant sur le message de cette pièce est fausse. Laquelle ?

A Les personnages de cette pièce sont des victimes de guerre.
B Tous les êtres humains désirent dominer.
C Des personnages se rassemblent pour pouvoir résoudre la mésentente.
D Le sujet de la pièce est de savoir où se trouve le mal : chez les autres ou chez tout le monde.
E La seule possibilité de trouver la paix est d'être tolérant envers les autres.

Tryo

"Avec le public, c'est fusionnel"

Le groupe phare de la scène française sort un live événement : 27 titres dans une super ambiance. Pour booster tes soirées d'automne.

Question 1

Tryo : Notre groupe a vraiment construit son histoire sur scène. (…3a…) le départ, vers le milieu des années 1990, nous avons tourné deux années avec nos premières chansons (…3b…) qu'aucun disque n'existait. (…3c…), c'est le public (…3d…) nous a fait comprendre que le temps était venu pour nous de sortir un album. Il commençait (…3e…) à chanter tous les titres avec nous. On (…3f…) a obéi !

Question 2

Non, non, pas du tout. Nos chansons ont vocation à se promener, le public se les approprie et ça nous porte. Par exemple, en plein concert, tout le monde attaque « L'hymne de nos campagnes » avant même qu'on lance l'intro ! On ne peut pas faire autrement que d'y aller pour partager.

Question 3

Non, car une série de concerts, ce n'est jamais la même histoire qui se répète. En plein air, la lune et le soleil changent d'axe, en intérieur, chaque salle, chaque ville est différente.

Question 4

Après trois albums studio, nous avons environ 50 titres à notre répertoire : c'est une chance car on peut choisir ce qu'on joue en fonction des soirs et éviter le spectacle routine.

Question 5

Nous n'avons pas retenu un concert, mais deux lieux : l'Olympia, où nous avons joué trois dates. C'était intime, idéal pour installer un studio mobile et saisir de jolis moments de scène. Et le Cabaret sauvage, une autre salle parisienne, à La Villette, où nous avons donné 19 concerts en un mois. L'ambiance était plus festive, car la scène ressemble à une piste de cirque avec du public tout autour.

Question 6

En effet, nous choisissons d'exprimer nos valeurs dans nos chansons, sinon à quoi bon écrire ? C'est vrai, du coup, on vide un peu notre sac à chaque concert. Mais ça doit rester avant tout un concert.

Question 7

On a du mal avec la télévision. À nos yeux, la musique y est souvent traitée comme de la lessive… L'an dernier, on a refusé le *Top Of The Pops*, par exemple, car on n'aimait ni le principe de l'émission (le côté classement) ni son esthétique. Mais ce n'est pas si simple. Cette question fait débat entre nous, nous ne sommes pas tous d'accord.

Propos recueillis par Anne Richard
Okapi, 15.11.2004

1 Dans l'introduction, quels mots signifient :

a en public
b donner de l'énergie

2 Les questions de l'interview ont été retirées. Choisissez-les parmi la liste suivante. Attention : il y a davantage d'options que de réponses correctes.

A Cela signifie que vos concerts ne sont jamais construits de la même façon ?
B D'où vous vient cette passion pour les concerts ?
C Est-ce que vous aimez que le public chante avec vous ?
D Où avez-vous chanté exactement ?
E Pourquoi voit-on Tryo si peu à la télé ?
F Sur votre disque, justement, on entend que la foule reprend sans cesse les paroles avec vous. Ça ne vous perturbe pas ?
G Vos textes sont parfois écrits comme des coups de gueule. Prennent-ils une autre dimension sur scène ?
H Votre tournée comprenait 170 dates ! Comment avez-vous choisi le bon concert pour cet album ?
I Vous n'êtes jamais fatigués d'être sur scène ?

3 a–f Des mots ont été retirés dans la réponse à la première question. Retrouvez ces mots dans la liste ci-dessous. Attention : chaque mot ne peut être utilisé qu'une seule fois.

ALORS	DÈS	EN EFFET	LE	LEUR
LUI	PUIS	QUAND	QUE	QUI

Vous avez des débuts de phrases à gauche et des fins possibles à droite. En vous basant sur les réponses aux questions 2, 3 et 4, remettez ensemble chaque début avec la fin qui lui correspond. Attention : il y a davantage de fins que de débuts et chaque fin ne peut servir qu'une seule fois.

4 Pour Tryo, une chanson…

5 Dans leurs concerts, le public…

6 Tryo joue…

7 La routine est…

A chantent avant qu'ils commencent l'introduction.
B dans des endroits toujours différents.
C commence à chanter avant eux.
D n'appartient pas uniquement à l'artiste.
E partage les artistes et le public.
F quelque chose qu'ils aiment particulièrement.
G quelque chose dont ils ne veulent pas.
H souvent en plein air.

8 En quoi les deux salles de concert qu'ils ont choisies étaient-elles différentes ?

9 Pour eux, quel est le but lorsqu'ils écrivent une chanson ?

10 Dans la réponse à la question 6, trouvez les expressions qui signifient :

a pourquoi
b par la même occasion
c dit ce que l'on pense

11 Dans la réponse à la question 7, trouvez les expressions qui signifient :

a des difficultés
b pour nous

12 À quoi est comparée la musique à la télévision ?

13 Dans la phrase « …la musique y est souvent traitée… », à quoi se réfère « y » ?

14 Dans la phrase « …ni son esthétique… », à quoi se réfère « son » ?

Pour aller plus loin

- Le groupe Tryo compare la musique qui passe à la télévision à de la lessive. Pourquoi ? Les programmes de musique à la télévision ont-ils comme but de divertir, d'éduquer musicalement ou de faire la promotion des albums ?
- Est-il important de vouloir se donner en spectacle pour être artiste ? Est-il possible d'être à la fois artiste et introverti ?
- Consultez le Top 50 des chansons en France (ou dans un autre pays francophone). Quelles sont les chansons et musiques les plus populaires ? Comment peut-on expliquer ces choix ?
- Recherchez les programmes de festivals de musique francophone (tels que le Printemps de Bourges, les Francofolies de La Rochelle, les Eurockénnes de Belfort, le Festival des Vieilles Charrues, les Francofolies de Montréal, les Francofolies de Spa, etc.). Quel est l'intérêt de tels rassemblements ?
- En quoi consistent les jeux de la francophonie ? En quoi sont-ils différents des Jeux olympiques ou d'autres rendez-vous sportifs internationaux ?
- Que pensez-vous de la musique que l'on entend souvent dans les magasins, les gares, les restaurants, etc. ? Quelles sont, à votre avis, les raisons de cette présence ? Pourquoi l'industrie musicale a-t-elle pris tant d'importance aujourd'hui ? Les gens sont-ils incapables de vivre sans musique ?
- Les matières artistiques devraient-elles être obligatoires dans le programme scolaire ? Si oui, quelles matières et pourquoi ? Si non, pourquoi pas ?

Théorie de la connaissance

- Le philosophe Emmanuel Kant a déclaré « La musique est la langue des émotions ». Quel est le rôle des émotions dans la musique que vous écoutez ?
- Quel est le rôle de la musique comme moyen de communication international ? Est-il nécessaire de comprendre les paroles pour apprécier une chanson ?

Activités orales

1 À deux, étudiez les deux poèmes de Jacques Prévert. L'un lira le texte avec conviction tandis que l'autre mimera l'action. Vous inverserez les rôles pour le deuxième texte.

Texte A : **Le message**
La porte que quelqu'un a ouverte
La porte que quelqu'un a refermée
La chaise où quelqu'un s'est assis
Le chat que quelqu'un a caressé
Le fruit que quelqu'un a mordu
La lettre que quelqu'un a lue
La chaise que quelqu'un a renversée
La porte que quelqu'un a ouverte
La route où quelqu'un court encore
Le bois que quelqu'un traverse
La rivière où quelqu'un se jette
L'hôpital où quelqu'un est mort.

Texte B : **Le temps perdu**
Devant la porte de l'usine
le travailleur soudain s'arrête
le beau temps l'a tiré par la veste
et comme il se retourne
et regarde le soleil
tout rouge tout rond
souriant dans son ciel de plomb
il cligne de l'œil
familièrement
Dis donc camarade Soleil
tu ne trouves pas
que c'est plutôt con
de donner une journée pareille
à un patron ?

2 Jeu de rôle à deux

Vous venez de recevoir le programme du Centre Culturel Français de Lomé (page 250). Vous discutez avec votre ami du spectacle auquel vous désirez assister. Essayez de trouver un spectacle auquel vous pourriez assister ensemble.

Rôle A :

Vous vous intéressez aux problèmes de société et vous êtes d'un caractère plutôt extraverti. Vous avez déjà participé à des spectacles.

Rôle B :

Vous êtes d'un caractère plutôt timide et réservé. Vous vous intéressez à toutes les cultures y compris la culture locale.

Vous expliquerez à la classe les raisons de votre choix.

La musique comme moyen de communication

1 Décrivez l'image. Pensez-vous que ces deux jeunes filles soient en train de communiquer ? Si oui, avec qui ? Si non, pourquoi pas ?
2 Quel est le rôle de la musique dans la vie des jeunes d'aujourd'hui ? Pensez-vous que cela a changé par rapport à la génération de vos parents ou de vos grands-parents ?
3 Dans quelle mesure la musique est-elle présente dans votre vie quotidienne ?
4 Comment imagineriez-vous votre vie sans musique ?

Production écrite

1 Vous avez assisté au concert d'un de vos artistes préférés. Malheureusement, vous avez été très déçu(e). Écrivez un courriel à un(e) de vos ami(e)s dans lequel vous lui racontez votre soirée.

> **a** Vous utiliserez la présentation d'un courriel ou d'une lettre amicale (avec une formule d'appel, une formule finale, une signature). Vous utiliserez le tutoiement.
>
> **b** Vous utiliserez des procédés rhétoriques variés qui viseront à décrire le concert de façon vivante (*il est arrivé avec une heure de retard*), à évaluer (*il avait l'air...*).
>
> **c** Vous emploierez un ton approprié pour souligner une variété de sentiments et d'émotions (anticipation, déception, colère...).

2 Dans le cadre des activités CAS on vous a demandé d'écrire une brochure pour l'une des activités de votre école (groupe de théâtre, orchestre, chorale, etc.) afin d'y attirer plus de participants. Vous indiquerez en quoi consiste cette activité ainsi que les avantages qu'on peut en tirer.

> **a** Vous pourrez faire référence aux objectifs du programme de CAS afin d'avoir des arguments convaincants.
>
> **b** Vous utiliserez des éléments qui permettent d'identifier une brochure (titre, colonnes, illustrations avec légendes explicatives...). Vous utiliserez des procédés stylistiques variés qui viseront à avoir un impact sur le lecteur de façon à l'inciter à participer.

3 « Cela fait maintenant trois mois que j'ai quitté mon travail, ma famille, le train-train quotidien. Jusqu'à présent ça ne s'est pas trop mal passé. Mais, vais-je pouvoir continuer pendant longtemps à vivre uniquement de ma musique ? » Continuez ce récit qui sera publié dans une revue pour les jeunes.

> **a** L'usage d'une variété de registres (familier, standard, littéraire) sera possible. Vous utiliserez un ou des élément(s) permettant d'identifier le texte comme un récit : titre, succession d'événements, dialogues, descriptions, etc. Vous rédigerez le texte à la première personne. Vous utiliserez des procédés stylistiques variés afin de rendre le récit plus captivant.
>
> **b** Comme il s'agit d'un sujet d'imagination, vous serez libre de développer vos idées comme vous l'entendez à condition que l'ensemble soit cohérent. Il est important que la première phrase (inscrite dans l'énoncé du sujet) soit bien intégrée au récit.

4 **Niveau supérieur** Expliquez votre point de vue et démontrez votre compétence interculturelle en étudiant les similitudes et les différences entre votre culture et celle(s) que vous étudiez.

> Les FrancoFolies de Montréal, c'est 250 spectacles couvrant les courants musicaux les plus divers, 1 000 auteurs, compositeurs, musiciens et interprètes de 13 pays, 3 spectacles-événements extérieurs gratuits... et des millions de petits plaisirs ! Tout ça en plein cœur du centre-ville de la métropole francophone d'Amérique, sur un site réservé aux piétons, avec toutes les commodités et une animation continue. En bref, une fête musicale unique qui est plus qu'un simple festival : c'est un véritable style de vie !
>
> Les FrancoFolies de Montréal

Vous considérerez :

- la taille de l'événement ;
- le caractère exceptionnel de l'événement ;
- l'importance de célébrer la langue française à travers sa musique ;
- vous comparerez avec des événements musicaux dans d'autres langues.

1 Les technologies environnementales

Objectifs

- S'informer et se mettre à jour sur les problèmes environnementaux d'aujourd'hui.
- Explorer les possibilités de solutions efficaces en réponse à ces problèmes.
- Étudier des descriptions, des analyses et des explications scientifiques et technologiques.
- Discuter ces problèmes et les réponses possibles.

Remue-méninges

- Quels sont les plus grands défis environnementaux à relever, à court, à moyen et à long terme, d'après vous ?
- Pensez-vous que les développements technologiques vont permettre de relever ces défis ? Êtes-vous plutôt optimiste, indifférent(e) ou pessimiste ? Expliquez vos raisons.
- Regardez ces deux cartes, qui représentent des statistiques pour l'industrie pétrolière en 2003.

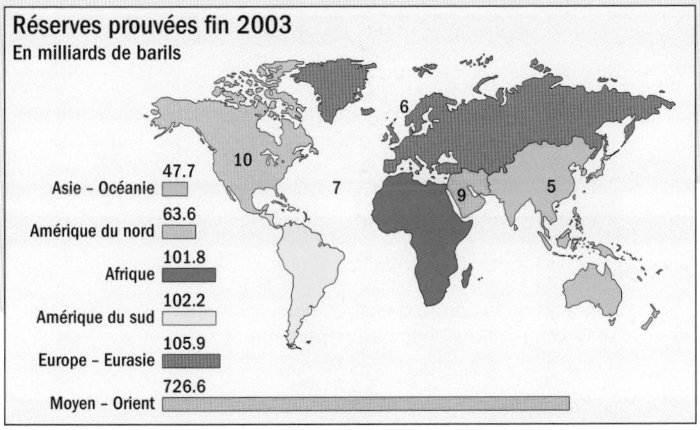

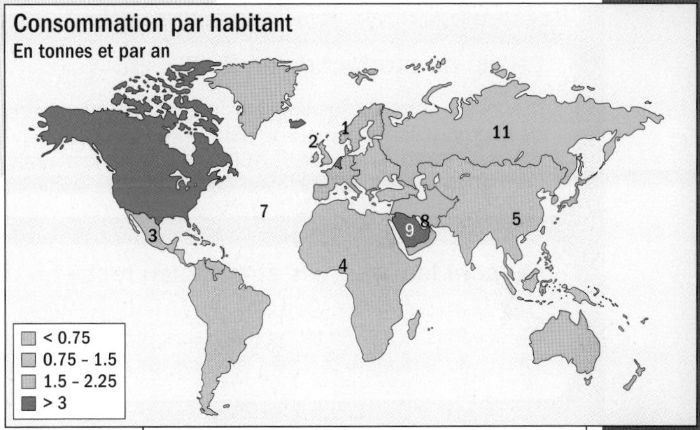

1 la Norvège
2 le Royaume-Uni
3 le Mexique
4 le Nigéria
5 la Chine
6 le Mer du Nord
7 l'Océan Atlantique
8 le Golfe Persique
9 l'Arabie Saoudite
10 Les États-Unis
11 la Fédération Russe

Que pourraient impliquer les différences géographiques ainsi illustrées ? Restent-elles les mêmes aujourd'hui ? Depuis 2003, quelle a été l'évolution générale de ces données statistiques, d'après vous ?

Pourquoi les chiffres ont-ils évolué de cette façon ? Quels changements auront lieu à l'avenir?

D'une façon générale, les régions productrices de pétrole ne correspondent pas aux régions de forte consommation. Quelles sont les implications de cette disparité en ce qui concerne leurs conséquences pour la planète ?

Quelles sont les conséquences probables d'un accroissement ou d'une diminution de la demande de produits pétroliers à l'avenir ?

Quels sont les grands pays producteurs ?

Si beaucoup de pays ont pu développer une production pétrolière grâce aux investissements étrangers et à la hausse des prix, aujourd'hui ils semblent atteindre leurs limites. La production reste par contre encore élevée dans les pays du Moyen-Orient.

Moins de pays producteurs.

(...2a...) 1970, de nouveaux pays sont devenus producteurs de pétrole : la Norvège, le Royaume-Uni, le Mexique, le Nigéria, la Chine, etc. Deux explications : (...2b...), les crises pétrolières des années 70 ont entraîné une hausse des prix, rendant (...2c...) possible l´exploitation de gisements qui n´étaient (...2d...) pas rentables (du fait de coûts technologiques élevés, comme par exemple la production offshore en Mer du Nord ou dans l´Atlantique). (...2e...), certains pays (par exemple la Chine) ont connu une forte croissance économique, augmentant ainsi les besoins pétroliers mondiaux et poussant les compagnies à rechercher de nouvelles sources d´approvisionnement. Aujourd'hui, la production de pétrole dans ces nouveaux pays producteurs semble atteindre un plafond de capacité de production. Ce ralentissement de la production est compensé par une augmentation importante de la part des pays du Golfe. (...2f...) possèdent effectivement la grande majorité des réserves de pétrole actuellement recensées sur la planète et leurs coûts de production sont les plus bas du monde (environ 1 dollar américain par baril en Arabie Saoudite, contre près de 15 dollars américains en Mer du Nord). Aujourd'hui, les 11 pays de l´OPEP (Organisation des Pays Exportateurs de Pétrole) représentent 40% de la production mondiale de pétrole brut.

PART DES RÉGIONS DU MONDE DANS LA PRODUCTION MONDIALE DE PÉTROLE

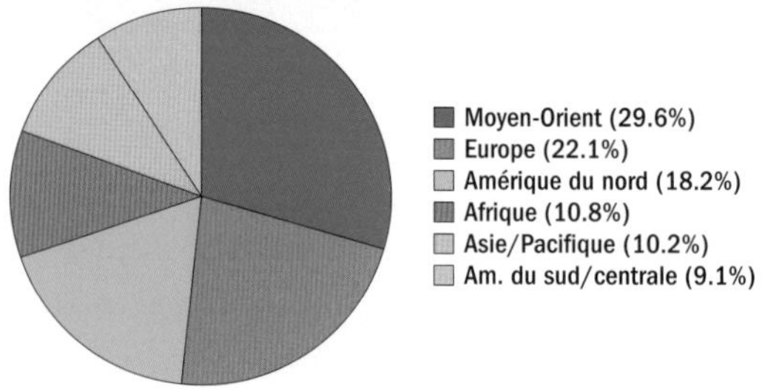

Le pic de production en 2020

D´après la compagnie pétrolière Total, le pic (ou maximum) de la production mondiale de pétrole interviendra dans la décennie 2020. Mais selon l´ASPO [1], il serait imminent pour 2008. Ce qui est sûr, c'est que une fois le déclin de la production entamé, la consommation continuera à augmenter, ce qui conduira à des tensions permanentes sur le marché du pétrole.

Où sont les réserves et combien reste-t-il de pétrole ?

Difficile d´évaluer des réserves que l´on n'a pas encore découvertes ! Cependant les géologues ont exploré la quasi totalité de la planète et jugent les réserves potentielles en fonction de la nature des sous-sols. Mais les évaluations des réserves sont aussi de nature politique...

Une consommation mondiale en constante augmentation

Depuis la révolution industrielle, la consommation d´énergie n´a cessé d´augmenter. Cette évolution est différente suivant les régions : la croissance de la demande énergétique est très importante aux États-Unis et en Chine, alors qu´elle est relativement faible pour les pays d´Europe de l´Ouest et en régression pour la Russie. La modération de la demande de pétrole en Europe est due aux crises de 1973 et 1979, suite auxquelles les gouvernements ont engagé des politiques de réduction de la dépendance au pétrole.

[...]

Les transports et l'énergie principaux utilisateurs

La consommation de pétrole pourrait presque doubler d´ici 2050 avec l´augmentation de la population mondiale et la croissance économique. Aujourd´hui, chaque habitant de la Terre consomme en moyenne 1,7 tonne d´équivalent pétrole (tep) par an. Sur ces 1,7 tonnes, les hydrocarbures (gaz naturel et pétrole) et le charbon fournissent 86% de l´énergie utilisée, le nucléaire 6,5%, l´hydraulique et les énergies renouvelables près de 8%. En France, la part du pétrole est de seulement 38,2%. Il faut bien voir que si la part majeure de la consommation mondiale est imputée aux transports (45%) et à la production d'énergie (chauffage, électricité : 42%), le pétrole sert aussi à fabriquer des bases pétrochimiques (solvants, résines synthétiques, détergents, engrais...) et des plastiques (8% de la consommation).

Céline Deluzarche, *L'Internaute*, Mars, 2005.

[1] ASPO: sigle anglais de l'Association pour l´étude du pic de production de pétrole.

1 D'après l'introduction de cet article, une des affirmations suivantes est fausse. Laquelle ?

A Dans le monde il y a grand nombre de pays producteurs de pétrole.
B Cette production est souvent financée par d'autres pays.
C L'augmentation des prix de pétrole empêche l'expansion de la production pétrolière.
D De nos jours, il semble que le maximum de production ait été réalisé.
E Le Moyen Orient est reconnu comme la région la plus riche en réserves de pétrole.

2 a–f Ajoutez les mots qui manquent dans le paragraphe « **Moins de pays producteurs** », en les choisissant dans la liste proposée ci-dessous. Attention : il y a plus de mots ou expressions que d'espaces et chaque mot ou expression ne peut être utilisé(e) qu'une seule fois.

AINSI	AVANT	CES DERNIERS	CEUX-LÀ	D'ABORD
DE PLUS	DEPUIS	ENSUITE	JUSQUE LÀ	PAR CONTRE

3 Quels mots ou expressions dans ce même paragraphe signifient… ?

a eu comme conséquence
b réserves de pétrole
c payants
d se sont développés rapidement
e une limite maximale
f exploitation moins rapide
g connues
h unité de production de pétrole
i non raffiné

En vous basant sur les deux paragraphes « **Le pic de production en 2020** » et « **Où sont les réserves et combien reste-t-il de pétrole ?** », reliez le début de la phrase de la colonne de gauche à la fin appropriée qui se trouve dans la colonne de droite. Attention : il y a plus de fins que de débuts et chaque fin ne peut être utilisée qu'une seule fois.

4 À partir de l'an 2020, selon Total, la production mondiale de pétrole…

5 D'après l'ASPO, le pic…

6 La consommation mondiale de pétrole…

7 Les écarts entre la production et la consommation…

8 On ne saura guère…

9 Presque toute la planète…

10 Des questions de géopolitique mondiale…

A aurait été atteint en 2008.
B donneront naissance à des conflits continuels.
C commencera à diminuer.
D a déjà été explorée par les géologues.
E deviendra de plus en plus importante.
F aboutiront en des suspensions de ventes.
G sera interrompue.
H continuerait à s'harmoniser avec la production.
I si les gisements à découvrir sont toujours importants.
J influencent ce qu'on annonce sur les réserves.
K comment évaluer les réserves dont nous nous disposons toujours.

Techniques de travail

Révisez la fonction du temps des verbes, et surtout les distinctions entre les temps similaires par leurs formes, tels que le futur simple et le conditionnel.

Faites attention de bien accorder le verbe avec son sujet.

11 D'après le paragraphe « **Une consommation mondiale en constante augmentation** », comment peut-on expliquer le fait que la croissance de la demande énergétique en Europe de l'Ouest soit moins importante qu'aux États-Unis ou en Chine ?

12 D'après la partie « **Les transports et l'énergie principaux utilisateurs** », d'ici jusqu'en 2050, l'augmentation de la population mondiale et la croissance économique entraîneront laquelle des conséquences suivantes ?

A Une croissance possible de 100% de la consommation de pétrole.
B Une croissance probable de 100% de la consommation de pétrole.
C Une croissance certaine de 100% de la consommation de pétrole.
D Une décroissance considérable de la consommation de pétrole.
E Une croissance éventuelle de plus de 100% de la consommation de pétrole.

www.etapenergie.com

Les énergies renouvelables maintenant !

(...A...)
Énergies renouvelables
(...B...)
Énergie solaire
Énergie éolienne
Énergie géothermique
(...C...)
Combustible bois
Chauffage bois
Chauffe-eau solaire
Chauffage solaire
Pompe à chaleur
(...D...)
Panneau solaire
Petite éolienne
Micro-centrale hydraulique
(...E...)
Puits canadien
Récupération d'eau de pluie
Crédit d'impôt
Éco-prêt à taux zéro
Stockage d'énergie
(...F...)
Acheter, vendre
Devis
Recherche d'emploi
Galerie photos

Environnement et développement durable

Nous sommes tous appelés à reconsidérer la part des énergies renouvelables dans notre consommation d'énergie ; non parce que nous sommes consommateurs ou avides de faire des économies, mais parce que l'exploitation des énergies renouvelables ne se fera pas sans l'accroissement de la production locale des énergies et de leur diversification.
Se prononcer en faveur d'une énergie durable relève aujourd'hui d'une suite d'aménagements aisément réalisables par tout citoyen soucieux de respecter son environnement. Ceux-ci sont facilités par des incitations fiscales et des filières professionnelles maintenant bien au fait des préoccupations de chacun.
Pour acquérir les notions de base, préalables à vos résolutions, *etapenergie* met à votre disposition une documentation couvrant différents aspects du sujet.

Le site s'organise autour de cinq grandes sections :

1. La première précise ce qu'est une énergie renouvelable.
2. La deuxième traite de certains mécanismes naturels, de leurs origines et du rôle de chaque énergie renouvelable au sein de la biosphère.
3. La troisième section soutient l'utilisation des énergies renouvelables à travers ses emplois les plus courants, comme par exemple le chauffe-eau solaire.
4. La quatrième propose d'être son propre producteur d'énergie. La petite éolienne en est un premier exemple ; devrait suivre le photovoltaïque.
5. Et la cinquième présente des alternatives jugées intéressantes.

L'énergie solaire, la plus prolifique des énergies renouvelables, ne doit pas masquer les réussites de la petite éolienne ou de la micro-hydraulique, si l'on veut que la phrase « vivre avec son environnement » ait un sens.
Nous travaillons à ce que le ressort régional, parfois local, tisse au moindre coût environnemental les conditions d'épanouissements collectifs et entendons encourager une politique globale responsable, comptable de la cohérence écologique.

Employeurs, chercheurs d'emploi, particuliers : vos annonces prochainement sur *etapenergie.com*

Si vous souhaitez compléter la galerie photos : l'installation par étape d'une éolienne, d'une centrale solaire, d'une unité de méthanisation ou l'entretien d'un barrage hydraulique sont attendus avec beaucoup d'intérêt. Nous attirons votre attention sur notre page de recherche d'emploi où vous pourrez sous peu déposer gratuitement votre CV (métiers liés à l'énergie renouvelable) accompagné si vous le désirez d'une lettre de motivation

Communications

Éclairage sur le SEPEN[1] à Montplaisir, une expertise indépendante du petit éolien

À Narbonne[2] depuis fin 2004 un site d'expérimentation du petit éolien, en partenariat avec EDF[3], l'ADEME[4]...

Redouté par les constructeurs et installateurs, le SEPEN au domaine de Montplaisir, près de Narbonne, soumet les aérogénérateurs à un régime de vents difficiles (turbulences, rafales) favorisant la venue d'incidents révélateurs de leurs comportements mécaniques. Les modèles d'éoliennes effectuant les tests avec succès sont ainsi congratulés d'une crédibilité supplémentaire auprès des porteurs de projets à qui elles sont proposées.
L'on ne peut que saluer les professionnels effectuant librement la démarche à ce centre indépendant, sur des modèles faiblement documentés par l'exemple.
Le rapport de ce test (mesures, évaluation... en production sur 6 mois), est rendu consultable après autorisation du demandeur. Une nouvelle plateforme dans l'Aude[5] recevant des éoliennes jusqu'à 36 kW[6] devrait être opérationnelle pour cette année.

[1] SEPEN : Site Expérimental pour le Petit Éolien de Narbonne
[2] Narbonne : ville du sud de la France, proche de la Méditerranée
[3] EDF : Électricité de France
[4] ADEME : Agence de l'Environnement et de la Maîtrise de l'Énergie
[5] Aude : département du sud de la France, au bord de la Méditerranée
[6] kW : Kilowatt; mesure d'électricité

1 A–F Ajoutez les sous-titres nécessaires dans le menu de cette page de site web, en les choisissant dans la liste proposée ci-dessous. Attention : il y a plus de mots ou d'expressions que d'espaces et chaque mot ou expression ne peut être utilisé(e) qu'une seule fois.

Centrales vertes Chauffage Dossiers Énergie – environnement Hydrocarbures comme sources d'énergie Préambule Services Problèmes Production d'électricité Systèmes de recyclage

2 Quels mots ou expressions dans l'encadré « **Employeurs, chercheurs…** » la signifient… ?

a personnes privées
b d'ici quelques jours
c en plusieurs temps
d moulin à vent qui fournit de l'électricité
e dispositif générateur d'énergie électrique
f conservation en bon état de fonctionnement
g sans frais
h en rapport
i explication écrite d'intérêt pour un emploi

3 Quelle est l'invitation qu'on vous propose dans ce paragraphe ?

4 Dans « où vous pourrez sous peu déposer gratuitement votre CV », « où » est synonyme de quelle expression ?

A sur lesquels
B dans laquelle
C sur laquelle
D dont
E à laquelle

En vous basant sur le paragraphe « **Environnement et développement durable** », reliez le début de la phrase dans la colonne de gauche à la fin appropriée qui se trouve dans la colonne de droite. Attention : il y a plus de fins que de débuts et chaque fin ne peut être utilsée qu'une seule fois.

5 Le devoir des citoyens…

6 Les solutions possibles en matière de production d'énergie durable…

7 Pour nous aider à être plus « verts »,…

8 Le site *etapenergie.com* a comme but…

A impliquent de réduire encore plus notre consommation d'énergie.
B vous réaliserez des projets de production locale d'énergie renouvelable.
C sont faciles à mettre en œuvre.
D d'informer sur les grandes questions qui concernent l'énergie renouvelable.
E est de bien réfléchir à l'exploitation des sources d'énergie renouvelable.
F restent encore à trouver.
G on a instauré un régime d'impôts qui encourage la production locale d'énergie durable.
H de militer pour des résolutions « vertes » auprès des gouvernements

En vous basant sur la partie « **Le site s'organise autour de cinq grandes sections** », reliez chacun des mots ou expressions donnés avec son équivalent. Attention : il y a plus de mots ou expressions proposé(e)s que de réponses possibles.

9 précise
10 traite
11 au sein de
12 biosphère
13 soutient
14 à travers
15 courants
16 propre
17 prolifique
18 masquer
19 tisse
20 au moindre coût
21 épanouissements
22 entendons

A par le biais de
B purs
C promeut
D obscurcir
E décrit
F fluides
G définit
H comprenons
I concerne
J personnel
K à l'intérieur de
L la Terre vivante
M voulons
N étaye
O habituels
P abondante
Q rentable
R en limitant autant que possible les dégâts
S crée
T développements
U planète

23 Dans cette partie, indiquez deux significations possibles de la phrase « si l'on veut que la phrase "vivre avec son environnement" ait un sens ».

A Qu'on ne doit pas limiter l'évaluation des réussites techniques à des questions d'énergie solaire.
B Que la phrase « vivre avec son environnement » n'est qu'un slogan, plus ou moins vide de sens.
C Que c'est à chacun de nous de décider si les problèmes de l'environnement sont graves ou pas.
D Que les petites éoliennes et la micro-hydraulique sont des solutions importantes pour la production d'énergie renouvelable.
E Que l'énergie solaire reste la seule option sérieuse, capable de fournir assez d'électricité à l'avenir.

24 Les affirmations suivantes, basées sur La partie « **Communications** » sont soit vraies, soit fausses. Justifiez votre réponse par les mots du texte.

a Sur le site d'*etapenergie.com,* il y a une évaluation française, non gouvernementale, de l'efficacité de la micro-production d'énergie éolienne.
b Les tests d'éoliennes réalisés à Montplaisir sont stricts, parce qu'ils reproduisent des conditions météorologiques extrêmes.
c L'approbation du SEPEN met en valeur les produits qui résistent bien pendant les tests.
d Les recherches du SEPEN ajoutent beaucoup à nos connaissances en génie environnemental.
e Les résultats des derniers contrôles du SEPEN restent pourtant confidentiels, jusqu'à aujourd'hui.

Pour aller plus loin

- Comment voyez-vous l'avenir énergétique de notre planète ? Où trouverons-nous de nouvelles ressources pour la production de l'électricité ? Comment allons-nous relever les défis auxquels nous sommes confrontés ? Comment identifier des solutions techniques efficaces, en mesure de répondre à la demande probable ?

  À la suite de ce que vous avez appris dans cette unité, et éventuellement sur la base de vos recherches supplémentaires, quelles sont les solutions que vous prôneriez, sur les plans environnementaux, techniques, économiques, sociaux, géopolitiques ou autres ?

- Il y a bien entendu, beaucoup de controverses sur les solutions possibles aux défis que nous pose la gestion de l'environnement.

  Identifiez certaines de ces controverses et faites des recherches sur les meilleurs arguments et les points de vue les plus raisonnables.

  Comparez vos constatations avec celles de vos camarades de classe pour établir les bases d'une discussion, ou d'un débat formel à mener comme activité orale.

- À l'avenir, ce qui est certain, c'est que notre style de vie changera, et cela en fonction des solutions apportées à de nouveaux problèmes environnementaux.

  Réfléchissez à votre mode de vie actuel et évaluez l'impact probable de ces problèmes. Identifiez au moins un élément que vous êtes déjà prêt(e) à abandonner ou à changer de façon significative, et au moins une solution technique, déjà réalisable, qui pourrait compenser le manque ainsi créé.

  Avec vos camarades de classe, mettez vos idées ensemble pour rédiger un questionnaire qui vous servira à faire un sondage sur les préférences de votre entourage, à l'école ou chez vous. Ensuite, rédigez un texte (chacun choisissant un format différent), qui permette de sensibiliser vos lecteurs aux choix qui s'offrent, et ainsi de stimuler la discussion et le débat.

- Pour vous, qu'est-ce qui est le plus urgent : comprendre la nature et l'ampleur des problèmes ? Mettre au point des technologies pour réduire des problèmes ? Financer la recherche et le développement pour les installations nécessaires ?

  Modifier les comportements individuels et sociaux ? Résoudre les conflits géopolitiques qui entravent ce processus ? Communiquer au grand public le savoir des experts ? Autre chose ?

Théorie de la connaissance

- Quand l'avenir de la planète est en jeu, jusqu'à quel point devons-nous, en tant qu'individus, nous occuper activement des problèmes d'environnement ?

  Pourrions-nous rester passifs et adopter une attitude de laisser-faire ?

- Problèmes immédiats et régionaux à court terme, face aux défis mondiaux à moyen et à long terme : comment y répondre de façon éthique ? Les problèmes d'autrui nous concernent-ils ? Dans quelle mesure pouvons-nous, ou devons-nous nous isoler de ce qui va arriver dans le monde ?
- Quels sont les arguments qui justifient ou condamnent l'exploitation par certaines générations et/ou certaines populations des ressources non renouvelables de notre planète, jusqu'à leur épuisement ? Comment peut-on étayer ces arguments de façon convaincante ?
- La sensibilisation aux problèmes de l'environnement en général, et l'éducation technologique en particulier, concernent-elles tout le monde ? Devrions-nous encourager des formations supérieures en génie environnemental pour produire davantage de spécialistes capables d'apporter des solutions aux problèmes, et ceci aux dépens d'autres types d'études supérieures ?

Théorie de la connaissance

- Considérez les textes que vous venez d'étudier au cours de votre travail dans cette unité. À première vue, qu'est-ce qui les rend plus faciles ou plus difficiles à la lecture pour vous ?

  Qu'est-ce qui les distingue et à quoi reconnaît-on qu'ils sont rédigés par des spécialistes ? La qualité du langage, le style et les choix de présentation de ces textes vous incitent-ils davantage à les lire ?

  Précisez et expliquez votre point de vue.

Activités orales

1 Le jeu des 60 secondes

a Les objectifs du jeu sont :

- de faire parler les joueurs sur l'un des thèmes de l'unité, de façon spontanée et variée, sans se répéter et sans s'éloigner du sujet, pendant au moins 60 secondes
- d'inciter les autres joueurs à écouter de façon critique et attentive.

b Les règles du jeu sont très simples. Il faut parler sans interruption pendant au moins 60 secondes, sans :

- répéter les mêmes mots ou expressions
- hésiter (sauf pour reprendre sa respiration !)
- changer de sujet (c'est-à-dire de thème ou de langue, qui doit être le français bien sûr)

c Suggestions de thèmes :

- l'importance des sources traditionnelles d'énergie
- une source non traditionnelle d'énergie
- un défi important à relever : l'aspect environnemental/technique/géopolitique/social/économique

d Le déroulement du jeu: stratégies pour gagner :

Il est presque impossible pour qui que ce soit de parler spontanément, sans répétitions, hésitations ou changements de sujet, pendant une minute.

Les autres joueurs peuvent interrompre la personne qui parle s'ils estiment qu'elle n'a pas respecté les règles. Ils auront à justifier leurs objections auprès de l'arbitre (le professeur, normalement). Si l'arbitre estime que l'objection est justifiée, le joueur qui parlait doit céder la parole à celui qui a fait objection. Le joueur sortant reçoit autant de points que de secondes pendant lesquelles il ou elle a parlé sans être interrompu(e). Le joueur dont l'objection a été acceptée prend la parole. Le joueur qui parle encore au bout des 60 secondes gagne 60 points.

Dois-j'avoir le droit de vote
pour sauver ma planète?

Le droit de vote pour sauver la planète ?

1 Que signifie cette image pour vous ?

2 Sauver la planète, c'est un problème politique, un problème d'ordre scientifique et technique, ou un problème d'ordre différent, d'après vous ?

3 Comment les progrès techniques les plus récents peuvent-ils nous aider à faire face aux défis de l'environnement ?

Êtes-vous optimiste ou pessimiste quant à la contribution qu'ils peuvent apporter ?

4 Les jeunes ont-ils un rôle important à jouer dans l'amélioration de l'environnement ? Si oui, lequel, et que peuvent-ils faire ? Si non, pourquoi leur voix se trouve-t-elle exclue de ces discussions ?

Production écrite

1 Dans votre école, il y a des personnes qui s'engagent dans des campagnes pour sauver l'environnement et devenir plus verts, en exhortant tout le monde à modifier son comportement au quotidien. Vous trouvez leurs propositions trop simplistes, peu pratiques, peut-être sans impact réel, voire irréalisables. On vous invite à présenter vos objections dans un débat structuré suivi d'un vote, qui aura lieu à l'école. Rédigez le texte du discours que vous présenterez en préambule à ce débat.

a Vous remettrez en cause les propositions de vos adversaires, soit en avançant des arguments convaincants et bien étayés, soit en proposant d'y apporter des modifications importantes, soit par un mélange judicieux des deux. Vous ferez moins référence à des généralités théoriques qu'à des situations et des exemples concrets que votre public connaît bien.

b Rédigez votre discours, qui comportera introduction, présentation des arguments (avec exemples) et conclusion. Finissez en exhortant votre public à voter pour vos idées.

c Le ton et le message seront renforcés par des procédés rhétoriques variés, visant à corriger, mieux informer, éclairer, réfuter, persuader et convaincre. Ces procédés comprendront par exemple la mise en contraste, l'élaboration des descriptions, des analyses logiques qui mettront vos conclusions mieux en relief, des exhortations à adopter votre point de vue, etc.

2 Vous imaginez le monde de 2050 : la situation de l'environnement, le niveau de développement technologique, les machines qui seront disponibles pour faciliter la vie quotidienne et la production d'énergie nécessaire pour faire fonctionner cette technologie. Vous composez un récit de science-fiction, texte facile destiné à amuser, instruire et faire réfléchir les enfants.

a Il s'agit d'une courte histoire qui aura un titre susceptible d'accrocher des lecteurs jeunes, qui présentera une petite aventure amusante et instructive, et qui pourra les captiver par sa fantaisie ou au contraire sa vraisemblance. Le texte pourrait être illustré de dessins avec légendes explicatives.

b Comme arrière-plan ou mise en scène de votre histoire, vous décrirez une ou plusieurs situations ou inventions appropriées pour un texte de science-fiction, en expliquant directement ou indirectement leur raison d'être, leurs fonctions et leur impact sur la vie quotidienne. Cette présentation se terminera par des réflexions destinées à inciter vos lecteurs à réfléchir aux avantages et aux inconvénients de cette technologie et aux plaisirs ou aux désagréments de la vie à venir.

c Pour renforcer l'interaction avec vos lecteurs, vous pourriez avoir recours à un mélange de styles et de registres : narration (peut-être même à plusieurs personnes), monologue intérieur, dialogue, reportage, description plus ou moins élaborée, etc.

3 **Niveau supérieur** Sur le site du journal *Algérie Économie*, vous venez de lire cet article.

L'Algérie et l'Égypte vont lancer une compagnie pétrolière commune

5 décembre 2009

L'Égypte et l'Algérie vont lancer une co-entreprise dans l'exploration et la production de pétrole, a annoncé vendredi au Caire le ministre de l'Énergie, Chakib Khelil. « J'espère que nous allons signer un accord pour lancer une co-entreprise dans l'exploration et la production pétrolière, en Égypte et en Algérie et dans d'autres pays », a affirmé le ministre.

Ayéééé! 'Y a plus de pétrole!
...Faut trouver autre chose maintenant.

Exposez vos connaissances et votre point de vue en discutant des questions suivantes :

- l'importance de telles exploitations de ressources naturelles pour des pays en voie de développement, tels que l'Algérie et l'Égypte ;
- les dangers que l'exploitation de plus en plus accrue des ressources en hydrocarbures non-renouvelables pose à l'environnement de la planète et/ou sur les plans économiques et sociaux ;
- la part de coopération efficace sur le plan international, quant à la résolution des défis énergétiques qui confronteront le monde de demain.
- les solutions techniques et/ou politiques possibles aux problèmes évoqués.

2 Les manipulations génétiques

Objectifs

- Apprécier les objectifs de la science des manipulations génétiques.
- Réfléchir à quelques controverses actuelles concernant les manipulations génétiques.
- Étudier des diagrammes explicatifs.
- Participer à un débat structuré.

Remue-méninges

- Quand vous achetez de la nourriture, mangez à l'école ou ailleurs, contrôlez-vous la provenance de ce que vous consommez ?

  Savez-vous si ces aliments proviennent des OGM (organismes génétiquement modifiés) ou pas ?
- Sur votre marché local, trouve-t-on facilement des aliments en provenance d'OGM ? Comment le savez-vous ?

  Y a-t-il des alternatives « naturelles » aux aliments modifiés qu'on puisse facilement trouver ?

  Quels sont les avantages et les inconvénients d'acheter ces aliments non modifiés, par rapport aux aliments génétiquement modifiés ?
- Que pensez-vous du dessin humoristique ci-contre ?

  Pour vous, en quoi consiste son humour ?

  Y a-t-il une part de sérieux ?

  Mangez-vous du maïs transgénique ?

  En mangeriez-vous le cas échéant ?

  Si oui, pourquoi n'avez-vous pas peur des effets néfastes possibles dont on ne sait toujours pas grand-chose ?

  Si non, quels sont les principes qui déterminent votre choix ?

  Y a-t-il certains produits OGM que vous accepteriez comme aliments pour les animaux, mais pas pour les êtres humains ?

  Expliquez votre point de vue.

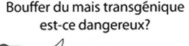

Bouffer du mais transgénique
est-ce dangereux?

- Si vos médecins vous le conseillaient, consentiriez-vous à ce qu'on vous fasse une greffe chirurgicale d'un organe génétiquement modifié, sans savoir si le résultat sera la guérison d'une maladie chronique, ou au contraire un problème ultérieur pour votre santé ?
- Dans l'histoire de « Frankenstein », l'homme joué à être Dieu par la création d'êtres vivants, à partir de greffes d'organes et de parties des corps humaines différents.

  S'agit-il de créer des monstres ou de faire avancer la science et la médecine, d'après vous ?

DIAGRAMME A
OBTENTION D'UN OGM

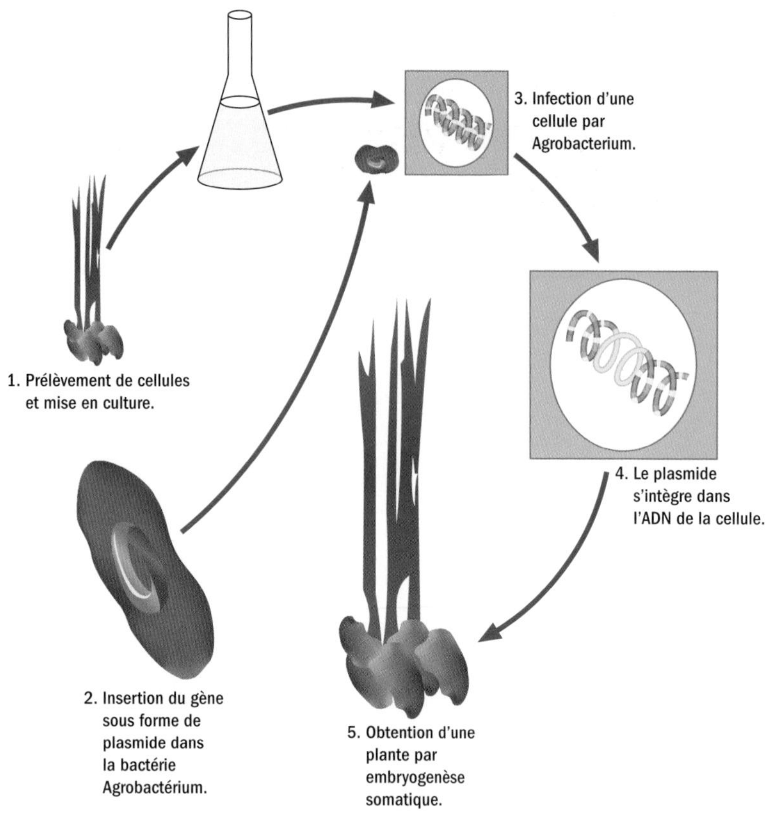

DIAGRAMME B
COMMENT LES OGM ARRIVENT-ILS SUR NOTRE TABLE ?

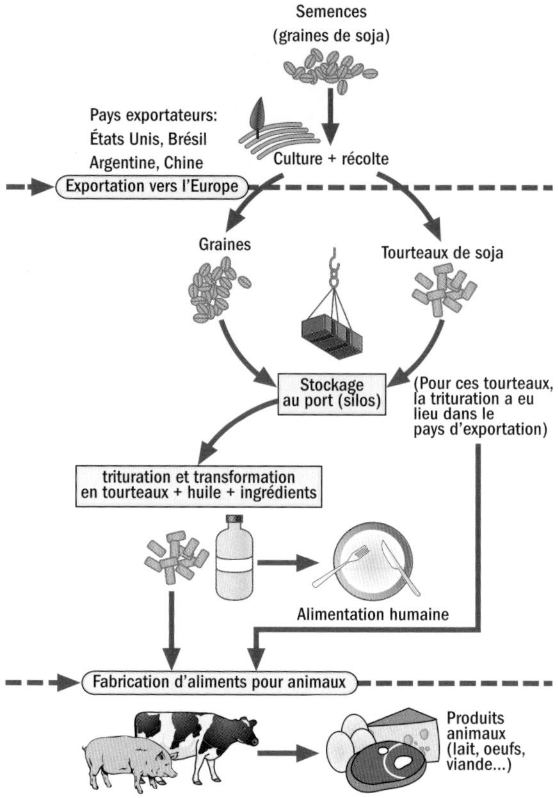

* *tourteaux : aliments pour animaux*

OGM.gouv.qc.ca Source d'information sur les organismes génétiquement modifiés

Questions sur les OGM

La présence d'organismes génétiquement modifiés (OGM) dans l'alimentation et dans l'environnement soulève de nombreuses questions. Le sujet des OGM est (...10a...) controversé selon le pays, les valeurs de sa population et la réglementation en vigueur. Bien qu'il existe différentes sources de renseignements sur les OGM, les opinions (...10b...) à leur sujet peuvent laisser perplexe. Le Conseil de la science et de la technologie a (...10c...) recommandé au gouvernement du Québec de fournir à la population une information fiable et validée sur les OGM. Le gouvernement du Québec propose le présent site qui rend compte de l'état (...10d...) des connaissances générales et scientifiques sur les OGM : la conception, les processus d'approbation, les questions éthiques, les effets sur la santé et l'environnement, etc. Le site a pour objet non pas de présenter tous les points de vue connus sur les OGM, mais (...10e...) d'offrir une information factuelle et accessible concernant l'utilisation des OGM, notamment en matière d'agriculture intensive ou industrielle. Dans certains cas, l'information donnée dans ce site est partielle, (...10f...) la science n'a pas encore trouvé réponse à toutes les questions touchant les OGM. Aussi, des mises à jour sont effectuées régulièrement, (...10g...) présenter l'information la plus complète et la plus précise possible.

Diagramme A : Obtention d'un OGM

1 Trouvez les mots dans le diagramme A qui sont synonymes de ces expressions.

a sélection d'échantillon (pour analyse)
b composante du noyau d'une cellule
c pénétration d'un organisme par un microbe
d est incorporé
e purement organique

Langue

Observez attentivement la forme et la fonction grammaticale des mots et expressions donnés. Vérifiez bien les possibilités de substitution : le sens du texte doit rester exactement le même.

Diagramme B : Comment les OGM arrivent-ils sur notre table ?

2 Numérotez les légendes dans le bon ordre chronologique, pour expliquer le sens du diagramme B.

a élevage d'animaux qui se nourissent de produits avec des OGM
b fabrication de produits dérivés à partir des graines de soja
c production de soja transgénique
d préparation d'aliments prêts à la vente au détail
e expédition de graines des pays producteurs aux pays consommateurs
f consommation humaine de produits d'origine animale contenant des OGM

Questions sur les OGM

3 Quels mots et expressions du premier paragraphe indiquent que beaucoup de problèmes associés aux OGM n'ont toujours pas été résolus ?

4 La contestation de la présence des OGM dans les aliments et l'environnement dépend de quels facteurs ?

A l'État concerné
B les croyances des gens
C les connaissances scientifiques
D la législation contrôlant les OGM
E la vigueur des arguments opposés

En vous basant sur l'extrait du site web, reliez le début de la phrase de la colonne de gauche à la fin appropriée qui se trouve dans la colonne de droite. Attention : il y a plus de fins que de débuts et chaque fin ne peut être utilisée qu'une seule fois.

5 La confusion au sujet des OGM…
6 Le gouvernement du Québec tente…
7 Le site www.ogm.gouv.qc.ca…
8 Certains renseignements sont…
9 Les informations données…

A de favoriser l'introduction d'une agriculture transgénique efficace.
B présentent la politique du gouvernement québécois en matière d'OGM.
C est due à la multiplicité de points de vue différents.
D incomplets parce qu'il existe des lacunes dans nos connaissances.
E d'informer les gens correctement sur les OGM.
F s'explique par la variété des informations mises à la disposition du public.
G assez subjectifs, étant donné la nature des arguments dans ce débat.
H se veut objectif, détaillé, mais facile à comprendre.
I est garanti par les autorités canadiennes.
J sont souvent renouvelées pour que le site reste d'actualité.

10 a–g Ajoutez les mots qui manquent dans ce texte, en les choisissant dans la liste proposée ci-dessous. Attention : il y a plus de mots ou expressions que d'espaces et chaque mot ou expression ne peut être utilisé(e) qu'une seule fois.

ACTUEL AFIN DE CAR DIVERGENTES DONC ÉGALEMENT EN EXTRÊMEMENT NÉANMOINS PLUS OU MOINS PLUTÔT QUOIQUE UNANIMES

LE CLONAGE HUMAIN

Se basant sur la technique du clonage animal, la possibilité de réaliser un clonage humain reproductif – c'est-à-dire créer un être humain identique à un autre – suscite de nombreuses interrogations.

Entre fantasmes et éthique, un petit tour d'horizon.

Clonage et science-fiction

Le clonage est depuis longtemps un sujet de prédilection de la science-fiction. Dès 1932, des êtres sélectionnés jusqu'à la perfection, puis clonés à outrance, offrent une société parfaite dans le Meilleur des Mondes d'Aldous Huxley. Par la suite, Duncan Idaho accède à l'immortalité virtuelle par le biais d'une succession de clones, dans la saga de Dune de Franck Herbert. Au cinéma, un citoyen surmené s'offre trois copies conformes de lui-même pour avoir la paix, dans Mes doubles, ma femme et moi d'Harold Ramis. « Je fais des miracles. Je crée du temps. Je fabrique des clones. », lui vendra le généticien responsable de sa multiplication.

Fantasmagories

On discerne de suite les fantasmes liés au clonage : vie éternelle, perfection du corps et de l'esprit, omniscience, ubiquité, etc. Et les risques ! Irresponsabilité, eugénisme, excès, etc. Le principe séduit autant qu'il révulse. L'idée d'une nation entièrement constituée de blonds aux yeux bleus, grands, beaux, forts et intelligents, tous parfaitement identiques, peut légitimement faire naître une peur panique et forcer une prudence sans réserves.

La brèche Dolly

Voici que la naissance d'une brebis issue d'elle-même, Dolly, ouvre une brèche entre la science-fiction et la réalité.
Mais s'agit-il réellement de créer un être en tout point semblable à son modèle ? (…9a…), comme pour la brebis, cette (…9b …) est envisagée depuis 1997 par la secte de Raël, et (…9c…) récemment par un gynécologue, le docteur Severino Antinori.

Le clonage reproductif est à (…9d…) pour raison de problèmes éthique et technique. Le clonage reproductif donne peu de résultats, marche très mal, donne beaucoup de « monstres ». Il y a généralement avortement à des niveaux variables de la (…9e…). Les avortements tardifs et la mort d'enfants nés sont généralement mal (…9f…).

Réalités du clonage appliqué à l'homme

Le réel intérêt du clonage n'est pas cette folie. La vraie utilité du clonage concerne plutôt les réelles avancées dans les technologies des greffes que pourrait apporter la maîtrise de cette technique. Et cela ne nécessite en rien la reproduction in extenso de l'être vivant à soigner.

Sciences Citoyen, l'Université de Strasbourg

1 Selon l'introduction, laquelle de ces phrases résume le mieux les thèmes de l'article ?

A La science du clonage est de la fantaisie pure et simple.
B Le clonage humain a été testé sur des animaux.
C Le clonage animal a donné naissance à beaucoup de questions.
D Les questions morales ne doivent pas être exclues, quand on considère la science du clonage.
E La possibilité de créer des clones humains n'est qu'un cauchemar.

2 D'après la partie « **Clonage et science-fiction** », quels romanciers se sont beaucoup intéressés aux questions de clonage ?

3 Quels mots ou expressions dans ce paragraphe signifient… ?

a thème préféré
b à partir de
c de façon très exagérée
d parvient
e moyennant
f épuisé par les responsabilités

4 D'après la partie « **Fantasmagories** », lesquels des rêves mentionnés rendent l'idée du clonage attirante ?

A vivre pour toujours
B éliminer les problèmes physiques
C tout savoir
D tout se permettre
E fabriquer une race parfaite

5 Quelle phrase veut dire que le clonage attire les gens et en même temps leur déplaît ?

6 D'après la partie « **La bréche Dolly** », quelle sorte d'animal était Dolly ?

7 Quelle est son importance historique ?

8 Pourquoi affirme-t-on que Dolly « ouvre une brèche entre la science-fiction et la réalité » ?

9 a–f Ajoutez les mots qui manquent, en les choisissant dans la liste proposée ci-dessous. Attention : il y a plus de mots ou expressions que d'espaces et chaque mot ou expression ne peut être utilisé(e) qu'une seule fois.

CERTES	ENCOURAGER	FORMÉE
GROSSESSE	INTERDIRE	MANQUE
MODÈLE	NAISSANCE	PAR CONSÉQUENT
PLUS	VÉCUS	VOIE

10 D'après la partie « **Réalités du clonage appliqué à l'homme** », trois des affirmations qui suivent sont vraies. Lesquelles ?

A Les rêves décrits au-dessus sont fous.
B La science du clonage devrait nous intéresser pour ses possibilités médicales.
C Pour que la recherche puisse avancer, il faudra cloner des êtres humains.
D Les techniques qu'on applique au clonage n'avancent plus.
E La technologie des greffes reste à perfectionner.

Pour aller plus loin

- En 1994, le tabac résistant aux herbicides a été la première culture génétiquement modifiée à être lancée sur le marché européen.

  La recherche avait été effectuée en France et aux États-Unis.

  Pourquoi pensez-vous qu'un produit non comestible, provoquant une dépendance dangereuse pour la santé, était au premier rang de la recherche et du développement scientifiques dans ce secteur ?

- Étant donné ce que vous ont appris ces textes, comment prendriez-vous position dans le débat qui entoure les modifications génétiques et le clonage ?

  Êtes-vous pour ou contre ces recherches et leurs applications pratiques, ou avez-vous une opinion plus nuancée ?

  Seriez-vous pour, indifférent ou contre, même s'il s'agissait d'augmenter la production alimentaire mondiale, d'améliorer la santé des malades, d'éliminer des fléaux jusqu'à maintenant difficiles à maîtriser ?

  Avez-vous besoin de faire des recherches plus poussées pour approfondir vos connaissances et mieux cerner la question ?

  Comment vous y prendriez-vous ? À quelles sources chercheriez-vous les renseignements supplémentaires nécessaires ?

  Quels sont les raisons et les arguments qui justifient votre point de vue ?

- Quels devraient être les rôles respectifs des sociétés agro-industrielles et des autorités régionales, nationales et internationales dans le développement et l'exploitation de cultures agricoles et/ou l'élevage d'animaux transgéniques ?

  Les problèmes associés justifient-ils que les recherches et la commercialisation éventuelle de produits soient soumises à la surveillance, au contrôle, voire à l'autorisation d'organismes indépendants ?

  Peut-on se fier au fonctionnement d'un « marché libre » en OGM ?

- La plupart des sites sur les OGM sont des sites qui s'opposent au développement et à la commercialisation des OGM.

  Comment expliquez-vous ce phénomène ?

  Que feriez-vous pour obtenir des informations aussi correctes que possible ?

- Sous quelles conditions accepteriez-vous le clonage d'êtres vivants, ou d'organes destinés à servir de greffes pour prolonger la vie de quelqu'un ? Expliquez et justifiez votre prise de position.

Théorie de la connaissance

- Certains croient que par la science transgénique et la création de nouvelles formes de vie, l'Homme joue à être Dieu. Êtes-vous d'accord ou pas d'accord ?

  Devrait-on imposer des limites à ce qu'on accepte de faire au nom de la recherche, ou tout est-il permis afin de pouvoir faire avancer la connaissance scientifique, d'après vous ?

- Sommes-nous moralement obligés de tout tenter pour produire de quoi nourrir l'ensemble de la population de la planète, même si cela veut dire utiliser des semences transgéniques et donc courir des risques que l'on mesure mal à moyen et long terme (tels que l'impact sur les écosystèmes) ?

- Certains pensent que des manipulations génétiques, sous la forme du développement de l'agriculture et de l'élevage des animaux de mieux en mieux domestiqués, remontent à la préhistoire. Certaines races, comme celles des chiens qui existent aujourd'hui, sont très loin de leurs origines biologiques à l'état sauvage.

  Quelles sont les limites acceptables de ces développements, à votre avis ?

- Peut-on accepter la création de nouvelles formes de vie qui n'ont jamais existé dans la nature ?

  Si oui, pour quelles raisons ? Si non, quelles sont vos objections ?

- Consentiriez-vous à être cloné ?

Activités orales

1 Imaginez que vous participiez à un congrès international chargé de réexaminer les réglementations en vigueur dans le monde sur la propagation, le commerce et la commercialisation des produits transgéniques. Vous participez au débat pour essayer d'arriver à un accord sur ce que la législation devrait spécifier.

Choisissez individuellement, ou en groupe, un des rôles décrits ci-dessous.

La première chose à faire sera de vous présenter et d'expliquer votre fonction ainsi que la politique adoptée par ceux que vous représentez. Il est recommandé de limiter le temps disponible à chaque élève à cette étape du débat.

Rôle A

Vous représentez le ministère de l'Agriculture d'un pays développé qui est impliqué dans la recherche, la production et la commercialisation de marchandises transgéniques.

Rôle B

Vous représentez le ministère de l'Agriculture d'un pays en voie de développement qui a besoin d'augmenter aussi efficacement et rapidement que possible, l'approvisionnement en nourriture de votre population.

Rôle C

Vous représentez une grande société agro-industrielle qui est très impliquée dans la recherche, la production et la commercialisation sur le marché international de marchandises transgéniques.

Rôle D

Vous représentez une organisation internationale chargée de présenter ses conclusions aux Nations Unies sur la meilleure façon de contrôler les recherches, le commerce et la commercialisation de produits transgéniques, de façon à gagner la confiance du public en ces produits.

Rôle E

Vous représentez un groupe écologique qui n'a aucune confiance en la science transgénique et qui plaide pour l'augmentation de la production agricole traditionnelle et biologique.

Rôle F

Vous représentez le gouvernement d'un pays développé qui a décidé d'interdire la recherche, la production et le commerce de marchandises transgéniques, parce qu'il estime qu'elles posent trop de risques pour la santé publique.

Rôle G

Vous êtes expert scientifique et vous représentez une université de renommée internationale qui est très impliquée dans la recherche sur les plantes transgéniques et la mise à jour des connaissances scientifiquement fiables.

L'alimentation mondiale : rêves et réalités ?

1 Pour vous personnellement, quel est le message communiqué par cette image ? Renforce-t-elle les légendes qui l'accompagnent ?

2 Cette image constitue-t-elle une arme efficace pour sensibiliser le public aux questions sur les OGM et l'agriculture biologique ? Justifiez votre point de vue et proposez des façons d'améliorer cette publicité pour qu'elle sensibilise bien le public.

3 Besoins alimentaires des populations de la planète, ou dangers que pourraient poser la dissémination et la consommation de produits transgéniques : auquel de ces deux aspects de la controverse êtes-vous le plus sensible ?

4 Des kiwis modifiés par l'apport de gènes dérivés des oranges : que signifierait cette possibilité dans la société ou la culture que vous connaissez le mieux ?

Production écrite

1 Le Conseil des Élèves de votre école veut publier un manifeste pour inviter tous les élèves à mieux s'informer sur les avantages et les inconvénients possibles des aliments qui contiennent des OGM et qui sont proposés à l'école.

Ce manifeste cherchera à sensibiliser les élèves à ce qu'ils boivent et mangent, tout en abordant la question de l'utilité de l'information sur ce que l'on consomme. Rédigez ce manifeste comme vous l'envisagez.

a Votre texte doit retenir l'attention par sa présentation et par son expression. Vous chercherez à motiver les lecteurs pour qu'ils prennent le problème posé au sérieux. Vous expliquerez comment s'informer sur la nourriture et à la boisson à l'école. Vous concluerez par un appel à la vigilance attentive. Le nom du Conseil des Élèves apparaîtra clairement pour que le document ne soit pas anonyme.

b Le registre peut varier entre l'adresse direct à la deuxième personne (impératif pluriel) et les observations objectives à la troisième personne. Vous inclurez par exemple des questions, des descriptions, des exclamations, des explications, des conseils et des recommandations. Vous pourriez aussi ajouter des illustrations, avec des légendes qui renforceront le message à communiquer.

2 Vous venez de lire un roman ou de voir un film de science-fiction qui traite des mutations génétiques provoquées par des chercheurs scientifiques, avec des conséquences dramatiques que l'on n'avait pas prévues au début du programme de recherches. Ce roman ou ce film vous a fait une grande impression. Rédigez une critique du roman ou du film, qui sera publiée par la médiathèque de votre école.

a Vous êtes libre de choisir ce que vous voulez comme point de départ (quelque chose d'inventé par vous, ou que vous avez vraiment lu ou vu), pourvu que cela traite des conséquences imprévues de certaines manipulations génétiques. N'oubliez pas de parler de l'objectif initial de la recherche aussi bien que des conséquences imprévues.

b Il s'agit d'une critique rédigée en forme d'article qui mentionnera les aspects positifs et négatifs de l'œuvre, afin de la recommander ou au contraire de la déconseiller à d'autres. Vous parlerez de l'effet que vous a fait cette œuvre et vous tirerez des conclusions générales.

c Le registre peut être personnel, ou objectif. Vous présenterez les personnages et vous résumerez brièvement l'intrigue en donnant des exemples de ce que vous avez apprécié ou moins aimé. Vous parlerez de la signification et de l'importance des thèmes abordés, de la vraisemblance ou l'invraisemblance de l'œuvre, etc.

3 **Niveau supérieur** Rédigez une réponse qui pose les arguments pour et contre ce que vous lirez dans ce fait divers.

Les organismes génétiquement modifiés, ce ne sont pas uniquement les plantes ! Veaux, vaches, cochons, même chiens peuvent tout à fait être transformés grâce au biotechnologies. Le point sur les animaux transgéniques.

Chez l'animal aussi, il est désormais possible de procéder à des transformations génétiques. Pour l'instant, les animaux transgéniques sont essentiellement utilisés par la recherche fondamentale (les souris génétiquement modifiées sont utilisées depuis plus de 10 ans). Des expérimentations actuellement en cours sont notamment la modification de la composition du lait de vache ou la protection des animaux d'élevage contre certaines maladies. Néanmoins, certaines expérimentations envisagent d'obtenir des débouchés commerciaux en utilisant des animaux domestiques.

Doctissimo

Vous considérerez :

- le statut de la recherche scientifique avec expérimentations sur les animaux et/ou manipulations génétiques et les attitudes envers ce type de recherche dans votre culture et en France, pays d'origine de cet article ;
- l'importance de cette recherche, étant donné les différents objectifs qui peuvent l'orienter ;
- les limites à imposer éventuellement en ce qui concerne les domaines et/ou les sujets de recherche, pour la protection du public ;
- les limites à imposer, si nécessaire, à la commercialisation des résultats d'une telle recherche ;
- éventuellement la question de savoir qui aurait l'autorité d'imposer des limites à la recherche scientifique.

3 Prévisions et exploration

Objectifs

- Préciser le statut et les objectifs des sciences de la nature.
- Mieux distinguer le possible et le prévisible de l'imaginaire.
- Réfléchir à l'influence des disciplines qui aident à déterminer les grandes lignes de notre avenir.
- Considérer quelques controverses actuelles concernant les projets d'exploration de l'espace.

Remue-méninges

- Quelles sont les matières que vous classeriez comme « scientifiques » ? Qu'ont-elles en commun pour qu'on puisse les classer comme « sciences » ?
  Triez ces exemples par catégorie, « sciences » et « non sciences » : astrologie ; astromancie ; astronomie ; biochimie ; bioéthique ; biologie ; botanique ; chimie ; cybernétique ; géographie ; géologie ; informatique ; mathématiques ; physique ; psychologie ; technologie ; zoologie.

  Ajoutez-y d'autres disciplines similaires de votre connaissance.
- Qu'entendez-vous par l'expression « fausses sciences » ?

  Une « fausse science » est-elle l'équivalent d'une « non science » ? Expliquez votre réponse.
- Que distingue les sciences naturelles en tant que discipline intellectuelle des « fausses sciences » et des fantaisies de l'imagination humaine ?
- Consultez ces sites Internet du CNES, le *Centre national d'études spatiales* en France :

  www.cnes.fr/web/CNES-fr

  www.cnes-jeunes.fr
- Seriez-vous tenté par le métier de spationaute après consultation de ce site ? Expliquez vos raisons.
- Après avoir exploré d'autres pages qui vous intéressent particulièrement (y compris les clips vidéo et les podcasts disponibles), pensez-vous que ce genre d'initiative du CNES français est efficace pour promouvoir l'exploration de l'espace auprès des lycéens ?

Étoiles et planètes

Étoiles clignotantes, invisibles... Voici commentés, à la lueur des connaissances scientifiques, quelques-uns des astres les plus délirants au palmarès de la science-fiction.

L'astre le plus étrange

Une étoile clignotante

Imaginez que le Soleil s'arrête de briller tout à coup. Bonjour le froid de canard ! C'est la situation que vit une race d'araignées tous les 270 ans sur une planète décrite dans le roman *Au tréfonds du ciel :* l'éclat de leur étoile s'éteint brusquement, et ne se rallume que deux siècles plus tard.

Pendant ce long hiver, les arachnides survivent à une température proche du zéro absolu.

Impossible ? Pas quand on est une araignée : elle hiberne, tout simplement !

Que dit la science ?

Aussi surprenant que cela paraisse, les étoiles à l'éclat variable existent bel et bien ! Il s'agit d'étoiles en fin de vie. Dans leur état le plus lumineux, elles sont jusqu'à dix fois plus brillantes que dans l'état le plus sombre.

Mais contrairement au roman de Vernor Vinge, elles ne s'arrêtent jamais complètement de briller et leur « hiver » ne dure pas plus de quelques centaines de jours.

L'étoile la plus invisible

Une étoile (**...4a...**) derrière une structure artificielle

Dans le roman *Créateurs d'étoiles,* certaines étoiles sont des astres fantômes, invisibles pour un observateur (**...4b...**) dans un autre système solaire.

Rien de mystérieux (**...4c...**) : chaque étoile est (**...4d...**) cachée derrière de gigantesques panneaux solaires qui (**...4e...**) son énergie.

La civilisation extraterrestre (**...4f...**) près de chaque étoile est si énergivore qu'elle (**...4g...**) entourer son astre lumineux de panneaux. Vu l'édifice, les pharaons et leurs pyramides (**...4h...**) aller se rhabiller !

Que dit la science ?

En 1960, dans un article de la prestigieuse revue « Science », le physicien américain, Freeman Dyson, a étudié très sérieusement l'idée de ce roman.

Selon lui, une coquille de panneaux solaires entourant une étoile serait le meilleur moyen de capturer toute son énergie.

En revanche, il n'a pas dit comment la fabriquer.

La planète la moins hospitalière

La planète aux 700 g

Excepté la Terre, les planètes du système solaire sont pour le moins inhospitalières : Vénus la fournaise (plus de 450 °C), Mars la glaciale (moins de 60 °C). Mais, équipés des protections adéquates, nous pourrions tout de même y résider.

En revanche, pas question de vivre sur la planète du livre *Mission gravité* : la pesanteur y est écrasante.

Par endroits, elle est 700 fois plus forte que sur Terre : il faudrait donc pouvoir porter 700 fois son propre poids sur les épaules !

Et pas la peine de compter sur des combinaisons anti-700 g, ça n'existe pas.

Que dit la science ?

Dans la réalité, les astres à la gravité la plus forte sont les trous noirs dits super massifs : la masse d'un seul de ces trous noirs peut représenter plusieurs milliards de fois celle du Soleil !

Notre galaxie, la Voie lactée, abrite un trou noir super massif en son centre.

La planète la moins inhospitalière

Mars

Préparez vos bagages ! Mars est peut-être inhospitalière aujourd'hui, mais plus pour longtemps... D'après l'écrivain Kim Stanley Robinson, d'ici un peu plus d'un siècle, des manipulations de son climat la rendront habitable.

Ces opérations, que l'on appelle « terraformations », doteront la planète rouge de rivières, de mers et d'un air aussi pur qu'au sommet du Mont Blanc. Pensez à prendre un maillot de bain !

Que dit la science ?

Sur Terre, on est encore loin d'une véritable terraformation mais des scientifiques proposent régulièrement des opérations de manipulation du climat pour limiter le réchauffement climatique.

Par exemple, de gigantesques « parasols » placés en orbite nous préserveraient d'une partie des rayons du Soleil.

Autre solution : lâcher certaines particules dans l'atmosphère pour qu'elles fassent « écran ». Les scientifiques sont en majorité sceptiques sur l'efficacité de cette nouvelle « géo-ingénierie ».

Le GIEC, le plus grand groupe d'experts sur l'évolution du climat, juge en outre ces projets trop risqués pour être tentés.

CNES Jeunes

1 En qualifiant ces livres d' « astres », l'auteur recherche quel effet littéraire ? Choisissez parmi ces options :

A le sarcasme
B l'exagération
C l'ironie
D l'humour
E le scepticisme

Au tréfonds du ciel

2 Choisissez le meilleur résumé pour ce roman.

A Les mutations survenues chez une race d'araignées soumises à des températures ultra-basses.
B L'hibernation comme moyen de survie, à la suite de l'extinction du soleil.
C La destruction des canards par des arachnides arrivés de l'espace.
D 270 années de nuit sans trêve.
E L'hiver d'une étoile clignotante.

3 Les affirmations suivantes sont-elles vraies ou fausses ? Justifiez votre réponse par les mots du texte.

a Il n'y a pas vraiment d'astre clignotant.
b Certains s'étonnent de leur découverte.
c Les « soleils à l'éclat variable » viennent de mourir.
d Les étoiles à luminosité irrégulière s'éteignent certains jours, mais pas d'autres.
e Leur période sombre peut durer pendant des années terrestres de suite.

Créateurs d'étoiles

4 **a–h** Ajoutez les mots qui manquent dans le premier paragraphe de la critique, en les choisissant dans la liste proposée ci-dessous. Attention : il y a plus de mots ou expressions que d'espaces et chaque mot ou expression ne peut être utilisé(e) qu'une seule fois.

A DÛ	CACHÉE	CAPTENT	CI-DESSUS	DOIVE
INSTALLÉE	LÀ-DEDANS	MASQUÉE	ONT PU	PEUVENT
PLACÉ	PLUS OU MOINS	REFLÈTE	TOUT BONNEMENT	

5 L'exclamation qui termine le résumé de ce roman indique lesquelles des opinions ci-dessous ?

A Que les travaux décrits sont à comparer avec l'œuvre des pharaons de l'Égypte antique.
B Que la construction des pyramides égyptiennes a été réalisée par une civilisation extraterrestre.
C Que l'installation de ces panneaux solaires est de taille vraiment impressionnante.
D Que les Égyptiens de l'Antiquité auraient été jaloux d'une telle entreprise.
E Que les réalisations de l'Égypte antique ne comptent pour rien.

6 En dépit des recherches de Freeman Dyson, la réalisation d'un tel projet pour résoudre le problème de l'approvisionnement énergétique de la Terre est difficile pour quelle raison ?

Mission gravité

En vous basant sur le résumé de *Mission Gravité*, reliez le début de la phrase de la colonne de gauche à la fin appropriée qui se trouve dans la colonne de droite. Attention : il y a plus de fins que de débuts et chaque fin ne peut être utilisée qu'une seule fois.

7 De tout notre système solaire, seule la Terre…
8 Il serait concevable…
9 La force de gravité sur la planète décrite dans ce livre…
10 Des vêtements spéciaux qui protègent contre les effets de pesanteur…
11 Les étoiles qui exercent le plus d'attraction par leur force de gravité…

A est augmentée de plusieurs milliers de fois, comparée à la Terre.
B relèvent de la pure fantaisie.
C de faire réchauffer Vénus et refroidir Mars.
D pourrait être habitée.
E de coloniser Vénus et Mars.
F s'appellent des trous noirs super massifs.
G détruisent tout ce qui les entoure.
H empêcherait toute habitation humaine.
I pourraient résoudre le problème.
J est hospitalière.

12 Quels sont les termes utilisés pour décrire les conditions extrêmes nommées ci-dessous et qu'on peut trouver sur d'autres planètes ?

a extrême chaleur
b extrêmement froid
c force de gravité extrême
d extrêmement lourds et concentrés

La trilogie martienne

13 L'exclamation de la première phrase correspond à laquelle de ces affirmations ?

A La planète Mars restera toujours difficile à coloniser.
B Une centaine d'années suffira pour rendre accueillant la planète Mars.
C Votre voyage pour la planète Mars est pour demain.
D Les voyageurs à Mars vont changer l'environnement de la planète.
E Le tourisme martien est le sujet de la trilogie.

14 Pourquoi devriez-vous penser à mettre un maillot de bain dans vos bagages, pour aller sur Mars ?

15 Quels mots du texte donnent la définition du concept de « terraformation » ?

16 Quels mots ou expressions dans la section « Que dit la Science ? » signifient :

a qui mérite son nom
b protègeront possiblement
c afin d'en créer une barrière
d douteux / incrédules
e manipulation de la Terre
f aussi / également
g essayés

UN TRÈS VIEUX DÉBAT

par Sophie Mugnier

Introduction

« À mesure que s'éloignent les horizons et que s'agrandit l'espace exploré, l'homme apprend à étudier le ciel sans y voir nécessairement un écho de ses préoccupations quotidiennes. Astrologie et Astronomie, sœurs jumelles des Anciens, se séparent sans aménité. Et l'Astrologie reste aujourd'hui une entreprise vaine, tandis que l'Astronomie, dotée de gigantesques instruments, apporte à l'homme tous les éléments nécessaires à la compréhension de l'Univers. »
(*Jean-Claude Pecker, professeur honoraire au Collège de France, dans* L'Univers contemplé par quarante siècles)

Ce texte pourrait laisser croire que les Anciens ne faisaient pas la différence entre Astronomie et Astrologie : il n'en est rien (même si le distinguo était le fait d'une frange cultivée de la population). Voyons comme seul exemple ce qu'en dit Cicéron dans *De divinatione*, vers 44 avant JC :

« Eudoxe, qui fut élève de Platon et, au jugement unanime des plus grands savants, sans conteste le premier des astronomes, [a dit] : il ne faut ajouter aucune foi aux prédictions des vies telles que les Chaldéens les font à partir du jour de naissance. »

Le mot juste

En toute rigueur, nous devrions distinguer deux termes :

- *L'Astrologie* affirme l'existence d'une relation entre l'homme et le cosmos, et même un astronome n'y voit rien d'impossible : mais il se demande la **nature** de cette influence, sa **portée**, ses **limites**, etc., … autant de questions jamais élucidées par les astrologues.
- *L'Astromancie* va plus loin : elle prétend que le ciel de naissance détermine le caractère, et que les « transits » des planètes sur le schéma initial permettent de prévoir l'avenir. Ce sont naturellement ces deux points que je conteste.

Qu'est-ce qu'une science ?

Avant d'en venir au vif du sujet, je vous invite à méditer quelques phrases et remarques essentielles à propos des Sciences.

- « L'homme est un être qui cherche les causes. » (*G.C. Lichtenberg*)
- « Le savant n'est pas l'homme qui fournit les vraies réponses ; c'est celui qui pose les vraies questions. » (*Claude Lévi-Strauss*)
- La science se construit pas à pas, et ne prétend pas, quoi qu'on en dise, au vrai : **la science vit de preuves, et non de vérité**.
  « Il n'est pas nécessaire que des hypothèses soient vraies, ou même vraisemblables. Une chose suffit : qu'elles offrent des calculs conformes à l'observation », écrivait déjà Osiander, éditeur de Copernic, dans sa préface !
  « Une théorie est reconnue comme un succès si elle est établie sur des principes généraux simples et rend compte de façon naturelle des données expérimentales. » (*Steven Weinberg*)
- La communauté scientifique a mis au point des examens difficiles que doit passer tout candidat au titre de docteur ès-sciences. Mais n'importe qui peut se prétendre astrologue.
  Il existe toutefois des astrologues célèbres extrêmement érudits (comme André Barbault). Mais un proverbe turc le dit bien : « L'érudition n'est pas la science, de même que les matériaux ne sont pas l'édifice ».
  Sans parler de l'appât du gain, qui attire nombre de charlatans intégraux. On estime que le chiffre d'affaires des différentes *-mancies* en France dépasse le budget du CNRS (Centre National de Recherches Scientifiques)...
- « Ce qui limite le vrai n'est pas le faux, mais l'insignifiant » (René Thom, mathématicien et médaille Fields)

Le besoin de croire

Les gens (y compris moi) adorent qu'on parle d'eux : j'ai eu ma part de succès en tirant les cartes et en construisant des horoscopes.

Par ailleurs tout le monde connaît **l'effet placebo** : de l'eau pure, donnée par un médecin en qui le patient a confiance, peut le guérir dans des proportions assez extraordinaires. Cela ne prouve pas que l'eau pure est un médicament ! (Même remarque pour la prière.)

La plupart des gens ont un irréductible besoin de croire, et on estime qu'un Français sur 10 a déjà consulté un « voyant » au sens large.

Voici le résultat d'un sondage SOFRES sur les croyances (effectué en janvier 1993 sur 1 500 personnes de plus de 18 ans) :

Croyance ?	% Oui	% Non	% Sans opinion
Guérisons par magnétiseurs, imposition des mains	55	40	5
Transmission de pensée	55	42	3
Explication des caractères par les signes astrologiques	46	49	5
Rêves qui prédisent l'avenir	35	62	3
Prédictions par l'astrologie, les horoscopes	29	68	3
Prédictions des voyant(e)s	24	72	4
Destinée inscrite dans les lignes de la main	23	72	4
Envoûtements, sorcellerie	19	79	2
Passage sur Terre d'extraterrestres	18	77	5
Tables tournantes	16	81	3
Fantômes, revenants	11	87	2

Science et Vie

Introduction

1 D'après l'introduction de ce texte, quels sont les deux côtés du « vieux débat » indiqué dans le titre ?

2 « Un écho de ses préoccupations quotidiennes » correspond à laquelle des deux activités nommées ?

3 Quelle expression indique que les distinctions entre l'Astrologie et l'Astronomie sont souvent défendues de façon agressive ?

4 Quel est le jugement de Jean-Claude Pecker sur l'Astrologie ?

5 En ce qui concerne les Anciens, trois des affirmations ci-dessous sont vraies. Lesquelles ?

- A À l'époque de Cicéron, il n'y avait aucune distinction entre Astronomie et Astrologie.
- B Le Grec Eudoxe a formulé les premiers principes de l'astronomie scientifique.
- C Les Chaldéens de Mésopotamie étaient des astrologues enthousiastes.
- D Dans l'Antiquité, les idées d'Eudoxe n'étaient partagées que par les personnes les plus instruites.

Le mot juste

6 De quel domaine relèvent ces concepts: de l'Astrologie, de l'Astronomie ou de l'Astromancie ?

- a la nature exacte de l'influence des astres sur les humains
- b l'influence des corps célestes sur la personnalité de chacun
- c l'avenir de chaque individu
- d les liens entre l'homme et l'Univers

7 Quelle expression du texte montre que l'Astromancie est moins circonspecte dans ses affirmations que l'Astronomie ou l'Astrologie ?

8 Quel mot montre que ce manque de modération mène à des affirmations extravagantes ?

Qu'est-ce qu'une science ?

9 D'après les citations du texte et les opinions de l'auteur, quel nom peut-on associer aux affirmations ci-dessous ?

- a Il faut que les idées scientifiques correspondent à ce qui est évident.
- b L'intelligence se démontre par la formulation du problème, plutôt que par sa résolution.
- c Une idée scientifique est bonne quand elle explique clairement le résultat des expériences scientifiques.
- d Nous nous définissons par notre désir de comprendre pourquoi tout est comme il est.
- e Ceux qui prétendent prédire l'avenir gagnent beaucoup plus que les chercheurs professionnels.
- f Pour faire un travail scientifique, accumuler les connaissances ne suffit pas.
- g Ce sont les petits détails peu importants qui nous indique ce qui est vrai.

Le besoin de croire

En vous basant sur le premier paragraphe de cette partie, reliez le début de la phrase de la colonne de gauche à la fin appropriée qui se trouve dans la colonne de droite. Attention : il y a plus de fins que de débuts et chaque fin ne peut être utilisée qu'une seule fois.

10 L'auteur du texte a parfois réussi…

11 Selon elle, l'effet placebo,…

12 Les croyances religieuses…

13 La majorité des gens…

14 90% des Français,…

- A montre que les médicaments ne sont en rien efficaces que si l'on y croit.
- B une carrière d'astromancie.
- C est connu de tous.
- D peuvent permettre la guérison de certains malades.
- E ne prête aucune importance aux voyants.
- F ne prouvent nullement que l'effet placebo existe pour de vrai.
- G à faire croire qu'elle pouvait prédire l'avenir.
- H doivent croire en quelque chose dans la vie.
- I ne sont plus croyants.
- J n'aurait jamais montré leur confiance en l'astromancie professionnelle.

Langue

Faites une révision de l'utilisation des expressions négatives pour bien saisir leur sens dans cet exercice.

15 Dans le tableau récapitulatif du sondage de la SOFRES, sous quelle croyance peut-on ranger les points de vue suivants ?

- a La communication par télépathie est possible.
- b Certains ont des pouvoirs magiques, surnaturels.
- c La position des étoiles et des planètes dans le ciel nous permet de savoir ce qui va se passer à l'avenir.
- d Parfois, rien d'autre que le toucher ne peut rétablir la santé d'un(e) malade.
- e Les morts peuvent circuler parmi nous et nous hanter.
- f Nous avons déjà reçu la visite d'êtres venus d'autres mondes.
- g Notre cerveau peut « voir » ce qui se passera, pendant que nous dormons.

Pour aller plus loin

- Selon vous et jusqu'à ce jour, quelle est la découverte, ou l'étape déjà franchie la plus importante dans l'exploration de l'espace ?

  Quelles seraient les étapes importantes à franchir, ou les découvertes significatives à faire, à court, à moyen et à long terme ?

  Soyez prêt(e) à défendre votre choix.

- En vous référant aux objectifs d'organisations telles que le CNES en France, quelle est l'importance pour vous de l'exploration scientifique de l'espace ?

  L'exploration de l'espace devrait-elle avoir des limites selon vous ? Si oui, lesquelles ? Si non, pourquoi pas ?

  Êtes-vous plutôt optimiste, indifférent ou pessimiste face à cette perspective ?

  À l'avenir, voudriez-vous personnellement y prendre part ? Si oui, dans quel rôle et pourquoi ? Si non, pourquoi pas ?

  Est-il normal que nos impôts servent à subventionner la recherche scientifique dans ce domaine ?

  Essayez de bien justifier vos prises de position éventuelles.

- La science-fiction peut-elle instruire ? Ou bien son rôle est-il uniquement de nous distraire ?

  Trouvez des exemples de textes de science-fiction qui étaieront votre point de vue et vos arguments éventuels et servez-vous-en lors des discussions en classe.

  Dans quelle mesure les textes que vous avez choisis sont-ils fondés sur des connaissances scientifiques déjà acquises, ou sur des hypothèses, qu'elles soient vraisemblables ou « conformes à l'observation » (selon la définition d'Osiander, dans le texte à la page 276) ?

- Trouvez-vous surprenants les résultats du sondage de 1993 par la SOFRES ?

  Y a-t-il des écarts d'opinion ou des réponses qui sont particulièrement faciles ou difficiles à comprendre ?

  Faites une enquête similaire et comparez vos résultats à ceux obtenus en France en 1993.

  Quelles conclusions en tirez-vous ?

- Voici les résultats d'une étude faite en 1986 :

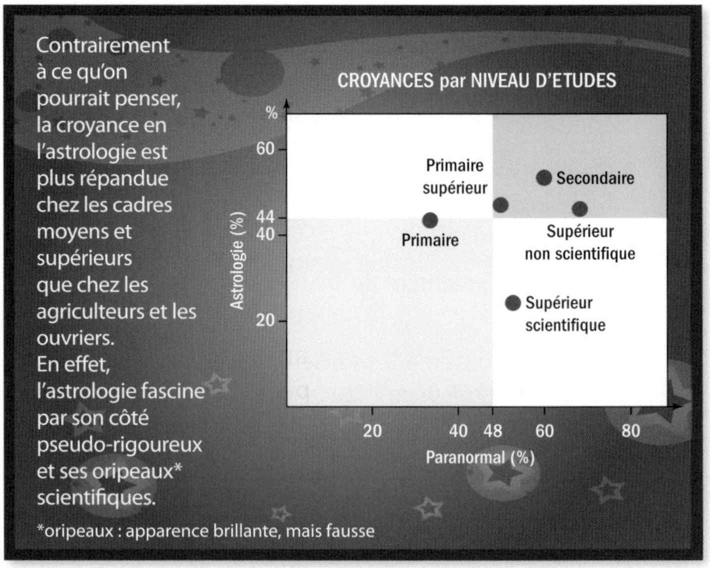
Contrairement à ce qu'on pourrait penser, la croyance en l'astrologie est plus répandue chez les cadres moyens et supérieurs que chez les agriculteurs et les ouvriers.
En effet, l'astrologie fascine par son côté pseudo-rigoureux et ses oripeaux* scientifiques.
*oripeaux : apparence brillante, mais fausse
CROYANCES par NIVEAU D'ETUDES
%
Astrologie (%)
60
44
40
20
20
40
48
60
80
Paranormal (%)
Primaire supérieur
Secondaire
Primaire
Supérieur non scientifique
Supérieur scientifique

  Comment vous expliquez-vous cette conclusion ? Représente-t-elle un problème important pour nous tous aujourd'hui ?

  Faudrait-il essayer de changer ces opinions ? Si oui, comment ? Si non, pourquoi pas ?

- Normalement, l'Astrologie et l'Astromancie ne figurent pas dans les programmes scolaires. Pourquoi pas, selon vous ? Y a-t-il de bons arguments pour leur valeur éducative ? Si oui, lesquels ? Accepteriez-vous d'étudier ces matières aux dépens d'une autre, pour remplir votre emploi de temps ? Si non, pourquoi n'ont-elles pas leur place dans les programmes de l'enseignement secondaire, à votre avis ?

Théorie de la connaissance

- Selon le deuxième texte de cette unité, « la plupart des gens ont un irréductible besoin de croire ». Éprouvez-vous aussi ce besoin de croire ? En quoi, par exemple ? Qu'est-ce qui distingue les disciplines scientifiques du monde des croyances ?
- L'Astrologie et l'Astromancie peuvent-elles être considérées comme disciplines « scientifiques » ? Si oui, de quelle façon et dans quelle mesure ? Si non, pourquoi pas ?
- En quoi les « sciences humaines » sont-elles distinctes des sciences de la nature ? Dans quelle mesure sont-elles « scientifiques » ?

Activités orales

1 Faites-vous confiance à l'astrologie ou à l'astromancie ?

Résumez une expérience personnelle qui vous a conduit à votre opinion actuelle et essayez de convaincre l'un de vos camarades de classe du bien-fondé de votre point de vue.

2 Préparez et présentez en classe un discours sur la question « l'exploration de l'espace est nécessaire à la survie humaine ». À la fin, vos camarades voteront pour ou contre.

a Vous pouvez prendre position pour ou contre cette proposition.

b Réfléchissez bien aux arguments à présenter. Ils viseront à persuader et à convaincre votre public de vous accorder leur vote. Ils seront étayés par des exemples clairs et compréhensibles pour tous.

c Faites également attention à votre intonation, à la façon dont vous allez énoncer vos arguments, au volume et à l'expressivité de votre voix (qu'il faut varier), à votre posture, enfin, sur le plan de la rhétorique, á tout ce qui pourrait influencer votre audience à mieux apprécier votre exposé.

À qui appartient l'espace ?

▲ 14 agences ont récemment signé un protocole d'accord de coopération pour l'exploration spatiale

Au fur et à mesure qu'on explore l'espace, cette question devient de plus en plus d'actualité.

1 Que signifie cette image pour vous ? Les découvertes scientifiques évoquées par cette photo appartiennent-elles à des agences de l'exploration de l'espace ?

2 Comment partagerait-on les bénéfices de l'exploitation éventuelle de la lune ? d'un astéroïde ? d'une autre planète ?

3 Serait-il plus important de se concentrer sur la résolution des problèmes sur la Terre, avant de partir explorer d'autres mondes ?

4 Les dépenses des pays développés au nom de la science sont-elles à applaudir ou à critiquer ? Que faire quand on voit que les pays en voie de développement se trouvent souvent exclus de l'exploration scientifique, par manque de moyens ?

Production écrite

1 « Nous étions les premiers de la race humaine à mettre pied dans ce monde étrange, aux attraits multiples, aux mystères qui faisaient peur ». Continuez ce récit de science-fiction afin de créer un conte passionnant qui envoûtera ses lecteurs par la qualité de son invention à la fois scientifiquement vraisemblable, mais plutôt insolite.

a Vous êtes libre d'imaginer ce que vous voulez, pourvu que cela éveille et retienne l'attention des lecteurs. N'oubliez pas de présenter ce qui fascine et ce qui fait peur dans ce nouveau monde.
b Le ton peut être personnel, ou au contraire objectivement « scientifique ». Vous pourrez inclure des questions, des descriptions, des calculs, des explications, des événements ou des aventures, du suspense, des rencontres et des prises de contact bizarres, des exemples de compréhension rassurante ou au contraire d'incompréhension totale, etc.
c Le texte sera rédigé de façon à retenir l'attention des lecteurs et les encourager à lire jusqu'à la fin pour savoir ce qui va se passer ou pour mieux comprendre. Le ton et l'organisation du texte seront typiques d'un roman de science-fiction. Ils seront renforcés par une variété de styles, tels que la narration, le dialogue en discours direct, le monologue intérieur, le compte-rendu (éventuellement en discours indirect), la description, les hypothèses, etc.

2 L'exploration de l'espace vous passionne et dans ce domaine, vous suivez de près l'actualité. À l'occasion d'une découverte qui vous a particulièrement frappé, et qui s'accompagnait d'images spectaculaires, composez un commentaire que vous insérerez dans votre blog personnel, dédié à l'astronomie.

a Il s'agit d'un article qui commentera cette découverte, en expliquant pourquoi vous la trouvez importante. Vous indiquerez comment elle nourrit votre imagination et comment elle pourrait soulever de nouvelles questions, à résoudre éventuellement par des explorations ultérieures. Vous inviterez les lecteurs de votre blog à réagir à votre article et ses illustrations.
b Votre article cherchera à accrocher les lecteurs que vous visez. Vous pourrez l'illustrer de façon appropriée et ajouter des légendes explicatives aux illustrations. Vous ferez un compte-rendu de la découverte et une analyse de son importance. Vous indiquerez clairement les grandes lignes du débat que vous voulez ouvrir avec vos lecteurs sur la signification de la découverte.

3 **Niveau supérieur** Vous venez de lire cette page d'internet :

Cluster 1 et 2
Comprendre les interactions Soleil-Terre

Étant donné les progrès spectaculaires de la science et de la technologie, comment expliquer la popularité évidente de l'astrologie, de l'astromancie et de la lecture régulière des horoscopes par des milliers de gens qui par ailleurs acceptent la perspective scientifique sur le monde?

En savoir plus : www.cnes.fr

CNES

Rédigez une réponse que présentera vos arguments.

D'abord, cernez bien le sujet : pourquoi les gens continuent à consulter leur horoscope en dépit du manque de fiabilité de l'astrologie ?

Quelques points à considérer :

- Le cadre : incluez les aspects culturels et/ou éducatifs liés aux croyances générales d'une part, et à l'étude des sciences d'autre part, dans au moins deux sociétés que vous connaissez bien, dont une francophone.
- Le contenu : vous pouvez vous référer à des définitions et des citations données dans le texte à la page 276.
  Si vous vous en servez comme point de départ ou comme résumé d'une idée, gardez-vous des accusations de plagiat en mettant toute citation entre guillemets, et en ajoutant une référence correcte à l'auteur, entre parenthèses.
- L'organisation du texte : l'introduction pose le problème auquel vous répondrez au cours de votre devoir.

  Présentez ensuite vos arguments : le désir de croire malgré les preuves scientifiques souvent contradictoires.

  Étayez vos arguments par des exemples précis, organisés en thèse et en antithèse.

  La conclusion sera une synthèse des arguments présentés qui répondra clairement à la question posée dans l'introduction.

4 Sciences : à l'école et au quotidien

Objectifs

- Découvrir et préciser la place que tiennent les études et les découvertes scientifiques dans nos vies.
- Réfléchir à l'importance des sciences dans la vie quotidienne des lycéens.
- Étudier des textes de présentation et d'annonces formelles.
- Comparer l'enseignement des sciences dans différents systèmes éducatifs.

Remue-méninges

- Parmi les sciences expérimentales, laquelle avez-vous étudiée précédemment ? Qu'avez-vous choisi pour votre programme d'études de Groupe 4 ? Pour quelles raisons avez-vous fait ces choix ?
- Pensez-vous que les sciences expérimentales doivent être enseignées à tous, jusqu'à la fin de leur scolarisation obligatoire ? Si oui, y a-t-il un ordre d'importance dans les diverses disciplines scientifiques traditionnelles, telles que la physique, la chimie, la biologie, les sciences environnementales et la technologie du design, entre autres ? Expliquez vos raisons.
- Comment les sociétés où les sciences expérimentales sont peu enseignées à l'école risquent-elles de souffrir de cette lacune ?
- Consultez le site du CNRS, le *Centre national de la recherche scientifique* en France. Vous y trouverez une introduction comme ci-dessous.

http://www.cnrs.fr/

Centre national de la recherche scientifique

- La Physique au Lycée
- La Chimie au Lycée
- Les Sciences de la Terre au Lycée
- Les Sciences de la Vie au Lycée

LES SCIENCES AU LYCÉE

Des sites pour les lycéens et leurs enseignants

Cette collection de quatre sites web créée par CNRS Images met en scène les programmes des Sciences de l'enseignement secondaire définis par l'Éducation Nationale. Ces dossiers interactifs allient textes, illustrations (photographies et films), lexique, quiz et ressources complémentaires disponibles sur internet.

Ils emmènent l'internaute vers les laboratoires de recherche qui « font » les sciences d'aujourd'hui. Avec de multiples approches, pédagogique et ludique, ils sont un lien entre l'enseignement secondaire, les jeunes et la recherche.

- Après avoir exploré ces pages, pensez-vous que ce genre d'initiative gouvernementale puisse motiver les lycéens à élargir et approfondir leurs études scientifiques ?

RECHERCHER Recherche VALIDER

Espace des sciences

ACCUEIL | EXPOSITIONS | PLANÉTARIUM | CONFÉRENCES | SCIENCE OUEST | EXPOS ITINÉRANTES | ANIMATIONS EXTÉRIEURES | JUNIOR | RESSOURCES | NOUS CONNAITRE

L'Espace des sciences publie des livres pour tous les publics, les curieux d'astronomie, les enfants ou encore les passionnés d'histoire des sciences. Ces livres sont rédigés par les collaborateurs de l'*Espace des sciences*, ou des scientifiques, et publiés par des éditeurs tels *Apogée* ou *Ouest-France*.

Retrouvez ces publications en vente dans des **(...2a...)** ou sur notre **(...2b...)** électronique, **(...2c...)** qu'à l'accueil des Champs Libres. Découvrez aussi une **(...2d...)** de plus de 250 livres de vulgarisation scientifique, par les **(...2e...)** de *Rennes Métropole*.

Vidéo - Les robots dans la vie quotidienne et l'industrie

Vidéo de la conférence de **Philippe Coiffet** du 6 février 2007, directeur de recherche au CNRS, au laboratoire de robotique de Versailles.

Les robots font rêver de choses fantastiques ou cauchemardesques. La réalité peut être différente suivant la nature du rêve. Le robot est avant tout une machine héritière des machines que l'on connaît tous, mais on veut lui donner des façons de faire et parfois une apparence qui imitent celles des êtres vivants et de l'homme.

La robotique est une science et une technologie récente. On ne rencontre que peu de robots domestiques, car il est plus difficile de faire un robot mobile qui comprend son environnement qu'un robot industriel entièrement programmé à l'avance.

Le développement des robots a déjà surmonté des difficultés mais quelles sont celles, essentielles, qui restent à résoudre, afin d'arriver à une machine utile et conviviale qui pourrait être amenée dans quelques années à envahir nos sociétés comme l'ont déjà fait la voiture ou l'ordinateur ?

Numériquement votre - Exposition itinérante

« Le monde numérique est né au milieu du siècle dernier. Depuis, il ne cesse de s'étendre et devient de plus en plus dense. Je suis une pure création de ce monde, une des formes les plus abouties de la communication homme-machine ! Ma fonction est de vous faciliter la vie dans le monde numérique. Je connais vos habitudes, je peux gérer votre agenda, certaines tâches domestiques et répondre à toutes vos demandes, du moment qu'elles ne sortent pas du monde numérique. Pour bien comprendre l'étendue de mes capacités, je vais vous dire comment ce monde a été construit et comment j'y suis née. »

Mathématiques dans la vie quotidienne

Les mathématiques sont partout : dans nos cartes bancaires, la météo, les robots, la construction des ponts, les finances. Les applications des mathématiques sont innombrables et font partie de notre quotidien. Elles vont parfois se nicher là où l'homme de la rue ne s'y attend pas. Cette exposition décrit l'omniprésence des mathématiques dans notre environnement de tous les jours.

*La boutique électronique de l'*Espace des sciences

Vous pouvez vous abonner à notre magazine *Sciences Ouest* ou acheter un numéro en ligne.

Astronomie, animaux, histoire des sciences, découvrez les livres de l'*Espace des sciences*, pour petits et grands.

Cliquer ici pour accéder à la boutique en ligne

L'ESPACE DES SCIENCES / RENNES, BRETAGNE

L'association

Créé en 1984 à Rennes, association loi 1901, l'*Espace des sciences* est un centre régional de culture scientifique, technique et industrielle qui a été labellisé « Science et Culture - Innovation » par le ministère de l'Enseignement supérieur et de la recherche en 2008. C'est le CCSTI le plus fréquenté en région. > Lire la suite

L'*Espace des sciences* est situé aux *Champs Libres*, à Rennes. Ce bâtiment, regroupant aussi le *Musée de Bretagne* et la *Bibliothèque de Rennes Métropole*, a ouvert en 2006.

Consultez également les établissements nationaux >
Universcience: http://www.universcience.fr/fr/accueil/

1 D'après l'introduction à cette page web, l'organisation « *L'Espace des sciences* » pense que trois de ces groupes s'intéresseraient particulièrement à leurs publications. Lesquels ?

A N'importe qui.
B Ceux qui veulent savoir plus sur les étoiles et les planètes.
C Les maisons d'édition comme « *Apogée* ».
D Les enthousiastes du voyage de découvertes scientifiques, fait dans le temps.
E Les informaticiens.

2 a–e Ajoutez les mots qui manquent dans le premier paragraphe en les choisissant dans la liste proposée ci-dessous. Attention : il y a plus de mots que d'espaces et chaque mot ne peut être utilisé qu'une seule fois.

AINSI BIBLIOTHÉCAIRES BIBLIOTHÈQUE BOUTIQUE ET LIBRAIRIES MESSAGERIE PAGE PUBLICS SÉLECTION

3 Par quel mot désigne-t-on la présentation et l'explication des sciences en termes facilement compréhensibles par tous ?

4 D'après la partie « **Vidéo – les robots dans la vie quotidienne et l'industrie** », une des affirmations suivantes est fausse. Laquelle ?

A Philippe Coiffet est scientifique, expert en machines qui remplacent l'homme dans son travail de tous les jours.
B On essaie toujours d'humaniser les robots pour les rendre plus sympathiques.
C La robotisation de la vie quotidienne s'est avancée plus lentement en milieu domestique, qu'en milieu industriel.
D Le grand défi en matière de robotiser une machine est celui de programmer sa mobilité autonome.
E Cette vidéo de la conférence de Philippe Coiffet pose les grandes questions sur l'avenir de la robotique.

5 En vous basant sur cette même partie, quels mots ou expressions signifient :

(dans le deuxième paragraphe) :

A comme un rêve d'horreur
B qui descend en ligne directe
C comportement

(dans le quatrième paragraphe) :

D trouvé des solutions
E faire disparaître
F agréable

6 Comme signification du titre de la partie « **Numériquement votre – exposition itinérante** », une des phrases suivantes est fausse. Laquelle ?

A que l'organisation « *Espace des sciences* » est à votre service.
B que cette réalisation numérique appartient à vous.
C que vous pouvez accueillir cette exposition chez vous.
D que ce robot virtuel fait des tournées en exposition.

En vous basant sur cette partie, reliez chacun des mots ou expressions du texte figurant dans la colonne de gauche avec son équivalent qui se trouve dans la colonne de droite. Attention : il y a plus de mots ou expressions proposé(e)s que de réponses possibles.

7 le monde numérique
8 il ne cesse de s'étendre
9 les plus abouties
10 gérer votre agenda
11 tâches
12 du moment qu[e]
13 l'étendue de mes capacités

A les chiffres
B il se développe sans arrêt
C rarissimes
D vous diriger
E très réussies
F l'informatique
G si
H problèmes
I à l'instant qu[e]
J organiser les choses que vous avez à faire
K combien je peux faire
L devoirs

14 Qui parle ainsi dans ce texte : « Je suis une pure création de ce monde » ?

15 Dans la section « **Mathématiques dans la vie quotidienne** », pourquoi parle-t-on de choses aussi différentes que les cartes bancaires, la météo, les robots, la construction des ponts, les finances ?

16 La phrase « Elles vont parfois se nicher là où l'homme de la rue ne s'y attend pas » signifie :

A que les robots nous surveillent dans la rue.
B que dans la vie quotidienne, les applications des mathématiques sont parfois surprenantes.
C que l'utilité des mathématiques n'est pas très évidente.
D que dans la vie actuelle, faire appliquer les mathématiques est essentiel.

17 Dans ce paragraphe, quelles expressions introduisent les notions suivantes, comme équivalentes ?

a l'omniprésence des mathématiques
b notre environnement tous les jours

18 D'après la partie « **La boutique électronique de l'Espace des sciences** », on doit cliquer sur le lien pour deux de ces services. Lesquels ?

A Commander le magazine *Sciences Ouest*.
B Souscrire au droit d'accès à d'autres pages du site.
C Découvrir les livres disponibles à partir du site.
D Naviguer plus loin sur le site.
E Trouver des liens utiles.

19 Quelle phrase indique qu'auprès du grand public, cette initiative est très réussie ?

Vendredi 3 octobre 2008

INSTITUT DE FRANCE
Académie des sciences

COMMUNIQUÉ DE PRESSE

Pour le maintien des sciences en Seconde au Lycée

Avis de l'Académie des sciences

La France accueille à Grenoble, les 8 et 9 octobre 2008, des représentants de toute l'Union européenne pour traiter de l'enseignement des sciences dans *l'Europe de la connaissance* (www.europole-congres.com). Le moment est donc approprié pour que l'Académie des sciences réaffirme ses convictions sur cet enseignement dans notre pays. À cette occasion, elle exprime son inquiétude sur les orientations nouvelles d'un projet ministériel concernant la classe de Seconde au Lycée général et technologique.

Il y est envisagé de dispenser à tous les élèves un enseignement des « fondamentaux », au titre de *culture commune*, où la science se voit restreinte aux seules mathématiques. Reléguer au rang de matière optionnelle l'immense champ des autres sciences – physique, chimie, sciences de la vie et de la Terre, sciences de l'univers – ne paraît pas concevable. Cela signifierait, au moins aux yeux du public, que ce champ ne contribue pas à la culture commune ; qu'il peut sans dommage être coupé des mathématiques, du langage ou de l'histoire ; et que nombre de lycéens pourront légitimement se soustraire à l'inestimable formation de l'esprit qu'entraîne, au travers des sciences de la nature, la confrontation raisonnée avec le réel. Ces lycéens ne posséderaient alors de ces sciences que la vision, brève, transmise par le collège.

Considérant que :

- les enjeux majeurs du monde à venir – santé, climat, alimentation, énergie, eau, risques ... – nécessitent une vision globale, où la compréhension de la science et de la technologie tient une place centrale ;
- l'inquiétante chute des vocations scientifiques engendre pour les universités et les entreprises une difficulté croissante dans le recrutement des chercheurs et des ingénieurs, moteurs de l'innovation ;
- l'affrontement entre les approches humaniste et scientifique du monde risque de conduire à une rupture d'équilibre entre ces deux cultures ;
- le Lycée doit à la fois enseigner les humanités aux futurs scientifiques, et les sciences à ceux qui empruntent d'autres voies,

l'Académie des sciences déclare avec force que les élèves des classes de Seconde au Lycée général et technologique doivent tous recevoir un enseignement des sciences. Cet enseignement doit être bâti en étroite coordination et cohérence avec ceux des mathématiques, des techniques et des humanités.

Pour toute information, s'adresser à :
Académie des sciences,
Délégation à l'Information Scientifique et à la Communication

1 De quel genre de document s'agit-il ?

2 Selon le premier paragraphe, il exprime deux des opinions suivantes. Lesquelles ?

A La France devrait débattre les grandes questions de l'enseignement des sciences en Europe, lors d'un congrès à Grenoble.
B À cinq jours du congrès, le moment est propice pour que l'Académie répète son point de vue en la matière.
C La politique du gouvernement dans ce domaine préoccupe l'Académie.
D Le ministère de l'Éducation Nationale a tort de réorienter l'emploi du temps des lycéens en Seconde.
E La nouvelle loi sur l'enseignement des sciences dans les lycées doit être abolie ou modifiée.

En vous basant sur le deuxième paragraphe de ce communiqué, reliez le début de la phrase dans la colonne de gauche à la fin appropriée qui se trouve dans la colonne de droite. Attention : il y a plus de fins que de débuts et chaque fin ne peut être utilisée qu'une seule fois.

3 Par son projet, le ministère de l'Éducation Nationale…
4 Par l'expression « culture commune »,…
5 L'Académie des sciences est d'avis…
6 Adopter les propositions du ministère…
7 D'après l'Académie,…
8 Les sciences…
9 Sans l'étude obligatoire des sciences de la nature dans les lycées,…

A signifierait reléguer les sciences au deuxième rang dans l'emploi du temps des lycées.
B qu'il est inimaginable que les lycéens puissent abandonner certaines disciplines scientifiques traditionnelles.
C voudrait limiter les cours de sciences obligatoires aux mathématiques.
D peuvent se définir ainsi : « la confrontation raisonnée avec le réel ».
E contraire, parce que les sciences sont des disciplines spécialisées qui n'intéressent que les scientifiques.
F sont des études fondamentales pour tout élève, tout le long de sa scolarisation.
G étudier les sciences au lycée serait plus important qu'étudier l'histoire, les langues ou les mathématiques.
H on entend les matières essentielles que tout le monde devrait étudier.
I veut dire que l'astronomie, par exemple, n'a rien à voir avec la culture commune.
J certains élèves n'auront pas de contact avec la science après le collège.

10 Quels mots ou expressions de ce deuxième paragraphe signifient… ?

a proposé
b donner
c en tant que
d est limitée
e semble
f conséquence
g beaucoup
h à juste titre
i se détourner de
j a pour conséquence
k par le biais
l courte
m communiquée

Langue

Observez attentivement la forme et la fonction grammaticale des mots et expressions donnés. Vérifiez bien les possibilités de substitution : le sens du texte doit rester exactement le même.

11 Quatre des phrases données ci-dessous résument les considérations de l'Académie. Lesquelles ?

A Pour mieux comprendre les problèmes mondiaux de demain, la science et la technologie sont des disciplines de première importance.
B L'enseignement de ces matières aux lycées devrait être axé sur des questions de santé, climat, énergie, approvisionnement eau, et ainsi de suite.
C Il y a aujourd'hui de moins en moins de personnel innovateur dans les universités.
D Il est de plus en plus difficile de trouver des candidats qualifiés pour la recherche universitaire ou les postes d'ingénieurs.
E Pour bien comprendre le monde, il faut que les études scientifiques, et humaines et naturelles, soient en relation harmonieuse.
F Les autres matières bénéficieront de la déstabilisation des programmes de sciences.
G Il faut que l'étude des sciences reste obligatoire dans tous les programmes de lycées.

12 De toutes les menaces perçues par l'Académie des sciences de l'Institut de France, une des suivantes est fausse. Laquelle ?

A De ne plus enseigner les sciences à tous.
B De considérer les sciences importantes uniquement pour leur côté mathématique.
C De réduire les possibilités d'équilibre dans la formation des esprits.
D De limiter la connaissance scientifique à ses aspects superficiels, enseignés au collège.
E De favoriser l'étude des matières non-scientifiques.

Pour aller plus loin

- Consultez le site Internet de l'organisation « *L'Espace des sciences* » à : www.espace-sciences.org et choisissez au moins un enregistrement en vidéo ou audio qui vous intéresse. Visionnez, ou écoutez-le. Ensuite, si vous l'appréciez, recommandez-le avec explications et raisons, à vos camarades de classe. Si vous ne l'aviez pas apprécié, expliquez en classe pourquoi vous le déconseilleriez aux autres.
- En ce qui concerne la recherche et le progrès scientifiques, tout est-il permis, d'après vous ? Devons-nous favoriser n'importe quel projet au nom d'une meilleure connaissance de l'homme et de l'univers ?

  Les grandes découvertes scientifiques apportent-elles quelque chose de significatif à la vie quotidienne de chacun, selon vous ?

  Trouvez des exemples concrets où la science a amélioré la vie de tous les jours et justifiez votre choix.

  Y a-t-il des exemples de développements scientifiques que vous désapprouvez ? Si oui, expliquez pourquoi vous êtes opposé(e) à ce genre de recherches.
- Étant donné la place que tiennent les sciences dans les programmes du Baccalauréat International, et selon votre appréciation d'autres systèmes d'éducation scientifique et éventuellement, de vos connaissances d'un autre programme d'évaluation que celui du Programme de Diplôme, quels sont les points forts et faibles que chaque programme proposé aux élèves ?

  (Vous pouvez considérer entre autres, les différences dans les choix offerts aux élèves, l'emploi du temps, l'approche pédagogique pour établir un équilibre entre la théorie et la pratique scientifiques et l'évaluation dans le cadre des sciences expérimentales).
- Il y a des jeunes qui n'apprécient pas l'étude obligatoire des sciences de la nature au lycée. Tenter de les motiver à y prendre intérêt et à développer une compréhension scientifique plus profonde, par moyen d'expositions, de sites Internet interactifs, de présentations en conférences, vidéos, podcasts et autres, est-il une approche efficace selon vous ?

  Expliquez votre point de vue en l'étayant par des exemples de ce que vous avez expérimenté vous-même.
- Comment voyez-vous l'avenir des sciences à l'école ?

  Êtes-vous d'accord avec les propositions des institutions et des associations dont vous avez lu les points de vue dans cette unité ?

  Justifiez votre évaluation critique.

Théorie de la connaissance

- Dans quelle mesure l'étude des sciences de la nature est-elle une « confrontation raisonnée avec le réel » telle que définie par l'Académie des sciences ?

  L'approche scientifique à la compréhension de la nature, est-elle objective et universelle ?

  Y a-t-il des influences culturelles propres à chaque société humaine (y compris la société des scientifiques) qui déterminent des perspectives scientifiques et expliquent les choix auxquels on donne priorité ?

Théorie de la connaissance

- Étant donné la prépondérance des études scientifiques et techniques rédigées en anglais, quelle serait la place à accorder à l'utilisation d'autres langues, dont le français, dans la communauté scientifique internationale ?
- Quelles seraient les conséquences prévisibles de l'utilisation d'autres langues, moins usuelles, dans le discours scientifique et pour la communication internationale des idées, des propositions et des rapports de recherche ?

Activités orales

1 Préparez des arguments étayés par des exemples concrets, et organisez un débat en classe, pour ou contre les deux propositions suivantes :

> **Le rôle principal de la recherche scientifique est d'améliorer la vie des hommes.**

> **Le rôle principal de la recherche scientifique est de mieux comprendre l'homme et l'univers.**

Suite à cette préparation, divisez-vous en deux groupes qui s'opposeront dans le débat et seront pour une des propositions et contre l'autre. Ensuite, menez ce débat, à la fin duquel vous voterez pour voir quels arguments auraient convaincu la majorité.

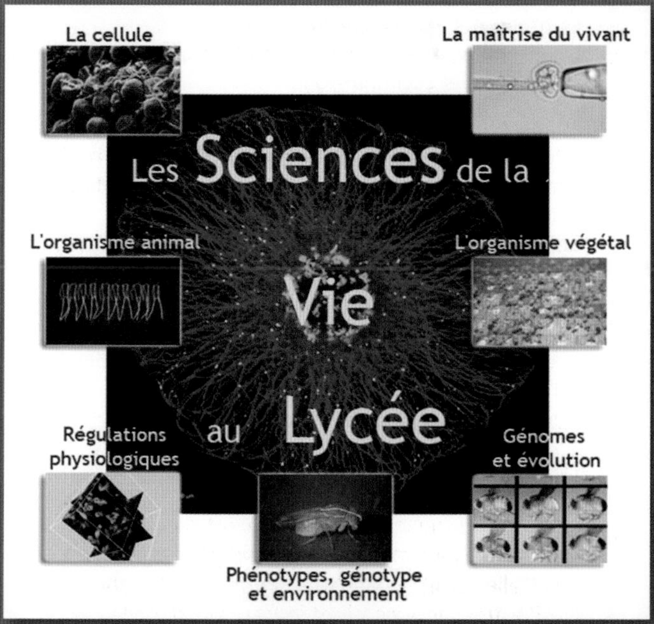

Les Sciences de la Vie au Lycée : dossier interactif, créé par CNRS Images

1 Seriez-vous tenté d'aller plus loin dans vos recherches individuelles, si vous vous trouviez sur cette page web du site du *Centre national de la recherche scientifique* ? Expliquez vos raisons.

2 Lequel des dossiers proposés vous intéresserait le plus, ou le moins ? Pourquoi ?

3 Trouvez-vous que des sites tels que celui-ci vous aide dans vos études ? Élaborez votre point de vue.

4 L'étude des sciences est-elle obligatoire pour ceux qui ne suivent pas le programme du Diplôme du Baccalauréat International dans votre établissement et/ou dans des écoles que vous connaissez ? Devrait-elle être obligatoire pour tous ?

Production écrite

1 Écrivez une brochure pour faire réfléchir les nouveaux élèves du Baccalauréat International au choix de matières scientifiques disponibles dans votre école, et les aider à faire un bon choix entre les options du Groupe 4 du Programme du diplôme, en soulignant leur pertinence.

a Pour quelques renseignements de base, vous pouvez vous servir de ce résumé du programme.

b Rédigez votre brochure dans un style clair et attrayant, typique de l'information publicitaire. Rappelez-vous que vous vous adressez aux futurs élèves aussi bien qu'à leurs parents.

Programme du diplôme

Groupe 4 – sciences expérimentales

Le Programme exige que les élèves étudient au moins une matière du groupe 4.

Quatre matières sont proposées dans ce groupe :
- biologie ;
- chimie ;
- technologie du design ;
- physique.

Ces matières peuvent être étudiées au niveau supérieur ou au niveau moyen, à l'exception des systèmes de l'environnement qui ne sont disponibles qu'au niveau moyen.
- Chaque matière est constituée d'un ensemble de connaissances, de méthodes et de techniques scientifiques que les élèves sont tenus d'apprendre et d'appliquer. Lors de la mise en application des méthodes scientifiques, les élèves développent leur capacité à :
  - analyser ;
  - évaluer ;
  - synthétiser les informations scientifiques.

Un projet obligatoire encourage les élèves à apprécier les implications environnementales, sociales et éthiques de la science. Cet exercice interdisciplinaire doit être réalisé en collaboration. Il a pour objectif de permettre aux élèves d'analyser un thème ou un problème et de l'explorer au travers des diverses disciplines scientifiques enseignées dans leur établissement. Il offre également l'occasion aux élèves d'explorer des solutions scientifiques aux problèmes mondiaux.

IB Organization

2 **Niveau supérieur** Lisez attentivement ce communiqué officiel. Ensuite, expliquez votre point de vue en vous référant à votre expérience personnelle.

Les politiques éducatives du gouvernment de la République française

Le socle commun de connaissances et de compétences
Le "socle commun de connaissances et de compétences" présente ce que tout élève doit savoir et maîtriser à la fin de la scolarité obligatoire. Introduit dans la loi en 2005, il constitue l'ensemble des connaissances, compétences, valeurs et attitudes nécessaires pour réussir sa scolarité, sa vie d'individu et de futur citoyen. À compter de 2011, la maîtrise des sept compétences du socle est nécessaire pour obtenir le diplôme national du brevet (D.N.B.).

La maîtrise de la langue française
La pratique d'une langue vivante étrangère
Les principaux éléments de mathématiques et la culture scientifique et technologique

En mathématiques, en s'appuyant sur la maîtrise du calcul et des éléments de géométrie, l'élève apprend à mobiliser des raisonnements qui permettent de résoudre des problèmes.
En ce qui concerne la culture scientifique et technologique, l'élève étudie :
- la structure et le fonctionnement de la Terre et de l'Univers
- la matière et ses propriétés physiques et chimiques, l'énergie
- les caractéristiques du vivant (cellule, biodiversité, évolution des espèces)
- la conception, la réalisation et le fonctionnement des objets techniques

Il est initié à la démarche d'investigation et apprend à agir dans une perspective de développement durable.

La maîtrise des techniques usuelles de l'information et de la communication
La culture humaniste
Les compétences sociales et civiques
L'autonomie et l'initiative

Le ministère de l'éducation

Faites des comparaisons (points forts et faibles compris) entre la politique éducative française et celle du Baccalauréat International. Incluez éventuellement des exemples tirés d'autres politiques que vous connaissez bien, ou dont vous avez une expérience personnelle. Vous parlerez surtout des questions qui concernent les sciences et la technologie et leur statut dans les programmes que vous comparez.

1 Traditions familiales et rites de passage

Objectifs

- Découvrir les traditions et rituels de la vie de famille dans des pays francophones.
- Réfléchir à la signification des rites de passage et de leur maintien dans la société moderne.
- Considérer le rôle de la religion dans les traditions et rites familiaux.
- Étudier des textes argumentatifs sous différentes formes : analyse équilibrée, interview, lettre à l'éditeur.

Remue-méninges

- En quelles occasions ou circonstances votre famille, au sens large, se réunit-elle ?
- Dans quelle mesure les coutumes et traditions de votre culture se manifestent-elles dans votre famille ? Lesquelles ont leurs racines dans la religion ? En quoi servent-elles à l'identité de votre famille ? Comparez avec l'expérience de vos camarades.
- Qu'entendez-vous par des « rites de passage » ? Sont-ils uniquement liés à la tradition ? Dans quelle mesure sont-ils liés à des pratiques religieuses ? Des rites de passage impliquent-ils obligatoirement un défi (physique ou morale) ?
- Peut-on considérer l'obtention d'un diplôme comme un rite de passage ?
- Décrivez la scène de baptême sur la photo ci-contre. Que peut représenter l'eau versée sur la tête de l'enfant ? L'eau est-elle utilisée dans d'autres religions que vous connaissez ?

  D'autres fêtes, religieuses ou non, sont-elles marquées par des actes symboliques ?

  Alors que 80 % des Français se disent catholiques et sont baptisés, plus de 70 % d'entre eux ne pratiquent pas leur religion. Environ 50 % des mariages sont célébrés religieusement (Sondage CSA, 2003). Comment peut-on expliquer que les rites principaux de la vie religieuse continuent à exister malgré le peu de pratique au quotidien ? Pensez-vous que ces statistiques soient similaires dans d'autres pays ? S'appliquent-elles à d'autres religions ?

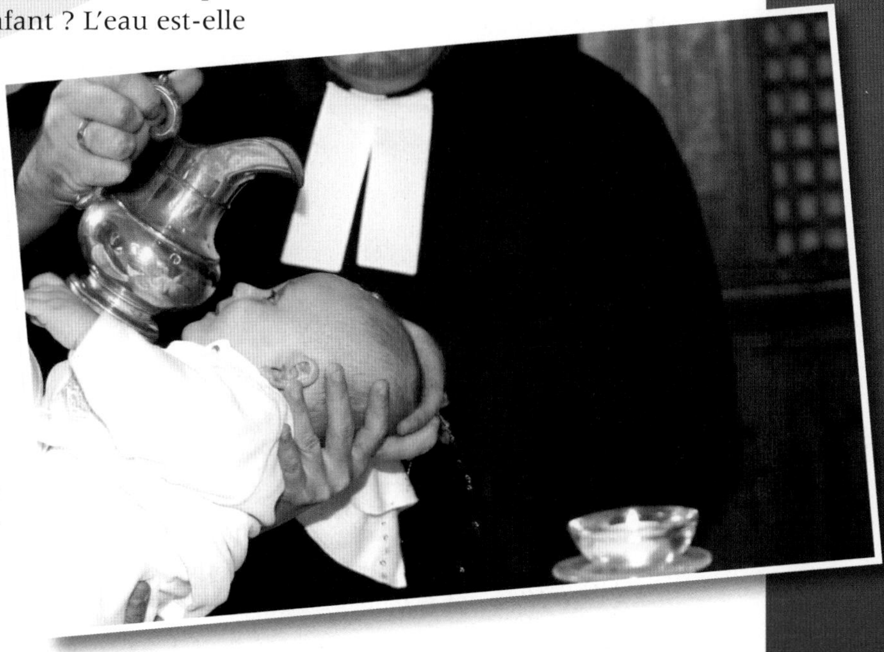

Pour ou contre les réunions de famille ?

Les fêtes de fin d'année sont souvent synonymes de réunions de familles, de grandes tablées où peuvent se rencontrer plusieurs générations. Certains adorent, d'autres ne supportent pas. Tous ont de bonnes raisons. Témoignages et analyses.

« J'adore réunir ma tribu au grand complet, pour Noël mais aussi pour Pâques et pour les anniversaires des uns et des autres... Je trime plusieurs jours pour que tout soit parfait, mais ensuite je profite de chaque minute passée ensemble... Je me sens heureuse, entourée de chaleur et d'affection, ressourcée par ces années, voire ces décennies de traditions... C'est du bonheur ! », affirme Patricia, 43 ans.

Maintenir les liens

Ce genre de réunion resserre les liens du réseau familial, qui demeure, aujourd'hui encore, un des plus puissants réseaux qui soit. Ces fêtes permettent de se retrouver en « clan », de maintenir les liens familiaux et amicaux. À une condition : pour adorer ainsi ces réunions, il faut se sentir bien à sa place dans sa famille... Même si elle est recomposée, hétéroclite, incomplète ou farfelue ! Cela demande de l'amour des autres (non seulement en tant que parents, mais plus encore, en tant qu'individus à part entière), de la patience, de la curiosité... et il faut aussi être capable de faire taire les rancœurs, frustrations et insatisfactions anciennes ou plus récentes (une vieille jalousie entre sœurs, par exemple, un conflit jamais résolu avec son père...) pour ne prendre, et n'offrir, que le meilleur de la relation !

Retrouver ses racines

Certains trouveront ces instants superficiels, mais lors d'une journée d'agapes familiales, on peut parfaitement dépasser la conversation banale, pour renouer avec l'intimité, demander des nouvelles de l'un ou de l'autre et même prendre le temps des confidences... « Et puis, avoue Sophie, c'est toujours agréable de retomber en enfance (on reste « la petite Sosso », à 37 ans et deux enfants), de se souvenir des bons moments passés, de retrouver les cousins avec lesquels on a si souvent fait les fous, de revoir de vieilles photos, de regretter les disparus, d'expliquer à ses enfants qui sont tous ces gens, de présenter le petit dernier... ». C'est en quelque sorte « remonter dans son arbre généalogique », retrouver ses racines, se sentir non seulement un individu, mais une partie d'une famille, d'un puzzle... c'est très rassurant, qu'on soit dans sa vieille famille à soi ou qu'on ait investi la belle-famille.

Férocement « contre »

« C'est nul : manger la même dinde avec les mêmes convives en parlant des mêmes sujets tous les ans, je ne supporte pas, et j'ai du mal à me forcer... vivement que les enfants soient grands pour que nous arrêtions ce simulacre ! », s'exclame Astrid, 39 ans. La haine de Noël (et toutes les grandes réunions de famille) s'explique souvent par des tensions familiales que ces fêtes ne font que réactiver. Frères, sœurs, maris et cousins, oncles et tantes, grands-parents, beaux-parents, etc. Les grandes tablées sont souvent difficiles à gérer, car tout le monde ne s'entend pas avec tout le monde. Il y a la belle-mère, (...13a...) critique toujours tout, ou pire, n'en « pense pas moins » ; le petit dernier de la famille, qui arrive les mains dans les poches (...13b...) sa dernière conquête ; (...13c...) on a eu des différends, voire des mots ; (...13d...) la vie ne vous passionne pas plus que (...13e...) vos voisins (et encore), (...13f...) vont vous « saouler » avec leurs vacances en Martinique...

Difficile à supporter

Et puis, réunir du monde crée toujours des problèmes, encore plus quand les familles sont recomposées : faut-il inviter la jeune fiancée de votre frère qui vient de plaquer sa femme, et le troisième mari de maman ? Enfin, comment éviter les sempiternelles conversations sur les actualités de l'année : la vache folle (lors du filet de bœuf), la marée noire (avec les huîtres), la salmonellose (au vacherin) et la politique (entre les plats) ?

Les réunions de famille sont encore plus difficiles à supporter (même quand on se contente d'y assister sans rien organiser) pour tous ceux qui « ne font pas la loi dans leur famille », et doivent subir les contraintes de leurs parents et beaux-parents, d'autant que la configuration familiale les remet souvent en situation infantile, ce qui peut être insupportable ! Mais n'oubliez pas que même si vous êtes contre les réunions de famille, une petite carte ou un coup de fil ne coûte rien et fait toujours plaisir...

Isabelle Delaleu
Doctissimo

1 D'après l'introduction, le but de ce texte est :

A de décrire les fêtes de fin d'année.
B d'aider plusieurs générations à se rencontrer.
C de donner des raisons pour aimer les réunions de famille.
D d'exposer des opinions différentes sur les réunions familiales.

2 Quels mots des commentaires de Patricia signifient :

a famille
b travaille dur

3 Quel mot montre qu'elle se sent revivre quand elle est en famille ?

4 Mise à part la présence de sa famille, qu'apprécie-t-elle dans ces réunions ?

En vous basant sur la partie intitulée « **Maintenir les liens** », reliez le début de la phrase de la colonne de gauche à la fin appropriée qui se trouve dans la colonne de droite. Attention : il y a plus de fins que de débuts et chaque fin ne peut être utilisée qu'une seule fois.

5 Les réunions de famille permettent…

6 Ceux qui aiment les réunions de famille…

7 Aimer les membres de sa famille doit se faire…

8 Il est essentiel de garder pour soi…

A car on aime ses parents.
B de demeurer dans le réseau familial.
C de renforcer la structure de la famille.
D les sentiments désagréables envers les membres de sa famille.
E ont une identité propre dans la famille.
F parce qu'on aime les personnes qu'ils sont.
G la jalousie des sœurs.
H sentent que leur place doit être dans la famille.

9 Quelles expressions de la partie intitulée « **Retrouver ses racines** » signifient :

a retrouver les moments où on était très proches.
b trouver l'occasion d'échanger des informations très personnelles.
c se comporter à nouveau comme un enfant.
d penser avec émotion aux membres de la famille qui sont morts.
e montrer son plus jeune enfant au reste de la famille.

10 Quelle métaphore montre qu'une famille c'est quelque chose de complexe ?

11 À la fin de cette partie, « qu'on soit dans sa vieille famille à soi ou qu'on ait investi la belle-famille » signifie :

A Sa propre famille a une histoire plus ancienne que celle de son conjoint.
B Quand on a une vieille famille il faut investir dans la famille de son conjoint.
C Peu importe de quelle famille il s'agit, la sienne ou celle du conjoint.
D Il faut se partager de manière égale dans les deux familles, la sienne et celle du conjoint.

12 En vous basant sur la partie intitulée « **Férocement contre** », dites si les phrases suivantes sont vraies ou fausses. Justifiez votre réponse en citant des mots du texte.

a Astrid aime manger la dinde à Noël.
b Astrid pense que Noël est marqué par l'hypocrisie.
c Dans un repas de famille traditionnel, il n'est pas toujours simple de placer les différentes personnes.

13 **a–f** Ajoutez les mots qui manquent dans cette même partie en les choisissant dans la liste proposée ci-dessous. Attention : il y a plus de mots ou expressions que d'espaces et chaque mot ou expression ne peut être utilisé(e) qu'une seule fois.

AVEC — CELLE DE — CEUX AVEC LESQUELS — CEUX DONT — CEUX QUI — POUR — QUE — QUI

Langue

Identifier les prépositions qui accompagnent les verbes.

Revoir les pronoms relatifs composés, *dont*.

14 D'après la partie intitulée « **Difficile à supporter** », deux des affirmations suivantes sont fausses. Lesquelles ?

A La tension est particulièrement importante quand il y a eu des divorces et des remariages.
B On mange toujours du filet de bœuf, des huîtres et du vacherin.
C Il y a toujours des personnes qui choisissent des sujets de conversation inconvenants.
D Les personnes impressionnables souffrent particulièrement de ces réunions familiales car elles y sont traitées comme des enfants.
E Les enfants ne supportent pas les réunions de famille.
F Il ne faut, malgré tout, pas oublier sa famille.

Entretien d'Olivier Barlet avec Fatoumata Coulibaly actrice dans *Moolaadé*, film d'Ousmane Sembène (Festival de Cannes, mai 2004)

1 Comment avez-vous vécu ce rôle ?

Je l'ai bien vécu. D'abord en tant que femme, mère et épouse, et aussi parce que je suis excisée [1]. C'est pourquoi j'ai pu donner le meilleur de moi-même pour ce rôle. Ensuite à travers mes reportages et mon travail : je suis comédienne, réalisatrice, animatrice à la télévision malienne. À travers mes propres expériences aussi, car je suis d'un milieu musulman – et les musulmans pratiquent l'excision aussi bien que les catholiques chez moi. Enfin, pour les filles qui meurent d'hémorragies causées par l'excision : c'est tout cela qui m'a poussée à jouer ce rôle.

Par ailleurs, je suis conseillère en communication pour une association féminine qui lutte contre l'excision depuis une dizaine d'années. On n'en parlait pas trop au Mali autrefois. Ce n'est que depuis une année que, face au refus des imams et des marabouts [2] l'État a décidé d'en parler. Je suis sûre qu'un tel film provoquera des changements. Le film donnera l'impulsion et le changement viendra par la sensibilisation dans toutes les langues du Mali, puis au Sénégal, au Burkina, en Guinée, au Niger et ailleurs.

La sensibilisation doit se faire auprès des vieux traditionalistes de chez nous : pour qu'ils disent que cette pratique n'est pas propre à l'Islam, que ce n'est pas dans le Coran. Et il est important de sensibiliser dans toutes les langues du pays pour que cela puisse changer, car c'est vraiment ancré dans notre culture.

J'étais frappé par l'importance des associations de femmes en Afrique, notamment au Burkina Faso, qui luttent contre l'excision, qui informent de village en village de façon bénévole… J'imagine que cela se fait de la même façon au Mali ?

Oui, je participe depuis dix ans bénévolement à l'une de ces associations. Je les accompagne dans les villages quand je ne suis pas de service. En premier lieu on essaie de sensibiliser le chef du village, l'imam et les conseillers, avant de réunir les femmes. La première fois on ne nous écoute pas, certains nous renvoient. Il faut revenir, 2 fois, 3 fois, 4 fois… Jusqu'à ce qu'ils acceptent de dialoguer avec nous. On apporte alors le téléviseur, le magnétoscope, des photos. Nous collaborons avec des sages-femmes, des médecins. Nous avons réalisé des sexes de femmes excisées en bois, en train d'accoucher. On montre ces objets et ces films au chef du village, à l'imam, qui ferment souvent les yeux. C'est ce jour-là que le chef du village nous donne l'autorisation de convoquer les femmes à venir aussi regarder. On leur pose alors des questions, mais elles refusent de parler devant les hommes. Une fois qu'ils sont partis, elles parlent. Il y en a toujours qui ont connu des problèmes à cause de l'excision. Ainsi, petit à petit, beaucoup de nos villages commencent à abandonner l'excision.

Les exciseuses demandent toujours ce que nous allons leur donner en retour. Elles ne peuvent pas abandonner comme ça. L'ONG [3] est obligée de chercher de l'argent tout en leur apprenant un artisanat comme la fabrication du savon, pour qu'elles puissent démarrer un petit commerce. Au Mali, beaucoup d'exciseuses ont abandonné leurs pratiques, mais beaucoup le font en cachette aussi.

Quel est l'argument principal que vous opposez aux hommes pour les faire changer par rapport à cette coutume traditionnelle ?

Nous ne venons pas (**…14a…**) entre femmes : nous sommes toujours accompagnées (**…14b…**) des hommes car dans certains villages, les imams et chefs de villages qui sont restés traditionalistes n'aiment pas discuter avec les femmes (**…14c…**) la présence des hommes. Nous (**…14d…**) allons donc avec (**…14e…**) qui connaît le village : soit un agent ONG, soit l'instituteur ou le médecin du village.

Que mettez-vous le plus en avant dans les conséquences négatives de l'excision ? Abordez-vous la question du plaisir féminin, du rabaissement de la femme ce qui est plutôt mis en avant comme argument en Europe ?

On leur dit que c'est la femme qui fait tout dans le village. Elle fait le jardinage autour des cases. Elle fait la sauce avec ses tomates. Elle aide le mari au champ. Elle l'aide à se soigner, elle fait le petit commerce. Donc quand une femme est malade, toute la famille est malade. Les époux disent « ça, c'est vrai ». Eux-mêmes donnent des exemples. Donc dans ce cas ce n'est pas à vous mari d'accepter que vos filles et petites filles soient excisées, car cela fait parti des causes de leurs maladies.

[…]

Africultures.com

[1] excisée : qui a subi une excision clitoridienne, c'est à dire une mutilation génitale féminine qui consiste en l'ablation de la partie externe du clitoris.
[2] marabout : sorcier en Afrique de l'Ouest
[3] ONG : Organisation non-gouvernementale

1 D'après la réponse à la première question, trois des affirmations suivantes sont vraies. Lesquelles ?

A Le film est sur la vie d'une femme qui est mère et épouse.
B Fatoumata Coulibaly a retrouvé sa propre situation dans son rôle.
C L'excision est une pratique liée à la religion musulmane.
D L'excision est un sujet de discussion très ancien.
E Le film *Moolaadé* attire l'attention sur la pratique de l'excision.
F Une communication adaptée est essentielle pour mettre fin à la pratique de l'excision.

Reliez chacun des mots ou expressions du texte figurant dans la colonne de gauche avec son équivalent qui se trouve dans la colonne de droite. Attention : il y a plus de mots ou expressions proposé(e)s que de réponses possibles.

2 milieu (l.8)
3 aussi bien que (l.9)
4 par ailleurs (l.13)
5 face à (l.17)
6 auprès de (l.24)
7 ancré (l.29)

A à côté de
B d'autre part
C avant
D centre
E chez
F devant
G en plus
H fixé
I mieux que
J société
K tout comme
L transformé

8 Dans la phrase « l'État a décidé d'en parler » (l.18), à quoi se réfère « en » ?

En vous basant sur la réponse à la deuxième question, reliez le début de la phrase de la colonne de gauche à la fin appropriée qui se trouve dans la colonne de droite. Attention : il y a plus de fins que de débuts et chaque fin ne peut être utilisée qu'une seule fois.

9 Tout d'abord, il faut…
10 Une fois que les hommes acceptent de communiquer, nous essayons…
11 Les femmes ne parlent…
12 Les exciseuses ont peur…
13 Les ONG enseignent aux exciseuses…

A comment gagner de l'argent.
B convaincre les hommes importants du village de parler avec nous.
C de leur montrer la réalité de l'excision.
D de perdre leurs sources de revenus.
E de travailler avec le personnel médical du village.
F pas aux bénévoles.
G qu'après le départ des hommes.
H qu'elles peuvent continuer leurs pratiques.
I que nous leur donnions de l'argent.
J rencontrer les femmes du village.

14 a–e Ajoutez les mots qui manquent dans la réponse à la troisième question en les choisissant dans la liste proposée ci-dessous. Attention : il y a plus de mots ou expressions que d'espaces et chaque mot ou expression ne peut être utilisé(e) qu'une seule fois.

AVEC	DANS	EN	JAMAIS	LÀ	PAR
PERSONNE	QU'	QUELQU'UN	SANS	Y	

15 Quels mots ou expressions de la dernière question signifient :

a posez
b dégradation
c privilégié

16 Le principal argument présenté dans les villages contre l'excision est que :

A les femmes peuvent prendre des décisions dans la communauté et le village.
B la conséquence est que les femmes doivent travailler dans les champs pour nourrir leur famille.
C les maladies causées par l'excision sont contagieuses.
D l'excision cause des maladies et que les femmes ne peuvent pas s'occuper de leur famille quand elles sont malades.

Pour aller plus loin

- Quelles traditions françaises sont mentionnées dans le texte « Pour ou contre les réunions de famille » ? Ces mêmes traditions existent-elles dans votre culture ? Si oui, prennent-elles la même forme ? Si non, quelles traditions familiales populaires existent dans votre culture ? Quelle est l'importance de ces pratiques aujourd'hui ?
- Pour quelles occasions les familles se réunissent-elles ? Les réunions familiales ont-elles la même importance dans les cultures que vous connaissez ?
- Lisez des critiques et commentaires sur le film *Moolaadé* (www.africultures.com, www.telerama.fr, etc.) afin de vous faire une idée plus précise des commentaires de Fatoumata Coulibaly sur l'excision.
- Quels sont les arguments pour et contre l'excision ? Que pensez-vous des arguments que Fatoumata Coulibaly présente aux hommes des villages ? En quoi vous semblent-ils adaptés ou non à la situation ? Ces arguments sont-ils similaires aux vôtres ? Comparez les points de vue des filles et des garçons de votre classe.
- Certains rites de passage sont d'ordre religieux (comme le baptême ou la circoncision). En connaissez-vous d'autres ? Que représentent-ils dans la vie d'une personne et dans sa place dans la société ?
- Quel est le rôle de la famille dans les rites de passage ? En quoi participe-t-elle à ces rites ? Quel est son rôle dans la transmission des rites d'une génération à l'autre ?
- Tobie Nathan dans sa préface à *Une Boussole pour la Vie* de Fabrice Hervieu-Wane, écrit que « si les rites disparaissent, perdant leur fonction cognitive, on observe chez les jeunes de nos sociétés des comportements que l'on pourrait considérer comme des rites de substitution : initiation à la violence, à la drogue, à la délinquance ou à l'intégrisme religieux. » Discutez cette opinion.
- Le service militaire n'existe plus en France depuis 2001 et a été remplacé par une Journée d'appel de préparation à la défense. Il a été réintroduit au Bénin en 2007 après 20 ans de suspension ; de même en Belgique en 2010 après 18 ans de suspension mais de façon volontaire. En Suisse, tous les hommes sont conscrits à 18 ans et restent incorporés dans l'armée jusqu'à 30 ans. Dans quelle mesure le service national, qu'il soit militaire ou civil, peut-il être considéré comme un rite de passage ? Devrait-il être obligatoire pour tous ?
- Depuis 1998, le bizutage (un ensemble de pratiques ou d'épreuves ritualisées, destiné à symboliser l'intégration d'une personne au sein d'un groupe social particulier : étudiants, militaires, professionnels, etc.) est interdit en France car considéré comme humiliant ou dégradant. Les actes de bizutage peuvent être punis de six mois de prison et 7 500 euros d'amende. Comment peut-on expliquer cette volonté de l'État d'intervenir dans des pratiques ritualisées ? Dans quelle mesure est-ce une bonne chose ?
- Avez-vous déjà été victime de bizutage ou connaissez-vous des personnes qui en ont été victimes ? Quels sentiments les victimes peuvent-elles ressentir et quelles peuvent en être les conséquences pour elles ?

Théorie de la connaissance

- Qui ou qu'est-ce qui détermine la nature des traditions familiales ?
- À quel âge la majorité est-elle fixée dans votre pays ? À quel âge peut-on voter, se marier, être responsable de ses actes, être envoyé en prison, être élu ? Quels facteurs déterminent ces âges ? Ces facteurs sont-ils différents ? Pourquoi ?
- Certains rites de passage traditionnels devraient-ils être interdits par la loi ?

CAS

Grâce à vos activités CAS vous avez peut-être la possibilité de rencontrer des personnes de cultures différentes de la vôtre. Évaluez ces différences culturelles et dites comment elles se manifestent. Y en a-t-il certaines qui vous surprennent et qui peut-être vous choquent ?

Activités orales

1 Bande annonce du film *Moolaadé* (sur http://www.cinefil.com/film/moolaade). Les dialogues sont en langue bambara mais sous-titrés en français.

À partir des images, décrivez en groupes ce que vous voyez : le village, les conditions de vie, les tâches et activités des femmes, les relations entre les hommes et les femmes, les sentiments exprimés par les expressions du visage.

À partir des sous-titres, discutez en quoi Collé Ardo est « trop subversive ».

En groupes, imaginez le scénario du film que vous présenterez à la classe. Vous utiliserez les informations que vous avez tirées du texte, de la bande-annonce, des critiques que vous aurez trouvées sur les divers sites Internet.

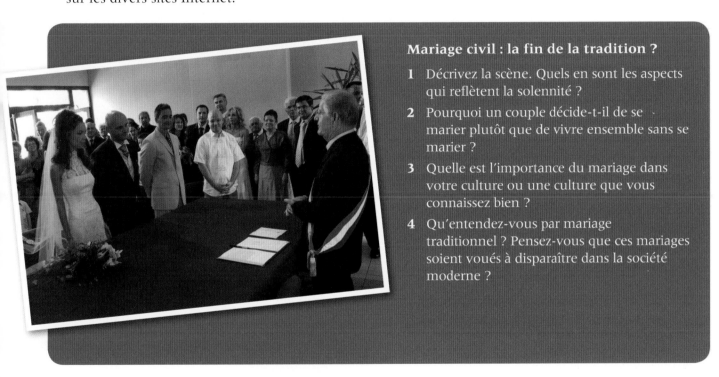

Mariage civil : la fin de la tradition ?

1 Décrivez la scène. Quels en sont les aspects qui reflètent la solennité ?

2 Pourquoi un couple décide-t-il de se marier plutôt que de vivre ensemble sans se marier ?

3 Quelle est l'importance du mariage dans votre culture ou une culture que vous connaissez bien ?

4 Qu'entendez-vous par mariage traditionnel ? Pensez-vous que ces mariages soient voués à disparaître dans la société moderne ?

Production écrite

1 Vous avez invité un(e) de vos camarades francophones à assister à une fête traditionnelle importante dans votre famille. Vous lui écrivez une lettre dans laquelle vous lui expliquez ce qui va se passer et, le cas échéant, comment s'y préparer.

a Vous utiliserez la présentation d'une lettre amicale (avec une formule d'appel, une formule finale, une signature). Vous utiliserez le tutoiement.
b Vous utiliserez des procédés rhétoriques variés qui viseront à décrire la fête et expliquer son importance de façon vivante (*Tu verras ; c'est hyper chouette !*). Vous rassurerez votre camarade quant à son incompréhension possible de ce qui pourra se passer. Les informations seront transmises par le biais de références ou d'allusions (*Je suis content que tu puisses venir… ne mets surtout pas le pantalon que tu avais l'année dernière…*).
c Vous emploierez un ton approprié pour souligner une variété de sentiments et d'émotions (anticipation, joie, inquiétude…).

2 Vous avez lu dans un journal que « la circoncision des petits garçons est la mutilation d'un organe sain sur une personne sans son consentement et que, par conséquent, il faudrait l'interdire. » Vous écrivez une lettre à l'éditeur du journal dans laquelle vous présentez votre opinion sur la question.

a Cette lettre aura soit le format d'une lettre officielle (avec adresse, date, formule d'appel, formule finale, signature) soit le format de la lettre telle qu'elle sera publiée dans le journal.
b Vous devez faire des références à la phrase citée ou à l'article lu.
c Il s'agit essentiellement d'une argumentation. La langue devra donc être claire, précise et utilisera des articulateurs logiques afin de convaincre. Elle sera toutefois expressive pour refléter la force des sentiments.

3 **Niveau supérieur** Expliquez votre point de vue et démontrez votre compétence interculturelle en étudiant les similitudes et les différences à ce sujet entre votre culture et celle(s) que vous étudiez.

Introduction de la culture comorienne

La population des Comores, pour une grande part d'origine ethnique bantou, est essentiellement musulmane sunnite de rite chaféite. La religion structure en grande partie la société, mais de nombreuses coutumes et schémas sociaux propres aux peuples d'Afrique de l'Est (culture swahilie), sont profondément ancrés dans la vie de tous les jours :

- famille matrilinéaires et également matrilocales (la maison appartient à la femme)
- regroupement par classe d'âge et rites initiatiques ou de passages…
- chaque Comorien possède un lien très fort avec son village d'origine (ethnie) et entretient des liens privilégiés avec les membres de son village
- tradition de l'accueil et de l'hospitalité.

Le fondement même de la société comorienne est la recherche d'équilibre permanent entre diverses traditions quelquefois contradictoires. Ainsi tout s'oppose : matriarcat/islam, tradition comorienne bantou/modernité à la française, etc. sans jamais s'exclure.

Union des Comors

Vous considérerez :

- le rôle de la religion (ou des religions) dans la vie quotidienne et la structure de la société ;
- la place traditionnelle de la femme ;
- l'attachement à ses racines (village, région, patrie, ethnie, etc.) ;
- l'effet de la présence de cultures et traditions différentes et parfois contradictoires dans une même société.

2 Fêtes et festivals

Objectifs

- Découvrir les fêtes célébrées dans des pays francophones et leurs origines.
- Réfléchir au rôle des fêtes et festivals dans la communication des valeurs traditionnelles.
- Considérer le rôle de la religion dans les fêtes traditionnelles.
- Étudier le format et le registre du discours.

Remue-méninges

- Quelles sont les fêtes qui sont célébrées dans votre pays ou votre région ? Dans quelle mesure varient-elles d'une région à l'autre ? Connaissez-vous l'origine de ces fêtes ? Quelle est leur importance symbolique pour les gens qui les célèbrent ?
- Considérez le calendrier des fêtes ci-dessous. Quelle est l'origine de ces fêtes ? Comment peut-on expliquer cette diversité ? Dans quelle mesure cette diversité existe-t-elle dans votre pays ?
- Dans quelle mesure ces fêtes sont-elles universelles ou particulières au Bénin ? En quoi le calendrier des fêtes de votre pays est-il similaire ou différent de celui-ci ?

Calendrier des fêtes et jours fériés au Bénin en 2010

Date	Nom	Célébration	Indication
1er janvier	Jour de l'an	Civile	Premier jour de l'année du calendrier grégorien
10 janvier	Fête du vodoun	Traditionnelle	Célébration des religions traditionnelles
Date variable estimée* 26 février en 2010	Maouloud	Musulmane	Anniversaire de Mahomet ; le 12 du mois de Rabia al Awal
Date variable 25 avril en 2011 9 avril en 2012	Lundi de Pâques	Chrétienne	Résurrection de Jésus ; le lendemain du 1er dimanche qui suit la 1re pleine lune du printemps
1er mai	Fête du Travail	Civile	Journée internationale des travailleurs
Date variable 2 juin en 2011 17 mai en 2012	Ascension	Chrétienne	Montée de Jésus au Ciel ; 40 jours après Pâques
Date variable 13 juin en 2011 28 mai en 2012	Lundi de Pentecôte	Chrétienne	Descente de l'Esprit Saint sur les Apôtres ; 50 jours après Pâques
1er août	Fête Nationale	Civile	Journée de l'Indépendance
15 août	Assomption	Chrétienne	Montée de la Mère de Jésus au Ciel
Date variable estimée* 10 septembre en 2010	Ramadan	Musulmane	Fête de la rupture du jeûne ; le 1er du mois de Shawwal
1er novembre	Toussaint	Chrétienne	Célébration de tous les Saints
Date variable estimée* 16 novembre en 2010	Tabaski	Musulmane	Sacrifice d'Ismaël ; le 10 du mois de Dhou al Hijja
25 décembre	Noël	Chrétienne	Naissance de Jésus

* Date variable estimée : les célébrations islamiques sont déterminées en fonction de l'état de la lune et fixée peu avant

Défilé du 14 juillet : dernière fête nationale pour le RIMaP-P

le 14 juillet 2010 à 19:39

Présidée par le Haut Commissaire de la République, Adolphe Colrat, la commémoration de la Fête Nationale du 14 juillet à Papeete s'est déroulée en présence des autorités de la Polynésie française avec cérémonie militaire, défilé, et remise de décorations, en présence d'un public venu nombreux.

Héritiers du prestigieux bataillon d'infanterie de marine du pacifique qui s'illustra vaillamment lors des deux guerres mondiales, les hommes du RIMaP-P (régiment d'infanterie de Marine Pacifique-Polynésie) ont particulièrement été mis à l'honneur pour leur dernier défilé sur l'avenue Pouvanaa a Oopa. Et c'est avec un brin de nostalgie que les spectateurs leur avaient réservé les applaudissements les plus nourris.

La cérémonie a (...9a...) été l'occasion de remettre plusieurs distinctions destinées à récompenser les mérites de gradés ou de simples soldats de l'armée en Polynésie française. Ont été promu à l'ordre de Chevalier de la légion d'honneur : Alfred Helme, le lieutenant colonel Didier Champion et le médecin en chef Bruno Massit. La Médaille militaire a été décernée aux adjudants chef Patrick Rozé et Jean-Christophe Bedu (...9b...) qu'au gendarme Pierre Cosmao. Le capitaine Franck Paquentin a, (...9c...), lui été décoré de la médaille de Chevalier de l'ordre national du mérite.

Le public a aussi pu applaudir, pour la première fois, vingt-neuf jeunes sapeurs-pompiers de la commune de Punaauia.

Tahiti Presse

Liberté • Égalité • Fraternité
RÉPUBLIQUE FRANÇAISE

Papeete, le 14 juillet 2010

HAUT-COMMISSARIAT DE LA RÉPUBLIQUE EN POLYNÉSIE FRANÇAISE LE HAUT-COMMISSAIRE

Notre Fête Nationale est d'abord l'occasion de célébrer les valeurs de la République.

Ces valeurs, issues notamment de la Déclaration des droits de l'homme et du citoyen, ont rapidement acquis une portée universelle. Mais ces valeurs, pour rester vivantes, doivent s'incarner.

Le 14 juillet, nous rendons un hommage particulier aux femmes et aux hommes qui se consacrent à la sécurité de nos concitoyens.

Nos Forces armées d'abord, et leur Chef, le Contre-amiral Jean-Louis VICHOT. Nous avons cette année une pensée spéciale, pleine d'admiration et de gratitude, pour le régiment d'Infanterie de Marine du Pacifique–Polynésie, héritier des traditions du glorieux Bataillon du Pacifique. Nous saluons également avec reconnaissance la Gendarmerie et la Police nationales – je pense à cet instant, avec émotion, au commandant de Police Philippe SOULIER, à nos polices municipales, à nos sapeurs-pompiers – de jeunes sapeurs-pompiers défileront dans quelques instants, illustrant l'engagement généreux de la jeunesse polynésienne. Le Groupement du Service militaire adapté exprime lui aussi la capacité de dépassement de soi des jeunes Polynésiens. Toutes celles et ceux, enfin, qui s'engagent pour la sécurité civile et le secours aux victimes.

Dans bien d'autres domaines, très nombreux sont celles et ceux, souvent bénévoles, qui font vivre les valeurs de la République. Cette année, en une période de difficultés économiques sévère, qui fait appel à notre volonté collective de redressement et à notre générosité, toutes les associations qui œuvrent pour une plus grande solidarité méritent d'être mises à l'honneur.

Cette générosité polynésienne est indissociable des plus belles valeurs de notre République. Le moment de recueillement qui va suivre s'ouvrira par l'hymne polynésien la Ora O Tahiti Nui.

Adolphe COLRAT

www.polynesie-francaise.pref.gouv.fr

Défilé du 14 juillet : dernière fête nationale pour le RIMaP-P

1 Qui est Adolphe Colrat ?

A le président de la République polynésienne
B le représentant de la République française en Polynésie
C l'organisateur de la Fête Nationale
D le chef des armées polynésiennes

2 Quelles sont les trois parties principales du programme des célébrations ?

3 À qui se réfère le mot « Héritiers » (l.7) ?

Reliez chacun des mots ou expressions du texte figurant dans la colonne de gauche avec son équivalent qui se trouve dans la colonne de droite. Attention : il y a plus de mots ou expressions proposé(e)s que de réponses possibles.

4 s'est déroulée (l.3)
5 remise (l.5)
6 s'illustra (l.8)
7 mis à l'honneur (l.11)

A a eu lieu
B distribution
C est partie
D mis de côté
E réduction
F salués
G s'est rendu célèbre

8 Quels sont les sentiments des spectateurs quand ils applaudissent ?

A Ils sont heureux que le RIMaP-P parte.
B Ils croient que les applaudissements vont encourager la nostalgie du RIMaP-P.
C Ils veulent célébrer le passé glorieux du RIMaP-P.
D Ils voudraient que le défilé soit plus réservé.

9 a–c Ajoutez les mots qui manquent dans le troisième paragraphe en les choisissant dans la liste proposée ci-dessous. Attention : il y a plus de mots ou expressions que d'espaces et chaque mot ou expression ne peut être utilisé(e) qu'une seule fois.

AINSI	AUSSI	AVEC	CEPENDANT	MAIS	QUANT À

10 Quels mots du troisième paragraphe signifient :

a couronner
b officiers
c élevés
d remise

Haut-commissariat de la République en Polynésie française

11 Ce document est :

A une lettre d'Adolphe Colrat au Haut Commissaire.
B une déclaration du Haut Commissaire de la République aux Polynésiens.
C une publicité pour défendre les valeurs de la République française.
D une invitation à assister aux célébrations du 14 juillet.

En vous basant sur le début du texte, reliez le début de la phrase de la colonne de gauche à la fin appropriée qui se trouve dans la colonne de droite. Attention : il y a plus de fins que de débuts et chaque fin ne peut être utilisée qu'une seule fois.

12 Papeete est...
13 Les valeurs de la République...
14 Ces valeurs doivent...
15 Le 14 juillet est l'occasion de...

A célébrer les personnes qui se dévouent pour les autres.
B devenir universelles.
C être appliquées concrètement dans la réalité.
D le lieu d'où le texte est écrit.
E se consacrer aux questions de sécurité.
F sont nées de la Déclaration des droits de l'homme et du citoyen.
G ont créé des problèmes pour les droits de l'homme.
H parler un jour de la semaine en langue polynésienne.

16 D'après le quatrième paragraphe, deux des affirmations suivantes sont vraies. Lesquelles ?

A Adolphe Colrat et le Contre-amiral admirent le RIMaP-P.
B Adolphe Colrat rend hommage au RIMaP-P pour son rôle.
C Adolphe Colrat connaît personnellement la Gendarmerie.
D Adolphe Colrat est ému par la situation d'un des policiers.
E Pour être pompier il faut être jeune.

17 Quelle expression de ce même paragraphe montre que certaines personnes peuvent faire plus que ce qu'on attend d'elles ?

18 Dans la phrase du 5ème paragraphe...	le mot...	se réfère dans le texte à...
a très nombreux sont celles et ceux	nombreux	
b qui fait appel	qui	
c méritent d'être mises à l'honneur	mises à l'honneur	

Le folklore de Noël plus profond qu'on pense

1 La tradition chrétienne a inspiré et marqué fortement la société civile à plusieurs niveaux. Elle l'a marquée de façon générale, mais de façon particulière quant aux fêtes du calendrier civil : la Saint-Valentin, le congé de l'Action de Grâce, l'Halloween, la Saint-Jean... Qui sait par exemple que nous devons les notes de la gamme, do-ré-mi-fa-sol-la-si-do, à l'hymne d'entrée de la messe de la St-Jean-Baptiste ? La tradition chrétienne a marqué beaucoup notre façon moderne de fêter Noël, si bien nommé « le temps des Fêtes » en raison d'une concentration de plusieurs fêtes s'étendant du 6 décembre au 2 février, soit, de la Saint-Nicolas à la Chandeleur.

L'origine du mot Noël

2 Prenons le mot Noël, qu'est-ce qu'il veut dire, depuis qu'on l'emploie, en français, au lieu du mot Nativité ? Il signifie « nouveau ». Il vient de « Nouel », au temps où le *u* et le *v* se ressemblaient. « Nouel, novel, nouvel, nouveau, nouvelle. » C'est l'appel à la Nouveauté, à quelque chose de neuf. Le fait de ne pas connaître l'origine du mot Noël est significatif d'une méconnaissance du sens profond des traditions du temps de Noël.

3 C'est au IVème siècle que les chrétiens commencèrent à célébrer Noël. Avant, c'est Pâques qu'on fêtait. Au calendrier, on a fixé Noël en décembre, en la fête du Solstice d'hiver, ou fête du Soleil. Elle se célébrait à Rome le 25 décembre et en Égypte, le 6 janvier; elle marquait le début d'une Nouvelle année. L'attitude générale des chrétiens vis-à-vis des fêtes anciennes et des réjouissances populaires fut, non pas de les supprimer, mais de les christianiser. Convaincus que le Christ Jésus était le « Soleil sans déclin » (*Sol invictus*), ils fixèrent symboliquement la naissance du Christ au 25 décembre, temps de l'année où les jours commencent à être plus longs que les nuits. Aucune indication n'est contenue dans l'Évangile [1] au sujet de la véritable date de naissance du Sauveur [2] ; c'est après coup que se fit l'équivalence entre le Christ et le Soleil.

4 À ce premier temps de « l'ancien folklore païen christianisé », en correspond un second qui remonte à l'époque du Moyen-âge [3], celui des « mystères [4] liturgiques chrétiens » qui célébraient l'humanité de Jésus, dont la Nativité. Avec la Renaissance [5], le sens religieux et l'inspiration de la fête de Noël se sont peu à peu perdus. La laïcisation des symboles chrétiens et l'oubli de leur signification ont créé ce qu'on appelle aujourd'hui le « folklore de Noël », un ensemble de « charmantes coutumes saisonnières » et une fête largement séculière.

Que révèlent les coutumes de Noël ?

5 On pourrait regrouper le folklore du Temps des Fêtes autour de trois grappes de symboles principaux : l'amitié, la vie et la lumière. Ce folklore nous entraîne en fait vers plus de fraternité, plus de justice et plus de paix. Des personnes se rapprochent par l'amitié, il y a donc plus de vie ; et l'avenir s'ouvre sur plus de confiance.

Quelques traditions de Noël, symboles de l'amitié

Les cadeaux

Le cadeau est, en fait, un « trait d'union » (...21a...) le donateur et le receveur. Il indique une volonté de continuer à être en lien. Il dit : « Ah ! Les beaux jours du passé ! Que demain soit aussi beau, (...21b...) ce rapprochement dans l'aujourd'hui ! »

Les baisers

Les baisers représentent le rapprochement par excellence entre les êtres. Sait-on que le mot « adoration » signifie « aller jusqu'à la bouche de Dieu », pour le toucher et (...21c...) recevoir la vie.

Les cartes de Noël

Les cartes de Noël sont une façon de dire, par poste interposée : « Je ne peux être là avec toi en personne et te faire le cadeau de ma présence, accepte (...21d...) mes vœux de bonheur. Tu es dans mes pensées et dans mon cœur. »

Les repas des Fêtes et les veillées

C'est l'occasion de nourrir l'amitié, (...21e...) que les corps. Combien de gens, qui ne se voyaient plus en raison de disputes, recommencent à se fréquenter, en se réconciliant comme par enchantement, grâce à la magie de Noël !

La Guignolée

À la fois coutume et chanson apportée de France au Canada, la Guignolée consistait, (...21f...), en une quête publique pour les pauvres, incapables de se procurer des étrennes. La (...21g...) du jour de l'An au soir, on passait de maisons en maisons à la lueur d'un flambeau, au son de refrains populaires.

Santa Claus, le Père Noël

Ce personnage coloré, prodigue et aux trésors inépuisables a son défilé, son traîneau, ses rennes, ses cadeaux, son code postal HOH HOH... et sa puissante utilité commerciale. Il est l'espoir des enfants, et (...21h...) le désespoir des parents.

Roland Bonenfant
Encyclopédie de L'Agora

---

[1] Évangile : livre qui contient l'enseignement de Jésus-Christ.
[2] le Sauveur : pour les chrétiens, Jésus.
[3] Moyen-âge : période comprise entre l'antiquité et les temps modernes (la Renaissance), soit du Vème au XVème siècle.
[4] mystère : drame religieux du Moyen-âge.
[5] Renaissance : mouvement de rénovation intellectuelle qui marque la fin du Moyen-âge.

1 À quoi s'oppose la notion de tradition chrétienne au début du texte ?

2 Dans la phrase « Elle l'a marquée de façon générale », à quoi se réfère « l' » ?

3 Quelle expression du premier paragraphe signifie « par rapport aux » ?

4 Quelle expression de ce même paragraphe montre que l'importance de la tradition chrétienne dans la vie quotidienne est peu connue ?

5 Quelle est l'origine de do-ré-mi-fa-sol-la-si-do ?

6 Pourquoi la période de Noël est-elle nommée « le temps des Fêtes » ?

7 Que célèbre-t-on le 2 février ?

8 En vous basant sur le deuxième paragraphe, quels mots ou expressions signifient :

a pour remplacer
b quand
c qui n'a pas encore été utilisé
d caractéristique
e ignorance
f période

En vous basant sur le troisième paragraphe, reliez le début de la phrase de la colonne de gauche à la fin appropriée qui se trouve dans la colonne de droite. Attention : il y a plus de fins que de débuts et chaque fin ne peut être utilisée qu'une seule fois.

9 Les fêtes de Pâques sont célébrées…

10 Dans l'Empire Romain, on fêtait le Soleil…

11 Les fêtes populaires anciennes…

12 Le 25 décembre…

13 La date de naissance de Jésus-Christ…

A a été associée au soleil bien plus tard.
B avant Noël.
C correspond au début du rallongement des jours.
D depuis plus longtemps que Noël.
E en même temps que les chrétiens.
F est la date de naissance de Jésus.
G est mentionnée dans l'Évangile.
H le 25 décembre.
I ont disparu du calendrier chrétien.
J sont à la base de fêtes chrétiennes importantes.

14 D'après le quatrième paragraphe, quel était le thème principal des mystères du Moyen-âge ?

15 À quelle époque la fête de Noël a-t-elle commencé à devenir plus laïque ?

16 Quelle expression du quatrième paragraphe correspond au phénomène inverse au « folklore païen christianisé » ?

17 Que signifie l'expression « le folklore de Noël » ?

A Des traditions religieuses qui existent depuis longtemps.
B Une fête essentiellement chrétienne.
C Des activités ayant peu de liens avec la religion.
D Une fête où chacun porte des vêtements de saison.

En vous basant sur le paragraphe intitulé « **Que révèlent les coutumes de Noël ?** », reliez chacun des mots ou expressions du texte figurant dans la colonne de gauche avec sa définition qui se trouve dans la colonne de droite. Attention : il y a plus de définitions proposé(e)s que de réponses possibles.

18 entraîne vers

19 se rapprochent

20 s'ouvre sur

A est cause de
B fait faire des exercices
C présentent une ressemblance
D entretiennent une relation plus étroite
E donne l'accès à
F provoque une communication

21 a–h Ajoutez les mots qui manquent dans l'encadré « **Quelques traditions de Noël, symboles de l'amitié** » en les choisissant dans la liste proposée ci-dessous. Attention : il y a plus de mots ou expressions que d'espaces et chaque mot ou expression ne peut être utilisé(e) qu'une seule fois.

À CAUSE DE ACTUELLEMENT AUTANT AUTREFOIS DE EN ENTRE GRÂCE À HEUREUSEMENT JOURNÉE LE MOINS PARFOIS POUR TOUT DE MÊME VEILLE

Pour aller plus loin

- Toutes les fêtes sont-elles des jours fériés ? Comment se distinguent les fêtes chômées et celles qui ne le sont pas ?
- Existe-t-il une fête nationale dans votre pays ? Quelle forme prend-elle ? Y a-t-il des occasions de défilés militaires, des feux d'artifice, des célébrations populaires ?
- Qu'est-ce qu'une fête nationale ? En quoi une tradition culturelle peut-elle définir une nation ? Vous identifiez-vous aux festivités qui ont lieu dans votre pays ou votre région ? En quoi font-elles partie de l'identité de chacun ?
- La Polynésie française fait partie des Territoires d'Outre-mer (TOM). Quel sens peut-on donner au 14 juillet, fête nationale française dans un territoire situé loin de la métropole ? Comment les Polynésiens peuvent-ils s'identifier aux valeurs de la République française ? Quelle est la place des Départements et Territoires d'Outre-mer (DOM-TOM) dans la nation française ?
- Le texte intitulé « Le folklore de Noël plus profond qu'on pense » mentionne les symboles de Noël liés à l'amitié. Êtes-vous d'accord que ces traditions sont symboles d'amitié ? Quels seraient, à votre avis, les symboles liés à la vie et à la lumière ? Des symboles de l'amitié, de la vie et de la lumière existent-ils dans d'autres religions ? Comment expliquez-vous que Noël se commercialise et soit aujourd'hui célébré dans des communautés non-chrétiennes ?
- Y a-t-il des coutumes ou traditions de la génération de vos parents ou grands-parents que vous avez consciemment rejetées ? Si oui, pourquoi ? Comment ont-ils réagi à votre rejet ? Les fêtes traditionnelles ont-elles un avenir à votre avis ?
- Fête de la musique, festival du conte, kermesses, fêtes populaires, fêtes des produits régionaux (Fête du Cognac à Cognac, Fête de l'Andouille à Guémené, etc.) : la saison estivale voit une prolifération de ces manifestations. Dans quelle mesure peut-on les considérer comme des activités commerciales pour les touristes ou des représentations des coutumes et traditions ?

Théorie de la connaissance

- Les coutumes et traditions servent-elles à quelque chose ? Si oui, à quoi ?
- Quels sont les éléments qui confinent les coutumes et traditions à une société particulière ?
- Les coutumes et traditions reposent-elles sur les valeurs familiales ou reposent-elles plus généralement sur les valeurs de la communauté à laquelle on appartient ?
- Les linguistes pensent que la moitié des langues du monde auront disparu d'ici à 2050. À votre avis, pouvons-nous avoir les mêmes craintes pour les coutumes et traditions ?
- Dans quelle mesure les coutumes et traditions dépendent-elles d'une langue ?
- Il est dit que personne ne possède la connaissance indépendamment des autres êtres humains. En est-il de même des coutumes et traditions ?

Activités orales

1 Votre ville va organiser une fête à l'occasion d'un événement historique (local, régional, national voire international). Une série de discussions a lieu avec différents représentants de la communauté. Chaque participant considérera comment il/elle pourra contribuer à la fête, présentera les objections qu'il/elle pourrait avoir, proposera des solutions aux problèmes. Le but des discussions est de proposer un plan d'action concret où chacun aura son rôle à jouer. Le plan d'action sera rédigé en commun et présenté sous la forme d'un article publié dans le journal de l'école.

Chaque élève assumera un rôle différent qu'il prendra dans la liste suivante (d'autres rôles pourront être créés selon le nombre d'élèves dans la classe) :

producteur agricole de la région	directeur d'école	journaliste	pharmacien
vendeur sur un marché	employé de l'office du tourisme	maire	pompier
commissaire de police	gérant d'un hôtel	médecin	responsable de l'environnement
comptable au Trésor public	industriel	patron d'un café/ restaurant	responsable des transports

Fête de la Saint-Yves en Bretagne

1 Décrivez la scène. Que font ces personnes ? Comment sont-elles habillées ?

2 Les expressions du passé, du présent et de l'avenir peuvent-elles cohabiter ? Pensez-vous que les traditions puissent survivre, à l'avenir, dans le monde moderne ? Que pensez-vous du mélange des générations ?

3 Comment peut-on expliquer la popularité de cet événement ?

4 Des traditions similaires existent-elles toujours dans votre culture ? Si oui, comment se manifestent-elles ? Si non, pourquoi ont-elles disparu ?
Y en a-t-il d'autres d'importance similaire ?

Production écrite

1 Pendant un voyage dans un pays francophone, vous avez assisté à un festival traditionnel qui vous a beaucoup intéressé. Vous écrivez une critique de ce festival de façon à encourager vos camarades à y assister l'année prochaine. Cette critique sera publiée dans le journal de l'école.

> **a** Il s'agit d'une critique. Elle inclura donc un bref résumé de ce qui s'est passé afin de le situer et d'expliquer son importance culturelle, mais surtout une analyse de ce qui vous a intéressé. Vos opinions personnelles devront être basées sur des faits concrets (atmosphère, personnes, etc.). Il n'est toutefois pas nécessaire que tout soit positif.
> **b** Ce festival étant dans un pays francophone, vous pouvez faire référence aux différences culturelles en démontrant, avec diplomatie, votre compétence interculturelle.
> **c** Vous utiliserez un vocabulaire précis sur les diverses activités.
> **d** Il s'agit aussi d'un article de journal. On y trouvera donc un titre, des sous-titres, une introduction, le nom de l'auteur de l'article, éventuellement le nom du journal et la date de publication. Le texte pourra être écrit en colonnes et on pourra inclure une illustration du festival. La langue sera formelle mais pourra s'adresser directement aux élèves de l'école et faire appel à leurs connaissances des traditions francophones.

2 À l'occasion d'une fête traditionnelle célébrée dans une région que vous connaissez bien, l'office du tourisme vous a demandé de présenter à un groupe de visiteurs francophones les différents événements qui vont avoir lieu ainsi que leur contexte. Écrivez le texte de votre présentation orale.

> **a** Vous vous adresserez de manière formelle directement au public. Vous mentionnerez des éléments qui permettront d'identifier le discours (*chers amis, bienvenue, … merci de votre attention…*). Vous inclurez certains procédés adaptés au discours (questions rhétoriques, interjections, rappels, apostrophes au public…).
> **b** Vous donnerez des informations diverses et détaillées sur les événements ainsi que des explications sur l'histoire et les origines de la fête.

3 **Niveau supérieur** Expliquez votre point de vue et démontrez votre compétence interculturelle en étudiant les similitudes et les différences à ce sujet entre votre culture et celle(s) que vous étudiez.

> La Tabaski (Aïd el-kebir), commémoration du sacrifice d'Abraham, est célébrée chaque année dans les familles par le sacrifice d'un mouton. Cette fête religieuse connaît une ampleur et un éclat particuliers au Sénégal, où 94 % de la population est musulmane. Elle mobilise tous les secteurs de l'économie et de la vie sociale.
> Les villes se métamorphosent par l'omniprésence des moutons et des marchés, par les embarras souvent inextricables de la circulation causés par les mouvements d'une population pressée de passer la Tabaski en famille, enfin par toutes les inventions pour faire face aux dépenses parfois considérables occasionnées par la fête. À cette occasion, ces villes sont aussi le théâtre où s'entretiennent, se renouvellent – et parfois se contestent – les relations de parenté et d'alliance, les réseaux religieux et professionnels, et où se révèlent les clivages sociaux.
>
> Ausenegal.com

Vous considérerez :

- l'influence de la religion dans la vie d'un pays et d'une culture ;
- la place de la nourriture dans les traditions ;
- l'importance économique et financière d'une fête traditionnelle pour la société et pour les individus ;
- la place de la famille dans les célébrations des fêtes traditionnelles.

3 Autour de la table

Objectifs

- Considérer le rôle et la place de la nourriture dans la culture française et son impact dans le monde francophone.
- Découvrir des plats typiques.
- Considérer l'évolution des produits alimentaires et de la gastronomie.
- Discuter le rôle des traditions liées aux repas et à la nourriture dans les relations sociales.

Remue-méninges

- Combien de fois mangez-vous par jour ? Quel est votre repas principal de la journée ? Quel(s) repas prenez-vous en famille ? Les prenez-vous régulièrement en famille ou pas ? Pourquoi ?
- Y a-t-il des aliments que vous ne mangez pas parce que vous n'en aimez pas le goût ?
- Y en a-t-il que vous ne mangez pas pour des raisons religieuses, culturelles ou éthiques ? Y a-t-il des aliments que vous mangez et qui n'appartiennent pas à la culture de vos parents ? Et vice-versa ?
- Qui cuisine chez vous ? Cette tâche est-elle partagée dans votre famille ? Si oui, comment ?
- Mangez-vous parfois au restaurant, dans un café, dans un fast-food ? Quels facteurs guident votre choix (utilité, gastronomie, type de nourriture, raisons sociales, autre chose) ?
- Où achetez-vous la nourriture normalement ? Fréquentez-vous les marchés locaux ou bien faites-vous la plupart de vos courses en supermarché ?
- Comparez les deux photos suivantes. Quels sont les avantages et inconvénients des deux formes d'approvisionnement ? Considérez entre autres :
  - les aspects commerciaux
  - la qualité et l'origine des produits
  - la présentation des produits sur les étalages
  - le conditionnement des produits
  - la fonction et le recyclage des emballages
  - la variété et le choix des produits
  - la relation entre le client et le commerçant

CHÂTEAU RAMEZAY

MUSÉE ET SITE HISTORIQUE DE MONTRÉAL

VIEUX-MONTRÉAL

Expositions temporaires

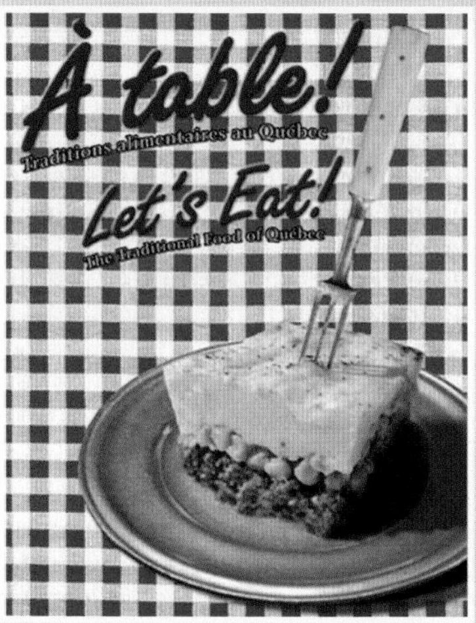

À Table ! Traditions alimentaires au Québec

Dès novembre 2009

Steak, blé d'Inde, patates… Existe-t-il expression populaire plus évocatrice de la tradition culinaire québécoise ? Ces quelques mots résument à eux seuls tout l'amalgame des influences alimentaires au Québec : le maïs associé aux Premières Nations, la consommation bovine, aux colons français et la pomme de terre, rappelant la présence britannique. Du 10 novembre 2009 au 24 avril 2011, Le Château Ramezay vous invite à passer *À Table !*

Au cours des dernières années, des découvertes étonnantes ont été faites sur les habitudes alimentaires d'autrefois et sur l'héritage que nous en conservons aujourd'hui.

Par exemple, saviez-vous…

- que le fameux repas de cabane à sucre est tout droit sorti des cuisines britanniques ;
- qu'en Nouvelle-France, les Canadiens mangent la viande de castor en plein carême… avec la bénédiction de l'Église ;
- que le vin est une boisson consommée à des fins thérapeutiques ;
- qu'aux 17e et 18e siècles, on mange « mieux » au Canada qu'en France.

L'exposition *À Table !* explore les différentes facettes de la culture culinaire du Québec, depuis l'arrivée des premiers habitants jusqu'à nos jours. Elle présente non seulement les aliments qui étaient consommés, mais aussi les méthodes de conservation et de préparation des repas, les techniques d'agriculture et leur impact sur la cuisine, les us et coutumes entourant les plaisirs de la table, les réseaux d'importation des denrées comestibles ainsi que les apports plus récents des nouveaux arrivants au répertoire culinaire québécois.

Plus d'une centaine d'artefacts témoignent de l'évolution des habitudes de consommation : de la tinette à la crémaillère, en passant par la bouteille de bière de gingembre, l'étui à cure-dents, la cafetière égoïste, les coupons de rationnement et même le couteau à *smoked meat* de chez Schwartz's.

L'exposition *À Table !* est une invitation à mesurer vos connaissances sur l'origine des plats dits « traditionnels » et à découvrir les influences culturelles qui ont façonné notre répertoire culinaire au cours des siècles.

Venez découvrir l'histoire… dans une assiette !

Vous pourrez vous procurer l'ouvrage associé à l'exposition intitulé *À table en Nouvelle-France* écrit par Yvon Desloges, historien rattaché à l'exposition, et publié aux éditions du Septentrion à la boutique du Musée.

Traditions alimentaires de demain !

Avez-vous une recette qui se transmet dans votre famille de génération en génération ? Pensez-vous détenir une recette que vous considérez digne d'être transmise aux générations futures ? Ou encore, avez-vous une recette récente qui est devenue pour votre famille un plat « traditionnel » ?

Faites-nous connaître cette recette en nous la transmettant à l'adresse suivante :

atable@chateauramezay.qc.ca

En plus de la recette et de sa « petite histoire », n'oubliez pas de nous indiquer votre nom complet et votre lieu d'origine.

Nous compilerons toutes les recettes reçues et les rendrons accessibles en ligne sur notre site Internet.

Courez ainsi la chance de gagner le livre de recettes *Délices Traditionnels du Québec* en nous faisant parvenir une recette ! Un tirage aura lieu chaque trois mois jusqu'en novembre 2010.

Château Ramezay – Musée et site historique de Montréal

1 En quoi consiste le plat typique québécois mentionné au début du texte ?

2 Pourquoi est-il particulièrement évocateur de la tradition culinaire québécoise ?

3 Quelle est l'origine culinaire :

a du steak ?
b du blé d'Inde ?
c des patates ?

4 D'après les lignes 10 à 23, deux des affirmations suivantes sont vraies. Lesquelles ?

A Des cours ont été donnés sur les traditions alimentaires.
B Nous avons gardé des coutumes alimentaires du passé.
C Les Britanniques avaient l'habitude de cuisiner le sucre.
D Dans certains endroits, on mange de la viande dans les églises.
E Le vin peut être bon pour la santé.
F On a toujours mieux mangé au Canada qu'en France.

En vous basant sur les lignes 24 à 39, complétez ces mots fléchés en trouvant les mots ou expressions qui signifient : (Attention : le tiret est considéré comme une lettre)

5 que l'on peut consommer comme aliments

6 culture du sol

7 action de garder les aliments en bon état

8 liste des recettes

9 petit instrument pointu qui sert à se nettoyer entre les dents

10 mangés

11 traditions (en 3 mots)

12 objets manufacturés

13 racine aromatique originaire d'Asie

14 marchandise destinée à être consommée

15 aspects

16 produits alimentaires

17 qui se rapporte à la cuisine et la gastronomie

18 ustensile servant à couper

19 nourriture préparée et mangée à heure régulière

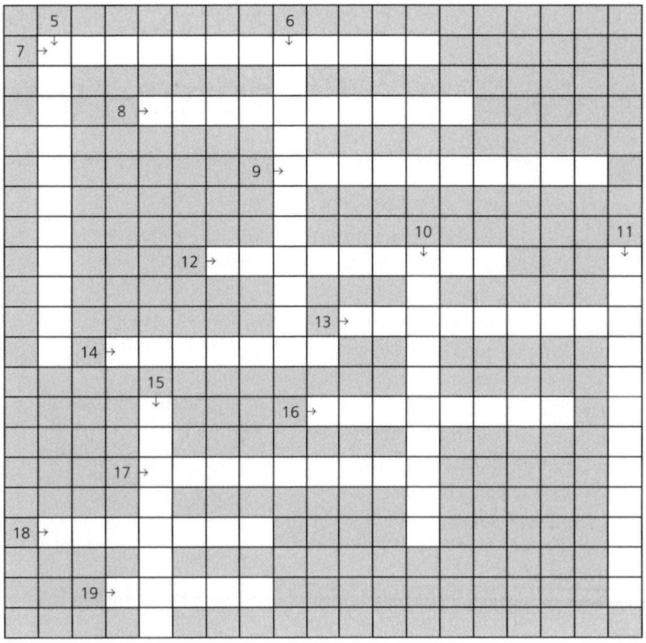

20 Grâce à l'exposition ***À Table !*** on peut :

A inviter des amis à déguster des plats traditionnels.
B apprendre à cuisiner des plats traditionnels.
C découvrir les aspects culturels des plats traditionnels.
D façonner un répertoire des meilleurs plats traditionnels.

En vous basant sur les lignes 50 à 74, reliez le début de la phrase de la colonne de gauche à la fin appropriée qui se trouve dans la colonne de droite. Attention : il y a plus de fins que de débuts et chaque fin ne peut être utilisée qu'une seule fois.

21 *À Table ! en Nouvelle-France* est…

22 Vous pouvez envoyer par courriel…

23 Si vous envoyez une recette,…

24 Toutes les recettes envoyées…

A constitueront un livre de recettes.
B incluez des informations sur ses origines.
C une exposition associée au musée.
D une recette de votre grand-mère.
E une recette récente que vous avez inventée.
F seront publiées sur le site Internet.
G un livre que vous pourrez acheter.
H vous recevrez un livre de recettes.

Comptes-rendus de lecture

Pèlerinage au cœur du patrimoine fromager français

Plus que bien d'autres aliments, les fromages expriment la diversité et la typicité des paysages, des pâturages et des savoir-faire des hommes. C'est pourquoi ils sont au cœur de l'identité française et de notre patrimoine naturel et culturel. Un patrimoine qui « aide à penser le lien entre le temps, les lieux et les hommes », comme l'écrivent Laurence Bérard et Philippe Marchenay, ethnologues et auteurs d'un ouvrage sur les fromages des Alpes du Nord. Également, « *Balade au pays des fromages* » de Jean Froc et « *La France fromagère* » de Claire Delfosse.
De quoi répondre à tous les appétits !

Familles à table, sous le regard de Jean-Claude Kaufmann

En France, […] faire la cuisine et partager le repas forgent le lien familial et social. Le livre de Jean-Claude Kaufmann, […] en apporte une nouvelle preuve. Un beau livre, d'une écriture « belle et vive » accompagnée de photos de Rita Scaglia, un livre qui imbrique deux regards et qui […] entre en résonance avec nos propres histoires. Des courses à la vaisselle en passant par la table, on entre dans le quotidien de sept familles d'aujourd'hui : […]
En résumé, un ouvrage atypique et passionnant qui sait montrer l'essentiel à travers le sens des petits riens !

Ces hommes qui cuisinent
Alex Miles (Photographies Marielys Lorthios)

Quel type d'homme en cuisine êtes-vous ? Tous les jours, le week-end ou pour les fêtes ? Cet ouvrage vous permettra de mieux vous connaître ou de mieux cerner l'homme de votre vie. De l'étudiant au cadre dynamique, de l'homme au foyer au chef d'entreprise, du bourguignon[1] sûr de sa gastronomie à l'immigré fier de ses origines, ces hommes qui cuisinent – à statut social et âges différents – cristallisent une forme d'idéal masculin. Détente, nostalgie d'un pays, […] séduction, plaisir de créer, […] complicité affective, amour de la tradition... motivent leur passion.

[…]

Ils se livrent ici, confiant pêle-mêle confidences et recettes, expliquant pourquoi leur cuisine est avant tout moment de plaisir et don de soi. À travers les menus où se croisent veau Orloff, crevettes à l'ail et au gingembre, […] sushi maki, […] tarte au potiron,... C'est l'homme d'aujourd'hui et de demain qui se dessine : généreux et sensible, gourmand et curieux.

Apéro dînatoire
Cyril Lignac

Envie d'un moment de (…13a…) entre amis après une dure semaine de travail (…) tout en restant dans le (…13b…) de votre appartement ? Cyril vous propose de créer vos propres Happy Hours à la maison !
Découvrez plusieurs couleurs et (…13c…) festives d'apéritifs (américaine, latine, asiatique, chic) : pour chacune d'entre-elle, le (…13d…) qui va bien, accompagné d'au moins 5 (…13e…) délicieuses et originales de mises en bouche et (…13f…) en tout genre. Faites de vos débuts de (…13g…) de vrais moments de fête !

Consommations alimentaires des Français et naissance de la gastronomie française à l'époque moderne

L'un des mérites de l'histoire est de mettre en perspective des questions très contemporaines. Ainsi, Florent Quellier souligne l'importance, avant l'invention des restaurants gastronomiques, de la restauration hors domicile : tavernes et cabarets, marchands ambulants, cuisine de rue...

Son ouvrage propose une lecture économique, sociale, politique, religieuse et médicale de l'histoire de l'alimentation en France du XVe au début du XIXe siècle. On y voit la naissance d'une nouvelle cuisine aristocratique qui marquera la réputation gastronomique de la France et la spécificité culturelle française en matière de gastronomie. Ce qui est plus rare, il s'intéresse à toutes les classes sociales, notamment aux populations rurales et paysannes. La majorité de la population a un régime alimentaire quantitativement suffisant mais qualitativement insuffisant : trop de glucides, pas assez de lipides et de protéines animales. Quellier souligne aussi l'importance – symbolique plus que nutritionnelle – de la nourriture des jours de fête. On meurt moins de faim que de maladies attaquant des organismes usés par la sous-nutrition.

Aliments et boissons, lieux de consommation et manières de table, modes d'approvisionnement, recettes, questions de santé : l'ensemble des consommations alimentaires et des modes de consommation est traité dans cet ouvrage. Une invitation à prendre ses distances avec les idées reçues, clichés et autres croyances erronées sur notre histoire alimentaire.

[1] bourguignon : personne originaire de Bourgogne (région française).

1 Dans « **Pèlerinage au cœur du patrimoine fromager français** », à quels mots ou expressions correspondent les définitions suivantes :

a étendue géographique visible quand on regarde autour de soi
b terre couverte d'herbe où mangent les animaux (vaches, moutons, etc.)
c faculté à réussir dans un domaine pratique, par ses connaissances et ses expériences
d ce que l'on transmet d'une génération à l'autre

2 Le message principal de ce compte rendu de lecture est que :

A le fromage est l'aliment le plus important dans un repas français.
B les Français ont à cœur de conserver la grande diversité de leurs fromages.
C la grande diversité de la France est à la base de la grande variété de fromages qu'on y trouve.
D il faut avoir beaucoup d'appétit pour manger du fromage.

En vous basant sur « **Familles à table,...** », reliez le début de la phrase de la colonne de gauche à la fin appropriée qui se trouve dans la colonne de droite. Attention : il y a plus de fins que de débuts et chaque fin ne peut être utilisée qu'une seule fois.

3 Le livre de Jean-Claude Kaufmann…
4 Les lecteurs peuvent…
5 C'est l'histoire de sept familles différentes…
6 Nous pouvons y voir…

A beaucoup de choses sans importance mais très révélatrices.
B suivies dans leur vie de tous les jours.
C faisant leurs courses puis la vaisselle.
D montre que la nourriture peut être la base des relations entre les personnes.
E se retrouver dans le contenu de ce livre.
F accompagner Jean-Claude Kaufmann et Rita Scaglia.
G qu'il faut montrer ce qui est essentiel.
H démontre que pour manger il faut d'abord faire la cuisine.

7 Les affirmations suivantes, basées sur « **Ces hommes qui cuisinent** », sont soit vraies, soit fausses. Justifiez votre réponse en citant des mots du texte.

a Ce livre s'adresse seulement aux hommes.
b Ce livre s'adresse, entre autres, aux Français attachés à leur terroir.
c Exprimer des sentiments de tendre partage est l'une des raisons pour lesquelles ils cuisinent.

En vous basant sur ce même compte rendu (deuxième paragraphe), reliez chacun des mots ou expressions du texte figurant dans la colonne de gauche avec son équivalent qui se trouve dans la colonne de droite. Attention : il y a plus de mots ou expressions proposé(e)s que de réponses possibles.

8 se livrent
9 pêle-mêle
10 don de soi
11 se croisent
12 se dessine

A apparaît
B clairement
C se comprennent
D se cuisinent
E en désordre
F se forme
G générosité
H introspection
I où on trouve
J ouvrent leur cœur

Langue

Revoir les différentes fonctions des verbes à la forme réfléchie et à la forme passive.

Technique de travail

S'assurer de bien comprendre le sens des mots proposés afin qu'ils s'insèrent dans la logique du texte.

13 a–g Ajoutez les mots qui manquent dans « **Apéro dînatoire** » en les choisissant dans la liste proposée ci-dessous. Attention : il y a plus de mots ou expressions que d'espaces et chaque mot ou expression ne peut être utilisé(e) qu'une seule fois.

AMBIANCES COCKTAIL CONFORT CONVIVIALITÉ
DESSERTS HORS D'ŒUVRE JOURNÉE
RECETTES SOIRÉE SOLITUDE STRESS

14 À propos du livre « **La Table des Français** », trois des affirmations suivantes sont fausses. Lesquelles ?

A Florent Quellier a inventé les restaurants gastronomiques avant la restauration hors domicile.
B En parlant des anciens lieux de restauration, Florent Qellier peut mieux expliquer les restaurants d'aujourd'hui.
C C'est un aristocrate qui a créé la gastronomie française.
D Le livre se concentre sur la cuisine aristocratique.
E La plupart des Français avait assez à manger.
F Le choix de la nourriture des jours de fêtes est entièrement symbolique.
G Le livre traite essentiellement des effets de l'alimentation sur la santé.
H Le principal sujet du livre est ce qu'on mange et comment on le mange.
I L'auteur de « La Table des Français » voudrait que les lecteurs soient objectifs et bien informés.

15 Dans la phrase « On y voit la naissance... » (l.8), à quoi se réfère « y » ?

16 Quels deux autres mots ou expressions sont associés à l'idée de « clichés » (l.29) ?

Pour aller plus loin

- Consultez le site http://archives.radio-canada.ca/art_de_vivre/cuisine/clips/8793/ pour découvrir ce que pensent la diététiste Hélène Laurendeau, l'auteur Guy Fournier et l'anthropologue Bernard Arcand du pâté chinois, le nom courant du « steak, blé d'Inde, patates » mentionné dans le texte « Expositions temporaires ». Ils se racontent quelques souvenirs d'enfance rattachés à ce mets typique du Québec.

  Comparez leurs diverses opinions. Y a-t-il un plat typique dans votre pays qui évoque particulièrement votre culture ?
- Pour découvrir ce qu'est une cabane à sucre consultez http://archives.radio-canada.ca/art_de_vivre/cuisine/dossiers/1401/
- Répondez aux questions posées dans la dernière partie du texte : à propos d'une recette de famille ou traditionnelle, en incluant sa « petite histoire ».
- Mangez-vous, cuisinez-vous comme vos parents ou vos grands-parents ? La cuisine de votre pays a-t-elle changé ? Si oui, comment et pourquoi ? Si non, pourquoi pas à votre avis ? Quelle est l'origine de la cuisine traditionnelle de votre pays ? Est-elle autochtone ou bien est-elle influencée par des cuisines venues d'ailleurs ?
- Qu'entendez-vous par « Art de la table » ?
- Travail de recherche sur le rôle du vin dans la culture française. Vous pourrez considérer entre autres les aspects suivants :
  - Quelles sont les idées reçues à propos du vin en général et du vin français en particulier ?
  - Quelles sont ses origines ? Et les différents types de vin ?
  - Sa production : comparez la production française avec la production mondiale. Quel est le rôle du vin dans l'économie française ?
  - Comparez la consommation du vin en France et dans votre pays. Pourquoi la consommation du vin en France a-t-elle diminué ?
  - Les résultats de votre recherche correspondent-ils aux idées reçues ?
- Dans quelle mesure les Français ont-ils exporté leur passion pour la table au monde francophone ? La gastronomie de ces pays a-t-elle des points en commun ? Dans quelle mesure la gastronomie d'autres pays francophones s'est-elle implantée en France (cuisine libanaise, maghrébine, vietnamienne, etc.) ?
- Quel rôle joue la nourriture dans votre vie quotidienne ? On dit que les Français vivent pour manger au lieu de manger pour vivre. Qu'est-ce que cela signifie ? Comment appréciez-vous l'importance culturelle et sociale de la nourriture et des repas pour les Français ? S'agit-il d'un cliché ou y a-t-il une part de vérité ? Vivez-vous pour manger ou mangez-vous pour vivre ?
- Quelle est la relation entre nourriture et religion ? Pourquoi certains aliments sont-ils interdits (par exemple, le porc dans les religions musulmane et juive) ou prescrits (par exemple, le poisson le vendredi dans la religion chrétienne) ? Quels rituels alimentaires sont liés à la religion (périodes de jeûne, festins, place du vin, etc.) ? Dans quelle mesure la religion dominante d'un pays s'inscrit-elle dans les traditions culinaires de ce pays ?
- Que pensez-vous de la « malbouffe » et de la restauration rapide ? Les deux sont-ils synonymes ? Quels sont les différents types de restauration rapide qu'on peut trouver dans les pays francophones ? Sont-ils les mêmes dans votre pays ? Quels types de personnes consomment ces produits ? Ce type de restauration a-t-il un avenir ou est-ce une mode passagère ? Comment voyez-vous la restauration rapide dans vingt ans ?

Théorie de la connaissance

- « On est ce que l'on mange. » Dans quelle mesure êtes-vous d'accord avec cette affirmation ?
- Alors qu'une grande partie du monde n'a pas assez à manger, pensez-vous que l'intérêt que les Français portent à la nourriture soit éthiquement défendable ?
- Est-il poli de laisser de la nourriture dans son assiette à la fin d'un repas ? Comment ceci peut-il être interprété ? Quelle est l'importance socioculturelle de ce qui est considéré comme politesse et bonnes manières ? Ceci peut-il générer des incompréhensions d'une culture à l'autre ?
- La gastronomie française fait souvent référence à la notion de « terroir », un mot difficile, voire impossible à traduire en d'autres langues. Cherchez plusieurs définitions de ce mot. Pourquoi, à votre avis, n'est-il pas traduisible ?

Activités orales

1 Discutez en groupe les déclarations suivantes et décidez celle avec laquelle les membres du groupe s'identifient le plus.

a « La gourmandise commence quand on n'a plus faim. » [Alphonse Daudet, romancier français]

b « La gourmandise est l'apanage exclusif de l'homme. » [Anthelme Brillat-Savarin, gastronome et magistrat français]

c « Si l'homme civilisé devait tuer lui-même les animaux qu'il mange, le nombre des végétariens augmenterait de façon astronomique. » [Christian Morgensen, auteur allemand]

d « Je voudrais rassurer les peuples qui meurent de faim dans le monde : ici, on mange pour vous". [Michel Colucci (Coluche), humoriste français, fondateur des « Restos du Cœur »]

e « La découverte d'un mets nouveau fait plus pour le genre humain que la découverte d'une étoile. » [Anthelme Brillat-Savarin]

f « Le plus grand outrage que l'on puisse faire à un gourmand, c'est de l'interrompre dans l'exercice de ses mâchoires. » [Alexandre Grimod de la Reynière, avocat, pamphlétaire et gastronome français]

g « Le tiers de ce que nous mangeons suffirait à nous faire vivre ; les deux autres tiers servent à faire vivre les médecins. » [Docteur Paul]

h « Cuisiner suppose une tête légère, un esprit généreux et un cœur large. » [Paul Gauguin, peintre et sculpteur français]

i « La table est l'entremetteuse de l'amitié. » [proverbe français]

j « La Table, c'est l'endroit de détente et de convivialité par excellence... C'est pourquoi, il faut également utiliser son imagination pour venir compléter les efforts de la cuisine. » [Bernard Loiseau]

k « C'est un vieil art que la cuisine car il remonte jusqu'à Adam. » [Louis de Cussy, gastronome]

l « Chaque nation aime sa cuisine. Elle la considère comme la meilleure de toutes. Chacune a raison, car elle ne peut s'en passer. » [Édouard de Pomiane, scientifique et médecin français]

Repas de quartier

1 Pourquoi, à votre avis, des personnes organisent-elles des repas de quartier ? Quelles sont leurs intentions ?

2 Quels problèmes peut-on rencontrer aussi bien au niveau pratique, logistique, administratif qu'au niveau humain ?

3 Quels sont les avantages qu'on peut tirer de la participation à un repas de quartier ?

4 De tels repas existent-ils ou sont-ils concevables dans votre culture ou bien les gens se réunissent-ils de façon différente ?

Production écrite

1 À l'occasion d'un voyage en France, votre professeur de français a décidé de ne pas emmener les élèves végétariens car cela peut gêner les familles avec lesquelles ils vont séjourner. Ceci a créé de nombreuses discussions dans votre école qui vont maintenant donner lieu à un débat entre les partisans du respect des valeurs culinaires traditionnelles et ceux qui défendent des valeurs plus modernes. Écrivez le texte de votre présentation en prenant parti pour l'une ou l'autre des positions.

a Il s'agit d'une argumentation. Le texte sera organisé avec une introduction, des paragraphes et des exemples clairs pour soutenir l'argumentation. Des articulateurs logiques seront nécessaires (*d'une part, d'autre part, par ailleurs, néanmoins, en outre*, etc.). La langue utilisée sera soutenue. Vous utiliserez des procédés stylistiques variés qui viseront à convaincre.
b Tous les aspects devront être conformes à la prise de position choisie (soit pour les valeurs culinaires françaises traditionnelles, soit pour la défense de valeurs différentes comme le régime végétarien). Vous pourrez mentionner le respect d'autrui, le respect des valeurs de la famille d'accueil, les possibilités de compromis. Vous pourrez également anticiper le point de vue opposé de façon à renforcer l'argumentation.
c Quelle que soit la position adoptée, vous n'oublierez pas de mentionner les implications possibles pour les familles françaises et pour le voyage culturel.

2 La cuisine est l'une de vos passions. Pour le journal de votre école, vous rédigez un article enthousiaste dans lequel vous décrivez votre plat préféré et les souvenirs qui y sont associés. (IB Mai 2009 NS)

a Il s'agit d'un article de journal. On trouvera donc un titre, des sous-titres, une introduction, le nom de l'auteur de l'article, éventuellement le nom du journal et la date de publication. Le texte pourra être écrit en colonnes et vous pourrez inclure une illustration pertinente (avec légende). Vous utiliserez un registre de langue courant, adapté à un public adolescent.
b Vous utiliserez des procédés rhétoriques variés. Le ton sera enthousiaste et pourra être teinté d'une pointe de nostalgie (souvenirs associés au plat préféré, etc.).
c Vous décrirez votre plat préféré (sous forme de recette ou non) et vous évoquerez certains souvenirs (mais il n'est pas impératif qu'il y ait deux parties distinctes). Vous ferez le lien entre passé et présent. Vous soulignerez la valeur symbolique et personnelle de votre plat préféré.

3 **Niveau supérieur** Expliquez votre point de vue et démontrez votre compétence interculturelle en étudiant les similitudes et les différences à ce sujet entre votre culture et celle(s) que vous étudiez.

« Le bio n'est pas une mode mais une stratégie : produire des aliments de qualité en respectant les écosystèmes massivement contaminés depuis 50 ans », déclare le Pr Jean-François Narbonne, professeur de toxicologie à l'École nationale supérieure de chimie et de physique de Bordeaux. Mais voilà, le marketing pratiqué par les super- et hyper-marchés suscite bien des questions chez le consommateur exigeant, notamment celle-ci : les produits bio sont-ils vraiment plus sains que leurs équivalents issus de l'agriculture et de l'élevage intensifs ?
Dans l'ensemble, le bilan est favorable à la consommation de produits bio. Leur principal inconvénient est leur prix, faute d'aide aux agriculteurs ayant choisi ce mode de production, mais aussi en raison de la main d'œuvre importante nécessaire, des volumes réduits, des délais de consommation plus courts et des circuits de distribution particuliers.

Ça m'interesse HS No. 5, juin-juillet 2010

Vous considérerez :

- les avantages et les inconvénients des produits bio par rapport aux produits issus de l'agriculture intensive ;
- les raisons pour lesquelles ces produits sont de plus en plus populaires ;
- le rôle des commerces de grande distribution et du marketing ;
- l'avenir des produits bio.

4 Politesse et bonnes manières

Objectifs

- Réfléchir au rôle des bonnes manières dans la vie quotidienne.
- Comparer les comportements et expressions considérés comme polis dans différentes sociétés et cultures.
- Considérer les évolutions et les changements dans les relations sociales.
- Étudier et écrire un guide pour donner des conseils.

Remue-méninges

- Que veut dire pour vous « être poli » et « avoir de bonnes manières » ? La politesse et les bonnes manières sont-elles des valeurs importantes pour vous ? Comment montrez-vous que vous avez de bonnes manières ?
- Considérez la liste suivante et discutez l'importance de ces bonnes manières pour vous et vos camarades :
  - faire la queue pour monter dans l'autobus
  - ranger ses affaires derrière soi
  - ne pas interrompre quelqu'un qui parle
  - arriver à l'heure à un rendez-vous
  - dire « merci » et « s'il vous plaît »
  - saluer les personnes quand vous entrez dans un magasin
  - ne pas mettre ses coudes sur la table
  - mettre sa main devant la bouche quand on baille
- Vous adressez-vous de la même manière à vos amis, vos professeurs, vos parents, d'autres membres de votre famille, des personnes que vous ne connaissez pas ? Ces différences sont-elles dues à l'âge, la relation entre vous, la position sociale, l'apparence physique ou vestimentaire, autre chose ?
- Quelles personnes pouvez-vous tutoyer ? Lesquelles devez-vous vouvoyer ? Le tutoiement et le vouvoiement existent-ils dans votre langue maternelle ? Si oui, s'utilisent-ils de façon similaire au français ? Si non, comment marquez-vous les différences de relation entre les personnes ? Les formules de politesse équivalentes indiquent-elles des différences de statut social ou personnel ?
- Considérez l'image ci-dessus. Comment peut-on expliquer les différentes fonctions de ces

formules de politesse élémentaires telles que « bonjour », « au revoir », « s'il vous plaît » et « merci » ? Quelle est l'origine de ces expressions ?

Ce phénomène existe-t-il dans d'autres langues que vous connaissez ?

- À quelles personnes et dans quelles circonstances diriez-vous :
  - À+ (À plus)
  - Adieu
  - Bonsoir
  - Ciao
  - Excusez-moi
  - Je vous en prie
  - Pardon
  - Salut !
  - Tire-toi !
  - Va-t'en !

Politesse et bonnes manières

La politesse ? Les « bonnes manières » ? C'est souvent le petit truc en plus, la petite note différente qui fait que nos rapports avec les autres s'adoucissent...

Au téléphone...

Si tu es en entretien avec une personne que tu as sollicitée, ne donne pas la priorité à ton mobile (**...2a...**) car la personne (**...2b...**) est vraiment là, (**...2c...**) est éloignée. Éteins donc ton téléphone rapidement, (**...2d...**) et poursuis la conversation.

Si c'est la personne qui te reçoit qui a un appel et le prend, (**...2e...**), le temps qu'elle ait terminé.

Si ton téléphone sonne (**...2f...**), ne trouble pas le calme ambiant en te mettant à parler de vive voix ; (**...2g...**).

Naturellement, (**...2h...**) lorsque tu es en cours, au spectacle, à une réunion. Les messageries servent justement à prendre la relève (**...2i...**) !

En cours...

Oublie ton téléphone, ton baladeur ou ton lecteur MP3. Au lycée ou à la fac, tu n'es pas dans un restaurant self-service où tu te servirais d'infos comme sur un plateau. Hééé ! Même au restau tu ne mettrais pas les pieds sur la table !! Aie aussi la politesse de tenir tes enseignants informés de tes retards (pour rendre un devoir...) de tes problèmes, si tu en as. Il vaut mieux qu'ils te comprennent plutôt que de te pénaliser parce qu'ils ne savent rien de toi.

Avec les parents... de ton copain ou de ta copine

Pas facile d'être « présenté(e) » comme étant le (la) petit(e) ami(e) officiel(le). Pourtant tu peux passer cette épreuve avec succès si tu te montres à la fois poli et naturel. Sois à l'heure quand tu passes chercher ton ami(e) mais également quand vous rentrez. Ne dépassez pas ces consignes horaires : ce sont des choses qui agacent tous les parents qui ont besoin d'un minimum de signes de confiance. Sache également te présenter, parler de toi, de ta famille. C'est le moment où jamais de faire des efforts en classe afin que les bons résultats scolaires fassent bonne impression ! Et ça, heureusement, c'est une bonne chose, que les « vieux » soient sympas ou non...

Dans les lieux publics

« Bonjour », « merci », « au revoir » et un sourire sincère, mine de rien, ce sont de petites choses qui constituent des atouts dans bien des situations. Alors n'hésite pas à t'en servir. Après tout, l'employé ou le fonctionnaire que tu as en face de toi n'est pas forcément responsable de la lenteur de toute la machine administrative. Et puis tu t'apercevras par moments qu'un sourire « gratuit » peut en faire naître de nombreux autres. Une manière toute simple d'adoucir un peu les moments compliqués de la vie quotidienne...

Planète Jeunes

1 D'après l'introduction, à quoi sert la politesse ?

A À montrer qu'on a de bonnes manières.
B À truquer les rapports avec les autres.
C À bien jouer de la musique.
D À faciliter les relations en société.

2 a–i Ajoutez les passages qui manquent dans le paragraphe intitulé « **Au téléphone…** » en les choisissant dans la liste proposée ci-dessous. Attention : il y a plus de passages que d'espaces et chacun ne peut être utilisé qu'une seule fois.

A alors que tu es au milieu d'un groupe de personnes
B avec qui tu parles
C dont tu parles
D éloigne-toi discrètement
E éteins ton téléphone
F excuse-toi
G lorsque toi tu ne peux pas
H montre des signes d'impatience
I ne gêne pas les voisins
J quand celui-ci
K réponds brièvement et calmement
L s'il se met à sonner
M tandis que celle qui t'appelle
N tu présentes tes excuses

Technique de travail

Considérez le contexte pour choisir la réponse correcte. La structure grammaticale n'est pas suffisante.

En vous basant sur le paragraphe intitulé « **En cours…** », reliez le début de la phrase de la colonne de gauche à la fin appropriée qui se trouve dans la colonne de droite. Attention : il y a plus de fins que de débuts et chaque fin ne peut être utilisée qu'une seule fois.

3 Quand tu vas au lycée…

4 Il faut considérer le lycée…

5 Si tu es en retard dans ton travail…

6 Il est important de communiquer avec les professeurs…

A car ils vont te pénaliser.
B comme un lieu qui mérite le respect.
C en ne mettant pas les pieds sur la table.
D laisse ton téléphone à la maison.
E les professeurs seront polis avec toi.
F ne t'occupe pas de ton mobile.
G parles-en à tes professeurs.
H pour qu'ils puissent t'aider.

Langue

Revoir la conjugaison de l'impératif aux différentes formes.

7 À propos des « **parents de ton copain ou de ta copine** », deux des affirmations suivantes sont vraies. Lesquelles ?

A La première rencontre avec eux doit être officielle.
B La seule chose qui compte c'est que tu sois poli.
C En général, ils détestent que leurs enfants soient en retard.
D Ils ne font pas facilement confiance à leurs enfants.
E Ils apprécieront que tu sois bon élève.
F Les parents les plus vieux sont finalement très sympathiques.

8 En vous basant sur le paragraphe intitulé « **Dans les lieux publics** », quels mots ou expressions signifient :

a sans en avoir l'air
b avantages
c en définitive
d nécessairement
e devant
f quelques fois

9 Dans la phrase de ce même paragraphe…	le mot…	se réfère dans le texte à…
a n'hésite pas à t'en servir	en	
b peut en faire naître de nombreux autres	autres	

10 Laquelle des phrases suivantes résume le mieux ce dernier paragraphe ?

A Il y a de nombreuses situations quotidiennes où on dit « bonjour », « merci » et « au revoir ».
B Les employés qu'on rencontre dans les administrations sont souvent impolis.
C La courtoisie peut résoudre beaucoup de problèmes potentiels.
D Un sourire doit toujours être gratuit pour être accepté.

Tutoyer ou vouvoyer, un détail qui peut tuer

Les publicitaires disent tu, les banquiers, vous et les Anglo-Saxons, un simple *you*. La pratique du tutoiement, souvent d'usage aujourd'hui, est très codifiée. Son utilisation n'est jamais anodine.

[...] on se dit tu, on se dit vous, et Patricia Kaas chante « Je te dis vous... » Résultat ? Les étrangers se prennent les pieds dans le tapis. Dans l'entreprise, les règles du tutoiement-vouvoiement correspondent aux relations hiérarchiques parfois, à des codes non écrits, toujours. Plus compliqué que le *you* anglo-saxon ou que le protocole solide des Allemands : *Herr* (monsieur), *Fräulein* (mademoiselle), *Frau* (madame), suivi du nom de famille.

« Le tu et le vous sont des outils linguistiques qui permettent de gérer la proximité et la distance. Ils expriment les stratégies plus ou moins conscientes au sein des groupes de travail », analyse l'anthropologue Jean-Pierre Hassoun, qui observe : « La génération 68 [1] a bousculé les codes. Avant, on commençait sa carrière en vouvoyant la hiérarchie et en tutoyant ses pairs. Au fur et à mesure que l'on vieillissait, on tutoyait de plus en plus de monde dans l'entreprise. » Aujourd'hui ? Entre extension du domaine de l'anglais, aplatissement des hiérarchies, effets de mode, le salarié a besoin d'un kit de survie. Dont voici les bases.

1 Se plier aux codes internes

Voici une assistante embauchée en CDI [2] [...] à la Caisse d'Épargne, qui ne transformera pas sa période d'essai. « Elle est dans un service où tout le monde se tutoie, elle a 30 ans et s'obstine à dire vous à tout le monde. Elle pense être respectueuse, elle est ridicule. Elle agace, la greffe ne prend pas », commente le DRH [3].

Parfois, l'extrême politesse peut devenir goujaterie. « À mes débuts, je pensais bien faire en vouvoyant ma directrice de labo, plus âgée que moi, bien qu'elle m'ait invité à la tutoyer. Elle m'a fait remarquer que je lui renvoyais d'elle l'image d'une femme d'âge mûr », se souvient Jean-Pierre Hassoun. Bien utiliser le tu et le vous, c'est comme s'habiller correctement : cela devient un problème si on n'y arrive pas. [...]

2 Mesurer la portée du tu

« Le tutoiement est meilleur pour l'esprit d'équipe. Les gens se sentent plus accessibles, plus proches. À l'extérieur, cela donne une image plus dynamique de l'entreprise », indique Frédéric Bonneton, associé au cabinet Hepta. [...] Mieux vaut éviter de faire des exceptions à la règle au sein d'une équipe, par exemple en vouvoyant un chef et en tutoyant un co-chef.

Surtout, il faut noter qui tutoie qui : c'est un précieux indicateur des réseaux et de l'organigramme réel - derrière l'officiel - de l'entreprise. « Une ou deux personnes tutoient le directeur dans une réunion de direction quand tout le monde le vouvoie ? Attention. Ils ont sans doute des relations extra-professionnelles. Ces personnes peuvent être des personnes clés dans une carrière » , remarque cet ancien employé d'Ernst & Young. Un jour, son propre chef s'est mis à tutoyer son collègue et pas lui. Il regrette de ne pas avoir perçu le signal. « Ce n'était pas anodin. C'était comme un préavis de licenciement. [...] »
[...]

3 Se méfier des effets de mode

Avis aux nostalgiques de l'élégant vous ? Ils peuvent se réjouir : si le tu progresse, le vous fait une percée là où on ne l'attendait pas, à savoir dans les petites sociétés et les start-up [4]. Dans la petite agence de communication MCC Conseil, la règle est claire. « J'ai demandé le vouvoiement, parce que nous avons souvent des moments de rush, [...]. Avec le vous, on a tendance à déraper moins vite, cela permet d'éviter certains mots que l'on peut regretter le lendemain », souligne la directrice, Marie-Céline Terré.

Idem chez Wengo, start-up d'une quarantaine de salariés, concurrente de Skype, où personnel et hiérarchie se vouvoient. « Lors de la bulle Internet, j'avais créé une première société où le tutoiement était généralisé. Cela a entraîné une certaine confusion, du copinage, et aussi des drames quand, finalement, il a fallu se souvenir que certains étaient patrons, et d'autres pas. Le vouvoiement rappelle les rôles dans l'entreprise », remarque le fondateur David Bitton, 34 ans. Étonnant retour de balancier ? Peut-être les jeunes élevés au tu découvriront-ils les vertus du vous.

Lisa Telfizian, *Challenges*, 4.5.2006

[1] Génération 68 : mouvement contestataire qui a culminé en 1968 avec des révoltes d'étudiants et d'ouvriers
[2] CDI : contrat à durée indéterminée
[3] DRH : directeur des ressources humaines
[4] start-up : jeune entreprise à fort potentiel de développement

1 Les affirmations suivantes, basées sur les trois premiers paragraphes, sont soit vraies, soit fausses. Justifiez votre réponse par les mots du texte.

L'usage du « tu » et du « vous »…

a ne suit aucune règle.
b est difficile si on n'est pas Français.
c suit quelques règles sous-entendues.
d est un moyen d'établir le niveau des relations entre les personnes.

2 Selon Jean-Pierre Hassoun, laquelle des affirmations suivantes est correcte ?

A Les règles du tutoiement ont été établies en 1968.
B Avant 1968, on disait tu quand les personnes étaient en groupes de deux.
C Autrefois, on ne tutoyait que les personnes du même niveau que soi.
D Les personnes âgées tutoyaient tout le monde.

3 À quel moment l'usage du tutoiement a-t-il changé ?

Se plier aux codes internes

4 Quelle expression montre que l'assistante de la Caisse d'Épargne va perdre son travail ?

5 Pourquoi est-elle ridicule ?

6 Pourquoi vouvoie-t-elle ses collègues ?

7 Quelle expression de ce passage signifie « extrême impolitesse » ?

8 Pourquoi Jean-Pierre Hassoun vouvoyait-il sa directrice de labo ?

9 Pourquoi préférait-elle qu'il la tutoie ?

10 Dans la phrase « cela devient un problème si on n'y arrive pas », à quoi se réfère « y » ?

Mesurer la portée du tu

En vous basant sur ce passage, reliez le début de la phrase de la colonne de gauche à la fin appropriée qui se trouve dans la colonne de droite. Attention : il y a plus de fins que de débuts et chaque fin ne peut être utilisée qu'une seule fois.

11 Dans une entreprise dynamique…

12 Il faut faire attention à…

13 L'usage du tutoiement…

A ce que tout le monde soit traité de la même façon.
B est révélateur des vraies relations entre les personnes.
C indique ce qui se passe officiellement dans l'entreprise.
D ne pas tutoyer un co-chef.
E on accède à plus de gens.
F on valorise le tutoiement.

14 Dans la phrase du deuxième paragraphe de ce passage…	le mot…	se réfère dans le texte à…
a tout le monde le vouvoie	le	
b Ils ont sans doute des relations extra-professionnelles	Ils	
c Ces personnes peuvent être des personnes clés	personnes	
d à tutoyer son collègue et pas lui	lui	

15 Pourquoi le signal n'était-il pas « anodin » ?

Se méfier des effets de mode

16 D'après ce passage, deux des affirmations suivantes sont des avantages du vouvoiement. Lesquelles ?

A Il est pour les personnes élégantes.
B On s'attend à l'utiliser dans des entreprises modernes.
C Il permet de contrôler son vocabulaire.
D Parfois on peut regretter de ne pas l'avoir utilisé.
E Chacun connaît exactement son rôle.
F Il appartient au langage des dirigeants.

Reliez chacun des mots ou expressions du texte figurant dans la colonne de gauche avec son équivalent qui se trouve dans la colonne de droite. Attention : il y a plus de mots ou expressions proposé(e)s que de réponses possibles.

17 se méfier
18 se réjouir
19 percée
20 à savoir
21 déraper
22 idem

A au contraire
B avoir confiance
C commettre une erreur
D c'est à dire
E défaire
F être content(s)
G faire attention
H idée
I même chose
J ouverture
K pour connaître
L se faire plaisir

Pour aller plus loin

- « Selon les sondages, 70% des Français placent le savoir-vivre comme une valeur clé à transmettre à leurs enfants » (S. Frattini, J. Azam, S. Ledu « Champions du monde de la politesse » Ed. Milan). Que pensez-vous de l'importance du savoir-vivre ?
- Quelles sont les règles de politesse qui vous ont été inculquées par vos parents ou plus généralement par l'entourage dans lequel vous avez grandi ?
- Dans quelle mesure les bonnes manières sont-elles établies par des règles strictes ? Ne sont-elles pas tout simplement évidentes et naturelles, montrant un respect de l'autre ?
- Au cours d'un déménagement dans un autre pays ou de visites à l'étranger, avez-vous dû apprendre des manières qui vous étaient étrangères de façon à être accepté(e) ?
- Qu'est-ce qui est considéré comme impoli dans votre culture et que certains étrangers ne comprennent pas facilement ? Comment pouvez-vous le leur expliquer ?
- Comment peut-on expliquer que ce qui est considéré comme poli dans une culture puisse être considéré comme impoli dans une autre culture ? Connaissez-vous des exemples particuliers ?
- Y a-t-il des règles de politesse qui existent dans toutes les cultures ?
- Dans quelle mesure la société moderne a-t-elle besoin de plus de règles pour vivre harmonieusement en communauté ? Quelles en sont les raisons à votre avis ?

Théorie de la connaissance

- Avoir de bonnes manières ne fait que cacher nos vraies pensées et sentiments. Pensez-vous que les bonnes manières gênent ou aident la communication avec les autres ? Discutez dans le cadre des modes de la connaissance.
- L'étiquette est une manière insidieuse de montrer à autrui sa dépendance et son infériorité. Illustrez cette observation par des exemples, soit personnels soit connus. Ceci voudrait-il dire que des personnes particulièrement courtoises traitent les autres avec mépris ?
- Les adultes disent souvent que les jeunes n'ont plus les bonnes manières de leurs parents. Ceci signifie-t-il que les êtres humains sont de plus en plus égoïstes et agressifs ? Comment pourriez-vous le savoir ?

Activités orales

1 Discutez en groupe les citations suivantes et décidez celles avec Lesquelles les membres du groupe s'identifient le plus.

a « La politesse est la grâce de l'esprit. » [Henri Bergson]

b « La politesse vaut mieux que la sincérité, car la politesse fait toujours confiance à l'intelligence d'autrui. » [Roland Barthes]

c « Politesse. La plus acceptable des hypocrisies. » [Ambrose Bierce]

d « La politesse fait paraître l'homme au dehors comme il devrait être intérieurement. » [Jean de La Bruyère]

e « Le retard est la politesse des artistes... » [André Maurois]

f « L'égoïsme inspire une telle horreur que nous avons inventé la politesse pour le cacher, mais il perce à travers tous les voiles et se trahit en toute rencontre. » [Arthur Schopenhauer]

g « Après vous : cette formule de politesse devrait être la plus belle définition de notre civilisation. » [Emmanuel Levinas]

h « Politesse : usage hors d'usage. » [Romain Coolus]

Ces citations vous encouragent-elles à être plus polis ou pas ? Justifiez votre réponse.

2 Jeu de rôles

En groupe, préparez la conversation entre la femme qui parle au téléphone avec une placeuse qui lui demande de raccrocher ainsi qu'avec quelques spectateurs. Vous présenterez cette conversation sous forme de sketch. Vous expliquerez ensuite votre démarche. Répondez aux observations et questions éventuelles de la classe.

Pourquoi tous ces panneaux ?

1 Que représentent ces panneaux ? À quoi servent-ils ? Pourquoi sont-ils nécessaires à votre avis ?

2 Que pensez-vous du savoir-vivre de ces automobilistes ? Se comportent-ils de la même manière dans votre pays ?

3 Pourriez-vous imaginer une société sans codes de savoir-vivre ou sans règles pour permettre la vie en communauté ?

SI VOUS PRENEZ
MA PLACE
PRENEZ AUSSI
MON HANDICAP

Production écrite

1 À l'occasion d'un échange culturel, un groupe de jeunes francophones va venir à votre école et séjournera dans des familles de la région. De façon à éviter des problèmes d'adaptation, vous écrivez un petit guide des règles de politesse dans votre pays. Ce guide leur sera distribué dès leur arrivée.

- **a** Vous pouvez vous inspirer du texte « Politesse et bonnes manières » comme point de départ. Cependant, les conseils devront être précis avec des références au cadre familial. Étant donné qu'il s'agit d'un échange vous pourrez faire des comparaisons avec la culture d'origine du groupe.
- **b** Cette liste de conseils aura un titre, une introduction. Les différents conseils pourront être numérotés et/ou comporter des sous-titres. Il ne s'agit pas d'une simple liste ; chaque point sera élaboré avec des explications, justifications, exemples concrets.
- **c** La langue sera familière mais précise.

2 Vous avez été témoin d'une dispute entre deux de vos amis qui sont de cultures différentes. Vous avez été choqué(e) par la violence de leurs propos et, le soir, vous écrivez votre réaction sur ce qui s'est passé dans votre journal intime en essayant de comprendre ce qui s'est passé.

- **a** Comme point de départ, vous raconterez ce qui s'est passé pendant la dispute. Vous pourrez inclure des citations.
- **b** Il s'agit en premier lieu de votre journal intime. Celui-ci aura donc une date, *Cher journal*, une signature, une formule finale (*J'espère que cela ira mieux demain…*). Vous vous adresserez directement au journal de manière intime. Le texte sera rédigé à la première personne (*j'ai vu... je n'arrive pas à le croire...*). Vous utiliserez des procédés rhétoriques variés et un ton qui viseront à exprimer par exemple l'incompréhension, la frustration, l'espoir, l'intimité avec votre journal…
- **c** Il s'agit en deuxième lieu d'une analyse de la situation où vous essaierez de présenter les deux points de vue de la façon la plus équilibrée possible avec des connecteurs appropriés (*d'un côté... de l'autre côté... cependant...*). Vous pourrez essayer de comprendre le point de vue de l'un et de l'autre et de proposer un point de rapprochement.

3 **Niveau supérieur** Expliquez votre point de vue et démontrez votre compétence interculturelle en étudiant les similitudes et les différences à ce sujet entre votre culture et celle(s) que vous étudiez.

[…] faire la bise, c'est tout un art. Celui qui ne l'a pas appris dès le plus jeune âge comme les petits Français […] a souvent l'air maladroit. Un peu raide, l'étranger se penche en avant, lèvres pointues et bras ballants, n'osant pas toucher l'autre, ne sachant pas par quel côté commencer, incertain s'il faut poser les lèvres ou faire comme si on embrassait l'air… […] les pauvres élèves […] en échange scolaire connaissent tous ce terrible moment de gêne quand ils se trouvent face à leur famille d'accueil et que tout le monde n'a qu'une idée en tête : leur faire la bise !

Combien [doit-on faire de bises] ? Les Parisiens en font 2, les Montpelliérains 3, à la Turballe on en fait 4, dans le Gard c'est 3 et ainsi de suite. Quand on ne sait pas d'où vient une personne, on peut facilement vivre un moment de flottement déstabilisant. Car il est très désagréable de tenter une troisième bise quand la personne visée se détourne déjà. Ou de s'arrêter après deux bises quand l'autre meurt d'envie de vous en faire quatre.

C'est qu'il y a un problème de classes sociales […] : pour faire court, on pourrait dire que les bourgeois […] se contentent de deux bises tandis que les prolétaires […] s'arrêtent rarement avant 4.

ARTE

Vous considérerez :

- les différences culturelles entre les pays et les difficultés d'adaptation ;
- le côté presque inné des habitudes et traditions culturelles ;
- les faux-pas culturels et leurs conséquences ;
- les subtiles différences qui existent à l'intérieur même d'un pays.

5 Croyances et superstitions

Objectifs

- Comparer superstitions, croyances et religions.
- Considérer la place et l'importance des croyances et religions dans la société.
- Étudier des comptes-rendus.

Remue-méninges

- Vous arrive-t-il de lire votre horoscope ? Si oui, le lisez-vous souvent ou seulement de temps en temps ? Dans quelle mesure croyez-vous les prédictions que vous lisez ou entendez ? Si vous ne le lisez pas, connaissez-vous votre signe astrologique ? Consultez-vous différents types d'horoscopes ?
- Que veut dire « être superstitieux » ? Dans quelle mesure l'êtes-vous ? Y a-t-il des choses que vous ne feriez-pas pour des questions de superstitions ? Quelles sont les superstitions les plus connues dans votre culture ? Quelles sont les origines de ces superstitions ? Comparez-les avec celles de vos camarades.
- Considérez les deux tableaux suivants. Que montrent-ils de la pratique religieuse en France ? En quoi consistent les différences selon l'âge et le sexe des personnes ? Comment peut-on concilier que 80% des Français se disent catholiques et la forte proportion de ceux qui ne pratiquent aucune religion, notamment parmi les jeunes ? Ce même phénomène existe-t-il dans votre pays ?

La répartition des religions en France
Chiffres 2005, établis sur une population âgée de 18 à 79 ans

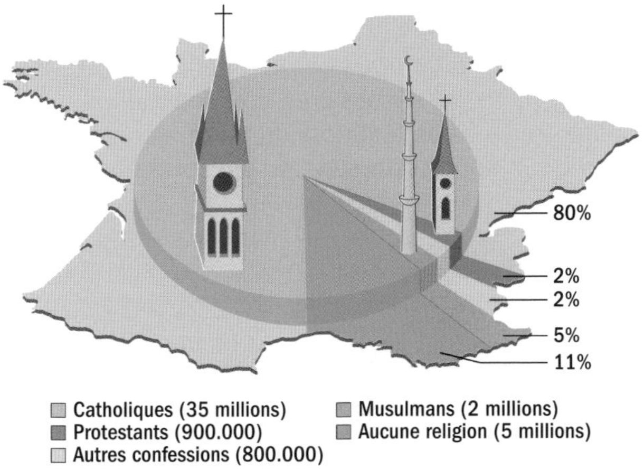

France-Soir
Sources : Étude des relations familiales et intergénérationnelles (INED et INSEE)

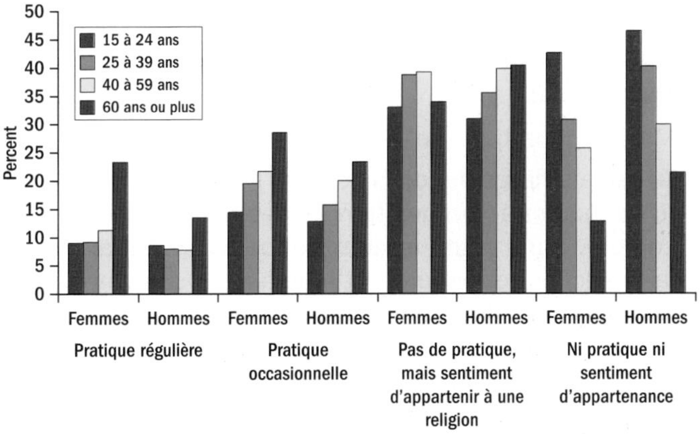

Pratique religieuse selon l'âge et le sexe
Source : INSEE

Test Es-tu superstitieux ?

Tout le monde est un peu superstitieux. Il y en a qui ne sortent pas de la maison sans consulter leur horoscope, d'autres à qui ça donne le courage d'entreprendre. Et il y a aussi ceux qui rigolent en disant : « Superstitieux ? Surtout pas ! La superstition, ça porte malheur ! » Et toi ? Quel(le) superstitieux(se) es-tu ?

1. Ton horoscope dit que c'est un mauvais jour…
   - ● (**…2a…**)
   - ▲ Tu te méfies de tout.
   - ■ L'horoscope peut se tromper.

2. Tu ne sortirais pas de chez toi sans…
   - ▲ (**…2b…**)
   - ■ Ton portefeuille.
   - ● Ton porte-bonheur.

3. Un oncle te prédit un mauvais avenir…
   - ● Il faudra que tu partes vivre très loin de lui.
   - ■ (**…2c…**)
   - ▲ Il a toujours été jaloux des autres.

4. Ton frère renverse le poivre à tes pieds…
   - ▲ Il l'a fait exprès, ou quoi ?
   - ● Il va y avoir une dispute dans la famille.
   - ■ (**…2d…**)

5. Aujourd'hui tu rates tout…
   - ■ C'est que tu as mal dormi.
   - ▲ C'est la faute à tout le monde.
   - ● (**…2e…**)

6. À ton ami(e) de cœur, tu n'offrirais surtout pas…
   - ▲ (**…2f…**)
   - ■ L'horoscope de cette année.
   - ● Un petit chat noir.

7. Ta cousine sent qu'elle va rater son examen…
   - ● Quelqu'un lui a jeté un mauvais sort.
   - ▲ (**…2g…**)
   - ■ Tu te moques de ses idées.

8. Ton ami(e) t'a quitté(e), plus rien ne te réussit…
   - ● Il (elle) a emporté ta chance.
   - ▲ Tu n'as plus le moral.
   - ■ (**…2h…**)

9. Avant d'aller se baigner au fleuve, il faut…
   - ▲ S'enduire le corps de karité.
   - ● Déposer tous ses bijoux en or.
   - ■ (**…2i…**)

10. Le creux de la main te gratouille…
   - ● (**…2j…**)
   - ▲ Un poil qui pousse là ?
   - ■ Un peu d'eau pour te rafraîchir…

Résultats

Maximum de ●

Maxi superstitieux(se) !

Tu ne fais rien sans consulter les prédictions et tu es inquiet(e) lorsque tu n'arrives pas à en tenir compte. Sans doute anxieux(se) de tempérament, la prédiction te rassure et t'aide à avoir confiance en toi, quand elle est bonne. Mais quand elle est mauvaise ? Es-tu malheureux(se), paralysé dans tes initiatives ? Qui décide de ta vie ? Des personnes qui ne te connaissent pas ou bien toi-même qui te connaît de mieux en mieux ?

Maximum de ▲

Maxi dose de bon sens !

Tu lis les horoscopes comme tout le monde, et tu les oublies la moitié du temps. Tu suis ton intuition car tu commences à bien savoir ce qui te convient ou pas. Quelquefois tu te trompes mais ce n'est pas grave. Les horoscopes aussi ! Et la vie continue avec ses bons moments dont tu profites au mieux. Et ses galères pour lesquelles il va falloir trouver une solution, de toute façon. Mais, avec ton solide bon sens, tu sais que tu vas y arriver !

Maximum de ■

Maxi sens des réalités !

Toi, tu crois seulement à ce que tu vois, et tu veux décider de ce qui va t'arriver. Un peu têtu(e) et très fonceur(se), tu es sûr(e) que ta chance, c'est toi qui la tiens au creux de ta main (sans poil !). Alors, les superstitieux, tu les laisses dire, et ça te fait même un peu rire. Ne les bouscule pas trop quand même. Parfois, une superstition est avant tout une expression du bon sens populaire pour apprendre à se protéger.

Planète Jeunes

1 D'après l'introduction, deux des affirmations suivantes sont vraies. Lesquelles ?

A Peu de gens sont superstitieux.
B Chacun est superstitieux mais à des niveaux différents.
C La superstition peut parfois être un soutien pour les gens timides.
D Il y a des personnes qui se moquent des gens superstitieux.
E Être superstitieux/se est souvent dangereux.

2 a–j À chaque question du test, une des options a été retirée. Ajoutez les options qui manquent en les choisissant dans la liste proposée ci-dessous. Attention : il y a plus d'options que d'espaces et chaque option ne peut être utilisée qu'une seule fois.

A Apprendre à nager.
B C'est toi qui contrôle ta vie, pas lui.
C C'est la vie ! Après la pluie, le beau temps.
D Elle a bien de la chance !
E Elle n'a pas confiance en elle.
F Ton horoscope l'avait bien dit.
G Ton porte-manteau.
H Ton téléphone portable.
I Tu ne quittes pas ton lit.
J Tu vas recevoir de l'argent.
K Un parfum provocant.
L Vite un mouchoir, ça pique le nez.

Technique de travail

Il faudra considérer plusieurs aspects au moment de choisir :

– le sens de la question ;

– la structure grammaticale ;

– ce que représente le symbole en tête de l'option.

3 Quels mots ou expressions de ce test (questions et réponses) correspondent aux définitions suivantes :

a un objet qui sert comme protection contre la malchance
b une action accidentelle qui apporte la malchance
c un animal qui est signe de malheur
d échouer
e une action pour apporter intentionnellement la malchance à quelqu'un d'autre

En vous basant sur « Maximum de ● », reliez le début de la phrase de la colonne de gauche à la fin appropriée qui se trouve dans la colonne de droite. Attention : il y a plus de fins que de débuts et chaque fin ne peut être utilisée qu'une seule fois.

4 Tu consultes…
5 Tu trouves inquiétant…
6 Les bonnes prédictions…
7 Les mauvaises prédictions…

A tout le temps ton horoscope.
B de ne pas pouvoir suivre ce qui t'a été prédit.
C mettent en doute ton caractère anxieux.
D paralysent les personnes qui ne te connaissent pas bien.
E peuvent te faire perdre le contrôle de ta vie.
F que tu ne puisses pas compter sur les prédictions.
G te permettent de faire face aux difficultés.
H ton horoscope pour rien.

8 Les affirmations suivantes, basées sur « Maximum de ▲ », sont soit vraies, soit fausses. Justifiez votre réponse en citant les mots du texte.

a Tu suis attentivement ton horoscope.
b Tu ne commets jamais d'erreurs.
c Tu tires avantage au maximum de ce que tu as.
d Les difficultés font partie de la vie.
e Tu es d'un caractère plutôt positif.

9 Quels mots ou expressions de « Maximum de ■ » montrent que cette personne :

a est réaliste
b est obstinée
c est travailleuse
d est confiante
e a le sens de l'humour

10 Quelle conclusion est tirée sur les superstitions ?

A Être trop réaliste peut apporter de la malchance.
B Elles ne sont pas toutes vides de sens.
C Il faut essayer d'être plus populaire avec les personnes superstitieuses.
D Il faut apprendre à se protéger des superstitions.

TV5 MONDE+

Documentaires : société > religions

Sorcière, la vie !

Retour aux sources, sur les traces de la sorcellerie africaine

Genre : Documentaire
Réalisation : Monique Mbeka Phoba
Production : Karaba Productions
Co-Production : Lagunimage, Néon Rouge Productions
Durée : 52 mn
Année : 2004

Résumé :
Monique Mbeka Phoba, réalisatrice du film, a passé une partie de son enfance au Congo-Kinshasa, (...**1a**...) la sorcellerie fait partie intégrante de la vie des gens. Elle est (...**1b**...) allée vivre en Belgique. Mais même (...**1c**...) leurs racines, ses parents sont restés tributaires de ces croyances, (...**1d**...) ils ont longtemps cachées à (...**1e**...) enfants.

Un jour, Monique décide de faire face à ces non-dits et d'affronter cette part de son héritage culturel, avec le plus attachant des guides : un chef coutumier de 84 ans, le docteur Dieka, qu'on soupçonne, depuis toujours, d'avoir de grands pouvoirs occultes.

Sur place, Monique Mbeka Phoba tente de faire la part du fantasme et de la réalité sur la sorcellerie africaine. Quelle est la position, voire l'influence de l'Église sur ces pratiques ancestrales ?

Monique Mbeka Phoba se met en scène dans ce film évoquant sa quête identitaire en Afrique. Ce documentaire, écrit à la première personne, tente de reconstituer son histoire, en interrogeant ses proches. Témoignages et archives illustrent ce sujet.

Le jeûne, le monde du bout des lèvres

Le jeûne dans les trois religions monothéistes

Genre : Documentaire
Réalisation : Isy Morgensztern, Myriam Tonelotto
Production : SZ Productions
Co-Production : Arte
Durée : 1 h 27 mn
Année : 2001

Résumé :
Les jeûnes des 3 religions monothéistes sont aujourd'hui des cérémonies pacifiées - la colère de départ s'est transformée en rituel - mais ils gardent pour horizon un comportement "anorexique". S'ils sont à chaque fois réfrènement des besoins du corps et détachement du monde matériel, les rituels et leur sens profond sont différents.

Pour le jeûne chrétien du Carême, c'est le refus de sa seule condition charnelle, pour le jeûne juif du mois de Av, c'est le sentiment d'abandon et de deuil, pour celui du ramadan, il s'agit d'enfermer ses passions dans une solide parenthèse.

Ce film propose un tour d'horizon de ces pratiques en suivant des fidèles de chaque confession. Le sociologue des religions Jacques Maître vient apporter des éclaircissements historiques.

Un autre monde ?

Genre : Documentaire
Réalisation : Laurent Boileau
Production : Mosaïque Films
Durée : 40 mn
Année : 2003

Résumé :
Près de Reims, le monastère des Clarisses de Cormontreuil, accueille des femmes dont la vocation religieuse les a poussées à se retirer du monde. Mais sont-elles autant en marge de la société que l'imagerie populaire veut bien le dire ?

À travers différents témoignages de nonnes, le réalisateur Laurent Boileau, éclaire les motivations, l'engagement et la vie spirituelle de chacune. Le monastère est un moyen de vivre sa foi dans le silence mais pas hors du monde. Les sœurs évoquent l'appel de Dieu, le cheminement qui les conduit, elles que rien ne prédisposait à la vie monacale, vers un engagement total au service de leur foi.

Jardinage, lecture, prières, s'égrainent tout au long de leurs journées entrecoupées d'offices religieux. Ordre mendiant, les clarisses subviennent à leurs besoins en vendant leur artisanat. Elles connaissent les contraintes du monde du travail aujourd'hui. Bien que contemplatives, elles partent régulièrement sur les routes quêter, bâton de pèlerin à la main, à la rencontre des gens de la région. [...]

Dans ce documentaire, rythmé par le quotidien des sœurs, Laurent Boileau tente de lever le voile sur les motivations de ces femmes. Les scènes de la vie quotidienne, les interviews à cœur ouvert des sœurs, sont autant d'indices permettant de comprendre leur démarche.

Outre-mer outre-tombe

Le rapport à la mort aux Antilles

Un film étonnamment drôle sur un sujet grave.

Genre : Documentaire
Réalisation : Gilles Elie
Production : Réseau France Outre-mer (RFO)
Durée : 52 mn
Année : 2006

Résumé :
C'est l'attitude devant la mort, la création des rites funéraires qui, selon les paléontologues, ont réellement marqué l'entrée de l'animal homme dans l'humanité. Ces rites sont extrêmement révélateurs d'une société, notamment aux Antilles, où ils ont une importance capitale.

Là-bas, la mort s'inscrit, bien plus qu'en métropole, dans le processus de la vie. Cet événement est vécu de manière presque festive, avec de très longues veillées.

Traditions, religions, superstitions se mêlent dans ce film sur le rapport à la mort des Antillais.

TV5 Monde

1 a–e Ajoutez les mots qui manquent dans « **Sorcière, la vie !** » en les choisissant dans la liste proposée ci-dessous. Attention : il y a plus de mots ou expressions que d'espaces et chaque mot ou expression ne peut être utilisé(e) qu'une seule fois.

AVEC	ENSUITE	LEUR	LEURS	LOIN DE	OÙ
PARCE QU'	QU'	QUAND	QUI	SES	

2 L'expression « ces non-dits » (deuxième paragraphe) fait ici référence au fait que :

A les parents de Monique Mbeka Phoba sont originaires du Congo-Kinshasa.
B les parents de Monique Mbeka Phoba n'ont jamais parlé de leurs croyances à leur fille.
C la sorcellerie fait partie de l'héritage culturel congolais.
D il ne faut pas parler de ce qu'on ne connaît pas.

3 Laquelle des affirmations suivantes sur le docteur Dieka est correcte ?

A Il organise des visites de villages africains.
B Il a l'habitude de s'attacher aux voyageurs.
C Il a des soupçons vis-à-vis des étrangers.
D Il est probablement sorcier.

4 À quel endroit se réfère l'expression « sur place » ?

5 Les affirmations suivantes à propos de ce documentaire sont soit vraies, soit fausses. Justifiez votre réponse par les mots du texte.

a Le documentaire essaie d'être le plus équilibré possible.
b On peut voir Monique dans ce documentaire.
c Elle a toujours eu une bonne compréhension de sa propre culture.
d Des membres de sa famille répondent à ses questions.

6 D'après le premier paragraphe de « **Un autre monde ?** », pourquoi des femmes sont allées au monastère des Clarisses de Cormontreuil ?

7 Que pense généralement la société de ces femmes ?

8 Quels sont les deux mots du deuxième paragraphe qui signifient « une femme qui vit dans un monastère ».

En vous basant sur l'ensemble du texte, reliez le début de la phrase de la colonne de gauche à la fin appropriée qui se trouve dans la colonne de droite. Attention : il y a plus de fins que de débuts et chaque fin ne peut être utilisée qu'une seule fois.

9 Dans le film, les Clarisses parlent…
10 Elles ont choisi le monastère…
11 Pour pouvoir survivre elles vendent…
12 Ce documentaire permet…

A bien que rien ne les y prédestinait.
B ce qu'elles produisent.
C de comprendre la vie du monastère.
D des motivations de Laurent Boileau.
E des raisons de leur choix de vie.
F malgré le silence qui y règne.
G tout ce dont elles ont besoin.
H de rythmer la vie des sœurs.

En vous basant sur le troisième paragraphe, reliez chacun des mots ou expressions du texte figurant dans la colonne de gauche avec son équivalent qui se trouve dans la colonne de droite. Attention : il y a plus de mots ou expressions proposé(e)s que de réponses possibles.

13 s'égrainent
14 entrecoupées
15 subviennent
16 contraintes
17 quêter

A arrivent
B chercher
C demander de l'argent
D interrompues
E entrevues
F exigences
G répondent
H responsabilités
I se suivent régulièrement
J se plantent

18 Quelles expressions du dernier paragraphe signifient :

a révéler
b sans restriction

19 D'après « **Le jeûne, le monde du bout des lèvres** », quelle émotion est à l'origine de l'acte de jeûner ?

20 Quels sont les deux caractéristiques communes aux trois religions en ce qui concerne le jeûne ?

21 Associez chacune des raisons suivantes à une des religions mentionnées.

a On a perdu quelque chose qui nous est cher.
b On refuse momentanément de se laisser emporter.
c On rejette l'existence de son corps.

22 Associez chaque paragraphe du résumé de « **Outre-mer outre-tombe** » avec un des résumés suivants. Attention : il y a plus de résumés que de paragraphes et chaque résumé ne peut être utilisé qu'une seule fois.

A Ce film traite de nombreux aspects liés à la mort aux Antilles.
B Les Antillais sont très superstitieux.
C Les Antillais ont créé des rites funéraires pour se distinguer des animaux.
D Aux Antilles la mort est un événement qui se célèbre.
E La différence entre un homme et un animal réside dans la manière dont ils voient la mort.
F On fait beaucoup de fêtes dans les grandes villes antillaises.

23 Ce film est-il déprimant ? Justifiez votre réponse par des mots du texte.

Pour aller plus loin

- Après avoir lu le premier texte, répondez aux questions du test et voyez si vous êtes superstitieux/se ou pas. Êtes-vous d'accord avec les résultats de ce test ? Comparez vos résultats avec ceux de vos camarades. Comment peut-on expliquer les différences entre les superstitieux et les non-superstitieux ?
- D'après vous, quelles sont les différences et les similarités entre superstition, croyance, foi, religion ?
- On pourra éventuellement obtenir un des documentaires de TV5 Monde cités dans le deuxième texte (www.tv5.org). Au cours de discussions on pourra explorer les thèmes abordés dans ces résumés.
  - Comment la sorcellerie est-elle considérée dans votre culture ? Est-ce la même situation dans toutes les cultures ? Quelle est la part du fantasme et de la réalité en ce qui concerne la sorcellerie ? Quelles influences les Églises occidentales ont-elles exercées et exercent-elles toujours sur d'autres croyances et religions ?
  - Comment peut-on expliquer que des hommes et des femmes décident de se retirer de la société et du monde environnant pour pratiquer leur religion ? Dans quelle mesure la pratique religieuse doit-elle être intégrée à la société ? Quel rôle peut-elle jouer pour aider les personnes en difficulté financière, sociale, psychologique, etc. ?
  - Comparez les similarités et les différences entre des religions que vous connaissez ou qui sont représentées dans la classe (croyances, institutions, pratiques, festivals, etc.).
  - Comparez les différentes perceptions de la mort dans des cultures différentes. Comment marque-t-on le décès des personnes qui nous sont chères ? La mort est-elle considérée comme une suite, une transition ou comme une fin ?
- Quel rôle la religion joue-t-elle ou a-t-elle joué dans les conflits armés ? Dans quelle mesure les guerres religieuses peuvent-elles être expliquées ou justifiées ?

Théorie de la connaissance

- À votre avis, pourquoi une même notion peut-elle être considérée comme croyance dans une culture et superstition dans une autre ?
- Un fait peut être défini comme une croyance vraie et justifiée. Vos propres croyances sont-elles justifiées et vraies ? Trouvez des exemples qui correspondent à cette définition et d'autres qui n'y correspondent pas.
- En Chine, par exemple, le numéro 8 est un numéro chance. Avez-vous un numéro chance ? Comment se peut-il que les mathématiques, considérées comme une discipline rigoureuse, puissent être associées à de telles croyances ?
- Les superstitions apparaissent-elles dans une culture à cause d'un événement bon ou mauvais, chanceux ou malchanceux ? Si ce n'est pas le cas, d'où viennent les superstitions à votre avis ?
- Quelle sera la prochaine superstition dans votre culture ? Les superstitions sont-elles en voie de disparition selon vous ?

Activités orales

1 Construction d'un monument pour la liberté de culte

Le but de l'activité est de discuter un projet de construction d'un monument qui célébrera la liberté de culte et la tolérance entre les diverses religions et croyances. La classe sera divisée en groupes dont chacun représentera une religion différente (bouddhisme, catholicisme, hindouisme, islam, judaïsme, protestantisme, vaudou, etc.) ainsi que l'athéisme.

Pour préparer l'activité, chaque groupe procédera à une recherche sur la croyance qu'il représentera.

Vous considérerez entre autres :

- les similarités entre les différentes croyances ;
- le lieu de construction du monument ;
- la forme du monument ;
- les différentes parties et les symboles du monument ;
- la fonction de ce monument.

Religion et école

1 Pourquoi existe-t-il des écoles confessionnelles ? Quels en sont les avantages et les inconvénients ?

2 Quel est le message que désire transmettre cette image ?

3 Pensez-vous que l'on doive enseigner la religion à l'école ? Si oui, quelle religion ou quels aspects de la ou des religions ? Si non, pourquoi pas ?

4 Peut-on totalement éviter de parler de religion à l'école ? Est-ce souhaitable ?

Production écrite

1 Écrivez un compte-rendu des discussions qui ont eu lieu à propos de l'élaboration d'un monument célébrant la liberté des cultes (voir activité orale). Ce compte-rendu sera envoyé au comité organisateur de l'élaboration de ce monument.

a Il s'agit ici d'un compte-rendu, c'est-à-dire une explication objective des discussions qui ont eu lieu. Il ne s'agit pas de raconter ou de répéter ce qui a été dit mais d'expliquer les positions de chacun afin d'éclairer les décisions prises. Vous ne suivrez pas nécessairement l'ordre chronologique de ce qui s'est passé ; vous organiserez plutôt les différents points de façon logique. La langue devra être simple, claire et précise et essentiellement objective.

b Vous utiliserez un ou des éléments caractéristiques d'un compte-rendu : titre et/ou intertitres, paragraphes numérotés, listes, etc. Vous indiquerez votre nom et le destinataire (le comité organisateur). Ce compte-rendu pourra avoir une forme préétablie (*De ; À l'attention de ; Objet ; Date*, etc.).

2 Discutez cette phrase du cinéaste et poète ivoirien Jean-Marie Adiaffi : « Celui qui veut assassiner un peuple, détruira son âme, profanera ses croyances, niera sa culture et son histoire ». Dans quelle mesure les croyances et religions font-elles partie de la culture d'un pays ?

a Il y a plusieurs perspectives à considérer à propos de cette déclaration :

- **i** la place des croyances et des religions dans la culture d'un pays ; la laïcité officielle de certains pays ;
- **ii** les mobiles à la base de la destruction d'un peuple : vous pourrez prendre des exemples historiques tels que les persécutions religieuses et les massacres au nom de la religion ;
- **iii** l'effet de la présence de missionnaires (en Afrique, en Amérique, etc.), de la propagande religieuse sur la culture des autochtones.

b Il s'agit ici d'une dissertation et donc d'une argumentation équilibrée bien qu'il puisse y avoir plus d'arguments d'un côté que de l'autre. Vous inclurez une présentation et une évaluation des points de vue principaux. Le texte sera organisé avec une introduction, des paragraphes et des exemples clairs pour soutenir l'argumentation. Des articulateurs logiques seront nécessaires (*d'une part, d'autre part, par ailleurs, néanmoins, en outre*, etc.). La langue utilisée sera soutenue. Vous utiliserez des procédés stylistiques variés qui viseront à convaincre.

3 **Niveau supérieur** Expliquez votre point de vue et démontrez votre compétence interculturelle en étudiant les similitudes et les différences à ce sujet entre votre culture et celle(s) que vous étudiez.

Principes religieux contre réalité économique

Depuis 1976, le week-end en Algérie allait du jeudi au vendredi. Cette situation de décalage avec les autres États [...] revenait assez cher à l'économie du pays [...]. En effet, trois jours seulement servaient à l'échange, notamment par téléphone, télécopie et mail.

Le vendredi 14 août 2009, les autorités algériennes ont décidé de changer le week-end : depuis ce jour, celui-ci commence le vendredi pour se terminer le samedi.

[...]

Les motivations de la nouvelle mesure sont, bien sûr d'ordre religieux mais aussi et surtout économique.

La prière du vendredi semblait être l'obstacle majeur, mais il y a l'incidence économique, qui pousse l'Algérie à s'ouvrir davantage au marché international et aux collaborateurs extérieurs, en travaillant au même rythme qu'eux.

Rue89

Vous considérerez :

- la place de la religion dans le rythme de la vie quotidienne ;
- les effets de l'économie et de la mondialisation sur la culture d'un pays ;
- la prédominance de l'économie sur la vie religieuse.

Textes littéraires

De Madame de Sévigné à M. De Coulanges[1]. *(Lettre 92)*

À Paris, lundi 15 décembre 1670

Je m'en vais vous mander[2] la chose la plus étonnante, la plus surprenante, la plus merveilleuse, la plus miraculeuse, la plus triomphante, la plus étourdissante, la plus inouïe, la plus singulière, la plus extraordinaire, la plus incroyable, la plus imprévue, la plus grande, la plus petite, la plus rare, la plus commune, la plus éclatante, la plus secrète jusqu'à aujourd'hui, la plus brillante, la plus digne d'envie ; enfin une chose dont on ne trouve qu'un exemple dans les siècles passés : encore cet exemple n'est-il pas juste ; une chose que nous ne saurions croire à Paris, comment la pourrait-on croire à Lyon ? une chose qui fait crier miséricorde à tout le monde ; une chose qui comble de joie madame de Rohan et madame d'Hauterive ; une chose enfin qui se fera dimanche, où ceux qui la verront croiront avoir la berlue ; une chose qui se fera dimanche, et qui ne sera peut-être pas faite lundi. Je ne puis me résoudre à la dire ; devinez-la : je vous le donne en trois ; jetez-vous votre langue aux chiens ? Hé bien ! il faut donc vous la dire : M. de Lauzun épouse dimanche au Louvre, devinez qui ? Je vous le donne en quatre, je vous le donne en dix ; je vous le donne en cent. Madame de Coulanges dit : Voilà qui est bien difficile à deviner ; c'est madame de La Valière – Point du tout, Madame. – c'est donc mademoiselle de Retz ? – Point du tout, vous êtes bien provinciale. – Ah ! vraiment nous sommes bien bêtes, dites-vous, c'est mademoiselle Colbert. – Encore moins. – C'est assurément mademoiselle de Créqui. – Vous n'y êtes pas. Il faut donc à la fin vous le dire : il épouse, dimanche au Louvre, avec la permission du roi[3], Mademoiselle, Mademoiselle de… Mademoiselle… devinez le nom ; il épouse Mademoiselle, ma foi ! par ma foi ! ma foi jurée ! Mademoiselle, la Grande Mademoiselle, Mademoiselle, fille de feu Monsieur[4], Mademoiselle, petite-fille de Henri IV, Mademoiselle d'Eu, Mademoiselle de Dombes, Mademoiselle de Montpensier, Mademoiselle d'Orléans, Mademoiselle, cousine-germaine du Roi ; Mademoiselle, destinée au trône ; Mademoiselle, le seul parti de France qui fût digne de Monsieur[5]. Voilà un beau sujet de discourir. Si vous criez, si vous êtes hors de vous-même, si vous dites que nous avons menti, que cela est faux, qu'on se moque de vous, que voilà une belle raillerie, que cela est bien fade à imaginer ; si enfin vous nous dites des injures, nous trouverons que vous avez raison ; nous en avons fait autant que vous.

Adieu ; les lettres qui seront portées par cet ordinaire vous feront voir si nous disons vrai ou non.

Extrait de *Lettres*, Madame de Sévigné

---

[1] Le cousin de Mme de Sévigné
[2] Ancien français signifiant envoyer ou, comme ici, informer
[3] Le roi Louis XIV. Il s'opposera au mariage du duc de Lauzun qu'il fera emprisonner. Celui-ci devra attendre 1681 pour pouvoir finalement épouser le Grande Mademoiselle.
[4] Gaston d'Orléans, frère de Louis XIII
[5] Philippe d'Orléans, frère de Louis XIV

1 En vous basant sur les lignes 1 à 6, laquelle des affirmations suivantes est correcte ?

A Mme de Sévigné demande à M. de Coulanges de lui envoyer quelque chose d'extraordinaire.
B Mme de Sévigné veut envoyer une chose extraordinaire à M. de Coulanges.
C La nouvelle que transmet Mme de Sévigné à M. de Coulanges est exceptionnelle.
D Mme de Sévigné est choquée par la nouvelle que lui a transmise M. de Coulanges.

Langue

Relevez tous les adjectifs du début de cette lettre. Classez-les selon qu'ils ont le même sens ou un sens opposé.

Lignes 7 à 12 (… lundi)

2 Quels mots ou expressions signifient :

a demander pitié
b remplit
c avoir des visions

Quel mot répète-t-elle ? Sait-on ce que c'est ? Quel effet veut-elle créer ?

3 Où se trouve M. de Coulanges ?

4 Quelle expression montre qu'un doute existe sur la réalisation de cet événement ?

Lignes 12 à 15 (… en cent)

5 Quelle expression indique que Mme de Sévigné hésite à se décider ?

6 Quelle expression montre qu'elle ne pense pas que M. de Coulanges puisse deviner ?

7 Quelle expression signifie « êtes-vous prêt à renoncer à deviner ? » ?

8 Quel événement annonce-t-elle à M. de Coulanges ?

9 Où aura lieu cet événement ?

10 Quelle partie de l'information ne donne-t-elle pas ?

Lignes 15 à 20 (… n'y êtes pas)

11 Mme de Sévigné imagine ce que dirait Mme de Coulanges. Dans cette conversation…

a qui fait des suppositions ?
b qui donne des réponses ?

Quel effet ce dialogue a-t-il dans la lettre ?

12 Lesquelles de ces réponses signifient :

a non
b vous vous trompez

Lignes 20 à 27 (…Monsieur).

13 Qui M. de Lauzun va-t-il épouser ?

14 Essayez de reconstituer l'arbre généalogique de la famille royale à partir des éléments donnés dans le texte et les notes.

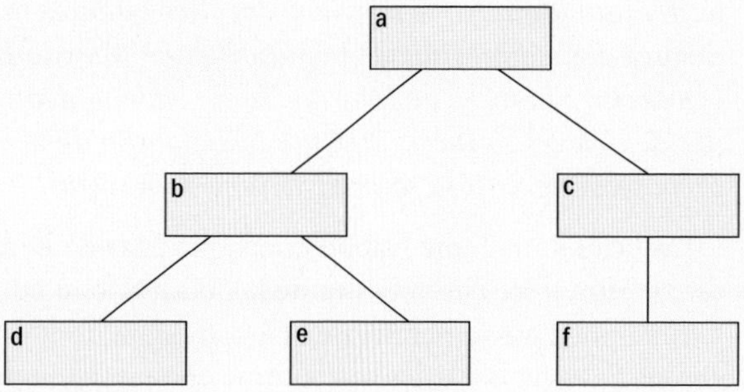

Ligne 27 à la fin

15 De quel « beau sujet » (l.28) Mme de Sévigné voudrait-elle discuter ? Pourquoi ?

16 D'après Mme de Sévigné, qu'aurait M. de Coulanges raison de faire ?

17 Ce mariage a-t-il eu lieu dans la réalité ? Justifiez votre réponse.

Pour aller plus loin

- Quels procédés rhétoriques nous montrent qu'il s'agit bien d'une lettre ? Quels éléments manquent à cette lettre ?
- À la fin de la lettre, Mme de Sévigné déclare : « Si vous criez, si vous êtes hors de vous-même, si vous dites que nous avons menti, que cela est faux, qu'on se moque de vous, que voilà une belle raillerie, que cela est bien fade à imaginer ; si enfin vous nous dites des injures… ». Imaginez ce que M de Coulanges pourrait dire.
- En quoi pourrait-on dire qu'il s'agit ici d'un mariage mixte ? À quels préjugés sont confrontés les futurs époux ? Pourquoi ce mariage bouleverse-t-il les codes de la société ? Dans quelle mesure ces préjugés sont-ils différents ou semblables aujourd'hui dans des communautés différentes ? Pensez-vous que la réaction de Mme de Sévigné soit exagérée ?

Production écrite

M. de Coulanges a montré cette lettre à sa femme. Celle-ci ne peut pas croire la nouvelle et répond à Mme de Sévigné.

- Vous réfléchirez au format approprié de cette lettre. Le style sera-t-il similaire ou non à la lettre écrite par Mme de Sévigné ?
- Vous ferez référence au contenu de la lettre de Mme de Sévigné ainsi qu'à la façon dont elle a annoncé l'événement.

Une si longue lettre

Ramatoulaye, qui vient de perdre son mari, Modou, écrit une longue lettre à son amie, Aïssatou. Dans cette lettre, Ramatoulaye se souvient des circonstances du divorce d'Aïssatou (fille de bijoutier) et de Mawdo Bâ (médecin) : la mère de Mawdo, Tante Nabou, avait décidé d'élever sa nièce, la petite Nabou, afin de la préparer à devenir la seconde femme de Mawdo.

Un beau jour, Tante Nabou convoqua Mawdo et lui dit : « Mon frère Farba t'a donné la petite Nabou comme femme pour me remercier de la façon digne dont je l'ai élevée. Si tu ne la gardes pas comme épouse, je ne m'en relèverai jamais. La honte tue plus vite que la maladie. »

Je savais. Modou savait. La ville savait. Toi, Aïssatou, tu ne soupçonnais rien et rayonnais toujours.

Et parce que sa mère avait pris date pour la nuit nuptiale, Mawdo eut enfin le courage de te dire ce que chaque femme chuchotait : tu avais une co-épouse. « Ma mère est vieille. Les chocs de la vie et les déceptions ont rendu son cœur fragile. Si je méprise cette enfant, elle mourra. C'est le médecin qui parle, non le fils. Quelle honte devant la société ! »

C'est « pour ne pas voir sa mère mourir de honte et de chagrin » que Mawdo était décidé à se rendre au rendez-vous de la nuit nuptiale. Devant cette mère rigide, pétrie de morale ancienne, brûlée intérieurement par les féroces lois antiques, que pouvait Mawdo Bâ ? Il vieillissait, usé par son pesant travail et puis, voulait-il seulement lutter, ébaucher un geste de résistance ? La petite Nabou était si tentante...

Alors, tu ne comptas plus, Aïssatou. Le temps et l'amour investis dans ton foyer ? Des bagatelles vite oubliées. Tes fils ? Ils ne pèsent guère lourd dans cette réconciliation d'une mère et de son « seul homme » ; tu ne comptas plus, pas plus que tes quatre fils : ceux-ci ne seront jamais les égaux des fils de la petite Nabou.

Les enfants de la petite Nabou, les griots[1] diront d'eux, en les exaltant : « Le sang est retourné à sa source. »

Tes fils ne comptaient pas. La mère de Mawdo, princesse, ne pouvait se reconnaître dans les fils d'une bijoutière[2].

Et puis, une bijoutière, peut-elle avoir de la dignité, de l'honneur ? C'est comme si l'on se demandait si tu avais un cœur et une chair. Ah ! pour certains, l'honneur et le chagrin d'une bijoutière sont moindres, bien moindres que l'honneur et le chagrin d'une *Guélewar*[3].

Mawdo ne te chassait pas. Il allait de son devoir et souhaitait que tu restes. La petite Nabou résiderait toujours chez sa mère ; c'est toi qu'il aimait. Tous les deux jours, il se rendrait, la nuit, chez sa mère, voir l'autre épouse, pour que sa mère « ne meure pas » ; pour « accomplir un devoir ».

Comme tu fus plus grande que ceux qui sapaient ton bonheur !

On te conseillait des compromis : « On ne brûle pas un arbre qui porte des fruits. »

On te menaçait dans ta chair : « Des garçons ne peuvent réussir sans leur père. »

Tu passas outre.

Ces vérités, passe-partout, qui avaient jadis courbé la tête de bien des épouses révoltées, n'opérèrent pas le miracle souhaité ; elles ne te détournèrent pas de ton option. Tu choisis la rupture, un aller sans retour avec tes quatre fils, en laissant bien en vue, sur le lit qui fut vôtre, cette lettre destinée à Mawdo et dont je me rappelle l'exact contenu :

Mawdo,

Les princes dominent leurs sentiments pour honorer leurs devoirs. Les « autres » courbent leur nuque et acceptent en silence un sort qui les brime.

Voilà, schématiquement, le règlement intérieur de notre société avec ses clivages insensés. Je ne m'y soumettrai point. Au bonheur qui fut nôtre, je ne peux substituer celui que tu me proposes aujourd'hui. Tu veux dissocier l'Amour tout court et l'amour physique. Je te rétorque que la communion charnelle ne peut être sans l'acceptation du cœur, si minime soit-elle.

Si tu peux procréer sans aimer, rien que pour assouvir l'orgueil d'une mère déclinante, je te trouve vil. Dès lors, tu dégringoles de l'échelon supérieur, de la respectabilité où je t'ai toujours hissé. Ton raisonnement qui scinde est inadmissible : d'un côté, moi, « ta vie, ton amour, ton choix », de l'autre, « la petite Nabou, à supporter par devoir ».

Mawdo, l'homme est un : grandeur et animalité confondues. Aucun geste de sa part n'est de pur idéal. Aucun geste de sa part n'est de pure bestialité.

Je me dépouille de ton amour, de ton nom. Vêtue du seul habit valable de la dignité, je poursuis ma route.

Adieu,

Aïssatou

Extrait d'*Une si longue lettre*, Mariama Bâ

[1] en Afrique occidentale, poète, conteur itinérant qui transmet la tradition par voie orale.
[2] le père d'Aïssatou était bijoutier.
[3] Guélewar : princesse du Sine, ancien royaume du Sénégal.

1 D'après les lignes 1 à 7, trois des affirmations suivantes sont vraies. Lesquelles ?

A Farba est le père de la petite Nabou.
B Tante Nabou a élevé son frère, Farba.
C Tante Nabou veut que Mawdo se marie avec la petite Nabou.
D Si Mawdo n'épouse pas la petite Nabou sa mère mourra.
E Tante Nabou est gravement malade.
F Aïssatou était heureuse car tout le monde connaissait la situation.

2 Les affirmations suivantes, basées sur les lignes 8 à 22, sont soit vraies, soit fausses. Justifiez votre réponse par les mots du texte.

a Mawdo a parlé tout de suite à sa femme, Aïssatou, des projets de sa mère.
b Mawdo était inquiet pour la santé de sa mère.
c Mawdo n'était pas assez fort pour résister à sa mère.
d Mawdo était physiquement attiré par la petite Nabou.

3 Dans la phrase « Si je méprise cette enfant, elle mourra » (l.12), à qui se réfèrent :

a « cette enfant »
b « elle »

En vous basant sur les lignes 23 à 38, reliez le début de la phrase de la colonne de gauche à la fin appropriée qui se trouve dans la colonne de droite. Attention : il y a plus de fins que de débuts et chaque fin ne peut être utilisée qu'une seule fois.

4 Mawdo a oublié…
5 Les enfants d'Aïssatou…
6 Les enfants de la petite Nabou…
7 Tante Nabou méprise Aïssatou…
8 Certaines personnes pensent…

A car elles ne sont pas du même milieu.
B comptent plus que leur mère.
C les années de mariage avec sa femme.
D parce qu'elle n'a pas de cœur.
E que les bijoutiers n'ont pas de cœur.
F que le mariage est sans importance.
G que les nobles sont supérieurs en tout.
H recevront tous les honneurs.
I seront à la source de cette union.
J sont moins importants que ceux de la petite Nabou.

9 Pourquoi Mawdo ne voulait-il pas divorcer ?

10 La situation d'Aïssatou a inspiré deux des affirmations suivantes. Lesquelles ?

A Il faut qu'elle soit plus grande que les autres.
B Le bonheur est ce qui est le plus important.
C Il y a toujours quelque chose à sauver.
D L'avenir de ses enfants sera compromis si elle part.
E Il faut qu'elle se révolte.

11 Quelle expression signifiant « départ définitif » montre qu'Aïssatou ne reviendra pas sur sa décision de quitter son mari ?

12 Par quel moyen lui a-t-elle communiqué sa décision ?

13 Parmi les propositions suivantes, choisissez celle qui résume le mieux chaque paragraphe de la lettre d'Aïssatou. Attention : il y a plus de propositions que de paragraphes.

A Tu dois accomplir ton devoir.
B Je refuse un amour qui ne serait pas entier.
C La nature humaine est complexe.
D Nous avons été heureux ensemble.
E Je te quitte.
F La société dans laquelle nous vivons consiste de dominateurs et de dominés.
G Tu me déçois par ton obéissance inconditionnelle.
H Tu te comportes comme un animal.

14 Quels mots de la lettre d'Aïssatou signifient :

a baissant
b persécute
c réponds
d satisfaire
e tombes
f monté
g sépare
h déshabillé

Pour aller plus loin

- D'après Aïssatou, quelle est la relation entre l'Amour (avec un A majuscule) et l'amour physique ? Pourquoi utilise-t-elle un A majuscule ? Êtes-vous d'accord avec elle ?
- Vous discuterez l'opposition entre tradition et modernité ; la place de la femme dans la société moderne ; pourquoi certaines femmes acceptent-elles la polygamie et d'autres en sont-elles victimes ?
- Comment se manifeste la « grandeur » d'Aïssatou ? Quelles difficultés risque-t-elle de rencontrer suite à sa décision ?
- Que pensez-vous de la relation entre Tante Nabou et son fils, Mawdo ? Dans votre culture, les liens filiaux sont-ils aussi forts ?

Production écrite

Mawdo vient de lire la lettre d'Aïssatou. Il écrit ses premières réactions dans son journal intime.

- Vous réfléchirez aux sentiments de Mawdo au moment de cette découverte en utilisant les informations qui figurent dans ce texte ainsi qu'aux traits de son caractère qui nous sont révélés.

Lettre 13

Yuan a émigré à Montréal, laissant son amoureuse, Sassa, à Shanghai. Ils échangent des lettres. Yuan tente de convaincre Sassa qui, malgré son désir de rejoindre son amoureux, a peur de quitter son pays, sa famille.

Notre appartement (c'est bien le nôtre si tu n'as pas d'objection) se trouve au deuxième étage d'un bel immeuble. Les fenêtres donnent sur une rue tranquille. Je n'entends rien le jour comme la nuit. Par la fenêtre, je vois des couples jeunes et vieux s'enfiler dans leur voiture ou en sortir. Quand ils se croisent, ils se cèdent la place avec politesse. Ils ne se parlent pas, bien que leurs chiens se cherchent. Chez nous, les humains mangent les chiens. Ici, au contraire, les chiens bénéficient de tant d'aliments, de soins et d'amour que certains individus, ceux qui mendient dans les rues par exemple, auraient, pour se trouver utiles, l'idée de se donner eux-mêmes en repas à ces nobles et charmants chiens.

Eh bien, je vis dans un immeuble où il n'y a que des locataires mais pas de voisins. Tu sais combien je détestais mes voisins dans mon logement à Shanghai. Ma mère disait qu'un voisin est plus qu'un parent lointain, car il te crée des petits ennuis qui remplaceraient de grands malheurs. Mais je n'arrivais pas à aimer ces voisins qui parlaient, hurlaient, riaient et pleuraient dans les escaliers. Je n'acceptais surtout pas qu'ils essaient de me faire vivre à leur façon. Maintenant, je suis libre, je pourrais presque tout faire chez moi. Personne ne me dérangerait. Je suis le seul responsable de moi-même. Et si l'idée me prenait de me tuer ? On ne viendrait pas m'en empêcher, bien sûr. On m'en accorderait l'entière liberté à condition que je ne dérange pas les autres. N'est-ce pas ce que j'ai toujours voulu et que j'apprécie encore ? Pourtant, je commence à avoir peur de cette liberté qui m'attire comme un trou inconnu. Je suis ahuri par sa profondeur. Les voisins me manquent. J'ai tendance à devenir ce Monsieur Yè qui, selon notre vieux conte, s'enfuit devant un vieux dragon qu'il a dessiné avec adoration toute sa vie. Mais je devrais avoir plus de courage que Monsieur Yè, moi qui suis plus jeune et plus moderne que lui. Et surtout, j'ai toi...

On va te faire venir avec un visa d'étude, parce que, autrement, cela pourrait prendre deux ou trois ans.

Je t'attends. Je compte les jours, les heures, les minutes...

Yuan de Montréal

Extrait des *Lettres chinoises*, Ying Chen

1 Quel passage du début du texte montre que Yuan voudrait que Sassa vive avec lui ?

2 Pourquoi Yuan pense-t-il que la rue est tranquille ?

3 Que nous dit Yuan de la relation entre les Montréalais ?

A Ils aiment se promener en voiture.
B Quand ils promènent leurs chiens, ils discutent poliment.
C Ils sont distants.
D Ils ont tendance à perdre leurs chiens.

4 À quel endroit Yuan se réfère-t-il quand il dit : « Chez nous » (l.6) ?

5 D'après les lignes 5 à 10, deux des affirmations suivantes à propos des chiens à Montréal sont vraies. Lesquelles ?

A Les chiens sont plus sociables que leurs maîtres.
B Les chiens ont une vie dans l'ensemble aussi agréable que les humains.
C Les mendiants sont normalement accompagnés de chiens.
D Les chiens sont dans l'ensemble mieux traités que les humains.
E Il arrive que des chiens mangent des humains.

En vous basant sur les lignes 11 à 22, reliez le début de la phrase de la colonne de gauche à la fin appropriée qui se trouve dans la colonne de droite. Attention : il y a plus de fins que de débuts et chaque fin ne peut être utilisée qu'une seule fois.

6 La mère de Yuan préférait…

7 Ce que Yuan ne supportait particulièrement pas c'est que ses voisins…

8 À Montréal personne…

9 Pour Yuan, la liberté signifie…

10 Pour vivre tranquillement à Montréal il ne faut pas…

A être libre.
B gêner ses voisins.
C les voisins aux parents lointains.
D lui parlent dans l'escalier.
E ne s'intéresse à ses voisins.
F ne veut se tuer.
G prendre ses responsabilités.
H que les voisins ne créent pas d'ennuis.
I tentent de changer ses habitudes.
J vouloir se tuer.

11 À quoi compare-t-il la liberté qu'il vient de trouver ?

12 Quel mot signifie « énormément surpris » ?

13 Que représente « le vieux dragon » (l.26) dans la vie de Yuan ?

A La liberté dont il a toujours rêvé.
B Le désir de dessiner comme Monsieur Yè.
C Les voisins qui lui manquent.
D Le courage qu'il désire avoir.

14 Quel sentiment Yuan montre-t-il à la fin de cette lettre ?

A Le courage
B La modernité
C L'impatience
D Le calme

Pour aller plus loin

- D'après cette lettre, quelles sont les différences entre Shanghai et Montréal ? Pensez-vous qu'un Montréalais d'origine aurait le même point de vue que Yuan ? Comment se manifestent les différences culturelles ?
- Que signifie « il n'y a que des locataires mais pas de voisins » (l.11) ? Quelle(s) différence(s) voyez-vous entre les deux ? Que représentent les voisins pour vous ? Quels rôles positifs et négatifs peuvent-ils jouer dans la société ?
- Cette description de la vie à Montréal vous séduit-elle ? Comparez cette lettre avec le texte « Réflexion sur Montréal et ses banlieues » page 50. Comment expliquez-vous ces différences ?
- Que veut dire « être libre » ? Quelle est la part d'idéalisme et de réalisme dans l'idée qu'on se fait de la liberté ? Peut-on être entièrement libre quand on vit dans la société ?
- Si vous étiez à la place de Sassa, seriez-vous tenté de rejoindre Yuan à Montréal ?

Production écrite

Écrivez une brochure informative à l'attention de jeunes Chinois qui viendraient s'installer à Montréal.

- Vous considérerez les différences culturelles telles qu'elles apparaissent dans ce texte.
- Vous pourrez choisir un ton humoristique ou plus sérieux.

« Dans la gueule du loup »

Mais je n'étais encore qu'un têtard, heureux dans sa rivière, et des accents nocturnes de sa gent batracienne, bref ne doutant de rien ni de personne. Je n'aimais guère la férule ni la barbiche du taleb, mais j'apprenais à la maison, et nul reproche ne m'était fait. Pourtant, quand j'eus sept ans, dans un autre village (on voyageait beaucoup dans la famille, du fait des mutations de la justice musulmane[1]) mon père prit soudain la décision irrévocable de me fourrer sans plus tarder dans la « gueule du loup », c'est-à-dire à l'école française. Il le faisait le cœur serré :

- Laisse l'arabe pour l'instant. Je ne veux pas que, comme moi, tu sois assis entre deux chaises. Non, par ma volonté, tu ne seras jamais une victime de Medersa. En temps normal, j'aurais pu être moi-même ton professeur de lettres, et ta mère aurait fait le reste. Mais où pourrait conduire une pareille éducation ? La langue française domine. Il te faudra la dominer, et laisser en arrière tout ce que nous t'avons inculqué dans ta plus tendre enfance. Mais une fois passé maître dans la langue française, tu pourras sans danger revenir avec nous à ton point de départ.

Tel était à peu près le discours paternel.

Y croyait-il lui-même ?

Ma mère soupirait : et lorsque je me plongeais dans mes nouvelles études, que je faisais seul, mes devoirs, je la voyais errer, ainsi qu'une âme en peine. Adieu notre théâtre intime et enfantin[2], adieu le quotidien complot ourdi contre mon père, pour répliquer, en vers, à ses pointes satiriques... Et le drame se nouait.

Après de laborieux et peu brillants débuts, je prenais goût rapidement à la langueétrangère, et puis, fort amoureux d'une sémillante institutrice, j'allais jusqu'à rêver de résoudre pour elle, à son insu, tous les problèmes proposés dans mon volume d'arithmétique !

Ma mère était trop fine pour ne pas s'émouvoir de l'infidélité qui lui fut ainsi faite. Et je la vois encore, toute froissée, m'arrachant à mes livres - tu vas tomber malade ! - puis un soir, d'une voix candide, non sans tristesse, me disant : « Puisque je ne dois plus te distraire de ton autre monde, apprends-moi donc la langue française... » Ainsi se refermera le piège des *Temps Modernes*[3] sur mes frêles racines, et j'enrage à présent de ma stupide fierté, le jour où, un journal français à la main, ma mère s'installa devant ma table de travail, lointaine comme jamais, pâle et silencieuse, comme si la petite main du cruel écolier lui faisait un devoir, puisqu'il était son fils, de s'imposer pour lui la camisole du silence, et même de le suivre au bout de son effort et de sa solitude - dans la gueule du loup.

Jamais je n'ai cessé, même aux jours de succès près de l'institutrice, de ressentir au fond de moi cette seconde rupture du lien ombilical, cet exil intérieur qui ne rapprochait plus l'écolier de sa mère que pour les arracher, chaque fois un peu plus, au murmure du sang, aux frémissements réprobateurs d'une langue bannie, secrètement, d'un même accord, aussitôt brisé que conclu... Ainsi avais-je perdu tout à la fois ma mère et son langage, les seuls trésors inaliénables - et pourtant aliénés.

Extrait du *Polygone étoilé*, Kateb Yacine

[1] Le père de Yacine travaillait pour le Ministère de la Justice en Algérie francaise, et changeait souvent de poste.
[2] La mère et Yacine, enfant, improvisaient du théâtre pour se divertir.
[3] *« Les Temps Modernes » :* revue bimestrielle politique, littéraire et philosophique, publié à Paris et fondée par Simone de Beauvoir et Jean-Paul Sartre.

Avis de lecture

Ce texte est exigeant sur le plan lexical. Suite à une première lecture, essayez la première question qui vous aidera à comprendre le vocabulaire difficile. Ensuite, relisez le texte avant d'aborder les questions qui suivent.

Reliez chacun des mots ou expressions du texte figurant dans la colonne de gauche avec son explication dans la colonne de droite.

1 têtard (l.1)	A combiné pour créer une intrigue
2 gent batracienne (l.3)	B terme scientifique pour les grenouilles, en tant qu'espèce
3 férule (l.4)	C sans qu'elle le sache
4 taleb (l.5)	D blessée dans son amour-propre
5 fourrer (l.11)	E palette de bois ou de cuir avec laquelle on frappe la main des écoliers en faute
6 sans plus tarder (l.11)	F larve d'amphibien de la grenouille et du crapaud, à grosse tête et avec queue
7 Medersa (l.17)	G immédiatement
8 ourdi (l.35)	H naïve, mais sincère
9 à son insu (l.43)	I fragiles
10 froissée (l.47)	J maître d'école traditionnelle arabe
11 candide (l.49)	K l'école musulmane
12 frêles (l.54)	L faire entrer
13 camisole (l.61)	M vêtement qui enferme et emprisonne

14 Enfant, Yacine se compare à :

A un petit animal qui fait beaucoup de bruit la nuit
B un écolier peu sage, frappé par son maître
C un garçon qui est toujours solitaire
D timide qui se méfie de tous

15 Quelle expression du premier paragraphe indique que le choix d'école fait par le père de Yacine ne pourrait pas être contesté ?

16 La métaphore de la « gueule du loup » signifie :

A qu'un animal sauvage vous mangera.
B qu'on n'est que mouton à l'école française.
C qu'on courait des risques par une telle décision.
D que le père n'appréciait pas l'éducation française.

17 Face à sa décision, le père de Yacine ressent une des émotions suivantes. Laquelle ? Justifiez votre réponse par des mots du texte.

A le plaisir
B la fierté paternelle
C l'inquiétude
D le chagrin

18 Deux des options données ci-dessous sont fausses. Lesquelles ? Justifiez les réponses par des mots du texte du deuxième paragraphe.

Selon Yacine, son père :

A ne donnait pas d'importance à la langue arabe.
B ne voulait pas que son fils soit éduqué de façon bilingue et biculturelle.
C pensait que l'influence de l'école arabe était négative.
D considérait une éducation française avantageuse.
E voulait que son fils oublie arabe.

19 Par quelle phrase l'auteur indique-t-il qu'il ne raconte que ce dont il se souvient de la déclaration de son père ?

20 Comment introduit-il un élément de doute quant aux idées de son père ?

En vous basant sur la description de la mère, reliez les début de phrases aux fins appropriées.

21 Quand Yacine faisait ses devoirs, sa mère…	A du talent littéraire de Yacine.
22 Lui et elle aimaient beaucoup…	B elle le gâtait.
23 Elle était jalouse…	C souffrait de sa solitude.
24 Pour le rapprocher à elle,…	D elle l'interrompait dans ses devoirs d'école.
25 Pour ne plus se sentir abandonnée par son fils, elle lui demandait…	E s'amuser et bavarder ensemble.
	F l'aidait, mais faisait beaucoup d'erreurs.
	G de ne plus se distraire dans son monde à lui.
	H de l'institutrice de Yacine à l'école française.
	I se plaindre du père de Yacine.
	J de lui enseigner le français.

26 Dans les lignes 38 à 44, trouvez les mots et expressions qui signifient :

a difficiles
b commençais à
c très
d gaie

27 Face à l'ignorance de sa mère, Yacine se sentait :

A gêné
B orgueilleux
C cruel
D incapable de parler

28 Pourquoi la mère de Yacine voulait-elle suivre son fils « dans la gueule du loup » ?

29 Par quelle image du dernier paragraphe, l'auteur décrit-il l'effet de son éducation sur ses relations avec sa mère ?

30 À quelle langue se réfère « la langue bannie » (l.71) ?

31 Pour Yacine, quelles sont les deux richesses qui fondent l'identité humaine ?

Pour aller plus loin

- D'après cet extrait de quelle façon comprenez-vous les attitudes des parents de Yacine ?
- Apprenez-vous le français pour des raisons similaires à celles qui ont motivé Yacine ?
- Comment comprenez-vous les avantages et les inconvénients d'une éducation bilingue ou plurilingue ?

Production écrite

- Yacine a fait publier *Le Polygone étoilé* quand il avait 37 ans. Au moment où il va publier son livre, il écrit une lettre à sa mère pour lui expliquer sa représentation de ce souvenir familial. Il lui parle de ce qu'il ressentait, enfant, lors des « leçons de français » qu'il lui donnait.
- En vous basant sur le discours du père de Yacine rapporté dans cet extrait, composez le texte de la conversation que l'enfant Yacine aurait pu avoir avec son père, au sujet du choix d'école pour son éducation.

Le Gone du Chaâba

Ces derniers mots assomment Moussaoui. L'argument est de taille. Qu'on l'expulse de l'école, soit, mais qu'on touche au portefeuille de son père parce qu'il ne veut pas montrer ses chaussettes au maître, non ! La peur apparaît sur son visage et ses yeux retombent sur son bureau, vaincus. Le moribond grommelle encore dans sa bouche quelques mots incompréhensibles, puis, soudainement, une lueur jaillit de son corps tout entier.

– Vous êtes tous des racistes ! hurle-t-il. C'est parce qu'on est des Arabes que vous pouvez pas nous sentir !

M. Grand a les cartes en main. Il attaque :

– Ne cherchez pas à vous défendre comme ça. La vérité, c'est que tu es un fainéant et que les fainéants comme toi ne font jamais rien dans la vie.

– Quel pédé ! fait Moussaoui en se tournant vers Nasser. Il croit qu'on n' a pas compris pourquoi il nous mettait toujours derniers au classement.

Peureux comme il est, Nasser ne sait où cacher son regard. Il ne tient pas du tout à couper les allocations familiales[1] à ses parents.

– Menteur ! poursuivait M. Grand. Regardez Azouz…

(Toutes les têtes se retournent alors vers moi.) C'est aussi un Arabe et pourtant il est deuxième de la classe… Alors, ne cherchez pas d'alibi. Vous n'êtes qu'un idiot fainéant.

La réplique me cloue sur ma chaise. Pourquoi moi ? Quelle idée il a eue, là, le maître, de m'envoyer au front ? Moussaoui a la bouche ouverte sur son cahier. Il était sur le point de riposter encore une fois, de prouver au maître qu'il était raciste, et voilà qu'il reçoit en pleine face une vérité implacable. C'est fini. Il agonise. Et cheikh au roi ! À cause de moi !

Tandis que les dernières paroles du maître résonnent encore dans la classe et dans ma tête, le cours reprend. M. Grand parle à nouveau normalement, mais là-bas, dans le coin des bourricots, comme il dit, Moussaoui et ses complices parlent en arabe à une rebellion caractérisée. Mais le maître demeure de marbre. Et moi, je n'existe plus, je ne l'écoute plus. J'ai peur des représailles des cousins.

Quelques instants plus tard, la sonnerie me sort de ma torpeur. Alors que nous nous dirigeons vers la cour de récréation, quelques élèves français commentent à voix basse le coup d'État des Arabes du fond de la classe. Une fois de plus, je repousse Jean-Marc Laville qui cherche à entretenir des relations d'élite entre nous.

– Il nous embête toujours et, après, il dit qu'on est des racistes ! Je ne l'aime pas, ce mec. Et toi ? m'a-t-il confié.

– C'est pas mes histoires ! lui ai-je répondu brutalement.

Et il est allé rejoindre ses semblables.

J'allais voir Hacène qui jouait aux billes dans un coin de la cour lorsque Moussaoui s'est approché de moi, suivi de sa garde impériale. Ses yeux brillaient de haine.

– Qu'est-ce que tu me veux encore ? ai-je dit.

– Viens, on va plus loin. Il faut que je te parle.

Nous nous éloignons de l'endroit où les maîtres et le directeur sont réunis. D'ailleurs, j'aperçois M. Grand au milieu d'eux en train de commenter ce qui vient de lui arriver.

– Tu vois, me fait Moussaoui, nous on est des Arabes et c'est pas un pédé de Français qui va nous faire la rachema[2] en reniflant nos chaussettes devant tout le monde.

– Et alors ?

– Et alors… et alors ? Toi, t'es le pire des fayots que j'aie jamais vus. Quand il t'a dit d'enlever tes chaussettes, qu'est-ce que t'as dit ? Oui m'sieur tout de suite… comme une femme.

– Et alors ?

– Eh ben dis-nous pourquoi ?

– Eh ben c'est parce que c'est le maître ! Et pis d'abord je m'en fous parce que ma mère elle m'a donné des chaussettes toutes neuves ce matin…

Tandis que Moussaoui manifeste des signes d'exaspération, Nasser le supplée :

– Nous on est tous derniers, t'es d'accord ?

– Ouais.

– Et pourquoi qu'on est tous derniers ?

– Je sais pas, moi !

– Tu vois pas que le maître, c'est un raciste ? Il aime pas les Arabes, je te dis…

– Je sais pas !

– Ah, c'est vrai, il sait pas, reprend Moussaoui. C'est normal, c'est pas un Arabe !

Les autres acquiescent.

– Si ! Je suis un Arabe !

– Si t'en étais un, tu serais dernier de la classe comme nous ! fait Moussaoui.

Et Nasser reprend :

– Ouais, ouais, pourquoi que tu t'es pas dernier avec nous ? Il t'a mis deuxième, toi, avec les Français, c'est bien parce que t'es pas un Arabe mais un Gaouri[3] comme eux.

– Non, je suis un Arabe. Je travaille bien, c'est pour ça que j'ai un bon classement. Tout le monde peut être comme moi.

Un troisième larron intervient avec une question rituelle :

– Eh ben dis pourquoi t'es toujours avec des Français pendant la récré ? C'est pas vrai que tu marches jamais avec nous ?

Les autres inclinent la tête en signe d'approbation. Que dire ?

– Tu vois bien que t'as rien à dire ! C'est qu'on a raison. C'est bien ça, t'es un Français. Ou plutôt, t'as une tête d'Arabe comme nous, mais tu voudrais bien être un Français.

– Non. C'est pas vrai.

– Bon, allez, laissez-le tomber, fait Moussaoui. On parle pas aux Gaouris, nous.

Et ils s'éloignèrent. Me méprisant de la tête aux pieds, comme s'ils avaient démasqué un espion.

Extrait du *Gone du Chaâba*, Azouz Begag

[1] Allocations familiales : subventions d'argent faites aux familles nécessiteuses.
[2] La rachema : dans le dialecte arabe de Sétif. Ville en Algérie d'où vient les familles de cette histoire.
[3] Un gaouri : littéralement, infidèle, non-musulman, pour désigner les Français et se différencier de la société française.

1 D'après la première partie de ce texte (lignes 1 à 14), une des affirmations qui suivent est fausse. Laquelle ?

A La réponse de l'instituteur à Moussaoui est tellement pertinente que celui-ci ne sait pas trop comment réagir.
B Pour son mauvais comportement en classe, Moussaoui préfèrerait une amende à l'expulsion.
C Il accuse M. Grand d'être anti-arabe.
D L'instituteur pense que Moussaoui ne fait pas beaucoup d'efforts pour apprendre en classe.

2 Dans cette même partie, quelles phrases indiquent que :

a M. Grand avait trouvé la preuve de ce qu'il affirmait.
b Dans sa confusion, Moussaoui ne parle plus ouvertement à la classe.
c Tout d'un coup, une nouvelle idée inspire Moussaoui.
d L'instituteur est prêt à répondre aux insultes de Moussaoui.

3 Qui s'est associé à Moussaoui dans cette révolte ?

4 De quelle menace M. Grand se sert-il pour rétablir l'ordre dans la classe ?

5 De quel exemple s'est-il servi pour renforcer son autorité devant les élèves indisciplinés ?

6 Quel est l'alibi auquel M. Grand se réfère ?

7 Face au discours de M. Grand, Azouz est :

A immobile
B fier de lui-même
C surpris
D humilié
E honteux

8 Les phrases « C'est fini. Il agonise. Et cheikh au roi ! » (l.30) signifient :

A que Moussaoui n'a plus rien à dire.
B qu'Azouz est promu premier de la classe.
C que ce qu'avait dit M. Grand était faux.
D que les Arabes de la classe sont les plus forts.

En vous basant sur la deuxième partie (lignes 32 à 48), reliez le début de la phrase à sa fin appropriée. Attention : il y a plus de fins que de débuts et chaque fin ne peut être utilisée qu'une seule fois.

9 Se sentant humiliés, Moussaoui et ses complices…

10 M. Grand…

11 Azouz, l'auteur, ne pense…

12 Jean-Marc Laville veut…

A insulte les indisciplinés.
B plus, s'occupant plutôt de son travail.
C préparent une revanche.
D être l'ami d'Azouz.
E ne réagit pas aux discussions en arabe.
F chercher la bagarre avec Moussaoui et ses camarades.
G qu'à ce que ses cousins vont lui faire après le cours.
H se mettent à travailler.

13 Quels mots ou expressions de cette partie signifient :

a pendant
b commence de nouveau
c encore une fois pouvoir par la force
d petits ânes idiots
e reste sans montrer d'émotion
f vengeances
g insensibilité
h prise de
i privilégiées
j problèmes

14 À qui se réfère « mec » dans la phrase « Je ne l'aime pas, ce mec » (l.46) ?

15 Qui sont « ses semblables » (l.48) ?

16 Quels élèves forment la « garde impériale » (l.51) ?

17 Dans la dernière partie, trouvez au moins six opinions différentes de Moussaoui à propos de son cousin Azouz.

Pour aller plus loin

- Le roman *Le Gone du Chaâba* serait l'autobiographie d'Azouz Begag qui parle de ses souvenirs d'enfance et d'adolescence en France, dans la banlieue lyonnaise. Dans quelle mesure trouvez-vous cette histoire vraisemblable ?
L'incident décrit dans cet extrait est-il particulier, d'après vous, ou est-il typique de ce que vivent beaucoup d'élèves dans des classes de n'importe quelle culture, n'importe où dans le monde ?
Y a-t-il lieu à croire, d'après la lecture de cet extrait, que Begag aurait transformé ses souvenirs en quelque sorte, pour les rendre plus intéressants pour ses lecteurs ? Discutez de vos opinions en classe.
- Qui aurait eu raison dans cette histoire ?
Quelles sont les vraies causes des différends dont cet extrait nous raconte un exemple, d'après vous ?
Comment aurait-on pu éviter les problèmes décrits par Begag ?

Production écrite

- Vous êtes élève de la classe d'Azouz et avez été témoin de tout ce qui s'est passé lors de cet incident. Pour aider l'enquête sur l'indiscipline à l'école, le directeur vous a demandé un compte-rendu de ce que vous avez vu et entendu, avec appréciation de la situation, de ses causes et avec quelques recommandations de ce qu'on pourrait faire pour eviter que la même chose ne se répète. Rédigez le texte de votre compte-rendu.
  – Dans la partie compte-rendu, il s'agit de respecter aussi scrupuleusement que possible les faits qui ont déclenché la confrontation et ce qui s'est passé ensuite. Vous pouvez rapporter de façon objective ce qui a été dit en discours direct, et/ou indirect.
  – Vous pouvez parler des comportements différents des élèves et du professeur, de ce que vous comprenez comme motivations et suggérer comment réduire le risque de confrontations ultérieures de ce genre.

Le Dromadaire mécontent

(**...1a...**), il y avait un jeune dromadaire qui n'était pas content (**...1b...**).

La veille, il avait dit à ses amis : « Demain, je sors avec mon père et ma mère, nous allons entendre une conférence, voilà comme je suis moi ! »

Et les autres (**...1c...**) dit : « Oh, oh, il va entendre une conférence, c'est merveilleux, c'est merveilleux », et lui n'avait pas dormi de la nuit (**...1d...**) il était impatient, et voilà qu'il n'était pas content parce que la conférence n'était pas du tout ce qu'il avait imaginé : il n'y avait pas de musique et il était déçu, il s'ennuyait beaucoup, il avait (**...1e...**) de pleurer.

Depuis une heure trois quarts un gros monsieur parlait. Devant le gros monsieur il y avait un pot à eau et un verre à dents sans la brosse et, (**...1f...**), le monsieur versait de l'eau dans le verre, mais il ne se lavait (**...1g...**) les dents et visiblement irrité, il parlait d'autre chose, (**...1h...**) des dromadaires et des chameaux.

Le jeune dromadaire (**...1i...**) de la chaleur, et puis sa bosse le gênait beaucoup ; elle frottait contre le dossier du fauteuil, il était (**...1j...**) assis, il remuait.

Alors sa mère lui disait : «Tiens-toi tranquille, laisse parler le monsieur », et elle lui pinçait la bosse ; le jeune dromadaire avait de plus en plus envie de pleurer, de s'en aller...

Toutes les cinq minutes, le conférencier répétait : « Il ne faut surtout pas confondre les dromadaires avec les chameaux, j'attire, mesdames, messieurs et chers dromadaires, votre attention sur ce fait : le chameau a deux bosses mais le dromadaire n'en a qu'une ! »

Tous les gens, de la salle disaient : « Oh, oh, très intéressant », et les chameaux, les dromadaires, les hommes, les femmes et les enfants prenaient des notes sur leur petit calepin.

Et puis le conférencier recommençait : « Ce qui différencie les deux animaux c'est que le dromadaire n'a qu'une bosse, tandis que, chose étrange et utile à savoir, le chameau en a deux... »

À la fin le jeune dromadaire en eut assez et se précipitant sur l'estrade, il mordit le conférencier :

« Chameau ! » dit le conférencier furieux.

Et tout le monde dans la salle criait : « Chameau, sale chameau, sale chameau ! »

Pourtant c'était un dromadaire, et il était très propre.

Jacques Prévert

1 **a–j** Ajoutez les mots qui manquent dans la première partie, en les choisissant dans la liste proposée ci-dessous. Attention : il y a plus de mots ou expressions que d'espaces et chaque mot ou expression ne peut être utilisé(e) qu'une seule fois.

A SOUFFERT	AUSSI	AVAIENT	AVAIT	BIEN
C'EST-À-DIRE	DE TEMPS EN TEMPS	DU TOUT	ENVIE	
JAMAIS	ONT	PAS	PLUS	SOUFFRAIT
TELLEMENT	TRÈS MAL	UN JOUR	VOIRE	

2 Quand le jeune dromadaire a-t-il annoncé ses intentions à ses amis ?

3 Tout d'abord, le jeune dromadaire était :

A émerveillé
B enthousiaste
C content
D triste

4 Pourquoi s'ennuyait-il dès le début de la conférence ?

5 Pourquoi voulait-il fondre en larmes ?

6 Pendant la conférence, que faisait le jeune dromadaire ? Indiquez les deux affirmations ci-dessous qui sont vraies.

A Il buvait de l'eau.
B Il écoutait attentivement le conférencier.
C Il observait le gros monsieur.
D Il pensait aux différences entre les dromadaires et les chameaux.
E Il comptait les minutes qui passaient.

7 Comment montrait-il son impatience ?

En vous basant sur les lignes 17 à 29, reliez le début de la phrase de la colonne de gauche à la fin appropriée qui se trouve dans la colonne de droite. Attention : il y a plus de fins que de débuts et chaque fin ne peut être utilisée qu'une seule fois.

8 La mère du jeune dromadaire avait…
9 Les dromadaires se distinguent des chameaux…
10 Les gens de la salle sont…
11 Le gros monsieur qui parle, explique…

A par leur bosse unique.
B un mélange d'animaux et de personnes.
C les mêmes choses de façon inverse.
D de plusieurs façons.
E envie d'écouter la conférence.
F analphabètes.
G trouvé la conférence très intéressante.
H des subtilités de la génétique.

12 Le jeune dromadaire attaque le conférencier pour une des raisons qui suivent. Laquelle ?

A Il était de nature agressive.
B Il se sentait insulté par le conférencier.
C Il n'en pouvait plus d'écoute.
D Il avait une faim de loup.

Reliez chaque mot ou expression qui figure dans la colonne de gauche avec son équivalent dans la colonne de droite.

13 gênait (l.14)
14 frottait (l.15)
15 s'en aller (l.19)
16 attire (l.21)
17 calepin (l.26)
18 tandis (l.28)
19 en eut assez (l.30)
20 précipitant (l.30)
21 estrade (l.30)
22 mordit (l.31)

A partir
B troublait
C avançant
D demande
E cahier / carnet / aide-mémoire
F alors
G grattait
H ne pouvait plus tolérer
I saisit avec ses dents
J podium

23 Pourquoi le narrateur nous révèle-t-il en conclusion que le dromadaire était très propre ?

24 Une des moralités possibles à tirer de cette fable est :

A Nous sommes au fond tous les mêmes.
B La propagande cherche à faire des distinctions absurdes, pour camoufler la réalité.
C Beaucoup de gens s'intéressent à la classification académique du monde de la nature.
D Il faut toujours faire attention à ce qu'on dit en public, si on veut éviter le ridicule.

Pour aller plus loin

- En vous référant aux techniques de propagande présentées dans le texte à la page 94, lesquelles peut-on déceler ici ? À quelles fins s'en sert-on, d'après vous ?
- La constatation de vérités évidentes peut-elle servir à des fins de propagande ? Si oui, lesquelles pourraient être les mobiles du conférencier dont Prévert brosse le portrait ici ?
- En vous basant sur ce texte et/ou sur d'autres que vous connaissez de Jacques Prévert, en quoi consiste son sens de l'humour ? Le partagez-vous ? Expliquez votre point de vue à cet égard.
- La simplicité littéraire peut souvent cacher une grande sophistication. S'agit-il ici d'un texte simple, peut-être plutôt pour les enfants, ou a-t-il quelque chose d'important à dire aux personnes plus âgées ? Justifiez votre jugement. Comment peut-on expliquer la grande popularité des contes, fables et poésies de Prévert, si cet exemple est typique de son œuvre ?

Production écrite

Étant donné le fait que chez Prévert, les animaux peuvent être aussi intelligents, parfois même plus intelligents que les gens, rédigez la page du journal intime de ce jeune dromadaire, une fois de retour de chez lui, pour raconter sa journée et ses sentiments à l'égard de cette conférence.

- Vous exprimerez les espoirs et la frustration que vous avez ressentis au cours de la journée, ainsi que vos observations sur les attitudes des autres personnes assistant à la conférence, de votre mère et du conférencier lui-même.

L'hymne de nos campagnes

Tryo

Si tu es né dans une cité HLM[1]
Je te dédicace ce poème
En espérant qu'au fond de tes yeux ternes
Tu puisses y voir un petit brin d'herbe
Et les mans faut faire la part des choses
Il est grand temps de faire une pause
De troquer cette vie morose
Contre le parfum d'une rose

{au Refrain}

C'est l'hymne de nos campagnes
De nos rivières, de nos montagnes
De la vie man, du monde animal
Crie-le bien fort, use tes cordes vocales !

Pas de boulot, pas de diplômes
Partout la même odeur de zone
Plus rien n'agite tes neurones
Pas même le shit que tu mets dans tes cônes
Va voir ailleurs, rien ne te retient
Va vite faire quelque chose de tes mains
Ne te retourne pas ici tu n'as rien
Et sois le premier à chanter ce refrain

{au Refrain}

Assieds-toi près d'une **(...6a...)**
Ecoute le coulis de l'eau sur la **(...6b...)**
Dis-toi qu'au bout, hé ! il y a la **(...6c...)**
Et que ça, ça n'a rien **(...6d...)**
Tu comprendras alors que tu n'es **(...6e...)**
Comme celui avant toi, comme celui qui **(...6f...)**
Que le liquide qui coule dans tes **(...6g ...)**
Te servira à vivre jusqu'à demain **(...6h...) !**

{au Refrain}

Assieds-toi près d'un vieux chêne
Et compare-le à la race humaine
L'oxygène et l'ombre qu'il t'amène
Mérite-t-il les coups de hache qui le saignent ?
Lève la tête, regarde ses feuilles
Tu verras peut-être un écureuil
Qui te regarde de tout son orgueil
Sa maison est là, tu es sur le seuil...

{au Refrain}

Peut-être que je parle pour ne rien dire
Que quand tu m'écoutes tu as envie de rire
Mais si le béton est ton avenir
Dis-toi que c'est la forêt qui fait que tu respires
J'aimerais pour tous les animaux
Que tu captes le message de mes mots
Car un lopin de terre, une tige de roseau
Servira la croissance de tes marmots !

{au Refrain}

[1] HLM : Habitation à loyer modéré

1 D'après la première strophe, cette chanson s'adresse à des personnes :

A qui habitent des quartiers tristes des villes.
B qui voudraient vivre à la campagne.
C qui n'ont pas le temps de se reposer.
D qui rêvent d'un jardin avec des fleurs.

2 Quel détail de la première strophe montre que les habitants d'une cité HLM paraissent moroses ?

3 Quelle image du refrain montre qu'il faut chanter cet hymne « bien fort » (vers 12) ?

4 Les affirmations suivantes, basées sur la deuxième strophe, sont soit vraies, soit fausses. Justifiez votre réponse par les mots du texte.

a Tu es au chômage.
b La vie n'a aucun intérêt pour toi.
c Il faut que tu fasses quelque chose de concret.

5 Dans le vers « Ne te retourne pas ici tu n'as rien » (vers 19), à quoi se réfère « ici » ?

6 **a–h** Ajoutez les mots qui manquent dans la troisième strophe en les choisissant dans la liste proposée ci-dessous. Attention : il y a plus de mots ou expressions que d'espaces et chaque mot ou expression ne peut être utilisé(e) qu'une seule fois.

DE NATUREL D'ÉPHÉMÈRE DOIGTS MAINS MATIN
MER MONTAGNE RIEN RIVIÈRE TERRE
TOUT TU CONNAIS VIENT VILLE

Considérer le sens et la grammaire mais également les rimes et le rythme du texte.

7 Quels sont les cinq détails de la quatrième strophe caractéristiques d'un arbre comme le chêne ?

8 Quel vers de la quatrième strophe montre que les hommes détruisent la nature ?

En vous basant sur les quatrième et cinquième strophes, reliez le début de la phrase de la colonne de gauche à la fin appropriée qui se trouve dans la colonne de droite. Attention : il y a plus de fins que de débuts et chaque fin ne peut être utilisée qu'une seule fois.

9 Le chêne peut être comparé à la race humaine…
10 L'écureuil est un animal…
11 La forêt est importante…
12 Avec la nature…

A bien que tu aies envie de rire.
B car il est vieux et imposant.
C même pour les habitants des villes.
D nos enfants grandiront mieux.
E on peut sauver l'avenir des animaux.
F parce qu'il saigne comme une personne.
G que les gens considèrent avec arrogance.
H qui habite dans les arbres.

Pour aller plus loin

- Pourquoi le groupe Tryo a-t-il choisi ce titre à votre avis ? Quelle est la différence entre un hymne et une chanson ? Pourquoi ont-ils choisi de parler de « nos » campagnes plutôt que de « la » campagne ? Comment ces choix apparaissent-ils dans le texte de la chanson ?
- Pourquoi s'adressent-ils à un habitant d'une cité HLM plutôt qu'à n'importe quel citadin ? Quelles en sont ses caractéristiques ?
- Quelle est la place de l'eau et des forêts dans l'environnement et la lutte pour le protéger ? Pensez-vous qu'ils soient plus importants à protéger que d'autres aspects ?
- Étudiez les contrastes entre la vie des cités et celle de la nature. Pensez-vous que ces différences soient justifiées ?
- Dans l'interview du groupe Tryo (Loisirs, page 252), ceux-ci déclarent : « Nos chansons ont vocation à se promener, le public se les approprie et ça nous porte. Par exemple, en plein concert, tout le monde attaque « L'hymne de nos campagnes » avant même qu'on lance l'intro ! On ne peut pas faire autrement que d'y aller pour partager ». En quoi peut-on dire que cette chanson a « vocation à se promener » ? À votre avis, pourquoi le public s'approprie-t-il cette chanson ? Quels aspects du texte de cette chanson nous montrent que ce groupe aime partager avec son public ?

Production écrite

Un jeune d'une cité HLM vient de passer quelques jours à la campagne pour la première fois. Il est surpris par la nature qu'il vient de découvrir. Vous avez l'occasion de l'interviewer. Écrivez le texte de l'interview qui sera publié dans le journal de votre école.

- Une interview consiste à rapporter les paroles d'une personne. Il ne s'agit pas de transcrire les paroles de la personne mot à mot mais de sélectionner ses propos de façon à écrire un texte cohérent. Vous adopterez le format questions/réponses ou intégrera des citations dans un texte suivi.
- Vous inclurez un titre suivi d'une introduction qui présentera le jeune. Le tutoiement sera préféré car il s'agit d'un jeune. La langue pourra être familière.
- Vous inclurez des questions suffisamment pertinentes afin d'entraîner des réponses détaillées.
- Vous utiliserez des procédés stylistiques variés, adaptés aux idées et aux sentiments exprimés au cours de l'interview. Le sentiment principal sera toutefois celui de la surprise liée à la découverte d'un monde inconnu.

Ce cœur qui haïssait la guerre…

Ce cœur qui haïssait la guerre voilà qu'il bat pour le combat et la bataille !
Ce cœur qui ne battait qu'au rythme des marées, à celui des saisons, à celui des heures du jour et de la nuit,
Voilà qu'il se gonfle et qu'il envoie dans les veines un sang brûlant de salpêtre[1] et de haine
Et qu'il mène un tel bruit dans la cervelle que les oreilles en sifflent
Et qu'il n'est pas possible que ce bruit ne se répande pas dans la ville et la campagne
Comme le son d'une cloche appelant à l'émeute et au combat.
Écoutez, je l'entends qui me revient renvoyé par les échos.
Mais non, c'est le bruit d'autres cœurs, de millions d'autres cœurs battant comme le mien à travers la France.
Ils battent au même rythme pour la même besogne tous ces cœurs,
Leur bruit est celui de la mer à l'assaut des falaises
Et tout ce sang porte dans des millions de cervelles un même mot d'ordre :
Révolte contre Hitler et mort à ses partisans !
Pourtant ce cœur haïssait la guerre et battait au rythme des saisons,
Mais un seul mot : Liberté a suffi à réveiller les vieilles colères
Et des millions de Français se préparent dans l'ombre à la besogne que l'aube proche leur imposera.
Car ces cœurs qui haïssaient la guerre battaient pour la liberté au rythme même des saisons et des marées, du jour et de la nuit.

Destinée arbitraire, Robert Desnos

[1] Salpêtre : substance qui servait à fabriquer les explosifs

Le Déserteur

Monsieur le Président,
je vous fais une lettre,
que vous lirez peut-être,
si vous avez le temps.

Je viens de recevoir
mes papiers militaires
pour partir à la guerre
avant mercredi soir.

Monsieur le Président
je ne veux pas la faire,
je ne suis pas sur terre
pour tuer de pauvres gens.

C'est pas pour vous fâcher,
il faut que je vous dise,
ma décision est prise,
je m'en vais déserter.

Depuis que je suis né,
j'ai vu mourir mon père,
j'ai vu partir mes frères,
et pleurer mes enfants.

Ma mère a tant souffert,
qu'elle est dedans sa tombe,
et se moque des bombes,
et se moque des vers.

Quand j'étais prisonnier
on m'a volé ma femme,
on m'a volé mon âme,
et tout mon cher passé.

Demain de bon matin,
je fermerai ma porte
au nez des années mortes
j'irai sur les chemins.

Je mendierai ma vie,
sur les routes de France,
de Bretagne en Provence,
et je crierai aux gens :

refusez d'obéir,
refusez de la faire,
n'allez pas à la guerre,
refusez de partir.

S'il faut donner son sang,
allez donner le vôtre,
vous êtes bon apôtre,
monsieur le Président.

Si vous me poursuivez
prévenez vos gendarmes
que je n'aurai pas d'armes
et qu'ils pourront tirer.

Boris Vian

Ce cœur qui haïssait la guerre…

1 En quoi consiste la contradiction dans le premier vers de ce poème ?

> De quelle guerre est-il question dans ce poème ?

2 À qui se réfère « ce cœur » dans « ce cœur qui haïssait la guerre » ?

3 À quoi ce réfère « celui » dans le deuxième vers ?

4 Des marées, les saisons, les heures du jour et de la nuit représentent :

A les vacances à la mer
B l'enfance
C la vie quotidienne
D la guerre

5 Quel mot du début de ce poème montre le changement ?

6 À quoi se réfère « il » au quatrième vers ?

7 Le bruit est un symbole :

A du besoin de se battre
B des canons
C de la guerre
D du désir de paix

8 Le huitième vers signifie que :

A les Allemands vont combattre les Français
B les Français sont en train de se rassembler contre l'occupation allemande
C l'auteur veut combattre le bruit des cloches
D les combats se passent à la campagne

9 Que représentent les « autres cœurs » (vers 8) ?

10 Quel mot signifie « travail » ?

11 Quel vers signifie : « les soldats ne désirent qu'attaquer et envahir le territoire occupé » ?

12 Quel est l'objectif de ces soldats ?

13 Le dernier vers de ce poème signifie :

A Le but de cette guerre est de protéger la nature.
B Il faut se battre pour retrouver la vie qu'on connaissait avant.
C La haine de la guerre mène à la liberté.
D La guerre et la paix sont le jour et la nuit.

14 Le message de ce poème est :

A une apologie de la guerre
B une apologie de la vie en plein air
C un appel à la tolérance
D un appel à la résistance

Le Déserteur

15 À qui s'adresse l'auteur de cette lettre ?

16 Par les vers 3 et 4, l'auteur insinue que :

A le Président est un homme qui a le temps de lire toutes les lettres.
B le devoir du Président est de lire toutes les lettres qu'il reçoit.
C le Président est trop important pour s'occuper des gens ordinaires.
D le Président doit absolument lire cette lettre.

17 Dans la phrase « je ne veux pas la faire » (vers dix), à quoi se réfère « la » ?

En vous basant sur les strophes trois à sept, reliez le début de la phrase de la colonne de gauche à la fin appropriée qui se trouve dans la colonne de droite.

18 Il a décidé de déserter car…
19 La guerre…
20 Sa mère…
21 Quand il était prisonnier…

A a été tuée par une bombe.
B a touché toute sa famille.
C a tué tout son entourage.
D est morte de chagrin.
E il ne veut pas mourir.
F sa famille lui a coûté trop cher.
G sa femme est partie.
H il ne veut pas prendre la vie des autres.

22 Les affirmations suivantes, basées sur les strophes huit à douze, sont soit vraies, soit fausses. Justifiez votre réponse par les mots du texte.

a Il laissera son passé derrière lui.
b Il va encourager les gens à déserter.
c Il va se battre pour préserver sa liberté.
d Il a peur de la mort.

Pour aller plus loin

- Comparez les idées et les sentiments exprimés dans ces deux poèmes.
- Dans quelle mesure peut-on parfois justifier les guerres ?
- La chanson « Le Déserteur » a été censurée et interdite à la radio pendant de nombreuses années. Comment peut-on expliquer cette censure ? Êtes-vous d'accord avec l'usage de la censure en temps de guerre ? Si oui, dans quels cas ?
- Être déserteur est-ce un acte de courage ou de lâcheté ? Comment sont traités les déserteurs en cas de guerre ?

Production écrite

Imaginez un débat entre Robert Desnos et Boris Vian sur le thème du droit de choisir en temps de guerre. Écrivez le dialogue qui aurait existé entre eux.

- Il s'agit de deux argumentations présentées sous la forme d'un dialogue. Chaque participant présentera son point de vue puis la discussion qui soulignera la différence d'opinion sera développée. Des articulateurs logiques seront nécessaires (*d'une part, d'autre part, par ailleurs, néanmoins, en outre,* etc.). La langue utilisée pourra être assez familière surtout dans la partie du dialogue. Vous utiliserez des procédés stylistiques variés qui viseront à convaincre.
- Chaque participant utilisera les arguments présentés dans les deux textes mais les développera et utilisera des exemples précis pour étayer son argumentation.

Au revoir, les enfants (Scène 49)

Dans la salle de classe, M. Guibourg donne des nouvelles de la guerre, une règle pointée vers la carte d'Europe, sur laquelle des petits drapeaux marquent les positions respectives des armées.

M. GUIBOURG : Les Russes ont lancé une grande offensive en Ukraine. D'après la radio de Londres, l'Armée rouge a crevé le front allemand sur 100 kilomètres à l'ouest de Kiev[1]. D'après Radio-Paris, cette offensive a été repoussée avec de lourdes pertes. La vérité est probablement entre les deux.

Bonnet[2] lève la tête. Par la fenêtre, il voit Moreau[3] courir et rentrer dans le bâtiment d'en face.

JULIEN et BOULANGER[4] (*à mi-voix*) : Radio-Paris ment, Radio-Paris ment, Radio-Paris est allemand.

M. GUIBOURG : En Italie par contre, les Américains et les Anglais continuent de ne pas avancer d'un pouce devant le mont Cassin[5]. Prenez vos cahiers. Nous allons faire un exercice d'algèbre.

Il écrit une formule au tableau noir. Un élève pète. Rires. M. Guibourg ne se retourne pas.

SAGARD : Je peux sortir, m'sieur ? C'est la soupe du collège.

M. GUIBOURG : Il faut toujours que ce soit vous, Sagard. Allez.

Sagard sort. On entend une voix allemande : « Halt ! »

Sagard rentre dans la classe à reculons, poussé par un grand Feldgendarme[6] casqué. Il porte un imperméable vert olive, une plaque de métal lui barre la poitrine, et il a une mitraillette en bandoulière. Il renvoie Sagard à sa place.

Julien et tous les autres ont les yeux fixés sur le soldat. Celui-ci s'efface pour laisser entrer un homme petit, vêtu d'un manteau marron.

L'homme remonte les pupitres, s'arrête devant le professeur, qu'il salue sèchement.

L'HOMME : Doktor Muller, Gestapo[7] de Melun[8].

Il se tourne vers les élèves.

MULLER : Lequel d'entre vous s'appelle Jean Kippelstein ?

Il parle bien français, avec un fort accent.

Les élèves se regardent entre eux. Julien baisse les yeux, figé.

MULLER : Répondez !

M. GUIBOURG : Il n'y a personne de ce nom dans la classe.

Muller se met à marcher le long des pupitres, scrutant les visages des enfants.

Il se retourne, aperçoit la carte d'Europe avec ses petits drapeaux. Il va arracher les drapeaux russes et américains. Il tourne le dos à Julien, qui ne peut s'empêcher de regarder vers Bonnet, une fraction de seconde. Muller se retourne, intercepte le regard. Il traverse la classe, lentement, et vient se planter devant Bonnet.

Celui-ci le regarde, un long moment. Puis il se lève, sans un mot. Il est blanc, mais très calme.

Il range ses livres et ses cahiers en une pile bien nette sur son pupitre, va prendre son manteau et son béret accrochés au mur. Il serre la main des élèves près de lui, toujours sans un mot.

Muller crie un ordre en allemand. Le Feldgendarme vient tirer Bonnet par le bras, l'empêchant de serrer la main de Julien, et le pousse brutalement devant lui. Ils quittent la pièce.

Le silence est rompu après quelques secondes par Muller.

MULLER : Ce garçon n'est pas un Français. Ce garçon est un juif. En le cachant parmi vous, vos maîtres ont commis une faute très grave vis-à-vis des autorités d'occupation. Le collège est fermé. Vous avez deux heures pour faire vos bagages. et vous mettre en rang dans la cour.

Extract d'*Au revoir, les enfants*, Louis Malle

1 Capitale de l'Ukraine.
2 Élève de la classe et ami de Julien.
3 Un autre élève.
4 D'autres élèves, Julien étant le meilleur ami de Bonnet.
5 Monastère en Italie méridionale d'où l'avancée des Alliés a été longtemps bloqué par les Allemands.
6 Soldat allemand.
7 La police secrète du régime allemand des Nazis.
8 Ville au sud-est de Paris, près de Fontainebleau où se trouve l'école.

1 D'après la première section de ce texte (lignes 1 à 22), quelles armées sont mention nées dans les nouvelles annoncées par M. Guibourg ?

2 Les deux chaînes de radio qu'il mentionne sontiennent quelles armées ?

3 Pour M. Guibourg, quelle annonce serait objectivement vraie ?

4 Son opinion que « la vérité est probablement entre les deux » signifie qu'il pense que :

A les Allemands vont attaquer.
B la situation est un échec militaire.
C les annonces de la radio ne sont pas fiables.
D beaucoup de soldats seraient morts dans cette offensive.

5 Étant donné sa façon de mettre la classe à jour sur la situation militaire en Europe, M. Guibourg est, selon vous :

A collaborateur qui appuie les objectifs allemands.
B pour une résistance française contre l'occupation allemande de la France.
C aussi neutre et objectif que possible.
D plus intéressé par les mathématiques que par l'actualité politique.

6 Sagard veut :

A se faire soigner par l'infirmière.
B aller aux toilettes.
C s'excuser du cours de mathématiques.
D chercher quelque chose à manger.

7 Quels mots ou expressions dans la description qui suit (lignes 29 à 42) signifient :

a en allant en arrière
b couvre
c se retire de la scène
d qui porte
e marche parmi
f table d'écolier
g avec froideur

8 Quelle phrase indique que l'un des élèves sait qui est Kippelstein, et reste immobile sans rien dire ?

En vous basant sur la description de la scène (lignes 52 à 75), reliez le début de la phrase à sa fin appropriée. Attention : il y a plus de fins que de débuts et chaque fin ne peut être utilisée qu'une seule fois.

9 L'officier de la Gestapo….

10 Il voit que Julien….

11 Bonnet….

12 Avant de partir, il veut….

A essaie de ne pas regarder Bonnet.
B regarde Muller avec dédain.
C examine attentivement les élèves.
D exprimer son amitié à Julien.
E jette un coup d'œil à son ami.
F dire « au revoir, les enfants ».
G se rend sans arguments.
H tâche d'intimider la classe.

13 Quel est le vrai nom de Bonnet ?

14 Pour quelles raisons Muller, a-t-il donné l'ordre de fermer le collège ?

Pour aller plus loin

- Si vous étiez le cinéaste chargé de chargé de transformer ce scénario en film, quels sentiments et quelles réflexions espéreriez-vous susciter auprès des spectateurs en tournant cette scène ? Expliquez vos intentions.
- Si vous aviez à filmer cette scène, quelles seraient les perspectives de caméra que vous choisiriez ? Celles du professeur ? d'un élève ? de Julien ? de Bonnet ? d'un Allemand ? de la perspective d'un tiers anonyme qui observe toute la scène ? un mélange de perspectives ? Expliquez votre choix en vous référant précisément au texte pour justifier la perspective à adopter.
  D'après les indications du texte et autant qu'on puisse en juger, quelles seraient les perspectives de caméra adoptées par Louis Malle ?
- Comment peut-on comprendre la réaction de Bonnet-Kippelstein à sa découverte par la Gestapo ?
  Cette scène se déroule vers la fin du film. Quelles seront les conséquences selon vous ?
- Essayez de visionner la version originale de cette scène (et du film entier) pour comparer vos idées avec celles réalisées par Louis Malle.

Production écrite

- À la fin de ce film, en partie autobiographique, Louis Malle intervient pour nous dire que :
  « Bonnet, Négus et Dupré [deux autres élèves juifs cachés de la Gestapo par le collège] sont morts à Auschwitz, le Père Jean [directeur du collège] au camp de [concentration de] Mauthausen. Le collège a rouvert ses portes en octobre 1944. Plus de quarante ans ont passé, mais jusqu'à ma mort je me rappellerai chaque seconde de ce matin de janvier ».
  Faut-il se rappeler toujours des méfaits du passé ? Composez un éditorial de journal qui présente un exposé de cette scène du film et discutez cette question.
  – Dans une première partie, résumez l'essentiel de la scène : ce qu'on voit et entend, en tirant l'attention sur la façon dont Malle communique son message aux spectateurs.
  – Ce résumé sera encadré par la déclaration de Malle quant à son impact sur sa vie et votre discussion de l'importance de sa réalisation cinématique.
  – Il y aura une conclusion succincte qui répondra directement à la question posée ci-dessus, y compris votre avis éventuel, soit positif, soit négatif.

La Peste

La ville d'Oran en Algérie est affligée par la peste. Le docteur Rieux et son ami Tarrou organisent les soins médicaux pour les malades.

Rieux réfléchit.

— Mais ce travail peut être mortel, vous le savez bien. Et dans tous les cas, il faut que je vous en avertisse. Avez-vous bien réfléchi ?

Tarrou le regardait de ses yeux gris.

— Que pensez-vous du prêche de Paneloux[1], docteur ?

La question était posée naturellement et Rieux y répondit naturellement.

— J'ai trop vécu dans les hôpitaux pour aimer l'idée de punition collective. Mais, vous savez, les chrétiens parlent quelquefois ainsi, sans le penser jamais réellement. Ils sont meilleurs qu'ils ne paraissent.

— Vous pensez pourtant, comme Paneloux, que la peste a sa bienfaisance, qu'elle ouvre les yeux, qu'elle force à penser !

Le docteur secoua la tête avec impatience.

— Comme toutes les maladies de ce monde. Mais ce qui est vrai des maux de ce monde est vrai aussi de la peste. Cela peut servir à grandir quelques-uns. Cependant, quand on voit la misère et la douleur qu'elle apporte, il faut être fou, aveugle ou lâche pour se résigner à la peste.

Rieux avait à peine élevé le ton. Mais Tarrou fit un geste de la main comme pour le calmer. Il souriait.

— Oui, dit Rieux en haussant les épaules. Mais vous ne m'avez pas répondu. Avez-vous réfléchi ?

Tarrou se carra un peu dans son fauteuil et avança la tête dans la lumière.

— Croyez-vous en Dieu, docteur ?

La question était encore posée naturellement. Mais cette fois, Rieux hésita.

— Non, mais qu'est-ce que cela veut dire ? Je suis dans la nuit, et j'essaie d'y voir clair. Il y a longtemps que j'ai cessé de trouver ça original.

— N'est-ce pas ce qui vous sépare de Paneloux ?

— Je ne crois pas. Paneloux est un homme d'études. Il n'a pas vu assez mourir et c'est pourquoi il parle au nom d'une vérité. Mais le moindre prêtre de campagne qui administre ses paroissiens et qui a entendu la respiration d'un mourant pense comme moi. Il soignerait la misère avant de vouloir en démontrer l'excellence.

Rieux se leva, son visage était maintenant dans l'ombre.

— Laissons cela, dit-il, puisque vous ne voulez pas répondre.

Tarrou sourit sans bouger de son fauteuil.

— Puis-je répondre par une question ?

A son tour le docteur sourit :

— Vous aimez le mystère, dit-il. Allons-y.

— Voilà, dit Tarrou. Pourquoi vous-même montrez-vous tant de dévouement puisque vous ne croyez pas en Dieu ? Votre réponse m'aidera peut-être à répondre moi-même.

Sans sortir de l'ombre, le docteur dit qu'il avait déjà répondu, que s'il croyait en un Dieu tout-puissant, il cesserait de guérir les hommes, lui laissant alors ce soin. Mais que personne au monde, non, pas même Paneloux qui croyait y croire, ne croyait en un Dieu de cette sorte, puisque personne ne s'abandonnait totalement et qu'en cela du moins, lui, Rieux, croyait être sur le chemin de la vérité, en luttant contre la création telle qu'elle était.

— Ah ! dit Tarrou, c'est donc l'idée que vous vous faites de votre métier ?

— A peu près, répondit le docteur en revenant dans la lumière.

Tarrou siffla doucement et le docteur le regarda.

— Oui, dit-il, vous vous dites qu'il y faut de l'orgueil. Mais je n'ai que l'orgueil qu'il faut, croyez-moi. Je ne sais pas ce qui m'attend ni ce qui viendra après tout ceci. Pour le moment il y a des malades et il faut les guérir. Ensuite, ils réfléchiront et moi aussi. Mais le plus pressé est de les guérir. Je les défends comme je peux, voilà tout.

— Contre qui ?

Rieux se tourna vers la fenêtre. Il devinait au loin la mer à une condensation plus obscure de l'horizon. Il éprouvait seulement sa fatigue et luttait en même temps contre un désir soudain et déraisonnable de se livrer un peu plus à cet homme singulier, mais qu'il sentait fraternel.

— Je n'en sais rien, Tarrou, je vous jure que je n'en sais rien. [...] Simplement, je ne suis toujours pas habitué à voir mourir. Je ne sais rien de plus. Mais après tout...

Rieux se tut et se rassit. Il se sentait la bouche sèche.

— Après tout ? dit doucement Tarrou.

— Après tout..., reprit le docteur, et il hésita encore, regardant Tarrou avec attention, c'est une chose qu'un homme comme vous peut comprendre, n'est-ce pas, mais puisque l'ordre de monde est réglé par la mort, peut-être vaut-il mieux pour Dieu qu'on ne croie pas en lui et qu'on lutte de toutes ses forces contre la mort, sans lever les yeux vers le ciel où il se tait.

— Oui, approuva Tarrou, je peux comprendre. Mais vos victoires seront toujours provisoires, voilà tout.

Rieux parut s'assombrir.

— Toujours, je le sais. Ce n'est pas une raison pour cesser de lutter.

— Non, ce n'est pas une raison. Mais j'imagine alors ce que doit être cette peste pour vous.

— Oui, dit Rieux. Une interminable défaite.

Extrait de *La Peste*, Albert Camus

[1] Prêtre catholique de la ville d'Oran et personnage important de ce roman.

1 D'après le début de cette conversation, que prêchait le prêtre Paneloux pour expliquer l'épidémie de la peste ?

Dans les phrases suivantes…	le mot…	se réfère à…
2 Et dans tous les cas, il faut que je vous en avertisse. (l.3)	en	
3 Tarrou le regardait de ses yeux gris. (l.5)	le	
4 Rieux y répondit naturellement (l.7)	y	
5 les chrétiens parlent quelquefois ainsi (l.10)	ainsi	
6 qu'elle force à penser (l.14)	elle	

7 La réponse de Rieux qu'« ils sont meilleurs qu'ils ne paraissent » (l.12), signifie que le docteur pense que :

A les malades d'Oran sont en train de guérir.
B les chrétiens ne croient pas tout à fait à l'idée de punition collective.
C le christianisme peut aider à surmonter les problèmes de la vie.
D la souffrance des malades renforce la foi religieuse.

8 Trouvez dans la partie qui suit (lignes 13 à 42) des mots ou expressions qui signifient :

a afflictions
b non-voyant
c peureux
d le dernier des
e fidèles

9 Dans cette partie, quelles phrases montrent que :

a Rieux répond négativement par un mouvement, plutôt que par des paroles.
b Rieux a parlé un petit peu plus fort.
c Tarrou indique que le docteur ne devrait pas s'exciter.
d Tarrou s'est mis plus à l'aise.

10 Quel est le problème qui, selon Tarrou, sépare Rieux de Paneloux (lignes 30 à 42) ?

11 Pourquoi Rieux n'est-il pas d'accord sur ce point ?

12 L'hypothèse que le moindre prêtre de campagne « soignerait la misère avant de vouloir en démontrer l'excellence » (l.41), renforce laquelle des affirmations précédentes ?

A Les chrétiens parlent quelquefois ainsi, sans le penser jamais réellement. (l.10)
B La peste a sa bienfaisance, elle ouvre les yeux, elle force à penser (l.14)
C Ce qui est vrai des maux de ce monde est vrai aussi de la peste. Cela peut aider quelques-uns à grandir. (l.18)
D Il faut être fou, aveugle ou lâche pour se résigner à la peste (l.21)

13 « Rieux se leva, son visage était maintenant dans l'ombre » (ligne 43). Ceci, indique laquelle de ces affirmations implicites ?

A Tarrou ne répond pas et reste silencieux
B il veut répondre par une autre question
C il ne peut pas voir Rieux de façon distincte
D il aime cacher ses vraies pensées

En vous basant sur les lignes 49 à 67, reliez le début de la phrase de la colonne de gauche à la fin appropriée qui se trouve dans la colonne de droite.

14 Tarrou ne comprend pas…
15 Rieux est…
16 Selon Rieux, le médecin…
17 Pour Rieux, penser au sens profond de la vie est…

A fataliste de caractère.
B une occupation de ceux qui sont en bonne santé.
C pourquoi Rieux travaille autant.
D doit lutter contre les maladies.
E rebelle aux imperfections de la condition humaine.
F est toujours orgueilleux.
G une perte de temps.
H ce qui différencie Rieux de Paneloux.

18 Quelle expression montre que Rieux estime Tarrou, comme s'il était membre de sa propre famille ?

19 Face à la peste à Oran, Rieux est :

A dégoûté
B optimiste
C désespéré
D pessimiste
E vaincu

Pour aller plus loin

- Dans cette œuvre de Camus, l'image d'une ville affligée par une peste dont beaucoup de gens mourront inévitablement a été souvent prise comme métaphore de la condition humaine. Que symbolise la peste pour vous ?
- Comment comprenez-vous les attitudes de Rieux et de Paneloux, telles que contrastées par Tarrou ? Lesquelles partagez-vous ? Êtes-vous plus proche de Rieux ou de Paneloux ? Justifiez votre point de vue autant que possible.

Production écrite

Dans cette histoire, Jean Tarrou tient un journal intime dans lequel il relate les événements de la peste à Oran et ses réflexions à cet égard. Suite à cet entretien avec le Dr Bernard Rieux, composez la page de ce journal qui relatera ce qu'il a observé et ce qu'il pense du docteur, de ses déclarations, de ses explications, de ses attitudes envers la situation dans laquelle ils se trouvent tous les deux.

« À quoi ça rime ? »

Dans la nuit transparente de l'été arctique, au bord du petit lac, loin dans l'immense pays nu, brillait le feu allumé pour guider l'hydravion qui n'allait sans doute plus tarder. Des ombres trapues, tout autour, alimentaient la flamme de poignées de mousse de caribou attachées au sol.

Là-bas, au bout d'une planche reliée à deux bidons creux et posée sur l'eau en guise de passerelle, il y avait quelques cahutes dont une faiblement éclairée. Plus loin encore, dans un repli de terrain, sept ou huit autres pauvres maisons : de quoi, par ici, amplement constituer un village. De partout s'élevait la plainte des chiens affamés depuis toujours et que personne n'entendait plus.

Auprès du feu, les hommes devisaient calmement. Ils parlaient de cette voix aux rares éclats des Esquimaux, une voix unie, pareille à la douce nuit d'été, ponctuée seulement de petits rires à propos de tout et de rien. Bien souvent ce n'était là chez eux qu'une manière de clore une phrase, qu'un point final, qu'une sorte de commentaire peut-être sur le destin.

Ils en étaient venus à parier entre eux. Ils pariaient que l'hydravion allait venir, qu'il ne viendrait pas, qu'il s'était mis en route mais n'arriverait jamais, et même qu'il n'était pas du tout parti.

Fort-Chimo avait parlé pourtant. La radio leur avait pourtant dit de se tenir prêts ; l'hydravion, en revenant de Frobisher Bay, s'arrêterait ce soir prendre la malade. La malade, c'était Deborah à qui on avait laissé de la lumière dans la hutte.

Les hommes continuèrent à parier pour le plaisir. Par exemple ils disaient que Deborah serait morte à l'arrivée de l'hydravion, comme mouraient les Esquimaux naguère, sans histoire. Ou bien l'hydravion emporterait Deborah très loin et plus jamais on ne la reverrait ni morte ni vivante. Ils pariaient aussi qu'elle reviendrait par le chemin du ciel, guérie et même rajeunie de vingt ans. À cette idée ils rirent de bon cœur, Jonathan surtout, le mari de Deborah, comme s'il se retrouvait en butte aux plaisanteries de sa nuit de noces. Ils en vinrent à parier que les Blancs trouveraient bientôt un remède contre la mort. Personne ne mourrait plus. On vivrait sans fin. On serait des multitudes de vieillards. À cette perspective, ils se turent, tout de même impressionnés. Ils étaient une dizaine autour du feu : des vieux comme Isaac, le père de Deborah, élevés à la dure ; des hommes entre deux âges comme Jonathan, partagés entre l'influence moderne et l'ancienne ; enfin de jeunes hommes plus droits de corps que leurs aînés, plus élancés aussi, et qui inclinaient nettement, eux, en faveur des jours d'aujourd'hui.

Le vieil Isaac, se tenant un peu à l'écart, occupé à rouler entre ses doigts un galet rond, dit que rien n'était plus maintenant comme autrefois.

— Autrefois, déclara-t-il avec fierté, on ne se serait pas donné tout ce mal pour empêcher une femme de mourir, son heure venue. Ni même un homme quant à cela. À quoi ça rime, interrogea le vieil Esquimau, d'empêcher à si grands frais de mourir aujourd'hui quelqu'un qui de toute façon va mourir demain ? À quoi ça rime ?

Personne ne savait à quoi cela rimait, alors ils se mirent à chercher ensemble avec une touchante bonne volonté.

Extrait de *La Rivière sans repos*, Gabrielle Roy

Il faut noter qu'à cette époque, beaucoup se servaient de l'appellation 'esquimau', sans bien comprendre la vraie signification péjorative de cet adjectif. De nos jours, on a corrigé cette erreur et se sert de l'appellation correcte d' 'inuit(e)'.

1 Les affirmations suivantes, basées sur les deux premiers paragraphes, sont soit vraies, soit fausses. Justifiez votre réponse par les mots du texte.

a Il faisait nuit noire.
b La campagne était couverte d'arbres et de végétation.
c Des personnes s'occupaient du feu.
d Il y avait trop peu de maisons pour appeler ce lieu un village esquimau.

2 Où l'hydravion allait-il se poser ?

3 À quoi servait la planche ?

4 Quels mots du troisième paragraphe signifient :

a discutaient entre eux
b interrompue
c terminer

5 À quoi l'auteure compare-t-elle la façon dont parlent les Esquimaux ?

6 D'après l'auteure, pourquoi les hommes riaient-ils ?

A Parce qu'ils étaient heureux.
B Parce que la nuit était douce.
C Parce que l'hydravion allait venir.
D Sans raison.

7 Quel mot du quatrième paragraphe signifie « jouer une somme d'argent sur la possibilité d'un événement qui n'est pas encore arrivé » ?

8 Des quatre paris, lequel devrait gagner ? Justifiez votre réponse par des mots du texte.

9 Où habitait Deborah exactement ?

10 Quel mot du sixième paragraphe signifie « dans un passé récent » ?

11 Dans la phrase « À cette idée ils rirent de bon cœur » (l.25), à quoi se réfère « cette idée » ?

En vous basant sur les lignes 27 à 36, reliez le début de la phrase de la colonne de gauche à la fin appropriée qui se trouve dans la colonne de droite. Attention : il y a plus de fins que de débuts et chaque fin ne peut être utilisée qu'une seule fois.

12 Si les Blancs trouvaient un remède contre la mort…

13 En pensant à la possibilité d'un remède contre la mort…

14 Jonathan ne peut pas décider…

15 Isaac pense…

16 Pour les jeunes Esquimaux,…

A il faut s'incliner devant les anciens.
B ils se sont placés autour du feu.
C la mort doit être combattue.
D le monde serait rempli de personnes âgées.
E les hommes ont gardé le silence.
F les vieux seraient impressionnés.
G quelle opinion il doit avoir.
H que tout le monde doit mourir.
I qu'il faut être dur avec les jeunes.
J si Deborah est malade ou non.

17 Quelle est l'approche d'Isaac quant à la mort ?

A On doit séparer les mourants des autres.
B Il faut laisser faire son destin.
C Les hommes doivent être traités différemment des femmes.
D Il est nécessaire de payer pour être soigné.

18 Quelle expression signifie « quel est le sens de tout cela » ?

19 Qu'est-ce qui n'a pas de sens ?

20 La dernière phrase montre que les hommes :

A essaient de comprendre mais n'en sont pas capables.
B veulent absolument comprendre la situation.
C cherchent un remède à la maladie de Deborah.
D veulent continuer à vivre ensemble au village.

Pour aller plus loin

- En groupe, dessinez un sketch du lieu tel qu'il est décrit au début du texte. Utilisez vos connaissances de l'environnement arctique. Comparez vos sketchs.
- Quelles sont les différentes attitudes vis-à-vis de la mort mentionnées dans ce texte ? Dans quelle mesure varient-elles en fonction des générations ? Quelle réponse donneriez-vous à la question « À quoi ça rime ? »
- Quelle attitude les hommes de ce texte ont-ils face à leurs conditions de vie et face à la mort ? Comment peut-on expliquer ces différences avec le monde moderne ? Dans quelle mesure notre environnement influence-t-il notre façon de voir la vie ?

Production écrite

En attendant que l'hydravion arrive et l'emmène vers la grande ville du sud, Deborah raconte ses sentiments à une jeune fille du village alors qu'elle est sur le point de quitter son village pour la première fois. Transcrivez cette discussion.

- L'essentiel de ce dialogue consistera de ce que racontera Deborah. La jeune fille pourra intervenir en posant des questions ou en faisant de brefs commentaires.
- Vous réfléchirez à la situation de Deborah face à la maladie, ses conditions de vie, le voyage et ce qui l'attend. Une variété de sentiments pourra se manifester. Vous réfléchirez sur son attitude face à la vie et à la mort ainsi qu'à sa condition de femme dans cette communauté.

Supplément au Voyage de Bougainville

L'explorateur français, Louis Antoine de Bougainville, a fait un voyage autour du monde (1766–1769) et publié une description de ce voyage en 1771. Diderot, intellectuel du « Siècle des Lumières », s'est inspiré de l'exemple que Bougainville lui a donné d'un « paradis terrestre », où l'homme à l'état « sauvage » n'a pas été « corrompu » par le contact avec les cultures européennes. Dans ce texte, un Tahitien prend la parole.

Puis s'adressant à Bougainville, il ajouta : « Et toi, chef des brigands qui t'obéissent, écarte promptement ton vaisseau de notre rive : nous sommes innocents, nous sommes heureux ; et tu ne peux que nuire à notre bonheur. Nous suivons le pur instinct de la nature ; et tu as tenté d'effacer de nos âmes son caractère. Ici tout est à tous ; et tu nous a prêché je ne sais quelle distinction du *tien* et du *mien*. Nos filles et nos femmes nous sont communes ; tu as partagé ce privilège avec nous ; et tu es venu allumer en elles des fureurs inconnues. Elles sont devenues folles dans tes bras ; tu es devenu féroce entre les leurs. Elles ont commencé à se haïr ; vous vous êtes égorgés pour elles ; et elles nous sont revenues teintes de votre sang. Nous sommes libres ; et voilà que tu as enfoui dans notre terre le titre[1] de notre futur esclavage. Tu n'es ni un dieu, ni un démon : qui es-tu donc, pour faire des esclaves ? Ourou[2] ! toi qui entends la langue de ces hommes-là, dis-nous à tous, comme tu me l'as dit à moi, ce qu'ils ont écrit sur cette lame de métal : *Ce pays est à nous*. Ce pays est à toi ! et pourquoi ? parce que tu y as mis pied ? Si un Tahitien débarquait un jour sur vos côtes, et qu'il gravât sur une de vos pierres ou sur l'écorce d'un de vos arbres : *Ce pays appartient aux habitants de* Tahiti, qu'en penserais-tu ? Tu es le plus fort ! Et qu'est-ce que cela fait ? Lorsqu'on t'a enlevé une des méprisables bagatelles dont ton bâtiment est rempli, tu t'es récrié, tu t'es vengé ; et dans le même instant tu as projeté au fond de ton cœur le vol de toute une contrée ! Tu n'es pas esclave : tu souffrirais la mort plutôt que de l'être, et tu veux nous asservir ! Tu crois donc que le Tahitien ne sait pas défendre sa liberté et mourir ? Celui dont tu veux t'emparer comme de la brute, le Tahitien, est ton frère. Vous êtes deux enfants de la nature ; quel droit as-tu sur lui qu'il n'ait pas sur toi ? Tu es venu ; nous sommes-nous jetés sur ta personne ? avons-nous pillé ton vaisseau ? t'avons-nous saisi et exposé aux flèches de nos ennemis ? t'avons-nous associé dans nos champs au travail de nos animaux ? Nous avons respecté notre image en toi. Laisse-nous nos mœurs ; elles sont plus sages et plus honnêtes que les tiennes ; nous ne voulons point troquer ce que tu appelles notre ignorance contre tes inutiles lumières. Tout ce qui nous est nécessaire et bon, nous le possédons. Sommes-nous dignes du mépris, parce que nous n'avons pas su nous faire des besoins superflus ? Lorsque nous avons faim, nous avons de quoi manger ; lorsque nous avons froid, nous avons de quoi nous vêtir. Tu es entré dans nos cabanes, qu'y manque-t-il, à ton avis ? Poursuis jusqu'où tu voudras ce que tu appelles commodités de la vie ; mais permets à des êtres sensés de s'arrêter, lorsqu'ils n'auraient à obtenir, de la continuité de leurs pénibles efforts, que des biens imaginaires. Si tu nous persuades de franchir l'étroite limite du besoin, quand finirons-nous de travailler ? Quand jouirons-nous ? Nous avons rendu la somme de nos fatigues annuelles et journalières la moindre qu'il était possible, parce que rien ne nous paraît préférable au repos. Va dans ta contrée t'agiter, te tourmenter tant que tu voudras ; laisse-nous reposer : ne nous entête ni de tes besoins factices, ni de tes vertus chimériques.

Extrait de *Supplément au Voyage de Bougainville*, Denis Diderot

[1] Ici, titre de propriété.
[2] L'interprète tahitien qui communique avec les Français.

1 D'après le début de ce texte, qui est le « chef des brigands » et qui seraient les « brigands concernés » ?

2 Quels mots et expressions des lignes 1 à 4 signifient :

a faisant appel
b a continué
c fais éloigner
d navire
e côte
f entraver
g essayé
h esprits

3 La phrase « tu nous a prêché je ne sais quelle distinction du *tien* et du *mien* » (ligne 4) indique que :

A le concept de la propriété est important pour les Européens.
B les Tahitiens ne comprennent pas la distinction de ce qui est à moi et à toi.
C Bougainville est venu à Tahiti dans une mission civilatrice.
D les femmes se disputaient à cause des hommes.

Dans les phrases suivantes…	les mots…	se réfèrent à…
4 tu as partagé ce privilège avec ce nous (l.6)	privilège	
5 tu es venu allumer en elles des fureurs inconnues (l.6)	elles	
6 tu es devenu féroce entre les leurs (l.7)	les leurs	
7 Elles ont commencé à se haïr (l.7)	se	
8 qui es-tu donc ? (l.10)	qui	

9 Quelle était l'importance de l'enseigne que les Français avaient planté dans le sol tahitien ?

10 Selon le Tahitien qui parle, une situation inverse serait :

A plus juste
B à souhaiter
C absurde
D impensable

11 Que reconnaît-il comme explication de la situation ?

12 Les relations entre les Européens et les Tahitiens se sont empirées à cause de laquelle de ces possibilités ? Indiquez la phrase du texte qui justifie votre réponse.

A d'un jeu
B d'un vol
C d'une femme
D d'un assassinat

13 Pour éviter l'esclavage, que préférerait l'Européen, d'après ce Tahitien ?

14 La répétition de questions du Tahitien (lignes 21 à 24) se résume par quelle idée maîtresse du texte ?

D'après la partie suivante de ce discours (lignes 24 à 37), complétez les phrases qui suivent en remettant ensemble chaque début avec la fin qui lui correspond.

15 Les Tahitiens se distinguent des Européens…

16 Leur mode de vie est basée sur…

17 Le luxe dont rêve l'Européen n'est…

18 Le repos est…

19 Les valeurs que Bougainville prêcherait aux Tahitiens…

A à cause de leurs ignorances.
B qu'illusoire.
C l'appétit du gain.
D les simples nécessités quotidiennes.
E la compensation du travail.
F pas superflue.
G par leur sincérité.
H ne veulent rien dire.
I ce dont on a plus besoin.
J sont de fausses valeurs.

Pour aller plus loin

- Pour quelles raisons d'après vous, Diderot a-t-il inventé ce discours pour son conte philosophique *Supplément au Voyage de Bougainville* ?
- Au XVIIIe siècle, nommé « *Siècle des Lumières* », la recherche d'un « paradis terrestre » à découvrir dans les sociétés intouchées par le contact avec les civilisations européennes, était un thème majeur. Croyez-vous que ces civilisations européennes représentent une décadence destructrice et que les sociétés sans contact avec elles représentent un idéal supérieur ?
- Y a-t-il des indications dans le discours du Tahitien qui montrent que la société tahitienne n'est pas parfaite ?
- De nos jours, certains soutiennent que le bilan du colonialisme européen des XVIIIe au XXe siècles est plus positif que négatif. Êtes-vous d'accord ou pas ? Justifiez votre point de vue.
- Certains parlent de l'existence d'une « nature humaine » commune à tous les êtres humains. Partagez-vous cette croyance ? Si oui, quels sont les éléments qui fondent cette nature d'après vous ? Si non, qu'est-ce qui gouverne les relations entre les gens et les cultures ?
- Si vous vous intéressez aux arts plastiques, faites des recherches des représentations de ce thème par des artistes, tels que Paul Gauguin. Comment le point de vue de l'artiste, sur « l'homme à l'état sauvage » est-il représenté ? De façon semblable à la perspective de Diderot dans ce texte, ou autrement ? Présentez les résultats de vos recherches en classe.

Production écrite

De tels discours de critique de toute une société et de ses valeurs constituent une tradition littéraire depuis l'Antiquité. Ils sont souvent opposés à un discours de réponse de la partie adressée. Rédigez un discours en réponse au discours de ce Tahitien qui pourrait représenter le point de vue de Bougainville et des Français de son équipage.

Publicité pour une nouvelle marque de sauce tomate

Un coup de sonnette interrompt Jean-Charles ; il déplie le panneau qui divise la pièce en deux et Laurence fait entrer Mona dans son coin du bureau.

– Tu es chic d'être venue.

– J'allais pas te laisser en plan.

Mona est mignonne en pantalon et gros pullover, garçonnière par sa silhouette, féminine par son sourire et le mouvement gracieux de son cou. En général, elle refuse de lever le petit doigt en dehors des heures de travail : on est déjà assez exploité comme ça. Mais le projet doit être livré ce soir au plus tard et elle sait bien que sa maquette ne collait pas tout à fait. Elle regarde autour d'elle :

– Dis donc, tu habites drôlement bien ! – Elle réfléchit : – Évidemment, à vous deux, vous devez vous faire un beau paquet.

Ni ironie, ni reproche : elle compare. Elle gagne gentiment sa vie, mais il paraît – elle ne parle pas beaucoup d'elle – qu'elle sort d'un milieu très modeste et qu'elle a toute une famille sur les bras. Elle s'assied à côté de Laurence et étale ses dessins sur la table de travail.

– J'en ai fait plusieurs, avec de petites variantes.

Lancer une nouvelle marque d'un produit aussi répandu que la sauce tomate, ce n'est pas commode. Laurence avait suggéré à Mona de jouer sur le contraste soleil-fraîcheur. La page réalisée est plaisante : en couleurs vives un grand soleil au ciel, un village perché, des oliviers, au premier plan, la boîte avec la marque et une tomate. Mais il manquait quelque chose : le goût du fruit, sa pulpe. Elles ont discuté longtemps. Et elles ont conclu qu'il fallait entailler la peau et mettre un peu de chair à nu.

– Ah ! ça fait toute la différence du monde ! dit Laurence : on a envie de mordre dedans.

– Oui, j'ai pensé que tu serais contente, dit Mona. Regarde-les toutes…

D'une feuille à l'autre, il y a de légers changements de couleur et de forme.

– C'est difficile de choisir.

Jean-Charles entre dans la pièce, ses dents brillent, très blanches, tandis qu'il serre la main de Mona avec effusion :

– Laurence m'a tant parlé de vous ! Et j'ai vu beaucoup de vos dessins. Votre Méribel[1] me ravit. Vous avez beaucoup de talent.

– On essaie de se défendre, dit Mona.

– Lequel de ces dessins te donnerait envie de manger de la sauce tomate ? demande Laurence.

– Ils se ressemblent beaucoup, non ? Très jolis d'ailleurs : de vrais petits tableaux.

Jean-Charles pose la main sur l'épaule de Laurence.

– Je descends briquer la bagnole. Tu seras prête à midi et demi ? Il ne faut pas partir plus tard si nous voulons arriver à Feuverolles pour déjeuner…

– Je serai prête.

Il sort dans un grand sourire.

– Vous allez à la campagne ? demande Mona.

– Oui, maman a une maison. Nous y allons presque tous les dimanches. C'est une détente…

Elle allait dire machinalement : indispensable, elle s'est reprise à temps. Elle entend la voix de Gilbert[2] : « une détente indispensable », elle regarde le visage fripé de Mona, elle est vaguement gênée. (Pas de gêne, pas de mauvaise conscience, pas de délectation morose.)

– C'est marrant, dit Mona.

– Quoi ?

– C'est marrant ce que ton mari ressemble à Lucien[3].

– Tu rêves ! Lucien et Jean-Charles, c'est l'eau et le feu.

– Pour moi c'est deux gouttes d'eau.

– Je ne vois vraiment pas.

– C'est des types à belles manières et à dents blanches qui savent causer, et qui se collent de l'*after-shave* sur la peau après s'être rasés.

– Ah ! si tu vas par là…

– Je vais par là. – Elle brise net : – Alors ? quel est le projet que tu préfères ?

Laurence les examine de nouveau. Lucien et Jean-Charles se servent de l'*after-shave*, soit. Et le type de Mona, comment est-il ? Elle a envie de la faire parler, mais celle-ci a repris l'air fermé qui intimide Laurence. Comment passera-t-elle son dimanche ?

– Je crois que c'est celui-ci le meilleur. À cause du village : j'aime comment les maisons dégringolent…

– Moi aussi, c'est mon préféré, dit Mona. – Elle range ses papiers : – Bon. Alors je me tire.

– Tu ne veux pas prendre un verre ? De vin, de whisky ? Ou de jus de tomate ?

Elles rient.

– Non, je n'ai envie de rien.

Extrait des *Belles images*, Simone de Beauvoir

---

[1] Méribel : station de ski dans les Alpes.
[2] L'amant de la mère divorcée de Laurence.
[3] L'amant de Laurence.

1 Qui parlait à Laurence au début du texte ?

2 Pourquoi s'est-il arrêté de parler ?

3 Mona est venue parce qu'elle :

A voulait se montrer chic.
B n'avait aucune intention d'abandonner Laurence dans son travail.
C aimait travailler des heures supplémentaires pour gagner plus d'argent.
D désirait voir où habitait Laurence et Jean-Charles.

4 La présentation de Mona suivrait la perspective de qui ?

A Mona elle-même
B Jean-Charles
C Laurence
D Un narrateur anonyme

5 Qui pense qu'on l'exploite déjà assez dans son travail ?

6 Pour commencer la conversation, à qui Mona parle-t-elle ?

7 Quel indice fait comprendre aux lecteurs que Mona connaît déjà Laurence ?

8 D'après vous, à quoi pense Mona quand elle réfléchit un moment, au début de sa conversation ?

9 Quelle phrase indique que Mona doit toucher un salaire adéquat ?

10 Pourquoi penserait-elle à faire une comparaison entre les salaires du couple de Laurence et Jean-Charles avec le sien ?

En vous basant sur les lignes 20 à 40, reliez le début de la phrase de la colonne de gauche à la fin appropriée qui se trouve dans la colonne de droite.

11 Mona a apporté avec elle…

12 L'idée maîtresse de cette pub, selon Laurence, devait…

13 D'après Laurence, la meilleure proposition de Mona est…

14 Pour améliorer l'image, elles…

15 Les variantes que proposait Mona…

A d'emblée, trop banale.
B insister sur la qualité fraîche du produit.
C des brouillons de publicités pour une nouvelle marque de sauce tomate.
D pensaient mettre plus en évidence les saveurs de la tomate.
E contraster le produit avec le beau temps.
F ont mis au premier plan l'image de la boîte de sauce.
G rendaient toute décision impossible.
H agréable dans l'ensemble.
I un projet pour une nouvelle campagne publicitaire.
J compliquaient le choix à faire.

16 Jean-Charles ne répond pas ouvertement à la question de Laurence (lignes 48 et 49) parce qu'il :

A s'intéresse plus à Mona.
B n'a aucune idée de comment y répondre.
C ne la comprend pas exactement.
D ne s'intéresse pas vraiment à s'exprimer en détails.

17 Le portrait de Jean-Charles montre aux lecteurs :

A qu'il utilise un excellent dentifrice.
B qu'il n'est pas sincère.
C que la publicité est son métier.
D pourquoi le roman s'appelle *Les Belles Images*.

18 Que voulait demander Jean-Charles en interrompant Laurence et Mona dans leur travail ?

19 D'après les lignes 61 à 75, les affirmations suivantes sont soit vraies, soit fausses. Justifiez votre réponse par les mots du texte.

a Laurence répond à la question de Mona (ligne 58) en répétant les mots de Gilbert sans y penser.
b Sous le regard de Laurence, Mona se sent gênée.
c Mona trouve drôle que Jean-Charles soit similaire à l'amant de Laurence.
d Pour Mona, Lucien et Jean-Charles font penser à des images publicitaires.

Dans les phrases suivantes…	le mot…	se réfère à…
20 elle est vaguement gênée. (l.64)	elle	
21 Je vais par là. (l.77)	là	
22 Laurence les examine de nouveau. (l.79)	les	
23 Elle a envie de la faire parler (l.81)	la	
24 Je crois que c'est celui-ci le meilleur (l.84)	celui-ci	

Pour aller plus loin

- Que signifie pour vous, le choix du titre de ce roman ? Quelles attitudes envers le monde de la publicité peuvent être décelées dans cet extrait ? Sont-elles erronées, exagérées ou justes, d'après vous ? Comparez ce que ce texte nous dit sur la publicité avec le texte « Une publicité pour les pâtes Panzani », (page 202). Quels éléments sont similaires ? Quels effets produisent-ils sur les lecteurs ?
- Considérez quelques phrases de ce texte, rédigées à la troisième personne. Sont-elles plutôt subjectives ou objectives ? Si subjectives, elles représentent le point de vue de qui ? Si objectives, qui en serait l'auteur ? Justifiez votre interprétation.
- Mettez en scène cet extrait et jouez-le devant la classe. Décidez quelle présentation est la plus fidèle au texte et laquelle est la plus originale. Le texte gagne-t-il quelque chose à être transformé ainsi ? Serait-il enrichi par une représentation cinématique ? (Si oui, comment et avec quels comédiens pourrait-on réaliser un bon film ?)

Production écrite

Récrivez ce qui se passe dans cet épisode de *Les Belles Images* de Simone de Beauvoir, du point de vue de Mona, de Jean-Charles ou d'un témoin anonyme, comme scène supplémentaire qu'on pourrait ajouter à ce roman.

La Villégiature

J'ai souvent comparé la villégiature
Aux phases d'un voyage entrepris en commun
Avec des étrangers de diverse nature
Dont on n'a de ses jours vu ni connu pas un.

Au début de la route, en montant en voiture,
On s'observe : – l'un l'autre on se trouve importun ;
L'entretien languissant meurt faute de pâture...
Mais, petit à petit, on s'anime ; et chacun

A l'entrain général à son tour s'associe :
On cause, on s'abandonne, et plus d'un s'apprécie.
– Les chevaux cependant marchent sans s'arrêter ;

Et c'est lorsqu'on commence à peine à se connaître,
Que l'on se juge mieux, – qu'on s'aimerait peut-être,
– C'est alors qu'on arrive, – et qu'il faut se quitter.

Félix Arvers

Une Belle Histoire

C'est un beau roman, c'est une belle histoire
C'est une romance d'aujourd'hui
Il rentrait chez lui, là-haut vers le brouillard
Elle descendait dans le midi, le midi
Ils se sont trouvés au bord du chemin
Sur l'autoroute des vacances
C'était sans doute un jour de chance
Ils avaient le ciel à portée de main
Un cadeau de la providence
Alors pourquoi penser au lendemain

Ils se sont cachés dans un grand champ de blé
Se laissant porter par les courants
Se sont racontés leurs vies qui commençaient
Ils n'étaient encore que des enfants, des enfants
Qui s'étaient trouvés au bord du chemin
Sur l'autoroute des vacances
C'était sans doute un jour de chance
Qui cueillirent le ciel au creux de leurs mains
Comme on cueille la providence
Refusant de penser au lendemain

C'est un beau roman, c'est une belle histoire
C'est une romance d'aujourd'hui
Il rentrait chez lui, là-haut vers le brouillard
Elle descendait dans le midi, le midi
Ils se sont quittés au bord du matin
Sur l'autoroute des vacances
C'était fini le jour de chance
Ils reprirent alors chacun leur chemin
Saluèrent la providence
en se faisant un signe de la main

Il rentra chez lui, là-haut vers le brouillard
Elle est descendue là-bas dans le midi
C'est un beau roman, c'est une belle histoire
C'est une romance d'aujourd'hui

Michel Fugain

La Villégiature

1 À quoi l'auteur compare-t-il les vacances ?

2 Identifiez dans le poème le vers qui résume chacune des étapes suivantes :

- a On ne connaît personne.
- b On a peur d'être gêné par les autres.
- c On n'a pas grand-chose à se dire.
- d On finit par former un groupe.
- e Le temps passe.
- f C'est finalement la fin des vacances.

3 Au vers 9, qui « s'associe » ?

4 Quelle expression montre que les vacanciers commencent à être plus décontractés ?

5 Quel élément de cette comparaison nous montre qu'il ne s'agit pas d'un poème contemporain ?

6 La dernière strophe signifie :

- A Les vacances sont trop courtes pour bien se connaître.
- B Il ne faut pas juger les autres trop vite.
- C Il faut faire attention aux amours de vacances.
- D Quand on rentre chez soi, il faut essayer de garder le contact.

Une Belle Histoire

7 Les affirmations suivantes, basées sur la première strophe, sont soit vraies, soit fausses. Justifiez votre réponse par les mots du texte.

- a L'homme habitait dans le nord de la France.
- b La femme allait aussi en direction du nord de la France.
- c Ils se sont rencontrés sur leur lieu de vacances.

8 Quelle image de la première strophe montre que c'était « un jour de chance » ?

9 « Ils avaient le ciel à portée de main » (vers 8) signifie :

- A ils étaient libres de faire ce qu'ils voulaient
- B ils n'ont pas voulu profiter de l'occasion
- C il faisait beau
- D ils vont regretter leur rencontre

10 Quel vers de la première strophe montre qu'ils veulent profiter du moment présent ?

11 Que signifient les vers 11 et 12 ?

- A Ils avaient peur que leurs parents les trouvent.
- B Ils se sont promenés dans la campagne.
- C Ils sont montés sur un bateau.
- D Ils ont fait l'amour.

12 Quelle image de la deuxième strophe montre qu'ils ont profité de l'occasion qu'ils avaient ?

13 Pourquoi se sont-ils fait un signe de la main (vers 30) ?

14 Comment peut-on interpréter « C'est une romance d'aujourd'hui » ?

- A C'est comme un roman d'amour qui va durer longtemps.
- B C'est une histoire qu'on racontera à ses enfants plus tard.
- C C'est une aventure d'un jour entre un jeune homme et une jeune fille.
- D C'est une relation dangereuse.

Pour aller plus loin

- Comparez les thèmes abordés dans les deux textes.
  - Que représente le voyage dans ces deux textes ? Dans quelle mesure est-ce une expérience positive ou négative pour les deux auteurs ? Qu'en pensez-vous ?
  - Comment sont présentées les relations entre les personnes ? Les vacances peuvent-elles être l'occasion d'établir des liens profonds ? Si oui, comment ? Si non, pourquoi pas ? Avez-vous eu l'expérience d'amitiés de vacances ?
  - Quelle est la relation entre ces deux textes et leur époque ? Les vacances d'aujourd'hui sont-elles toujours comparables à un voyage comme celui décrit par Félix Arvers ? Dans quelle mesure l'aventure amoureuse décrite par Michel Fugain aurait-elle pu exister à l'époque de Félix Arvers ?
- Écoutez la chanson de Michel Fugain. Qu'apporte l'interprétation musicale au texte de la chanson ? Quel est, à votre avis, le rôle des répétitions dans cette chanson ?

Production écrite

Vous écrivez une série de conseils dont le titre sera « Les dix commandements du vacancier heureux (ou comment rentrer de vacances plein de bons souvenirs) ».

- Ces conseils se présenteront sous la forme d'une liste numérotée de 1 à 10. Vous utiliserez le temps du futur et le tutoiement. Chaque point sera élaboré avec des explications, justifications, exemples concrets.
- Vous vous inspirerez des situations mentionnées dans le poème et la chanson concernant les relations avec les autres personnes.

Le Ventre de l'Atlantique

Pour rien au monde l'un d'entre eux n'aurait raté la séance d'entraînement du lendemain. Pour eux, il n'y a plus de mystère, la France, ils se devaient d'y aller. Mais, pour des petits prolétaires analphabètes comme eux, il n'y avait pas trente-six chemins possibles. Le seul qui pouvait les y mener commençait indéniablement, pensaient-ils, au terrain de football ; il fallait le tracer à coup de crampons. Gagner la Coupe des îles du Saloum ne fut plus qu'une formalité, tant la détermination était grande. La petite équipe niodioroise[1] écrasa ses adversaires les uns après les autres. Pendant un bon bout de temps, les coups de fil de Madické furent sans surprise. Même s'il m'entretenait de ses progrès aux cours du soir et comprenait de mieux en mieux mes petites phrases françaises, intercalées par inadvertance dans nos discussions, il se montrait toujours plus loquace pour le football. Jovial, il annonçait :

— On s'est imposé contre Thialane, un but à zéro.

Ou encore :

— On a éliminé Djirnda, deux à zéro, score assuré dès la première mi-temps.

Et enfin :

— Nous avons pulvérisé Dionewar en finale, trois à zéro, nous avons gagné la Coupe des îles.

Les jeunes avaient le vent en poupe. Monsieur Ndétare, entraîneur comblé, organisait de temps en temps une fête pour féliciter sa troupe de champions. Mais au lieu de s'amuser, la petite bande le harcelait de questions. Est-ce que le sélectionneur régional viendrait les voir jouer ? Qui, parmi eux, avait une chance de rejoindre l'équipe régionale ? Et, surtout, lequel d'entre eux pouvait espérer un jour aller jouer dans un club français ? Cette dernière question agaçait l'instituteur. S'il encourageait leur passion pour le foot, il appréciait modérément leur résolution de s'expatrier. Lui, il aimait le sport, en fidèle de la devise de Coubertin.

— *Citius, altius, fortius !* leur hurlait-il. Plus vite, plus haut, plus fort ! Simplement pour le plaisir de participer et la beauté du geste ! Aimez le beau jeu et l'esprit d'un sport désintéressé ! Aucun but, en dehors du dépassement de soi. Aucun gain, en dehors des applaudissements mérités. Aucune fortune à espérer, en dehors de l'affirmation de soi. C'est ça, le vrai sport, et ça peut être ainsi sous tous les cieux. Pas besoin d'aller jusqu'en France pour ça !

Madické n'était pas plus convaincu que ses camarades, mais par respect il évitait de contredire le maître. Un jeune homme, Garouwalé, surnommé le Pique-feu, le plus effronté d'entre eux, ne s'en privait pas :

— Oui, mais bon, on a quand même besoin de gagner de l'argent. De **(...7a...)** voulez-vous qu'on vive, sinon ? **(...7b...)**, en France, tu sais concrètement pourquoi tu joues, on te paie grassement pour ton talent. Il paraît que, là-bas, même **(...7c...)** ne travaillent pas, l'État leur paie un salaire. On veut aller en France, et **(...7d...)** on ne fait pas une grande carrière dans le football, on fera **(...7e...)** ce monsieur qui était à Paris, on pourra toujours trouver du travail et ramener une petite fortune.

— C'est pas dit, petit, c'est pas dit. Reviens sur Terre, tout le monde ne ramène pas une fortune de France. Et puis, au lieu d'écouter les sornettes de cet hurluberlu, vous auriez dû demander à Moussa de vous raconter sa France à lui. Lui aussi avait suivi le chant des sirènes...

Et Ndétare se mettait à leur raconter les aventures de Moussa en France.

Extrait du *Ventre de l'Atlantique*, Fatou Diome

[1] qui habite l'île de Niodior, dans le delta du Saloum au sud de Dakar (Sénégal)

1 Quels mots ou expressions entre les lignes 1 et 35, signifient:

a action de se perfectionner et de se maintenir en condition
b espace aménagé pour jouer au football
c pointes de métal fixées sous les semelles des chaussures
d une compétition
e un groupe de sportifs
f ennemis
g a été les plus forts
h un point obtenu
i a exclu
j marque de points dans un match
k période de jeu durant un match
l détruit
m personne qui dirige les sportifs

2 L'expression « il n'y avait pas trente-six chemins possibles » (l.6) signifie :

A Il n'était pas possible d'obtenir un visa pour la France.
B Il n'y avait qu'une seule solution.
C Il fallait prendre trente-six chemins différents pour aller au stade.
D Il y avait énormément de choix parmi les joueurs.

3 Quelles expressions entre les lignes 32 et 35 montrent que :

a l'équipe de Niodior avait du succès
b Monsieur Ndétare était heureux de leur succès.

En vous basant sur les lignes 35 à 57, reliez le début de la phrase de la colonne de gauche à la fin appropriée qui se trouve dans la colonne de droite.

4 Ce que ces jeunes désiraient plus que tout, c'était…

5 Le but de M. Ndétare était…

6 Pour M. Ndétare, le vrai sport permettait…

A aux personnes de développer leur personnalité.
B de développer leur amour du sport.
C d'être applaudi.
D de continuer de jouer dans des championnats régionaux.
E la possibilité de jouer en France.
F que les jeunes puissent s'expatrier en France.

7 **a–e** Ajoutez les mots qui manquent dans le texte en les choisissant dans la liste proposée ci-dessous.

ALORS — AU MOINS — AVEC — BIEN QU' — CEUX QUI — CEUX QUE — COMME — MÊME SI — QUOI

8 Les affirmations suivantes, basées sur les lignes 58 à 62 et 75 à 81 sont soit vraies, soit fausses. Justifiez votre réponse par les mots du texte.

a Madické croyait tout ce que disait M. Ndétare.
b Garouwalé s'opposait souvent à M. Ndétare.
c M. Ndétare pensait que ceux qui disent que la vie en France est facile sont des idiots.

9 La phrase « Lui aussi avait suivi le chant des sirènes » signifie que :

A Moussa était allé en France faire une carrière de chanteur.
B Moussa s'était laissé séduire par des discours trompeurs.
C Moussa avait finalement eu peur du bruit des sirènes.
D Moussa avait suivi son instinct.

Pour aller plus loin

- Que représente le football pour ces jeunes garçons ? Comment pouvez-vous expliquer la fascination que le football en particulier exerce sur de jeunes garçons ? Quelle est la place du football dans la vie des jeunes de votre pays ?
- Comparez le rôle que joue le football par rapport à d'autres sports.
- Que pensez-vous de l'attitude de M. Ndétare ? Dans quelle mesure est-il réaliste ou idéaliste ? Quel rôle joue-t-il dans la vie de ces jeunes garçons ?
- Qu'apprend-on sur l'idéal que représentent pour ces jeunes la France en général et l'expatriation en particulier. Relevez les éléments du texte qui nous indiquent que le rêve est loin de la réalité.

Production écrite

M. Ndétare raconte les aventures de Moussa en France aux jeunes de l'équipe de football.

- Vous considérerez la situation de Moussa dans le contexte, qui est similaire à celle de ces jeunes garçons. L'ensemble devra être cohérent.
- Le ton et les éléments de l'histoire devront correspondre aux émotions et opinions de M. Ndétare qui apparaîtront à travers l'usage d'une variété de registres. Il s'adressera directement aux jeunes garçons. Ceux-ci pourront éventuellement intervenir. Vous utiliserez un ou des éléments permettant d'identifier le texte comme un récit : succession d'événements, citations, descriptions, etc.

Le Dernier chameau

Un jour, le Régent annonça à grand fracas : « PROCHAINEMENT : OLGA, LE FILM QUI VA AU-DELA DU REEL ! » Un film d'Allemagne de l'Est[1]. Sur l'affiche, une colonne de soldats verts aux sombres traits et le visage fier de l'héroïne qui regarde au loin surgir l'espoir, mais avec une pointe d'inquiétude parce qu'il ne marche pas vite. Rien de transcendant à première vue. Des films avec des soldats allemands, l'on en a vu des dizaines, mais en bas de l'affiche, une petite information allait mettre le feu aux poudres dans tout le département[2]:

« Strictement interdit aux moins de 18 ans. »

Collée au-dessus du guichet, une affiche précisait « il vous sera réclamé une carte d'identité en cours de validité ou un permis de conduire. Les cartes scolaires ne seront pas acceptées ». La sous-préfecture et le commissariat de police furent envahis par des milliers de jeunes qui tenaient absolument à régulariser leur situation administrative. Les studios des photographes furent envahis. La mairie dut engager du personnel supplémentaire pour la délivrance des fiches d'état civil nécessaires à l'établissement de la carte d'identité. Des adolescents à qui l'on refusait le précieux document venaient avec des témoins pour tenter de prouver qu'ils étaient nés beaucoup plus tôt que la date figurant sur leur acte de naissance.

« Regardez, Monsieur, c'est écrit « présumé ». Mes parents m'ont inscrit avec trois ans de retard aux registres des naissances. J'ai pas quinze ans ! j'en ai dix-huit !

—Tu veux dire que ton père t'a déclaré trois ans plus tôt pour toucher les allocations ! Allez dégage. »

Le jour dit, des foules entières s'étaient amassées dès l'aube devant la grille du Régent. Les postulants s'étaient faits beaux. Une longue file de brushings identiques s'étendait jusqu'au bout de la rue. La technique du brushing venait d'arriver dans le pays et avait révolutionné l'esthétique nationale. C'était le début de la période hippie et de la mode des cheveux longs. [...]

Toutes les deux minutes, les plus jeunes tâtaient leurs poches pour vérifier si la carte d'identité était toujours bien en place. Je n'avais que seize ans, mais réussis à entrer en glissant un bakchich[3] conséquent au contrôleur. Lorsque les lumières s'éteignirent, il y eut un immense « Ah ! » de plaisir suivi d'un silence à couper au scalpel. On était mort avant le générique.

Le début du film était le standard classique du film chiant. Un drame social qui racontait l'histoire d'une femme au foyer battue par son mari, un alcoolique paranoïaque. Tout ça, on s'en foutait. Nous, on attendait « Interdit aux moins de dix-huit ans ». On en voulait pour notre argent.

Olga, l'héroïne, est enceinte et pense que la venue d'un enfant **(...9a...)** sauver son ménage. **(...9b...)** elle découvre que son mari file le parfait amour avec la garde-barrière d'un passage à niveau de la voie ferrée Dresde-Leipzig, indicatrice à temps partiel pour la Gestapo, Olga est tentée de se faire avorter, mais elle décide de garder l'enfant **(...9c...)** lui donner une éducation communiste... et nous, on attendait **(...9d...)** « Interdit aux moins de dix-huit ans ». **(...9e...)**, elle retrouve son mari dans un bar de Munich avec l'employée de la SNCF allemande bâtie comme une locomotive à vapeur. Une bagarre s'ensuivit **(...9f...)** faillit coûter la vie à Olga. On l'emmena dans un hôpital **(...9g...)** elle resta pendant deux bobines.

Et là, enfin, on a eu droit à la totale. La scène interdite aux moins de dix-huit ans était un accouchement en direct... En fait, c'était un document médical destiné aux étudiants en gynécologie, habillé d'un scénario tiré par les cheveux, et envoyé par la RDA dans le cadre de la coopération culturelle entre les deux pays frères.

Le film fut un énorme succès. La plus grosse recette depuis l'arrivée du cinéma dans le pays. Les hommes, qu'on avait toujours tenus à l'écart de cet événement mystérieux, affluaient de partout.

Ils descendaient des montagnes, arrivaient des villages environnants par cars entiers. Pour parer à la forte demande, la direction du cinéma ajouta une séance supplémentaire, puis finit par ne plus projeter que la scène de l'accouchement, le reste du film était de toute façon sans intérêt.

C'est ainsi qu'un film scientifique rencontra un immense public populaire assoiffé de culture.

Extrait du *Dernier chameau*, Fellag

[1] République Démocratique Allemande (RDA), également appelée Allemagne de l'Est : état européen socialiste de 1949 à 1990 correspondant à la partie est de l'Allemagne actuelle, sous domination soviétique.
[2] Division administrative en France et dans ses anciennes colonies comme ici, en Algérie.
[3] Pourboire que l'on donne en prévision d'un service.

1 Qu'est-ce que « Le Régent » ?

A un lycée
B une caserne militaire
C un cinéma
D une agence de voyage

2 D'après le début du texte, trois des affirmations suivantes sont vraies. Lesquelles ?

A Olga était un film de science-fiction.
B Les soldats de l'affiche marchaient lentement.
C L'affiche donnait une impression solennelle.
D Ce film ne semblait pas particulièrement bon.
E Sur l'affiche on pouvait voir des explosions.
F Ce film était réservé aux adultes.

3 Comment le personnel du cinéma pouvait-il vérifier l'âge des spectateurs ?

4 L'expression « régulariser leur situation administrative » (l.20) signifie :

A faire faire des photos d'identité.
B délivrer une fiche d'état civil.
C obtenir une carte d'identité.
D trouver des témoins pour prouver leur date de naissance.

5 À quoi se réfère « présumé » (l.30) ?

6 Quel mot signifie « va-t-en » ?

7 De quelle manière les postulants s'étaient-ils faits beaux ?

8 Les affirmations suivantes, basées sur les lignes 46 à 60, sont soit vraies, soit fausses. Justifiez votre réponse par les mots du texte.

a L'auteur était entré en montrant une carte d'identité valable.
b Les spectateurs étaient anxieux de ce qu'ils allaient voir.
c Le film était ennuyeux.
d Les spectateurs étaient intéressés par le début du film.
e Ils étaient impatients de voir ce pour quoi ils avaient payé.

9 **a–g** Ajoutez les mots qui manquent dans le résumé du film en les choisissant dans la liste proposée ci-dessous.

DE	DEMAIN	DONT	EN	EN OUTRE	JAMAIS	OÙ
POUR	QUAND	QUE	QUI	TOUJOURS	UN SOIR	VA

10 Quelle expression montre que les spectateurs doivent attendre très longtemps avant de voir la partie qui les intéresse ?

En vous basant sur les lignes 75 à 94, reliez le début de la phrase de la colonne de gauche à la fin appropriée qui se trouve dans la colonne de droite.

11 Le film était interdit aux moins de 18 ans…
12 Le scénario du film…
13 En Algérie, les hommes ne savaient pas…
14 Parce que le reste du film était ennuyeux,…

A avait été envoyé aux étudiants en gynécologie.
B car c'était un document médical.
C comment se passait un accouchement.
D était peu crédible.
E la direction a supprimé la partie sans intérêt.
F on a arrêté de montrer la scène de l'accouchement.
G parce qu'il montrait comment naissait un enfant.
H pourquoi la naissance est un événement mystérieux.

Reliez chacun des mots ou expressions du texte figurant dans la colonne de gauche avec sa définition qui se trouve dans la colonne de droite.

15 générique (l.53)
16 standard classique (l.54)
17 drame social (l.55)
18 recette (l.83)
19 affluaient (l.85)
20 séance (l.89)
21 projeter (l.89)

A argent gagné
B concevoir un projet
C début du film
D film réaliste
E fin du film
F format ancien
G manière de gagner de l'argent
H montrer
I partaient vite
J pièce de théâtre
K représentation
L scène
M type habituel
N venaient en grand nombre

22 La dernière phrase signifie que :

A Les films scientifiques sont souvent populaires.
B Le public populaire apprécie les activités culturelles.
C Les gens sont prêts à voir n'importe quoi pour apprendre.
D Seuls les films scientifiques permettent d'apprendre.

Pour aller plus loin

- Identifiez les aspects ironiques de ce texte.
- Quels procédés sont utilisés par l'auteur pour attirer l'attention du lecteur ?
- Peut-on laisser tout voir à tout le monde ? Quels types de censure sont acceptables à votre avis ? Quels sont les critères que vous désireriez avoir ?
- Dans quelle mesure le rôle du cinéma est-il d'éduquer le public ?

Production écrite

Le père de l'auteur a découvert que son fils est allé voir le film « Olga ». Il écrit une lettre de protestation au directeur du cinéma.

- Cette lettre aura le format d'une lettre officielle (avec adresse, date, formule d'appel, formule finale, signature).
- Vous considérerez les différentes raisons aussi bien légales que morales ou culturelles à la base de cette protestation.

Le téléphone

Assis au milieu de sa tente qui était dressée dans le sable, au bord de la rivière Koksoak, Barnaby, le vieil homme esquimau, écoutait le timbre de son téléphone, souriant d'une oreille à l'autre. Le vendeur avait dit vrai : cet objet était bien vivant.

Autour de lui c'était le désordre familier d'une tente esquimaude, l'été, quand la nature vous fournit passablement bien, et que, de surcroît, on n'est pas loin d'un bon magasin où s'approvisionner. En vrac, à même le sol, il y avait donc une grande quantité d'objets disparates. Dans ce qui aurait pu être désordre à d'autres, Barnaby se retrouvait pourtant le plus aisément du monde, n'ayant d'habitude qu'à tendre le bras, sans autrement se déranger, pour attraper ce qu'il lui fallait : son couteau pour la chasse, son poêlon à frire, de quoi fumer, ses crêpes de la veille, son livre de cantiques. Toutefois, à la place nette faite au téléphone en plein centre de la tente, tous autres objets ayant été repoussés contre les parois, on pouvait voir en quelle particulière estime Barnaby tenait cet instrument. À vrai dire, il avait eu quelque peine à l'obtenir, le règlement de la Compagnie, pour accommodant qu'il fût, stipulant tout de même une condition : pour être abonné il fallait avoir élu domicile. La question avait donc surgi : une tente est-elle un domicile ? À quoi un astucieux cerveau de la Compagnie avait dit oui, puisque Barnaby, qui approchait de la soixantaine, n'en avait jamais eu d'autre ; il s'ensuivait donc que sa tente était autant son domicile à lui que le gratte-ciel était celui de la Compagnie.

Pour l'instant, le récepteur à l'oreille, Barnaby était tout sourires. Enfin il décida de passer à l'occupation pour laquelle était fait le téléphone. Si calme et si résolu qu'il fût, le cœur lui cogna un peu à l'idée qu'il pouvait y faire venir des gens à son gré. Jusque du bout du monde, avait prétendu le vendeur. Comme on était déjà ici « au bout du monde », il s'arrêtait d'un côté, à deux milles environ, avec la dernière hutte du village esquimau, celle de Thomas, et, de l'autre, au village des Blancs, à quelque distance de la rivière, mais en revanche près de la piste d'atterrissage qui était aussi en quelque sorte leur grand-route.

Barnaby fit tous ses préparatifs avec le plus grand sérieux. Il mit ses lunettes, il essuya sur lui-même ses doigts au cas où ils auraient été un peu graisseux [...] . Il était prêt pour mettre son téléphone à l'épreuve. Il introduisit un doigt dans un des trous du cadran, tourna, continua de même. Il obtint alors un autre bruit très plaisant aussi et il écouta avec le sourire. Soudain, sans que rien eût laissé prévoir une approche, ni bruit de pas ni respiration, Barnaby entendit clairement à son oreille :

— Allô toi.

En dépit de ce qu'il s'attendait justement à entendre une voix, il sursauta. En même temps il jeta autour de lui un regard un peu inquiet comme pour s'assurer que Thomas n'était pas entré en personne dans la tente. Mais non, il n'y était que par la voix. Alors l'Esquimau rit de tout cœur, sans le moindre bruit. Il finit par répondre :

— Allô toi même.

Puis s'étant gratté un peu partout, il songea à demander :

— Qui c'est-y qui est là qui parle ?

Sa question posée, il recommença à se tordre, accroupetonné au milieu de sa tente. C'est qu'il **(...18a...)** savait parfaitement, lui qui c'est-y-qui-était-là-qui-parlait. Il avait reconnu la voix de Thomas, **(...18b...)** il ne l'avait pas entendue **(...18c...)** les deux années que durait leur brouille. Aussi bien ce n'était pas par amitié **(...18d...)** pour lui tendre le rameau de la paix qu'il appelait Thomas, mais, celui-ci se trouvant à l'autre extrémité du village, uniquement pour s'assurer que l'on pouvait **(...18e...)** par téléphone rejoindre quelqu'un au bout du monde.

Alors Thomas retourna à Barnaby sa phrase :

— Qui c'est-y qui parle toi-même ?

Extrait de *La Rivière sans repos*, Gabrielle Roy

Il faut noter qu'à cette époque, beaucoup se servaient de l'appellation 'esquimau', sans bien comprendre la vraie signification péjorative de cet adjectif. De nos jours, on a corrigé cette erreur et se sert de l'appellation correcte d' 'inuit(e)'.

1 Où habite Barnaby ?

2 À quoi se réfère « cet objet » (l.5) ?

3 Quels mots du début du deuxième paragraphe signifient :

a assez
b en plus
c faire ses courses
d différents et sans relation entre eux
e par conséquent

4 D'après les lignes 7 à 23, deux des affirmations suivantes décrivent le mieux la tente de Barnaby. Lesquelles ?

A En général, les tentes esquimaudes sont toujours bien rangées.
B Les affaires étaient dans un tel désordre que Barnaby ne trouvait jamais rien.
C Malgré le désordre de sa tente, Barnaby trouvait facilement ses affaires.
D Barnaby ne pouvait pas trouver le téléphone dans sa tente.
E Barnaby avait placé le téléphone au beau milieu de la tente.

5 Pour quelle raison Barnaby avait-il eu des difficultés à obtenir son téléphone ?

6 À qui ou à quoi se réfère l' « astucieux cerveau » (l.29) ?

A Un abonné au téléphone qui habitait une tente.
B Le système informatique de la Compagnie de téléphone.
C Un employé de la Compagnie de téléphone particulièrement intelligent.
D Barnaby car il avait presque soixante ans.

7 Dans la phrase « n'en avait jamais eu d'autre » (l.31), à quoi se réfère « autre » ?

8 Dans la phrase « le gratte-ciel était celui de la Compagnie » (l.33), à quoi se réfère « celui » ?

9 Quelle est « l'occupation pour laquelle était fait le téléphone » (l.37) ?

10 Pourquoi l'auteure écrit-elle que « le cœur lui cogna » (l.38) ?

A Parce qu'il était heureux d'avoir un téléphone.
B Parce qu'il était calme et résolu.
C Parce qu'il pouvait faire ce qu'il voulait des autres personnes.
D Parce qu'il habitait au bout du monde.

11 Dans la phrase « il s'arrêtait d'un côté » (l.42), à quoi se réfère « il » ?

12 Dans la phrase « qui était aussi en quelque sorte leur grand-route » (l.47), à quoi se réfère « leur » ?

En vous basant sur les lignes 49 à 69, reliez le début de la phrase de la colonne de gauche à la fin appropriée qui se trouve dans la colonne de droite. Attention : il y a plus de fins que de débuts et chaque fin ne peut être utilisée qu'une seule fois.

13 Barnaby s'est essuyé les mains…

14 Entendre la sonnerie du téléphone…

15 Il savait que quelqu'un répondrait…

16 Quand Thomas lui a parlé…

A car l'occasion était importante.
B était une preuve qu'il marchait.
C il était sûr qu'il était entré dans la tente.
D lui a vraiment fait plaisir.
E mais il a quand même été surpris.
F malgré son attente.
G parce qu'elles étaient sales.
H sa voix lui a fait peur.

17 Pourquoi Barnaby dit-il « Qui c'est-y qui est là qui parle ? » (l.72)

A Parce qu'il ne sait pas qui est au téléphone.
B Parce que c'est une phrase toute faite qu'on doit dire au téléphone.
C Parce qu'il ne sait pas où est Thomas.
D Parce qu'il a découvert que Thomas n'est pas dans la tente.

18 **a–e** Ajoutez les mots qui manquent dans le texte en les choisissant dans la liste proposée ci-dessous.

AUSSI DEPUIS ET LE LUI
MÊME S' NI POUR QUAND VÉRITABLEMENT

Pour aller plus loin

- Qu'apprend-on sur les conditions de vie des Inuit ? Pourquoi l'auteure dit-elle qu'ils sont « au bout du monde » ? Qu'est-ce que cette expression veut dire pour vous ?
  En quoi peut consister « le bout du monde » aussi bien géographiquement que culturellement ?
- En quoi avoir un téléphone peut-il paraître incongru dans cette situation ? Dans quelle mesure la technologie doit-elle être adaptée à l'environnement et aux circonstances ?
- À votre avis, dans quelle mesure Barnaby a-t-il pu être victime d'une vente forcée ? Imaginez la scène entre Barnaby et le vendeur. Vous jouerez la scène devant la classe sous forme de sketch. Vous expliquerez ensuite votre démarche. Répondez aux observations et questions éventuelles de la classe.

Production écrite

Dans le cadre de leur service après-vente, la Compagnie de téléphone envoie un questionnaire aux usagers. Rédigez ce questionnaire ainsi que les réponses de Barnaby.

- Le questionnaire et les réponses devront représenter la perspective contradictoire de la Compagnie et de Barnaby.
- La langue du questionnaire devra être officielle, organisée, succincte. Celle de Barnaby devra refléter son incompréhension de cette « nouvelle technologie ».

« Le travail de l'or »

De tous les travaux que mon père exécutait dans l'atelier, il n'y en avait point qui me passionnât davantage que celui de l'or ; il n'y en avait pas non plus de plus noble qui requît plus de doigté, et puis ce travail était chaque fois comme une fête, qui interrompait la monotonie des jours.

Aussi suffisait-il qu'une femme, accompagnée d'un griot, poussât la porte de l'atelier, je lui emboîtais le pas aussitôt. Je savais très bien ce que la femme voulait : elle apportait de l'or et elle venait demander à mon père de le transformer en bijou. Cet or, la femme l'avait recueilli dans les « placers » de Siguiri où, plusieurs mois de suite, elle était demeurée courbée sur les rivières, lavant la terre, détachant patiemment de la boue la poudre d'or. [...]

« Quelle sorte de bijou veux-tu ? disait mon père.

— Je veux... »

Et il arrivait que la femme ne sût plus au juste ce qu'elle voulait, parce que son désir la tiraillait ici, la tiraillait là, parce qu'en vérité elle aurait voulu tous les bijoux à la fois. [...]

Il prenait la marmite **(...6a...)** terre glaise réservée à la fusion de l'or et **(...6b...)** versait la poudre ; **(...6c...)** il recouvrait l'or avec du charbon de bois pulvérisé, un charbon **(...6d...)** on obtenait **(...6e...)** l'emploi d'essences spécialement dures ; **(...6f...)** il posait sur le tout un gros morceau de charbon du même bois.

Sur un signe de mon père, les apprentis mettaient en mouvement les deux soufflets en peau de mouton, posés à même le sol de part et d'autre de la forge et reliés à celle-ci par des conduits de terre. Ces apprentis se tenaient constamment assis, les jambes croisées, devant les soufflets ; le plus jeune des deux tout au moins, car l'aîné était parfois admis à partager le travail des ouvriers. [...]

Mon père, alors, avec ses pinces longues, saisissait la marmite et la posait sur la flamme.

Du coup, tout travail cessait quasiment dans l'atelier : on ne doit en effet, durant tout le temps que l'or fond, puis refroidit, travailler ni le cuivre ni l'aluminium à proximité, de crainte qu'il ne vînt à tomber dans le récipient quelque parcelle de ces métaux sans noblesse. Seul l'acier peut encore être travaillé. Mais les ouvriers qui avaient un ouvrage d'acier en train, ou se hâtaient de l'achever, ou l'abandonnaient carrément pour rejoindre les apprentis rassemblés autour de la forge. En vérité, ils étaient chaque fois si nombreux à se presser autour de mon père, que je devais, moi qui était le plus petit, me lever et me rapprocher pour ne pas perdre la suite de l'opération.

Il arrivait aussi que, gêné dans ses mouvements, mon père fit reculer les apprentis. Il le faisait d'un simple geste de la main : jamais il ne disait mot, le silence n'était interrompu que par le halètement des soufflets et le léger sifflement de l'or. Mais si mon père ne prononçait pas de paroles, je sais bien qu'intérieurement il en formait ; je l'apercevais à ses lèvres qui remuaient tandis que, penché sur la marmite, il malaxait l'or et le charbon avec un bout de bois, d'ailleurs aussitôt enflammé et qu'il fallait sans cesse renouveler.

Quelles paroles mon père pouvait-il bien former ? Je ne sais pas ; je ne sais pas exactement : rien ne m'a été communiqué de ces paroles. Mais qu'eussent-elles été sinon des incantations ? [...]

L'opération qui se poursuivait sous mes yeux n'était une simple fusion d'or qu'en apparence ; mais c'était bien autre chose encore : une opération magique que les génies pouvaient accorder ou refuser ; et c'est pourquoi, autour de mon père, il y avait ce silence absolu et cette attente anxieuse.

Extrait de *L'Enfant noir*, Camara Laye

1 La première phrase signifie :

A Mon père faisait beaucoup de choses intéressantes mais sa passion c'était le travail de l'or.
B Travailler l'or était une passion qui présentait beaucoup d'avantages.
C Le travail de mon père qui me passionnait le plus était le travail de l'or.
D Il y avait peu de choses qui me passionnaient.

Parmi les propositions de la colonne de droite, choisissez celles qui complètent le résumé de ce que doit faire une femme pour obtenir un bijou. Attention : il y a plus de propositions que de titres manquants.

2 Pour réussir à obtenir un bijou en or…

3 La femme doit laver l'or…

4 Ce travail est pénible…

5 Quand finalement elle porte l'or à M. Camara…

A car elle doit passer beaucoup de temps pliée en deux.
B elle doit laver par terre.
C elle lui demande de décider pour elle.
D la femme doit tout d'abord ramasser de l'or.
E parce qu'il a lieu à Siguiri.
F qui est mélangé à la terre.
G qu'elle met dans une boîte.
H très souvent elle ne peut pas prendre de décision.

6 **a–f** Ajoutez les mots qui manquent dans le texte en les choisissant dans la liste proposée ci-dessous. Attention : il y a plus de mots ou expressions que d'espaces et chaque mot ou expression ne peut être utilisé(e) qu'une seule fois.

AVEC CEPENDANT DONT EN ENFIN LA
PAR PUIS QU' QUI TOUJOURS Y

7 Quel est le rôle principal des apprentis ?

8 Quel travail est interdit au plus jeune des apprentis ?

9 Pourquoi les ouvriers arrêtent-ils de travailler quand le père commence à faire fondre l'or ?

10 Trouvez entre les lignes 48 et 64 les mots ou expressions qui signifient :

a par conséquent
b presque
c près
d au cas où
e se pressaient
f terminer
g simplement
h être en foule compacte

11 D'après les lignes 65 à 91, trois des affirmations suivantes sont vraies. Lesquelles ?

A Quand les apprentis étaient trop près de lui, le père les frappait d'un geste de la main.
B Les seuls bruits qu'on entendait étaient ceux du soufflet et de l'or qui fondait.
C Le père parlait pendant toute le cérémonie.
D Le père brûlait un bout de bois au-dessus de la marmite.
E L'enfant était pratiquement sûr que son père disait des paroles magiques.
F Tous les spectateurs étaient impressionnés par le spectacle.

Dans la phrase…	le mot…	se réfère dans le texte à…
12 il le faisait d'un simple geste de la main (l.67)	le	
13 intérieurement il en formait (l.72)	en	
14 et qu'il fallait sans cesse renouveler (l.77)	qu'	

Pour aller plus loin

- Relevez les éléments (actions, attitudes, vocabulaire) qui nous montrent que l'or est traité de façon spéciale. Pourquoi, à votre avis ?
- Comparez cette attitude vis-à-vis de l'or avec celle de l'alchimie ? Pourquoi ce mystère autour de l'or en particulier ?
- Quelle impression a-t-on du père ? Comment l'enfant considère-t-il son père ?
- En groupe, jouez la scène décrite par le texte. Imaginez la conversation entre la femme et le père. Vous penserez également à la mise en scène et aux objets nécessaires.
- Les textes « Le téléphone » et « Le travail de l'or » traitent tous les deux de sciences et techniques dans des sociétés qui sont confrontées à de nouvelles technologies. Comparez l'attitude des gens ordinaires face à ces technologies. Quelles similarités pourriez-vous établir avec votre monde ? Quelle est l'attitude des personnes que vous connaissez face à des techniques inconnues (le dernier i-pod ou ordinateur ultra-performant) ?

Production écrite

Monsieur Camara décide qu'il est temps de transmettre son savoir à son fils. Il prépare un discours à son intention pour lui révéler l'importance de l'or.

- M. Camara s'adressera de manière solennelle à son fils. Vous mentionnerez des éléments qui permettent d'identifier le discours (*Mon enfant, il faut que je te parle…*). Vous inclurez certains procédés adaptés au discours (questions rhétoriques, interjections, rappels, apostrophes à l'enfant…).
- Vous utiliserez des procédés rhétoriques variés qui souligneront avec efficacité l'importance de l'occasion. Ce discours inclura des descriptions du travail mais également des conseils et des révélations.

Quatrième partie.
« *La preuve ontologique de l'existence de Dieu* »

(À noter : la désinence des verbes à l'imparfait à cette époque, s'écrivait avec un « o » à la place de l'« a » des temps modernes : ainsi « j'étois » = « j'étais »).

À cause que nos sens nous trompent quelquefois, je voulus supposer qu'il n'y avoit aucune chose qui fût telle qu'ils nous la font imaginer ; et parce qu'il y a des hommes qui se méprennent en raisonnant, même touchant les plus simples matières de géométrie, et y font des paralogismes, jugeant que j'étois sujet à faillir autant qu'aucun autre, je rejetai comme fausses toutes les raisons que j'avois prises auparavant pour démonstrations ; et enfin, considérant que toutes les mêmes pensées que nous avons étant éveillés nous peuvent aussi venir quand nous dormons, sans qu'il y en ait aucune pour lors qui soit vraie, je me résolus de feindre que toutes les choses qui m'étoient jamais entrées en l'esprit n'étoient non plus vraies que les illusions de mes songes.

Mais aussitôt après je pris garde que, pendant que je voulois ainsi penser que tout étoit faux, il falloit nécessairement que moi qui le pensois fusse quelque chose ; et remarquant que cette vérité, *je pense, donc je suis*, étoit si ferme et si assurée, que toutes les plus extravagantes suppositions des sceptiques n'étoient pas capables de l'ébranler, je jugeai que je pouvois la recevoir sans scrupule pour le premier principe de la philosophie que je cherchois.

Puis, examinant avec attention ce que j'étois, et voyant que je pouvois feindre que je n'avois aucun corps, et qu'il n'y avoit aucun monde ni aucun lieu où je fusse ; mais que je ne pouvois pas feindre pour cela que je n'étois point ; et qu'au contraire de cela même que je pensois à douter de la vérité des autres choses, il suivoit très évidemment et très certainement que j'étois ; au lieu que si j'eusse seulement cessé de penser, encore que tout le reste de ce que j'avois jamais imaginé eût été vrai, je n'avois aucune raison de croire que j'eusse été ; je connus de là que j'étois une substance dont toute l'essence ou la nature n'est que de penser, et qui pour être n'a besoin d'aucun lieu ni ne dépend d'aucune chose matérielle ; en sorte que ce moi, c'est-à-dire l'âme, par laquelle je suis ce que je suis, est entièrement distincte du corps, et même qu'elle est plus aisée à connoître que lui, et qu'encore qu'il ne fût point, elle ne l'auroit pu d'être tout ce qu'elle est.

Après cela je considérai en général ce qui est requis à une proposition pour être vraie et certaine ; car puisque je venois d'en trouver une que je savois être telle, je pensai que je devois aussi savoir en quoi consiste cette certitude. Et ayant remarqué qu'il n'y a rien du tout en ceci, *je pense, donc je suis*, qui m'assure que je dis la vérité, sinon que je vois très clairement que pour penser il faut être, je jugeai que je pouvois prendre pour règle générale que les choses que nous concevons fort clairement et fort distinctement sont toutes vraies, mais qu'il y a seulement quelque difficulté à bien remarquer quelles sont celles que nous concevons distinctement.

Ensuite de quoi, faisant réflexion sur ce que je doutois, et que par conséquent mon être n'étoit pas tout parfait, car je voyois clairement que c'étoit une plus grande perfection de connoître, que de douter, je m'avisai de chercher d'où j'avois appris à penser à quelque chose de plus parfait que je n'étois ; et je connus évidemment que ce devoit être de quelque nature qui fût en effet plus parfaite.

Extrait de *Discours de la Méthode*,
René Descartes (Renatus Cartésius)

Dans les phrases suivantes du premier paragraphe…	le mot…	se réfère…
1 il n'y avoit aucune chose qui fût telle qu'ils nous la font la imaginer	ils	
	la	
2 il y a des hommes qui se méprennent en raisonnant, […], et y font des paralogismes	y	
3 sans qu'il y en ait aucune pour lors qui soit vraie	en	
	aucune	

4 Dans le premier paragraphe, trouvez les mots et expressions qui signifient :

a trompent
b raisonnements erronés
c capable d'être dans le faux
d précédemment
e suis décidé
f faire semblant
g rêves

5 Deux de ces affirmations ne réflètent pas la pensée préalable de Descartes. Lesquelles ?

A Nous devons accepter que la réalité, c'est ce que nous voyons, ce que nous entendons, ce que nous touchons, ce que nous sentons, et ainsi de suite.
B Une analyse rationnelle est toujours correcte.
C Nous pouvons faire des fautes, même dans les problèmes les plus élémentaires en géométrie.
D On peut rêver n'importe quelle pensée.
E Il n'y a rien qui nous assure que ce que nous pensons soit vrai, sans déformation par des illusions.

6 Dans le deuxième paragraphe, quelle phrase indique le premier principe de la philosophie que cherchait Descartes ?

7 Quelle évidence lui prouve que cela doit être incontestablement vrai ?

8 D'après le troisième paragraphe, que ne peut-on jamais prétendre à soi-même ?

9 Le raisonnement cartésien des lignes 38 à 42 signifie que :

A Nous ne pouvons exister que dans un monde matériel.
B Nous sommes ce que nous voulons être.
C Même si nos illusions nous trompent, nous existons toujours, tant que nous pensons.
D Nous avons tous une âme qui définit qui nous sommes.

10 Ce paragraphe établit ce que les philosophes appellent « le dualisme » cartésien. Laquelle des affirmations suivantes le démontre ?

A J'étois une substance dont toute l'essence ou la nature n'est que de penser.
B Pour être [je] n'a[i] besoin d'aucun lieu ni ne dépend[s] d'aucune chose matérielle.
C L'âme, […], est entièrement distincte du corps.
D [L'âme], elle est plus aisée à connoître que lui [le corps].

11 Quel est l'enchaînement logique de la pensée de Descartes dans les deux derniers paragraphes de cet extrait ? Indiquez-le en mettant les phrases qui suivent dans un ordre logique.

a Mais le problème est de distinguer ce qui est tout à fait évident de ce qui ne l'est pas.
b En pensant, nous existons : cela est évident.
c Si je peux imaginer la perfection, cela voudra dire que la perfection existe aussi.
d Ne pas être certain de ce qui est vrai et de ce qui ne l'est pas montre par lui-même qu'on n'est pas parfait.

12 Que serait la « nature qui fût en effet plus parfaite » ?

Pour aller plus loin

- À l'époque de Descartes on discutait les grandes questions de la philosophie en latin. Et en fait, Descartes a composé son *Discours de la Méthode* en français et en latin. Son importance est soulignée par le fait qu'il était parmi les premiers à se servir du français comme moyen d'expression pour de tels sujets.
  – Pour quelles raisons aurait-on voulu garder une langue ancienne comme le latin comme moyen de communication académique ?
  – Selon vous, la décision de Descartes de composer son texte en français et en latin, est-elle importante ou pas ? Justifiez votre point de vue.
  – Qui, selon vous, devrait lire ce texte et pourquoi ?
  – Pensez-vous que les gens qui ne savaient pas le latin pourraient facilement comprendre ce texte ?
- Quelles objections pourriez-vous faire au raisonnement de Descartes ? Recherchez quelques autres opinions philosophiques opposées au cartésianisme, et comparez ce que vous trouvez avec les objections que vous aurez faites en classe.
- Les Français sont parfois étiquetés comme membres d'« une société cartésienne ». Que veut-on dire par cette appellation, d'après vous ?
  D'après vos connaissances culturelles, dans quelle mesure est-elle appropriée ?

Production écrite

- Une forme classique de la discussion philosophique est le dialogue. Rédigez le texte d'un dialogue entre deux élèves qui s'intéressent à la philosophie et qui se posent des questions et y répondent. Un de ces élèves sera partisan du cartésianisme, l'autre y trouvera des objections.
- Considérez toutes vos discussions en vous basant sur l'idée maîtresse de l'existence de Dieu : question de foi ou de preuves rationnelles ?

La Guerre et ce qui s'ensuivit

Tout est affaire de décor
Changer de lit, changer de corps
À quoi bon puisque c'est encore
Moi qui moi-même me trahis
Moi qui me traîne et m'éparpille
Et mon ombre se déshabille
Dans les bras semblables des filles
Où j'ai cru trouver un pays

Cœur léger, cœur changeant, cœur lourd
Le temps de rêver est bien court
Que faut-il faire de mes nuits
Que faut-il faire de mes jours
Je n'avais amour ni demeure
Nulle part où je vive ou meure
Je passais comme la rumeur
Je m'endormais comme le bruit

C'était un temps déraisonnable
On avait mis les morts à table
On faisait des châteaux de sable
On prenait les loups pour des chiens
Tout changeait de pôle et d'épaule
La pièce était-elle ou non drôle
Moi si j'y tenais mal mon rôle
C'était de n'y comprendre rien

Dans le quartier Hohenzollern
Entre La Sarre et les casernes
Comme les fleurs de la luzerne
Fleurissaient les seins de Lola
Elle avait un cœur d'hirondelle
Sur le canapé du bordel
Je venais m'allonger près d'elle
Dans les hoquets du pianola

Elle était brune elle était blanche
Ses cheveux tombaient sur ses hanches
Et la semaine et le dimanche
Elle ouvrait à tous ses bras nus
Elle avait des yeux de faïence
Elle travaillait avec vaillance
Pour un artilleur de Mayence
Qui n'en est jamais revenu

Il est d'autres soldats en ville
Et la nuit montent les civils
Remets du rimmel à tes cils
Lola qui t'en iras bientôt
Encore un verre de liqueur
Ce fut en avril à cinq heures
Au petit jour que dans ton cœur
Un dragon plongea son couteau.

Le ciel était gris de nuages
Il y volait des oies sauvages
Qui criaient la mort au passage
Au-dessus des maisons des quais
Je les voyais par la fenêtre
Leur chant triste entrait dans mon être
Et je croyais y reconnaître
Du Rainer Maria Rilke

Louis Aragon
Du *Roman inachevé : poème*

1 Lesquels des thèmes suivants suggère le poète :

A L'important dans la vie, c'est son cadre. On ne s'échappe pas en essayant de changer de vie.
B Sans amour, les femmes avec lesquelles on s'associe, se ressemblent.
C On se ment quand on pense trouver le grand amour, mais a recours à beaucoup de femmes.

2 Quelle expression montre que le poète avait considéré chaque femme qu'il embrassait comme représentative d'un monde entier à découvrir ?

3 Dans la deuxième strophe, dans quels vers le poète représente-t-il les aspects suivants ?

A La variété de ses émotions.
B La rapidité avec laquelle la vie humaine s'écoule.
C Ses sentiments de solitude.
D La légèreté de sa propre vie.

4 Dans la troisième strophe, le poète associe la confusion de sa vie précédente avec quel genre littéraire suivant ? Justifiez votre réponse avec des mots du texte.

A Le roman.
B Le théâtre.
C La chanson.
D La poésie.

5 Quelle était la réaction du poète face à tout ce qui se passait autour de lui ?

6 Où se trouvait Lola quand le poète l'a connue ?

7 Il compare cette femme à deux autres formes de vie. Lesquelles ?

8 Quel vers indique qu'il y avait de la musique à l'arrière-plan quand le poète fréquentait. Lola ?

9 Quels mots ou expressions de la septième strophe indiquent :

a que le temps était couvert
b les oiseaux que le poète observait
c le chant de ces oiseaux, selon lui
d le poète allemand dont il se souvient

Dans la phrase…	**le mot ou l'expression…**	**se réfère à**
10 Je les voyais par la fenêtre (l.53)	les	
11 Et je croyais y reconnaître (l.55)	y	
12 Qui n'en est jamais revenu (l.40)	en	

13 D'après les trois dernières strophes, une des affirmations suivantes est fausse. Laquelle ?

A Lola se maquillait les yeux.
B Sa coiffure était très soignée.
C Elle « travaillait » tout le temps.
D Elle ne refusait aucun client.
E Un soldat allemand pour qui elle travaillait, originaire de la ville de Mayence, avait disparu.
F Un autre soldat a assassiné Lola.
G Le poète était avec Lola juste avant sa mort.

14 Dans la sixième strophe, quels vers indiquent que le poète parle directement à Lola, de vive voix ?

15 Comment est-elle morte ?

16 Dans le refrain, à quoi se réfère « ainsi » ?

Pour aller plus loin

- Ce poème a été plusieurs fois mis en musique et interprété par des chansonniers, tels que Léo Ferré, Catherine Sauvage, Marc Ogeret, Bernard Lavilliers. Trouvez des enregistrements de ces interprétations si possible, pour les comparer.
  Le poème, devrait-il être lu en silence ? Récité à haute voix comme une conte ? Par un homme ? Par une femme ? Chanté ? Interprétée comme l'ont fait les chanteurs cités ? Quelle approche préférez-vous et pourquoi ?
  Y a-t-il des différences dans ses effets sur le lecteur ou sur l'auditeur et dans son message qui émergent de ces comparaisons ? Qu'ajoutent-elles à l'appréciation du poème ?
  Discutez vos préférences et vos jugements personnels pour les comparer.
- Il y a beaucoup de références biographiques et autobiographiques suggérées par ce poème, surtout à la situation de la France dans les années 1930 et 1940. Faites des recherches sur cette période historique et sur la vie de Louis Aragon et partagez vos découvertes avec vos camarades de classe. Ajoutent-elles quelque chose d'important à l'interprétation et à l'appréciation du poème, d'après vous ?

Production écrite

Quel événement aurait pu se passer dans la vie de Louis Aragon pour lui inspirer ce poème ?

Racontez à un camarade qui ne connaît pas le texte, l'histoire que vous avez imaginée à partir de sa lecture, pour l'encourager à découvrir ce poème de Louis Aragon.

- Vous réfléchirez au format approprié d'un conte narratif au passé, avec présentation des personnages impliqués et des faits chronologiques de leur histoire, reliés entre eux par le thème principal que vous avez à raconter
- Vous vous baserez strictement sur les renseignements fournis par le poème, tels que vous les aurez interprétés et appréciés et vous prendrez soin de ne pas se laisser aller à des inventions fantaisistes qu'on ne pourrait pas lier à ce que nous dit Louis Aragon.

La Rue Cases-Nègres

Le vieux M. Médouze a été trouvé mort dans un champ de cannes à sucre où il travaillait malgré son âge avancé. L'homme le plus pauvre de la rue Cases-Nègres, il était connu pour les histoires qu'il racontait et était aimé de tous.

Il se passa beaucoup de choses ce soir-là.

Des femmes apportèrent du rhum dont se désaltérèrent les hommes qui avaient ramené le corps.

M'man Tine revint avec un petit pot rempli d'une eau dans laquelle trempait un petit rameau vert, la déposa près de la tête de M. Médouze. Mam'zelle Valérine entra avec une bougie qu'elle alluma à côté du petit pot. Puis arrivèrent d'autres personnes de la rue Cases qui ne s'étaient pas encore montrées.

— Eh bé ! maît'Médouze voulait nous fuir comme ça, alors !

— Ah ! oui, c'est parce que son lit est trop étroit, il pouvait pas mourir dessus.

— Que voulez-vous ? Ce sont les cannes qui l'ont tué, c'est dans les cannes qu'il voulait laisser sa peau et ses os.

Un gros silence pesait alors, que venait chasser ensuite un murmure de compassion ou une boutade soudaine. Un petit rire discret passait, puis un gros soupir.

Peu à peu, une rumeur nouvelle s'éleva dehors, et je fus très amusé de trouver, installés par terre, dans l'obscurité, devant la case, quelques hommes que je distinguais à peine et dont je ne reconnaissais que la voix.

D'un coup, un chant lourd et traînant monta de terre, de l'endroit où étaient assis ces gens invisibles, et m'emplit aussitôt avec la violence d'une peur.

Le chant continua de monter de son jet lent et envahissant, apaisa mon trouble, m'emportant pour ainsi dire de sa poussée dans la nuit, vers le sommet des ténèbres. Sans se rompre, il s'infléchissait, ployait et continuait sa lugubre ascension.

Puis s'étant longuement, mystérieusement promené par toute la nuit, il redescendit lentement, jusqu'à terre, et entra au fond des poitrines.

Aussitôt, une voix vive attaqua une autre mélopée à sonorités heurtées, au rythme baroque ; et toutes les autres y répondaient par une plainte brève, et les corps se balançaient lourdement dans l'ombre.

Quand se fut terminé, une autre voix d'homme cria:

— Hé cric !...

Et toute la foule répliqua à pleine voix :

— Hé crac !...

Je me retrouvais dans le même préambule des contes que M. Médouze me disait.

On en raconta ce soir-là !

[...]

De temps en temps, entre deux contes, quelqu'un se levait et disait au sujet de Médouze des paroles qui jetaient tout le monde dans des rires interminables.

— Médouze est mort, disait-il d'un ton de circonstance. C'est la douloureuse nouvelle que j'ai le chagrin de vous annoncer, messieurs-dames. Ainsi que je le constate, ce qui nous peine le plus, c'est que Médouze est mort et n'a pas voulu que nous assistions à son agonie. Mais plaignez pas Médouze, messieurs-dames ; Médouze est allé se cacher pour mourir parce que... Devinez donc le mauvais dessein de Médouze ! Parce que Médouze voulait pas que nous, ses frères dans le boire et les déboires, nous héritions son champ de cannes du Grand-Étang !

— Son vieux canari[1] fêlé, ajoutait une voix.

— Son vieux pantalon défoncé, une autre voix.

— Sa vieille pipe et son coui[2] cassé.

— Et sa planche à coucher rabotée par ses os.

— Et l'or et l'argent que le béké[3] lui donnait le samedi soir...

Et tout le monde de reprendre en riant :

— Et tout l'or et l'argent que le béké lui donnait le samedi soir !...

Et, reprenant le jeu à rebours, une femme se levait, louant la générosité de Médouze, et sommait chacun de déclarer à tour de rôle ce que Médouze lui avait laissé. À celui-ci, son vieux bakoua[4], à celui-là son pagne troué et sa houe usée, et à tous : tout l'or et l'argent que le béké lui donnait le samedi soir...

Extrait de *La Rue Cases-Nègres*, Joseph Zobel

[1] un canari : récipient en terre cuite pour l'eau potable
[2] un coui : gros fruit dont l'écorce sert de récipient
[3] le béké : habitant des Antilles, descendant des premiers colons européens, généralement propriétaire et patron
[4] un bakoua : chapeau fait de feuilles de bakoua, arbuste ornemental

1 D'après le début du texte (l.1 à l.10), une des affirmations suivantes décrit ce qui s'est passé ce soir-là. Laquelle ?

A On a versé du rhum sur le corps de M. Médouze.
B M'man Tine a lavé le visage de M. Médouze.
C Une bougie a été placée près de M. Médouze.
D On a montré des personnes à M. Médouze.

2 Quelle image mentionnée par une des personnes (l.11 à 17) signifie « mourir » ?

3 Parmi ces mêmes commentaires, lequel est une « plaisanterie » ?

4 Quel mot signifie « plaisanterie » ?

5 Pourquoi l'auteur dit-il que les gens sont « invisibles » ?

A Parce qu'ils se sont cachés pour chanter.
B Parce que ce sont des esprits venus visiter le mort.
C Parce qu'ils sont à l'extérieur et il fait nuit.
D Parce qu'ils sont pauvres et mal considérés.

6 Quels mots du passage qui décrit le chant signifient :

a qui se répand partout
b a calmé
c obscurité profonde
d sinistre
e chant monotone
f expression de la peine
g bougeaient d'un côté à l'autre

Dans la phrase…	le mot ou l'expression…	se réfère dans le texte à…
7 il redescendit lentement (l.36)	il	
8 toutes les autres y répondaient (l.39)	toutes les autres	
9 toutes les autres y répondaient (l.39)	y	

10 La phrase « Je me retrouvais dans le même préambule des contes que M. Médouze me disait » (l.46) signifie :

A M. Médouze ne racontait des contes qu'à des foules entières.
B M. Médouze commençait toujours les contes en disant « Hé cric !… Hé crac !… ».
C On racontait beaucoup d'histoires à propos de M. Médouze.
D Les contes de M. Médouze étaient toujours accompagnés de chants.

En vous basant sur les lignes 50 à 71, reliez le début de la phrase de la colonne de gauche à la fin appropriée qui se trouve dans la colonne de droite. Attention : il y a plus de fins que de débuts et chaque fin ne peut être utilisée qu'une seule fois.

11 Malgré leur tristesse…

12 Ce qui attriste le plus ses amis c'est…

13 Les déclarations des différents participants montrent…

A le désir de Médouze de ne pas partager ses richesses.
B les gens étaient heureux.
C les personnes plaisantaient sur M. Médouze.
D l'extrême pauvreté de Médouze.
E que Médouze était très riche.
F que Médouze soit mort tout seul.

Reliez chacun des mots ou expressions du texte figurant dans la colonne de gauche avec son équivalent qui se trouve dans la colonne de droite. Attention : il y a plus de mots ou expressions proposés que de réponses possibles.

14 à rebours (l.75)

15 louant (l.76)

16 sommait (l.77)

17 à tour de rôle (l.77)

A additionnait
B célébrant
C commandait
D critiquant
E de force
F en sens inverse
G en tournant
H l'un après l'autre

Pour aller plus loin

- Dans quelles proportions les habitants de la rue Cases-Nègres montrent-ils de la dureté ou de la tendresse face à la mort de M. Médouze ?
- Recherchez des informations sur la condition des ouvriers dans les plantations de cannes à sucre dans les Antilles.
- Quel rôle joue le béké dans les relations sociales ?
- Quelle est l'attitude des habitants face à la mort ? Retrouvez, dans le texte de Zobel, les éléments décrits dans le texte « Outre-mer outre-tombe » (page 324).

Production écrite

Le béké est accusé de la mort de M. Médouze pour défaut d'assistance à personne en danger. Un policier vient interviewer les habitants de la rue Cases-Nègres sur leurs conditions de vie et les circonstances de la mort de M. Médouze. Écrivez le texte du rapport du policier.

- Il s'agit ici d'un compte-rendu, c'est-à-dire d'une explication objective de l'enquête. La langue devra être simple, claire et précise et essentiellement objective. Le ton sera formel, professionnel. Toutefois, étant donné l'interview des habitants on s'attendra à trouver un certain nombre de citations pour soutenir les éléments de l'enquête.
- Vous utiliserez un ou des éléments caractéristiques d'un rapport d'enquête : titre et/ou intertitres, paragraphes numérotés, listes, etc. Ce compte-rendu pourra avoir une forme préétablie (*De ; À l'attention de ; Objet ; Date,* etc.)

ART

Personnages : MARC ; SERGE ; YVAN

Le salon d'un appartement chez Serge. Un seul décor. Le plus dépouillé, le plus neutre possible. Posée à même le sol, une toile blanche, avec de fins liserés blancs transversaux. […] Marc, seul.

MARC : Mon ami Serge a acheté un tableau. C'est une toile d'environ un mètre soixante sur un mètre vingt, peinte en blanc. Le fond est blanc et si on cligne des yeux, on peut apercevoir de fins liserés blancs transversaux. Mon ami Serge est un ami depuis longtemps. C'est un garçon qui a bien réussi, il est médecin dermatologue et il aime l'art. Lundi, je suis allé voir le tableau que Serge avait acquis samedi mais qu'il convoitait depuis plusieurs mois. Un tableau blanc, avec des liserés blancs.

*

[Entre] Serge [qui] regarde, réjoui, son tableau. Marc regarde le tableau. Serge regarde Marc qui regarde le tableau. Un long temps où tous les sentiments se traduisent sans mot. [*****]

SERGE : Alors ? Tu n'es pas bien là ? Regarde-le d'ici. Tu aperçois les lignes ?

MARC : Comment s'appelle le...

SERGE : Peintre. Antrios.

MARC : Connu ?

SERGE : Très. Très !

Un temps.

MARC : Serge, tu n'as pas acheté ce tableau deux cent mille francs ?

SERGE : Mais mon vieux, c'est le prix. C'est un ANTRIOS !

MARC : Tu n'as pas acheté ce tableau deux cent mille francs !

SERGE : J'étais sûr que tu passerais à côté.

MARC : Tu as acheté cette merde deux cent mille francs ?!

*

Serge, comme seul.

SERGE : Mon ami Marc, qui est un garçon intelligent, garçon que j'estime depuis longtemps, belle situation, ingénieur dans l'aéronautique, fait partie de ces intellectuels, nouveaux, qui, non contents d'être ennemis de la modernité en tirent une vanité incompréhensible. Il y a depuis peu, chez l'adepte du bon vieux temps, une arrogance vraiment stupéfiante.

[*****] Entre Yvan

SERGE : Tu veux voir quelque chose de rare ? Tu veux ?

YVAN : Et comment ! Montre !

Serge sort et revient dans la pièce avec l'Antrios qu'il retourne et dispose devant Yvan. Yvan regarde le tableau et curieusement ne parvient pas à rire de bon cœur comme il l'avait prévu. Après un long temps où Yvan observe le tableau et Serge observe Yvan :

YVAN : Ah, oui. Oui, oui.

SERGE : Antrios.

YVAN : Oui, oui.

SERGE : Antrios des années soixante-dix. Attention. Il a une période similaire aujourd'hui, mais celui-là c'est un de soixante-dix.

YVAN : Oui, oui. Cher ?

SERGE : Dans l'absolu, oui. En réalité, non. Il te plaît ?

YVAN : Ah oui, oui, oui.

SERGE : Évident.

YVAN : Évident, oui… Oui… Et en même temps…

SERGE : Magnétique.

YVAN : Mmm… Oui…

SERGE : Et là, tu n'as pas la vibration.

YVAN : … Un peu…

SERGE : Non, non. Il faudrait que tu viennes à midi. La vibration du monochrome, on ne l'a pas en lumière artificielle.

YVAN : Hun, hun.

SERGE : Encore qu'on ne soit pas dans le monochrome !

YVAN : Non ! Combien ?

SERGE : Deux cent mille.

YVAN : …Eh oui.

SERGE : Eh oui. (Silence. Subitement Serge éclate de rire, aussitôt suivi par Yvan. Tous deux s'esclaffent de très bon cœur). Dingue, non ?

YVAN : Dingue !

SERGE : Vingt briques ! (Ils rient de très bon cœur. S'arrêtent. Se regardent. Repartent. Puis s'arrêtent. Une fois calmés). Tu sais que Marc a vu ce tableau ?

YVAN : Ah bon ?

SERGE : Atterré.

YVAN : Ah bon ?

SERGE : Il m'a dit que c'était une merde. Terme complètement inapproprié.

YVAN : C'est juste.

SERGE : On ne peut pas dire que c'est une merde.

YVAN : Non.

SERGE : On peut dire, je ne vois pas, je ne saisis pas, on ne peut pas dire « c'est une merde ».

YVAN : Tu as vu chez lui.

SERGE : Rien à voir. Chez toi aussi c'est… enfin je veux dire, tu t'en fous.

YVAN : Lui c'est un garçon classique, c'est un homme classique, comment veux-tu…

SERGE : Il s'est mis à rire d'une manière sardonique. Sans l'ombre d'un charme… Sans l'ombre d'un humour.

YVAN : Tu ne vas pas découvrir aujourd'hui que Marc est impulsif.

SERGE : Il n'a pas d'humour. Avec toi, je ris. Avec lui, je suis glacé.

YVAN : Il est un peu sombre en ce moment, c'est vrai.

SERGE : Je ne lui reproche pas de ne pas être sensible à cette peinture, il n'a pas l'éducation pour, il y a tout un apprentissage qu'il n'a pas fait, parce qu'il n'a jamais voulu le faire ou parce qu'il n'avait pas de penchant particulier, peu importe, ce que je lui reproche c'est son ton, sa suffisance, son absence de tact. Je lui reproche son indélicatesse. Je ne lui reproche pas de ne pas s'intéresser à l'Art contemporain, je m'en fous, je l'aime au-delà…

YVAN : Lui aussi !… [*****]

Silence.

Extrait d'*Art*, Yasmina Reza

1 Comment devrait être la mise en scène de lette pièce ?

2 Dans la première partie de ce texte (lignes 1 à 18), trouvez les mots et expressions qui signifient :

a nu
b sur le plancher
c peinture
d fait battre les paupières
e lignes
f désirait fortement
g ravi
h manifestent

3 La réplique de Serge (l.31) montre :

A que Marc n'apprécie pas l'art moderne.
B le prix excessif de ce tableau.
C que Marc ne comprend guère la valeur de cette œuvre, selon Serge.
D l'indifférence de Marc quant à Antrios.

4 Les affirmations suivantes à propos du portrait de Marc brossé par Serge, sont soit vraies, soit fausses. Justifiez votre réponse par une citation du texte.

a Serge a peu de respect pour Marc.
b Marc a un mauvais poste de travail.
c Marc s'oppose aux valeurs de l'art moderne.
d Les nouveaux intellectuels sont fiers de leur dépréciation du modernisme.

5 Quand Yvan voit le tableau pour la première fois, quelle est la réaction que Serge attend de lui ?

6 Dans la réplique de Serge des lignes 55 à 57, à quoi se réfèrent les éléments suivants ?

a Il b celui-là c un

7 D'après Serge, une grande qualite du tableau est :

A la façon dont la tonalité blanche change par des effets de lumière.
B le fait que l'artiste retravaille les mêmes thèmes et techniques.
C sa valeur en tant qu'investissement de capital.
D sa force de répulsion magnétique.

En vous basant sur la partie qui suit (lignes 67 à 95 partie), reliez chacun des mots ou expressions du texte figurant dans la colonne de gauche avec son équivalent qui se trouve dans la colonne de droite.

8 monochrome (l.68)
9 encore (l.71)
10 subitement (l.75)
11 s'esclaffent (l.76)
12 dingue (l.78)
13 briques (l.79)
14 de très bon cœur (l.79)
15 repartent (l.80)
16 atterré (l.83)
17 saisis (l.90)
18 rien à voir (l.93)
19 tu t'en fous (l.94)

A rient
B millions (d'anciens francs)
C mais
D stupéfié
E ça t'est égal
F pas pertinent
G soudain
H sans réserve
I comprends
J d'une seule couleur
K commencent encore une fois
L insensé

20 Si Serge ne l'avait pas interrompu, Yvan aurait pu logiquement terminer sa réplique « comment veux-tu… » (l.96) par laquelle des phrases suivantes :

A que Marc soit poli ?
B que je ne m'en fiche pas ?
C qu'il apprécie ce genre de tableau ?
D qu'on s'étonne des prix du marché ?

21 Devant le tableau, comment Marc montre-t-il son caractère impulsif ?

22 Maintenant Serge se comporte avec Marc de façon très :

A sérieuse
B froide
C drôle
D sensible

23 Selon Serge, Marc n'aime pas son tableau. En vous basant sur les mots du texte, donnez au moins deux raisons qui expliquent pourquoi Serge pense ainsi.

24 Comment Serge critique-t-il les attitudes de Marc ?

25 Somme toute, que pense Serge de Marc ?

Pour aller plus loin

- Faites des recherches sur des représentations de cette pièce de Yasmina Reza. Quels succès a-t-elle remportés ? Pour quelles raisons ?
  Pouvez-vous déceler dans le texte des extraits que vous venez d'étudier, certaines des qualités données qui expliquent ces succès ?
- Faites une distribution des trois rôles de ce texte entre vos camarades de classe, en plusieurs équipes si nécessaire. Mettez-les en scène. À la suite de ces représentations, discutez l'interprétation qu'aura donné chaque acteur de la pièce à son rôle, et chaque équipe à sa mise en scène. Lesquels pour vous, traduisent le mieux le caractère du personnage impliqué, et pour quelles qualités ?
- Après avoir dessiné une ébauche pour une publicité qui annonce une mise en scène de cette pièce à votre école, présentez-la en classe et répondez aux questions de vos camarades sur votre dessin.

Production écrite

Imaginez le vernissage d'une exposition du tableau d'Antrios auquel assisteront entre autres, tous les personnages mentionnés dans ces extraits. Rédigez l'article de fait divers d'un journal qui reportera tout ce qui s'y est passé.

- Vous êtes libre de choisir les personnages dont vous pouvez imaginer le comportement et la conversation, mais présents seront Serge, Marc, Yvan, le peintre Antrios lui-même, et peut-être Yasmina Reza en personne, les agents artistiques et littéraires et/ou le(s) vendeur(s) des tableaux d'Antrios.

Trois poèmes classiques

L'Albatros

Souvent, pour s'amuser, les hommes d'équipage
Prennent des albatros, vastes oiseaux des mers,
Qui suivent, indolents compagnons de voyage
Le navire glissant sur les gouffres amers.

À peine les ont-ils déposés sur les planches,
Que ces rois de l'azur, maladroits et honteux,
Laissent piteusement leurs grandes ailes blanches
Comme des avirons traîner à côté d'eux.

Ce voyageur ailé, comme il est gauche et veule !
Lui naguère si beau, qu'il est comique et laid !
L'un agace son bec avec un brûle-gueule,
L'autre mime en boîtant, l'infirme qui volait !

Le Poète est semblable au prince des nuées
Qui hante la tempête et se rit de l'archer ;
Exilé sur le sol au milieu des huées,
Ses ailes de géant l'empêchent de marcher.

Charles Baudelaire

Colloque sentimental

Dans le vieux parc solitaire et glacé,
Deux formes ont tout à l'heure passé.

Leurs yeux sont morts et leurs lèvres sont molles,
Et l'on entend à peine leurs paroles.

Dans le vieux parc solitaire et glacé,
Deux spectres ont évoqué le passé.

– Te souvient-il de notre extase ancienne ?
– Pourquoi voulez-vous donc qu'il m'en souvienne ?

– Ton cœur bat-il toujours à mon seul nom ?
Toujours vois-tu mon âme en rêve ? – Non.

– Ah ! les beaux jours de bonheur indicible
Où nous joignions nos bouches ! – C'est possible.

– Qu'il était bleu, le ciel, et grand, l'espoir !
L'espoir a fui, vaincu, vers le ciel noir.

Tels ils marchaient dans les avoines folles,
Et la nuit seule entendit leurs paroles.

Paul Verlaine

Aube

J'ai embrassé l'aube d'été.

Rien ne bougeait encore au front des palais. L'eau était morte. Les camps d'ombres ne quittaient pas la route du bois. J'ai marché, réveillant les haleines vives et tièdes, et les pierreries regardèrent, et les ailes se levèrent sans bruit.

La première entreprise fut, dans le sentier déjà empli de frais et blêmes éclats, une fleur qui me dit son nom.

Je ris au wasserfall blond qui s'échevela à travers les sapins : à la cime argentée je reconnus la déesse.

Alors je levai un à un les voiles. Dans l'allée, en agitant les bras. Par la plaine, où je l'ai dénoncée au coq. À la grand'ville, elle fuyait parmi les clochers et les dômes, et, courant comme un mendiant sur les quais de marbre, je la chassais.

En haut de la route, près d'un bois de lauriers, je l'ai entourée avec ses voiles amassés, et j'ai senti un peu son immense corps. L'aube et l'enfant tombèrent au bas du bois.

Au réveil il était midi.

Arthur Rimbaud

L'Albatros

1 Pour quelle raison les matelots ont-ils l'habitude de capturer des albatros ?

2 Baudelaire décrit les albatros comme « indolents compagnons », parce que ces oiseaux :

A suivent les bateaux au cours de leurs voyages.
B volent en planant.
C ne doivent pas faire beaucoup d'effort pour voler.
D veulent que les matelots leur donnent à manger.
E sont amis de l'homme.

3 Quelle expression de la première strophe indique la profondeur des océans du monde ?

4 Les affirmations suivantes sont soit vraies, soit fausses. Justifiez votre réponse par les mots de la deuxième strophe.

a Les albatros sont des maîtres dans l'art de voler.
b Leurs mouvements sont toujours gracieux.
c D'après Baudelaire, l'albatros est un oiseau conscient de son élégance.
d Leurs ailes sont tellement larges que parfois sur terre, ils ne les plient pas.
e Sur terre, ils ressemblent à des rameurs de canots.

5 Dans la troisième strophe, trouvez les mots et expressions qui signifient :

a faible
b auparavant
c un premier matelot
d pipe à fumer
e marchant d'un pas inégal
f l'albatros

En vous basant sur la dernière strophe, reliez le début de la phrase à sa fin appropriée. Attention : il y a plus de fins que de débuts et chaque fin ne peut être utilisée qu'une seule fois.

6 Baudelaire se compare…

7 Il pense que les albatros sont des oiseaux…

8 Selon lui, les matelots… ressemblent

9 Un albatros ne peut marcher…

A avec des matelots qui s'ennuient lors d'un long voyage.
B qu'avec difficulté, à cause de la largeur de ses ailes.
C faciles à capturer.
D sans claudiquer.
E à des exils de la terre.
F fiers de leurs compétences.
G à un albatros pris par des matelots.
H à des chasseurs d'animaux sauvages.

10 Laquelle des phrases suivantes résume le mieux le thème de ce poème ?

A Les gens qui s'ennuient deviennent cruels.
B Les poètes ont des difficultés à s'adapter à la banalité de la vie quotidienne.
C Les albatros sont de beaux oiseaux majestueux.
D La meilleure poésie doit être sensible à la critique.

Colloque sentimental

11 Dans la première strophe, quel mot suggère l'imprécision irréelle de la situation évoquée ?

12 Comment indique-t-on que les deux formes parlent entre elles ?

13 Quel est le sujet de leur conversation ?

14 Quels éléments indiquent qu'il ne s'agit pas de deux vivants ?

15 Dans la quatrième strophe, à quoi se réfère le mot « il » ?

16 Pourquoi ce parc aurait-il été important pour ces deux personnages ?

17 La question « Pourquoi voulez-vous donc qu'il m'en souvienne ? » suggère lequel des sentiments suivants :

A le regret
B l'oubli
C l'indifférence
D l'incompréhension

18 Pourquoi donne-t-on une seule réponse négative aux deux questions de la cinquième strophe ?

19 Trouvez au moins trois expressions qui indiquent qu'auparavant ces personnages étaient des amants.

20 Quelle réplique indique qu'un des deux est plutôt sceptique quant à la signification de cet amour ?

21 La conversation se déroule entre :

A un(e) romantique et un(e) réaliste
B un(e) optimiste et un(e) pessimiste
C un(e) nostalgique et un(e) désespéré(e)
D un fantôme et un(e) vivant(e)

22 Qui écoute cette conversation ?

Aube

23 Le début de ce poème en prose indique :

A qu'il fait encore nuit.
B que le soleil se lève.
C qu'il fait beau.
D que le poète est seul.

24 Quels éléments suggérent que le poète se trouve dans un parc urbain ? Justifiez votre choix.

25 Par quels contrastes indique-t-on que la vie se ranime quand la journée commence ?

26 Par quelle phrase, établit-on qu'il s'agit d'une sorte de promenade ou de voyage ?

27 Quelle phrase signifie que le soleil brille au moment où une fleur parle au poète ?

28 La chute de l'eau du « wasserfall » observée par le poète se traduit par quel mot ?

29 Dans la phrase « Alors je levai un à un les voiles », une des options suivantes ne pourrait pas remplacer le mot « alors ». Laquelle ?

A à ce moment-là
B sinon
C par conséquent
D ainsi

Dans les phrases suivantes…	le mot…	se réfère dans le texte à…
30 « où je l'ai dénoncée au coq »	l'	
31 « elle fuyait parmi les clochers et les dômes »	elle	
32 « je la chassais »	la	

33 Quelles sont les étapes successives de ce voyage ? Numérotez les phrases ci-dessous qui le résument dans un ordre chronologique.

a Autour du poète, le monde se ravive.
b Le poète court après l'aube.
c Le poète se trouve dans l'obscurité.
d Rimbaud se réveille.
e La nature se révèle au poète.
f Rimbaud se met à bouger.

Pour aller plus loin

- Lequel de ces trois poèmes préférez-vous et pour quelles qualités ? Y en-a-t-il un (ou plus) que vous n'appréciez pas du tout ? Justifiez votre point de vue.
- Y en a-t-il un (ou plus) qui ne serait pas poétique ? Expliquez vos raisons.
- Beaucoup de l'œuvre poétique de Baudelaire, de Verlaine et de Rimbaud a été mise en musique de tous genres : classique, jazz, rock, rap et bien d'autres. Ils ont souvent été interprétés en chanson, par des chansonniers tels que Maurice Rollinat, Léo Ferré, Serge Gainsbourg, Michel Vivaux, Mylène Farmer, Kirjuhel, Celtic Frost, entre autres. Faites des recherches de quelques interprétations musicales de ces poètes et de leur œuvre pour entamer une discussion sur vos préférences et recommandez les chansons qui valent l'écoute.
- Pour vous, quel est le moyen le plus juste d'aborder de tels poèmes pour la première fois ? Par une lecture privée en silence ? Par la récitation du poème à haute voix ? Par l'écoute d'une lecture à haute voix du poème ? Par une interprétation musicale, ou autre ? Justifiez votre choix.
- La bonne compréhension et l'appréciation d'œuvres tels que ceux-ci sont-elles liées aux connaissances biographiques de leurs auteurs ? En quoi une œuvre d'art peut-elle être considérée comme produit de l'imagination, n'ayant que peu à voir avec la vie et la personnalité individuelle de l'artiste ?
- Créez une interprétation visuelle de ce que vous suggère un de ces poèmes : en dessin, collage, peinture, représentation théâtrale ou autre genre de votre préférence, à présenter en classe. Donnez-lui un titre qui cite un des vers de ce poème. Expliquez votre production à la classe et répondez aux questions éventuelles qu'on vous posera.

Production écrite

Mettez-vous à la place de quelqu'un qui aurait observé tout ce qui se passe dans un de ces poèmes. Composez un compte-rendu de vos observations sous forme d'un petit conte pour enfants.

- Vous pourriez commencer par la formule classique des contes d'enfant : *Il était une fois…*
- Vous insisterez sur l'insolite de ce que vous aurez vu. Vous éviterez la banalité dans le récit des événements et en brossant le portrait des personnages impliqués.
- Il y aura une conclusion succincte qui soulignera la valeur de votre conte et sa morale.